관계 중심의 사고법

쉽게 배우는 알고리즘 3판

지은이 **문병로** moon@snu.ac.kr

서울대학교 컴퓨터공학부에서 교수로 재직 중이다. 서울대학교 계산통계학과, KAIST 전산학과, 펜실베이니아 주립대학교에서 학사 · 석사 · 박사 학위를 취득했다. 석사 학위를 취득한 후에는 LG전자 중앙연구소 연구원, 박사 학위를 취득한 후에는 UCLA VLSI CAD Lab 박사 후 연구원, LG반도체 책임연구원을 거쳤다. 문제 해결 분야와 유전 알고리즘의 이론 및 응용을 연구하는 '최적화 및 금융공학 연구실'을 운영하고 있다.

주 관심사는 어려운 문제들의 속성과 문제들이 이루는 공간의 특성, 알고리즘의 설계 · 분석, 알고리즘의 기업적 응용, 유전 알고리즘과 생태계 · 경제 · 사회 · 개인의 사고 체계 등에서 공통적으로 관찰되는 진화적 · 창발적 프로세스에 관한 연구 등이다. 최적화 알고리즘을 주식 투자에 적용하는 ㈜옵투스자산운용 대표이사를 겸직하고 있다.

전공 저서로 『쉽게 배우는 자료구조 with 파이썬』, 『쉽게 배우는 자료구조 with 자바』, 『쉽게 배우는 유전 알고리즘』이 있고, 역서로는 『Introduction to Algorithms(2/3/4판)』이 있다. 국제 저널과 학술대회에 150여 편의 논문을 발표했다. 이외에도 주식 시장을 수리적으로 접근한 투자 교양서인 『문병로 교수의 메트릭 스튜디오』(김영사)가 있다.

매일경제, 한국경제, 중앙일보 등의 매체를 통한 100여 편의 정기 · 비정기 칼럼과 대중 · 기업 · 교육기관을 대상으로 진행한 300여 회의 강연을 통해 알고리즘, 인공지능, 수리적 투자에 관한 기술 문화를 확산하기 위해 노력해왔다. 서울대학교 학술연구교육상, 서울공대 우수 강의상, 신양공학학술상 등을 수상하였고, 서울공대 불후의 명강 시리즈 1호로 선정되었다.

쉽게 배우는 알고리즘 3판

초판발행 2024년 1월 3일
3쇄발행 2025년 1월 31일

지은이 문병로 / **펴낸이** 전태호
펴낸곳 한빛아카데미(주) / **주소** 서울시 서대문구 연희로2길 62 한빛아카데미(주) 2층
전화 02-336-7112 / **팩스** 02-336-7199
등록 2013년 1월 14일 제2017-000063호 / **ISBN** 979-11-5664-010-3 93000

총괄 박현진 / **책임편집** 김성무 / **기획 · 편집** 유경희 / **교정** 박정수 / **진행** 정지윤
전산편집 김미경 / **삽화** 윤병철 / **제작** 박성우, 김정우
영업 김태진, 김성삼, 이정훈, 임현기, 이성훈, 김주성 / **마케팅** 김호철, 심지연

이 책에 대한 의견이나 오탈자 및 잘못된 내용은 출판사 홈페이지나 아래 이메일로 알려주십시오.
파본은 구매처에서 교환하실 수 있습니다. 책값은 뒤표지에 표시되어 있습니다.
홈페이지 www.hanbit.co.kr / 이메일 question@hanbit.co.kr

Published by HANBIT Academy, Inc. Printed in Korea

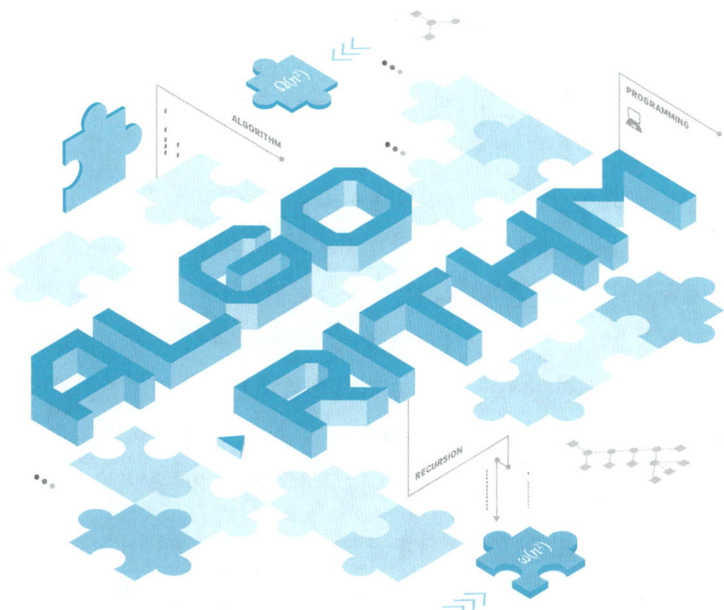

관계 중심의 사고법

쉽게 배우는 알고리즘 3판

문병로 지음

한빛아카데미
Hanbit Academy, Inc.

미시적 관점에서 거시적 관점으로의 도약

서울대학교에서 알고리즘을 강의한 지 25년이 넘었다. 강의는 항상 즐겁다. 컨디션이 좋지 않다가도 강의실에서 다소 흥분된 상태로 학생들과 시간을 보내고 나면 말끔해진다. 이런 의미에서 강의실은 학생들에게 지식과 생각을 전달하는 곳이자 교수가 정신적 활기를 충전하는 수혜의 장소이기도 하다. 같은 주제로 강의를 반복하다 보면 어떻게 전달하는 것이 더 효과적인지 다양한 실험을 하게 된다. 이 과정에서 효과적인 강의법을 개발하고, 산발적으로 전달하던 지식을 좀 더 유기적으로 연계시킬 수 있게 되었다. 이런 경험을 책으로 옮기고 싶다는 바람으로 이 책의 초판을 출간한 지 17년이 지났다. 2판을 거쳐 이번에 3판을 내놓는다.

그동안 많은 변화가 있었다. 세계 각국에서 조기 SW 교육이 필수 과정으로 자리 잡았고, '컴퓨테이셔널 씽킹'이나 '컴퓨팅 사고력'이 낯설지 않은 용어가 되었다. 또한 각종 프로젝트에서 알고리즘을 중요한 지적 빌딩 블록으로 인식하기 시작하였다. 정보 올림피아드에서는 알고리즘 소양을 테스트한 지 오래되었고, 일반 기업에서도 입사 시험으로 알고리즘 기반의 코딩을 보는 단계에 접어들었다. 2012년 AI 혁명의 포문을 연 딥러닝이 2017년 트랜스포머 어텐션으로 확장되면서 추상화와 은유적 관계 추구의 혁명이 일어났다. 챗GPT, 바드, 알파폴드-2 같은 역사적 산출물이 모두 트랜스포머 어텐션 기술을 사용하고 있다. 기록적으로 짧은 기간에 계산의 패러다임 전환이 일어났다고 할 만한 사건이다. 여기에는 여러 공간 변환 알고리즘과 공간 탐색 기술이 사용되어 알고리즘과 직간접으로 연결되어 있다.

2판에서는 11장의 그리디 알고리즘을 비롯하여 새로운 내용을 다수 추가하고 연습문제도 대폭 보강하였다. 이번 3판에서는 여러 장에 걸쳐 수정 및 보강을 진행했고, 특히 4장 정렬은 완전히 다시 쓰면서 내용을 확장했다. 연습문제가 어렵다는 독자들의 피드백이 있어 각 장의 연습문제들 중 대표성이 있는 문제들을 '종합예제'로 따로 빼서 해설을 추가했다.

강의는 지식 전달을 목표로 하지만, 가르치는 사람의 흥분을 전달하는 것을 배제한 강의는 단순하고 기계적인 작업에 불과하다. 이 책을 쓰면서도 필자가 전달하고 싶은 흥분을 담아보려고 에너지를 많이 썼다. 자신이 아는 것을 쉬운 언어로 설명할 수 없으면 제대로 아는 것이 아니라는 소신이 있다. 쉽고 친절하게 쓰려고 많이 노력했고 편집진과 함께 많이 다듬었으나 미흡한 부분이 남아 있을 수 있다. 이런 부분은 독자들께서 피드백해주시면 감사하겠다.

역사는 역사가의 철학이 반영되지 않고는 전달되기 힘들다고 했다. 역사서를 쓸 때는 무수한 사실 중에서 선택을 하기 마련인데, 이 선택을 뒤집어보면 선택하지 않은 사실들의 누락을 의미하기 때문이다. 기술 서적에서도 정도의 차이는 있지만 같은 현상이 존재한다. 수많은 사실과 이것을 설명하는 다양한 관점이 있을 수 있어 사실의 선택과 관점의 선택을 하게 된다. 필자는 이 중 관점의 선택을 더 값진 것으로 생각한다. 관점이 명확하지 않은 책은 독자에게 강한 메시지를 주기 힘들기 때문이다. 이 책의 전편에 흐르는 가장 중요한 관점은 '관계적 관점'이다.

알고리즘은 그 자체로도 중요하지만 학습 과정에서 체계적으로 생각하는 방법을 배우게 된다. 알고리즘 하나를 배우면 현재의 문제 하나를 해결할 수 있지만, 생각하는 방법을 배우면 미래의 문제를 미리 해결해두는 것이다. 알고리즘에서 다루는 여러 가지 사고 기법 중에서 특히 중요한 것은 귀납적 사고다. 귀납적 사고란 크기는 다르지만 동일한 성격의 문제들 간의 관계로 문제를 파악하는 방식이다. 얼핏 귀납적 현상과 별로 관계없어 보이는 알고리즘들도 귀납적 관점에서 바라보면 더욱 간명하게 파악할 수 있는 경우가 많다. 이러한 귀납적 사고는 문제를 대할 때 미시적 관점에서 거시적 관점으로 도약하는 것을 의미한다.

알고리즘으로 관점의 도약이 일어나면 지적 추상화Abstraction의 레벨이 높아진다. 지적 추상화는 하위의 개념들을 결합하여 상위의 고급 개념들을 만들어나가는 지적 발전의 단계로, 한 분야의 전문가는 모두 이런 과정을 거친다. 높은 추상화 레벨은 연구와 개발에서 정신적인 여유를 갖는 데 매우 중요하다. 긴장도 높은 은유를 감지하는 능력, 즉 얼핏 관계없어 보이는 대상들 간의 관계를 파악하는 능력이 고양된다. 자신이 전혀 모르는 새로운 응용 분야를 접해도 '까짓것, 조금만 들여다보면 되지'하는 배짱이 생긴다. 이론적인 빌딩 블록은 새로운 주제를 빠른 시간에 파악할 수 있게 한다.

필자의 자료구조나 알고리즘 수업에는 컴퓨터 전공자나 이공계 학생들뿐 아니라 거의 전교에서 수강생들이 온다. 그래서 강의를 할 때 비전공자들을 위해 친절한 설명을 제공하는 방향으로 맞추어가고 있다. 현재 컴퓨터 과학은 대비하기 어려울 정도로 아주 빠르게 수학과 같은 서비스 학문으로 전환되는 중이다. 이 책도 그러한 변화에 맞게 다듬어가려고 노력했지만 아직 만족스럽지 않다. 이런 포인트를 포함해서 독자 여러분께서 피드백해주시면 감사하겠다.

관악에서, 저자 **문병로**

이 책의 사용 설명서

| 강의 보조 자료 |

한빛아카데미 홈페이지에서 '교수회원'으로 가입하신 분은 인증 후 교수용 강의 보조 자료를 제공받을 수 있습니다. 한빛아카데미 홈페이지 상단의 [교수전용공간] 메뉴를 클릭하세요.
http://www.hanbit.co.kr/academy

| 연습문제 해답 안내 |

이 책은 대학 강의용 교재로 개발되었으므로 연습문제 해답은 제공하지 않습니다.

| 주요 내용 |

❶ **도입(1~3장)** 알고리즘의 개념을 소개하고, 알고리즘의 복잡도를 분석하기 위한 기초 지식, 알고리즘의 복잡도를 분석하는 기법 등을 배웁니다.

❷ **자료의 순서(4~5장)** 자료의 순서와 관련된 전통적인 문제들을 다룹니다. 전체 중 K번째 작은 원소 찾기, 자료 전체를 크기순으로 줄세우기 등을 배웁니다. 알고리즘을 사용하여 생각하는 방법을 훈련하는 데도 유용한 장입니다.

❸ **자료의 저장과 검색(6~8장)** 자료를 저장하고 검색하는 방법, 자료를 표현하는 방법을 배웁니다. 검색 트리, 해시 테이블, 집합 구조 등을 다룹니다.

❹ **문제 해결의 구조(9장, 11~12장)** 문제 해결을 위한 몇 가지 접근법을 다룹니다. 재귀적 · 계층적 관계를 효율적으로 다루는 방법, 눈앞의 이익 우선으로 진행하는 알고리즘, 이와 관계된 수학적 구조를 배웁니다. 다양한 문자열 패턴 매칭 방법에 관해서도 배웁니다.

❺ **그래프(10장)** 대상들 간의 관계로 상황을 표현하는 방법과 이를 이용한 문제의 모델링 및 해법에 관해 배웁니다. 알고리즘 분야에서 가장 넓은 응용 예가 제시됩니다.

❻ **계산의 한계(13장)** 현실적인 시간에 풀 수 없다고 추정되는 문제군의 논리적인 연결 관계를 다룹니다. 대부분의 장이 알고리즘을 어떻게 잘 만들 것인가를 다루는 데 반해, 이 장은 해결하기 어려운 문제들을 다룹니다. 슈퍼컴퓨터를 사용해도 최적해가 보장되지 않는 문제 공간의 복잡도에 관한 내용을 다룹니다.

❼ **문제 공간(14장)** 문제 해결 과정을 진행 상태의 공간으로 해석하고 이를 이용해 해를 탐색하는 방법을 배웁니다. 이 장의 내용은 AI의 강화학습과 결합하여 인상적인 결과를 내고 있는 몬테카를로 트리 탐색과 관계가 있습니다.

구성 요소

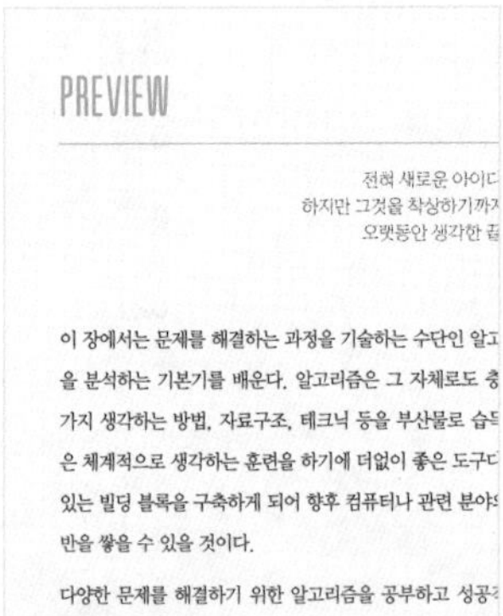

PREVIEW

각 장의 이론이 고안된 동기나 필요성 등을 간략히 소개합니다.

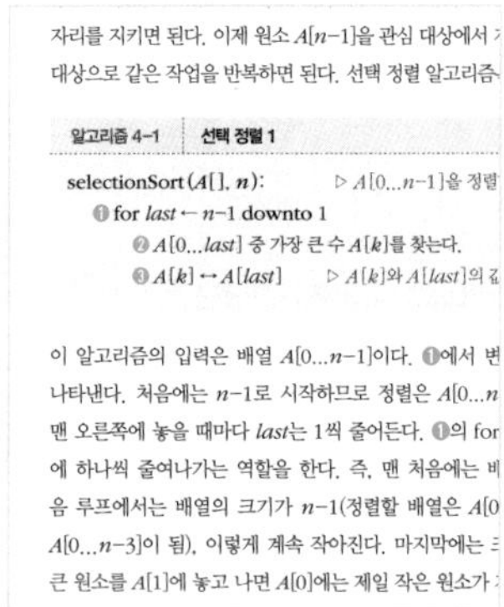

알고리즘

알고리즘을 가장 이해하기 쉬운 방식으로 구현합니다. 프로그래밍 언어와 유사한 형태도 있고 자연어 형태도 있습니다. 지나치게 투박한 형태는 알고리즘 스케치라 합니다.

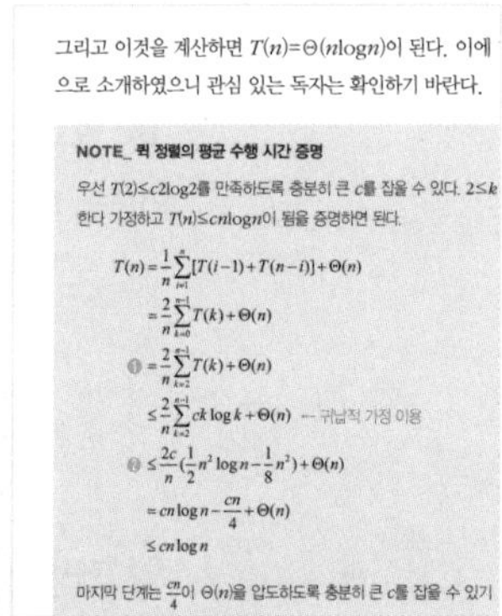

NOTE와 난이도

본문에 대한 보충 설명, 관련 용어 등을 정리했습니다. 고급 과정에서 다룰 만한 내용을 포함한 절이나 연습문제 앞에는 별표(★)를 달아 난이도를 표시했습니다.

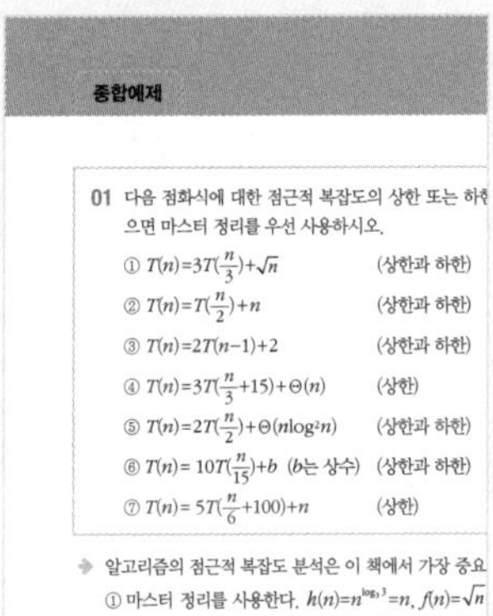

종합예제

장에서 배운 내용을 종합 정리해보는 예제입니다. 먼저 풀이 방식을 고민해본 후 해설과 비교하여 부족한 부분을 한 번 더 다질 수 있습니다.

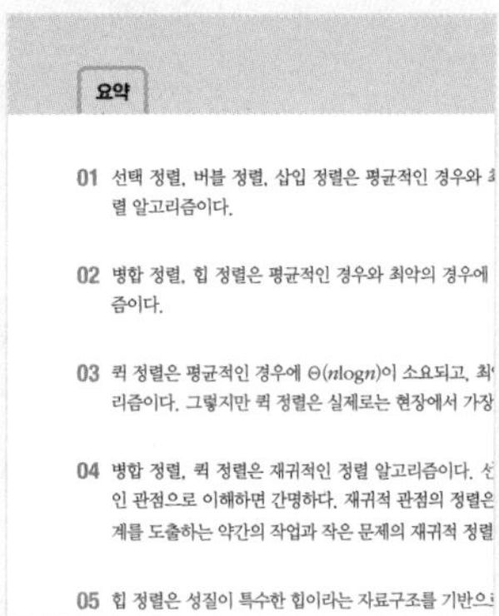

요약/연습문제

장이 끝날 때마다 핵심 내용을 요약 정리한 후 다양한 문제를 풀면서 응용력을 기를 수 있습니다.

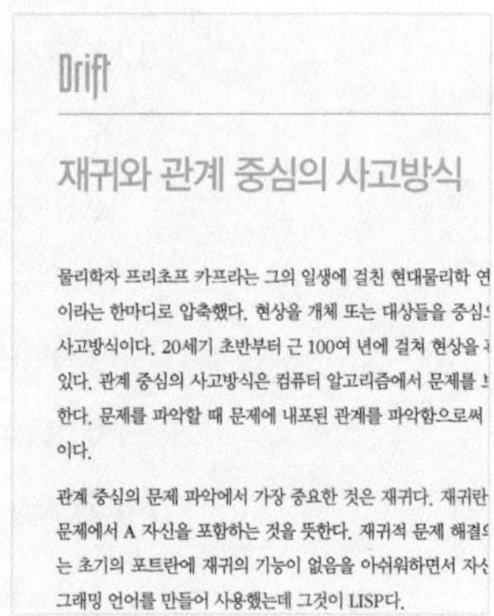

Drift

알고리즘과 문제 해결에 관한 시야를 넓히는 데 도움이 되는 알고리즘 일화나 필자의 생각을 담았습니다.

차례

Chapter 01 알고리즘이란

Chapter 02 알고리즘 설계와 분석의 기초

Chapter 03 점화식과 알고리즘 복잡도 분석

Chapter 04 정렬

차례

Chapter 06 검색 트리

차례

Chapter 07 해시 테이블

Chapter 08 집합의 처리

Chapter 09 동적 프로그래밍

Chapter 10 그래프

차례

Chapter 11 그리디 알고리즘

Chapter 14 상태 공간 트리의 탐색

이 책의 알고리즘

이 책의 알고리즘

Chapter

01

알고리즘이란

학습목표

- 알고리즘의 필요성과 자료구조와의 관계를 이해한다.
- 이 책에서 사용하는 알고리즘 표기법을 이해한다.

PREVIEW

생각하는 방법을 터득한 것은
미래의 문제를 미리 해결한 것이다.

해결해야 할 어떤 문제를 앞에 놓고 막막했던 적이 있을 것이다. 기본 지식이 부족해 문제가 무엇인지 파악조차 되지 않는 경우가 가장 참담하다. 문제는 파악했지만 해결책이 막연한 경우도 여전히 당황스럽다. 설사 문제를 해결했더라도 그 해결책이 효율적이지 않을 수 있다. 어떤 해결책은 10초가 소요될 때, 어떤 해결책은 1년이 걸릴 수도 있다.

01 알고리즘은 작업 과정의 묘사

알고리즘Algorithm은 이븐 무사 알-콰리즈미라는 9세기 이란의 과학자 이름에서 유래했다. 원어로는 al-Khwarizmi인데 이것이 12세기 라틴어 Algoritmi, 17세기 불어 Algorithme이 되었고, 현재의 영어 Algorithm이 되었다. 영어 발음상으로는 '알고리듬'에 더 가깝지만 우리나라에서 수십 년 동안 '알고리즘'으로 통용되어온 탓에 필자가 바꾸기에는 역부족이다.

웹스터 사전에서 알고리즘의 정의를 찾아보면 "수학적 문제를 풀기 위한 과정"이라고 되어 있다. 일반인용으로 대충 정의한 느낌이다. 위키피디아에는 "특정한 클래스의 문제를 풀거나 계산을 위한 엄밀한 명령의 제한된 순서"라고 적혀 있다.

알고리즘은 "어떤 작업을 수행하기 위한 과정을 애매하지 않게 기술한 것"을 말한다. 컴퓨터 계산 환경에 좀 더 어울리게 표현하면 "어떤 작업을 수행하기 위해 입력을 받아 출력을 만들어내는 과정을 애매하지 않게 기술한 것"이라 할 수 있다. 알고리즘을 설계하기 위해서는 우선 해야 할 작업을 명확하게 명시해야 한다. 설계하려는 알고리즘이 '무엇을' 하는지는 입력과 출력으로 명시할 수 있다.

예를 들어, 학생 100명의 시험 점수를 입력으로 받아 최고점을 출력하는 작업을 한다면 입출력을 다음과 같이 표현할 수 있다.

- **입력**: 100개의 점수
- **출력**: 입력된 100개의 점수 중 최댓값

이 입출력을 다음과 같이 좀 더 구체적으로 표현할 수도 있다.

- **입력**: 100개의 변수 $x[1], \cdots, x[100]$의 값
- **출력**: $x[1], \cdots, x[100]$ 중 최댓값

이런 입출력을 요구하는 알고리즘은 대략 형태가 다음과 같을 것이다.

```
maxScore(x[], n):
    x[1...n]의 값을 차례대로 보면서 최댓값을 계산한다,
    return 위에서 찾은 최댓값
```

이런 쉬운 문제도 있지만 어려운 문제도 많다. 다음은 초보적인 알고리즘을 사용해 해결할 수 있는 예다.

- **입력:** 서울시 지하철 노선도, 출발역, 도착역
- **출력:** 출발역에서 도착역까지 가는 최단 경로

반면, 다음 문제는 좀 더 수준 높은 알고리즘으로 해결할 수 있다.

- **입력:** n개의 행렬과 각 행렬의 차원
- **출력:** 이 행렬들을 모두 곱하기 위해 가장 빨리 끝나는 곱셈 순서

심지어 다음 문제는 현존하는 어떤 알고리즘으로도 현실적인 시간 내에 최적의 해를 보장할 수 없다.

- **입력:** 어떤 영업사원이 방문해야 할 고객 n명의 위치
- **출력:** 이 고객들을 모두 방문하고 돌아오는 가장 짧은 경로

이렇게 알고리즘이 다루는 문제는 다양하고 난이도의 폭이 넓다. 이런 문제들에 대한 해결 과정을 모호하지 않게 묘사하는 것이 알고리즘이다.

앞에서 언급한 알고리즘 maxScore()로 돌아가보자. 아래 maxScore()에서 하늘색으로 표시한 서술적 표현을 필요한 수준까지 더 구체화할 수 있다. 실제 알고리즘을 만들 때는 점진적으로 구체화하는 과정을 거쳐 모호함이 없는 수준에서 마무리한다. 함수나 서브루틴도 구체화 과정에서 도입되는 것이다.

```
maxScore(x[], n)
    x[1...n]의 값을 차례대로 보면서 최댓값을 계산한다.
    return 위에서 찾은 최댓값
```

알고리즘은 명확하고 효율적으로 설계해야 한다. 알고리즘이 명확하다는 것은 모호하지 않고 이해하기 쉽다는 뜻이다. 특정 프로그래밍 언어로 변환하는 데 어렵지 않을 정도가 되어야 한다. 그렇다고 해서 특정한 프로그래밍 언어의 문법에 맞추라는 것은 아니다. 이것은 오히려 명확성을 해칠 수 있다. 명확하다는 것과 자세하다는 것을 혼동하지 말자. 명확하게 표현한답시고 지나친 세부 사항을 기호로 구구절절 기술하는 것은 오히려 알고리즘의 명확성을 떨어뜨린다. 또 이 명확성이라는 것은 알고리즘을 읽는 사람의 수준도 고려해야 한다. 컴퓨터 프로그램에 익숙한 독자들이라면 알고리즘의 중간에 "배열 $A[1...n]$의 최댓값"과 같은 표현을 써도 괜찮다. 이 정도만 표기해도 독자가 나머지 세부 사항을 손쉽게 구현할 수 있다면 그냥 문장으로 기술해도 된다. 그러니 '모호하지 않다'는 것은 독자의 수준에 따라 상대적이다.

또 알고리즘은 가능하면 효율적이어야 한다. 알고리즘은 궁극적으로는 컴퓨터로 구현되므로, 컴퓨터의 빠른 처리 능력을 감안하면 아무리 복잡한 알고리즘도 입력의 크기가 작으면 금방 끝나버린다. 그러므로 관심의 대상이 되는 것은 입력의 크기가 충분히 클 때다. 충분히 큰 입력에서는 알고리즘의 효율성에 따라 수행 시간이 크게 차이가 날 수 있다. 같은 문제를 해결하는 데 100년이 걸리는 알고리즘도 있고 1분이 걸리는 알고리즘도 있을 수 있다. 입력이 충분히 큰 경우에 대한 분석을 점근적 분석Asymptotic Analysis이라고 하는데, 고등학교의 수학에서 배우는 $\lim_{n \to \infty}$와 비슷하다고 보면 된다.

그림 1-1 같은 문제를 해결하는 데 100년이 걸리는 알고리즘 vs. 1분이 걸리는 알고리즘

02 알고리즘은 생각하는 방법의 훈련

알고리즘을 명확하고 효율적으로 설계하고, 알고리즘의 효율성을 분석하는 작업이 이 책의 주 내용이다. 독자들은 이 과정을 충실히 학습함으로써 체계적이고 효율적으로 생각하는 훈련을 하게 된다. 이 훈련을 함으로써 생각하는 능력이 성장하면 마냥 복잡해 보이던 것들이 점점 간명하게 보인다. 어떤 문제를 해결하기 위해 중요한 것과 중요하지 않은 것을 구분할 수 있고, 문제도 단순화해서 볼 수 있다. 다른 사람의 아이디어 효율성을 판단할 수 있게 되고, 자신의 알고리즘이 최악의 경우나 평균적인 경우에 수행 시간이 얼마나 소요되는지도 판단할 수 있다.

이 책에서는 알고리즘으로 해결하는 다양한 문제를 소개할 것이다. 이런 문제들 자체를 해결하는 알고리즘을 배우는 일은 중요하다. 그러나 이보다 더 중요한 것은 문제 해결 알고리즘에 깃든 '생각하는 방법'이다. 어떤 문제에 대한 알고리즘 자체는 하나의 문제에 대한 해결책을 주지만, 그 속에 깃든 생각하는 방법은 미래에 다른 문제를 해결할 때 사용하는 사고의 기본적 빌딩 블록을 제공한다.

그림 1-2 알고리즘은 생각하는 방법을 훈련하는 도구

03 알고리즘은 자료구조의 확장

알고리즘으로 문제 해결 작업을 수행하기 위해 입력을 받아 원하는 출력을 만들어내는 과정을 기술할 때 자료구조는 부품 같은 역할을 한다. 건축물을 만들려면 건축 재료와 구조물에 대한 이해가 필요하다. 철근, 시멘트, 콘크리트, 강화유리, 벽돌 같은 재료의 질감과 내구성을 잘 알고 있어야 필요한 곳에 알맞은 재료를 사용하고 조합할 수 있다. 샷시, 철골, 거푸집, 배수 구조, 전기/인터넷 연결 구조 등에 대한 구성 지식도 필요하다. 마찬가지로, 자료구조를 몰라도 프로그램을 작성할 수 있지만 이는 재료의 속성이나 구조물의 구성 방법을 모르고 건축물을 만드는 것과 같다. 이 경우, 자동차를 만들 때 헤드라이트 모듈이 있다는 것을 몰라 자동차 어딘가에 선으로 연결하여 조잡하게 전등을 부착하는 것과 같은 일이 벌어질 수 있다. 빌딩을 지을 때도 철골이라는 재료가 있다는 것을 모르면 벽돌로 쌓거나 콘크리트를 부어 만들 수밖에 없을 것이다. 심지어 벽돌이나 콘크리트라는 재료가 있다는 것도 모른다면 더 유치한 건물이 될 것이다.

그림 1-3 부품(자료구조) 선택의 중요성

알고리즘 과목을 공부할 때는 기본적인 자료구조 이해는 갖추었다는 가정하에 시작한다. 일부 자료구조는 알고리즘 교재에서 중복으로 소개되기도 한다. 물론 좀 더 심화된 수준까지 들어간다. 필자는 알고리즘 과목 첫 시간에 항상 선수 과목으로 자료구조가 필요하다는 이야기를 하고, 자료구조에 대한 기본 이해가 없는데도 꼭 이 과목을 듣겠다면 혼자서 어느 정도 자료구조 공부를 병행하고 그 결과는 자신이 감수해야 한다고 말한다. 자료구조에 대한 기본 이해 없이 수강해서 최고 수준의 학점을 받는 학생도 있는 것을 보면 이 선수 과목의 결여가 극복할 수 없는 걸림돌은 아닌 것 같다.

자료구조는 프로그램으로 구현되고 사용되므로 자료구조를 학습하려면 프로그래밍 능력이 기본으로 필요하다. 자료구조를 구현·사용·결합하는 과정에서 수학적 사고도 크게 도움된다. 사고가 체계적일수록 자료구조를 사용한 결과물은 간명하고 관리하기 쉬워진다. 자료구조와 밀접한 관련이 있는 수학은 수열, 수학적 귀납법 등을 포함하는 이산 수학이다. [그림 1-4]는 알고리즘, 자료구조, 프로그래밍, 이산 수학의 관계를 나타낸다.

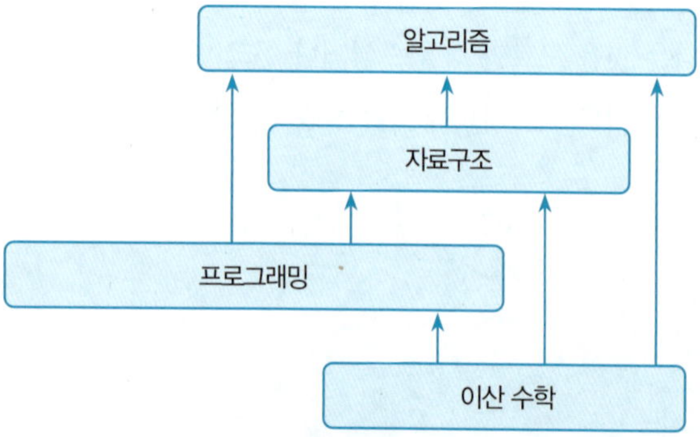

그림 1-4 알고리즘, 자료구조, 프로그래밍, 이산 수학의 관계

> **NOTE_ 이 책에서 사용하는 알고리즘 표기법**
>
> 알고리즘을 만들 때는 명시된 입력으로부터 원하는 출력을 만들어내는 과정을 애매하지 않게 기술해야 한다. 이 목적이 효과적으로 달성된다면 표기법은 부차적인 문제다. 알고리즘을 표기하는 방법은 하나로 정해져 있지 않으며 자연어를 이용한 서술적 표현, 순서도를 이용한 도식화, 프로그래밍 언어를 이용한 구체화, 가상코드를 이용한 추상화 등 다양한 표기 방법이 있다.
>
> 이 책에서는 프로그래밍 언어의 문법을 상당 부분 차용하되 중괄호 대신 들여쓰기로만 묶음을 구분하고, 문장 끝에 세미콜론(;)도 쓰지 않는 형태로 알고리즘을 표현한다. 문장, 제어문을 구분하는 대부분의 표기를 생략하지만 함수 시작을 나타내는 표기로 콜론(:)을 쓴다. if 뒤의 then도 생략한다. else가 필요하면 then 없이 if-else로 쓴다. while과 같은 제어문도 while 루프에 속하는 문장을 while 아래에 들여쓴다. i++와 같은 간명한 표기나 A[] 같은 배열 표기는 그대로 따른다. 주석은 ▷로 시작한다.

Drift

알고리즘 단어의 유래: 알-콰리즈미

무하마드 이븐 무사 알-콰리즈미al-Khwarizmi는 이란의 아바스왕조 시대 바그다드에서 활동한 과학자로 수학, 천문학, 지리학에 능통했다. 사람들은 그를 "근대 수학의 아버지"라고 부른다.

아랍어로 al-Khwarizmi는 '콰리즈미 지방에서 온' 정도로 풀이할 수 있다. 콰리즈미는 지금의 우즈베키스탄 지방으로 당시에는 이란 왕국에 속해 있었다.

알고리즘Algorithm과 대수학Algebra이란 단어는 그로부터 유래한다. 그는 9세기 초『이항과 환산에 의한 계산에 관한 요약』이란 수학책을 썼다. 사람들이 이 책의 제목을 줄여서 알 자브르al-jabr라 했는데 이것이 영어의 Algebra(대수학, 알지브라)란 단어가 되었다. 12세기에는 그가 쓴 책을 번역한『Algoritmi de numero Indorum』이 출간되었는데, 이 책의 제목은 'Algoritmi on the numbers of the Indians'란 뜻이다. 여기서 첫 단어 Algoritmi는 그의 성 알-콰리즈미를 라틴화한 단어다. 이 단어는 17세기 프랑스에서 Algorithme로 바뀌었고, 영어에서 이를 차용하여 지금의 Algorithm이 되었다.

알-콰리즈미 생존 당시 이란은 아바스왕조 시대로 문화의 전성기였다. 아바스왕조는 바그다드를 수도로 삼고 학문을 크게 장려하였다. 당시 세계 최고이자 최대의 도서관인 바그다드 도서관에서는 전 세계 도서를 번역·소장하였다. 각국의 학자들이 이런 환경에 자극받아 바그다드로 몰려들어 바그다드는 20세기 초 파리와 같은 자유분방한 분위기였다고 한다. 이때 알-콰리즈미는 바그다드 도서관 소속의 학자였던 것으로 추정된다.

알-콰리즈미의 고향은 오늘날 우즈베키스탄에 속한 지역이다. 우즈베키스탄은 구소련에서 독립한 신생국가 중 하나로 러시아와의 사이에 카자흐스탄을 두고 있고, 이란과의 사이에 튀르크메니스탄과 아프가니스탄을 두고 있다. 또한 중국과의 사이에 키르기스스탄, 타지키스탄을 두고 있다. 튀르크인의 최초 거주지로 알타이산맥 북서쪽, 천산산맥 북쪽, 아랄해 주변, 카스피해 동부 등이 거론되는데 이들과 관계 있는 대표적인 지역이 우즈베키스탄이다. 튀르크인이 세운 최초의 제국인 흉노 제국의 중요한 무대였으며, 나중에 이란 아바스왕조 시대에 무슬림화되었다. 흉노 제국의 후예인 튀르크인이 세운 나라들이 커지거나 다른 나라에 밀리는 과정에서 서쪽으로 이동하게 되는데 대표적인 제국들이 돌궐(튀르크), 위구르, 셀주크 튀르크, 오스만 튀르크 등이다. 이 중 셀주크 튀르크는 아바스왕조를 무너뜨린다. 마지막 튀르크 제국인 오스만 튀르크는 비잔틴 제국(동로마 제국)을 무너뜨리고 대제국을 건설하였으나 이후 세가 줄어들면서 축소되었고, 결정적으로 제1차 세계대전에서 독일-오스트리아 편에 서는 잘못된 선택을 함으로써 쇠락하여 현재의 튀르키에가 되었다. 영화 〈아라비아의 로렌스〉는 튀르키에에 저항하는 아랍인들을 돕는 영국 장교 이야기다. 오스만 튀르크의 잔영을 느끼게 하는 영화다. 현재 중앙아시아에 속한 대부분의 신생 독립국들(우즈베키스탄, 카자흐스탄, 튀르크메니스탄 등)과 튀르키에가 대표적인 튀르크인들의 나라다. 튀르키에는 자신들의 근원이 흉노 제국에 있다고 역사에 기록한다. 현재 터키 육군은 흉노 제국의 창건자 묵돌이 정규군을 조직하고 즉위한 기원전 209년을 터키 육군 창건의 해로 지정하고 있다. 나라 이름도 터키에서 튀르키에로 바뀌었다.

우리는 유럽 역사와 중국 역사를 중심으로 본 세계관에 익숙해 아랍과 튀르크인들의 역할을 과소평가하는 경향이 있다. 세계 최초의 문명인 메소포타미아문명의 발원지는 아랍 지역이었고 이로부터 최초의 고대 문명국가라 할 수 있는 수메르가 탄생하였다. 중세 아랍은 동서를 잇는 학문의 가교지였다. 우리가 아라비아 숫자라고 부르는 현대의 수 체계는 앞에서 언급한 책 제목에서도 나타나듯이 인도에서 유래한 것이다. 유럽은 아랍을 통해 이 수 체계를 받아들여 그것을 아라비아 숫자라고 부를 정도다. 이처럼 동서양의 가교로서 찬란한 과학의 역사를 자랑했던 아랍의 지금 몰골을 그 선조들이 본다면 어떻게 여길까?

◀ 무하마드 이븐 무사 알-콰리즈미

Chapter

02

알고리즘 설계와 분석의 기초

학습목표

- 알고리즘을 설계하고 분석하는 몇 가지 기초 개념을 이해한다.
- 가장 기초적인 알고리즘의 수행 시간을 분석할 수 있도록 한다.
- 점근적 표기법을 이해한다.

PREVIEW

전혀 새로운 아이디어를 갑자기 착상하는 일이 자주 있다.
하지만 그것을 착상하기까지 오랫동안 끊임없이 문제를 생각한다.
오랫동안 생각한 끝에 갑자기 답을 착상하게 되는 것이다.

라이너스 폴링

이 장에서는 문제를 해결하는 과정을 기술하는 수단인 알고리즘을 설계하고 알고리즘의 효율성을 분석하는 기본기를 배운다. 알고리즘은 그 자체로도 충분히 유용하지만 그 속에 깃든 여러 가지 생각하는 방법, 자료구조, 테크닉 등을 부산물로 습득하게 된다. 알고리즘의 설계와 분석은 체계적으로 생각하는 훈련을 하기에 더없이 좋은 도구다. 이 과정에서 체계적으로 사고할 수 있는 빌딩 블록을 구축하게 되어 향후 컴퓨터나 관련 분야의 연구자 또는 개발자로서 지적인 기반을 쌓을 수 있을 것이다.

다양한 문제를 해결하기 위한 알고리즘을 공부하고 성공적인 설계와 분석의 경험이 누적되면 지적인 추상화의 레벨이 높아져 문제를 간명하게 볼 수 있는 눈이 생기고, 문제의 핵심과 해결 방안에 고도의 직관을 갖게 된다. 지적 추상화란 여러 계층의 개념들이 누적되어 이들과 새로운 요소를 결합해 점점 고도의 개념을 쌓아나가는 것이다. 알고리즘 분야뿐 아니라 다른 분야에서도 전문가가 되기 위해서는 이런 지적 추상화의 과정을 거쳐야 한다. 높은 추상화 레벨은 연구나 개발에서 정신적인 여유를 갖는 데 매우 중요한 요소다.

이 장은 알고리즘이란 과목으로 이런 과정을 밟아가는 첫 단계에 해당한다.

01 알고리즘 분석을 위한 기초 개념

1 알고리즘 분석의 필요성

어떤 알고리즘을 설계하고 나면 이 알고리즘이 자원을 얼마나 소모하는지 효율성을 분석해야 할 때가 많다. 여기서 자원은 시간, 저장 공간, 네트워크 대역 등이 될 수 있다. 저장 공간이나 네트워크 대역도 주어진 상황에 따라 가장 중요한 요소가 되기도 하지만, 이 중 대표적인 자원은 시간이다. 자료구조나 알고리즘에서 효율성을 말할 때 99% 이상은 시간에 관한 것이다. 이 책에서도 알고리즘의 성능은 대부분 시간과 관련되어 있다.

알고리즘의 시간 분석은 작동 방식에 따라 예상되는 작업량의 증가를 수학적 개념으로 설명하는 시간 복잡도로 표현할 수 있고, 최악의 경우와 평균적인 경우를 대표적으로 분석한다. 시간 분석을 통해 알고리즘이 어느 정도의 입력에서 어느 정도의 시간이 필요한지 미리 짐작할 수 있다. 예를 들어 디스크에 있는 3,000만 명의 고객 레코드를 한 시간 내에 생년월일 순으로 정렬하라는 요구를 받았을 때, 사용하고자 하는 알고리즘의 소요 시간이 입력의 크기에 대해 어떤 비율로 비례하는지 안다면 주어진 시간에 요구하는 작업을 완료할 수 있을지 여부를 대략 짐작할 수 있다.

4장에서 정렬과 관련된 다양한 알고리즘을 소개한다. 입력의 크기가 n일 때, 최악의 경우 n^2에 비례하는 시간을 소모하는 알고리즘도 있고 $n\log n$에 비례하는 알고리즘도 있다. 특수한 조건을 만족하는 경우에는 n에 비례하는 시간이 소요되기도 한다. 이처럼 같은 문제에서도 효율 면에서 아주 큰 차이가 나는 다양한 알고리즘이 존재한다. 알고리즘 학습은 그 자체도 의미가 있지만, 이를 학습하는 과정에서 얻을 수 있는 여러 가지 기법과 생각하는 방법 등의 부산물도 그에 못지않게 중요하다.

2 알고리즘의 수행 시간

알고리즘의 수행 시간은 입력의 크기에 대해 시간이 얼마나 걸리는지로 표현한다. 입력의 크기는 대부분 분명하다. 정렬의 경우, 정렬하고자 하는 원소의 수가 입력의 크기다. 도시 간 최단 거리를 구한다면 도시의 총수와 도시 간 간선(도로)의 총수가 입력의 크기다. 도로의 분기점을 고려하면 분기점의 총수가 기준으로 적당하다. 팩토리얼을 구하는 경우에는 팩토리얼을 구하고자 하는 자연수의 크기가 입력의 크기가 된다.

입력의 크기가 n인 경우에 간단한 연산으로 계산할 수 있는 알고리즘의 예를 몇 개 살펴보자.

■ **알고리즘 예 1**

```
sample1(A[], n):
    k = ⌊n/2⌋
    return A[k]
```

$\lfloor n/2 \rfloor$을 계산해서 k에 할당하고 $A[k]$ 값을 리턴하는 알고리즘이다. 입력 배열의 크기 n에 상관없이 일정한 시간(상수 시간)이 소요된다.

■ **알고리즘 예 2**

```
sample2(A[], n):
    sum ← 0
    for i ← 1 to n
        sum ← sum + A[i]
    return sum
```

배열 $A[1...n]$의 모든 원소를 더하는 알고리즘이다. for 루프를 제외한 나머지 부분은 상수 시간이 소요되므로 for 루프가 시간을 지배한다. for 루프는 n번 반복되고 각 루프에서는 단순한 덧셈만 하므로 상수 시간이 소요되어 for 루프 관련 수행 시간은 n에 비례한다. 따라서 알고리즘의 수행 시간은 n에 비례한다.

■ **알고리즘 예 3**

```
sample3(A[], n):
    sum ← 0
    for i ← 1 to n
        for j ← 1 to n
            sum ← sum + A[i] * A[j]
    return sum
```

배열 $A[1...n]$의 모든 원소 쌍을 곱한 합을 구하는 알고리즘이다. for 루프가 총 $n \times n = n^2$ 번 반복되고 각 루프에서는 덧셈 한 번과 곱셈 한 번, 즉 상수 시간 작업이 수행된다. 그러므로 알고리즘의 총 수행 시간은 n^2에 비례한다.

■ 알고리즘 예 4

```
sample4(A[], n):
    sum ← 0
    for i ← 1 to n
        for j ← 1 to n
            ❶ k ← A[1...n]에서 임의로 ⌊n/2⌋개를 뽑을 때 이들 중 최댓값
            ❷ sum ← sum + k
    return sum
```

[알고리즘 예 3]과 비슷한 구조로 for 루프를 n^2번 반복하면서 매번 배열에서 반을 임의로 뽑아 그중 최댓값을 계속 더하는 알고리즘이다. 이 책의 알고리즘에서는 들여쓰기로 덩어리를 구분하므로 ❶과 ❷는 for j ← ...의 루프에 속한다.

크기가 n인 배열에서 $\lfloor n/2 \rfloor$개를 뽑으면서 이들 중 최댓값을 구하는 것은 $n/2$에 비례하는 시간이 든다. 이것은 n에 비례하는 시간이다. 즉, ❶을 수행하는 데 n에 비례하는 시간이 든다. 여기서 $\lfloor n/2 \rfloor$ 시간이 든다고 하는 대신 n에 비례하는 시간이 든다고 한 것을 기억하기 바란다. 알고리즘의 복잡도를 계산할 때 n에 비례하는 시간이 든다는 사실이 중요하지, n의 반($n/2$)이란 사실은 별로 중요하지 않다. 전체적으로 for 루프의 반복 횟수와 ❶의 수행 시간이 시간을 좌우하므로 총 수행 시간은 $n^2 \times n = n^3$에 비례한다.

■ 알고리즘 예 5

```
sample5(A[], n):
    sum ← 0
    for i ← 1 to n-1
        for j ← i + 1 to n
            ❶ sum ← sum + A[i] * A[j]
    return sum
```

배열 $A[1...n]$에서 $i < j$인 모든 원소 쌍의 곱을 합산하는 알고리즘이다. 2개의 for 루프가 중첩된 구조다. for 루프의 가장 안쪽에 있는 ❶은 상수 시간이 드는 간단한 작업이다. 따라서 for 루프의 총 반복 횟수가 수행 시간을 좌우한다. 바깥 for 루프에서 $i=1$일 때 안쪽 for 루프가 $n-1$회 반복되고, 바깥 for 루프에서 $i=2$일 때 안쪽 for 루프가 $n-2$회 반복되고, …, 마지막으로 바깥 for 루프에서 $i=n-1$일 때 안쪽 for 루프가 1회 반복된다. 따라서 for 루프의 총 반복 횟수는 $(n-1)+(n-2)+y+2+1=\frac{n(n-1)}{2}$이 되어 n^2에 비례한다. 알고리즘의 총 수행 시간은 n^2에 비례한다.

지금까지는 알고리즘 자체에서 어떻게든 분석이 끝나는 예였지만, 자기호출이 일어나는 경우에는 조금 달라진다. 다음은 자기호출 알고리즘으로, 앞의 예들처럼 단순 산술로는 분석되지 않는다. 우선 ❶에서 재귀적으로 계속 호출되는 상황을 고려하지 않으면 알고리즘은 단순한 상수 시간이 소요된다. 이 알고리즘에서 함수 factorial()을 호출할 때 호출을 제외한 주변은 상수 시간이 소요되므로 함수 factorial()이 총 몇 번 호출되는지(얼마나 깊이 반복되는지)가 시간을 좌우한다. factorial(n)이 factorial($n-1$)을 호출하고, factorial($n-1$)이 factorial($n-2$)를 호출하고, …, factorial(2)가 factorial(1)을 호출한다. factorial(1)은 ❶에 이르지 못하고 첫 행에서 끝나버린다. factorial()의 총 호출 횟수는 n이다. 그러므로 알고리즘의 총 수행 시간은 n에 비례한다. 팩토리얼은 가장 유명하면서도 단순한 자기호출의 예다.

```
factorial(n):
    if (n=1) return 1
  ❶ return n * factorial(n−1)
```

자기호출 구조가 좀 복잡해지면 알고리즘의 수행 시간 분석도 복잡해진다. 나중에 이보다 더 복잡한 경우를 분석하는 예를 제시할 것이다.

알고리즘의 시간을 분석할 때는 수행 시간을 지배하는 부분이 어디인지 파악하는 일이 우선이다. 앞의 예들에서는 for 루프의 회전 횟수, 특정 라인의 수행 횟수, 함수의 호출 횟수 등이 이에 해당한다. 4장의 정렬에서는 주로 두 수를 비교하는 횟수가 기준이 된다. 다양한 입력에 대해 알고리즘의 수행 시간이 얼마나 소요될 것인가? 이것은 아주 중요한 질문이다.

알고리즘의 시간 복잡도를 나타낼 때는 점근적 표기를 쓴다. 점근적 복잡도Asymptotic Complexity 란 입력의 크기가 충분히 클 때의 복잡도다. 입력의 크기 n에 대해 항상 n^2에 비례하는 시간이 든다면 $\Theta(n^2)$의 시간이 든다고 표현한다. 기껏해야 n^2에 비례하는 시간이 든다면 $O(n^2)$이라고 표현한다. 적어도 n^2에 비례하는 시간이 든다면 $\Omega(n^2)$이라고 표현한다. 이어지는 2개의 절에서는 이런 점근적 표기에 대해 소개한다.

3 재귀(자기호출)와 귀납적 사고

자기호출은 컴퓨터 과학 이론의 근간을 이루는 중요한 개념이다. 자기호출은 어떤 문제를 해결하는 과정에서 자신과 똑같지만 크기가 다른 문제를 발견하고 이들의 관계를 파악함으로써 문제 해결에 간명하게 접근하는 방식이다. 이 책의 상당한 부분이 자기호출과 관련이 있다.

얼핏 재귀를 대학에서 처음으로 접한다고 생각할 수 있지만 이와 관련된 훈련은 고등학생 때부터 이미 해왔다. 고등학교 수학에서 배우는 수학적 귀납법이 재귀와 관련이 깊다. 수열의 점화식도 재귀의 기초적인 형태다. 재귀란 성격이 같지만 크기가 다른 문제 간의 '관계'를 파악하는 것이다.

대부분의 프로그래밍 언어는 함수 내부에서 자신을 호출하는 자기호출 기능을 제공한다. 영어로는 recursion이라고 한다. 우리말로는 보통 재귀라고 하는데, 이 말이 직관적으로 와닿지 않아 이 책에서는 보다 직관적인 용어인 '자기호출'과 섞어서 쓴다. 이런 의미에서, 알고리즘은 관계 중심의 사고방식을 훈련하는 도구이기도 하다.

자기호출의 개념이 여러 장에서 사용되지만 가장 대표적으로 사용하는 장은 정렬을 다루는 4장이다. 여러 가지 정렬 중 병합 정렬과 퀵 정렬은 자기호출이 명시적으로 사용되는 예이고, 힙 정렬에서도 자기호출이 일부 사용된다. 일반적으로 자기호출과 별 관계없이 생각하는 선택 정렬, 버블 정렬, 삽입 정렬도 재귀적 관점에서 보면 훨씬 이해하기 쉽다. 4장에서 이런 정렬을 소재로 생각하는 방법을 배운다.

자기호출을 이용하는 알고리즘의 정당성은 수학적 귀납법과 관련이 깊다. 수학적 귀납법이란 자신보다 작은 문제에 대해 결론이 옳음을 가정하고 자신과 이 작은 문제의 관계를 통해서 자신에게도 결론이 옳음을 보이는 것이다. 재귀 알고리즘이 자신보다 작은 문제를 자기호출하는 것은 수학적 귀납법에서 자신보다 작은 문제에 대해 결론이 옳음을 가정하는 것과 일치한다. 즉, 자신보다 작은 문제에서는 이 알고리즘이 제대로 작동한다고 가정하는 것이다. 자기호출을 이용하는 알고리즘에서 자기호출을 제외한 나머지 부분은 대부분 크기가 다른 문제 간의 관계를 반영하는 것이다.

그림 2-1 자기호출의 개념이 담긴 마트료시카

[알고리즘 2-1]은 자기호출과 관계를 반영한 예로, 4장에서 배울 대표적인 자기호출 알고리즘인 병합 정렬에 해당한다.

알고리즘 2-1 병합 정렬

```
mergeSort(A[], p, r):   ▷ A[p...r]을 정렬한다.
    if (p < r)
        ❶ q ← ⌊(p+r)/2⌋            ▷ p, r의 중간 지점 계산
        ❷ mergeSort(A, p, q)       ▷ 전반부 정렬
        ❸ mergeSort(A, q+1, r)     ▷ 후반부 정렬
        ❹ merge(A, p, q, r)        ▷ 병합

merge(A[], p, q, r):
    정렬되어 있는 두 배열 A[p...q]와 A[q+1...r]을 합쳐
    정렬된 하나의 배열 A[p...r]을 만든다.
```

[알고리즘 2-1]은 배열 $A[p...r]$에 있는 수를 정렬한다. ❶에서 정렬하고자 하는 배열의 중간 지점을 계산해 전체 배열을 이등분한다. ❷와 ❸에서 이등분된 두 배열을 각각 재귀적으로 정렬한다. ❹에서는 이렇게 정렬된 두 배열을 합쳐서 하나의 정렬된 배열을 만든다. 정리하면, ❷와 ❸은 자기호출에 해당하고, ❶과 ❹는 크기가 n인 배열과 이를 이등분한 배열 간의 관계를 반영한다.

4 알고리즘으로 해결할 수 있는 문제

알고리즘으로 푸는 문제는 실로 다양하다. 그중 몇 가지만 예를 들어보자.

- 자동차에서 사용하는 내비게이션에서 가장 중요한 기능은 두 지점 간의 최단 경로나 최단 시간이 걸리는 경로를 찾는 것이다. 이것은 이 책에서 배우는 최단 경로 알고리즘을 기본형으로 한다. 최단 경로 알고리즘은 가장 기본적인 알고리즘이지만 여기에 제약 사항들을 추가해 변형해야 하므로 어설프게 설계하면 개발하기가 쉽지 않다. 게다가 각 도로의 교통 상황을 실시간으로 제공하려면 더욱 복잡한 최단 경로 알고리즘이 필요하다.
- ATM(현금자동입출기)은 은행뿐만 아니라 편의점이나 지하철역에도 설치되어 있다. 다양한 주체들이 ATM을 상업적으로 운용하고 있는데 어떤 회사는 200억 원의 자금으로 2,000여 대의 ATM을 운용한다. 고객이 ATM에서 돈을 찾으려는데 기계 안에 돈이 하나도 없다면 수수료 수입이 줄어들 뿐만 아니라 이런 일이 잦으면 회사의 평판도 떨어진다. 또 기계에 돈이 필요 이상으로 많이 남아 있는 것도 자금 운용 효율을 떨어뜨린다. 한 기계에 돈을 채워 넣기 위해 인력이 한 번 방문하면 5만 원 정도의 인건비가 든다. 어떤 날에 어떤 기계에 돈을 얼마나 채워 넣을 것이며, 어떤 순서로 이 기계들을 방문할 것인가? 여기에도 스케줄링을 비롯하여 알고리즘으로 해결해야 할 문제들이 포함되어 있다.
- 인간 게놈 프로젝트의 1차적 완성을 비롯해 생물학계의 연구 결과로 방대한 DNA 데이터가 누적되었다. 이 DNA 데이터에 존재하는 관계를 파악하는 과제가 알고리즘 설계자들에게 새로운 영역을 제공했다. 여러 가지 게놈 서열 간의 유사성을 파악하는 알고리즘, 여러 생물의 DNA에서 최적의 진화 계통도를 만들어내는 알고리즘 등 실로 다양한 요구가 존재한다.
- 인터넷에는 수조 페이지 이상의 데이터가 존재한다. 이 데이터들 중에서 원하는 검색 결과를 최대한 빨리, 최대한 만족스럽게 제공하는 것은 아주 고난도의 알고리즘을 요구한다. 이때 효율적인 자료구조도 같이 요구하므로 좋은 알고리즘 응용 문제가 된다. 역사가 아주 오래된 '검색'이 인터넷 데이터의 폭발적 증가와 함께 다시 핫이슈가 되었다.

- 고객이 1,000만 명 이상인 신용카드 회사에서는 신용카드 사용 내역을 매달 우편이나 이메일로 고객들에게 통보한다. 이런 작업들은 순차적으로 진행하므로 모든 고객을 어떤 순서로 처리할지 결정해야 한다. 그리고 어떤 식이든 고객들이 정렬되어야 한다. 이 책에서 배우는 기본적이고 중요한 주제 중 하나다.
- 물건 하나를 만드는 공정은 여러 작업으로 구성된다. 작업 간에는 선후 관계가 존재하기도 하고, 그렇지 않기도 하다. 여러 가지 선후 관계를 만족시키면서 한 사람이 공정을 담당하려면 각 작업을 어떤 순서로 하면 될까? 대부분의 알고리즘 책에서 배우는 위상 정렬을 이용하면 간단히 해결할 수 있는 문제다.
- 신도시를 설계할 때 가스 파이프나 수도관은 어떻게 배치하는 것이 가장 효율적일까? 최소 신장 트리 등 여러 알고리즘이 개입할 여지가 많은 주제다.
- 하나의 반도체 칩에는 수천수만 개의 게이트가 존재할 수 있다. 이런 방대한 칩을 수동으로 설계하는 것은 불가능하다. 게이트의 배치와 게이트 간의 논리적 연결 구조를 설계 프로그램이 자동으로 결정한다. 또 각 게이트에 가능하면 시차가 없도록 클록을 공급하는 일도 중요하다. 꽤 복잡하고 다양한 알고리즘을 요구한다.

그림 2-2 최단 경로 알고리즘을 활용한 내비게이션

02 점근적 표기

1 점근적 표기의 개념

알고리즘의 효율성이 문제가 되는 경우는 입력의 크기가 충분히 클 때다. 그래서 알고리즘의 수행 시간은 항상 입력의 크기가 충분히 클 때 분석한다. 즉, 점근적 분석을 한다. 고등학교에서 배운 $\lim_{n\to\infty}$를 이용한 분석이 점근적 분석의 한 예다. 이 절에서는 변수의 크기가 충분히 큰 경우에 변수가 커짐에 따라 함수가 증가하는 비율을 표현하는 방법을 소개한다. 이를 함수의 점근적 증가율이라 하고, 그 표기법을 점근적 표기법이라 한다.

고등학교에서 배우는 무한의 개념을 사용하면 $\lim_{n\to\infty}\frac{2n^2+3n}{n}=2n+3$이다. 이것은 '함수 $f(n)=\frac{2n^2+3n}{n}$은 n이 충분히 커짐에 따라 $2n+3$의 비율로 증가한다'는 뜻이다. 이 장에서 배울 점근적 표기법은 이를 좀 더 간명화한다. 이 중 O-표기법을 사용하면 $\lim_{n\to\infty}\frac{2n^2+3n}{n}=2n+3=O(n)$이다. 이것은 '함수 $f(n)=\frac{2n^2+3n}{n}$은 n이 충분히 커짐에 따라 n에 대한 일차식의 비율로 증가한다'는 뜻이다. $\lim_{n\to\infty}$ 표기법에서는 함수의 차수와 계수를 다 중시하지만, 이 장에서 배울 표기법에서 계수는 중요하지 않다.

[그림 2-3]은 입력의 크기 n이 증가할 때 여러 함수가 어떤 모양으로 증가하는지를 나타낸다. n이 작을 때는 차이가 그리 크지 않지만 n이 커짐에 따라 차이는 극적으로 벌어진다.

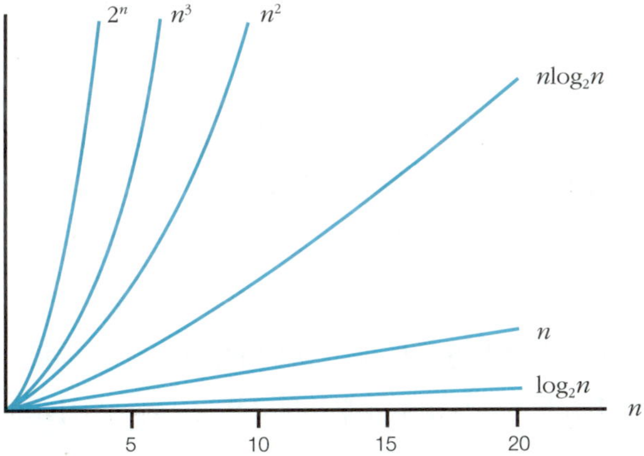

그림 2-3 여러 함수의 증가율 비교

이번에는 두 함수 $f(n)=10n$과 $g(n)=2n^2$이 n값이 변함에 따라 어떻게 변하는지 [표 2-1]에 요약하였다. n이 1이면 $f(n)$은 10, $g(n)$은 2다. n이 2이면 $f(n)$은 20, $g(n)$은 8이다. 여기까지는 이차 함수인 $g(n)$이 일차 함수인 $f(n)$보다 작다. 두 함수의 계수가 절대적인 영향을 미치고 있다. n이 10이면 $f(n)$은 100, $g(n)$은 200이다. 이제 이차 함수인 $g(n)$이 더 커졌지만 그리 큰 차이는 아니다. 이후로는 n이 커짐에 따라 두 함수의 값은 급격히 차이가 벌어진다. n이 백만이면 $f(n)$은 천만, $g(n)$은 2조다. n이 10^{20}이면 $f(n)$은 10^{21}, $g(n)$은 $2 \cdot 10^{40}$이다. 천문학적인 차이이다.

표 2-1 두 함수 10n과 2n²의 증가율 비교

n	10n	$2n^2$
1	10	2
2	20	8
10	100	200
100	1,000	20,000
1,000	10,000	2,000,000
10,000	100,000	200,000,000
100,000	1,000,000	20,000,000,000
1,000,000	10,000,000	2,000,000,000,000
10,000,000	100,000,000	200,000,000,000,000
…	…	…
10^{10}	10^{11}	$2 \cdot 10^{20}$
10^{20}	10^{21}	$2 \cdot 10^{40}$

이 표를 보면 n이 작을 때는 함수의 앞에 붙은 계수 10과 2가 두 함수의 차이에 영향을 많이 미치지만, n이 커짐에 따라 그 차이에 비해 계수의 영향은 미미함을 알 수 있다. 이 책에서 다루는 점근적 표기에서 계수를 무시하는 것은 이런 이유에서다.

앞의 설명에서 n은 입력의 크기에 대응되고 함수 $f(n)$, $g(n)$은 알고리즘의 수행 시간에 대응된다. 알고리즘의 수행 시간이 입력의 크기 n에 대해 함수 $f(n)=10n$에 비례한다면 $f(n)=\Theta(n)$이라 표기한다. 알고리즘의 수행 시간이 입력의 크기 n에 대해 함수 $g(n)=2n^2$에 비례한다면 $f(n)=\Theta(n^2)$이라 표기한다.

알고리즘을 분석하려고 입력의 크기로 무엇을 잡을지는 대부분 명확하다. 예를 들어, 여러 수를 크기순으로 정렬하는 알고리즘이라면 정렬하고자 하는 수의 개수가 입력의 크기가 된다. 그래프 알고리즘에서는 대부분 정점의 개수와 간선의 개수 둘을 입력의 크기로 사용한다.

앞으로 취급하는 모든 함수는 양의 값을 갖는다고 가정한다. 알고리즘의 소요 시간이나 자원의 소모량을 표현하는 함수이므로 음의 시간은 의미가 없기 때문이다.

점근적 표기법은 크게 다섯 가지가 통용되나 여기서는 [그림 2-4]에 제시한 대표적인 세 가지를 먼저 소개한다. 처음에는 이 부분을 수학적 표현 중심으로 엄밀하게 설명하려고 하였으나, 초반부터 과하게 부담을 줄 수 있다고 판단하여 먼저 직관적으로 접근한 다음 엄밀한 정의로 넘어가려 한다.

- O(빅오)-표기: 점근적 상한
- Ω(오메가)-표기: 점근적 하한
- Θ(세타)-표기: 점근적 동일

그림 2-4 대표적인 점근적 표기법

2 Θ-표기

알고리즘의 소요 시간이 입력의 크기 n에 대해 $\Theta(n^2)$이라면(Θ는 "세타[Theta]"라고 읽음) 대략 n^2에 비례하는 시간이 소요됨을 뜻한다. $\Theta(f(n))$은 점근적 증가율이 $f(n)$과 일치하는 모든 함수의 집합이다. 예를 들어, $5n^2+4n=\Theta(n^2)$이다. $5n^2+4n$에서 최고차항만 떼어내고 거기서 상수 인자(계수)를 제외하면 n^2이 된다. 즉, $5n^2+4n$의 증가율은 n^2의 증가율과 '점근적인 의미에서' 같다. 다시 말하면, $\Theta(f(n))$은 최고차항의 차수가 $f(n)$과 일치하는 함수의 집합이다. 예를 들어 $\Theta(n^2)$은 n^2, $3n^2-50$, $7n^2+15$, $2n^2+3n\log n$, $n^2+\sqrt{n}$ 등을 포함한다.

Θ-표기는 집합으로 정의되므로 $n^2+3\in\Theta(n^2)$으로 쓰는 것이 맞지만 보통 $n^2+3=\Theta(n^2)$으로 쓴다. 따라서 $5n^2=\Theta(n^2)$에서 =는 ∈의 대신이므로 $\Theta(n^2)=5n^2$과 같이 표현하면 안 된다. $\Theta(n^2)\in 5n^2$이 아니기 때문이다. 이어서 배울 O, Ω 표기법도 모두 집합으로 정의되며, 모두 ∈ 대신 =를 쓴다. 4장에서 배우는 정렬 알고리즘의 예를 들면 버블 정렬의 수행 시간은 $\Theta(n^2)$이고, 병합 정렬의 수행 시간은 $\Theta(n\log n)$이다.

3 O-표기

알고리즘의 소요 시간이 입력의 크기 n에 대해 $O(n^2)$이라면(O는 "오Oh"라고 읽음) 기껏해야 n^2에 비례하는 시간이 소요됨을 뜻한다. $O(f(n))$은 점근적 증가율이 $f(n)$을 넘지 않는 모든 함수의 집합이다. 예를 들어, $5n^2+4n=O(n^2)$이다. 즉, $5n^2+4n$의 증가율은 n^2의 증가율과 점근적인 의미에서 같으므로 $5n^2+4n=O(n^2)$이다. 또 $7n=O(n^2)$이라고 해도 된다. $7n$의 증가율은 n^2의 증가율보다 작기 때문이다. 다시 말하면, $O(f(n))$은 최고차항의 차수가 $f(n)$과 일치하거나 더 작은 함수의 집합이다. 예를 들어 $O(n^2)$은 n^2, $3n^2-50$, $n^2+\sqrt{n}$, $5n+15$, $2n+1$, $2n\log n+3n$, 500 등을 포함한다. 즉, 최고차 항의 차수가 2를 넘지 않는 모든 함수의 집합이다. O-표기는 함수의 점근적 상한을 나타낸다.

4 Ω-표기

알고리즘의 소요 시간이 입력의 크기 n에 대해 $\Omega(n^2)$이라면(Ω는 "오메가Omega"라고 읽음) 적어도 n^2에 비례하는 시간이 소요됨을 뜻한다. $\Omega(f(n))$은 점근적 증가율이 적어도 $f(n)$이 되는 모든 함수의 집합이다. 예를 들어, $5n^2+4n=\Omega(n^2)$이다. 즉, $5n^2+4n$의 증가율은 n^2의 증가율과 점근적인 의미에서 같으므로 $5n^2+4n=\Omega(n^2)$이다. 또 $7n^3=\Omega(n^2)$이라고 해도 된다. $7n^3$의 증가율은 n^2의 증가율보다 크기 때문이다. 다시 말하면, $\Omega(f(n))$은 최고차항의 차수가 $f(n)$과 일치하거나 더 큰 함수의 집합이다. 예를 들어 $\Omega(n^2)$은 n^2, $3n^2-50$, $5n^3+15$, $2n^2\log n+1$, $n^2+\sqrt{n}$ 등을 포함한다. 즉, 최고차 항의 차수가 2보다 작지 않은 모든 함수의 집합이다. Ω-표기는 함수의 점근적 하한을 나타낸다.

O-표기와 Ω-표기의 정의를 이용해 Θ-표기를 다음과 같이 정의할 수도 있다. 즉, $\Theta(g(n))$은 $O(g(n))$과 $\Omega(g(n))$ 모두에 속하는 함수의 집합이다.

$$\Theta(g(n)) = O(g(n)) \cap \Omega(g(n))$$

5 대표적인 점근적 표기의 직관적 이해

이 절에서는 대표적인 점근적 표기 세 가지를 직관적으로 설명했다. 이를 시각적으로 그려보자. [그림 2-5]는 O(), Ω(), Θ()가 커버하는 집합을 시각적으로 나타낸 것이다. 차수는 n^2을 예로 들었다. 그림의 $\Theta(n^2)$선은 최고차항이 n^2인 모든 함수를 뜻한다. 그리고 $O(n^2)$은 이를 포함하여 그 아래, $\Omega(n^2)$은 이를 포함하여 그 위를 뜻한다.

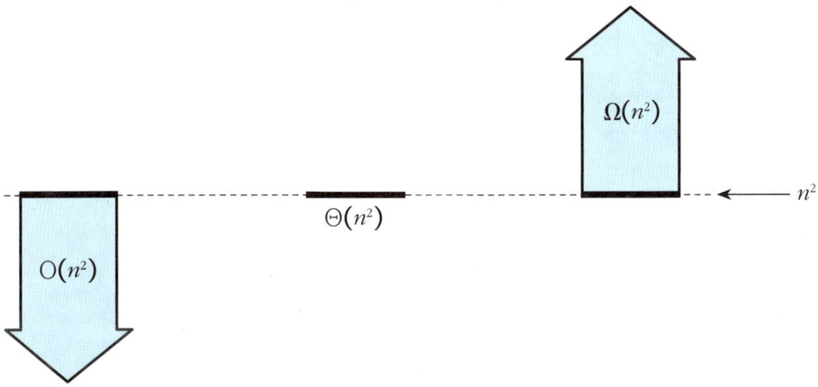

그림 2-5 대표적인 점근적 표기의 시각적 표현

03 점근적 표기의 엄밀한 정의

앞 절에서 대표적인 점근적 표기법 세 가지를 간단히 소개하였는데 이 정도 의미만 알아도 이 책에서 다루는 점근적 표기를 이해하는 데 그리 큰 문제는 없다. 여기서는 이들의 수학적 의미를 더 깊이 이해할 수 있도록 좀 더 엄밀하게 정의하고, 앞에서 소개하지 않은 다른 두 가지 점근적 표기법도 추가로 설명한다.

1 O-표기

O-표기는 다음과 같이 정의한다.

$$\mathrm{O}(g(n)) = \{f(n) \mid \exists c > 0,\ n_0 > 0\ s.t.\ \forall n \ge n_0,\ f(n) \le cg(n)\}$$

풀어서 말하면, 다음과 같다.

$\mathrm{O}(g(n)) = \{f(n) \mid$ 모든 $n \ge n_0$에 대하여
$f(n) \le cg(n)$인 양의 상수 c와 n_0가 존재한다$\}$

여기서 "모든 $n \ge n_0$에 대하여 …인 n_0가 존재한다"는 "충분히 큰 n에 대해서는 …이다"에 대한 전형적인 수학적 표현법이다. 이를 이용해서 이 정의를 좀 더 직관적으로 표현해보자.

$\mathrm{O}(g(n)) = \{f(n) \mid$ 충분히 큰 모든 n에 대하여
$f(n) \le cg(n)$인 양의 상수 c가 존재한다$\}$

즉, $\mathrm{O}(g(n))$은 충분히 큰 n에 대하여 $g(n)$에 상수만 곱하면 $g(n)$이 누를 수 있는(더 크거나 같아질 수 있는) 모든 함수의 집합이다. n^2에 3보다 크거나 같은 상수를 곱하면 n^2이 $3n^2$보다 크거나 같아질 수 있으므로 $3n^2$은 $\mathrm{O}(n^2)$에 속한다. 충분히 큰 n에 대해서는 상수와 관계없이 n^2이 $10n$보다 크므로 $10n$은 $\mathrm{O}(n^2)$에 속한다(아무 상수나 잡으면 되기 때문임). $\mathrm{O}(n^2)$에 속하는 함수의 예로 n^2, $n\log n$, n 등을 들 수 있다. 이 함수들 앞에 계수가 붙어 있어도 마찬가지다. 넉넉잡아서 이들의 계수보다 큰 상수를 n^2에 곱해버리면 무조건 n^2이 더 커지기 때문이다. 이들에 더 낮은 차수의 항이 추가로 붙어 있어도 마찬가지다.

어떤 알고리즘을 분석해서 소요 시간이 $O(n\log n)$이면 이는 해당 알고리즘의 소요 시간이 입력의 크기 n에 대하여 $n\log n$보다 점근적으로 가파르지는 않게 증가함을 뜻한다. $O(n\log n)$에 소요 시간이 $n\log n$과 같은 비율로 증가하는지 $n\log n$보다 더 완만하게 증가하는지에 대한 정보는 없다. $n\log n$보다 점근적으로 나쁘지 않다는 것만 확실하다. 즉, O-표기는 엄밀한 상한이 될 수도 있고, 여유 있는 상한이 될 수도 있다.

예제 2-1

$5n^2=O(n^2)$임을 보여라.

▶▶ **증명** $c=6$, $n_0=1$로 잡는다. 그러면 모든 $n \geq n_0(=1)$에 대하여 $5n^2 \leq 6n^2$이다. 즉, 정의를 만족하는 상수 c와 n_0가 존재한다. (여기서 잡은 c와 n_0는 적합하게 잡을 수 있는 많은 후보 중 하나일 뿐이다. 이렇게 잡을 수 있는 c와 n_0가 존재한다는 것만 보이면 된다.)

예제 2-2

$5n^2+3=O(n^2)$임을 보여라.

▶▶ **증명** 우선 $c=6$으로 잡아본다. 만족해야 할 식은 $5n^2+3 \leq 6n^2$이다. 이것을 정리하면 $3 \leq n^2$, 즉 $\sqrt{3} \leq n$이다. $n_0=2$로 잡으면 충분하다. 그러면 모든 $n \geq n_0(=2)$에 대하여 $5n^2+3 \leq 6n^2$이다. 즉, 정의를 만족하는 상수 c와 n_0가 존재한다.

예제 2-3

$\frac{n^2}{2}-5=O(n^2)$임을 보여라.

▶▶ **증명** $c=1$, $n_0=1$로 잡으면 된다.

예제 2-4

$5n+3=O(n^2)$임을 보여라.

▶▶ **증명** 너무 뻔하지만 훈련을 위해 증명을 해보자. $c=1$로 잡는다. 만족해야 할 식은 $5n+3 \le n^2$이다. n이 6만 되면 이후로는 모두 만족한다. $n_0=6$으로 잡으면 된다.

앞의 문제들에서 짐작했겠지만 최고차항이 n^r이거나 그보다 작은 다항식은 무조건 $O(n^r)$이다.

2 Ω-표기

Ω-표기는 다음과 같이 정의한다.

$$\Omega(g(n)) = \{f(n) \mid \exists c > 0,\ n_0 > 0\ s.t.\ \forall n \ge n_0,\ cg(n) \le f(n)\}$$

풀어서 말하면, 다음과 같다.

$$\Omega(g(n)) = \{f(n) \mid \text{모든 } n \ge n_0\text{에 대하여 } cg(n) \le f(n)\text{인 양의 상수 } c\text{와 } n_0\text{가 존재한다}\}$$

이를 좀 더 직관적으로 표현해보자.

$$\Omega(g(n)) = \{f(n) \mid \text{충분히 큰 모든 } n\text{에 대하여 } cg(n) \le f(n)\text{인 양의 상수 } c\text{가 존재한다}\}$$

즉, $\Omega(g(n))$은 충분히 큰 n에 대하여 $g(n)$에 상수만 곱하면 $g(n)$이 질 수 있는(더 작거나 같아질 수 있는) 모든 함수의 집합이다. n^2을 있는 그대로 두면(상수 1을 곱하면) 항상 $5n^2$보다 작으므로 $5n^2=\Omega(n^2)$이다. $4n^3$은 충분히 큰 n에 대해서는 상수와 관계없이(아무 상수나 잡으면 됨) n^2보다 크므로 $4n^3=\Omega(n^2)$이다. $\Omega(n^2)$에 속하는 함수의 예로 n^2, $n^2\log n$, n^3, 2^n 등을 들 수 있다. 이 함수들 앞에 계수가 붙어 있어도 마찬가지다. n이 충분히 크기만 하면, 넉넉잡아서 이들의 계수보다 작은 상수를 n^2에 곱해버리면 무조건 n^2이 더 작아지기 때문이다. 이들에 더 낮은 차수의 항이 추가로 붙어 있어도 마찬가지다.

어떤 알고리즘을 분석해서 소요 시간이 $\Omega(n\log n)$이면 해당 알고리즘의 소요 시간은 입력의 크기 n에 대하여 $n\log n$보다 점근적으로 더 완만하지는 않게 증가함을 뜻한다. $\Omega(n\log n)$에 소요 시간이 $n\log n$과 같은 비율로 증가하는지, $n\log n$보다 더 가파르게 증가하는지에 대한 정보는 없다. $n\log n$보다 점근적으로 좋지 않다는 것만 확실하다. 즉, Ω–표기는 엄밀한 하한이 될 수도 있고, 여유 있는 하한이 될 수도 있다.

Ω–표기로 나타낸 하한과 O–표기로 나타낸 상한이 일치하면 상한과 하한이 일치해서 Θ–표기를 사용할 수 있다.

예제 2-5

$5n^2=\Omega(n^2)$임을 보여라.

▶▶ **증명** $c=4$, $n_0=1$로 잡는다. 그러면 모든 $n \ge n_0(=1)$에 대하여 $4n^2 \le 5n^2$이다. 즉, 정의를 만족하는 상수 c와 n_0가 존재한다.

예제 2-6

$5n^2+3=\Omega(n^2)$임을 보여라.

▶▶ **증명** 우선 $c=1$로 잡아본다. 만족해야 할 식은 $n^2 \le 5n^2+3$이다. 이것을 정리하면 $-3 \le 4n^2$, 즉 모든 자연수 n에 대해 만족한다. $n_0=1$로 잡는다. 즉, 정의를 만족하는 상수 c와 n_0가 존재한다.

예제 2-7

$\frac{n^2}{2}-5=\Omega(n^2)$임을 보여라.

▶▶ **증명** 우선 $c=\frac{1}{3}$로 잡아본다. 만족해야 할 식은 $\frac{n^2}{3} \le \frac{n^2}{2}-5$다. 이것을 정리하면, $5 \le \frac{n^2}{6}$, 즉 6 이상의 모든 자연수 n에 대해 만족한다. $n_0=6$으로 잡는다.

예제 2-8

$5n^3+3=\Omega(n^2)$임을 보여라.

▶▶ **증명** $c=1$로 잡는다. 만족해야 할 식은 $n^2 \le 5n^3+3$이다. 모든 자연수 n에 대해 만족한다. $n_0=1$로 잡으면 된다.

앞의 문제들에서 짐작했겠지만 최고차항이 n^r이거나 그보다 큰 다항식은 무조건 $\Omega(n^r)$이다.

3 Θ-표기

Θ-표기는 다음과 같이 정의한다.

$$\Theta(g(n)) = O(g(n)) \cap \Omega(g(n))$$

$\Theta(g(n))$은 $O(g(n))$과 $\Omega(g(n))$이 동시에 성립하는 함수의 집합을 뜻한다. 이것은 $O(g(n))$과 $\Omega(g(n))$의 정의를 합쳐서 다음과 같이 정의하기도 한다.

$$\Theta(g(n)) = \{f(n) \mid \exists c_1,\ c_2 > 0,\ n_0 > 0,\ s.t.\ \forall n \geq n_0,\ c_1 g(n) \leq f(n) \leq c_2 g(n)\}$$

풀어서 말하면, 다음과 같다.

$\Theta(g(n)) = \{f(n) \mid$ 충분히 큰 모든 n에 대하여
$c_1 g(n) \leq f(n) \leq c_2 g(n)$인 양의 상수 c_1, c_2가 존재한다$\}$

$5n^2=O(n^2)$이고, $5n^2=\Omega(n^2)$이므로 $5n^2=\Theta(n^2)$이다. $7n^2+5=O(n^2)$이고, $7n^2+5=\Omega(n^2)$이므로 $7n^2+5=\Theta(n^2)$이다. 즉, $5n^2$, $7n^2+5$는 모두 n^2과 점근적으로 같은 기울기를 갖는다.

예제 2-9

$5n^2=\Theta(n^2)$임을 보여라.

▶▶ **증명** [예제 2-1]과 [예제 2-5]에서 $5n^2=O(n^2)$과 $5n^2=\Omega(n^2)$임을 각각 증명하였다. 그러므로 $5n^2=\Theta(n^2)$이다.

예제 2-10

$5n^2+3=\Theta(n^2)$임을 보여라.

▶▶ **증명** [예제 2-2]와 [예제 2-6]에서 $5n^2+3=O(n^2)$과 $5n^2+3=\Omega(n^2)$임을 각각 증명하였다. 그러므로 $5n^2+3=\Theta(n^2)$이다.

예제 2-11

$\frac{n^2}{2}-5=\Theta(n^2)$임을 보여라.

▶▶ **증명** [예제 2-3]과 [예제 2-7]에서 $\frac{n^2}{2}-5=O(n^2)$과 $\frac{n^2}{2}-5=\Omega(n^2)$임을 각각 증명하였다. 그러므로 $\frac{n^2}{2}-5=\Theta(n^2)$이다.

앞에서 최고차항이 n^r이거나 그보다 작은 다항식은 무조건 $O(n^r)$이고, 최고차항이 n^r이거나 그보다 큰 다항식은 무조건 $\Omega(n^r)$이라고 하였다. 따라서 최고차항이 n^r인 다항식은 무조건 $\Theta(n^r)$임을 알 수 있다.

4 o-표기

o-표기(o는 "리틀오Little Oh"라고 읽음)는 함수의 증가율이 점근적 의미에서 어느 한계보다 더 작다는 것을 표현하고자 할 때 사용한다. 예를 들어, 함수 $5n=o(n^2)$이다. $5n$의 증가율은 n^2의 증가율보다 작다. 그렇지만 함수 $\frac{1}{2}n^2$은 $o(n^2)$에 속하지 않는다. $\frac{1}{2}n^2$의 증가 속도가 n^2의 증가 속도와 점근적으로 동일하기(더 작지 않기) 때문이다. o-표기는 함수의 기울기상 여유 있는 상한을 나타낸다.

o-표기는 다음과 같이 정의한다.

$$o(g(n)) = \{f(n) \mid \lim_{n \to \infty} \frac{f(n)}{g(n)} = 0\}$$

즉, $o(g(n))$은 충분히 큰 n에 대하여 $g(n)$에 압도당하는 모든 함수의 집합이다. 그리고 다음과 같이 정의할 수도 있다.

$$o(g(n)) = \{f(n) \mid \exists n_0 > 0 \ s.t. \ \forall c > 0 \text{ and } n \ge n_0,\ f(n) < cg(n)\}$$

풀어서 말하면, 다음과 같다.

$$o(g(n)) = \{f(n) \mid n\text{이 충분히 크면 모든 } c > 0\text{에 대하여 } f(n) < cg(n)\text{이다}\}$$

즉, $o(g(n))$은 충분히 큰 n에 대하여 $g(n)$에 아무리 작은 상수를 곱해도 $g(n)$이 압도하는 모든 함수의 집합이다. 이 정의들 중 어떤 것을 o-표기의 정의로 삼아도 무방하다.

$3n^2$은 n^2에 압도당할 수 없으므로 $o(n^2)$에 속하지 않는다. $10n$은 충분히 큰 n에 대해서는 n^2에 압도당하므로(n^2에 아무리 작은 상수를 곱하더라도 $10n$이 이길 수 없으므로) $o(n^2)$에 속한다. $o(n^2)$에 속하는 함수의 예로 n, $n\log n$, $n\log n^2$ 등을 들 수 있다. 이 함수들 앞에 계수가 붙어 있거나 더 작은 차수의 항이 붙어 있어도 마찬가지다. 어떤 경우든 n이 충분히 커지면 무조건 n^2이 압도해버리기 때문이다. 즉, n과 $n\log n$, $n\log n^2$은 모두 증가율이 n^2보다 점근적으로 더 작다.

어떤 알고리즘을 분석해서 소요 시간이 $o(n\log n)$이면 이는 해당 알고리즘의 소요 시간은 입력의 크기 n에 대하여 $n\log n$보다 완만하게 증가함을 뜻한다. 이 표기법은 자주 사용되지는 않지만 이론 논문에서 가끔 볼 수 있다. 알고리즘의 소요 시간이 $n\log n$과 같은 증가 속도는 될 수 없고, $n\log n$보다 완만한 것은 분명할 때 $o(n\log n)$을 사용한다. 이럴 때 $O(n\log n)$을 사용해도 되지만, $O(n\log n)$에는 $n\log n$과 같은 증가 속도는 될 수 없다는 의미가 포함되어 있지 않으므로 $o(n\log n)$을 사용하는 것에 비해 부정확하다. 하지만 이런 정보를 알 수 있는 경우는 매우 드물어 o–표기를 사용할 수 있는 경우는 그리 흔치 않다. 다른 예로 $O(n^2)$임이 확인되면 억지로 $o(n^3)$이라고 해도 맞기는 하다. 이 경우에는 n^2을 넘지 않는다는 것을 알면서 오히려 더 느슨한 n^3을 사용했으므로 유용한 정보의 손실이 일어난다.

예제 2-12

$n^2-5=o(n^3)$임을 보여라.

▶▶ **증명 1** $\lim_{n\to\infty}\frac{5n^2}{n^3}=0$이므로 $n^2=o(n^3)$이다.

▶▶ **증명 2** 두 번째 정의에 맞추어 증명을 해보자. 만족해야 할 식은 $5n^2 < cn^3$이다. 이를 정리하면 $5 < cn$, 즉 $\frac{5}{c} < n$이다. $\frac{5}{c}$보다 큰 임의의 n_0를 잡으면 된다(예를 들어, $n_0=\frac{5}{c}+1$). 그러면 모든 $n \ge n_0 (> \frac{5}{c})$에 대하여 $5n^2 < cn^3$이다. 즉, 어떤 상수 c에 대해서도 정의를 만족하는 상수 n_0가 존재한다.

5 ω–표기

ω–표기(ω는 "리틀오메가Little Omega"라고 읽음)는 o–표기와 정확히 대조되는 표기다. ω–표기는 함수의 증가율이 점근적 의미에서 어느 한계보다 더 크다는 것을 표현하고자 할 때 사용한다. 예를 들어, 함수 $5n^3=\omega(n^2)$이다. $5n^3$의 증가 속도는 n^2의 증가 속도보다 크다. 그렇지만 함수 $2n^2$은 $\omega(n^2)$에 속하지 않는다. $2n^2$의 증가 속도는 n^2의 증가 속도와 점근적으로 동일하기 때문이다. ω–표기는 함수의 기울기상 여유 있는 하한을 나타낸다.

ω–표기는 다음과 같이 정의한다.

$$\omega(g(n)) = \{f(n) \mid \lim_{n\to\infty}\frac{f(n)}{g(n)} = \infty\}$$

즉, $\omega(g(n))$은 충분히 큰 n에 대하여 $g(n)$을 압도하는 모든 함수의 집합이다. 그리고 다음과 같이 정의할 수도 있다.

$$\omega(g(n)) = \{f(n) \mid \exists n_0 > 0 \ s.t. \ \forall c > 0 \text{ and } \forall n \geq n_0,\ cg(n) < f(n)\}$$

풀어서 말하면, 다음과 같다.

$$\omega(g(n)) = \{f(n) \mid n\text{이 충분히 크면 모든 } c > 0\text{에 대하여 } cg(n) < f(n)\text{이다}\}$$

즉, $\omega(g(n))$은 충분히 큰 n에 대하여 $g(n)$에 아무리 큰 상수를 곱해도 $g(n)$을 압도하는 모든 함수의 집합이다. 이 정의들 중 어떤 것을 ω-표기의 정의로 삼아도 무방하다. $3n^2$은 n^2을 압도할 수 없으므로 $\omega(n^2)$에 속하지 않는다. n^3은 n이 1보다 크기만 하면 n^2을 압도하므로 $n^3=\omega(n^2)$이다. $\omega(n^2)$에 속하는 함수의 예로 n^3, $n^2\log n$ 등을 들 수 있다. 이 함수들 앞에 계수가 붙어 있거나 더 작은 차수의 항이 붙어 있어도 마찬가지다. 어떤 경우든 n이 충분히 커지면 무조건 n^2을 압도해버리기 때문이다. 즉, n^3과 $n^2\log n$은 모두 증가율이 n^2보다 점근적으로 더 크다.

예제 2-13

$\frac{n^3}{4}=\omega(n^2)$임을 보여라.

▶▶ **증명 1** $\lim_{n\to\infty}\frac{n^3/4}{n^2}=\infty$이므로 $\frac{n^3}{4}=\omega(n^2)$이다.

▶▶ **증명 2** 두 번째 정의에 맞추어 증명을 해보자. 만족해야 할 식은 $cn^2 < \frac{n^3}{4}$이다. 이를 정리하면 $4c < n$이다. $4c$보다 큰 임의의 n_0를 잡으면 된다(예를 들어, $n_0=4c+1$). 그러면 모든 $n \geq n_0(> 4c)$에 대하여 $cn^2 < \frac{n^3}{4}$이다. 즉, 어떤 상수 c에 대해서도 정의를 만족하는 상수 n_0가 존재한다.

6 직관적 이해

[그림 2-6]은 [그림 2-5]에 o-표기와 ω-표기를 추가해 시각적으로 표현한 것이다. $O(n^2)$과 $o(n^2)$의 차이는 2차항의 포함 여부다. $\Omega(n^2)$과 $\omega(n^2)$도 같은 차이이다.

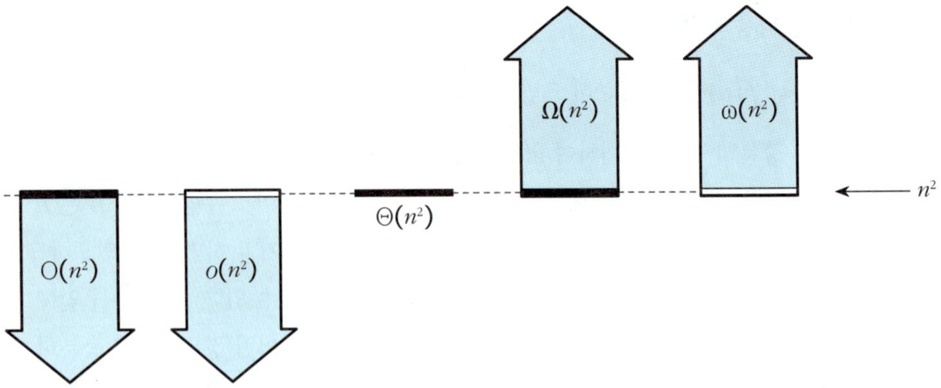

그림 2-6 점근적 표기의 시각적 표현

그림 2-7 O와 o의 차이

01 어떤 알고리즘이 단 2개의 입력에 대해서만 n^2에 비례하는 시간이 소요되고 나머지 모든 경우에 대해서는 $n\log n$에 비례하는 시간이 소요된다. 다음 물음에 ○×로 답하시오.

① "이 알고리즘의 점근적 수행 시간은 $\Theta(n^2)$이다"라고 말할 수 있는가?

② "이 알고리즘의 점근적 수행 시간은 $O(n^2)$이다"라고 말할 수 있는가?

③ "이 알고리즘의 최악의 경우 수행 시간은 $O(n^2)$이다"라고 말할 수 있는가?

④ "알고리즘의 수행 시간이 최악의 경우 $\Theta(n^2)$"이라는 말과 "알고리즘의 수행 시간이 $O(n^2)$"이라는 말은 같은 뜻인가?

➔ 점근적 표현의 정확한 의미를 되새길 수 있는 문제다. 점근적 표현 앞에 수식어가 붙는 경우와 붙지 않는 경우의 표현을 잘 구별할 수 있어야 한다.

① × (단 두 경우만 $\Theta(n^2)$이고 나머지 경우는 모두 $\Theta(n\log n)$이다. $\Theta(n^2)$이라고 하면 모든 경우에 대해 $\Theta(n^2)$이라는 뜻이므로 틀리다. "최악의 경우 $\Theta(n^2)$" 또는 "$O(n^2)$"이라고 해야 한다.)

② ○ (어떤 경우든 n^2에 비례하는 시간을 초과하지 않으므로 $O(n^2)$이다.)

③ ○ (이 알고리즘은 최악의 경우 $\Theta(n^2)$인데 $O(n^2)$은 $\Theta(n^2)$을 포함하므로 최악의 경우 $O(n^2)$이라 해도 맞다. 다만 $\Theta(n^2)$임을 알고 있는데 $O(n^2)$이라고 하면 정보 손실이 있어 바람직하지는 않다.)

④ × (서로 다른 뜻이다. "최악의 경우 $\Theta(n^2)$"이란 말은 n^2에 비례하는 시간이 드는 최악의 입력이 존재한다는 뜻이다. "$O(n^2)$"이라는 표현은 최악의 경우 $\Theta(n^2)$일지도 모르지만 반드시 n^2에 비례하는 시간이 드는 최악의 입력이 존재한다는 의미는 아니다.)

02 어떤 알고리즘의 크기 n인 모든 가능한 입력의 수는 $n!$이다. 충분히 큰 n에 대해 '항상' 다음의 성질이 성립한다.

- 입력 중 100개에 대해서 알고리즘은 n^2에 비례하는 시간이 든다.
- 입력 중 100개에 대해서 알고리즘은 n에 비례하는 시간이 든다.
- 이외의 모든 입력에 대해 알고리즘은 $n\log n$에 비례하는 시간이 든다.

이 알고리즘의 수행 시간이 다음과 같다고 주장하려 한다. 각각에 대해 ○×로 답하고 그 이유를 밝히시오.

① $O(n^2)$이다.
② 최악의 경우 $O(n^2)$이다.
③ 최악의 경우 $\Theta(n^2)$이다.
④ 평균적인 경우 $\Theta(n\log n)$이다.
⑤ 평균적인 경우 $\omega(n)$이다.
⑥ 최선의 경우 $o(n)$이다.

➔ 앞의 문제와 같이 점근적 표현의 정확한 의미를 되새길 수 있는 문제다. 점근적 표현 앞에 수식어가 붙는 경우와 붙지 않는 경우의 표현을 잘 구별할 수 있어야 한다.

① ○ (n^2에 비례하는 시간을 넘는 경우는 없으므로 $O(n^2)$이라 말할 수 있다.)

② ○ (최악의 경우 n^2에 비례하는 시간이 들므로 n^2 차수를 넘지 않는다. 그러므로 최악의 경우 $O(n^2)$이라고 해도 맞기는 하다. 다만, "최악의 경우 $\Theta(n^2)$"임을 알고 있는데 "최악의 경우 $O(n^2)$"이라고 하는 것은 정보의 손실이 있어 바람직하지는 않다.)

③ ○ (n^2에 비례하는 시간이 드는 최악의 입력이 존재하므로 정확한 표현이다.)

④ ○ (200개를 제외한 모든 경우가 $n\log n$에 비례하는 시간이 들므로 평균은 $\Theta(n\log n)$이 된다. 200개의 예외는 총 $n!$개 입력에 대한 평균을 계산할 때 점근적 차수에 영향을 미치지 않는다.)

⑤ ○ (평균 $\Theta(n\log n)$이므로 이는 n보다 크다. 그러므로 $\omega(n)$으로 표현할 수 있다.)

⑥ × (최선의 경우 $\Theta(n)$이다. $o(n)$은 $\Theta(n)$을 포함하지 않으므로 틀린 표현이다.)

03 $2n^2-10n+3=\Theta(n^2)$임을 증명하시오.

3절의 점근적 표기의 엄밀한 정의를 이용해 증명하는 문제다. 이 증명 기술은 3장에서 많이 연습하지만 여기서는 아주 단순한 함수로 O( ), Ω( ), Θ( )의 정의에 익숙해지는 연습을 한다.

클레임 1: $2n^2-10n+3=O(n^2)$

▶▶ **증명** O-표기를 증명하기 위해서는 3절의 O-표기의 정의에 포함된 상수 c와 n_0이 존재함을 밝히면 된다. 여러 가지 선택이 가능하나 c=2로 잡으면 다음과 같다.

$$2n^2-10n+3 \leq 2n^2$$
$$\frac{3}{10} \leq n$$

n_0=1, c=2로 잡으면 $n_0=1 \leq n$인 모든 n에 대하여 $2n^2-10n+3 \leq cn^2$이다. O-표기의 정의에서 요구하는 성질을 만족하는 상수 c와 n_0이 존재하므로 $2n^2-10n+3=O(n^2)$이다. (n_0을 $\frac{3}{10}$보다 큰 어떤 상수로 잡아도 상관없다. 즉, n_0=100으로 잡아도 100보다 크거나 같은 모든 n에 대해 위 식을 만족하므로 괜찮다. 비슷하게 c를 더 큰 값으로 잡아도 위 식을 만족하는 n_0을 찾을 수 있어 괜찮다.)

클레임 2: $2n^2-10n+3=\Omega(n^2)$

▶▶ **증명** 여러 가지 선택이 가능하나 c=1로 잡으면, 다음 부등식은 n이 10보다 작지 않으면 만족된다. 즉, n_0을 10보다 작지 않은 아무 값으로나 잡으면 된다.

$$2n^2-10n+3 \geq n^2$$
$$n^2-10n+3 \geq 0$$

n_0=10, c=1로 잡으면 $n_0 \leq n$인 모든 n에 대하여 $2n^2-10n+3 \geq cn^2$이다.
이런 상수 c와 n_0이 존재하므로 $2n^2-10n+3=\Omega(n^2)$이다.

위 클레임 1, 2로부터 $2n^2-10n+3=\Theta(n^2)$이다.

요약

01 문제를 해결하기 위한 알고리즘을 공부하고 성공적으로 설계·분석하는 경험이 누적되면 지적인 추상화의 레벨이 높아져 문제를 간명하게 볼 수 있는 눈이 생긴다. 더불어 문제의 핵심과 해결 방안에 대한 고도의 직관을 갖게 된다.

02 알고리즘이 명확하다는 것은 모호하지 않고 이해하기 쉽다는 뜻이다. 명확함이 곧 자세함을 의미하지는 않는다. 지나치게 자세한 기술은 오히려 알고리즘의 명확성을 떨어뜨린다.

03 자기호출은 어떤 문제를 해결하는 과정에서 자신과 똑같지만 크기가 다른 문제를 발견하고 이들의 관계를 파악함으로써 문제 해결에 간명하게 접근하는 방식이다.

04 점근적 분석은 입력의 크기가 충분히 큰 경우에 대한 분석이다. 알고리즘의 수행 시간을 분석하는 데 사용하는 대표적인 점근적 표기법으로 O-표기, Ω-표기, Θ-표기 등이 있다.

05 O-표기와 o-표기는 점근적 상한을 나타내는 표기법이다. Ω-표기와 ω-표기는 이와 대조되는 표기법으로 점근적 하한을 나타낸다.

06 O-표기와 Ω-표기는 엄밀한 한계가 아닐 수도 있다. O-표기와 Ω-표기가 표현하는 한계가 일치할 때는 Θ-표기를 쓴다.

연습문제

01 지금까지 배운 수학이나 알고리즘 중에서 재귀적 성질을 가진 것을 몇 가지 말해보시오.

02 2절에서 배운 세 가지 점근적 표기(O-표기, Ω-표기, Θ-표기) 중에서 다음에 해당하는 것을 각각 말해보시오.

① 상한의 개념이 포함되어 있는 것은?

② 하한의 개념이 포함되어 있는 것은?

03 3절에서 배운 다섯 가지 점근적 표기(O-표기, Ω-표기, Θ-표기, o-표기, ω-표기) 중에서 다음에 해당하는 것을 각각 말해보시오.

① 상한의 개념이 포함되어 있는 것은?

② 하한의 개념이 포함되어 있는 것은?

04 관계 있는 것끼리 서로 연결하시오. 하나에 여러 개가 연결될 수도 있다.

① $8n$	ⓐ $O(n)$
② $8n-3$	ⓑ $\Omega(n)$
③ $n^2+3n\log n$	ⓒ $\Theta(n)$
④ $4n\log n$	ⓓ $O(n^2)$
⑤ $5n^2+3$	ⓔ $\Omega(n^2)$
⑥ $n^3+3n\log n$	ⓕ $\Theta(n^2)$
⑦ $n^2\log n+n$	

05 병합 정렬에 존재하는 재귀적 관계를 설명하시오.

연습문제

06 입력의 크기가 n일 때 다음 알고리즘의 수행 시간은 어떤 함수에 비례하는가?

```
sample(A[], n):
    sum1 ← 0
    for i ← 1 to n
        sum1 ← sum1 + A[i]
    sum2 ← 0
    for i ← 1 to n
        for j ← 1 to n
            sum2 ← sum2 + A[i] * A[j]
    return sum1 + sum2
```

07 다음 알고리즘의 수행 시간은 n을 기준으로 어떤 함수에 비례하는가?

```
matrixMult(A[][], B[][], M[][], n):
    for i ← 1 to n
        for j ← 1 to n
            M[i, j] ← 0
            for k ← 1 to n
                M[i, j] ← M[i, j] + A[i, k] * B[k, j]
```

Drift

에너지의 천재 크누스

도널드 크누스는 세 권으로 구성된 전설적인 책인 『The Art of Computer Programming』을 쓴 유명한 사람이다. 열 사람이 평생 걸려도 하기 어려운 일을 일생 동안 몇 개씩 해내는 사람이 있는데, 크누스가 바로 그런 사람이다. 존 브로크먼이 머레이 겔만을 가리켜 "그는 5개의 뇌를 가지고 있고 그 하나하나가 당신들의 두뇌보다 훨씬 우수하다"라고 말한 적이 있는데, 그 말을 접하는 순간 필자는 폰 노이만과 크누스가 떠올랐다. 폰 노이만과 비교하기는 힘들겠지만 컴퓨터 과학 분야에서 크누스만큼 다양하고 깊은 재능을 가진 사람도 드물다. 『The Art of Computer Programming』 하나만으로도 충분히 다른 사람의 기를 죽이지만 이 저술 작업은 그가 일생 동안 한 일 중 일부에 불과하다.

크누스는 1938년 미국 위스콘신주의 밀워키에서 태어났다. 음악을 전공하고 싶은 가난한 고등학생이었던 크누스는 케이스 연구소(훗날의 케이스웨스턴리저브 대학)에서 물리학 장학생 제의를 받으며 인생의 진로가 바뀐다. 그는 케이스 연구소에서 우연히 IBM 650 컴퓨터를 만났고 이 만남을 계기로 전설적인 컴퓨터 프로그래머로 가는 첫발을 내디뎠다.

현재 수백만 명의 전 세계 연구자가 기술 논문이나 자료를 만들기 위해 LaTeX 출판용 편집 언어를 사용한다. 이것은 TeX 편집 언어를 바탕으로 위에 껍질을 입힌 것인데 이 TeX을 개발한 사람이 바로 크누스다. 그는 폰트를 비트맵으로 보지 않고 문자의 수학적 형태를 분석하여 함수로 접근하는 메타폰트 언어도 개발하였다. 이는 미술을 수학으로 승화시킨 업적이다. 크누스는 『The Art of Computer Programming』을 출판하는 과정에서 유난히 식이 많은 원고 때문에 기겁할 만한 분량의 에러를 경험했을 것이다. 다른 이들 같으면 "그것참 불편하구먼" 하고는 넘어갔을 텐데 크누스는 출판용 언어를 직접 만들었다. 여기에 크누스는 9년을 온전히 투자하였다. 그가 이 외도를 하지 않았더라면 『The Art of Computer Programming』은 더 빨리 완성되었을 것이다.

고급 언어로 작성된 프로그램은 컴파일러로 번역된다. 컴파일러의 역사에서 가장 중요한 연구 결과는 아마도 LR(k) 파싱일 것이다. 이것도 크누스의 아이디어다. 이 책의 12장에서 배우는 문자열 매칭 중에는 KMP 알고리즘이 있는데 Knuth, Morris, Pratt 세 사람의 이름을 따서 만들어진 알고리즘이다. 여기서 Knuth가 바로 그 크누스다. 그는 문학에도 지대한 관심을 보여 『Surreal Numbers』라는 소설을 써서 발표하기도 하였다.

원래 음악가가 되려고 했던 크누스는 컴퓨터 과학자의 길을 걷는 중에 자신의 집에 직접 설계한 초대형 파이프 오르간을 설치하기도 하였다. 그는 음악과 수학 사이에는 패턴이라는 공통점이 존재한다고 주장한다. 그의 말을 인용해보자.

> 수학은 패턴의 과학이다. 음악도 다름 아닌 패턴들이다.
> 컴퓨터 과학은 추상화와 패턴의 형성에 깊은 관련이 있다.
> 다른 분야와 비교하여 컴퓨터 과학은
> 지속적으로 차원이 급상승한다는 특징이 있다.

크누스는 지적 추상화의 레벨이 높아지는 과정을 이렇게 표현한 것이다. 알고리즘을 제대로 공부한 결과 얻게 되는 가장 중요한 소득도 사고 체계의 추상화 레벨이 높아지는 것이다. 크누스는 원래 『The Art of Computer Programming』의 집필을 시작할 때 총 12장으로 구성할 계획이었다. 그중 6장까지가 1967년에 세 권의 책으로 먼저 나온 것이다. 이 책은 곧 컴퓨터 과학계의 전설이 되었다. 그렇지만 크누스가 외도(?)를 거듭한 탓에 나머지 여섯 장은 나올 기미를 보이지 않고 있다가 근 40여 년 만에(2005년부터 2022년까지 집필함) Volume 4-1, 4-2 두 권이 출간되었다. 이 4-1, 4-2 두 권을 합쳐도 그의 원래 계획에서 7장의 2/3가 채 안 되어 보인다. 요즘도 이 집필 작업을 마무리하기 위해 풀타임으로 애쓰고 있다고 한다. 크누스는 이제 80대 중반을 넘었다. 다음으로 나올 8장의 주제는 재귀Recursion인데 필자가 특히 기대하고 있는 장이다. 크누스가 컴퓨터 과학의 핵심 개념인 재귀를 어떤 방법으로 요리할지 자못 궁금하기 때문이다. 그의 나이와 현재 진행 중인 7장에 쏟고 있는 무시무시한 정열을 고려하면 8장을 구경이나 할 수 있을까 염려스럽다. 그가 이 전설적인 책을 생전에 마무리할 수 있기를 바란다.

크누스는 어떤 어려운 일에 착수하기 전에 자신은 그 일을 할 수 있는 가장 적합한 배경을 가진 사람이자 그 일은 자신의 운명이라고 생각하였다. '가장 적합한 배경'은 그에게 있는 지적인 빌딩 블록을 표현하기 위해 사용한 말이다. 크누스가 이처럼 방대하고 깊은 업적을 남길 수 있었던 것은 그가 컴퓨터, 수학, 음악, 문학, 예술 분야에서 충분한 지적 빌딩 블록을 가졌고, 이 블록들을 생산적으로 결합할 수 있는 주제가 그의 앞에 출현했으며, 그가 그 주제를 현명하게 감지했기 때문일 것이다. 크누스는 1974년 컴퓨터 분야의 노벨상인 튜링상을 수상하였다.

Chapter

03

점화식과 알고리즘 복잡도 분석

학습목표

- 재귀 알고리즘과 점화식의 관계를 이해한다.
- 점화식의 점근적 분석을 이해한다.

PREVIEW

사실을 많이 아는 것보다는 이론적 틀이 중요하고,
기억력보다는 생각하는 법이 더 중요하다.
제임스 왓슨

점화식과 점근적 표기법은 알고리즘의 수행 시간을 분석하는 핵심 도구다. 점근적 분석은 입력의 크기가 충분히 큰 경우에 대한 분석을 뜻한다. 입력의 크기가 작은 경우에는 알고리즘의 효율성 차이가 그리 크지 않기 때문에 알고리즘 분석은 항상 입력의 크기가 충분히 큰 경우에만 관심의 대상으로 삼는다.

재귀 알고리즘은 수행 시간을 점화식으로 나타낼 수 있다. 이 장에서는 점화식을 사용해 재귀적 알고리즘 또는 재귀적 관점에서 분석할 수 있는 알고리즘의 복잡도를 계산하는 방법 세 가지를 소개한다. 바로 반복 대치, 추정 후 증명, 마스터 정리다.

반복 대치는 점화식을 더 작은 변수에 대한 점화식으로 대치하는 작업을 반복하면서 경계조건에 이를 때까지 전개하는 방법이다. 추정 후 증명은 점화식의 점근적 복잡도를 추정한 후 이를 수학적 귀납법의 원리를 이용해서 증명하는 방법이다. 마스터 정리는 특정한 모양으로 표현되는 점화식의 복잡도를 복잡한 계산이나 증명 없이 바로 알 수 있는 편리한 방법이다.

01 점화식

점화식은 어떤 함수를 자신과 똑같은 함수를 이용해 나타내는 것이다. 좀 거친 비유이지만 아버지가 아들을 보면서 "나랑 똑같다"라고 말하는 경우를 생각해보자. 여기서 나랑 똑같다는 것은 '똑같은데 나이만 다르다'는 뜻이다. 점화식에서도 동일한 함수가 등호나 부등호의 양쪽에 나타나는데, 양쪽 함수는 변수 크기가 다를 뿐이다. 가장 간단한 예로는 고등학교에서 배운 등차수열의 점화식 $a_n = a_{n-i} + 2$를 들 수 있다. n을 변수로 사용하는 함수를 $n-1$을 변수로 사용하는 동일한 함수의 관계로 표현한다. 이외에도 $n!$의 점화식은 $f(n) = n \cdot f(n-1)$로, 피보나치 수열의 점화식은 $f(n) = f(n-1) + f(n-2)$와 같이 표현한다.

그림 3-1 점화식의 일상 비유

점화식은 자기호출을 사용하는 함수(재귀 함수)의 복잡도를 구하는 데 유용하다. 자기호출을 사용하는 알고리즘은 매우 흔하다. 명시적으로 자기호출을 사용하지 않더라도 그 속에서 자신과 똑같지만 크기가 다른 문제를 발견할 수 있는 경우도 있다.

재귀적 관계를 이용해 알고리즘의 수행 시간을 점화식으로 표현할 수 있다. 2장에서 예로 제시한 병합 정렬의 핵심부를 다시 보자.

```
mergeSort(A[], p, r):        ▷ A[p...r]을 정렬한다.
  ❶ if (p < r)
      ❷ q ← ⌊(p+r)/2⌋          ▷ p, r의 중간 지점 계산
      ❸ mergeSort(A, p, q)     ▷ 전반부 정렬
      ❹ mergeSort(A, q+1, r)   ▷ 후반부 정렬
      ❺ merge(A, p, q, r)      ▷ 병합
```

mergeSort 알고리즘은 주어진 문제를 이등분한 다음(❷), 나누어진 두 문제를 각각 해결하고(❸, ❹), 후처리(❺)를 함으로써 끝난다. 크기가 n인 배열의 정렬 문제에 크기 $\frac{n}{2}$인 배열의 정렬 문제 2개가 포함된다. 그러므로 입력의 크기가 n인 병합 정렬의 수행 시간이 $T(n)$이면 다음과 같이 표현할 수 있다.

$$T(n) = 2T(\frac{n}{2}) + \text{후처리 시간}$$

즉, $T(n)$은 크기가 반인 2개의 문제를 해결하는 시간과 이들을 병합하는 후처리 시간으로 구성된다. 물론, ❶과 ❷도 고려할 수 있지만 점근적 수행 시간에 영향을 미치지 않으므로 제외해도 된다. 함수 $T(n)$은 자신보다 크기가 반인 변수로 표현된 함수를 포함하는 점화식이다. 입력의 크기가 n인 문제를 해결하는 어떤 알고리즘이 자신보다 크기가 $\frac{1}{4}$인 문제를 한 번 풀고 후처리에 상수 시간이 든다면, 수행 시간은 다음과 같은 점화식으로 표현할 수 있다.

$$T(n) = T(\frac{n}{4}) + c$$

이런 점화식에서 점근적 수행 시간을 계산하는 방법들을 다음 절에서 배운다.

02 점화식의 점근적 분석 방법

이 절에서는 점화식으로 표현된 식의 점근적 복잡도를 구하는 방법을 다룬다. 다양한 방법이 존재하지만 대표적인 세 가지 방법인 반복 대치, 추정 후 증명, 마스터 정리를 알아본다.

1 반복 대치

반복 대치가 무엇인지 알아보기 전에 먼저 $n!$을 구하는 다음 알고리즘의 복잡도를 분석해보자.

```
factorial(n):
    ❶ if (n=1) return 1
    ❷ return n * factorial(n-1)
```

이 알고리즘으로 $n!$을 구하는 데 소요되는 시간을 $T(n)$이라 하면, $T(n)$을 다음과 같이 나타낼 수 있다.

$$T(n) = T(n-1) + c \quad (c\text{는 자기호출을 제외한 나머지의 수행 시간})$$

즉, 입력 n의 계승을 구하는 시간은 입력 $n-1$의 계승을 구하는 시간에 상수 시간을 더한 것이다. 그리고 여기서 상수 시간은 ❶을 수행하는 시간과 ❷의 곱셈을 한 번 수행하는 시간이다. 크기가 1이면($n=1$이면) $T(1) \leq c$이므로 $T(n)$을 다음과 같이 전개할 수 있다.

$$\begin{aligned}
T(n) &= T(n-1) + c \\
&= T(n-2) + c + c = T(n-2) + 2c \\
&= T(n-3) + c + 2c = T(n-3) + 3c \\
&\cdots \\
&= T(1) + (n-1)c \\
&\leq c + (n-1)c \\
&= cn
\end{aligned}$$

따라서 $T(n) \leq cn$이므로 $T(n) = O(n)$이다.

점근적 복잡도를 구하는 첫 번째 방법인 반복 대치는 앞에서 전개한 것처럼 $T(n)$을 $T(n-1)$로 대치하고, $T(n-1)$을 $T(n-2)$로 대치하고, 계속해서 $T(n-2)$, $T(n-3)$, …, $T(1)$까지 반복해서 대치해가는 것과 같은 방식을 사용해 점근적 복잡도를 구한다.

이번에는 앞에서 언급한 병합 정렬의 복잡도를 좀 더 구체적으로 분석해보자. 입력의 크기가 n인 배열을 정렬하는 병합 정렬은 배열을 이등분한 다음, 각각을 재귀적으로 병합 정렬해 이둘을 병합함으로써 정렬을 끝낸다. 입력의 크기가 n인 배열에 대한 병합 정렬에서 대소 비교의 총 횟수를 $T(n)$이라 하자. 즉, 두 수의 대소를 비교하는 횟수를 수행 시간의 기준으로 삼는데, 이는 대소 비교가 전체 수행 시간을 좌우하기 때문이다. $n=2^k$이라고 가정해도 일반성을 잃지 않으므로 원래 문제와 이등분된 문제 간의 관계를 다음과 같이 표현할 수 있다.

$$T(n) \le 2T(\frac{n}{2}) + n$$

> **NOTE_** 수행 시간의 기준이 상황에 따라 달라 다소 혼란스러울 수 있겠지만 학습을 하다 보면 대부분 자연스럽게 익숙해지니 지금은 그냥 받아들이도록 하자. 상황에 따라 $n=2^k$ 대신 다른 상수 a에 대해 $n=a^k$이라고 가정하는 경우도 있다. ❶의 비교는 고려하지 않아도 상관없다.

여기서 $T(n)$은 입력의 크기가 n인 문제를 병합 정렬하는 데 필요한 총 비교 횟수, $T(\frac{n}{2})$은 크기가 $\frac{n}{2}$인 문제를 병합 정렬하는 데 필요한 총 비교 횟수다. 그리고 n은 64쪽의 병합 정렬에서 ❺의 merge(A, p, q, r)에 필요한 최대 비교 횟수 $n-1$과 ❶의 if ($p < r$)에 있는 비교 한 번을 합한 것이다. 즉, 크기가 n인 문제를 풀기 위해서 크기가 $\frac{n}{2}$인 문제를 2개 풀고, 나머지 최대 n의 오버헤드가 필요한 상황을 표현한 것이다.

이것을 전개하면 다음과 같다.

$$\begin{aligned}
T(n) &\le 2T(\frac{n}{2}) + n \\
&\le 2(2T(\frac{n}{4}) + \frac{n}{2}) + n = 2^2 T(\frac{n}{2^2}) + 2n \\
&\le 2^2(2T(\frac{n}{2^3}) + \frac{n}{2^2}) + 2n = 2^3 T(\frac{n}{2^3}) + 3n \\
&\cdots \\
&\le 2^k T(\frac{n}{2^k}) + kn = nT(1) + kn = n + n\log n \quad \leftarrow T(1)=1\text{이고 } k=\log_2 n\text{이기 때문} \\
&= O(n\log n)
\end{aligned}$$

앞의 전개에서 $T(n)$을 $T(\frac{n}{2})$으로 대치하고, $T(\frac{n}{2})$을 $T(\frac{n}{4})$으로 대치하고, 계속해서 $T(\frac{n}{8})$, $T(\frac{n}{16})$, …, $T(1)$까지 대치하는 것을 볼 수 있다.

점근적 분석의 수준이 조금 높아지면 다음과 같이 정확하게 표현하는 대신,

$$T(n) \le 2T(\frac{n}{2}) + n$$

다음과 같이 n을 점근적 표현으로 바꾸기도 한다.

$$T(n) \le 2T(\frac{n}{2}) + O(n)$$

여기서 $O(n)$은 집합으로서의 $O(n)$을 의미하지 않고 $O(n)$에 속하는 함수 하나를 대신하는 관행적 표현이다. 이 경우에는 n을 대신한다. 식을 굳이 자세히 기술할 필요가 없는 경우에는 이런 점근적 표현을 쓰면 편리하다. 이를 이용해 다시 전개해보자.

$$\begin{aligned}
T(n) &\le 2T(\frac{n}{2}) + O(n) \\
&\le 2(2T(\frac{n}{4}) + \frac{n}{2}) + O(n) = 2^2 T(\frac{n}{2^2}) + 2O(n) \\
&\le 2^2(2T(\frac{n}{2^3}) + \frac{n}{2^2}) + 2O(n) = 2^3 T(\frac{n}{2^3}) + 3O(n) \\
&\cdots \\
&\le 2^k T(\frac{n}{2^k}) + kO(n) = nT(1) + kO(n) = nT(1) + \log n \cdot O(n) \\
&\le nT(1) + O(kn) = n + O(n\log n) \\
&= O(n\log n)
\end{aligned}$$

맨 마지막 행의 $O(n\log n)$은 원래 정의를 만족하는 '집합'을 뜻하는 O-표기다. 그리고 바로 앞 행의 $O(n\log n)$은 $O(n\log n)$에 속하는 '함수 하나'를 뜻하는데, $kn = n\log n$이 이에 해당한다. 맨 마지막 행의 $O(n\log n)$은 $n+O(n\log n)$이 $O(n\log n)$에 속한다는 뜻이다.

점근적 복잡도의 계산을 용이하게 하기 위해 자주 $n = 2^k$이라고 가정한다(k는 양의 정수). 이 가정은 처음에는 좀 지나쳐 보일 수 있으나 점근적 복잡도를 구하는 데 전혀 지장을 주지 않는다. 이유를 설명하면 다음과 같다.

어떠한 n이라도 n과 $2n$ 사이에 2의 멱수가 하나 있다. 즉, $n \le 2^k < 2n$인 2^k이 하나 존재한다. 만약 임의의 상수 r에 대해 $T(n)=O(n^r)$이라면 $T(2n)=O((2n)^r)=O(2^r n^r)=O(n^r)$이므로 $T(2n)=T(n)$이 된다(여기서 O( ) 사이에 사용된 =는 ∈ 기호의 대용이 아니고 동치 관계를 나타냄). 즉, 입력의 크기가 2배가 되어도 다항식 범위 내에 있는 점근적 복잡도는 변하지 않는다. 알고리즘의 복잡도 함수는 단조 증가 함수라고 가정하므로 다음과 같다.

$$T(n) \le T(2^k) \le T(2n)$$

여기서 $T(n) = T(2n)$이므로 다음과 같이 된다.

$$T(n) = T(2^k) = T(2n)$$

즉, n의 오른쪽에서 처음으로 만나는 2의 멱수에 대한 함수도 항상 n에 대한 함수와 같은 점근적 복잡도를 가지므로 $n=2^k$이라고 가정해도 점근적 분석의 결과는 같다. 따라서 이런 가정은 일반성을 잃지 않는다.

모든 점근적 복잡도에 대해 위의 논리가 성립하는 것은 아니다. 그러나 적어도 다항식으로 표현되는 복잡도에는 이 논리가 성립한다. 일반적인 알고리즘 교재에서 배우는 알고리즘들이 대부분 다항식 수행 시간을 소요하는 알고리즘이므로 이 가정은 매우 자주 사용된다.

알고리즘의 복잡도 함수를 단조 증가 함수로 가정하는 것은 크기가 더 큰 입력에서는 크기가 더 작은 입력에서보다 시간이 적어도 적게 걸리지 않는다는 가정이다. 이 가정이 100% 맞는 것은 아니지만, 이 가정 때문에 결과가 왜곡되거나 알고리즘 분석의 질이 떨어지지는 않는다.

2 추정 후 증명

추정 후 증명은 식의 모양을 보고 점근적 복잡도를 추정한 다음 그 추정이 옳음을 귀납적으로 증명하는 방법이다. 앞에서 살펴본 점화식 $T(n) \le 2T(\frac{n}{2})+n$의 점근적 복잡도를 추정 후 증명법을 이용해 확인해보자.

예제 3-1

$T(n) \le 2T(\frac{n}{2})+n$의 점근적 복잡도는 $T(n)=O(n\log n)$임을 보여라. 즉, 충분히 큰 n에 대하여 $T(n) \le cn\log n$인 양의 상수 c가 존재한다.

▶▶ **증명** **경계조건:** $T(2) \le c2\log 2$를 만족하는 c가 존재한다.

귀납적 가정과 전개: $\frac{n}{2}$에 대해 $T(\frac{n}{2}) \le c(\frac{n}{2})\log\frac{n}{2}$을 만족한다고 가정하면,

$$\begin{aligned} T(n) &\le 2T(\tfrac{n}{2})+n \\ \text{❶} &\le 2c(\tfrac{n}{2})\log(\tfrac{n}{2})+n \\ &= cn\log n - cn\log 2 + n \\ &= cn\log n + \underbrace{(-c\log 2+1)n}_{\text{❷}} \\ \text{❸} &\le cn\log n \end{aligned}$$

이를 만족하는 상수 c가 존재한다. 이 상수 c와 $T(2)$를 위해 잡은 c 중 큰 것을 잡으면 된다. 따라서 $T(n)=O(n\log n)$이다.

NOTE_ 여기서 $\log 1=0$이므로 $T(1) \le 1\log 1$은 불가능하기 때문에 $T(2)$를 경계조건으로 잡은 것이다. 경계조건으로 $T(2)$가 아닌 훨씬 큰 상수 a에 대해 $T(a) \le ca\log a$임을 보여도 상관없다. 경계조건을 만족시키는 경계치는 항상 잡을 수 있기 때문에 경계조건은 확인하지 않아도 된다.

[예제 3-1] 증명의 전개 과정을 다시 살펴보자. ❶은 귀납적 가정을 이용한 부분이다. 최종적으로 ❸의 결론을 도출하려면 ❷의 항이 음수(정확하게는 0 이하)이면 된다. 즉, c가 $\frac{1}{\log 2}$ 이상이기만 하면 된다. 충분히 큰 n에 대해 $T(n) \le cn\log n$인 상수 c를 잡을 수 있으므로 증명은 완료되었다.

일반적으로 $T(n)=f(n)$임을 보이기 위해 상수 a를 경계치로 잡으면 $T(a)$도 상수가 되므로 $f(n)$이 양수인 한 $T(a) \le cf(a)$를 만족시키는 c가 항상 존재한다. 그러므로 점근적 복잡도의 귀납적 증명 시에 굳이 경계조건을 확인하지 않아도 된다.

예제 3-2

$T(n) \le 2T(\frac{n}{2}+10)+n$의 점근적 복잡도는 $T(n)=O(n\log n)$임을 보여라. 즉, 충분히 큰 n에 대하여 $T(n) \le cn\log n$인 양의 상수 c가 존재한다.

▶▶ **증명** $T(n) \le 2T(\frac{n}{2}+10)+n$

$$
\begin{aligned}
&❶ \le 2c(\frac{n}{2}+10)\log(\frac{n}{2}+10)+n \\
&= cn\log(\frac{n}{2}+10)+20c\log(\frac{n}{2}+10)+n \\
&❷ \le cn\log\frac{3n}{4}+20c\log\frac{3n}{4}+n \\
&= cn\log n+cn(\log 3-\log 4)+20c\log\frac{3n}{4}+n \\
&= cn\log n+\underbrace{[c(\log 3-\log 4)+1]n+20c\log\frac{3n}{4}}_{❸} \\
&❹ \le cn\log n
\end{aligned}
$$

이를 만족하는 상수 c가 존재한다. ❶, ❷ 단계를 위해서 n이 40보다 크거나 같아야 한다(구체적 이유는 아래 NOTE에서 설명함). 즉, $40 \le n$인 모든 n에 대해 위 식을 만족한다. 따라서 $T(n)=O(n\log n)$이다.

NOTE_ 수학적 귀납법의 다양한 가정과 전개

수학적 귀납법의 가정과 전개에는 다양한 방법이 있다. 그중 몇 가지 예는 다음과 같고 이 증명에서는 두 번째 방법을 사용하였다.

- $n=k$일 때 성립하면 $n=k+1$일 때도 성립
- $n_0 \le k < n$인 모든 k에 대해 성립하면 n일 때도 성립
- $n=k$일 때 성립하면 $n=2k$일 때도 성립

[예제 3-2] 증명의 전개 과정에서 ❶은 귀납적 가정을 이용한 부분이다. 이것이 성립하기 위해서는 $\frac{n}{2}+10$이 n보다 작아야 한다. $\frac{n}{2}+10 < n \rightarrow 20 < n$, 즉 n은 20보다 커야 이 논리 전개가 계속될 수 있다. 점근적 분석은 충분히 큰 n에 관한 이야기이므로 이 정도 크기의 n을 요구하는 것은 문제가 없다. ❷ 부분은 식의 전개를 용이하게 하기 위해 $\log(\frac{n}{2}+10) \le \log\frac{3n}{4}$

을 이용해 식을 간단히 한 부분이다. 이것을 만족하기 위해서는 $\frac{n}{2}+10 \le \frac{3n}{4}$이 되어야 하는데, $40 \le n$이면 된다. $\frac{3n}{4}$은 선택할 수 있는 여러 대안 중 하나로 좀 더 정밀하게 $\frac{3n}{5}$ 등을 선택할 수도 있으나 결론을 유지하기에 필요한 정도면 충분하다. 최종적으로 ❹의 결론을 도출하려면 ❸의 항이 음수(정확히는 0 이하)가 되면 된다. ❸에서 일차항의 계수 $c(\log 3-\log 4)+1$을 충분히 작은 음수가 되도록 해서 차수가 더 낮은 $20c\log(\frac{n}{2}+10)$을 압도하여 ❸을 음수로 만들 수 있다. 충분히 큰(여기서는 40보다 크거나 같은) 모든 n에 대해 $T(n) \le cn\log n$인 양의 상수 c를 잡을 수 있으므로 증명은 완료되었다.

추정 후 증명법에서 한 가지 조심해야 할 사항은 귀납적 가정에서 사용한 상수 c와 결론에서 사용하는 상수 c가 같아야 한다는 것이다. 간혹 이점을 무시하고 '놀라운' 결론을 이끌어내는 학생들이 제법 있다. 앞에서 $T(n) \le 2T(\frac{n}{2})+n$의 점화식은 $O(n\log n)$의 점근적 복잡도를 가짐을 증명하였다. 이 점화식을 다음과 같이 $O(n)$이라고 엉뚱하게 증명하는 경우를 보자.

$$
\begin{aligned}
T(n) &\le 2T(\frac{n}{2})+n \\
&\le 2c(\frac{n}{2})+n \quad \leftarrow \text{귀납적 가정 이용} \\
&= cn+n \\
&= c'n \\
&= O(n) \qquad (\times)
\end{aligned}
$$

이것은 중간에 c'이라는 새 상수를 도입해서 생긴 실수다. 다음과 같이 쓰는 학생도 있다.

$$
\begin{aligned}
T(n) &\le 2T(\frac{n}{2})+n \\
&\le 2c(\frac{n}{2})+n \quad \leftarrow \text{귀납적 가정 이용} \\
&= cn+n \\
&= O(n) \qquad (\times)
\end{aligned}
$$

여기서 $cn+n=O(n)$이라는 사실은 맞지만, 증명의 마지막 단계인 $T(n) \le cn$을 보이지 않아 귀납적 증명이 완결되지 않았으므로 틀렸다.

이번에는 좀 더 고급스런 예를 들어보자.

예제 3-3

$T(n)=2T(\frac{n}{2})+1$의 점근적 복잡도는 $O(n)$임을 보여라.

▶▶ **실패하는 증명** 충분히 큰 n에 대해 $T(n) \le cn$인 양의 상수 c가 존재한다는 것을 증명하려 한다.

$$\begin{aligned} T(n) &= 2T(\frac{n}{2})+1 \\ &\le 2c(\frac{n}{2})+1 \quad \leftarrow \text{귀납적 가정 이용} \\ &= cn+1 \end{aligned}$$

여기서 더 이상 진행이 되지 않는다. $cn+1 \le cn$임을 증명할 수 없기 때문이다.

▶▶ **성공하는 증명** 미묘한 차이가 앞을 가로막고 있다. 발상의 전환이 필요하다. $T(n) \le cn$임을 증명하는 대신 $T(n) \le cn-2$임을 증명할 수 있다면 여전히 $T(n)=O(n)$이다.

$$\begin{aligned} T(n) &= 2T(\frac{n}{2})+1 \\ &\le 2(c\frac{n}{2}-2)+1 \quad \leftarrow \text{귀납적 가정 이용} \\ &= cn-3 \\ &\le cn-2 \end{aligned}$$

이 성공적인 증명은 직관과 배치된다. cn 이하라는 것이 증명되지 않는데 이보다 더 작은 $cn-2$ 이하라는 것을 증명한다. 직관적으로는 cn보다 더 큰 $cn+2$를 증명해야 할 것 같지만 그 반대다. $cn+2$로 증명하면 어떻게 되는지는 각자 확인해보자.

추정 후 증명법이 유용하게 사용되려면 우선 추정을 의미 있게 해야 한다. 너무 여유롭게 추정해 증명하는 것은 별로 의미가 없다. 그리고 무리한 추정은 당연히 증명되지 않는다. 좋은 추정을 하기 위해서는 점화식의 모양에 익숙해져야 한다. 시각적으로 자기호출 트리를 그려보면서 추정하는 경우도 있다. 경험이 많이 쌓이면 식의 모양만 보고도 대략 의미 있는 추정을 할 수 있는 직관이 생긴다. 다음에 배우는 마스터 정리는 점화식의 모양에 익숙해지게 하는 좋은 도구다.

3 마스터 정리

마스터 정리는 특정한 모양을 가진 재귀식에서 바로 결과를 알 수 있는 아주 유용한 정리다. 마스터 정리는 다음 형태의 식에 적용된다.

$$T(n) = aT(\frac{n}{b}) + f(n)$$

즉, 입력의 크기가 n인 문제를 풀기 위해 입력의 크기가 $\frac{n}{b}$인 문제를 a개 풀고, 나머지 $f(n)$의 오버헤드가 필요한 알고리즘들이 해당된다. 아주 많은 알고리즘이 이 형태에 해당되므로 마스터 정리는 아주 유용한 방법이다. 앞에서 배운 병합 정렬이 대표적 예로 $a=b=2$, $f(n)=n$인 경우다. 결과는 상수 a, b와 식 $f(n)$의 모양에 따라 정해진다. $n^{\log_b a}=h(n)$이라 할 때, 이 $h(n)$과 $f(n)$의 상대적 무게에 따라 전체 복잡도가 결정된다.

$a \geq 1$, $b>1$에 대해 $T(n)=aT(\frac{n}{b})+f(n)$인 점화식에서, $n^{\log_b a}=h(n)$이라 할 때 $T(n)$의 점근적 복잡도는 [정리 3-1]과 같다.

정리 3-1 마스터 정리

❶ 어떤 양의 상수 ε에 대하여 $\frac{f(n)}{h(n)}=O(\frac{1}{n^{\varepsilon}})$이면, $T(n)=\Theta(h(n))$이다.

❷ 어떤 양의 상수 ε에 대하여 $\frac{f(n)}{h(n)}=\Omega(n^{\varepsilon})$이고, 어떤 상수 $c(<1)$와 충분히 큰 모든 n에 대해 $af(\frac{n}{b}) \leq cf(n)$이면 $T(n)=\Theta(f(n))$이다.

❸ $\frac{f(n)}{h(n)}=\Theta(1)$이면 $T(n)=\Theta(h(n)\log n)$이다.

마스터 정리에 익숙해지면 유형에 맞는 점화식이 주어질 때 바로 복잡도를 알 수 있지만 이를 처음 접하는 독자들은 익숙해지는 데 조금 시간이 걸린다. 익숙해지는 시간을 단축하기 위해 이 마스터 정리를 좀 더 간단한 모양으로 바꾸어보자.

$a \geq 1$, $b>1$에 대해 $T(n)=aT(\frac{n}{b})+f(n)$인 점화식에서 $n^{\log_b a}=h(n)$이라 할 때 $T(n)$의 개략적인 점근적 복잡도는 다음과 같다.

마스터 정리의 근사 버전

❶ $\lim_{n\to\infty}\frac{f(n)}{h(n)}=0$이면 $T(n)=\Theta(h(n))$이다.

❷ $\lim_{n\to\infty}\frac{f(n)}{h(n)}=\infty$이고, 충분히 큰 모든 n에 대해 $af(\frac{n}{b})<f(n)$이면 $T(n)=\Theta(f(n))$이다.

❸ $\frac{f(n)}{h(n)}=\Theta(1)$이면 $T(n)=\Theta(h(n)\log n)$이다(마스터 정리의 3항 그대로임).

이 근사 버전은 앞의 마스터 정리와 '거의' 일치하기 때문에 직관적인 판단을 하는 데 매우 유용하다. 즉, 대략 다음과 같다.

① $h(n)$이 더 무거우면 $h(n)$이 수행 시간을 결정한다.

② $f(n)$이 더 무거우면 $f(n)$이 수행 시간을 결정한다.

③ $h(n)$과 $f(n)$이 같은 무게이면 $h(n)$에 $\log n$을 곱한 것이 수행 시간이 된다.

위의 근사 버전은 마스터 정리를 처음 접하는 독자들에게 매우 유용하지만 그 의미는 원형과 정확히 같지는 않음을 알고 있어야 한다. 유형 ❶에서 $\lim_{n\to\infty}\frac{f(n)}{h(n)}=0$과 $\frac{f(n)}{h(n)}=O(\frac{1}{n^{\varepsilon}})$은 미묘한 차이가 있다. $\lim_{n\to\infty}\frac{f(n)}{h(n)}=0$은 $h(n)$이 $f(n)$을 압도한다는 뜻이고, $\frac{f(n)}{h(n)}=O(\frac{1}{n^{\varepsilon}})$은 $h(n)$이 $f(n)$을 적어도 '다항식의 비율'로 압도한다는 뜻이다. 거의 모든 경우에 이 구분이 의미가 없으나 $\lim_{n\to\infty}\frac{f(n)}{h(n)}=\lim_{n\to\infty}\frac{1}{\log n}$과 같은 경우는 $\lim_{n\to\infty}\frac{f(n)}{h(n)}=0$이지만 $\log n$의 비율로 압도할 뿐 다항식의 비율로 압도하지는 않는다. 즉, $\frac{f(n)}{h(n)}=O(\frac{1}{n^{\varepsilon}})$은 성립하지 않는다.

마찬가지로 유형 ❷에서 $\lim_{n\to\infty}\frac{f(n)}{h(n)}=\infty$ 와 $\frac{f(n)}{h(n)}=\Omega(n^{\varepsilon})$ 사이에도 다항식 비율에 관한 차이가 있다. 또 "충분히 큰 모든 n에 대해 $af(\frac{n}{b})<f(n)$"과 "어떤 상수 $c(<1)$와 충분히 큰 모든 n에 대해 $af(\frac{n}{b})\le cf(n)$"도 '고정 비율 c 이하의 보장'이라는 미묘한 차이가 있지만 반례를 찾기가 극히 힘들기 때문에 사실상 이 둘을 구분 없이 사용해도 무방하다.

마스터 정리를 사용해 복잡도를 구하는 예제 몇 가지를 유형별로 살펴보자. 이해를 돕기 위해 먼저 근사 버전을 사용하는데 마스터 정리 원형의 요구 조건은 괄호 안에 추가로 기술하였다.

예제 3-4

$T(n)=2T(\frac{n}{3})+c$ (c는 상수)

▶▶ **점근적 복잡도** $a=2,\ b=3,\ h(n)=n^{\log_3 2},\ f(n)=c$

$\lim_{n\to\infty}\frac{f(n)}{h(n)}=\lim_{n\to\infty}\frac{c}{n^{\log_3 2}}=0$이므로 마스터 정리의 유형 ❶에 속한다($h(n)$이 $f(n)$을 다항식 $n^{\log_3 2}$의 비율로 압도한다). 따라서 $T(n)=\Theta(n^{\log_3 2})$이다.

예제 3-5

$T(n)=2T(\frac{n}{4})+n$

▶▶ **점근적 복잡도** $a=2,\ b=4,\ h(n)=n^{\log_4 2}=\sqrt{n},\ f(n)=n$

$\lim_{n\to\infty}\frac{f(n)}{h(n)}=\lim_{n\to\infty}\frac{n}{\sqrt{n}}=\infty$이고 $af(\frac{n}{b})=2\cdot\frac{n}{4}=\frac{n}{2}<f(n)$이므로 마스터 정리의 유형 ❷에 속한다. ($f(n)$이 $h(n)$을 다항식 $n^{\frac{1}{2}}$의 비율로 압도한다. 또 $af(\frac{n}{b})=2\cdot\frac{n}{4}=\frac{n}{2}\leq\frac{1}{2}f(n)$이므로 $c=\frac{1}{2}$에 대해 $af(\frac{n}{b})\leq cf(n)$을 만족한다.) 따라서 $T(n)=\Theta(n)$이다.

예제 3-6

$T(n)=2T(\frac{n}{2})+n$

▶▶ **점근적 복잡도** $a=b=2,\ h(n)=n^{\log_2 2}=n,\ f(n)=n$

$\frac{f(n)}{h(n)}=\Theta(1)$이므로 마스터 정리의 유형 ❸에 속한다. 따라서 $T(n)=\Theta(n\log n)$이다.

마스터 정리를 쓸 수 없는 모양인 점화식의 변수를 치환함으로써 마스터 정리를 쓸 수 있는 모양으로 변형하는 방법도 있다. 예를 들어, $T(n)=2T(\sqrt{n})+\log n$과 같은 점화식을 보자. 얼핏 보기에 난감한 모양이다. 여기서 $m=\log_2 n$으로 놓아보자. 그러면 다음과 같이 된다.

$$T(2^m)=2T(2^{\frac{m}{2}})+m$$

이 식을 다음과 같이 새로운 점화식으로 표현할 수 있다.

$$S(m)=2S(\frac{m}{2})+m$$

이 식은 [예제 3-6]의 점화식과 같다. 따라서 $S(m)=\Theta(m\log m)$이 된다. 이를 원래의 $T(n)$과 연결시킨다.

$$T(n) = T(2^m) = S(m) = \Theta(m\log m) = \Theta(\log n \log\log n)$$

이런 변수의 치환은 마스터 정리뿐 아니라 점화식의 모양을 간명하게 바꾸어 다른 방법으로 푸는 데도 유용하다.

NOTE_ 마스터 정리의 내부

마스터 정리의 의미를 좀 더 살펴보자. 마스터 정리에서 $f(n)$은 크기가 n인 문제(최상위 레벨)에서 발생하는 자기호출 이외의 오버헤드로 크기가 다른 문제들 간의 관계를 반영하는 비용이고, $h(n)$은 반복적인 자기호출 끝에 마지막으로 크기 1인 문제를 만나는 횟수다. 자기호출 때문에 부담이 더 커지면 수행 시간은 $h(n)$이 결정하고, 관계를 반영하는 오버헤드가 더 커지면 $f(n)$이 결정한다. 단, $f(n)$은 가장 상위 레벨의 오버헤드만 의미하므로 하위 레벨에서 발생하는 오버헤드는 반영하지 않는다.

그래서 앞의 유형 ❷에서 $af(\frac{n}{b}) \le cf(n)$의 확인이 필요한데, 이것은 자기호출로 만나는 하위 레벨의 문제들(작은 문제들)에서 발생하는 (자기호출 이외의) 오버헤드들의 총합이 레벨이 내려가면서 적어도 감소해야 한다는 것이다. 이 부분을 이해하기 어려워하는 학생들이 많아 마스터 정리 근사 버전의 유형 ❷는 이 부분을 좀 더 이해하기 쉬운 모양으로 변형한 것이다.

01 다음 점화식에 대한 점근적 복잡도의 상한 또는 하한을 구하시오. 마스터 정리를 쓸 수 있으면 마스터 정리를 우선 사용하시오.

① $T(n)=3T(\frac{n}{3})+\sqrt{n}$ (상한과 하한)

② $T(n)=T(\frac{n}{2})+n$ (상한과 하한)

③ $T(n)=2T(n-1)+2$ (상한과 하한)

④ $T(n)=3T(\frac{n}{3}+15)+\Theta(n)$ (상한)

⑤ $T(n)=2T(\frac{n}{2})+\Theta(n\log^2 n)$ (상한과 하한)

⑥ $T(n)= 10T(\frac{n}{15})+b$ (b는 상수) (상한과 하한)

⑦ $T(n)= 5T(\frac{n}{6}+100)+n$ (상한)

➜ 알고리즘의 점근적 복잡도 분석은 이 책에서 가장 중요한 기초를 이룬다.

① 마스터 정리를 사용한다. $h(n)=n^{\log_3 3}=n$, $f(n)=\sqrt{n}$, $h(n)$이 $f(n)$을 다항식의 비율로 압도하므로 $T(n)=\Theta(h(n))=\Theta(n)$이다.

② 마스터 정리를 사용한다. $h(n)=n^{\log_2 1}=1$, $f(n)=n$, $f(n)$이 $h(n)$을 다항식의 비율로 압도하고, $a \cdot f(\frac{n}{b})=\frac{n}{2}\le\frac{1}{2}f(n)$이므로 ($c=\frac{1}{2}$로 잡음) $T(n)=\Theta(f(n))=\Theta(n)$이다.

③ (반복 대치)

$$\begin{aligned}
T(n) &= 2T(n-1)+2 \\
&= 2(2T(n-2)+2)+2 = 2^2T(n-2)+2^2+2 \\
&= 2^2(2T(n-3)+2)+2^2+2 = 2^3T(n-3)+2^3+2^2+2 \\
&\cdots \\
&= 2^{n-1}T(1)+2^{n-1}+2^{n-2}+\ldots+2^2+2 \\
&= \Theta(2^n)
\end{aligned}$$

④ (추정 후 증명)

$$T(n) = 3T(\frac{n}{3}+15)+\Theta(n)$$

$$\le 3c(\frac{n}{3}+15)\log(\frac{n}{3}+15)+\Theta(n) \quad \leftarrow \text{추정: } T(n) \le cn\log n$$

$$\frac{n}{3}+15<n,\ 23 \le n$$

$$= cn\log(\frac{n}{3}+15)+45c\log(\frac{n}{3}+15)+\Theta(n)$$

$$\le cn\log\frac{2n}{3}+45c\log\frac{2n}{3}+\Theta(n) \quad \leftarrow (1)$$

$$= cn\log n + cn(\log 2 - \log 3)+45c\log\frac{2n}{3}+\Theta(n)$$

$$\le cn\log n$$

c를 적당히 크게 잡으면 위 (1)에서 $cn\log n$을 제외한 나머지 항이 0 이하가 되도록 할 수 있다. n_0=23으로 잡으면 된다(많은 선택 중 하나).

⑤ 교재 내용만으로는 풀기 힘든 문제로 참고로 제공한다. 이 교재뿐만 아니라 『Introduction to Algorithms』에 있는 마스터 정리로는 커버하지 못하지만 다음 원래의 마스터 정리는 이를 커버한다.

원래의 마스터 정리: $\frac{f(n)}{h(n)} = \Theta(\log^k n)$이면 $T(n) = \Theta(h(n)\log^{k+1} n)$이다.

$h(n) = n^{\log_2 2} = n,\ f(n) = \Theta(n\log^2 n),\ \frac{f(n)}{h(n)} = \Theta(\log^2 n)$이므로,

$T(n) = \Theta(h(n)\log^{2+1} n) = \Theta(n\log^3 n)$이다. 이것이 유형 ❷에 속하는 것이 아니라는 점을 상기하기에 좋은 문제다.

⑥ 마스터 정리를 사용한다. $h(n) = n^{\log_{15}10}$, $f(n) = b$, $h(n)$이 $f(n)$을 다항식의 비율로 압도하므로 $T(n) = \Theta(h(n)) = \Theta(n^{\log_{15}10})$이다.

⑦ (추정 후 증명)

$$T(n) = 5T(\frac{n}{6}+100)+n$$

$$\le 5c(\frac{n}{6}+100)+n \quad \leftarrow \text{추정: } T(n) \le cn$$

$$\frac{n}{6}+100<n,\ 120 \le n$$

$$\le \frac{5cn}{6}+500c+n$$

$$= cn - \frac{cn}{6}+500c+n$$

$$\le cn$$

c=8, n_0=12000으로 잡으면 된다(많은 선택 중 하나).

따라서 $T(n)=O(n)$.

02 다음 알고리즘의 점근적 수행 시간을 O-표기로 구하시오. 반드시 추정 후 증명 방식으로 구한다.

```
int algB(n):
    if (n ≤ 1) return 1
    else
        tmp = 0; t = algB(⌊n/3⌋)
        for  = 1 to t
            tmp++
        tmp = tmp + algB(⌊2n/3⌋)
        return n
```

➔ $T(n)=T(\lfloor \frac{n}{3} \rfloor)+T(\lfloor \frac{2n}{3} \rfloor)+\text{algB}(\lfloor \frac{n}{3} \rfloor)$

algB(n)의 for 루프는 algB($\lfloor \frac{n}{3} \rfloor$)의 리턴 값만큼 반복되므로 $\lfloor \frac{n}{3} \rfloor$에 비례하는 시간이 소요된다.

(algB(n)의 리턴 값은 n이므로 algB($\lfloor \frac{n}{3} \rfloor$)의 리턴 값 t는 $\lfloor \frac{n}{3} \rfloor$이다.)

그러므로 $T(n)=T(\lfloor \frac{n}{3} \rfloor)+T(\lfloor \frac{2n}{3} \rfloor)+k(\lfloor \frac{n}{3} \rfloor)$($k$: 양의 상수).

▸▸ **증명**
$$\begin{aligned} T(n) &= T(\left\lfloor \frac{n}{3} \right\rfloor)+T(\left\lfloor \frac{2n}{3} \right\rfloor)+k\left\lfloor \frac{n}{3} \right\rfloor \\ &\le T(\frac{n}{3})+T(\frac{2n}{3})+\frac{kn}{3} \\ &\le c\frac{n}{3}\log\frac{n}{3}+c\frac{2n}{3}\log\frac{2n}{3}+\frac{kn}{3} \quad \leftarrow \text{추정: } T(n)\le cn\log n \\ &= cn\log n+(\frac{cn}{3}\log\frac{1}{3}+\frac{2cn}{3}\log\frac{2}{3}+\frac{kn}{3}) \\ &= cn\log n+(-c\log 3+\frac{2c}{3}\log 2+\frac{k}{3})n \\ &\le cn\log n \end{aligned}$$

충분히 큰 n에 대해 이를 항상 만족하는 $c(>0)$가 존재한다.

따라서 $T(n)=O(n\log n)$.

03 시에르핀스키Sierpinsky 삼각형은 다음 그림과 같은 단계로 변한다. 안에 다른 삼각형이 들어 있지 않은 삼각형을 말단 삼각형이라 하자. 말단 삼각형의 수는 단계가 진행됨에 따라 1 → 4 → 13 → 40 → 121 → …과 같이 변한다. n단계 진행된 후 말단 삼각형의 총수 $T(n)$은 몇 개인가?

① 먼저 이를 위한 점화식을 구하시오.

② ①에서 도출한 점화식을 바탕으로 n단계 진행된 후 말단 삼각형의 총 $T(n)$은 점근적으로 어떻게 되는가? 먼저 추정을 한 후 추정 후 증명 방식으로 증명하시오. 상한과 하한을 모두 구하되, 최대한 엄밀하게 구하시오.

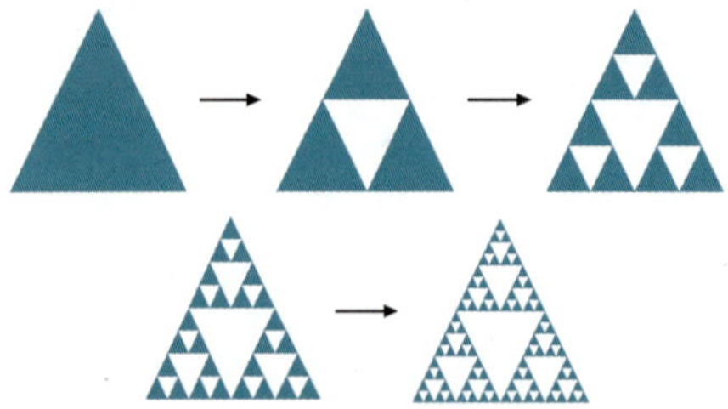

① 그림의 단계 번호를 0, 1, 2, …으로 붙이자. 어떤 단계에서 색이 채워진 말단 삼각형의 수는 앞 단계의 색이 채워진 말단 삼각형의 3배이므로 1, 3, 3^2, …, 즉 단계 n의 색이 채워진 말단 삼각형의 수는 3^n이 된다. 단계 n의 흰색 말단 삼각형의 수는 앞 단계($n-1$단계)의 모든 말단 삼각형 수와 일치한다. 따라서 총 말단 삼각형 수의 점화식은 다음과 같다.

$$T(n)=T(n-1)+3^n,\ T(0)=1$$

② 추정 1: $T(n)\le c3^n$

▸▸ **증명**
$$\begin{aligned} T(n) &= T(n-1)+3^n \\ &\le c3^{n-1}+3^n \\ &=(\frac{c}{3}+1)3^n \\ &\le c3^n \end{aligned}$$

추정 2: $T(n) \geq c3^n$

▶▶ **증명** $T(n)=T(n-1)+3^n$

$$\geq c3^{n-1}+3^n$$
$$=(\frac{c}{3}+1)3^n$$
$$\geq c3^n$$

위 추정 1, 2로부터 $T(n)=\Theta(3^n)$.

〈다른 풀이〉

이 문제는 다른 점화식으로 표현할 수도 있다. 증명상의 트릭이 필요한 문제라 추가 풀이로 제공한다.

① 앞의 풀이처럼 그림의 단계 번호를 0, 1, 2, …으로 붙이자. 어떤 단계에서 말단 삼각형의 총 수는 앞 단계 말단 삼각형 총수의 3배보다 1개 많다. 따라서 총 말단 삼각형 수의 점화식을 다음과 같이 쓸 수도 있다.

$$T(n)=3T(n-1)+1,\ T(0)=1$$

이 점화식의 점근적 복잡도를 추정 후 증명 방식으로 증명하려면 약간의 트릭이 필요하다.

② 추정 1: $T(n) \leq c3^n-1$ ($T(n) \leq c3^n$으로는 증명이 안 됨을 확인할 것)

▶▶ **증명** $T(n)=3T(n-1)+1$

$$\leq 3(c3^{n-1}-1)+1 \quad \leftarrow \text{귀납적 가정 이용}$$
$$=c3^n-2 \quad \leftarrow c=2,\ n_0=1\text{로 잡으면 충분}$$
(잡을 수 있는 여러 가지 조합 중 하나)
$$\leq c3^n-1$$

추정 2: $T(n) \geq c3^n$

▶▶ **증명** $T(n)=3T(n-1)+1$

$$\geq 3(c3^{n-1})+1 \quad \leftarrow \text{귀납적 가정 이용}$$
$$=c3^n+1 \quad \leftarrow c=1,\ n_0=1\text{로 잡으면 충분}$$
(잡을 수 있는 여러 가지 조합 중 하나)
$$\geq c3^n$$

위 추정 1, 2로부터 $T(n)=\Theta(3^n)$.

요약

01 자기호출을 사용하는 알고리즘의 수행 시간은 점화식을 이용해 표현할 수 있다.

02 점화식을 푸는 방법은 다양하지만 대표적인 세 가지 방법인 반복 대치, 추정 후 증명, 마스터 정리가 유용하다.

03 반복 대치는 점화식을 더 작은 변수에 대한 점화식으로 대치하는 작업을 반복하면서 경계조건에 이를 때까지 전개하는 방법이다.

04 추정 후 증명은 점화식의 점근적 복잡도를 추정한 후 이를 수학적 귀납법의 원리를 이용하여 증명하는 방법이다.

05 $T(n)=aT(\frac{n}{b})+f(n)$ 형태로 된 점화식의 점근적 복잡도를 구할 때 마스터 정리를 사용하면 복잡한 계산이나 증명 없이 바로 알 수 있어 편리하다.

연습문제

01 점근적 복잡도를 분석하기 위해 $n=5^k$이라고 가정해도 되는가? 그리고 그렇게 생각하는 이유는 무엇인가?

02 정렬된 n개의 원소로 구성된 배열에 원소 x가 존재하는지를 검사하는 복잡도 $O(\log n)$의 자기호출 알고리즘을 만드시오. 또 이 알고리즘에 존재하는 재귀적 관계를 이용해 복잡도가 $O(\log n)$임을 증명하시오.

03 입력의 크기가 n일 때 다음 알고리즘의 점근적 수행 시간은 얼마인가? 먼저 수행 시간 $T(n)$을 점화식으로 표현한 다음에 답을 구하시오.

```
sample(A[], n):
    if (n=0 or n=1) return 1
    return (n + sample(A, n−2))
```

04 하노이 탑 문제는 알고리즘 공부를 하기 전에도 한 번쯤 접해보았을 것이다. a, b, c라는 3개의 기둥이 있고, 기둥 a에 있는 n개의 원반을 기둥 b로 옮기되 한 번에 하나씩만 옮길 수 있으며, 어떠한 경우든 큰 원반이 작은 원반 위에 놓여서는 안 된다는 조건을 만족해야 한다. 이 문제를 푸는 알고리즘은 다음과 같다.

```
move(n, a, b, c):
    if (0 < n)
        move(n−1, a, c, b)
        a에 남은 원반을 b로 옮긴다.
        move(n−1, c, b, a)
```

① n개의 원반을 옮기기 위해 필요한 원반의 총 이동 횟수 $T(n)$을 점화식으로 표현해보시오.

② ①의 점화식을 풀면 $T(n)=\Theta(2^n)$임을 증명하시오.

③ ②에서 추정 후 증명 방식을 사용하지 않았다면 추정 후 증명 방식을 사용하여 $T(n)=\Omega(2^n)$임을 증명하시오(72쪽의 [실패하는 증명]과 [성공하는 증명] 참고).

05 입력의 크기가 n일 때 다음 알고리즘의 점근적 수행 시간은 얼마인가? 먼저 수행 시간 $T(n)$을 점화식으로 표현한 다음에 답을 구하시오.

```
sample(A[], n):
    if (n=1) return 1
    sum ← 0
    for i ← 1 to n
        sum ← sum + A[i]
    tmp ← sum + sample(A, n−1)
    return tmp
```

06 입력의 크기가 n일 때 다음 알고리즘의 점근적 수행 시간은 얼마인가? 먼저 수행 시간 $T(n)$을 점화식으로 표현한 다음에 답을 구하시오.

```
sample(A[], n):
    if (n=1) return 1
    sum ← 0
    for i ← 1 to n
        sum ← sum + A[i]
    tmp ← sum + sample(A, n/3)
    return tmp
```

07 입력의 크기가 n일 때 다음 알고리즘의 점근적 수행 시간은 얼마인가? 먼저 수행 시간 $T(n)$을 점화식으로 표현한 다음에 답을 구하시오.

```
sample(A[], p, r):
    if (p=r) return 1
    sum ← 0
    for i ← 1 to n
        sum ← sum + A[i]
    q ← ⌊(p+r)/2⌋
    tmp ← sum + sample(A, p, q) + sample(A, q+1, r)
    return tmp
```

08 입력의 크기가 n일 때 다음 알고리즘의 점근적 수행 시간은 얼마인가? 먼저 수행 시간 $T(n)$을 점화식으로 표현한 다음에 답을 구하시오.

```
sample(A[], p, r):
    if (p=r) return 1
    q ← ⌊(p+r)/2⌋
    tmp ← sample(A, p, q) + sample(A, q+1, r)
    return tmp
```

09 입력의 크기가 n일 때 다음 알고리즘의 점근적 수행 시간은 얼마인가? 먼저 수행 시간 $T(n)$을 점화식으로 표현한 다음에 답을 구하시오. 단, random(1, 100)은 1부터 100까지의 정수 중 하나를 임의로 리턴한다.

```
sample(A[], p, r):
    if (p=r) return 1
    q ← ⌊(p+r)/2⌋
    tmp ← sample(A, p, q)
    if (random(1, 100)≤50) tmp ← tmp + sample(A, q+1, r)
    return tmp
```

10 입력의 크기가 n일 때 다음 알고리즘의 점근적 수행 시간은 얼마인가? 먼저 수행 시간 $T(n)$을 점화식으로 표현한 다음에 답을 구하시오.

```
s(A[], p, r):
    if (n=1) return 1
    q ← ⌊(r−p+1)/3⌋
    tmp ← s(A, p, p+q−1) + s(A, p+q, p+2q−1) + s(A, p+2q, r)
    return tmp
```

11 다음 알고리즘 test(n)의 수행 시간의 점근적 상한을 구하시오. n은 양의 정수다.

```
test(n):
    if (5 ≥ n) return n
    else test(n/2 + 3)
```

12 입력의 크기가 n일 때 다음 알고리즘의 점근적 수행 시간은 얼마인가? 먼저 수행 시간 $T(n)$을 점화식으로 표현한 다음에 답을 구하시오.

```
sample(A[], p, r):
    if (p ≥ r) return 1
    sum ← 0
    for i ← p to r
        sum ← sum + A[i]
    q ← ⌊(r−p+1)/3⌋
    tmp ← sum + sample(A, p, p+q−1) + sample(A, p+2q, r)
    return tmp
```

13 다음 알고리즘에 대해 답하시오.

```
int algA(n):
    if (n ≤ 1) return 2
    else
        tmp = 0
        for  = 1 to n
            tmp++
        return (algA(⌊n/3⌋) + algA(⌊n/3⌋) + algA(⌊n/3⌋))
```

① $n=3^k$일 때(k는 양의 정수) algA(n)의 결과 값은 무엇인가?

② 점근적 수행 시간은? 마스터 정리를 쓸 수 있는 경우에는 반드시 사용하여 Θ-표기로 답하고, 그렇지 않은 경우에는 추정 후 증명 방식을 사용하여 O-표기로 답하시오(이 문제는 핵심에 집중하기 위해 편의상 $n=3^k$이라 가정해도 좋음).

14 다음 알고리즘 수행 시간의 점근적 상한을 밝히시오. n은 양의 정수다. (문제를 풀면서 절대 $\frac{n}{10}+5$와 $\frac{9n}{10}+7$을 $\frac{n}{10}$과 $\frac{9n}{10}$으로 근사 취급하지 말 것)

```
int test(n):
    if (n ≤ 100) return n
    else return (test(n/10+5) + test(9n/10+7))
```

15 다음 알고리즘의 리턴 값을 점근적으로 밝히시오. 최대한 엄밀하게 O-표기로 밝혀야 한다. 추정 후 증명 방식으로 결과를 증명하시오.

```
int test(n):
    if (n ≤ 1) return 1
    else
        tmp ← test(⌊2n/7⌋)
        tmp ← tmp + test(⌊5n/7⌋)
        return (n + tmp)
```

비이공계 전공자들은 다음 성질을 참조한다.

$$\log x + \log y = \log xy,\ \ \log x - \log y = \log \frac{x}{y},\ \ x \log y = \log y^x$$

16 다음 알고리즘 수행 시간의 상한을 점근적 표기법으로 나타내시오. n은 양의 정수다. (문제를 풀면서 절대 $\frac{n}{3}+3$과 $\frac{n}{2}+4$를 $\frac{n}{3}$과 $\frac{n}{2}$으로 근사 취급하지 말 것)

```
int test(n):
    if (10 ≤ n) return n
    else return (test(n/3+3) + test(n/2+4))
```

17 다음 알고리즘의 점근적 수행 시간을 O-표기로 구하고 증명하시오.

```
int algorithmB(A[], n):
    if (n < 10) return 1
    else
        tmp1 ← half_maximum(A, n)
        tmp2 ← algorithmB(A, 2*n/5)
        tmp3 ← algorithmB(A, 3*n/5)
        return tmp1*tmp2*tmp3

int half_maximum(A[], n):
    A[1...n]에서 임의로 n/2개의 원소를 뽑아 그중 최댓값을 리턴한다.
```

18 다음 점화식의 하한 $\Omega(n)$을 추정 후 증명 방식으로 구하시오. 증명할 수 있는 한 최대한 엄밀한 한계를 구한다.

$$T(n) = T(n-2) + T(n-4) + 1$$

19 89쪽에서 소개하는 스트라센 알고리즘은 $n \times n$ 행렬 곱셈을 하기 위해 주어진 행렬들을 $\frac{n}{2} \times \frac{n}{2}$ 행렬 4개로 분할한 다음 이들을 영리하게 곱하고 더하는 방법을 개발하여 $n \times n$ 행렬 곱셈 시간을 $\Theta(n^{\log_2 7})$로 떨어뜨린 것이다. 이제 주어진 행렬들을 $\frac{n}{2} \times \frac{n}{2}$ 행렬 4개로 분할하는 대신 $\frac{n}{4} \times \frac{n}{4}$ 행렬 16개로 분할하여 비슷한 접근을 하려 한다. 이 알고리즘이 점근적으로 스트라센 알고리즘보다 더 좋으려면 $\frac{n}{4} \times \frac{n}{4}$ 행렬의 총 곱셈 횟수를 몇 번 미만으로 떨어뜨려야 하는가? 정수 대신 log가 붙은 식으로 답해도 된다.

20 다음은 스트라센 알고리즘과 경쟁하기 위해 필자의 연구실에서 유전 알고리즘으로 찾은 행렬 곱셈 알고리즘이다. 이 알고리즘의 점근적 수행 시간이 스트라센 알고리즘과 동일한가? C_i에 있는 0.5를 곱하는 부분도 고려하여 결론을 내야 한다.

$$\begin{aligned}
P_1 &= (A_1 + A_2)(B_3 + B_4) \\
P_2 &= (A_1 - A_2)(B_3 - B_4) \\
P_3 &= (A_2 - A_4)(B_1 - B_2 - B_3 + B_4) \\
P_4 &= (A_2 + A_4)(B_1 + B_2 + B_3 + B_4) \\
P_5 &= (A_1 - A_4)(B_1 + B_4) \\
P_6 &= (A_1 + A_2 - A_3 - A_4)(B_1 - B_3) \\
P_7 &= (A_1 - A_2 + A_3 - A_4)(B_1 + B_3) \\
C_1 &= -0.5P_1 + 0.5P_2 - 0.5P_3 + 0.5P_4 + P_5 \\
C_2 &= 0.5P_1 + 0.5P_2 \\
C_3 &= -0.5P_1 - 0.5P_2 + 0.5P_3 + 0.5P_4 - 0.5P_6 + 0.5P_7 \\
C_4 &= 0.5P_1 - 0.5P_2 - P_5 + 0.5P_6 + 0.5P_7
\end{aligned}$$

Drift

천재 알고리즘의 재현: 스트라센 알고리즘의 재고

1968년 독일의 젊은 수학자 스트라센Strassen은 2개의 $n \times n$ 행렬을 곱하는 계산의 복잡도가 $\Theta(n^{2.81})$이 되는 알고리즘을 발표해 세계 과학계를 놀라게 하였다. 일반적으로 2개의 $n \times n$ 행렬 곱셈은 $\Theta(n^3)$의 복잡도를 가지며 이것을 의심한 사람은 거의 없었다. 스트라센 때문에 당연한 것으로 여겨지던 행렬 곱셈의 하한이 깨졌다.

2개의 $n \times n$ 행렬 A, B를 곱하여 행렬 $C=AB$를 구하고자 할 때 각 $n \times n$ 행렬을 다음과 같이 각각 4개의 $\frac{n}{2} \times \frac{n}{2}$ 행렬로 나누어서 표현할 수 있다(n은 2의 멱수라 가정함).

$$\begin{pmatrix} C_1 C_2 \\ C_3 C_4 \end{pmatrix} = \begin{pmatrix} A_1 A_2 \\ A_3 A_4 \end{pmatrix} \times \begin{pmatrix} B_1 B_2 \\ B_3 B_4 \end{pmatrix}$$

일반적인 행렬 곱셈에서는 이것을 이용하여 8번의 $\frac{n}{2} \times \frac{n}{2}$ 행렬 곱셈으로 행렬 C를 계산할 수 있다.

$$\begin{aligned} C_1 &= A_1B_1 + A_2B_3 \\ C_2 &= A_1B_2 + A_2B_4 \\ C_3 &= A_3B_1 + A_4B_3 \\ C_4 &= A_3B_2 + A_4B_4 \end{aligned}$$

스트라센은 이를 다음과 같이 7번의 $\frac{n}{2} \times \frac{n}{2}$ 행렬 곱셈만 사용하는 방법을 고안하여 행렬 곱셈의 복잡도를 떨어뜨렸다.

$$\begin{aligned} P_1 &= A_1(B_2 - B_4) \\ P_2 &= (A_1 + A_2)B_4 \\ P_3 &= (A_3 + A_4)B_1 \\ P_4 &= A_4(-B_1 + B_3) \\ P_5 &= (A_1 + A_4)(B_1 + B_4) \\ P_6 &= (A_2 - A_4)(B_3 + B_4) \\ P_7 &= (A_1 + A_3)(B_1 + B_2) \end{aligned}$$

$$C_1 = -P_2 + P_4 + P_5 + P_6$$
$$C_2 = P_1 + P_2$$
$$C_3 = P_3 + P_4$$
$$C_4 = P_1 - P_3 + P_5 - P_7$$

위에서 각 P_i를 구할 때 $\frac{n}{2}\times\frac{n}{2}$ 행렬의 곱셈이 한 번씩 필요하므로 전체를 통틀어 $\frac{n}{2}\times\frac{n}{2}$의 곱셈은 총 7번으로 충분하다. 따라서 $n\times n$ 행렬 곱셈의 복잡도를 $T(n)$이라 하면,

$$T(n) = 7T(\frac{n}{2}) + \Theta(n^2)$$

이 되어 $T(n) = \Theta(n^{\log_2 7}) = \Theta(n^{2.81})$이 된다. 이 스트라센의 알고리즘을 처음 보고도 놀라지 않는 사람이 있다면 그는 천재이거나 이해를 못했거나 둘 중 하나다. 필자에게 저런 인물과 지적인 경쟁을 하라고 하면 차라리 찻집이나 하나 차려 조용히 살 것이다. P_1~P_7을 구성하는 A_i, B_i들의 조합은 상상을 초월할 정도로 많다. 스트라센이 이 천문학적인 수의 결합 방법 중 어떻게 저런 것을 찾았는지 아직도 미스터리다. 몇 가지 추측만 있을 뿐이다.

필자의 연구실에서는 2000년 무렵부터 직접 그런 알고리즘을 찾는 대신 스트라센 알고리즘을 컴퓨터가 자동으로 발견하거나 같은 품질의 다른 알고리즘을 발견할 수 있지 않을까 하는 기대를 갖고 약 5~6년 동안 간헐적인 시도를 하였으나 번번이 실패하였다. 2005년에 이르러서야 드디어 성공을 했다. 당시 학부생으로 유전 알고리즘을 수강하며 프로젝트를 수행한 오승현 학생과의 작업에서 드디어 스트라센 알고리즘을 재현했고 몇 가지 다른 알고리즘도 발견하였다. 연구를 계속한 결과 대칭과 중복을 제외하고 스트라센 알고리즘과 성능이 같은 서로 다른 알고리즘이 적어도 608개가 존재한다는 것을 확인했다. 88쪽의 연습문제 **20**에 그중 하나를 소개했다. P_i에 0.5를 마구 곱하는 기상천외한 알고리즘이다. 추측하건대 훨씬 더 많은 알고리즘이 아직 발견되지 않은 채 존재할 것이다. 스트라센은 수없이 많은 $\Theta(n^{2.81})$시간 알고리즘 중 하나를 발견한 것이다. 그렇다고 해서 스트라센의 업적이 손상되는 것은 결코 아니다.

펜티엄 2.4GHz CPU상에서 모든 경우의 수를 따져서 그런 알고리즘이 존재하는지 확인하는 데는 선형대수학적인 기술의 도움을 조금 받아 시간을 줄여도 6,700만 년 정도가 드는 것으로 계산된다. 결국 우리의 일생을 다 들여도 모든 경우의 수 중 티끌만큼 작은 부분만 확인해볼 수 있는 셈이다. 우리는 유전 알고리즘을 선형대수학의 몇 가지 기술과 결합함으로써 목표를 달성하였다.

$n \times n$ 행렬을 9개의 $\frac{n}{3} \times \frac{n}{3}$ 행렬로 나누어서 접근하는 방법도 있다. 이 방법으로 지금까지 연구자들이 찾은 가장 좋은 알고리즘은 23번의 $\frac{n}{3} \times \frac{n}{3}$ 행렬 곱셈을 사용하는 것이다. 이것의 점근적 복잡도는 $T(n) = 23T(\frac{n}{3}) + \Theta(n^2)$이 되어 $\Theta(n^{\log_3 23})$이 된다. 이것은 스트라센의 $\Theta(n^{\log_2 7})$보다 더 나쁘다. 이 모델에서 스트라센 알고리즘과 같은 품질을 얻으려면 $\frac{n}{3} \times \frac{n}{3}$ 행렬 곱셈이 21.9번을 넘으면 안 된다. 이것도 도전해볼 만한 주제다. 현재 $n \times n$ 행렬 곱셈의 복잡도는 $\Theta(n^{2.376})$까지 떨어져 있으나 스트라센과 같이 이원 선형 결합 방식($\Sigma A_i B_j$와 같은 형태의 결합 방식)을 사용하는 한 스트라센의 방법보다 더 좋은 것은 아직 발견되지 않았다. $\frac{n}{2} \times \frac{n}{2}$ 행렬로 나누어 접근하는 경우 스트라센과 같은 $\Theta(n^{\log_2 7})$이 최적이라는 것이 증명되어 있다. 결국 우리도 608개보다 더 많은 알고리즘을 찾을 수 있을 뿐이지 $\frac{n}{2} \times \frac{n}{2}$ 이원 선형 결합 방식으로는 더 좋은 알고리즘을 발견할 수 없다. $\frac{n}{3} \times \frac{n}{3}$ 행렬의 이원 선형 결합 방식으로 접근하되 22개 미만의 $\frac{n}{3} \times \frac{n}{3}$ 행렬 곱셈을 사용하는 알고리즘을 발견한다면 스트라센과 동일한 계열의 방식으로 그 기록을 깨는 매우 놀라운 발견이 될 것이다. 현재는 23개가 기록이다. 우리 연구실에서도 최적화 관점에서 수년간 이를 시도했으나 23개까지만 발견할 수 있었고 이 과정에서 한 명의 박사를 배출하였다.

Chapter

04

정렬

학습목표

- 기본 정렬 알고리즘을 이해한다.
- 정렬을 귀납적 관점에서 볼 수 있도록 한다.
- 2~3장에서 배운 기법을 사용해 각 정렬의 수행 시간을 분석할 수 있도록 한다.
- 비교 정렬의 한계를 이해하고, 선형 시간 정렬이 가능한 조건과 선형 시간 정렬 알고리즘을 이해한다.

PREVIEW

은유, 그것은 정신적 상호 연관성의 피륙을 짜는 방법이다.
은유는 살아 있다는 것의 바탕이다.

그레고리 베이트슨

정렬은 원소들을 순서대로 배열하는 것이다. 정렬은 그 자체로 매우 중요한 주제이기도 하고, 알고리즘의 설계와 분석, 생각하는 방법 등을 훈련하기에 좋은 구성 요소를 많이 갖고 있다. 알고리즘 분야에서 사용하는 여러 핵심 기술이 정렬에 포함되어 있어 정렬을 잘 이해하면 다른 주제를 이해하는 데 큰 도움이 된다. 이 장에서는 정렬 알고리즘들을 배우면서 재귀적 사고, 알고리즘의 효율성 분석, 알고리즘의 무결성 증명 등의 기술을 아울러 연습해본다.

이 장에서 소개하는 정렬 알고리즘은 수행 시간에 따라 세 그룹으로 나뉜다. 첫째는 기초적인 정렬 알고리즘으로 주로 $\Theta(n^2)$ 시간이 소요되는 기본적인 정렬 알고리즘 그룹이고, 그다음은 $\Theta(n^2)$을 밑도는 고급 정렬 알고리즘 그룹이다. 대표적인 시간은 $\Theta(n\log n)$이다. 마지막 그룹은 원소들이 특수한 성질을 만족할 때 $\Theta(n)$ 시간으로 대표되는 정렬 알고리즘 그룹이다. 이 장에서 정렬하고자 하는 원소들은 항상 배열 $A[0...n-1]$에 저장된 상태로 시작한다. $A[0...n-1]$은 $A[0]...A[n-1]$을 줄여서 표시한 것이다.

01 기초적인 정렬 알고리즘

1 선택 정렬

선택 정렬Selection Sort은 이 장에서 배우는 정렬 알고리즘 가운데 가장 단순한 알고리즘 중 하나다. 배열 $A[0...n-1]$에서 가장 큰 원소를 찾아 배열의 맨 끝 원소 $A[n-1]$과 자리를 바꾼다. 그러면 방금 맨 뒷자리로 옮긴 원소, 즉 가장 큰 원소는 자기 자리를 찾았으므로 정렬이 끝날 때까지 그 자리를 지키면 된다. 이제 원소 $A[n-1]$을 관심 대상에서 제외하고 나머지 원소들 $A[0...n-2]$를 대상으로 같은 작업을 반복하면 된다. 선택 정렬 알고리즘은 [알고리즘 4-1]과 같다.

알고리즘 4-1 선택 정렬 1

```
selectionSort(A[], n):              ▷ A[0...n-1]을 정렬한다.
  ❶ for last ← n-1 downto 1
      ❷ A[0...last] 중 가장 큰 수 A[k]를 찾는다.
      ❸ A[k] ↔ A[last]            ▷ A[k]와 A[last]의 값 교환
```

이 알고리즘의 입력은 배열 $A[0...n-1]$이다. ❶에서 변수 *last*는 정렬할 배열의 끝 경계를 나타낸다. 처음에는 $n-1$로 시작하므로 정렬은 $A[0...n-1]$로 시작한다. 가장 큰 수를 찾아 맨 오른쪽에 놓을 때마다 *last*는 1씩 줄어든다. ❶의 for 루프는 정렬할 배열의 크기를 한 번에 하나씩 줄여나가는 역할을 한다. 즉, 맨 처음에는 배열의 크기가 n으로 시작하여, 그다음 루프에서는 배열의 크기가 $n-1$(정렬할 배열은 $A[0...n-2]$가 됨), $n-2$(정렬할 배열은 $A[0...n-3]$이 됨), 이렇게 계속 작아진다. 마지막에는 크기 2인 배열 $A[0...1]$의 두 원소 중 큰 원소를 $A[1]$에 놓고 나면 $A[0]$에는 제일 작은 원소가 자리 잡게 되고 정렬이 끝난다.

만약 위의 알고리즘에서 $n=1$이면 어떤 일이 일어날까? 하나의 원소 $A[0]$이 입력이다. ❶의 for 루프는 *last*가 $n-1$에서 시작해서 1까지 감소하면서 반복된다. 그런데 시작에서 *last*가 0이 되므로 1보다 작다. 이때는 for 루프를 한 번도 수행하지 않고 지나간다. 대부분의 프로그래밍 언어들도 for 문을 이런 방식으로 처리한다. 즉, $A[0]$ 하나로 정렬을 요구하면 아무 일도 하지 않고 그냥 끝낸다.

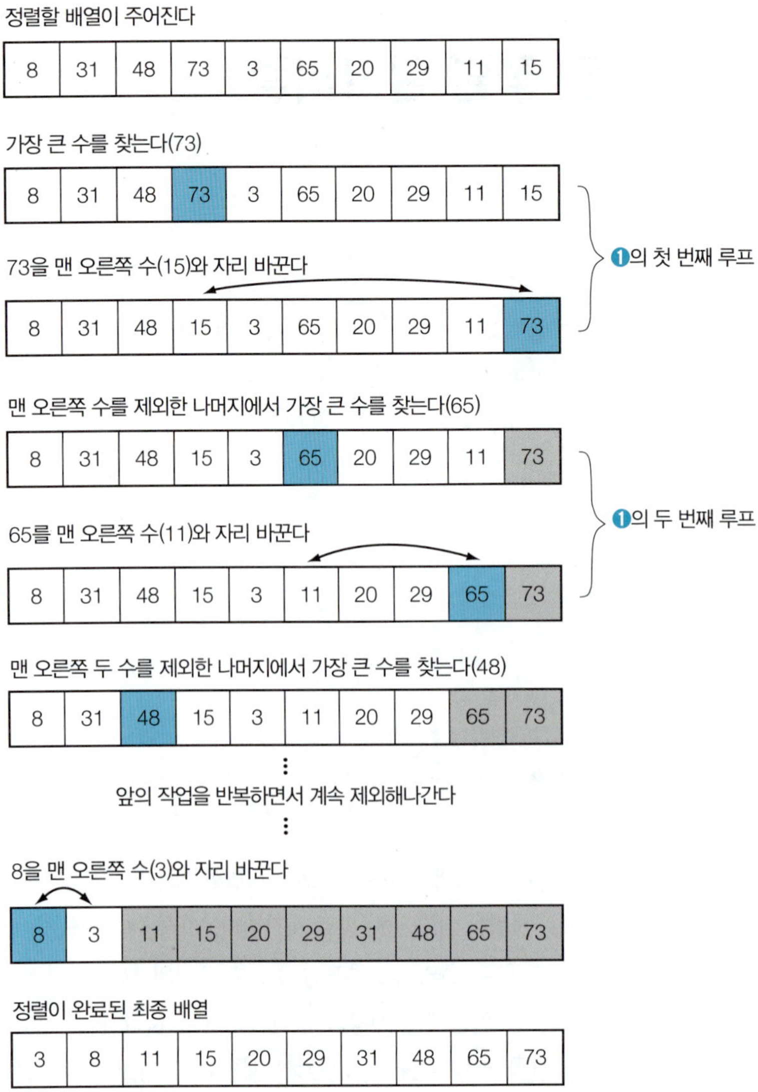

그림 4-1 선택 정렬의 작동 과정을 보이는 예

[그림 4-1]은 선택 정렬의 작동 과정을 보여주는 예다. 배열은 10개의 원소로 이루어진 *A*[0...9]다. 먼저 가장 큰 원소를 찾으면 73이다. 이것을 맨 뒷자리의 원소 15와 자리 바꾼다. 73은 어떻게 정렬을 해도 맨 끝자리에 위치하게 되므로 제자리를 찾은 것이다. 이제 이 맨 뒷자리에 있는 73을 관심 대상에서 제외한 9개의 원소로 정렬의 범위를 좁힌다. 남은 9개의 원

소 중 가장 큰 것은 65다. 이것을 맨 뒷자리, 즉 73 바로 앞자리에 있는 원소(11)와 자리 바꾼다. 이제 65도 제자리를 찾았다. 여기까지 제자리를 찾은 두 원소를 제외하면 8개의 원소가 남는다. 이 8개의 원소로 앞에서와 같은 작업을 반복한다. 이런 식으로 같은 작업을 반복하다 마지막에 남은 두 원소 8과 3을 자리 바꾸면 정렬이 끝난다. 그림에서 회색으로 표시된 원소는 관심의 대상에서 제외한 원소 즉, 정렬이 끝난 원소를 뜻한다. 맨 오른쪽 자리부터 시작해서 정렬이 끝난 원소가 하나씩 늘어나는 것을 볼 수 있다.

선택 정렬의 수행 시간을 살펴보자. 여기서 수행 시간을 좌우하는 작업은 두 수를 비교하는 작업이다. 두 수를 비교하는 작업을 몇 번 하느냐가 선택 정렬의 점근적 수행 시간 척도가 된다.

선택 정렬의 수행 시간은 모든 경우에 $\Theta(n^2)$이다. 우선 ❶의 for 루프는 $n-1$번 순환한다. ❸은 단순히 두 수를 교환하는 것이므로 상수 시간이 든다. ❷는 각 부분 배열에서 가장 큰 수를 찾는 작업이므로 시간은 부분 배열의 크기에 비례한다(크기가 k인 배열에서 가장 큰 수를 찾는 데는 $k-1$번의 비교가 필요함). 부분 배열의 크기는 ❶의 for 루프에서 n부터 시작하여 2까지 감소한다. 그러므로 수를 비교하는 총 횟수는 $(n-1)+(n-2)+\cdots+1=\frac{n(n-1)}{2}$, 즉 $\Theta(n^2)$이다. [알고리즘 4-1]을 일반적으로 보는 형태로 좀 더 자세히 기술해보자. [알고리즘 4-2]는 [알고리즘 4-1]보다 복잡해 보이지만 가장 큰 수를 찾는 부분과 원소 교환 부분을 풀어서 쓴 것뿐이다.

알고리즘 4-2 | **선택 정렬 2**

```
selectionSort(A[], n):          ▷ A[0...n-1]을 정렬한다.
    for last ← n-1 downto 1
        k ← theLargest(A, last)  ▷ A[0...last] 중 가장 큰 수 A[k] 찾기
        tmp ← A[k]; A[k] ← A[last]; A[last] ← tmp    ▷ A[k] ↔ A[last]

theLargest(A[], last):          ▷ A[0...last]에서 가장 큰 수의 인덱스를 리턴한다.
    largest ← 0
    for i ← 1 to last
        if (A[i] > A[largest])
            largest ← i
    return largest
```

이 절에서는 선택 정렬 알고리즘을 두 가지 방식으로 기술하였다. [알고리즘 4-1]에서는 작동 원리를 서술적으로 간략히 기술하였고, [알고리즘 4-2]에서는 이를 좀 더 기호적으로 기술하였다. 흔히 알고리즘은 기호적으로 자세히 기술하는 것이 좋다고 생각하는 경향이 있는데 그런 습관을 버리길 권한다. 애매하지만 않으면 간명한 것이 좋다. 핵심을 이해하고 나면 알고리즘을 구현하는 자질구레한 코드들은 부차적이다. 이런 것들은 알고리즘을 많이 접하다 보면 아무 것도 아니게 된다. "$A[0...last]$ 중 가장 큰 수 $A[k]$를 찾는다"를 구현하는 작업이 전혀 애매하지 않은 사람에게는 이런 간명한 표현이 더 효과적이다. 이런 의미에서 필자는 [알고리즘 4-2]와 같은 스타일보다 [알고리즘 4-1]과 같은 스타일을 권장한다.

SIMPLE CHECK

본문에서 n개의 원소를 선택 정렬하는 과정에서 두 원소의 대소를 비교하는 작업을 기준으로 시간 복잡도를 계산하였다. 두 원소를 교환하는 일은 최소 몇 번에서 최대 몇 번까지 일어날 수 있는가?

2 버블 정렬

버블 정렬Bubble Sort도 선택 정렬처럼 제일 큰 원소를 끝자리로 옮기는 작업을 반복한다. 다만, 제일 큰 원소를 오른쪽으로 옮기는 방법이 다르다. 버블 정렬 알고리즘은 [알고리즘 4-3]과 같다.

알고리즘 4-3 | 버블 정렬 1

```
bubbleSort(A[], n):          ▷ A[0...n-1]을 정렬한다.
    ❶ for last ← n-1 downto 1
        ❷ for i ← 0 to last-1
            ❸ if (A[i] > A[i+1])
                A[i] ↔ A[i+1]      ▷ 원소 교환
```

알고리즘은 크게 2개의 for 루프로 구성되어 있다. 첫 번째 for 루프(❶의 for 루프)는 선택 정렬의 for 루프와 똑같은 역할을 한다. 루프를 돌 때마다 제일 큰 원소를 맨 오른쪽으로 보내고 정렬할 배열의 크기를 하나씩 줄인다. 안쪽의 for 루프(❷의 for 루프)가 하는 일은 가장 큰 원소를 맨 오른쪽으로 보내는 것이다. 이 부분이 선택 정렬과 다르다. 선택 정렬이 가장 큰 수를 찾은 다음 맨 오른쪽 수와 바꾸는 반면, 버블 정렬은 왼쪽부터 한 칸씩 이동하면서 이웃한 두 수를 비교해서 순서가 제대로 되어 있지 않으면 바꾼다. 이 부분 때문에 버블 정렬이 선택 정렬보다 느리다. 크기 십만인 배열로 정렬해보면 버블 정렬이 선택 정렬보다 5배 정도 느리다.

[그림 4-2]는 버블 정렬의 작동 과정을 보여주는 예다. 배열은 10개의 원소로 이루어진 *A*[0...9]이다. 제일 큰 원소를 맨 오른쪽으로 보내는 과정을 보자.

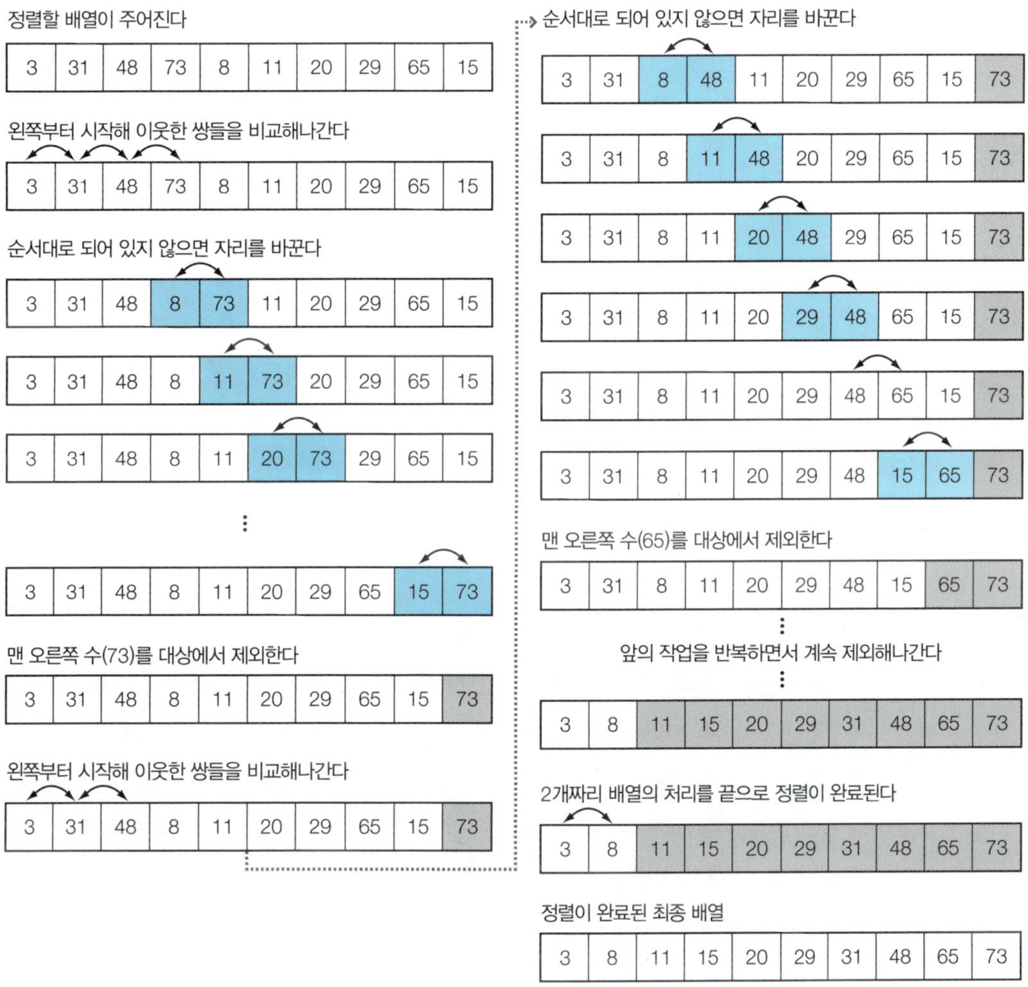

그림 4-2 버블 정렬의 작동 과정을 보여주는 예

먼저 맨 앞의 두 수 3과 31을 비교하여 크기 순서로 되어 있는지 본다. 크기 순서로 되어 있으므로 그대로 둔다. 한 칸 오른쪽으로 이동하여 31과 그다음 수 48을 비교한다. 크기 순서로 되어 있으므로 그대로 둔다. 이어서 48과 그 다음 수 73을 비교한다. 역시 크기 순서로 되어 있으므로 그대로 둔다. 이어서 73과 그다음 수 8을 비교한다. 이 둘은 크기 순서로 되어 있지 않으므로 서로 자리 바꾼다. 이어서 오른쪽으로 한 칸 옮긴 73과 그다음 수 11을 비교한다. 크기 순서로 되어 있지 않으므로 자리 바꾼다. 이어서 73과 그다음 수 20을 비교하여 크기순으로 되어 있지 않으므로 자리 바꾼다. 이런 식으로 73이 한 칸씩 자리를 바꾸면서 결국 맨 오른쪽으로 간다. 73은 어떤 정렬을 해도 맨 끝자리에 위치하게 되므로 제자리를 찾은 것이다. 선택 정렬처럼 가장 큰 수를 맨 오른쪽으로 보냈는데 보내는 과정이 다르다. 이제 이 맨 뒷자리에 있는 73을 관심 대상에서 제외한 9개의 원소로 정렬의 범위를 좁혀 앞에서 한 작업을 반복한다. 이런 식의 작업을 반복하다 마지막에 남은 두 원소 3과 8을 비교하고 크기순으로 되어 있으므로 그대로 두면서 정렬이 끝난다.

버블 정렬도 선택 정렬처럼 두 수를 비교하는 작업이 시간을 좌우한다. 위 버블 정렬의 수행 시간도 선택 정렬처럼 모든 경우에 $\Theta(n^2)$이다. 우선 ❶의 for 루프는 $n-1$번 순환한다. ❸은 단순히 두 수를 비교하고 필요에 따라 교환하는 것이므로 상수 시간이 든다. ❷는 각 부분 배열에서 가장 큰 수를 찾는 작업이므로 시간은 부분 배열의 크기에 비례한다(크기가 k인 배열에서는 두 수를 비교하는 작업을 $k-1$번 함). 부분 배열의 크기는 ❶의 for 루프에서 n부터 시작하여 2까지 감소한다. 그러므로 수를 비교하는 총 횟수는 $(n-1)+(n-2)+\cdots+1=\frac{n(n-1)}{2}$, 즉 $\Theta(n^2)$이다. 버블 정렬과 선택 정렬은 아이디어도 비슷하고 점근적 수행 시간도 동일하다.

앞에서 소개한 버블 정렬은 간이화 버전이다. 보통은 [알고리즘 4-4]와 같이 구현한다. [알고리즘 4-3]은 배열이 이미 정렬된 상태가 되어도 끝까지 작업을 반복한다. [알고리즘 4-4]는 플래그(여기서는 변수 *sorted*)를 두어 배열이 정렬된 상태이면 종료한다. 이것은 ❶의 매 for 루프마다 플래그 변수를 체크하고 초기화하는 번거로움이 있지만 잠재적으로 불필요한 반복 작업을 줄인다. 만일 이미 정렬된 배열이 입력으로 들어오면 [알고리즘 4-3]은 여전히 $\Theta(n^2)$ 시간이 소요되지만, [알고리즘 4-4]는 $\Theta(n)$ 시간이면 충분하다. ❶의 첫 for 루프에서 ❷의 for 루프가 끝나면 바로 끝난다. 그렇지만 임의로 생성한 배열을 대상으로 수행해보면 대개 [알고리즘 4-3]보다 더 빠르지 않다.

알고리즘 4-4 | **버블 정렬 2**

```
bubbleSort(A[], n):        ▷ A[0...n-1]을 정렬한다.
    sorted ← FALSE
  ❶ for last ← n-1 downto 1
        sorted ← TRUE
      ❷ for i ← 0 to last-1
            if (A[i] > A[i+1])
                A[i] ↔ A[i+1]        ▷ 원소 교환
                sorted ← FALSE
      ❸ if (sorted = TRUE) return
```

SIMPLE CHECK

본문에서 n개의 원소를 버블 정렬하는 과정에서 두 원소의 대소를 비교하는 작업을 기준으로 시간 복잡도를 계산하였다. 두 원소를 교환하는 일은 최소 몇 번에서 최대 몇 번까지 일어날 수 있는가?

3 삽입 정렬

삽입 정렬Insertion Sort은 선택 정렬/버블 정렬과 정반대로 착상한 정렬이다. 선택 정렬과 버블 정렬은 '정렬되지 않은' 배열의 크기를 n부터 시작하여 하나씩 '줄이는데', 삽입 정렬은 '이미 정렬된 배열'의 크기를 1에서 시작하여 하나씩 '늘린다.' 삽입 정렬의 핵심 작업은 이미 정렬되어 있는 i개짜리 배열에 하나의 원소를 더하여 정렬된 $i+1$개짜리 배열을 만드는 과정이다.

[그림 4-3]은 삽입 정렬의 작동 과정을 보여주는 예다. 배열은 10개의 원소로 이루어진 $A[0...9]$다. 주어진 배열에서 맨 왼쪽 원소(3) 하나만으로 이루어진 부분 배열은 정렬된 상태다. 여기에 두 번째 원소 40을 삽입하여 정렬된 2개짜리 배열을 만든다. 40은 3보다 크므로 삽입을 위해 따로 할 일은 없다. 그냥 제자리에 두면 된다. 이제 세 번째 원소 32를 알맞은 자리에 삽입하여 정렬된 3개짜리 배열을 만든다. 이런 식으로 계속 진행한다. 마지막으로 15를 알맞은 자리에 삽입하여 정렬된 10개짜리 배열을 만들면서 끝난다.

삽입 정렬에서 중간의 한 시점을 보자. 앞에서부터 k개의 원소로 이루어진 부분 배열이 정렬된 상태다. 여기에 $k+1$번째 원소를 포함하여 정렬된 상태가 되도록 $k+1$번째 원소를 알맞은 위치에 삽입한다. 원소가 삽입될 때 해당 원소보다 큰 원소들은 한 칸씩 오른쪽으로 시프트한다.

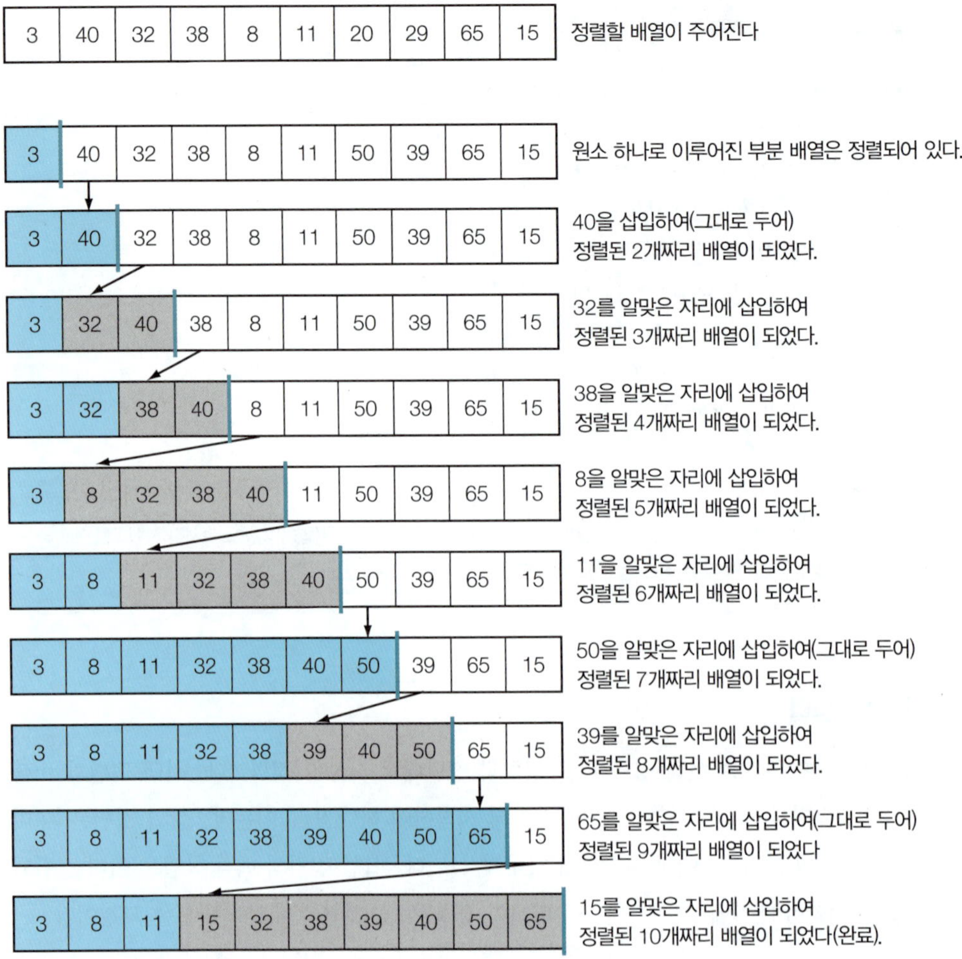

그림 4-3 삽입 정렬의 작동 과정을 보여주는 예

[알고리즘 4-5]는 삽입 정렬 알고리즘이다.

알고리즘 4-5	삽입 정렬 1

insertionSort(A[ ], n): ▷ $A[0...n-1]$을 정렬한다.

❶ for $i \leftarrow 1$ to $n-1$

  ❷ $A[0...i]$의 적합한 자리에 $A[i]$를 삽입한다.

❶의 for 루프는 문제의 크기를 하나씩 키워나가는 역할을 한다. 이 알고리즘에서 $A[i]$에 관심을 두는 시점, 즉 ❷를 수행하기 직전 시점에 $A[0...i-1]$은 항상 정렬이 되어 있다.

❷를 수행하고 나면 $A[i]$까지 정렬된다. 즉, 이미 정렬된 $A[0...i-1]$과 원소 $A[i]$를 받아 정렬된 배열 $A[0...i]$를 만든다. $A[i]$가 $A[i-1]$보다 크면 $A[i]$는 $A[0...i-1]$에 있는 모든 원소보다 크므로 $A[i]$는 그냥 제자리에 두면 된다. 그렇지 않으면 $A[i-1]$부터 시작해서 왼쪽으로 차례로 훑으면서 $A[i]$가 들어갈 자리를 찾는다. $A[i]$가 들어가는 자리부터 시작해서 이후의 원소들은 한 칸씩 오른쪽으로 밀려난다.

이 알고리즘을 일반적으로 보는 형태로 좀 더 자세하게 기술해보자. [알고리즘 4-6]은 좀 더 복잡해 보이지만 [알고리즘 4-5]를 풀어서 쓴 것뿐이다.

알고리즘 4-6 | 삽입 정렬 2

```
insertionSort(A[], n):      ▷ A[0...n-1]을 정렬한다.
    ❶ for i ← 1 to n-1
        newItem ← A[i]
        ▷ 이 지점에서 A[0...i-1]은 이미 정렬되어 있는 상태다.
      ❷ for (j ← i-1; 0 ≤ j and newItem < A[j]; j--)
                                 ❸
            A[j+1] ← A[j]
        A[j+1] ← newItem
```

삽입 정렬의 수행 시간을 살펴보자. ❶의 for 루프와 ❷의 for 루프를 제외하면 모두 상수 시간 작업들이다. 따라서 이 두 루프와 관련한 순환 횟수가 시간을 좌우한다. ❷의 for 루프가 ❶의 for 루프 내부에서 순환하므로 ❸의 총 순환 횟수가 시간을 좌우한다. 우선 ❶의 for 루프는 $n-1$번 순환한다. 매 for 루프에서 ❸의 비교는 최대 $i-1$번 순환한다. 가장 운이 좋으면 $A[i]$가 제자리에 그대로 있게 되어 ❸의 비교는 한 번 수행된다. 가장 운이 나쁘면 $A[i]$가 $A[0]$ 자리에 들어가게 되어 $i-1$번의 비교가 필요하다. 그러므로 최악의 경우 수행 시간은 $1+2+\cdots+(n-1)=\frac{n(n-1)}{2}$, 즉 $\Theta(n^2)$이다. 보통의 경우, 대략 $A[0...i-1]$에서 평균적으로 절반 정도를 훑고 끝낼 것이다. 그러므로 전체 비교 횟수는 최악의 경우에 비해 절반 정도 될 것이다. 이 경우에도 상수 배밖에 차이가 나지 않아 수행 시간은 여전히 $\Theta(n^2)$이다.

삽입 정렬은 $O(n^2)$ 시간이 드는 비효율적인 정렬 알고리즘군에 속하지만 배열이 거의 정렬되어 있는 상태로 입력되는 경우에는 가장 매력적인 알고리즘이 된다. 배열이 완전히 정렬된 채로 입력된다면 ❷의 for 루프는 한 번도 수행되지 않으므로(단 한 번의 원소 비교로 끝남) ❶의 for 루프를 한 번 순환할 때마다 상수 시간이 소요된다. ❶의 for 루프는 $n-1$번 순환되므로 $\Theta(n)$의 시간이 든다. 배열이 거의 정렬되어 있을 때도 ❷의 삽입이 매우 수월해져 총 수행 시간은 $\Theta(n)$에 가깝다. 이런 매력 때문에 많은 지능적인 프로그래머들이 다른 정렬을 사용하는 경우에도 상황에 따라 가끔 삽입 정렬을 섞어서 쓴다. 삽입 정렬이 거의 정렬되어 있을 때 빠른 특성을 이용해서, 사전 작업으로 거의 정렬된 형태에 가깝게 만든 다음 삽입 정렬을 수행하면 굉장히 빨라진다. 이 아이디어를 적용한 것이 4.2.4절에 나오는 셸 정렬이다. 삽입 정렬과 비교할 수 없이 빠르다.

정리하면, 삽입 정렬은 최악의 경우와 평균적인 경우에 $\Theta(n^2)$ 시간이 들고, 최선의 경우에는 $\Theta(n)$ 시간이 든다. 앞에 아무런 수식어 없이 그냥 삽입 정렬의 수행 시간을 말한다면 $O(n^2)$이라고 말해야 한다.

삽입 정렬은 앞에서 소개한 선택 정렬이나 버블 정렬보다는 빠르다. 십만 개의 원소를 임의로 생성해서 정렬해보면 삽입 정렬은 선택 정렬보다 2.5배 정도 빠르고, 버블 정렬보다 11배 정도 빠르다.

삽입 정렬은 재귀적 성격을 포함하고 있다. 배열 $A[0...k]$를 정렬하고자 할 때 배열 $A[0...k-1]$을 먼저 정렬한 다음, $A[k]$를 삽입하여 정렬된 배열 $A[0...k]$를 만든다. [알고리즘 4-7]은 삽입 정렬 알고리즘을 재귀 알고리즘으로 구현한 것이다. ❶은 재귀 알고리즘의 경계조건이다. n이 1이면 정렬 대상이 원소 $A[0]$ 하나가 되어 아무 일도 하지 않고 insertionSort(A[], 1)은 그냥 종료한다. n이 1보다 크면 정렬 대상이 적어도 2개 이상의 원소다. ❷에서 앞부분 $A[0...n-2]$를 먼저 (재귀적으로) 정렬한다. 그런 다음 $A[0...n-1]$의 적합한 자리에 $A[n-1]$을 삽입하면 된다.

알고리즘 4-7 | 삽입 정렬(재귀)

```
insertionSort(A[], n):       ▷ A[0...n-1]을 정렬한다.
    ❶ if (n > 1)
        ❷ insertionSort(A[], n-1)
        ❸ A[0...n-1]의 적합한 자리에 A[n-1]을 삽입한다.
```

삽입 정렬은 수학적 귀납법의 원리가 바깥에 그대로 드러나 있다. 삽입 정렬이 제대로 정렬한다는 것을 수학적 귀납법으로 증명할 수 있다.

정리 4-1

[알고리즘 4-7]의 삽입 정렬은 제대로 정렬한다.

▶▶ **증명** 정렬하고자 하는 원소의 수 n에 대한 수학적 귀납법으로 증명하자. 설명을 위해 삽입 정렬 알고리즘을 다시 써보자.

```
insertionSort(A[], p, q, r):        ▷ A[0...n-1]을 정렬한다.
    ❶ if (n > 1)
        ❷ insertionSort(A[], n-1)
        ❸ A[0...n-1]의 적합한 자리에 A[n-1]을 삽입한다.
```

정렬하고자 하는 원소의 총수, 즉 문제 크기는 n이다.

- 문제 크기 n이면, insertionSort(A, 1)은 ❶의 if 문을 수행한 뒤 아무 일도 하지 않고 바로 끝낸다. 원소가 하나(A[0])인 상태이므로 그대로 두는 것이 제대로 정렬하는 것이다.
- 문제 크기 $n > 1$일 때, n보다 작은 모든 문제에 대해 insertionSort( )가 제대로 정렬을 한다고 가정하자.
- 문제 크기 n일 때 삽입 정렬이 호출되면(insertionSort(A, n)), 앞의 가정에 의해 문제 크기 $n-1$인 ❷의 insertionSort(A, $n-1$)은 제대로 정렬한다. 즉, 배열 $A[0...n-2]$는 제대로 정렬된다. 이 상태에서 ❸에서 원소 $A[n-1]$을 ($A[n-1]$보다 큰 원소들은 한 칸씩 오른쪽으로 시프트하면서) $A[0...n-1]$의 적합한 자리에 삽입하면 배열 $A[0...n-1]$은 제대로 정렬된 상태가 된다.

그러므로 삽입 정렬은 문제 크기 n=1 이상인 모든 배열에 대해 제대로 정렬한다.

02 고급 정렬 알고리즘

앞 절에서는 기본적인 정렬 알고리즘을 소개하였다. 이것들은 모두 평균 $\Theta(n^2)$ 시간이 소요된다. 이 절에서는 병합 정렬, 퀵 정렬, 힙 정렬, 셸 정렬을 소개하는데, 이 4개의 정렬 알고리즘은 모두 $\Theta(n^2)$에 많이 못 미치는 시간이 소요된다. 병합 정렬과 힙 정렬은 최악의 경우에도 $\Theta(n\log n)$ 시간이 소요된다. 퀵 정렬은 최악의 경우에 $\Theta(n^2)$ 시간이, 평균적인 경우에 $\Theta(n\log n)$ 시간이 소요된다. 셸 정렬은 분석 상황에 따라 가변적이나 $\Theta(n^{1.25})$ 정도의 시간이 소요된다. 이 중 퀵 정렬은 최악의 경우 때문에 성능이 가장 나빠 보일 수 있으나 평균 성능은 매우 빨라 실무에서 많이 사용된다.

1 병합 정렬

병합 정렬Merge Sort은 먼저 입력을 반으로 나눈다. 이렇게 나눈 전반부와 후반부를 각각 독립적으로 정렬한다. 마지막으로 정렬된 두 부분을 합쳐서, 즉 병합하여 정렬된 배열을 얻는다. 전반부와 후반부를 정렬할 때도 역시 반으로 나눈 다음 정렬해서 병합한다. 크기만 절반으로 줄었을 뿐 원래의 정렬 문제와 성격이 똑같다는 것을 알 수 있다. 요약하면, 병합 정렬은 자신에 비해 크기가 반인 문제를 2개 푼 다음, 이들을 병합하는 작업을 재귀적으로 반복한다.

[알고리즘 4-8]은 병합 정렬 알고리즘이다. 먼저 ❶에서 배열을 이등분하기 위해 중간 지점을 계산한다. 그런 다음 ❷와 ❸에서 각각 전반부와 후반부를 독립적으로 정렬한다. 마지막으로, ❹에서 정렬된 전반부와 후반부를 병합하여 하나의 정렬된 배열을 만든다.

알고리즘 4-8 | 병합 정렬

```
mergeSort(A[], p, r):        ▷ A[p...r]을 정렬한다.
    if (p < r)
        ❶ q ← ⌊(p+r)/2⌋              ▷ p, r의 중간 지점 계산
        ❷ mergeSort(A, p, q)         ▷ 전반부 정렬
        ❸ mergeSort(A, q+1, r)       ▷ 후반부 정렬
        ❹ merge(A, p, q, r)          ▷ 병합

merge(A[], p, q, r):
    정렬된 두 배열 A[p...q]와 A[q+1...r]을 합쳐
    정렬된 하나의 배열 A[p...r]을 만든다.
```

[그림 4-4]는 병합 정렬의 작동 과정을 최상위 레벨에서 보여주는 예다. [알고리즘 4-8]의 ❶~❹에 대응하는 부분을 그림에서 똑같은 기호를 써서 표시하였다. 그림의 ❷, ❸ 부분에 대한 정렬은 크기만 절반으로 줄었을 뿐 똑같은 원리에 따라 재귀적으로 수행된다.

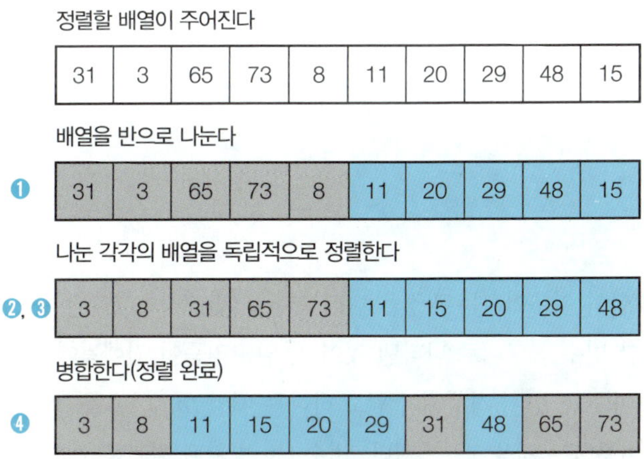

그림 4-4 병합 정렬의 작동 과정을 보이는 예

[알고리즘 4-8]의 함수 merge()를 좀 더 구체적으로 기술한 것이 [알고리즘 4-9]다. 병합 정렬의 본체 코드보다 길지만 하는 일은 단순하다. 이미 정렬된 두 부분의 배열인 $A[p...q]$와 $A[q+1...r]$을 합쳐서 정렬된 배열인 $A[p...r]$을 만든다. 변수 i는 왼쪽 부분 배열에서 남아 있는 것 중 맨 앞에 있는 것을 가리키는 '핑거' 변수이고, j는 오른쪽 부분 배열에서 똑같은 일을 하는 핑거 변수다.

알고리즘 4-9 병합

```
merge(A[], p, q, r):
▷ A[p...q]와 A[q+1...r]을 병합하여 A[p...r]을 정렬된 상태로 만든다.
▷ A[p...q]와 A[q+1...r]은 이미 정렬되어 있다.
    i ← p; j ← q+1; t ← 0
    while (i ≤ q and j ≤ r)
        if (A[i] ≤ A[j]) tmp[t++] ← A[i++] ▷ 의미는 tmp[t] ← A[i]; t++; i++;
        else tmp[t++] ← A[j++]             ▷ 의미는 tmp[t] ← A[j]; t++; j++;
    while (i ≤ q)               ▷ 왼쪽 부분 배열이 남은 경우
        tmp[t++] ← A[i++]
    while (j ≤ r)               ▷ 오른쪽 부분 배열이 남은 경우
        tmp[t++] ← A[j++]
    i ← p; t ← 0
    while (i ≤ r)               ▷ 결과를 A[p...r]에 저장
        A[i++] ← tmp[t++]
```

[그림 4-5]는 [그림 4-4]에서 병합이 이루어지는 과정을 나타낸다. 그림에서 i, j, t, p, q, r은 알고리즘 merge()에서 사용한 변수를 그대로 나타낸 것이다. 알고리즘이 진행됨에 따라 각 변수가 변하는 과정을 함께 보여주고 있다. 경쟁해서 원소 하나를 배열 *tmp*[]로 옮길 때마다 i 또는 j가 오른쪽으로 한 칸 이동하는 것을 볼 수 있다. 변수 t는 병합된 결과물을 저장하는 배열 *tmp*[]에서 다음으로 옮겨 오는 원소를 받을 장소를 가리킨다.

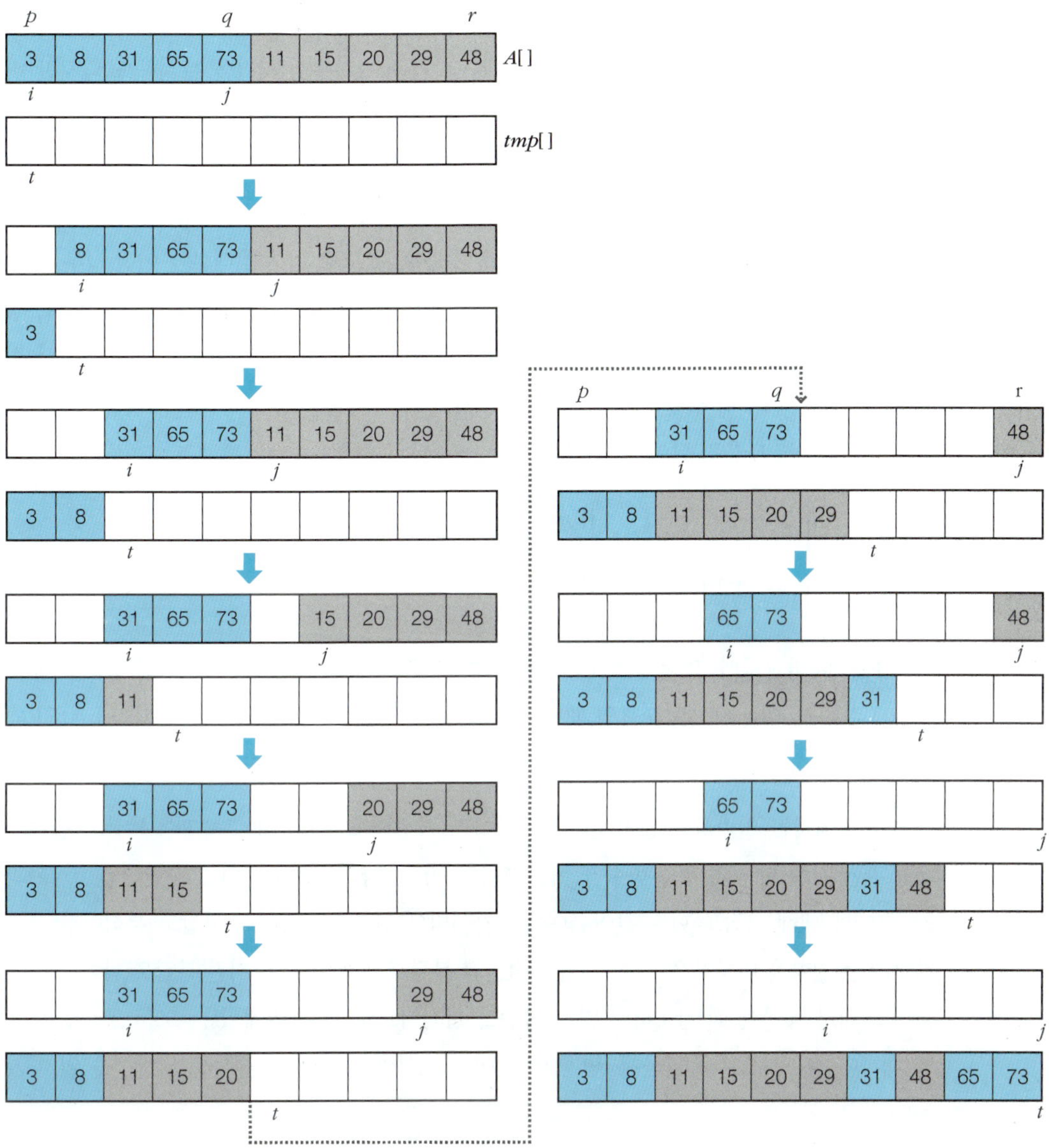

그림 4-5 병합 과정을 보이는 예

병합 정렬의 수행 시간은 최악, 평균, 최선의 모든 경우에 $\Theta(n\log n)$이다. 이를 간단히 귀납적 관점에서 살펴보자. 병합 정렬 시 비교 횟수를 기준으로 수행 시간을 분석해도 되지만 비교 횟수보다 더 잦은 작업이 있다. 바로 원소를 옮기는 작업이다. [알고리즘 4-9]를 보면, 배열 $A[\,]$에서 배열 $tmp[\,]$로 원소를 모두 옮기는 작업 1회, 이렇게 만들어진 배열 $tmp[\,]$를 배열 $A[\,]$로 옮기는 작업 1회가 필요하다. 즉, 배열 $A[0...n-1]$을 대상으로 병합한다면 $A[\,]$의 모든 원소를 임시 배열 $tmp[\,]$로 옮긴 다음 $tmp[\,]$를 $A[\,]$로 도로 써주기 때문에 어떤 경우든 $2n$번 이동이 일어난다. 비교 횟수를 기준으로 분석하면, 이때는 $2n$ 대신 $n/2 \sim n-1$이 된다. 점근적 분석 결과는 원소 이동 횟수와 비교 횟수가 동일하지만 시간을 지배하는 작업을 하나 정한다면 이동 횟수가 더 정확한 기준이 된다. 크기가 m인 배열을 병합 정렬로 처리하는 시간을 $T(n)$이라고 하면 다음과 같이 쓸 수 있다.

$$T(n) = \begin{cases} 1 & \text{if } n = 1 \\ 2T(\frac{n}{2}) + 2n & \text{if } n > 1 \end{cases}$$

위 식에서는 비교 횟수 또는 원소 이동 횟수 중 큰 쪽을 택했다. n=1일 때는 한 번의 비교로 끝나므로 비교 횟수 1회를, n>1일 때는 원소 이동 횟수 $2n$을 잡았다. 취향에 따라 n=1일 때 $T(1)$을 어떤 상수 a로 두기도 한다. 그렇다 해도 이 부분이 결과에 영향을 미치지는 않는다.

이런 분석에서는 일반성을 잃지 않고 $n=2^k$이라 가정해도 된다. 왜 그럴까? 복잡도 함수가 n에 관한 지수 함수나 계승 함수가 아닌 함수 n^p(p는 양의 정수) 형태에 속한다면, $n=2^k$과 $2n=2^{k+1}$에 대해 복잡도 함수 값이 상수 배 차이밖에 안 난다. 점근적 복잡도 분석에서 상수 배 차이는 영향을 미치지 않는다. 그래서 점근적 복잡도는 동일하다. 시간 복잡도 함수는 입력값의 크기가 증가할 때 감소하지 않는 함수를 가정하므로 그 사이에 있는 모든 $2^k \le n \le 2^{k+1}$에 대하여 점근적으로 동일하게 된다. 이런 이유 때문에 $n=2^k$으로 놓아도 일반성을 잃지 않는다.

크기 n인 병합 정렬 문제에서는 자기 크기의 절반인 문제 2개를 풀고 나머지 $2n$의 오버헤드를 감수하면 된다. 이 식을 전개해보면 다음과 같다. 어떤 입력이 들어와도 동일하다.

$$\begin{aligned}T(n) &= 2T(\frac{n}{2}) + 2n \\ &= 2(2T(\frac{n}{4}) + n) + 2n = 2^2 T(\frac{n}{2^2}) + 2 \cdot 2n \\ &= 2^2(2T(\frac{n}{2^3}) + \frac{n}{2}) + 2 \cdot 2n = 2^3 T(\frac{n}{2^3}) + 3 \cdot 2n \\ &\cdots \\ &= 2^k T(1) + k \cdot 2n \\ &= n + 2n \log n\end{aligned}$$

추정 후 증명 방법을 사용하여 이 식을 증명할 수도 있다. 우선, 수행 시간을 다음과 같이 표현할 수 있다.

$$T(n) = \begin{cases} \Theta(1) & \text{if } n = 1 \\ 2T(\frac{n}{2}) + \Theta(n) & \text{if } n > 1 \end{cases}$$

$T(n) = O(n\log n)$, 즉 $n_0 \le k < n$인 모든 k에 대해 $T(n) \le cn\log n$인 $c > 0$가 존재한다고 가정한다.

$$\begin{aligned}T(n) &= 2T(\frac{n}{2}) + \Theta(n) \\ &\le 2(c\frac{n}{2}\log\frac{n}{2} + \Theta(\frac{n}{2})) + \Theta(n) \quad ❶ \\ &= cn\log n - cn\log 2 + 2\Theta(\frac{n}{2}) + \Theta(n) \quad ❷ \\ &= cn\log n - cn\log 2 + \Theta(n) \quad ❸\end{aligned}$$

충분히 큰 n에 대해 $T(n\log n) \le cn\log n$인 양의 상수 c를 잡을 수 있다. ❷, ❸의 $\Theta(n)$은 집합이 아닌 임의의 1차식에 대한 대용으로 사용한다고 앞에서 이야기한 바 있다. ❶은 귀납적 가정을 $T(\frac{n}{2})$에 적용한 것이다.

반대 방향으로도 증명할 수 있다. $T(n) = \Omega(n\log n)$, 즉, $n_0 \le k < n$인 모든 k에 대해 $T(n) \ge cn\log n$인 $0 < c$가 존재한다고 가정한다.

$$\begin{aligned}T(n) &= 2T(\frac{n}{2}) + \Theta(n)\\ &\geq 2(c\frac{n}{2}\log\frac{n}{2} + \Theta(\frac{n}{2})) + \Theta(n)\\ &= cn\log n - cn\log 2 + 2\Theta(\frac{n}{2}) + \Theta(n)\\ &= cn\log n - cn\log 2 + \Theta(n)\end{aligned}$$

충분히 큰 n에 대해 $T(n) \geq cn\log n$인 양의 상수 c를 잡을 수 있다.

위의 두 증명에 따라 $T(n) = \Theta(n\log n)$이다.

한편, 병합 정렬이 제대로 정렬한다는 것을 수학적 귀납법으로 증명할 수 있다.

정리 4-2

[알고리즘 4-8]의 병합 정렬은 제대로 정렬한다.

▶▶ **증명** 정렬하고자 하는 원소의 수 n에 대한 수학적 귀납법으로 증명하자. 이 설명을 위해 병합 정렬 알고리즘을 다시 써보자.

```
mergeSort(A[], p, r):          ▷ A[p...r]을 정렬한다.
  ❶ if (p < r)
        q ← ⌊(p+r)/2⌋               ▷ p, r의 중간 지점 계산
      ❷ mergeSort(A, p, q)           ▷ 전반부 정렬
      ❸ mergeSort(A, q+1, r)         ▷ 후반부 정렬
      ❹ merge(A, p, q, r)            ▷ 병합

merge(A[], p, q, r):
    정렬되어 있는 두 배열 A[p...q]와 A[q+1...r]을 합쳐
    정렬된 하나의 배열 A[p...r]을 만든다.
```

정렬하고자 하는 원소의 총수를 n이라 하자($n=r-p+1$).

- mergeSort()는 n=1 또는 n=0이면 ❶의 비교 후 아무 일도 하지 않고 바로 알고리즘을 끝낸다. n=1이면 원소가 하나인 상태이므로 제대로 정렬한다고 말할 수 있다. n=0이면 정렬할 원소가 없으므로 이때도 '논리적으로' 제대로 정렬한다고 말할 수 있다.

- n>1일 때, n보다 작은 모든 문제에 대해 mergeSort()가 제대로 정렬한다고 가정하자.
- 문제 크기 n일 때 병합 정렬이 호출되면 ❷, ❸을 호출하는데 이들은 모두 크기가 n보다 작은 문제이므로 귀납적 가정에서 각각 제대로 정렬한다고 했다. 이 두 결과를 받은 ❹의 merge()는 정렬된 두 배열을 합쳐서 하나의 정렬된 배열로 만드는 일을 하므로 전체 배열은 정렬된다.

그러므로 병합 정렬은 0 이상의 모든 n에 대해 제대로 정렬한다.

스위칭 병합 정렬

이론적으로 보면 병합 정렬은 완벽한 $\Theta(n\log n)$을 보장하는 알고리즘이지만, 병합 과정에서 주어진 배열 A[]에 더하여 같은 크기의 보조 배열 *tmp*[]가 필요하다. 이 보조 배열 *tmp*[]는 병합 결과를 임시로 저장한 다음, 다시 배열 A[]로 되써준다. 주어진 배열 이외에 추가로 공간을 사용하지 않는 정렬을 내부 정렬[In-Place sorting]이라 하는데, 병합 정렬은 추가 공간이 필요하므로 내부 정렬이 아니다. 이것이 병합 정렬의 가장 큰 단점이다. 즉, 보조 배열 *tmp*[]로 병합했다가 배열 A[]로 되써주는 과정에 시간 낭비가 발생한다. 다음과 같은 병합 정렬 수행 시간의 재귀식에서 $n>1$인 경우 $2n$ 부분이 이에 해당한다.

$$T(n)=\begin{cases} 1 & \text{if } n=1 \\ 2T(\frac{n}{2})+2n & \text{if } n>1 \end{cases}$$

보조 배열로 인해 추가 공간이 필요하다는 점은 피할 수 없다. 그렇지만 배열 *tmp*[]로 병합했다가 A[]로 되써주는 과정은 개선할 수 있다. 즉, 배열 A[]와 배열 *tmp*[]가 주 배열과 보조 배열의 역할을 매번 바꾸면서 요령 있게 정렬할 수 있다.

[알고리즘 4-10]은 주 배열과 보조 배열을 바꿔가며 병합 정렬을 함으로써 병합된 결과를 원래 배열로 되써주는 과정을 없앴다. 이 알고리즘의 핵심부는 알고리즘 swt_ms()다. switching_mergeSort()는 swt_ms()를 수행하기 위한 준비 작업을 한 후 swt_ms()를 수행한다. swt_ms()는 보조 배열 B[]에서 두 그룹으로 정렬되도록 한 다음, 배열 B[]를 배열 A[]로 병합한다. 재귀호출이 한 단계 들어갈 때마다 A[]와 B[]의 역할이 바뀐다. 따라서 이 알고리즘의 수행 시간은 다음과 같이 바뀐다.

$$T(n) = \begin{cases} 1 & \text{if } n = 1 \\ 2T(\frac{n}{2}) + n & \text{if } n > 1 \end{cases}$$

$n > 1$인 경우 $2n$ 부분이 n으로 바뀌었다. 점근적 복잡도의 변동은 없다. 다만 배열 되써주기를 없앤 덕분에 수행 시간이 조금 빨라진다. 배열의 크기가 백만일 때는 [알고리즘 4-8]보다 평균 25%, 크기가 일억일 때는 평균 15% 정도 빨라진다.

알고리즘 4-10 스위칭 병합 정렬

```
switching_mergeSort(A[], n):     ▷ A[0...n-1]을 정렬한다.
    for i ← 0 to n-1
        B[i] = A[i]
    swt_ms(0, n-1, A, B)

swt_ms(p, r, A[], B[]):           ▷ A[]: 주 배열, B[]: 보조 배열
    if (p < r)
        q ← ⌊(p+r)/2⌋
        swt_ms(p, q, B, A)        ▷ 주 배열과 보조 배열의 역할 스위치
        swt_ms(q+1, r, B, A)      ▷ 주 배열과 보조 배열의 역할 스위치
        switching_merge(p, q, r, B, A)

switching_merge(p, q, r, C[], D[]):  ▷ 병합의 방향 C[] → D[]
    i ← p; j ← q+1; t ← p
    while (i ≤ q and j ≤ r)
        if (C[i] ≤ C[j]) D[t++] ← C[i++]
        else D[t++] ← C[j++]
    while (i ≤ q)
            D[t++] ← C[i++]
    while (j ≤ r)
            D[t++] ← C[j++]
```

2 퀵 정렬

퀵 정렬Quick Sort은 기준 원소를 하나 잡아 기준 원소보다 작은 원소와 큰 원소 그룹으로 나누어 기준 원소의 좌우로 분할한 다음 각각을 정렬하는 방법이다. 평균적으로 좋은 성능을 보여 현장에서 많이 쓰인다.

[그림 4-6]은 퀵 정렬의 작동 예를 보여준다. 첫째 줄에 정렬해야 할 10개의 원소를 가진 배열이 주어졌다. 아무 원소나 기준 원소로 삼아도 상관없는데 여기서는 맨 뒤에 있는 원소인 15를 기준 원소로 삼았다. (a)에서는 기준 원소인 15를 중심으로 이보다 작은 원소들은 15의 왼쪽에, 나머지 원소들을 15의 오른쪽에 재배치한다. 이 결과 8, 11, 3은 15의 왼쪽에, 31, 48, 20, 29, 65, 73은 15의 오른쪽에 오도록 재배치되었다. (b)에서 왼쪽의 원소 3개와 오른쪽의 원소 6개를 각각 독립적으로 정렬한다. 왼쪽의 3개 원소를 정렬할 때 15의 자리는 영향을 받지 않는다. 오른쪽의 6개 원소를 정렬할 때도 역시 15의 자리는 영향을 받지 않는다. 즉, 기준원소 15는 왼쪽과 오른쪽의 정렬을 시작하기 전에 이미 제자리를 찾은 것이다. 왼쪽과 오른쪽의 정렬이 끝나는 순간 전체 배열의 정렬이 끝난다. 왼쪽과 오른쪽을 정렬할 때는 퀵 정렬을 재귀적으로 사용한다.

그림 4-6 퀵 정렬의 작동 예

이제 정식으로 설명해보자. 우선 정렬할 배열에서 '기준 원소'를 하나 고른다. 아무 원소나 임의로 골라도 되나 여기서는 맨 뒤의 원소를 기준 원소로 삼기로 하자. 이 기준 원소를 중심으로 더 작은 원소는 왼쪽으로, 크거나 같은 원소는 오른쪽으로 분할(재배치)한다. 기준 원소는 이렇게 분할된 양쪽 부분 배열 사이에 자리하게 된다. 이렇게 분할된 왼쪽 부분 배열을 따로 정렬한다. 마찬가지로 오른쪽 부분 배열도 따로 정렬한다. 기준 원소는 손대지 말고 제자리에 그대로 둔다. 기준 원소의 왼쪽에 기준 원소보다 작은 원소들이 정렬되고, 오른쪽에 기준 원소보다 큰 원소들이 정렬되면 전체 배열은 정렬된 상태가 된다. 여기서 왼쪽과 오른쪽 부분 배열을 정렬할 때 퀵 정렬을 재귀적으로 사용한다.

분할할 때 기준 원소와 같은 원소는 아무 쪽에나 두어도 되는데 대소 비교의 부등호를 선택하는 것에 따라 한쪽으로 모이게 된다. 이 책에서는 오른쪽으로 모은다.

[알고리즘 4-11]은 퀵 정렬 알고리즘이다. 기준 원소를 중심으로 양쪽으로 나눈 뒤(❷) 2개의 퀵 정렬을 재귀적으로 호출한다(❸, ❹). 재귀적으로 작은 문제를 먼저 해결한 다음 후처리를 진행한 병합 정렬과 달리, 선행 작업을 한 다음 재귀적으로 작은 문제를 해결하면서 정렬을 끝낸다.

알고리즘 4-11 | 퀵 정렬

```
quickSort(A[], p, r):  ▷ A[p...r]을 정렬한다.
    ❶ if (p < r)
        ❷ q ← partition(A, p, r)    ▷ 분할
        ❸ quickSort(A, p, q-1)      ▷ 왼쪽 부분 배열 정렬
        ❹ quickSort(A, q+1, r)      ▷ 오른쪽 부분 배열 정렬

partition(A[], p, r):
    배열 A[p...r]의 원소들을 기준 원소인 A[r]을 기준으로 양쪽으로 재배치하고
    기준 원소가 자리한 위치를 리턴한다.
```

기준 원소를 중심으로 분할하는 방법에는 여러 가지가 있다. 특별히 비효율적이지 않은 한 양쪽으로 나누어지기만 하면 어떤 방법을 쓰더라도 문제없다. [알고리즘 4-12]는 최근에 많이 쓰는 분할 방법이다.

알고리즘 4-12 | 분할

```
partition(A[], p, r):
    x ← A[r]                 ▷ 기준 원소
    i ← p-1                  ▷ i는 1구역의 끝 지점
    for j ← p to r-1         ▷ j는 3구역의 시작 지점
        if (A[j] < x)
            A[++i] ↔ A[j]    ▷ 의미는 i값 증가 후 A[i] ↔ A[j] 교환
    A[i+1] ↔ A[r]            ▷ 기준 원소와 2구역 첫 원소 교환
    return i+1
```

[알고리즘 4-12]의 분할 알고리즘 작동 원리를 예를 통해서 살펴보자. [그림 4-7]은 [그림 4-6]과 동일한 배열을 사용해서 분할하는 예다. 배열의 맨 끝에 있는 15를 기준 원소로 잡는다. 목표는 15보다 작은 원소는 15의 왼쪽에, 15보다 크거나 같은 원소는 15의 오른쪽에 오도록 원소들을 재배치하는 것이다. 알고리즘은 배열을 아래의 네 구역으로 나누어 관리한다.

- **1구역**: 15보다 작은 원소들(그림에서 ■로 표시)
- **2구역**: 15보다 크거나 같은 원소들(그림에서 ■로 표시)
- **3구역**: 아직 정해지지 않은 원소들(그림에서 □로 표시)
- **4구역**: 15 자신(그림에서 ●로 표시)

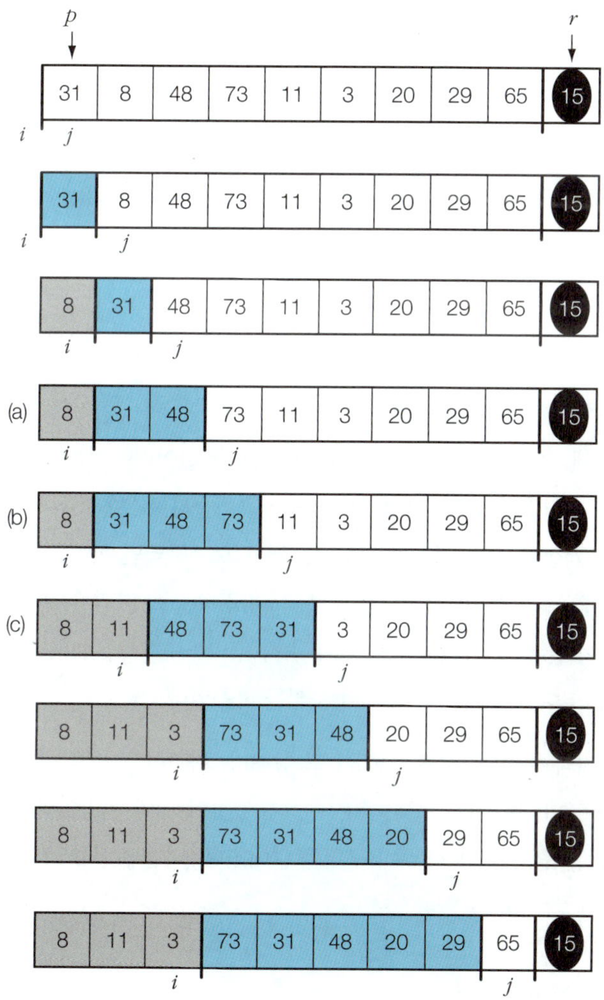

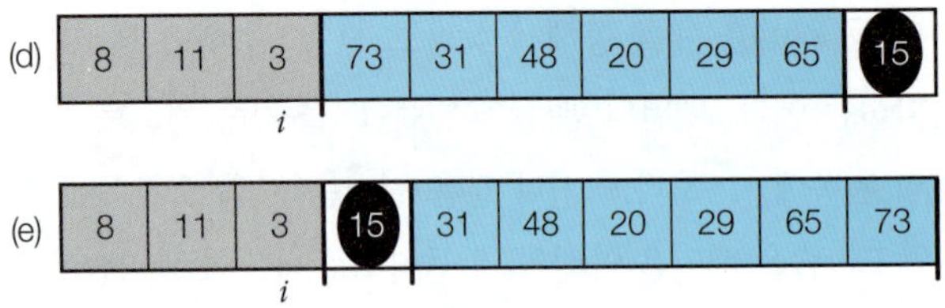

그림 4-7 분할의 작동 과정을 보이는 예

3구역에 있는 원소를 차례로 하나씩 보면서 1구역 또는 2구역에 포함시킨다. 변수 i는 1구역의 끝을, 변수 j는 3구역의 시작을 가리킨다. 즉, 아직 보지 않은 원소 중 가장 앞에 있는 것을 가리킨다. 따라서 2구역은 이들의 사이, 즉 1구역의 끝 바로 다음부터 3구역 시작 원소 바로 앞까지이므로 2구역을 표시하기 위해서 변수를 따로 둘 필요는 없다. 처음에는 아직 아무 원소도 보지 않았으므로 15를 제외한 모든 원소가 3구역에 속한다. for 루프를 한 번 돌 때마다 원소를 하나씩 보므로, 보지 않은 원소의 시작 위치를 나타내는 j는 항상 1씩 증가한다.

각각의 for 루프에서는 3구역의 첫 번째 원소($A[j]$)를 15와 비교해 15보다 크거나 같은 경우에는 2구역에 포함시켜야 하므로 2구역이 한 칸 넓어져야 한다. 이 경우에는 따로 해줄 일이 없고 for 루프가 한 번 돌았으므로 j만 자동으로 1 증가한다. i값의 변동 없이 j가 1 증가하므로 2구역이 한 칸 넓어진다. (a)와 같이 각 구역이 {8}, {31, 48}, {73, 11, ···, 65}, {15}로 나뉜 상황에서 for 루프를 한 번 돌면 73이 15보다 크므로 j가 저절로 1 증가하여 2구역이 한 칸 넓어진다. 즉, (b)에서 각 구역이 {8}, {31, 48, 73}, {11, ···, 65}, {15}로 됨을 볼 수 있다.

만약 $A[j]$가 15보다 작으면 1구역에 속하는 원소이므로 1구역이 한 칸 넓어져야 한다. i값을 1 증가시킨 다음 2구역의 첫 번째 원소와 3구역의 첫 번째 원소를 바꾼다. j값은 for 루프가 한 바퀴 돌았으므로 당연히 1 증가한다. i와 j가 같이 1씩 증가하므로 1구역만 한 칸 넓어진다. (b)의 상황에서 시작한 for 루프는 11을 만나게 되는데, 15보다 작으므로 11과 31이 자리 바꾸고 i가 1 증가하면서 1구역이 한 칸 넓어진다. 즉, (c)에서 각 구역이 {8, 11}, {48, 73, 31}, {3, ···, 65}, {15}로 됨을 볼 수 있다. 여기서 11과 31이 자리를 바꾸었다.

3구역을 다 소진하고 나면 이제 마지막 처리만 남는다. (d)가 그 상태다. 여기서 2구역의 첫째 원소(73)와 15를 바꾸면 (e)처럼 {8, 11, 3}, {15}, {31, 48, ···, 65, 73}이 되어 분할이 끝난다. for 루프가 모두 끝나면 보지 않은 원소가 없으므로 3구역은 없어진다. 리턴 값은 15가 위치한 장소, 즉 p+3이 된다.

이해를 돕기 위해 [알고리즘 4-12]에서 발견할 수 있는 몇 가지 성질을 정리하면 다음과 같다.

- for 루프가 한 바퀴 돌 때마다 3구역이 한 칸씩 줄어든다. (j가 1 증가)
- for 루프가 한 바퀴 돌 때마다 1구역 또는 2구역 중 하나가 한 칸 늘어난다.
- 2구역이 늘어날 때는 j만 1 증가한다. for 루프가 한 바퀴 돌 때마다 자동으로 j는 1 증가하므로 2구역을 늘리기 위해서는 아무 일도 할 필요가 없다.
- 1구역이 늘어날 때는 i와 j가 동시에 1 증가한다.

퀵 정렬의 수행 시간을 분석해보자. 우선 분할은 배열을 왼쪽부터 끝까지 한 번 훑어나가는 작업이므로 $\Theta(n)$의 시간이 든다. 퀵 정렬의 수행에서 가장 이상적인 경우는 분할이 항상 반반씩 균등하게 될 때다. 이때는 시간이 다음과 같이 되어 병합 정렬과 같은 모양이므로 $\Theta(n\log n)$이 된다.

$$T(n) = 2T(\frac{n}{2}) + \Theta(n)$$

최악의 경우는 계속해서 한쪽은 하나도 없고 다른 쪽에 다 몰리도록 분할이 되는 경우다. 이때는 시간이 다음과 같이 되어 $\Theta(n^2)$이 된다.

$$T(n) = T(n-1) + \Theta(n)$$

한쪽이 완전히 비거나 이에 근접한 상태가 반복되면 이런 비효율적인 시간이 나온다. 그렇지만 이런 불운한 경우가 반복될 확률은 아주 희박하다. 좀 더 엄밀한 분석이 가능하나 여기서 중요한 것은 평균적인 경우이므로 최선의 경우와 최악의 경우는 이 정도로 충분하다.

이제 평균적인 경우의 퀵 정렬 수행 시간을 분석해보자. 분석의 편의상 모든 원소가 다른 경우로 가정한다. 퀵 정렬 수행 시간은 분할이 얼마나 균형 잡히게 잘 되느냐에 달려 있다. 평균 수행 시간은 분할했을 때 모든 가능한 경우를 평균 내면 된다. 기준 원소를 중심으로 n개의 원소를 분할했을 때 기준 원소가 n개의 원소 중 작은 순서로 몇 등인지에 따라 분할의 모양이 결정된다. 기준 원소가 1등이면 1구역과 2구역의 크기는 $0:n-1$이 된다. 2등이면 1구역과 2구역의 크기는 $1:n-2$가 된다. 기준 원소가 i등이면 1구역과 2구역의 크기는 $i-1:n-i$가 된다. 이 경우의 수행 시간은 다음과 같이 나타낼 수 있다.

$$T(n) = T(i-1) + T(n-i) + \Theta(n)$$

여기서 $T(i-1)$과 $T(n-i)$는 재귀호출 비용이고 $\Theta(n)$은 분할 비용이다. 기준 원소는 동일한 확률로 1등부터 n등 중 하나가 되므로 이들을 평균하면 다음과 같다.

$$T(n) = \frac{1}{n}\sum_{i=1}^{n}[T(i-1)+T(n-i)]+\Theta(n)$$
$$= \frac{2}{n}\sum_{k=0}^{n-1}T(k)+\Theta(n)$$

그리고 이것을 계산하면 $T(n)=\Theta(n\log n)$이 된다. 이에 대한 증명은 다음 NOTE에서 구체적으로 소개하였으니 관심 있는 독자는 확인하기 바란다.

NOTE_ 퀵 정렬의 평균 수행 시간 증명

우선 $T(2) \le c2\log 2$를 만족하도록 충분히 큰 c를 잡을 수 있다. $2 \le k < n$인 모든 k에 대해 $T(k) \le ck\log k$가 성립한다 가정하고 $T(n) \le cn\log n$이 됨을 증명하면 된다.

$$T(n) = \frac{1}{n}\sum_{i=1}^{n}[T(i-1)+T(n-i)]+\Theta(n)$$
$$= \frac{2}{n}\sum_{k=0}^{n-1}T(k)+\Theta(n)$$
$$❶ = \frac{2}{n}\sum_{k=2}^{n-1}T(k)+\Theta(n)$$
$$\le \frac{2}{n}\sum_{k=2}^{n-1}ck\log k+\Theta(n) \quad \leftarrow \text{귀납적 가정 이용}$$
$$❷ \le \frac{2c}{n}\left(\frac{1}{2}n^2\log n-\frac{1}{8}n^2\right)+\Theta(n)$$
$$= cn\log n-\frac{cn}{4}+\Theta(n)$$
$$\le cn\log n$$

마지막 단계는 $\frac{cn}{4}$이 $\Theta(n)$을 압도하도록 충분히 큰 c를 잡을 수 있기 때문에 성립한다. 여기서 ❶은 log를 사용하기 위해 약간의 트릭을 쓴 것이다. $\log 1=0$이므로 부등식을 만들 수 없어 k가 0인 경우와 1인 경우를 제외시켰다. 그런데도 부등호 대신 등호를 사용한 것은 이 두 항, 즉 $T(0)$과 $T(1)$을 $\Theta(n)$에 집어넣어 버렸기 때문이다. 이런 기법을 흡수Absorption라고 하는데 흡수를 하면 위의 $\Theta(n)$과 흡수 후의 $\Theta(n)$이 다른 의미를 가질 수도 있다. 즉, $\Theta(n)$이 의미하는 함수가 달라질 수도 있지만 여전히 일차 함수다. 단, 흡수는 상수 번만 해야지 그렇지 않으면 성립하지 않는다. 그렇지만 흡수는 증명 과정에서 몇 번 하는 것이 고작이므로(여기서는 단 한 번) 대부분의 경우 문제가 되지 않는다. 그리고 ❷는 $\sum_{k=1}^{n-1}k\log k \le \frac{1}{2}n^2\log n-\frac{1}{8}n^2$이라는 사실을 이용한 것이다. 증명을 위해 먼저 다음과 같이 나눌 수 있다.

$$\sum_{k=1}^{n-1}k\log k = \sum_{k=1}^{\lceil n/2\rceil-1}k\log k+\sum_{k=\lceil n/2\rceil}^{n-1}k\log k$$

여기서 오른쪽 첫 번째 항의 $\log k$는 $\log\frac{n}{2}$(=$\log n-1$)으로 상한을 잡을 수 있고, 두 번째 항의 $\log k$는 $\log n$으로 상한을 잡을 수 있다. 이를 이용해서 전개하면 다음과 같다.

$$\begin{aligned}\sum_{k=1}^{n-1} k\log k &\le (\log n-1)\sum_{k=1}^{\lceil n/2\rceil-1} k + \log n\sum_{k=\lceil n/2\rceil}^{n-1} k \\ &= \log n\sum_{k=1}^{n-1} k - \sum_{k=1}^{\lceil n/2\rceil-1} k \\ &\le \frac{1}{2}n(n-1)\log n - \frac{1}{2}\left(\frac{n}{2}-1\right)\frac{n}{2} \\ &\le \frac{1}{2}n^2\log n - \frac{1}{8}n^2 \quad \leftarrow \text{귀납적 가정 이용}\end{aligned}$$

$\sum_{k=2}^{n-1} k\log k \le \sum_{k=1}^{n-1} k\log k$이므로 $\sum_{k=2}^{n-1} k\log k \le \frac{1}{2}n^2\log n - \frac{1}{8}n^2$이다.

한편, 퀵 정렬이 제대로 정렬한다는 것을 수학적 귀납법으로 증명할 수 있다.

정리 4-3

[알고리즘 4-11]의 퀵 정렬은 제대로 정렬한다.

▶▶ **증명** 정렬하고자 하는 원소의 수 n에 대한 수학적 귀납법으로 증명하자. 이 설명을 위해 퀵 정렬 알고리즘을 다시 써보자.

```
quickSort(A[], p, r): ▷ A[p...r]을 정렬한다.
  ❶ if (p < r)
      ❷ q ← partition(A, p, r)       ▷ 분할
      ❸ quickSort(A, p, q-1)         ▷ 왼쪽 부분 배열 정렬
      ❹ quickSort(A, q+1, r)         ▷ 오른쪽 부분 배열 정렬
```

정렬하고자 하는 원소의 총수는 $n=r-p+1$이다.

- $n=1$ 또는 $n=0$이면 ❶을 비교한 후 아무 일도 하지 않고 바로 알고리즘을 끝낸다. $n=1$이면 원소가 하나인 상태이므로 제대로 정렬한다고 말할 수 있다. $n=0$이면 정렬할 원소가 없으므로 이때도 '논리적으로' 제대로 정렬한다고 말할 수 있다.
- $n>1$일 때, 크기가 n보다 작은 모든 문제에 대해 quickSort()가 제대로 정렬한다고 가정하자.

- 문제 크기 n일 때 퀵 정렬이 호출되면 ❸, ❹를 호출하는데 이들은 모두 크기가 n보다 작은 문제이므로 귀납적 가정에 의해 각각 제대로 정렬된다. 이들은 각각의 퀵 정렬 직전에 ❷의 분할을 통해 기준 원소보다 작은 것은 기준 원소 왼쪽에, 기준 원소보다 크거나 같은 것은 기준 원소 오른쪽으로 분할했으므로 ❸에서 정렬된 모든 원소는 ❹에서 정렬된 모든 원소보다 작다. 이 결과로 전체 배열은 '정렬된 왼쪽 원소들→기준 원소→정렬된 오른쪽 원소들' 순으로 배열되므로 정렬된 상태가 된다.

그러므로 퀵 정렬은 0 이상의 모든 n에 대해 제대로 정렬한다.

퀵 정렬이 아주 나쁜 경우

퀵 정렬은 실용적으로 매우 빨라 필드에서 가장 선호하는 정렬 알고리즘이다. 최악의 경우 $\Theta(n^2)$ 시간이 드는 단점이 있지만 그런 일은 자주 일어나지 않는다. 이런 일은 입력이 이미 정렬되어 있거나 거의 정렬된 경우에만 일어난다. 역순으로 정렬되어 있을 때도 마찬가지다. 이 경우에는 분할이 항상 최악의 경우를 만난다. 이런 경우는 잘 발생하지 않지만 굳이 방지하고 싶다면 기준 원소를 잡을 때 맨 앞의 원소나 맨 뒤의 원소로 잡지 말고, 임의로 한 원소를 고르면 된다. 이에 맞추어 분할 알고리즘을 조금 바꿔주면 된다.

또 한 가지 퀵 정렬의 성능이 좋지 않은 경우가 있는데, 동일한 원소가 많이 존재하는 경우다. 입력의 모든 원소가 동일한 극단적인 경우라면 이미 정렬된 입력에서처럼 분할의 균형이 항상 최악이 된다. 모든 원소가 동일하지 않더라도 중복이 무시하지 못할 정도로 있으면 그에 비례해서 성능이 떨어진다. 크기 일억인 정렬에서 각 원소가 평균 100개씩 중복되면 시간이 1.7배 정도로 늘어나고, 평균 1,000개씩 중복되면 시간이 무려 7배로 늘어난다. 퀵 정렬을 진행하다 보면 같은 원소들은 덩어리로 모이는데 알고리즘은 이 사실을 알지 못한 채 분할을 시도한다. 덩어리의 크기가 k이면 $0:k-1$로 분할된다. 이런 식의 분할이 반복되어 이 덩어리를 부분 정렬하는 데 $\Theta(k^2)$의 시간이 소요된다. 이 문제는 간단한 방법으로 개선할 수 있다. 분할 알고리즘에서 기준 원소와 동일한 원소를 만나면 양쪽에 골고루 나누어주도록 변경하면 된다.

[알고리즘 4-13]은 기준 원소와 동일한 값이 많은 경우 균형을 잡아주는 버전이다. [알고리즘 4-12]에 ❶ 부분을 추가한 것이다. 이렇게 하면 기준 원소와 동일한 원소는 for 루프가 반복될 때 기준 원소의 양쪽에 번갈아가면서 속하게 된다.

알고리즘 4-13 **분할(변형)**

```
partition2(A[], p, r):
    x ← A[r]              ▷ 기준 원소
    i ← p-1               ▷ i는 1구역의 끝 지점
    for j ← p to r-1      ▷ j는 3구역의 시작 지점
        if (A[j] < x)
            A[++i] ↔ A[j]     ▷ 의미: i값 증가 후 A[i] ↔ A[j] 교환
   ❶ { else if (A[j] = x and (j % 2) = 1)
     {      A[++i] ↔ A[j]
    A[i+1] ↔ A[r]             ▷ 기준 원소와 2구역 첫 원소 교환
    return i+1
```

순방향 또는 역방향으로 정렬되거나 거의 정렬된 경우에 균형이 극심하게 깨지는 상황을 피하기 위해서는 기준 원소를 임의로 선택하면 된다. 그러면 확률적으로 괜찮은 균형을 얻을 수 있다. [알고리즘 4-14]는 이 장치까지 포함시킨 퀵 정렬 알고리즘이다. $A[p...r]$에서 임의로 한 원소를 선택해 맨 오른쪽 원소와 교환한다(기준 원소가 됨). [알고리즘 4-14]는 [알고리즘 4-11]에 ❶과 ❷를 삽입하고 [알고리즘 4-13]의 분할 알고리즘까지 포함했다. 이 정도면 퀵 정렬의 균형이 심각하게 깨져 성능이 떨어지는 경우는 거의 피할 수 있다.

알고리즘 4-14 **퀵 정렬(변형)**

```
quickSort(A[], p, r):         ▷ A[p...r]을 정렬한다.
    if (p < r)
        ❶ k ← random(p, r)        ▷ 정수 [p...r]의 범위에서 하나를 랜덤 선택한다.
        ❷ A[k] ↔ A[r]             ▷ A[k]가 A[r] 자리로 옮기면서 기준 원소가 된다.
        q ← partition2(A, p, r)   ▷ 분할
        quickSort(A, p, q-1)      ▷ 왼쪽 부분 배열 정렬
        quickSort(A, q+1, r)      ▷ 오른쪽 부분 배열 정렬
```

3 힙 정렬

힙 정렬Heap Sort은 대표적인 우선순위 큐인 힙 자료구조를 사용하는 정렬 알고리즘이다. 지금까지 소개한 정렬 알고리즘들이 모두 주어진 배열 자료구조 위에서 정렬한 데 반해, 힙 정렬

은 힙 자료구조를 사용해서 정렬한다. 자료구조를 배운 사람이라면 힙이 익숙하겠지만 여기서는 먼저 힙 자료구조를 소개한 후 힙 정렬을 살펴보기로 한다.

힙의 정의

힙은 다음과 같은 두 가지 조건을 만족해야 한다.

❶ 완전 이진 트리 구조를 사용한다.

❷ 힙 특성Heap Property: 모든 노드는 값을 갖고, 자식 노드(들) 값보다 크거나 같다.

조건 ❷의 힙 특성을 만족하면 우선순위가 가장 큰 원소가 루트에 자리하게 된다.

[그림 4-8]의 (a)는 10개의 원소로 이루어진 힙의 예다. 모든 노드가 자식 노드보다 값이 크거나 같아 조건 ❷(힙 특성)를 만족한다. 이들 값은 트리 아래에 제시한 것처럼 배열 $A[0...9]$에 저장할 수 있다. 임의의 배열은 항상 완전 이진 트리로 해석할 수 있다. (이유는 바로 다음 문단에서 설명한다.) 따라서 배열에 저장한다는 사실 자체가 조건 ❶을 자동으로 만족한다.

배열은 기초적인 자료구조이지만 이처럼 완전 이진 트리를 표현하는 데는 안성맞춤이다. 배열이 $A[0...]$이라면($A[0]$부터 시작된다면) $A[k]$의 자식은 $A[2k+1]$과 $A[2k+2]$다. 완전 이진 트리라 중간에 빠지는 노드가 없이 자식들을 꽉 채우는 성질로 인해 이처럼 배열의 인덱스로 간단히 계산할 수 있다. 완전 이진 트리에 대응되는 배열에서 부모 노드를 찾는 것도 간단하다. $A[k]$의 부모 노드는 $A[\left\lfloor \frac{k-1}{2} \right\rfloor]$이 된다. 완전 이진 트리가 아닌 이진 트리는 부모 노드와 자식 노드의 번호를 계산하는 규칙을 만들 수 없다. [그림 4-8]의 (b)는 조건 ❷인 힙 특성은 만족하지만 완전 이진 트리가 아닌 예다. 즉, 조건 ❶을 만족하지 않으므로 힙이 아니다.

임의의 배열 하나가 주어지면 이를 완전 이진 트리로 간주할 수 있으므로 힙 조건 중 ❶은 자동으로 만족된다. 다만 배열의 값들이 조건 ❷를 만족할 확률은 거의 없다. n개의 값을 가진 배열 $A[0...n-1]$이 주어지면 (자동으로 조건 ❶을 만족하니) 조건 ❷(힙 특성)를 만족하도록 수선하는 것이 힙을 만드는 과정의 전부다.

이 장에서 소개한 다른 정렬들과 마찬가지로 여기서도 배열을 사용한다. 하지만 다른 정렬들이 배열을 배열 자료구조 그 자체로 취급하는 데 반해, 힙 정렬은 배열을 완전 이진 트리로 간주한다. 여기에 힙 특성을 더하면 배열은 힙이 된다. 힙 정렬에서는 배열을 힙 특성을 만족하도록 수선한 다음 정렬 단계로 진행한다.

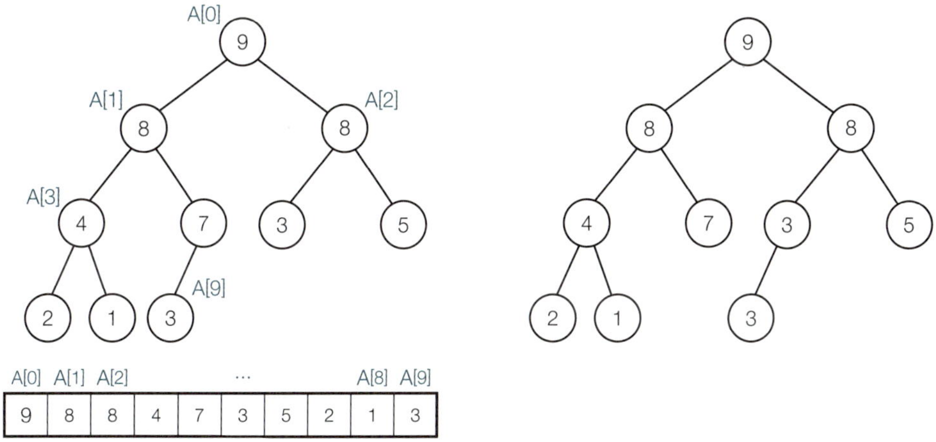

(a) 10개의 원소로 구성된 힙과 대응되는 배열

(b) 힙 조건 ❷는 만족하지만 힙 조건 ❶을 만족하지 않아 힙이 아닌 예

그림 4-8 힙과 관련된 예

힙의 구성

[그림 4-9]는 9개의 원소로 구성된 배열 $A[0...8]$과 이에 대응되는 완전 이진 트리를 그린 것이다. 모든 배열은 이렇게 완전 이진 트리로 간주할 수 있다. 배열의 첫 번째 원소인 $A[0]$은 루트에 해당하고, 배열의 맨 마지막 원소인 $A[8]$은 맨 마지막 리프 노드에 해당한다. 이 마지막 노드에서 시작하여 거꾸로 훑어 가보면, 리프 노드가 아닌 최초의 노드는 $A[3]$이 된다. $A[3]$은 맨 마지막 노드인 $A[8]$의 부모 노드다. 앞에서 $A[k]$의 부모 노드는 $A[\left\lfloor \frac{k-1}{2} \right\rfloor]$이 된다고 했다. k에 8을 대입하면 $A[\left\lfloor \frac{8-1}{2} \right\rfloor]$는 $A[3]$이 되는 것을 확인할 수 있다.

이제 이 배열로 힙 조건 2를 만족하도록 수선하는 과정을 살펴보자. 수선은 맨 마지막 노드의 부모 노드부터 시작한다. 이 예에서는 $A[3]$이다. 이 노드를 루트로 하는 서브 트리를 힙으로 수선한다. 이렇게 서브 트리의 루트가 되는 노드를 하나씩 앞으로 이동하면서 해당 서브 트리를 힙으로 수선하는 과정을 반복한다. 이 예에서는 $A[3]$, $A[2]$, $A[1]$, $A[0]$의 차례로 이들을 루트로 하는 서브 트리를 수선하게 된다. 최종적으로 $A[0]$이 루트가 되는 서브 트리는 전체 트리이므로 이 트리를 수선하고 나면 모든 수선이 끝난다. [그림 4-10]은 수선하는 서브 트리의 루트가 되는 노드들의 순서를 표시한 것이다.

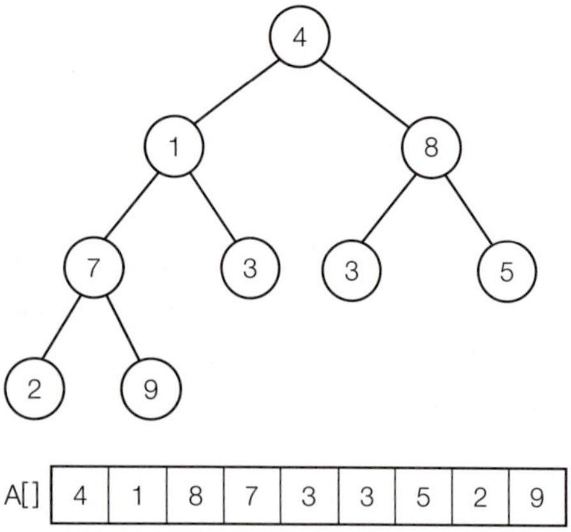

그림 4-9 9개의 원소로 구성된 배열과 대응되는 완전 이진 트리

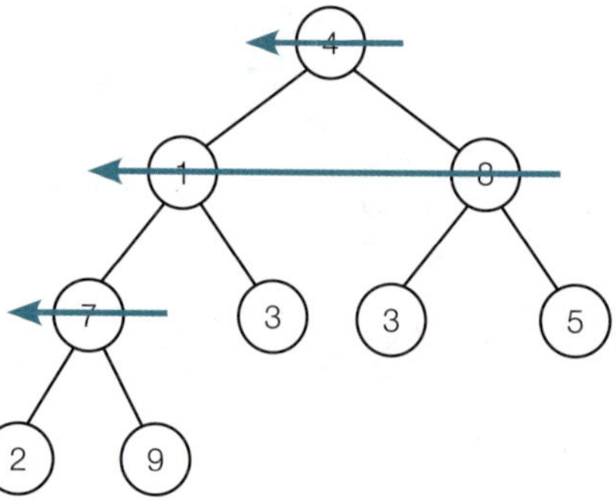

그림 4-10 수선 과정에서 기준이 되는 노드의 순서

다음은 [그림 4-9]의 완전 이진 트리를 힙으로 수선하는 과정을 나타낸다. 힙의 시각적 모양과 그에 대응되는 배열을 같이 그렸다. 그림을 차례로 따라가 보자.

(a) 주어진 완전 이진 트리다. 먼저 맨 마지막 노드의 부모 노드부터 시작한다. 이는 배열의 *A*[3]에 해당한다. 이 노드의 값(7)을 자식 노드의 값들 중 큰 값(9)과 비교한다.

(b) 자식 노드의 값 9가 더 크므로 7과 자리를 바꾼다. 이 작업의 결과로 배열이 어떻게 바뀌는지 힙 그림 바로 아래에서 확인할 수 있다. 다음으로 관심의 대상이 되는 노드는 *A*[2]다. 이 노드의 값(8)을 자식 노드의 값들 중 큰 값(5)과 비교한다.

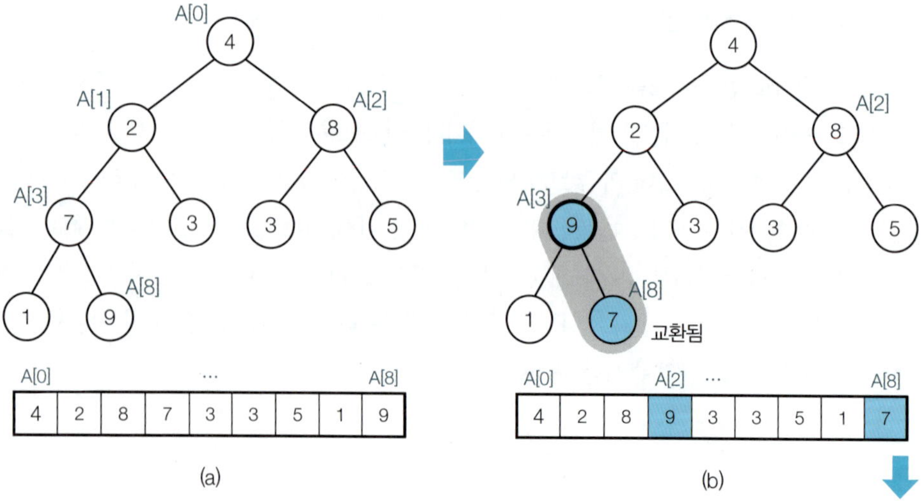

(c) 부모 노드의 값(8)이 더 크므로 그대로 유지한다. 그다음 관심 노드는 A[1]이다. 이 노드의 값은 2다. 이 값을 자식 노드의 값들 중 큰 값(9)과 비교한다.

(d) 자식 노드의 값 9가 더 크므로 2와 자리를 바꾼다. 이어서 A[3]으로 내려온 2와 자식 노드들의 값 중 큰 값(7)을 비교한다.

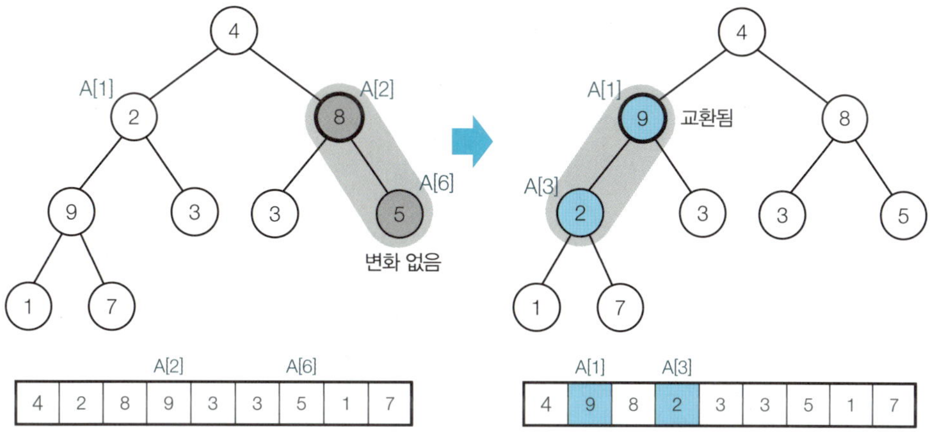

(c) (d)

(e) 자식 노드의 값 7이 더 크므로 2와 자리를 바꾼다. $A[1]$을 루트로 하는 서브 트리의 수선이 끝났다. 그다음 관심 노드는 루트 노드인 $A[0]$이다. 이 노드의 값은 4다. 이 값을 자식 노드의 값들 중 큰 값(9)과 비교한다.

(f) 자식 노드의 값 9가 더 크므로 4와 자리를 바꾼다. 다음으로 루트에서 $A[1]$로 내려온 4와 자식 노드의 값들 중 큰 값(7)을 비교한다.

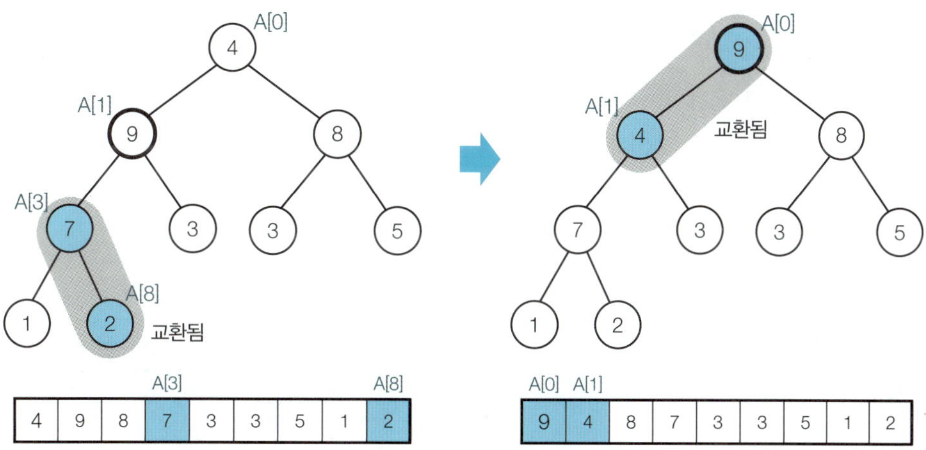

(e) (f)

(g) 자식 노드의 값 7이 더 크므로 4와 자리를 바꾼다. 이어서 A[3]으로 내려온 4와 자식 노드의 값들 중 큰 값(2)을 비교한다.

(h) 부모 노드의 값(4)이 더 크므로 그대로 유지한다. 이로써 (f)에서 A[0]으로부터 시작한 수선 작업이 끝났다. A[0]은 루트이므로 루트로부터 시작한 서브 트리의 수선이 끝났다는 것은 전체 트리의 수선이 끝났음을 뜻한다.

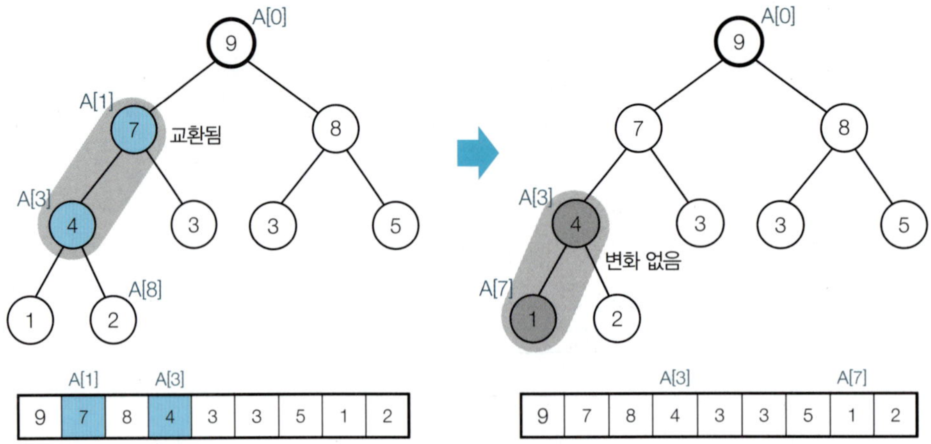

(g) (h)

위 과정에서 임의의 노드를 루트로 하는 서브 트리 수선 과정을 스며내리기Percolate Down라고 한다. 화분에 준 물이 제자리로 스며들어가는 모양을 연상하면 된다. 어떤 값은 바닥까지 스며들고, 어떤 값은 스며들다가 중간쯤에서 정지하고, 어떤 값은 처음 자리에서 움직이지 않는다. 위의 수선 과정을 보면, 아래에서부터 차례로 루트를 바꿔가며 올라가기 때문에 어떤 노드를 루트로 삼아 스며내리기를 하는 시점에 이 노드의 자식들을 루트로 하는 서브 트리들은 이미 힙으로 수선되어 있다. 예를 들어, $A[1]$에서 스며내리기를 시작하는 시점에 $A[1]$의 두 자식 $A[3]$과 $A[4]$를 루트로 하는 두 서브 트리는 이미 힙으로 수선된 상태다. 정리하면, 스며내리기는 어떤 노드의 두 서브 트리가 이미 힙인 상태에서 이 노드로부터 시작해서 수선하는 작업이다.

[알고리즘 4-15]는 스며내리기 알고리즘이고, [알고리즘 4-16]은 임의의 배열(완전 이진 트리)을 힙으로 만드는 알고리즘이다. 리프 노드가 아닌 최초의 노드는 맨 끝 노드 $A[n-1]$의 부모인 $A[\lfloor (n-2)/2 \rfloor]$이다. 스며내리기 작업을 이 노드부터 시작해서 루트인 $A[0]$까지 반복한다.

알고리즘 4-15 **스며내리기**

```
▷ A[k]를 루트로 하는 서브 트리가 A[k...n-1] 범위 내에서 힙 성질을 만족하도록 수선한다.
▷ 주어진 조건: A[k]의 두 자식을 루트로 하는 서브 트리는 힙 특성을 만족한다.
percolateDown(A[], k):
    child ← 2k+1      ▷ 왼쪽 자식
    right ← 2k+2      ▷ 오른쪽 자식
    if (child ≤ n-1)
        if (right ≤ n-1 and A[child] < A[right])
            child ← right
        ▷ child: A[2k+1]와 A[2k+2] 중에서 큰 원소의 인덱스
        if (A[k] < A[child])
            A[k] ↔ A[child]      ▷ 맞바꾸기
            percolateDown(A, child)
```

알고리즘 4-16 **힙 구성**

```
buildHeap(A[]):    ▷ 배열 A[0...n-1]을 힙으로 만든다.
    for i ← (n-2)/2 downto 0
        percolateDown(A, i)
```

buildHeap()에 소요되는 시간은 $\Theta(n)$이다. 그 이유는 다음과 같다. percolateDown()은 해당 서브 트리의 높이가 시간을 좌우한다. 어떤 서브 트리도 높이가 $\log_2 n$을 넘지 않으므로 percolateDown을 한 번 수행하는 데 $O(\log n)$이 소요된다. buildHeap()에서 percolateDown()을 호출하는 횟수는 $\lfloor n/2 \rfloor$이므로 전체적으로 $O(n\log n)$이 된다. 그러나 모든 percolateDown()의 시간을 $O(\log n)$로 잡은 것은 다소 지나치다. 맨 처음 호출되는 percolateDown()의 입력 트리는 고작 한 단계의 작업만 하면 되는데, 이런 것들이 꽤 여러 개 있다. 위로 올라갈수록 높이가 높은 서브 트리의 수는 줄어든다. 이 경우의 수들을 합산하면 $O(n\log n)$이 아닌 $\Theta(n)$이 된다. 이에 대한 엄밀한 계산은 130쪽 NOTE에서 따로 정리하였다.

NOTE_ buildHeap( )의 수행 시간 계산

percolateDown( )은 힙의 높이에 비례하는 시간이 소요된다. 즉, 힙의 높이가 h라면 O(h) 시간이 소요된다. 원소의 수가 총 n인 힙의 높이는 $\lfloor \log_2 n \rfloor$이다. 높이가 h인 트리의 노드 수는 기껏해야 $\left\lceil \frac{n}{2^{h+1}} \right\rceil$이다. 따라서 buildHeap( )의 수행 시간은 다음과 같다.

$$\sum_{h=0}^{\lfloor \log n \rfloor} \left\lceil \frac{n}{2^{h+1}} \right\rceil O(h) = O(n \sum_{h=0}^{\lfloor \log n \rfloor} \frac{h}{2^h}) = O(n)$$

즉, O($\lfloor \log n \rfloor$)이 될 것이라는 직관과 달리 O(n)이 된다. 마지막 단계는 $\sum_{h=0}^{\lfloor \log n \rfloor} \frac{h}{2^h}$가 2보다 크지 않기 때문인데 다음과 같이 확인할 수 있다.

임의의 k에 관해 $S_k = \frac{1}{2} + \frac{2}{2^2} + \frac{3}{2^3} + \ \dots \ + \frac{k}{2^k}$라 하면 $2S_k = 1 + \frac{2}{2^1} + \frac{3}{2^2} + \ \dots \ + \frac{k}{2^{k-1}}$이고

$2S_k - S_k = S_k = 1 + \frac{1}{2} + \frac{1}{2^2} + \frac{1}{2^3} + \ \dots \ + \frac{1}{2^{k-1}} - \frac{k}{2^k} \le 2 - \frac{k}{2^k} \le 2$로 계산이 끝난다. (2는 무한 등비급수의 합)

힙에서 원소 삭제하기

힙에서 원소를 삭제하는 작업은 간단하다. 삭제 대상은 가장 큰 원소다. 힙에서는 가장 큰 원소가 루트에 있으니 힙 $A[0...n-1]$에서는 무조건 $A[0]$이 삭제된다. 하지만 무작정 $A[0]$을 없애버리면 나머지 배열 $A[1...n-1]$은 2개로 끊어진 트리가 되므로 완전 이진 트리가 되지 못한다. 완전 이진 트리 모양을 깨지 않기 위해 맨 끝 원소 $A[n-1]$을 $A[0]$ 자리로 옮기고 $A[n-1]$을 관심 대상에서 제외한다. 그러면 관심 대상인 배열 크기는 $A[0...n-2]$가 되어 원래보다 하나 줄어든다. 즉, 힙 크기가 1 감소한다.

자리를 옮긴 $A[0]$이 자신의 자식들과 관련해서 힙 특성을 깰 수 있다. $A[1]$과 $A[2]$를 루트로 하는 두 서브 트리는 힙 특성을 만족하고 있다. 그러므로 앞에서 배운 스며내리기를 한 번 하면 힙 특성을 만족하게 된다.

지금부터 힙 $A[0...9]$에서 원소를 삭제하는 과정을 살펴보자. 삭제하는 원소는 명시할 필요가 없다. 항상 루트에 있는 최대 원소를 대상으로 하기 때문이다.

(a) 주어진 힙이다.

(b) 먼저 루트 노드($A[0]$)를 삭제하고 이 자리에 맨 마지막 노드($A[9]$)를 옮겨온다. 값 3이 루트로 왔다. 이제 $A[0]$을 시작으로 스며내리기를 시작한다. 루트 노드($A[0]$)의 값(3)과 자식 노드의 값들 중 큰 것(8)을 비교한다.

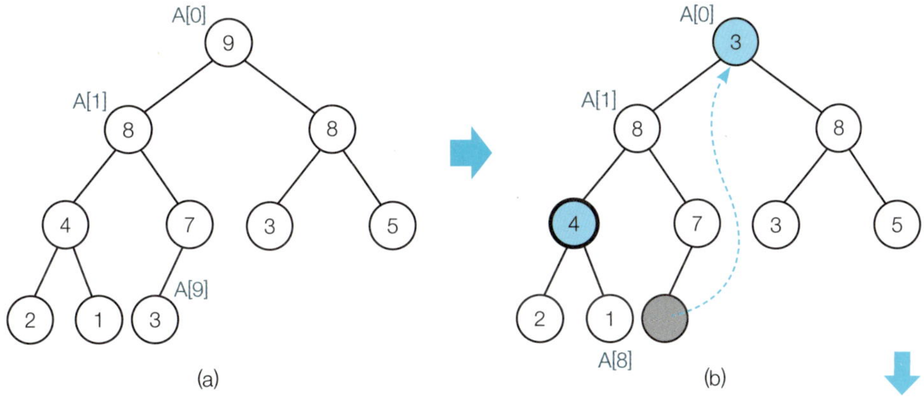

(c) 자식 노드의 값(8)이 더 크므로 3과 자리를 바꾼다. (자식 노드인 $A[1]$과 $A[2]$ 값이 둘 다 8이므로 둘 중 아무거나 택해도 되는데 여기서는 배열에서 더 앞에 있는 노드를 택하기로 하자.) 방금 위에서 $A[1]$로 내려온 3과 자식 노드들의 값 중 큰 값(7)을 비교한다.

(d) 자식 노드의 값(7)이 더 크므로 3과 자리를 바꾼다.

(e) 위에서 값이 내려온 노드 $A[4]$가 리프 노드이므로 삭제 작업이 끝난다.

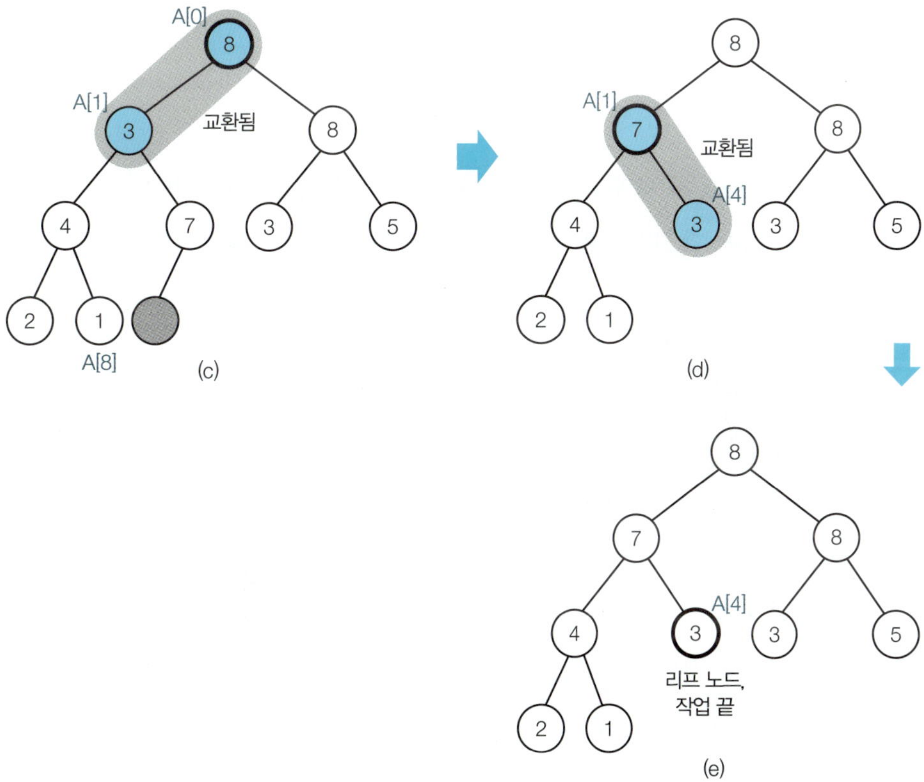

[알고리즘 4-17]은 힙에서 최대 원소를 리턴하고 힙 크기를 하나 줄이는 삭제 알고리즘이다.

알고리즘 4-17 힙에서 원소 삭제

```
▷ 힙 A[0...n-1]에서 최댓값을 알려주면서 삭제한다.
deleteMax(A[]):
    max ← A[0]
    A[0] ← A[n-1]
    n--        ▷ 힙 크기 1 감소. 관심 대상이 A[0...n-2]로 줄어든다.
    percolateDown(A, 0)
    return max
```

삭제 작업의 수행 시간은 percolateDown( )을 한 번 하는 시간에 좌우되므로 O(log$n$)이다.

힙 정렬

지금까지 힙을 정렬하기 전에 알아두어야 할 힙 자료구조에 대해 살펴보았다. 이제 힙 정렬 작업을 진행해보자. 먼저 입력 배열을 힙으로 만든 다음, 힙의 루트 원소를 하나씩 삭제한다. 이렇게 하나씩 빼주는 작업을 반복하여 차례대로 저장하면 정렬된다.

주어진 배열 $A[0...8]$로 힙 정렬하는 과정을 살펴보자.

(a) 주어진 배열 $A[0...8]$, 즉 완전 이진 트리다. 힙 특성은 만족하지 않는 상태다.

(b) 이를 힙으로 수선한 결과다([알고리즘 4-16] buildHeap()의 결과).

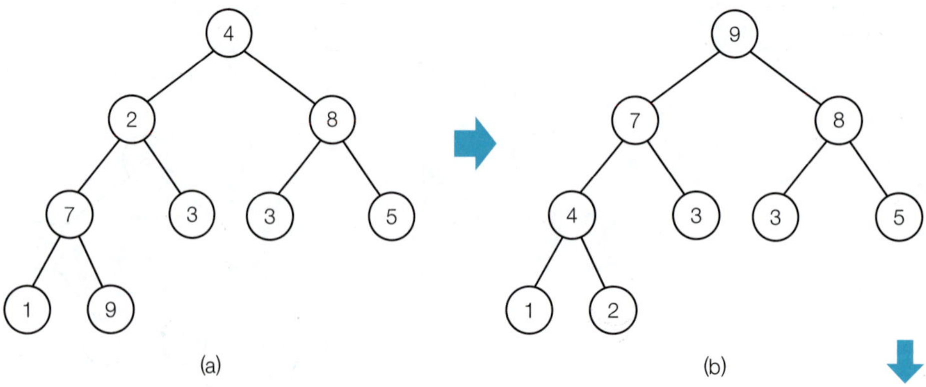

(a) (b)

(c) 마지막 원소($A[8]$=2)와 루트(9)를 교환하고 $A[8]$이 관심 대상에서 빠진다. 회색으로 칠한 노드는 관심 대상에서 빠졌다는 뜻이다. 여기서 맨 마지막 자리에 안착한 값 9는 전체에서 가장 큰 값이다. 따라서 $A[0...8]$의 정렬 결과 $A[8]$ 자리에 들어갈 것이므로 제자리를 잡은 것이다.

(d) (c)의 루트로부터 스며내리기한 결과다. 루트에 있던 2가 두 단계의 맞바꾸기를 통해 맨 아래로 내려갔다. 그 결과 루트에는 8이 올라왔다. 남은 것 중에 제일 큰 값이 항상 이렇게 루트로 온다. 스며내리기한 결과 A[0] 원소가 이렇게 맨 아래까지 가는 경우도 있고, 중간에서 끝나는 경우도 있다.

(e) 루트 값 8을 맨 마지막 원소($A[7]$=1)와 맞바꾸고 $A[7]$이 관심 대상에서 빠진다. 루트 값이 1이 되었다.

(f) (e)의 루트로부터 스며내리기한 결과다. 루트에 있던 1이 두 번의 맞바꾸기를 통해 리프 노드까지 내려가고(그 아래에 있는 두 회색 노드는 관심 대상에서 빠졌으므로 제외함) 루트에는 7이 올라왔다.

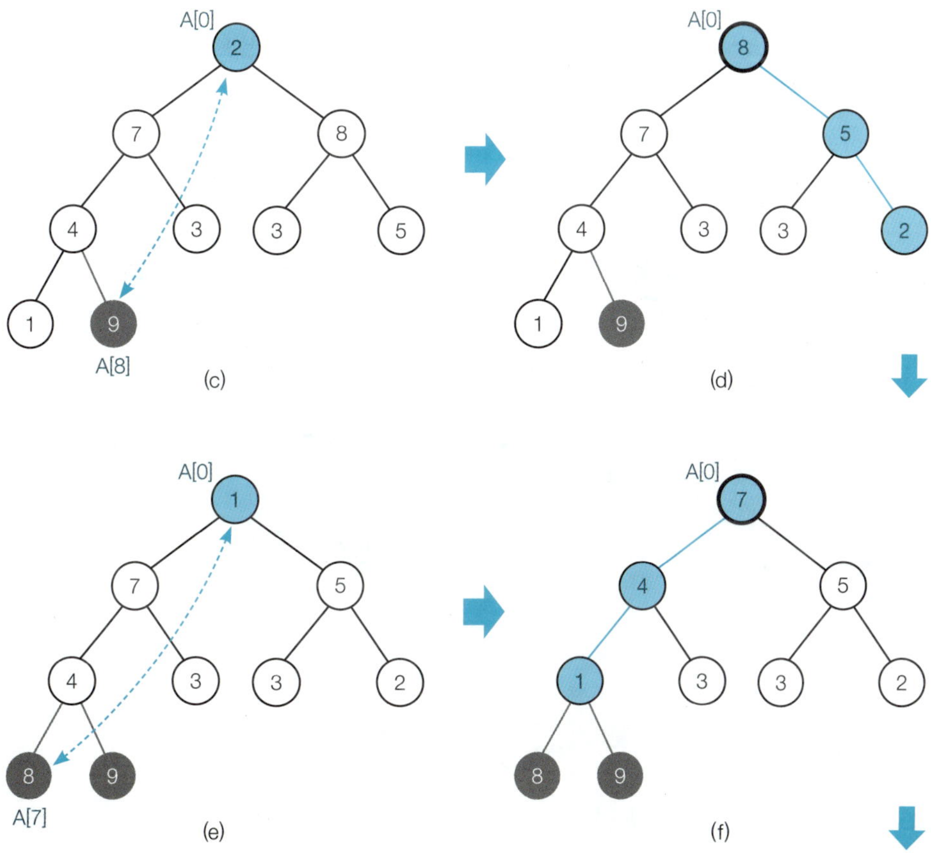

(c) (d) (e) (f)

(g) 마지막 원소(A[6]=2)와 루트(7)를 교환하고 A[6]이 관심 대상에서 빠졌다. 루트 값은 2가 되었다.

(h) (g)의 루트로부터 스며내리기한 결과다. 루트에 있던 2가 두 번의 맞바꾸기를 통해 리프 노드까지 내려가고, 루트에는 5가 올라왔다.

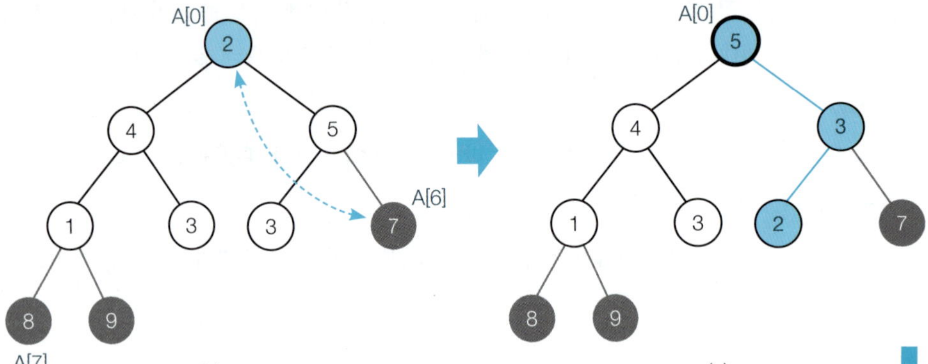

(g) (h)

(i) 마지막 원소(A[5]=2)와 루트(5)를 교환하고 A[5]가 관심 대상에서 빠졌다. 루트 값은 2가 되었다.

(j) (i)의 루트로부터 스며내리기한 결과다. 루트에 있던 2가 두 번의 맞바꾸기를 통해 리프 노드까지 내려가고, 루트에는 4가 올라왔다.

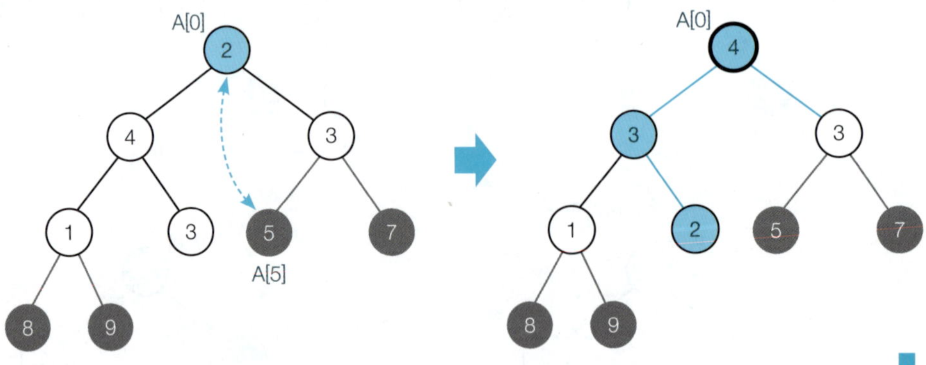

(i) (j)

(k) 마지막 원소($A[4]$=2)와 루트(4)를 교환하고 $A[4]$가 관심 대상에서 빠졌다. 루트 값은 2가 되었다.

(l) 루트로부터 스며내리기한 결과다. 루트에 있던 2가 한 번의 교환 후 더 내려가지 않고 멈췄다. 교환 결과 3이 루트로 올라왔다. 스며내리기가 리프 노드까지 내려가지 않고 중간에 정지한 예다.

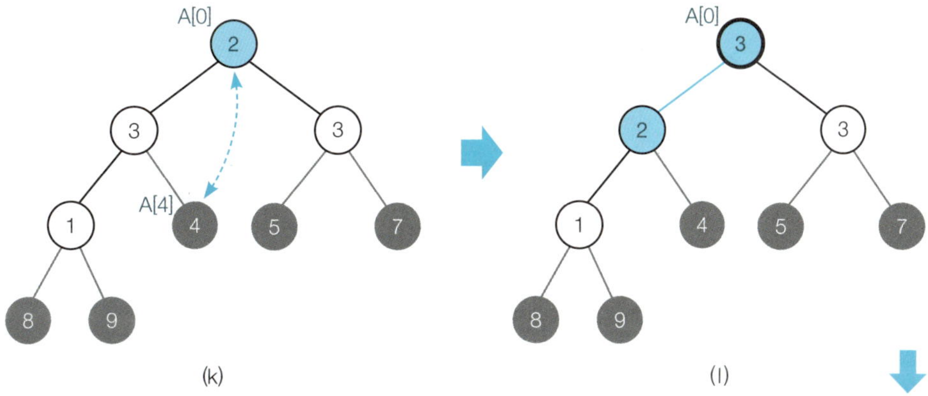

(k) (l)

(m) 마지막 원소($A[3]$=1)와 루트(3)를 교환하고 $A[3]$이 관심 대상에서 빠졌다. 루트 값이 1이 되었다.

(n) (m)의 루트로부터 스며내리기한 결과다. 루트에 있던 1이 한 번의 맞바꾸기를 통해 바로 아래에 있는 리프 노드로 내려가고, 루트에는 3이 올라왔다.

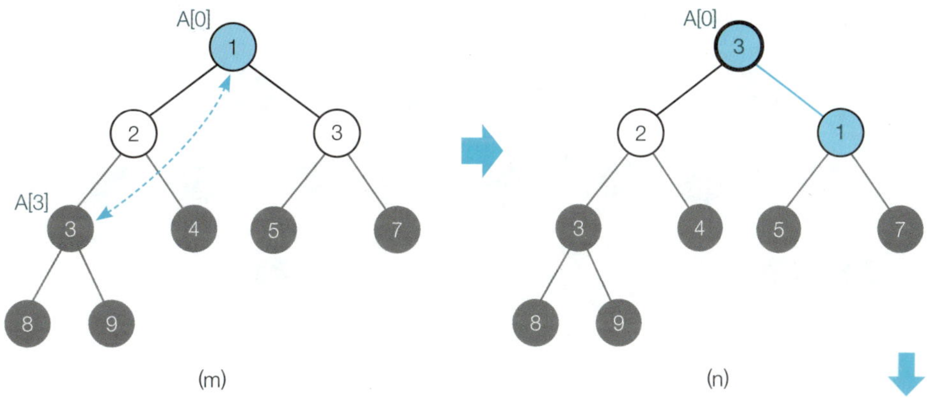

(m) (n)

(o) 마지막 원소(A[2]=1)와 루트(3)를 교환하고 A[2]가 관심 대상에서 빠졌다. 루트 값이 1이 되었다.

(p) (o)의 루트로부터 스며내리기한 결과다. 루트에 있던 1이 한 번의 맞바꾸기를 통해 바로 아래에 있는 리프 노드로 내려가고, 루트에는 2가 올라왔다.

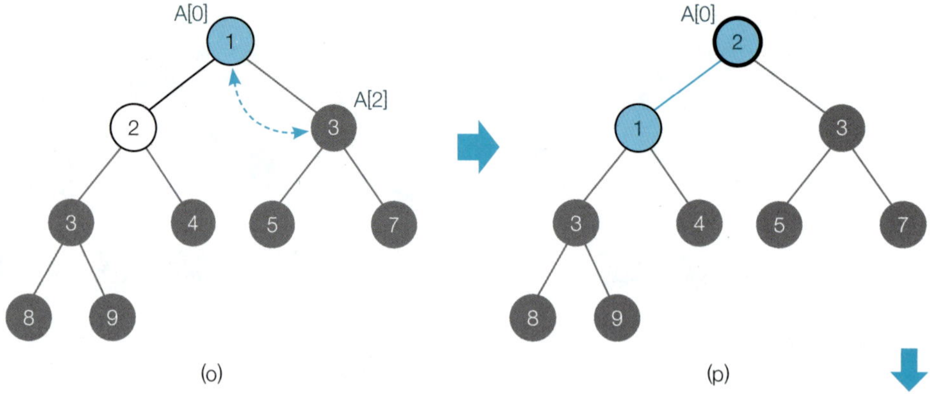

(o) (p)

(q) 마지막 원소(A[1])와 루트를 교환하고 A[1]이 관심 대상에서 빠졌다. 원소가 하나밖에 남지 않았다.

(r) (q)의 루트로부터 스며내리기한 결과다. 원소가 하나밖에 없어 스며내리기는 아무 일도 하지 않고 그냥 끝난다.

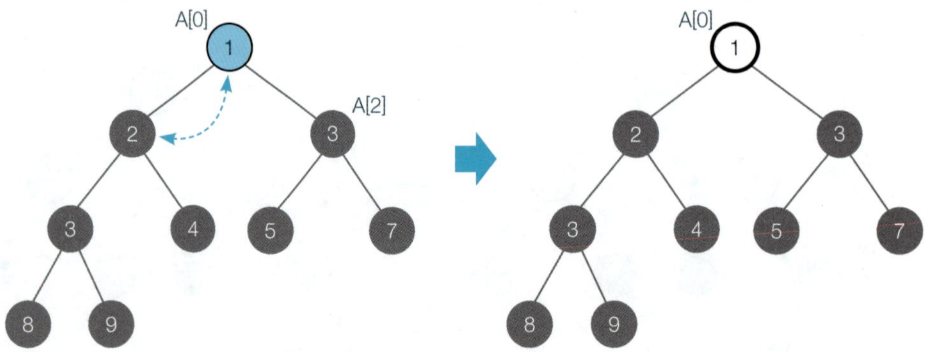

(q) (r)

이 정렬의 결과 배열 A[0...8]에는 차례로 1, 2, 3, 3, 4, 5, 7, 8, 9가 들어 있다. 오름차순으로 정렬되었다.

[알고리즘 4-18]은 힙 정렬 알고리즘이다. 주어진 배열 $A[0...n-1]$은 완전 이진 트리로 해석하면 되므로 힙 특성을 만족할 수 있게 [알고리즘 4-16]의 buildHeap()으로 수선한다. ❶이 $n-1$번 반복되면서 deleteMax() 결과를 $A[n-1]$부터 $A[1]$까지 거꾸로 저장한다. 앞의 예 설명에서 편의상 루트 값과 마지막 노드 값을 교환하고 시작했는데 [알고리즘 4-18]에서는 deleteMax() 직후에 루트 값이 마지막 노드로 저장된다. for 루프가 끝나면 $A[0...n-1]$에 크기가 작은 순으로 정렬된 상태가 된다. deleteMax()에서 힙의 맨 마지막 원소 $A[i-1]$은 $A[0]$으로 이동하고 힙의 범위가 $A[0...i-2]$로 줄어들면서 $A[i-1]$은 버리는 공간이 되는데 $A[0]$에서 빠지는 최댓값을 여기에 저장하는 원리다. deleteMax()로 빠져나가는 값을 다른 곳에 차례로 저장해도 되지만, 주어진 배열 $A[\,]$ 안에서 해결할 수 있는데 굳이 그렇게 할 필요는 없다. 따라서 힙 정렬은 내부 정렬이 된다.

알고리즘 4-18 | **힙 정렬**

```
▷ 배열 A[0...n-1]을 정렬한다.
heapSort(A[]):
    buildHeap()
  ❶ for i ← n-1 downto 1
        ❷ A[i] ← deleteMax(A)
```

수행 시간

앞에서 언급한 바와 같이 buildHeap()은 $\Theta(n)$ 시간이 든다. [알고리즘 4-18]에서 ❶의 for 루프는 $n-1$번 순환하고, 각 순환에서 시간을 좌우하는 deleteMax()는 충분히 잡아도 $O(\log n)$ 시간이면 된다. 그러므로 힙 정렬의 총 수행 시간은 $O(n\log n)$이다.

여기서 deleteMax()의 시간을 충분히 잡았기 때문에 혹시 힙 정렬의 수행 시간이 $O(n\log n)$을 밑돌 수 있지 않을까 하는 의심이 들 수도 있다. 그렇지만 두 원소 간 비교를 기반으로 하는 정렬(비교 정렬) 알고리즘은 아무리 잘해도 최악의 경우 $\Theta(n\log n)$을 밑돌 수 없다는 사실이 알려져 있으므로 더 이상 고민할 필요가 없다. 관련 내용은 바로 다음 절에서 다룬다.

결과적으로 힙 정렬의 수행 시간은 최악의 경우 $\Theta(n\log n)$이다. 가장 운이 좋은 경우라면 $\Theta(n)$ 시간에 끝난다. 예를 들면, 모든 원소가 동일한 경우다.

힙 정렬은 병합 정렬처럼 추가적인 공간을 요구하지 않으면서 최악의 경우라도 O($n$log$n$)을 넘지 않는 시간에 정렬되므로 이론적 수행 시간으로는 완벽한 알고리즘이다. 병합 정렬도 이론적으로는 완벽한 알고리즘이지만 추가적인 공간을 필요로 한다는 단점이 있다. 즉, 내부 정렬In-Place Sorting이 아니다. 수행 시간은 병합 정렬이 힙 정렬보다 빠르다. 임의로 생성한 입력에 대해 크기 10만인 문제이면 1.3배 정도, 크기 1억인 문제이면 2.2배 정도 빠르다. 이 두 알고리즘이 이론적으로는 가장 바람직하지만 실전에 들어가면 퀵 정렬보다 느리다. 힙 정렬보다 빠른 병합 정렬의 경우, 크기 10만인 문제이면 퀵 정렬보다 1.2배 정도 느리고, 크기 1억인 문제이면 1.5배 정도 느리다. 이 실험 결과는 랜덤 생성한 100개의 서로 다른 입력에 대해 수행하여 비교한 평균 결과다.

4 셸 정렬

삽입 정렬은 평균 $\Theta(n^2)$ 시간이 들고, 가장 운이 좋으면 $\Theta(n)$ 시간이 든다. 선택 정렬/버블 정렬이 항상 $\Theta(n^2)$ 시간이 드는 것과 비교하면 조금 다른 매력이 있다. 이미 정렬되어 있거나 '거의' 정렬되어 있으면 삽입 정렬 시간은 $\Theta(n)$이 된다. [알고리즘 4-5]의 ❷에서 끼워 넣는 비용이 거의 들지 않을 때다. 이 특성은 정렬에서 중요한 의미가 있다. 끼워 넣는 비용이 많이 드는 경우는 끼워 넣는 새 원소가 자기 자리에서 멀리 앞쪽으로 가는 경우다.

셸 정렬Shell Sort은 이 특성을 잘 활용한 정렬이다. 마지막에는 삽입 정렬로 끝나지만 마지막 삽입 정렬을 하기 전에 각 원소가 있어야 할 자리에서 멀리 떨어져 있을 가능성을 현저히 줄이는 사전 작업을 한다. 이를 통해 삽입 정렬의 효율성을 높인다. 이 방법을 제안한 도널드 셸Donald Shell의 성을 따서 셸 정렬로 명명되었다.

셸 정렬의 작동 원리를 간단히 정리해보자. 먼저 배열 전체를 h_0 간격의 부분 배열들로 나눈다. 예를 들어 h_0=10이면 원소들을 10의 간격으로 뽑아서 그룹 짓는다. 10의 간격으로 그룹 지으면 A[0, 10, 20, 30, …], A[1, 11, 21, 31, …], A[2, 12, 22, 32, …], …, A[9, 19, 29, 39, …]의 10개 그룹으로 나뉜다. 이들 각각의 그룹을 삽입 정렬한다. h_0 간격의 부분 배열은 총 h_0개가 된다.

그다음에 더 좁아진 간격 h_1로 만들어지는 h_1개의 부분 배열 각각을 삽입 정렬한다. 이렇게 간격을 h_2, h_3, …으로 좁혀나가면서 삽입 정렬을 반복하다 마지막으로 간격 1이 되면 전체가 하나의 그룹이 된다. 그러면 마지막 삽입 정렬을 하고 끝난다. 마지막 삽입 정렬에 앞서 부분 배열을 대상으로 한 삽입 정렬들이 준비 작업에 해당한다.

이 간격 수열 h_0, h_1, h_2, …을 갭 수열Gap sequence이라 한다. 갭 수열을 잡는 방법은 아주 다양하게 제안되어 있다. 예를 들면, $n/2$보다 작은 어딘가에서 2^k-1을 만족하는 수들을 차례로 잡는 것이다. 이 경우 31, 15, 7, 3, 1과 같이 된다. 필자가 선호하는 방식을 들면, 처음에 $h_0=n/7$으로 잡고 $h_i=h_{i-1}/5-1$로 변화시키면서 h_i가 5보다 큰 동안 간격 h_i의 삽입 정렬을 수행한 다음, 마지막으로 전체 배열에 대해 삽입 정렬을 한다. 셸 정렬의 성능은 마지막 삽입 정렬의 시간을 단축시킨 정도에 비해 앞의 준비 단계에 소모한 시간이 얼마나 더 작은가에 달려 있다.

[그림 4-11]은 15개의 원소로 이루어진 배열에 셸 정렬을 적용한 예다. 편의상 갭 수열을 7, 3, 1로 잡았다. 그림에서 (*b*)와 (*c*)가 (*d*)를 위한 준비 작업이며, 하늘색으로 표시된 자리는 원소 이동이 일어난 자리다. 그림을 차례대로 설명하면 다음과 같다.

(a) 주어진 배열이다.

(b) 먼저 간격이 7인 부분 배열을 삽입 정렬한다. 이런 부분 배열이 총 7개가 있다. 그림의 7개 배열이 부분 배열 7개 각각을 나타낸다. 7개 각 그룹은 서로 공통되는 부분이 없다. 첫 부분 배열은 원소 수가 3개이고, 나머지 6개의 부분 배열은 원소 수가 2개다. 원소 수가 2개이면 정렬은 단순히 비교 한 번으로 끝난다. 이 시간은 그리 부담스럽지 않다. (이를 다른 순서로 구현하는 방법도 있으나 원리와 결과는 동일하다.)

(c) 그다음 간격 3인 부분 배열을 삽입 정렬한다. 이런 부분 배열은 총 3개가 있고 모두 5개씩의 원소를 갖고 있다. 3개 각 그룹은 그림에서 순차적으로 정렬했지만 서로 공통되는 부분이 없어 반드시 순차적으로 할 필요는 없다. (역시 이를 다른 순서로 구현하는 방법도 있으나 원리와 결과는 동일하다.)

(d) 마지막으로 간격 1인 배열을 삽입 정렬한다. 간격이 1이니까 전체 배열이 된다.

(a) 정렬할 배열이 주어짐

15	31	65	73	8	66	11	3	20	48	29	1	33	25	4

(b) 7칸 떨어진 원소들끼리 정렬

3	31	65	73	8	66	11	4	20	48	29	1	33	25	15

3	20	65	73	8	66	11	4	31	48	29	1	33	25	15

3	20	48	73	8	66	11	4	31	65	29	1	33	25	15

3	20	48	29	8	66	11	4	31	65	73	1	33	25	15

3	20	48	29	1	66	11	4	31	65	73	8	33	25	15

3	20	48	29	1	33	11	4	31	65	73	8	66	25	15

3	20	48	29	1	33	11	4	31	65	73	8	66	25	15

(c) 3칸 떨어진 원소들끼리 정렬

3	20	48	11	1	33	29	4	31	65	73	8	66	25	15

3	1	48	11	4	33	29	20	31	65	25	8	66	73	15

3	1	8	11	4	15	29	20	31	65	25	33	66	73	48

(d) 1칸 떨어진 원소들끼리 정렬(전체 배열)

1	3	4	8	11	15	20	25	29	31	33	48	65	66	73

그림 4-11 셸 정렬의 작동 과정을 나타낸 예

[그림 4-12]는 [그림 4-11]과 비교하기 위해 같은 배열로 통상적인 삽입 정렬을 한 예다. 화살표는 원소가 새로 삽입되는 것을 표시하고 하늘색은 이로 인해 원소 이동이 일어난 자리를 나타낸다.

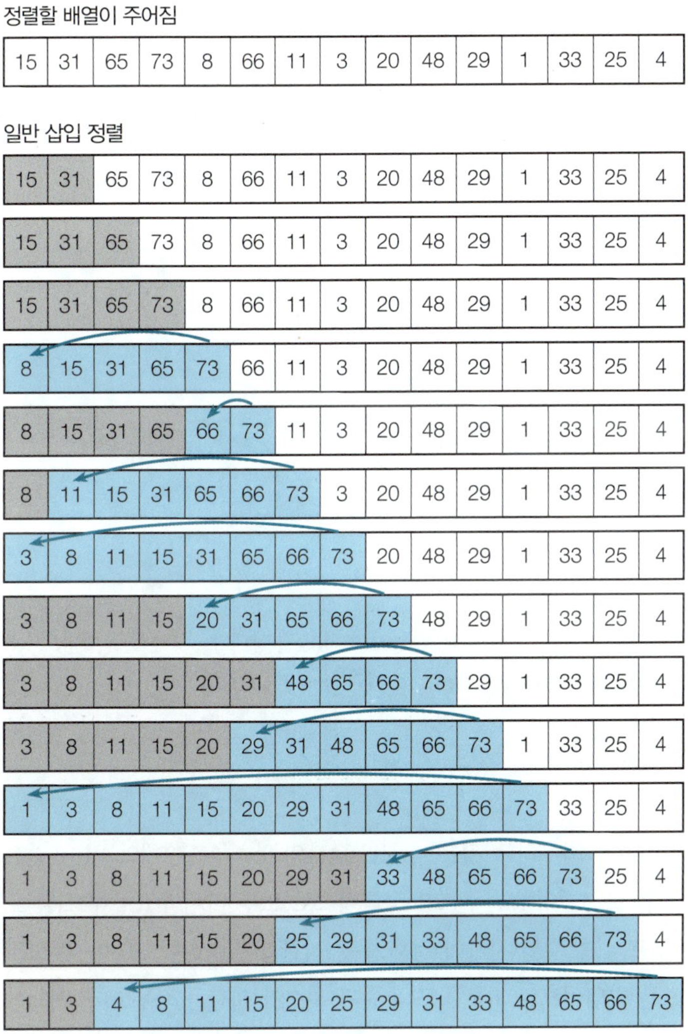

그림 4-12 15개짜리 배열에서 삽입 정렬하는 예

[알고리즘 4-19]는 셸 정렬 알고리즘이다. ❶의 for 루프는 미리 설정된 갭 수열의 종류만큼 순환한다. ❷는 변형된 삽입 정렬 알고리즘이다. [알고리즘 4-5]의 삽입 정렬은 배열 전체인 $A[0...n-1]$을 대상으로 하는데, ❷의 삽입 정렬은 $A[k, k+h, k+2h, \cdots]$를 대상으로 하는 점이 다르다. $A[k]$부터 시작해서 h 간격으로 분포하는 모든 원소를 대상으로 한다. 기본적인 삽입 정렬과 같은데 삽입할 원소의 자리를 찾기 위해 왼쪽으로 하나하나 살피는 것이 아니라 간격 h씩 점프하면서 살핀다는 점이 다르다. ❶의 for 루프를 마지막으로(h=1의 값으로) 수행할 때 stepInsertionSort(A, 0, 1)이 호출되는데 이는 [알고리즘 4-5]의 삽입 정렬과 동일하다. 다른 모든 것은 이 마지막 삽입 정렬 알고리즘을 가볍게 해주기 위한 사전 작업이다.

알고리즘 4-19 | 셸 정렬

```
shellSort(A[]):                       ▷ A[0...n-1]: 정렬할 배열
   ❶ for h=h0, h1, ..., 1             ▷ h0, h1,⋯, 1: 갭 수열
         for k ← 0 to h-1
              stepInsertionSort(A, k, h)

❷ stepInsertionSort(A[], k, h): ▷ A[k, k,+h, k+2h, ⋯]을 정렬한다.
      for (i ← k+h; i≤n-1; i ← i+h)
            newItem ← A[i]
            ▷ 이 지점에서 A[⋯, j - 2h, j - h, j]는 이미 정렬된 상태다.
         ❸ for ( j ← i-h; 0≤j and newItem < A[j]; j ← j - h)
                  A[j+h] ← A[j]
         ❹ A[j+h] ← newItem
```

[알고리즘 4-19]에서 수행 시간을 좌우하는 것은 shellSort()의 for 루프 2개와 stepInsertionSort()의 for 루프 2개다. 또 3개의 for 루프가 궁극적으로 모두 마지막 for 루프(❸)로 연결되므로 이 마지막 for 루프의 총 수행 시간이 전체 수행 시간을 결정한다. 이 마지막 for 루프 내부는 상수 시간이 드는 작업이므로, for 루프의 순환 횟수가 시간을 좌우한다. 이외에 다른 작업도 고려할 수 있으나 ❸의 순환 횟수에 작은 상수를 곱하는 정도의 영향에 불과하다.

셸 정렬의 수행 시간은 구현 방법이 다양해 분석하기가 단순하지 않다. 일반적으로 $O(n^{1.25})$ 정도라고 알려져 있다. 한 h_i에 대한 라운드의 삽입 정렬 합은 $\Omega(n)$이다. 만일 갭 수열 h_i가 $h_i = \frac{h_{i-1}}{k} \pm c$와 같은 방식으로 상수로 나누면서 줄어들면 이런 h_i가 $\Theta(\log n)$개 있으므로 전체는 적어도 $n\log n$ 이상의 시간, 즉 $\Omega(n\log n)$이 된다.

[표 4-1]은 삽입 정렬과 셸 정렬의 수행 시간을 측정하여 비교한 표다. 데이터는 임의로 생성한 배열을 사용했다. 셸 정렬은 삽입 정렬을 개선한 것이나 개선 정도는 획기적이라 할 수 있다. 1천 개짜리 배열로 해보면 셸 정렬은 삽입 정렬보다 1.9배 정도밖에 빠르지 않으나, 10만 개 짜리 배열로 해보면 100배 정도 빨라진다. 배열이 1천만 개가 되면 5만 배 정도나 빨라진다. 그렇지만 퀵 정렬보다는 다소 느리다. 1천 개짜리 배열에 대해서는 비슷하고, 10만 개짜리 배열에 대해서는 1.3배 정도 느리고, 1억 개짜리 배열에 대해서는 2.3배 정도 느리다. 이 정도 성능은 원시적 정렬인 삽입 정렬에 간단히 전처리만 한 것임을 감안하면 놀라운 수준이다.

표 4-1 삽입 정렬과 셸 정렬의 수행 시간 비교

입력 크기 \ 정렬	삽입 정렬	셸 정렬
10^3	115μs	62μs
10^4	9.4ms	0.6ms
10^5	982ms	9.1ms
10^7	23시간	1.7초

03 비교 정렬 시간의 하한

1~2절에서 소개한 정렬 알고리즘들의 공통점은 두 원소를 비교하는 작업을 중심으로 정렬한다는 것이다. 이런 정렬을 통칭해 비교 정렬Comparison Sort이라 한다. 먼저 이 절의 결론부터 이야기하면 비교 정렬은 최악의 경우 수행 시간이 절대 $\Omega(n\log n)$을 밑돌 수 없다. 이것은 결정 트리 모델을 사용해서 증명할 수 있다.

설명의 편의상 정렬하고자 하는 모든 원소가 다르다고 가정하자. 이것으로 일반성을 잃지는 않는다. 임의의 비교 정렬은 결정 트리에서 탐색으로 볼 수 있다. [그림 4-13]은 삽입 정렬을 결정 트리 모델로 그려본 것이다. 이 트리에서는 맨 위에 있는 루트에서 '$a_1 < a_2$'의 비교 결과 $a_1 < a_2$이면 왼쪽으로 이동하고 그렇지 않으면 오른쪽으로 이동한다. 이런 식으로 리프 노드를 만날 때까지 계속한다. 결정 트리의 루트에서 시작해 리프에 이르면 정렬은 끝난다. 정렬 알고리즘은 입력 수열의 모든 가능한 경우에 대해 다 제대로 정렬해주어야 하므로 결정 트리의 리프 노드는 $n!$개가 되어야 한다. $n!$에 관해서는 다음과 같은 스털링Stirling의 근사식을 얻을 수 있다.

$$n! = \sqrt{2\pi n}\left(\frac{n}{e}\right)^n\left(1+\Theta\left(\frac{1}{n}\right)\right)$$

이를 이용해 다음을 얻을 수 있다.

$$\begin{aligned}\log n! &= \log\left(\sqrt{2\pi n}\left(\frac{n}{e}\right)^n\left(1+\Theta\left(\frac{1}{n}\right)\right)\right)\\ &= \log\sqrt{2\pi n}\left(1+\Theta\left(\frac{1}{n}\right)\right)+\log n^n-\log e^n\\ &= n\log n - n\log e + \log\sqrt{2\pi n}\left(1+\Theta\left(\frac{1}{n}\right)\right)\\ &= \Theta(n\log n)\end{aligned}$$

정렬의 수행에서 최악의 경우는 결정 트리에서 가장 깊은 리프 노드까지 내려가는 것이다. $n!$개의 리프 노드를 가진 트리의 높이는 적어도 $\lceil \log_2 n! \rceil$이다. 따라서 최악의 깊이는 적어도 $\lceil \log_2 n! \rceil$은 되어야 하므로 최악의 경우 수행 시간은 이 전개식의 결론을 이용하면 '적어도 $\Theta(n\log n)$', 즉 $\Omega(n\log n)$이다.

앞에서 배운 정렬 알고리즘 중 병합 정렬과 힙 정렬은 최악의 경우 수행 시간이 $\Theta(n\log n)$이었다. 이 결정 트리 모델에서 얻은 결론에 따르면, 이 알고리즘들은 점근적으로 최적의 비교 정렬이다. 퀵 정렬은 점근적으로는 최적이 아니지만 평균적으로는 매우 우수한 알고리즘이다. 원소 간 비교 이외의 다른 연산을 사용할 수 있는 정렬에서 $\Omega(n\log n)$ 하한은 지켜지지 않는다. 정렬하고자 하는 원소들이 특수한 성질을 만족하면 이 하한보다 더 빠른 정렬 알고리즘을 적용할 수 있다. 다음 절에서 이에 대해서 배운다.

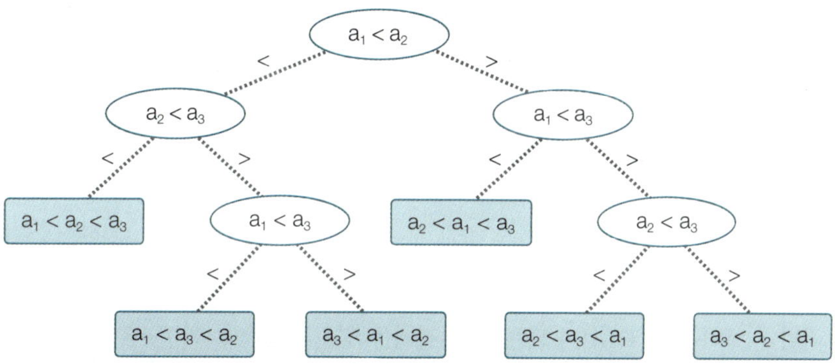

그림 4-13 3개의 원소에 대한 삽입 정렬에 대응되는 결정 트리

04 특수 정렬 알고리즘

지금까지 기초적인 정렬 알고리즘들과 고급 정렬 알고리즘들을 소개하였다. 고급 알고리즘 중 셸 정렬을 제외한 나머지는 모두 평균 수행 시간이 $\Theta(n\log n)$이다. 이쯤에서 이런 질문을 던져본다.

"최악의 경우 $\Theta(n\log n)$보다 빠른 정렬 알고리즘은 없을까?"
"평균 또는 최악의 경우 $\Theta(n)$ 시간이 드는 정렬 알고리즘은 없는가?"

정렬을 하려면 모든 원소를 적어도 한 번씩은 보아야 한다. 이것만 해도 $\Omega(n)$ 시간이 든다. 즉, 정렬 시간의 하한선은 $\Omega(n)$이다. 그러니 $\Theta(n)$ 정렬 알고리즘이란 이론적으로 더 좋아질 수 없는 한계선이다. 직관적으로는 도무지 불가능할 것 같다. 그런데 이것이 가능한 상황도 있다.

앞에서 두 원소 간 비교를 기본 작업으로 하는 비교 정렬 알고리즘의 수행 시간은 최악의 경우 $\Omega(n\log n)$이라는 사실을 설명하였다. 즉, 최악의 경우에 적어도 $n\log n$에 비례하는 시간이 소요된다. 그러니 최악의 경우 $\Theta(n)$이 되는 것은 불가능하다. 이를 피하려면 '두 원소 간 비교' 작업을 기본으로 하지 않아야 한다. 예를 들어, 자신의 값으로 '분류'하면 된다.

정렬 대상 원소들이 특수한 성질을 만족하면 최악의 경우 $\Theta(n)$ 시간에 정렬 가능한 경우가 있다. 이 절에서는 최악의 경우 $\Theta(n)$ 또는 평균 $\Theta(n)$ 시간이 소요되는 정렬 알고리즘들을 소개한다.

1 기수 정렬

기수 정렬[Radix Sort]은 원소들이 모두 상수 k개 이하의 자릿수를 가진 자연수와 같은 특수한 경우에(자연수가 아닌 제한된 길이를 가진 알파벳 등도 해당함) 사용할 수 있는 알고리즘이다.

[그림 4-14]는 기수 정렬의 작동 과정을 보여주는 예로, 원소들이 모두 최대 4자리인 자연수다. 우선 가장 낮은 자릿수만으로 모든 수를 재배열(정렬)한다. 다음으로 둘째 자릿수를 대상으로 정렬한다. 이어서 셋째 자릿수에 대해, 마지막으로 넷째 자릿수에 대해 정렬하면 작업이

완료된다. 정렬할 때 같은 값이면 앞의 순서를 유지해주어야 한다. 이를 안정성을 유지하는 정렬Stable Sort이라고 한다.

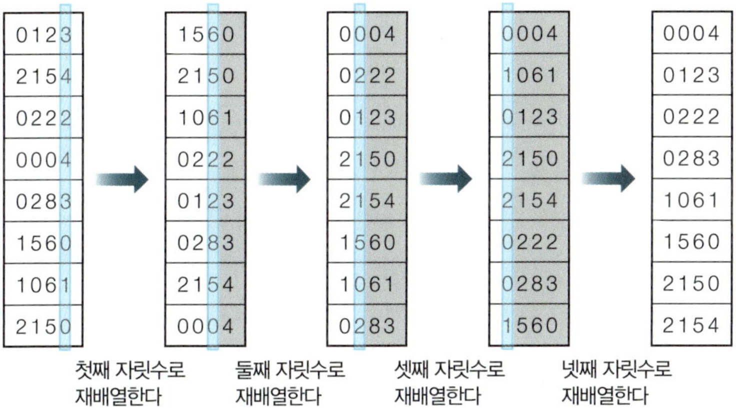

그림 4-14 기수 정렬의 작동 예

[알고리즘 4-20]은 기수 정렬 알고리즘이다.

알고리즘 4-20 | 기수 정렬

```
radixSort(A[], n, k):
▷ 원소들이 최대 k 자릿수인 A[0...n-1]을 정렬한다.
▷ 가장 낮은 자릿수를 1번째 자릿수라 하자.
    for i ← 1 to k
        ❶ i번째 자릿수에 대해 A[0...n-1]을 안정성을 유지하면서 정렬한다.
```

여기서 '안정성을 유지하면서 정렬한다'는 사실이 매우 중요하다. 이것은 값이 같은 원소끼리는 정렬 후에 원래의 순서가 바뀌지 않는 성질을 말한다. [그림 4-14]의 네 번째 테이블에서 2150과 2154는 네 번째 자릿수가 2로 똑같다. 세 번째 테이블에서 2150이 2154보다 앞에 있었으므로 네 번째 자리에 대해 정렬했을 때 이 순서는 유지되어야 한다. ❶에서 '정렬'하는 데 앞에서 배운 정렬 알고리즘 중 하나를 쓰면 그것만으로도 이미 $\omega(n)$ 시간이 되어버리므로(즉, $\Theta(n)$ 시간을 초과하므로) 다른 방법을 사용해야 한다. 예를 들어, 0부터 9까지 표시된 10개의 리스트를 준비해놓고 각각의 수를 가진 입력은 해당 리스트에 차례대로 넣어주는 방법을 써서 이 부분을 $\Theta(n)$ 시간에 처리할 수 있다. 이 부분을 $\Theta(n)$에 끝낼 수 있으면 알고리즘은 이런 일을 k번 반복하므로 시간은 $\Theta(kn)$이 된다.

이때 k가 상수이면 기수 정렬의 수행 시간은 $\Theta(n)$이 된다. k가 상수가 아니면 기수 정렬은 매력이 없다.

2 계수 정렬

계수 정렬Counting Sort은 정렬하고자 하는 원소들의 값이 $O(n)$을 넘지 않는 경우에 사용할 수 있다. 예를 들어, 배열 $A[0...n-1]$의 원소들이 n 이하의 자연수, $2n$ 이하의 자연수, 상수 500을 넘지 않는 음이 아닌 정수인 경우 등이다. 즉, 정렬할 원소들이 모두 음이 아닌 정수이고 k를 넘지 않는데 $k=O(n)$이면 된다. (음수 원소가 있어도 알고리즘을 조금만 바꾸면 된다.) 원소들이 모두 k를 넘지 않는 정수를 대상으로 하는 계수 정렬은 먼저 배열의 원소를 다 훑어서 0부터 k까지의 정수가 각각 몇 번 나타나는지를 센다. 이 정보가 있으면 배열 $A[\,]$의 각 원소가 몇 번째 자리에 놓이면 되는지를 계산할 수 있다.

[그림 4-15]는 15개의 원소로 이루어진 배열에 대해 계수 정렬 알고리즘을 수행하는 예다. 배열 $A[0...14]$에 15개의 원소가 저장되어 있다. 데이터는 {0, 1, 2, ⋯, 12}의 범위에 속하는 정수들이다. 차례로 따라가보자.

(a) 정렬할 원소들이 들어 있는 배열 $A[0...14]$다.

(b) 배열 $A[0...14]$의 원소 각각을 한 번 훑어 {0, 1, 2, ..., 12}의 각 원소가 몇 번 나타났는지 센다. 결과를 카운팅 배열 $C[0...12]$에 저장한다. 예를 들어, 원소 8은 세 번 나타나 $C[8]=3$이고, 원소 3은 한 번도 나타나지 않아 $C[3]=0$이다.

(c) b)에서 계산된 $C[0...12]$의 누적합을 계산한다. 예를 들어, $C[3]=4$가 되는데 3보다 작거나 같은 원소는 총 4개라는 뜻이다.

(d) c)의 누적합을 활용하여 $A[0...14]$의 원소들을 $B[0...14]$에 배치한다. 예를 들어, 원소 11은 $C[11]$이 14이므로 $B[13]$에 저장한다. 만일 $B[0...14]$ 대신 $B[1...15]$에 저장한다면 11은 $B[14]$에 저장되는데, $B[0...]$에 저장하기 때문에 자리 번호가 $C[11]=14$보다 하나 작은 것은 $B[13]$이 된다. 11이 저장된 직후 $C[11]$ 값은 1 감소시켜 $C[11]=13$이 된다. 이것은 다음에 나타날 11이 방금 저장한 11과 겹치지 않도록 하기 위한 것이다.

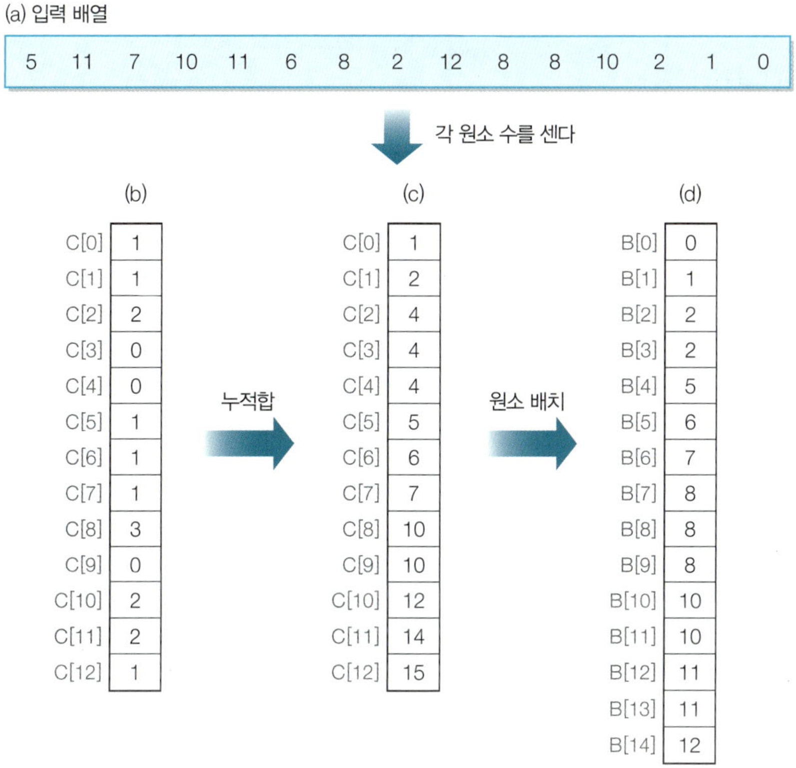

그림 4-15 계수 정렬의 작동 과정을 보이는 예

계수 정렬 알고리즘은 [알고리즘 4-21]과 같다. 알고리즘은 각 원소가 집합 {0, 1, 2, ⋯, *k*}에 속하는 경우를 가정한다. 여기서 *k*는 상수일 수도 있고, 일차 함수를 넘지 않는(O(*n*)을 넘지 않는) 수일 수도 있다.

알고리즘에서 $A[0...n-1]$을 정렬한 결과가 배열 $B[0...n-1]$에 저장된다. 먼저 ❷의 for 루프에서 배열 $C[0...k]$에 정수 0부터 *k* 각각이 배열 *A*에서 몇 번 나타나는지를 센다. 즉, $C[i]$가 값이 *i*인 원소의 총 개수를 갖고 있게 된다. 그런 다음, 이를 이용해 ❸의 for 루프에서 $C[i]$가 값이 *i*보다 작거나 같은 원소의 총 개수를 갖고 있도록 바꾼다. 즉, 누적합이다. 마지막으로, ❹의 for 루프에서 이 정보를 이용해 배열 *A*의 각 원소가 배열 *B*의 몇 번째 자리에 들어갈지를 계산하여 저장한다.

알고리즘 4-21 계수 정렬

```
countingSort(A[]):
▷ A[0...n-1]: 입력 배열 A[i]∈{0, 1, 2, ⋯, k}
▷ B[0...n-1]: 배열 A[0...n-1]을 정렬한 결과
    ❶ for i ← 0 to k
          C[i] ← 0
    ❷ for j ← 0 to n-1
          C[A[j]]++
      ▷ 이 시점에서의 C[i]: 값이 i인 원소의 총수
    ❸ for i ← 1 to k
          C[i] ← C[i] + C[i-1]    ▷ 누적합 계산
      ▷ 이 시점에서의 C[i]: i보다 작거나 같은 원소의 총 개수
    ❹ for j ← n-1 downto 0
        ❺ B[C[A[j]]-1] ← A[j]
        ❻ C[A[j]]--
      return B
```

[그림 4-16]은 계수 정렬에서 원소 $A[i]$가 최종적으로 배열 $B[\,]$에 저장되는 위치를 계산하는 원리를 나타낸 것이다. 그림에서 $A[i] = y$다. $C[y] = q$다. 값이 y 이하인 원소의 총수가 q란 뜻이다. 그러면 값이 y인 원소가 저장되는 자리가 $B[q-1]$이 된다. 여기서 q에 1을 빼주는 것은 결과가 배열 $B[1...]$이 아닌 $B[0...]$에 저장되기 때문이다. ❺의 $B[C[A[j]]-1]$에서 $C[A[j]]$가 q다. 만일 값이 y인 원소가 여럿 있으면, 처음 나타난 원소는 $B[q-1]$, 다음에 나타난 원소들은 $B[q-2]$, $B[q-3]$, ⋯에 저장된다. ❻에서 $C[y]$ 값을 1 감소시키는 것은 이를 반영한 것으로 y 원소가 하나 저장되고 나면 다음 y 원소의 자리를 한 칸 앞으로 당겨주는 일을 한다.

계수 정렬의 수행 시간은 $\Theta(n)$이다. 총 4개의 for 루프가 시간을 결정하는데, ❶과 ❸의 for 루프는 각각 $\Theta(k)$, ❷와 ❹의 for 루프는 각각 $\Theta(n)$ 시간이 소요된다. k가 $O(n)$이므로 총 시간은 $\Theta(n)$이다.

여기서 k가 $O(n)$을 초과하면 시간은 $\Theta(k)$가 된다. 계수 정렬의 매력이 떨어진다. 정렬할 원소가 꼭 양수일 필요도 없다. 원소들이 모두 $-k$와 k 사이의 정수이고 k가 $O(n)$이면 여전히 [알고리즘 4-21]을 조금만 바꾸어 선형 시간에 정렬할 수 있다.

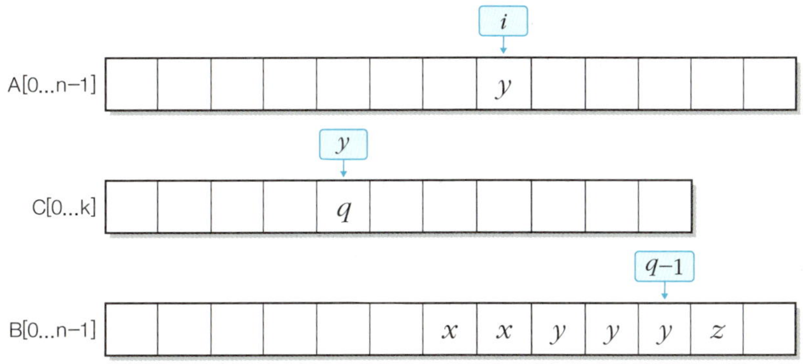

그림 4-16 계수 정렬의 카운터(C[ ])와 결과 배열(B[ ])의 관계

3 버킷 정렬

버킷 정렬Bucket Sort은 정렬하고자 하는 원소들이 균등 분포Uniform Distribution를 이룰 때 유용한 정렬 알고리즘이다. 정규 분포는 가운데에 데이터가 가장 많이 몰리고 양쪽으로 가면서 수가 적어지는 종형 분포인 데 반해 균등 분포는 데이터가 전 영역에 걸쳐 고루 존재하는 분포다. 물론 정확히 균일한 분포라는 뜻은 아니고 전 영역의 어느 지점이나 데이터가 존재할 '확률'이 같다는 뜻이다.

[그림 4-17]은 균등 분포를 이루는 전형적인 데이터 집합의 예를 시각적으로 나타낸 것이다. 0부터 99 사이에서 균등 분포하는 100개 데이터로부터 각 수의 출현 빈도를 세어보았다. 0부터 99까지 각 수에 대한 기대 출현 횟수는 모두 1이지만 들쑥날쑥한 것을 볼 수 있다. 100개 중 35개는 한 번도 안 나왔고, 한 번 나온 것이 38개, 두 번 나온 것이 20개, 세 번 나온 것이 6개, 네 번 나온 것이 1개다. 이처럼 기댓값보다 훨씬 많이 출현하는 예도 발생하지만, 골고루 분포한다(균등 분포)는 느낌은 가질 수 있을 것이다. 컴퓨터에서 랜덤으로 생성한 데이터는 전형적으로 이런 분포를 갖는다.

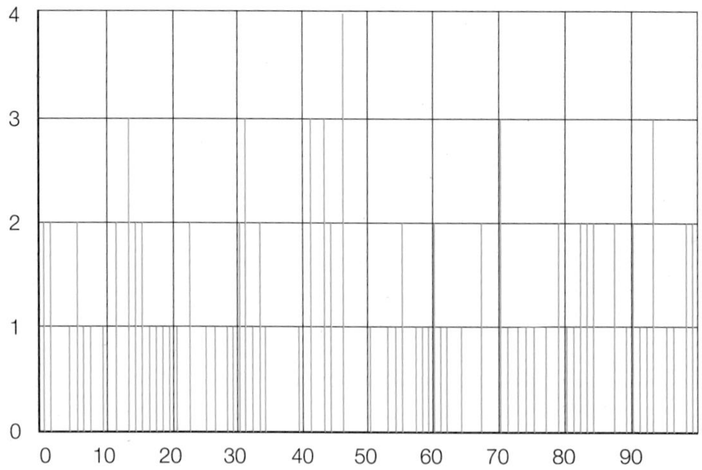

그림 4-17 균등 분포의 예

[그림 4-18]은 15개의 원소로 이루어진 배열에 대해 버킷 정렬 알고리즘을 수행하는 예다. 배열 $A[0...14]$에 15개의 원소가 저장되어 있으며, 데이터는 [0, 1) 사이의 값들이다. 차례로 따라가보자.

(a) 정렬할 원소들이 들어 있는 배열 $A[0...14]$다.

(b) 배열 $A[\,]$의 원소 각각에 배열 크기 15를 곱하여 소수점 이하를 버리고 정수부만 취한다. 이 값이 각 원소가 들어갈 버킷의 번호다. 예를 들어, 맨 앞 원소 .38은 이므로 $\lfloor 15*0.38 \rfloor=5$이므로 5번 버킷의 리스트로 들어간다.

(c) (b)에서 계산된 번호의 리스트에 원소를 삽입한다. (b)와 (c)를 분리해서 설명하고 있지만 (b)의 배열을 만드는 것은 아니다. A의 각 원소에 대해 (b)의 값을 계산한 직후 바로 $B[\,]$의 적합한 리스트에 삽입한다.

(d) B[ ]에서 각 리스트의 원소들을 리스트별로 정렬한다.

(e) 각 리스트의 정렬된 원소들을 차례로 배열 $A[0...14]$로 옮긴다.

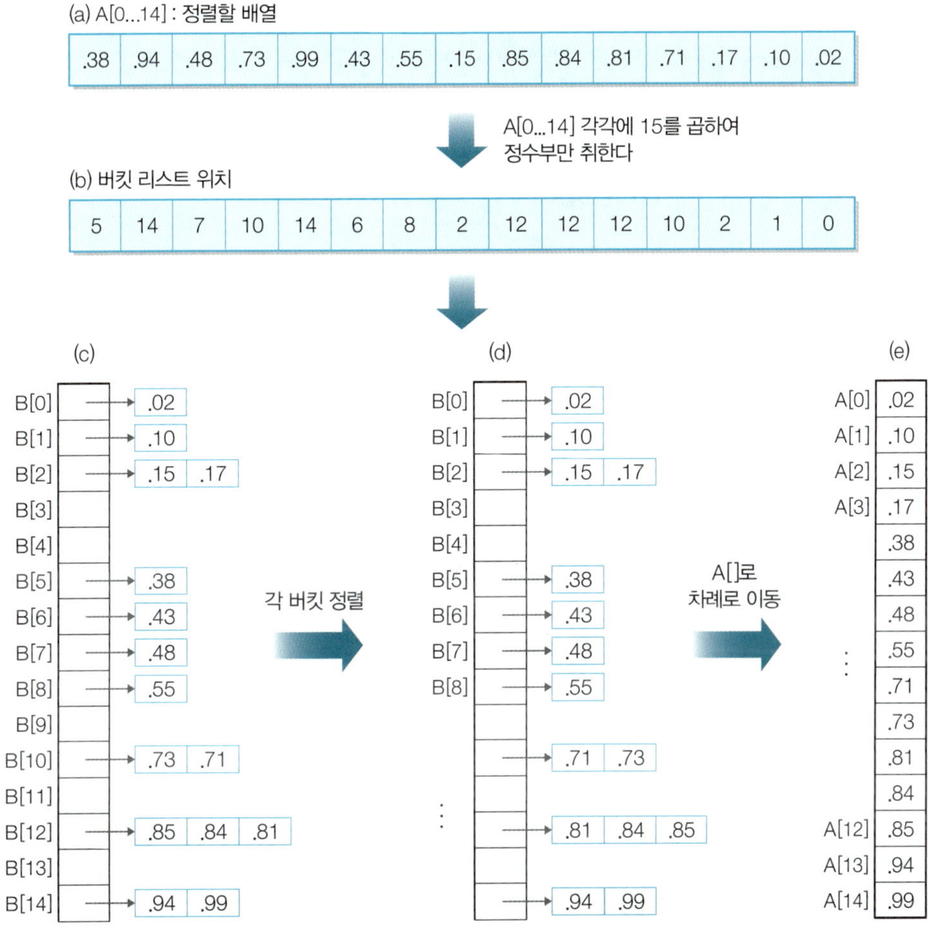

그림 4-18 버킷 정렬의 작동 과정을 나타낸 예

[알고리즘 4-22]는 버킷 정렬 알고리즘이다. 여기서 정렬할 원소들을 [0, 1) 사이의 실숫값으로 가정하고 있는데 반드시 그럴 필요는 없다. 균등 분포이기만 하면 최댓값과 최솟값을 구해 [0, 1) 범위의 실숫값으로 변환할 수 있기 때문이다. 이 과정에서 별 어려움은 없다. 알고리즘에서는 간명함을 위해 이렇게 변환된 데이터를 가정한다.

버킷 정렬은 먼저 n개의 리스트를 가리키는 배열 B[]를 준비한다. 각각에는 평균 1개의 원소가 들어오는데 확률적 편차에 따라 하나도 없을 수 있고, 여러 개가 있을 수도 있다. 영역 [0, 1)을 n개의 동일한 윈도우 크기로 자르면 그 각각에 들어 있는 원소들이 한 버킷(리스트)에 저장된다. 임의의 버킷에 삽입되는 원소들은 연결 리스트로 관리될 수도 있고, 파이썬 언어의 리스트처럼 리스트로 관리될 수도 있다. 총 n개의 원소가 총 n개의 버킷에 들어가므로 한 버킷에 들어가는 원소 수의 기대치는 1이다. 균등 분포의 특성상 아주 많이 들어가는 리스트는 드물지만 [그림 4-17]에서 보았듯이 제법 편차가 있기는 하다. 이제 각 버킷의 원소들을 '간단히' 정렬한다. 마지막으로 정렬된 원소들을 버킷 순서대로 배열 $A[0...n-1]$에 내려받으면 정렬이 끝난다. [그림 4-18]과 [알고리즘 4-22]는 기본형 버킷 정렬을 소개하고 있는데, 이를 바탕으로 개선할 수 있는 아이디어가 있다.

알고리즘 4-22 버킷 정렬

```
bucketSort(A[]):
▷ A[0...n-1] : [0, 1] 범위의 실숫값 균등 분포를 한 배열
    for i ← 0 to n-1
        A[i]를 리스트 B[nA[i]]에 삽입한다.        ▷ B[0...n-1]: 각각이 리스트인 배열
    for i ← 0 to n-1
        리스트 B[nA[i]]에 있는 원소들을 정렬한다.   ▷ 삽입 정렬이면 충분
    B[0], B[1], ..., B[n-1]의 원소들을 차례대로 A[1...n-1]로 복사한다.
```

수행 시간

각 버킷 $B[i]$에 속하는 원소 수의 기대치는 1이다. 이 기대치는 독립 시행의 확률 분포인 이항 분포를 따른다. 독립 시행의 수(여기서는 원소의 수)가 n이고, 각 시행이 성공 확률(여기서는 각 원소가 특정 버킷 i에 들어갈 확률) p이면, 성공 횟수(여기서는 특정 버킷 i에 들어가는 원소의 총수)의 기대치는 np, 분산이 $np(1-p)$가 된다. 버킷 정렬의 버킷 수가 n이고 원소들이 균등 분포를 따르므로 임의의 원소가 특정 버킷에 들어갈 확률 $p = \frac{1}{n}$ 이다. 따라서 각 버킷에 속하는 원소의 수는 평균 $np = n\frac{1}{n} = 1$, 분산 $\sigma^2 = np(1-p) = n\frac{1}{n}(1-\frac{1}{n}) = 1-\frac{1}{n}$ 이다. 버킷 i에 속하는 원소 수를 n_i라 하면, 버킷 i에 속하는 원소 수의 분산은 다음과 같다.

$$\sigma^2 = E(n_i^2) - E^2(n_i)$$

이로부터 다음을 얻는다.

$$\begin{aligned} E(n_i^2) &= \sigma^2 + E^2(n_i) \\ &= (1-\frac{1}{n}) + 1^2 = 2 - \frac{1}{n} \\ &= \Theta(1) \end{aligned}$$

각 버킷 i의 원소들에 대해 삽입 정렬 알고리즘을 적용하면 삽입 정렬의 기대 수행 시간은 $T(n_i)=\Theta(n_i^2)=\Theta(1)$이다. 이런 버킷이 n개 있으므로 삽입 정렬의 총 수행 시간은 $\Theta(n)$이 된다. 이 시간의 사전 작업으로 각 버킷에 원소들을 분류하는 작업은 총 $\Theta(n)$ 시간이 소요된다. 따라서 버킷 정렬에서 총 수행 시간의 기대치는 $\Theta(n)$이다.

각 버킷의 원소 수는 확률 분포에 근거하므로 최악의 경우에 거의 모든 원소가 몇 개의 버킷에 몰리는 일이 발생할 수도 있다. 이럴 때의 수행 시간은 최악의 경우 $\Theta(n^2)$이 된다. 따라서 버킷 정렬에서 최악의 경우 수행 시간은 이론상 $\Theta(n^2)$이다. 이럴 때는 삽입 정렬 대신 퀵 정렬 같은 것을 쓰면 $\Theta(n\log n)$이 된다. 그렇지만 균등 분포에서 이런 일이 발생하는 경우는 거의 없기 때문에 점근적으로는 좋지 않지만 작은 규모의 정렬에 효율적인 삽입 정렬을 쓴다.

계수 버킷 정렬

버킷 정렬은 균등 분포를 이루는 입력에 대해 이론적으로 선형 시간($\Theta(n)$)이 소요되는 매력적인 알고리즘이다. 그렇지만 실제로 구현해보면 $\Theta(n)$에 숨어 있는 상수 인자가 상당히 커서 균등 분포 데이터라도 크기 10만이면 퀵 정렬의 2배, 크기 천만이면 퀵 정렬의 5배 정도 시간이 더 든다. 이는 버킷 리스트를 생성하고 리스트를 관리하는 오버헤드가 만만치 않기 때문이다. 필자의 데스크톱 PC에서는 크기 1억이면 메모리 오버플로우가 발생할 정도다.

또한 버킷 리스트를 동적으로 관리하기 위해 흔히 연결 리스트를 사용하는데 이 부담이 상당하다. 배열이 크면 이로 인한 공간 소모가 매우 비효율적으로 발생하는데, 정수 데이터 1억 개로 (자바 언어로) 버킷 정렬을 해보면 필자의 데스크탑에서 오버플로우가 발생한다. 추적해보면 버킷 내에서 연결 리스트를 만들다 공간 부족에 걸린다. 이렇게 리스트를 만들거나 물리적으로 버킷을 유지하지 않으면서 구현할 수 있는 아이디어를 소개한다.

[그림 4-19]는 15개의 원소로 이루어진 배열에 대해 버킷 정렬 알고리즘을 변형한 예다. 배열 $A[0...14]$에 15개의 원소가 저장되어 있고, 데이터는 [0, 1) 사이의 값들이다. 차례로 따라가보자.

(a) 정렬할 원소들이 들어 있는 배열 $A[0...14]$다.

(b) 배열 $A[\,]$의 원소 각각에 배열 크기 15를 곱하여 소수점 이하를 버리고 정수부만 취한다. 이 값이 각 원소가 속하는 리스트(그룹)의 번호다. 예를 들어, 맨 앞 원소 .38은 $\lfloor 15*0.38 \rfloor = 5$이므로 5번 버킷의 리스트로 들어간다. 이 그룹 번호는 앞에 나온 버킷 정렬의 리스트 번호와 일치한다.

(c) 15개 그룹 각각에 속하는 원소의 수를 세어 $C[0...14]$에 저장한다.

(d) $C[0...14]$의 누적합을 계산하여 $C[0...14]$를 업데이트한다.

(e) (d)에서 계산해놓은 $C[\ ]$ 값으로 $A[\ ]$의 각 원소를 자신의 그룹에 해당하는 $B[\ ]$의 영역에 저장한다. 그림에서 영역이 구분되어 있는 것을 볼 수 있다.

(f) $B[0...14]$를 삽입 정렬한다.

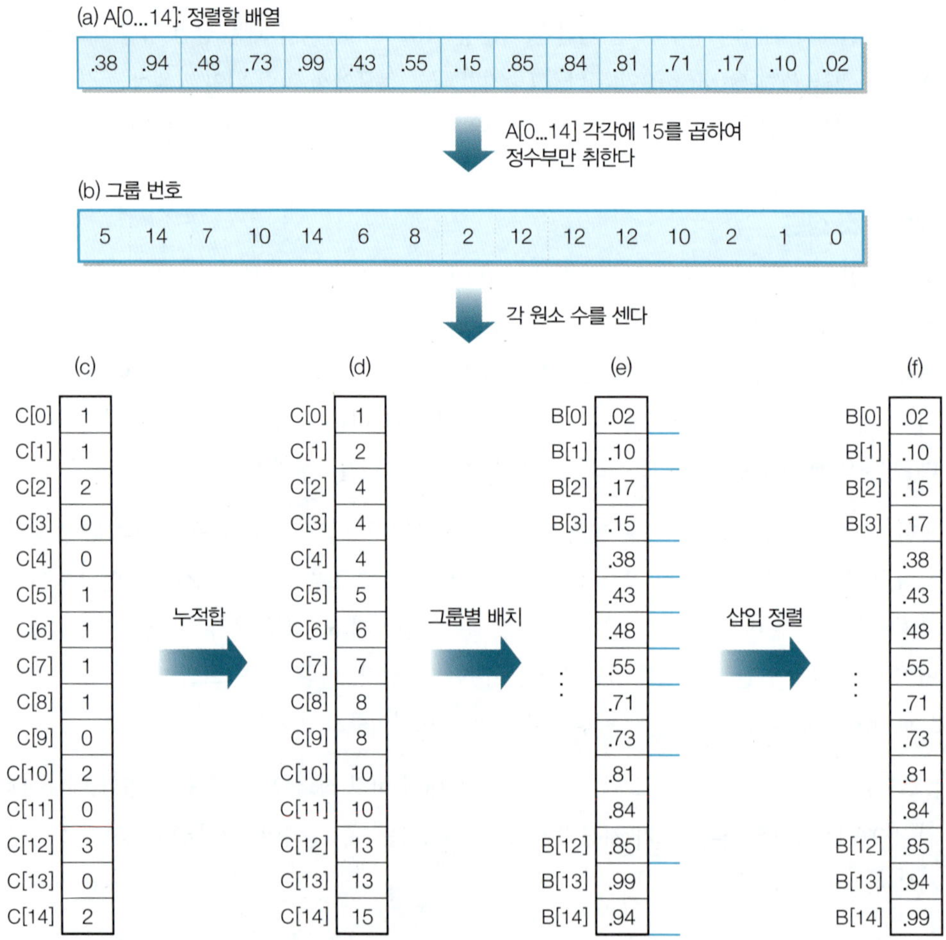

그림 4-19 계수 버킷 정렬의 작동 과정을 나타낸 예

[알고리즘 4-23]은 계수 정렬과 버킷 정렬을 결합하여 버킷 정렬을 개선한 계수 버킷 정렬 알고리즘이다. 버킷 정렬에서 버킷 배열 $B[\,]$에 리스트가 아예 매달리지 않도록 함으로써 리스트를 관리하는 번거로움을 제거하였다. 그 결과 메모리 효율이 높아지고 시간도 단축되었다.

알고리즘 4-23 **계수 버킷 정렬**

```
countingBucketSort(A[]):
▷ A[0...n-1]: [0, 1) 범위의 실숫값 균등 분포를 한 배열
▷ B[0...n-1]: 배열 A[0...n-1]을 정렬한 결과
    for i ← 0 to n-1
        C[i] ← 0
    for i ← 0 to n-1
        bucketOf[i] ← A[i]*n
        C[bucketOf[i]]++
    for i ← 1 to n-1
        C[i] ← C[i] + C[i-1]        ▷ 누적합
    for i ← 0 to n-1
     ❶ B[C[bucketOf[i]]] ← A[i]
        C[bucketOf[i]]--
    insertionSort(B)
    return B
```

계수 버킷 정렬은 계수 정렬의 아이디어도 차용·변형한다. 계수 정렬에서는 각 원소의 출현 빈도를 세어 $C[0...k]$에 저장했다. 여기서는 대신 $[0, n)$의 범위를 크기가 같은 n개의 그룹으로 나눈 뒤 각 그룹에 속하는 원소들의 출현 빈도를 세어 $C[0...n-1]$에 저장한다. 그다음에 배열 $B[0...n-1]$로 원소들을 옮기되 범위별로 그룹 짓도록 옮긴다. 이렇게 하면 각 그룹 안에서만 정렬되지 않을 뿐, n개 그룹들은 크기순으로 $B[0...n-1]$에 저장된다. 각 그룹에 있는 원소 수의 기대치는 1이므로 대체로 버킷 정렬에서처럼 각 그룹에 골고루 들어간다. 결과적으로 $B[0...n-1]$은 '거의' 정렬된 배열이 된다. 이 배열 전체를 대상으로 한 번의 삽입 정렬을 수행하면 정렬이 완료된다.

버킷 정렬의 흐름을 그대로 따른다면 그룹별로 정렬할 수도 있다($B[]$에서 각 그룹의 위치 범위를 쉽게 알 수 있음). 그렇지만 그룹별 원소 수의 기대치가 1인 균등 분포이므로 각 그룹에서 정렬할 원소 수가 크지 않다. 최대 n번의 삽입 정렬 대신 전체에 대해 한 번의 삽입 정렬을 함으로써 함수 호출에 따른 시간 낭비를 줄인다.

계수 버킷 정렬의 소요 시간은 이 장에서 소개한 모든 정렬 알고리즘 중 백만 원소 정도까지는 가장 빠르다. 천만을 넘어서면 퀵 정렬보다 조금 못해진다. 이 현상은 당혹스러운 면이 있어 수행 과정에서 소요 시간을 잘라서 살펴보았다. 천만 원소 이상의 경우, ❶을 수행하는 데 대부분의 시간이 들어갔다(백만 이하에서는 그 부분이 절대적이지 않음). 배열 $B[]$의 접근이 순차적이거나 국소적 접근이 연속되는 경우가 드물어 메모리 캐싱의 효율성이 떨어진 탓으로 짐작한다. 필자의 데스크톱 PC의 메모리 접근 환경과 다른 환경에서는 다른 현상이 나타날 수도 있다.

05 정렬 알고리즘 간 실제 성능 비교

지금까지 총 10개의 정렬 알고리즘을 소개하면서 각 알고리즘의 점근적 수행 시간도 설명했다. 점근적 수행 시간은 입력의 크기가 '충분히 큰' 경우에 대한 분석이므로, 현실적인 크기의 입력에서는 점근적 시간에 숨은 상수 인자로 인해 실제 상대적 수행 시간이 반드시 점근적 시간과 일치하지 않을 수 있다. 그래서 이 절에서는 이러한 예에 대한 감각을 얻는 데 도움이 될 수 있는 실험 결과를 제공한다. 입력 배열은 랜덤 넘버 생성 함수로 만들었다.

앞에서 소개한 10가지 정렬 알고리즘 중 기수 정렬과 계수 정렬은 입력이 특수한 성질을 만족해야 하기 때문에 랜덤으로 생성한 배열에 적용할 수 없다. 랜덤으로 생성한 배열은 균등 분포로 간주할 수 있어 버킷 정렬에는 적용 가능하다. 결과적으로 10개 중 기수 정렬과 계수 정렬을 제외한 8개 알고리즘의 수행 시간을 측정해보았다. 입력의 크기(정렬할 원소 수)는 1천, 1만, 10만, 1천만, 1억이다.

[표 4-2]는 이 실험 결과를 정리한 것이다. 실험 결과를 보면, 기초적 알고리즘 그룹(선택 정렬, 버블 정렬, 삽입 정렬)과 고급 알고리즘 그룹(병합 정렬, 퀵 정렬, 힙 정렬)이 확연히 나뉜다.

기초적 그룹은 평균 $\Theta(n^2)$에 어울리게 느린 것을 볼 수 있다. 이 그룹에서는 삽입 정렬, 선택 정렬, 버블 정렬 순으로 빠르다. 크기 10만인 입력에 대해서 선택 정렬은 버블 정렬보다 5배 정도 빠르고, 삽입 정렬은 선택 정렬보다 2.5배 정도 빠르다. 버블 정렬은 선택 정렬과 비슷한 아이디어에 기반한 것이지만 각 패스에서 최대 원소를 맨 오른쪽으로 보내는 작업이 선택 정렬보다 조금 무겁다.

퀵 정렬과 힙 정렬, 병합 정렬은 평균 $\Theta(n\log n)$에 어울리게 빠른 것을 볼 수 있다. 퀵 정렬, 병합 정렬, 힙 정렬 순으로 빠르다. 1천만 크기의 입력에 대해 퀵 정렬은 병합 정렬보다 1.5배 빠르고, 힙 정렬보다 2.5배 정도 빠르다. 입력 크기가 1억이 되면 퀵 정렬은 병합 정렬보다 1.5배 빠르고, 힙 정렬보다 3.5배 빠르다.

셸 정렬도 인상적이다. 셸 정렬은 삽입 정렬의 삽입 단계에서 원소 이동에 드는 부하를 줄이도록 간단하게 개선한 알고리즘인데, 크기 10만의 입력에 대해서 삽입 정렬보다 100배 이상 빠르다. 힙 정렬보다도 빠르다. 셸 정렬은 사실상 삽입 정렬을 여러 번 하는 것인데, 마지막 삽입 정렬에 드는 시간과 그 이전의 삽입 정렬 시간을 재어보면 마지막 삽입 정렬은 거의 시간이 들지 않는다. 앞쪽의 준비 과정에서 마지막 삽입 정렬을 할 때보다 시간을 더 쓰는데, 배열의 크기가 1천이면 대략 5배에서 10배, 10만을 넘으면 대략 30배에서 100배 정도다.

이 실험에서는 입력을 랜덤하게 생성했으므로 이론적으로 균등 분포를 하는 입력에 해당한다. 균등 분포를 하는 입력에 대해서는 버킷 정렬이 점근적으로 평균 $\Theta(n)$ 시간을 소요한다. 그렇다면 실험한 8개의 알고리즘 중 버킷 정렬이 가장 빨라야 하지만 기초적인 알고리즘 3개보다는 많이 빠르고, 나머지 알고리즘들보다는 다소 느리다. 버킷 정렬 시 점근적인 수행 시간은 $\Theta(n)$이지만 상수 인자가 엄청나게 커서 실제로는 $\Theta(n\log n)$ 알고리즘들보다도 조금 더 시간을 쓴다. 버킷 리스트를 만들고 관리하는 작업 때문에 시간이 더 드는 것인데, 이 작업을 요령 있게 변형한 계수 버킷 정렬은 거의 퀵 정렬과 견줄 정도로 빠르다. 그렇지만 여전히 $\Theta(n\log n)$인 퀵 정렬보다 더 빠르다고 말하기는 힘들다. 이 결론은 아직 단정적이지는 않으며, 메모리 캐시가 충분히 큰 환경에서 추가 검토가 필요하다.

표 4-2 정렬 알고리즘 간 성능 비교

정렬	점근적 평균 복잡도	크기 10^3 (μs) 1000회 평균	크기 10^4 (μs) 1000회 평균	크기 10^5 (ms) 100회 평균	크기 10^7 100회 평균	크기 10^8 100회 평균
선택 정렬	$\Theta(n^2)$	349	24,590	2,603	N/A	N/A
버블 정렬	$\Theta(n^2)$	850	104,195	13,328	N/A	N/A
삽입 정렬	$\Theta(n^2)$	115	9,359	982	23시간	N/A
병합 정렬	$\Theta(n\log n)$	67	687	8.51	1.35초	15.5초
퀵 정렬	$\Theta(n\log n)$	62	593	6.95	0.93초	10.3초
힙 정렬	$\Theta(n\log n)$	75	793	10.93	2.36초	35.9초
셸 정렬	$O(n^{1+1/t})$	62	647	9.05	1.65초	23.7초
버킷 정렬	$\Theta(n)$	103	739	13.6	4.62초	Overflow
계수 버킷 정렬	$\Theta(n)$	65	232	2.93	1.04초	12.81초

01 [알고리즘 4-5]의 삽입 정렬에서 ❷는 $A[0]$부터 $A[i-1]$까지 정렬되어 있는 상태에서 $A[i]$가 들어갈 자리를 찾는다. 이를 위해 $A[i-1]$부터 시작해 왼쪽으로 차례로 훑어나간다. 이렇게 하면 평균적으로 $\frac{i}{2}$번의 비교가 필요하다. $A[0...i-1]$이 이미 정렬되어 있으므로 이진 탐색을 이용하면 $\frac{i}{2}$번 대신 $\log(i)$번의 비교로 자리를 찾을 수 있다. 이렇게 하면 삽입 정렬의 수행 시간이 절약될 것 같지만 그렇지가 않다. 이유가 무엇인가?

➜ 원소 $A[i]$가 들어갈 자리를 찾기 위한 시간은 $\log_2(i)$로 절약할 수 있지만, $A[i]$가 들어갈 자리부터 원소들을 모두 오른쪽으로 한 칸씩 이동해야 하므로 점근적 시간이 절약되지 않는다. 각 $A[i]$를 위해 평균 $\frac{i}{2}$번의 이동이 필요하다. 그러므로 전체 수행 시간은 절약되지 않는다.

02 다음은 병합 정렬의 변형 알고리즘이다. 이 알고리즘의 점근적 수행 시간을 O-표기법으로 밝히고 증명하시오. 문제의 크기가 항상 한치의 오차도 없이 2:3으로 정확하게 나누어지지 않는다는 점도 고려해야 한다. 이 부분이 어려워 문제의 크기가 항상 2:3으로 나누어진다 가정하고 증명을 하면 70% 정도만 푸는 셈이다.

```
Mergesort(A[], p, r):
    if (p < r)
        q ← p + ⌊2*(r-p)/5⌋
        Mergesort(A, p, q)
        Mergesort(A, q+1, r)
        Merge(A, p, q, r)      ▷ Merge()는 본문과 동일
```

➔ 추정 후 증명법으로 증명한다.

추정: $T(n) \le cn\log n$

▶▶ **증명** $T(n) = T(\left\lfloor \frac{2(n-1)}{5} \right\rfloor + 1) + T(n - \left\lfloor \frac{2(n-1)}{5} \right\rfloor - 1) + O(n)$

$$\le T(\frac{2n}{5}+1) + T(\frac{3n}{5}) + O(n)$$

$$\le c(\frac{2n}{5}+1)\log(\frac{2n}{5}+1) + c\frac{3n}{5}\log\frac{3n}{5} + O(n)$$

$$\le c(\frac{2n}{5}+1)\log\frac{3n}{5} + c\frac{3n}{5}\log\frac{3n}{5} + O(n)$$

$$\le cn\log\frac{3n}{5} + c\log\frac{3n}{5} + O(n)$$

$$\le cn\log n + cn\log\frac{3}{5} + c\log\frac{3n}{5} + O(n)$$

$$\le cn\log n$$

따라서 $T(n)=O(n\log n)$.

03 이 장에서 소개한 다음 정렬 알고리즘들은 안정성을 유지하는 정렬인가?

① 선택 정렬 ② 버블 정렬
③ 삽입 정렬 ④ 병합 정렬
⑤ 퀵 정렬 ⑥ 힙 정렬
⑦ 기수 정렬 ⑧ 계수 정렬

➔ ① 선택 정렬 – × (사실 이것은 최댓값을 정하는 방법에 따라 다르다. 최댓값 중 가장 뒤에 있는 것을 최댓값으로 삼으면 안정성을 유지할 수 있다.)

② 버블 정렬 – ○

③ 삽입 정렬 – ○

④ 병합 정렬 – ○ (단, 병합 시 왼쪽과 오른쪽의 원소가 같을 때는 왼쪽부터 옮겨야 한다.)

⑤ 퀵 정렬 – ×

⑥ 힙 정렬 – ×

⑦ 기수 정렬 – ○

⑧ 계수 정렬 – ○

요약

01 선택 정렬, 버블 정렬, 삽입 정렬은 평균적인 경우와 최악의 경우에 모두 $\Theta(n^2)$이 소요되는 정렬 알고리즘이다.

02 병합 정렬, 힙 정렬은 평균적인 경우와 최악의 경우에 모두 $\Theta(n\log n)$이 소요되는 정렬 알고리즘이다.

03 퀵 정렬은 평균적인 경우에 $\Theta(n\log n)$이 소요되고, 최악의 경우에 $\Theta(n^2)$이 소요되는 정렬 알고리즘이다. 그렇지만 퀵 정렬은 실제로는 현장에서 가장 많이 사용되는 정렬 알고리즘이다.

04 병합 정렬, 퀵 정렬은 재귀적인 정렬 알고리즘이다. 선택 정렬, 버블 정렬, 삽입 정렬도 재귀적인 관점으로 이해하면 간명하다. 재귀적 관점의 정렬은 자신보다 작은 정렬 문제와 자신과의 관계를 도출하는 약간의 작업과 작은 문제의 재귀적 정렬로 구성된다.

05 힙 정렬은 성질이 특수한 힙이라는 자료구조를 기반으로 한 정렬 알고리즘이다.

06 퀵 정렬의 품질은 분할의 균형에 영향을 많이 받는다. 지나치게 균형이 깨진 분할은 대부분 아주 드물게 일어나기 때문에 퀵 정렬은 좋은 성능을 보인다.

07 셸 정렬은 삽입 정렬에 사전 작업을 더하여 원소 이동 횟수를 현저히 줄인 알고리즘이다.

08 두 원소의 비교에 근거한 정렬은 최악의 경우 $\Omega(n\log n)$보다 더 효율적일 수는 없다. 두 원소의 비교에 근거하지 않으면 선형 시간에 정렬 가능하다. 기수 정렬과 계수 정렬은 $\Theta(n)$이 소요되는 정렬 알고리즘이다.

연습문제

01 원소들이 다음 순서로 배열에 저장되어 있다.

12 70 30 20 55 25

① 이 원소들로 선택 정렬이 수행되는 과정을 보이시오.
② 이 원소들로 버블 정렬이 수행되는 과정을 보이시오.
③ 이 원소들로 삽입 정렬이 수행되는 과정을 보이시오.

02 원소들이 다음 순서로 배열에 저장되어 있다.

12 70 30 20 55 25 40 50

① 이 원소들로 병합 정렬이 수행되는 과정을 보이시오.
② 이 원소들로 힙 정렬이 수행되는 과정을 보이시오.

03 **02**번 문제의 원소들로 퀵 정렬을 수행하는 과정을 보이시오.

① 먼저 partition(A, 0, 7)이 수행되는 과정을 보인다.
② 퀵 정렬이 수행되는 전체 과정을 보인다.

04 n개의 원소가 정렬되지 않은 상태로 배열에 저장되어 있다. 이를 대상으로 다음 작업들을 수행할 때 소요되는 시간을 O-표기법으로 밝히시오.

① 가장 큰 원소 찾기
② 가장 큰 원소와 작은 원소를 동시에 찾기
③ 힙으로 바꾸기

05 n개의 원소가 정렬되지 않은 상태로 배열에 저장되어 있다. 이를 대상으로 다음 정렬 작업을 수행할 때 최악의 경우 소요되는 시간을 O-표기법으로 밝히시오.

① 선택 정렬 ② 버블 정렬 ③ 삽입 정렬
④ 병합 정렬 ⑤ 퀵 정렬 ⑥ 힙 정렬

06 **05**번 문제에서 각각의 정렬 작업을 수행할 때 평균적인 경우 소요되는 시간을 O-표기법으로 밝히시오.

07 배열 $A[0...n-1]$이 임의의 정렬 알고리즘의 입력으로 들어온다. 이때 배열이 이미 정렬되어 있는 상태이면 다음 중 어떤 정렬 알고리즘이 가장 효율적이겠는가?

① 선택 정렬 ② 버블 정렬
③ 삽입 정렬 ④ 병합 정렬
⑤ 퀵 정렬 ⑥ 힙 정렬

08 **07**번 문제의 경우에 나열된 여섯 가지의 정렬 알고리즘들은 일반적인 시간 복잡도 관점에서 볼 때 세 그룹으로 나눌 수 있다. 어떻게 나누겠는가?

09 배열 $A[0...n-1]$이 임의의 정렬 알고리즘의 입력으로 들어온다. 이때 배열이 정렬하고자 하는 순서의 역순으로 정렬된 상태이면 다음의 각 정렬 알고리즘의 수행 시간은 어떻게 되겠는가? (물론 정렬 알고리즘은 이렇게 정렬되어 있다는 사실을 전혀 모르고 수행된다.)

① 선택 정렬 ② 버블 정렬
③ 삽입 정렬 ④ 병합 정렬
⑤ 퀵 정렬 ⑥ 힙 정렬

10 10억 개의 실수 원소를 정렬하려 하는데 그중 10개 정도만 제외하면 정렬된 상태다. 이 사실을 안다면 정렬 알고리즘 중 어느 알고리즘을 선택하고 싶은가? 그 이유도 설명하시오.

11 병합 정렬에서 둘로 나누는 대신 16개로 나누어도 정렬은 된다. 즉, 최상위 레벨에서 병합 정렬을 16번 부른 다음 병합을 한다. 이 경우의 알고리즘을 기술하고(너무 자세할 필요는 없고 상식적인 수준으로 기술함) 점근적 복잡도를 분석하시오. 병합 부분을 효율적으로 하는 자료구조(본문에서 다룬 자료구조 중 답이 있음)와 방법도 기술에 포함시키시오(병합은 점근적 시간뿐만 아니라 숨은 상수 인자도 가능하면 작은 방법으로 할 것).

① 이 방법이 이차원 조사 방법의 일종임을 보이시오.

② $h_0(x), h_1(x), h_2(x), \cdots, h_{m-1}(x)$는 항상 집합 $\{0, 1, 2, \cdots, m-1\}$에 중복 없이 대응됨을 증명하시오. 즉, $h_0(x), h_1(x), h_2(x), \cdots, h_{m-1}(x)$는 $\{0, 1, 2, \cdots, m-1\}$로 이루어지는 순열을 이룸을 증명하시오.

12 다음은 문제 풀이를 목적으로 만든 꽤 부자연스러운 알고리즘이다. 이 알고리즘은 정렬을 제대로 하는가? 정렬이 되든 안 되든 이 알고리즘이 종료되기까지 소요되는 점근적 시간을 분석하시오.

```
sort(A[], p, q):                        ▷ A[p...q]: 정렬 대상
    if (p < q)
        if (q < p+20)
            selectionSort(A, p, q)      ▷ selectionSort: 선택 정렬
        else
            r ← (q-p+1)/3
            sort(A, p, p+r+4)
            sort(A, p+r, q)
            merge(A, p, r, q)

merge(A[], a, b, c):                    ▷ 방법은 이미 배운 병합과 같은 원리
    정렬되어 있는 두 리스트 A[a...b-1]과 A[b...c]를 정렬된 하나의 리스트로 만든다.
```

13 다음은 본문에서 사용한 배열 $A[p...r]$을 대상으로 하는 퀵 정렬의 분할 알고리즘이다. 이 알고리즘은 배열의 맨 마지막 원소 $A[r]$을 기준 원소로 삼는다. 이 알고리즘을 배열의 맨 첫 원소 $A[p]$를 기준 원소로 삼는 알고리즘으로 바꾸어보시오. 단순히 $A[p]$와 $A[r]$을 자리 바꾼 다음 아래의 알고리즘을 수행하는 방식은 문제로서 별 의미가 없다. 즉, 원소들을 계속 $A[p]$와 비교하는 방식으로 수행해야 한다.

```
partition(A[], p, r):
    x = A[r]; i = p-1
    for j = p to r-1
        if (A[j] ≤ x) i++; A[i] ↔ A[j]      ▷ 교환
    A[i+1] ↔ A[r]
    return i+1
```

14 다음은 퀵 정렬을 조금 변형한 것이다. 물음에 답하시오.

① Asort()의 평균 리턴 값을 O-표기법으로 최대한 엄밀하게 나타내시오.

② ①의 답은 퀵 정렬 알고리즘과 어떤 관련이 있는가?

```
int Asort(A[], p, r):
    if (p ≥ r) return 1
    else
        (q, t) ← partition(A, p, r)
        return (t + Asort(A, p, q-1) + Asort(A, q+1, r))

(int, int) partition(A[], p, r):
▷ (int, int)는 이 함수가 정수 쌍을 리턴함을 의미한다.
    A[p...r]을 본문에서처럼 분할한다.
    q ← 기준 원소의 위치
    return (q, 0)
```

15 다음은 퀵 정렬의 또 다른 변형이다. 물음에 답하시오.

① Bsort()의 평균 리턴 값을 O-표기법으로 최대한 엄밀하게 나타내시오.

② ①의 답은 퀵 정렬 알고리즘과 어떤 관련이 있는가?

```
int Bsort(A[], p, r):
    if (p ≥ r) then return 0
    else
        (q, t) ← partition(A, p, r)
        return (t + Bsort(A, p, q−1) + Bsort(A, q+1, r))

(int, int) partition(A[], p, r):
▷ (int, int)는 이 함수가 정수 쌍을 리턴함을 의미한다.
    A[p...r]을 본문에서처럼 분할한다.
    q ← 기준 원소의 위치
    return (q, r−p+1)
```

16 "힙 정렬의 수행 시간은 $\Theta(n\log n)$이다"라는 말에 대해 ○×로 답하시오. 대답이 ○이면 이유를 간단히 설명하고, ×이면 반례를 들어보시오.

17 높이가 k인 꽉 찬 이진 트리에 자연수의 집합 $\{1, 2, 3, \cdots, 2^k-1\}$을 키 값으로 한 번씩 넣어 힙(최소힙)을 만들려고 한다(노드가 하나만 있는 트리의 높이를 1이라 하자). 이 집합의 모든 원소를 한 번씩 사용해 만들 수 있는 서로 다른 힙의 총수를 $T(k)$라고 할 때, $T(k)$의 점화식을 도출하시오.

18 배열 $A[0...n-1]$에 저장된 힙(최소힙)에서 한 노드의 값이 바뀌어 힙 성질이 깨졌다. 힙 성질을 만족하도록 수선하는 아래 heapRepair 알고리즘을 만들어보시오. 반드시 재귀적 알고리즘으로 만들어야 한다. heapRepair()가 재귀 함수가 되도록 해도 좋고, heapRepair() 내부의 함수가 재귀 함수가 되도록 해도 좋다. 어떤 노드 값을 확인하기 위해 배열 $A[]$를 참조할 때는 해당 원소의 색인을 반드시 명확히 해야 한다. 즉 $A[i]$, $A[i/2-1]$과 같은 구체적인 형태여야 하고, $A[r]$의 오른쪽 자식, $A[r]$의 형제, $A[r]$의 부모 등의 표현은 사용하지 않아야 한다(이 문제에 한정된 요구 사항).

```
heapRepair(A[], k, n)
▷ 힙 A[0...n-1]에서 A[k] 원소 때문에 힙 성질이 깨져 있는 상태다.
▷ 이를 힙 성질이 만족되도록 수선한다.
▷ 항상 '1 ≤ k ≤ n'을 만족한다고 가정한다.
    ...
```

19 [알고리즘 4-20]의 기수 정렬 ❶에서 사용하는 정렬이 안정성을 유지하는 정렬이 아니면 어떻게 되는가?

20 정렬할 원소들이 모두 $-k$와 k 사이의 정수이고 k가 $O(n)$일 경우에도 여전히 계수 정렬을 사용하여 선형 시간에 정렬할 수 있다. 본문에서 소개한 계수 정렬 알고리즘을 어떻게 수정하면 되겠는가?

21 [알고리즘 4-17]의 deleteMax()에서 $A[n-1]$을 $A[0]$으로 옮기고 나서 percolateDown(A, 0)을 수행한다. 이것은 $A[n-1]$을 옮기고 나면 배열 $A[0...n-1]$이 힙 성질을 만족하지 않을 수 있기 때문에 이를 힙 성질이 유지되도록 수선하는 것이다. $A[n-1]$을 옮겼는데 힙 성질이 깨지지 않는 경우도 있는가? 있다면 어떤 경우인가?

Drift

재귀와 관계 중심의 사고방식

물리학자 프리초프 카프라는 그의 일생에 걸친 현대물리학 연구의 결론을 "대상에서 관계로 이동"이라는 한마디로 압축했다. 현상을 개체 또는 대상들을 중심으로 보는 관점은 데카르트-뉴튼적인 사고방식이다. 20세기 초반부터 근 100여 년에 걸쳐 현상을 관계의 집합으로 보는 긴 이동 과정에 있다. 관계 중심의 사고방식은 컴퓨터 알고리즘에서 문제를 보는 관점에도 의미 있는 은유를 제공한다. 문제를 파악할 때 문제에 내포된 관계를 파악함으로써 간명한 접근을 할 수 있도록 하는 것이다.

관계 중심의 문제 파악에서 가장 중요한 것은 재귀다. 재귀란 어떤 문제 A가 있을 때 크기가 다른 문제에서 A 자신을 포함하는 것을 뜻한다. 재귀적 문제 해결의 필요성을 절감했던 천재 존 매카시는 초기의 포트란에 재귀의 기능이 없음을 아쉬워하면서 자신이 직접 자기호출 기능이 있는 프로그래밍 언어를 만들어 사용했는데 그것이 LISP다.

호프스태터의 유명한 저서 『괴델, 에셔, 바흐』의 전편에 흐르는 주요 주제 역시 재귀다. 호프스태터는 에셔의 기괴한 그림을 잔뜩 동원하여 이 책에서 전하고자 하는 메시지를 은유적으로 전달하고 있는데, 이 그림들의 주요 주제 역시 재귀다. 다음 두 그림은 재귀를 직관적으로 표현하는 좋은 예다.

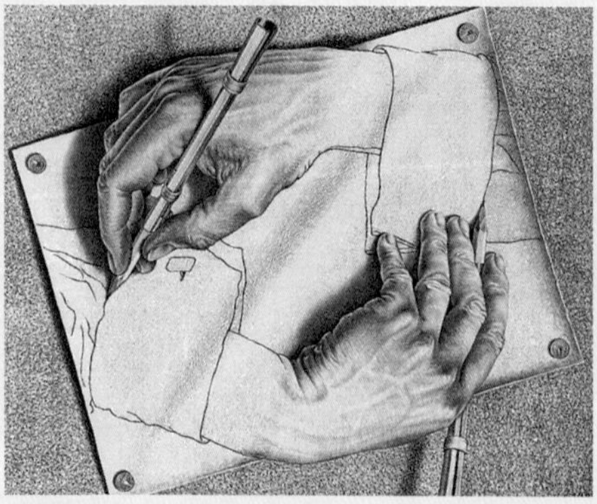

그리는 손(모리츠 에셔, 1948)

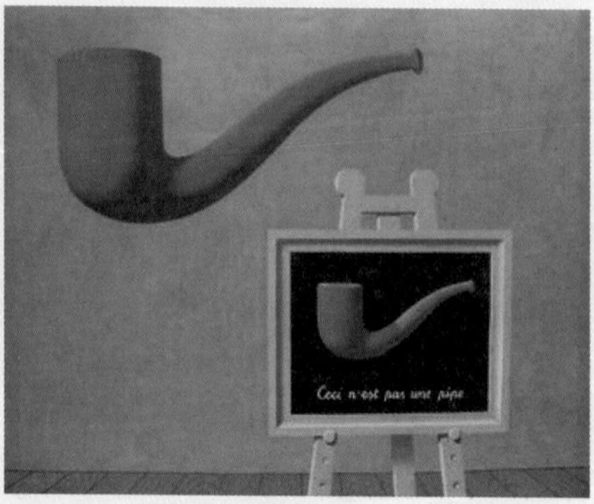

두 개의 신비(르네 마그리트, 1966)

계산 이론에서 계산 가능한 집합Computable Set은 재귀적 집합Recursive Set이라는 말과 동의어다. 재귀적 집합이란 모든 입력에 대해 집합의 원소인지 여부를 알려주는 재귀 함수가 존재하는 집합이라는 뜻이다. 여기서 집합은 언어에 대응되고, 언어는 문제에 대응되기 때문에 재귀적 집합이란 결국 일반적으로 풀 수 있는 문제의 집합을 아우르는 말이다.

20세기 최고의 수학적 정리인 괴델 정리에서 무모순적인 논리 체계의 모순을 유도하기 위해 사용한 기술도 재귀다. 괴델 정리의 컴퓨터 사이언스판인 튜링의 정지 문제도 재귀로 모순을 이끌어낸다(정지 문제는 13장의 Drift에서 소개함). 괴델과 튜링이 사용한 재귀는 파괴적인 재귀다. 그들은 기존 논리 체계의 무결성을 깨뜨리기 위해 재귀를 사용하였다. 이런 방식의 파괴적인 재귀는 뇌로 사고하는 인간이 자신의 뇌를 파악하는 것은 불가능하다는 식의 거친 철학적 은유를 제공하기는 하지만, 알고리즘에서 생산적인 문제 해결을 위해 사용할 수는 없다.

컴퓨터 알고리즘에서 문제 해결을 위해 사용하는 재귀는 항상 모순 없이 마무리되어야 한다. 재귀가 제대로 작동하기 위해서는 어떤 문제에 포함된 동일한 문제는 원래 문제보다 크기가 작아야 한다. 또한 연속적인 자기호출의 끝에는 항상 재귀적 순환을 끝내는 경계조건에 대한 정의가 있어야 한다. 알고리즘 중에는 명시적으로 재귀를 사용하는 알고리즘도 있고, 재귀를 사용하지는 않지만 찬찬히 살펴보면 재귀적 관점에서 볼 수 있는 알고리즘도 있다. 계승의 정의 $n!=n \cdot (n-1)!$이나 피보나치 수열의 정의 $f(n)=f(n-1)+f(n-2)$에는 명시적으로 재귀가 포함되어 있다. 점화수열 $a_n=2a_{n-1}+1$에도 재귀가 포함되어 있다. 문제 해결을 위해 재귀를 사용하는 알고리즘은 셀 수 없이 많은데 이 책에 포함된 알고리즘 중 재귀적 알고리즘의 예를 들면 병합 정렬, 퀵 정렬, DFS, 검색 트리에서의 검색·삽입·삭제, 백트래킹, 집합의 처리 등 전체 알고리즘의 40% 정도에 이른다. 명시적으로 재귀를 사용하지 않지만 재귀적 관점에서 보면 더욱 간명하게 파악할 수 있는 알고리즘도 비슷한 비율을 차지한다. 이런 알고리즘들은 재귀 알고리즘으로 바꿀 수 있다. 결국 20% 정도만 제외하고는 거의 재귀와 관련이 있다. 관계 중심으로 문제를 파악함으로써 더욱 간명하게 문제를 해결할 수 있는 것이다.

재귀적 알고리즘은 아니지만 재귀적 관점에서 보면 간명하게 파악할 수 있는 간단한 예를 살펴보자. 4장에서 배운 선택 정렬이다. 선택 정렬 알고리즘을 기술하는 가장 일반적인 방법은 다음과 같다.

```
selectionSort(A[], n):                ▷ A[0...n-1]을 정렬한다.
    for last ← n-1 downto 1
        k ← theLargest(A, last)       ▷ A[0...last] 중 가장 큰 수 A[k] 찾기
        A[k] ↔ A[last]
```

```
theLargest(A[], last):
    largest ← 0
    for i ← 1 to last
        if (A[i] > A[largest])
            largest ← i
    return largest
```

이것을 좀 더 이해하기 쉽게 기술하면 다음과 같다.

```
selectionSort(A[], n):
 ❶ for last ← n-1 downto 1
        A[0...last] 중 가장 큰 수 A[k]를 찾는다.
        A[k] ↔ A[last]
```

❶의 for 루프가 한 번 순환할 때마다 사실상 문제의 크기가 하나씩 줄어든다. 이는 암묵적으로 재귀적 해법이 포함된 것이다. 이것을 명시적으로 재귀를 사용하는 다음 버전으로 바꿀 수 있다.

```
selectionSort(A[], n):
    if (n > 1)
        A[0...n] 중 가장 큰 수 A[k]를 찾는다.
        A[k] ↔ A[n]
      ❷ selectionSort(A, n-1):
```

크기가 n인 문제에서 가장 큰 수를 찾아 맨 오른쪽의 수와 바꾸는 수고를 하고 나면 자신보다 크기가 하나 작지만 성격이 똑같은 ❷의 문제를 만나게 된다. ❷를 제외한 나머지는 재귀적 관계를 드러내는 준비 작업이다. 12장의 연습문제에서도 재귀적으로 표현되지 않은 문자열 매칭을 위한 KMP 알고리즘을 재귀적 버전으로 바꾼 예를 소개한다. 재귀 알고리즘의 골격을 이루는 두 가지 핵심 요소는 자기호출과 재귀적 관계를 발견하는 작업이다.

정리하면 자신과 성격은 똑같지만 크기만 다른 문제와의 관계에서 문제의 구조를 파악하는 것이 재귀적 접근이다. 수학적 귀납법도 사실 이런 재귀적 사고방식의 산물이다. 수학적 귀납법에서 n보다 작은 경우에 성질이 만족된다고 가정하는 것은 함수가 자신보다 입력이 작은 함수를 자기호출하는 것과 같다. 컴퓨터 과학을 공부할 때 재귀를 염두에 두면 프로그래밍, 이산수학, 자료구조, 알고리즘, 계산 이론 등 도처에서 재귀가 반복적으로 출현함을 볼 수 있다. 재귀는 컴퓨터 과학도나 프로그래밍을 중요한 일로 삼는 사람이라면 계속 반복 훈련하면서 뼛속에 심어두어야 할 주제다. 재귀의 다양한 얼굴을 정복했다면 당신은 이미 컴퓨터 과학의 전문가다.

Chapter

05

선택 알고리즘

학습목표

- 평균 선형 선택 알고리즘의 원리를 이해한다.
- 평균 선형 선택 알고리즘의 수행 시간 분석을 이해한다.
- 최악의 경우에도 선형 시간을 보장하는 선택 알고리즘의 원리를 이해한다.
- 최악의 경우에도 선형 시간을 보장하는 선택 알고리즘의 수행 시간 분석을 이해한다.
- 평균 선형 선택 알고리즘과 최악의 경우에도 선형 시간을 보장하는 선택 알고리즘의 관계를 이해한다.

PREVIEW

일을 시작하기 위해 기분이 내킬 때까지 기다리는 따위의 짓을
하지 않으려면 시험 제도는 좋은 훈련이 된다.

아놀드 토인비

n개의 원소로 된 집합에서 최소 원소를 찾기 위해서는 적어도 $n-1$번의 비교가 필요하다. n에 비례하는 시간, 즉 선형 시간이 소요된다. 최대 원소를 찾기 위해서도 마찬가지다. 그럼 두 번째 작은 원소를 찾기 위해서는? 지금까지 살펴본 원소 중 최소 원소와 두 번째로 작은 원소를 저장하고 이를 갱신해가는 과정을 거치면 된다. 최솟값을 구할 때보다 비교가 조금 더 필요할 것이다. 그렇다 해도 최솟값을 구할 때보다 비교가 2배 이상 필요하지는 않으며 마찬가지로 선형 시간에 구할 수 있다. 그렇다면 일반적으로 n개의 원소 중 i번째 작은 원소를 찾기 위해서는 시간이 얼마나 필요할까? 예를 들어, 중앙값을 찾는다고 해보자. 최솟값부터 시작해서 $\frac{n}{2}$번째 원소까지 저장하면서 계속 갱신할 것인가? 이렇게 하면 비효율적인 정렬에 드는 시간과 거의 비슷한 $O(n^2)$ 시간이 소요된다. 이 장에서는 이를 어떻게 효율적으로 찾아낼지 배운다.

n개의 원소 각각을 한 번씩 보지 않고는 알아낼 방법이 없으니 적어도 선형 시간, 즉 $\Omega(n)$임은 명백하다. 그리고 정렬을 배웠으니 $O(n\log n)$ 시간이 소요되는 정렬 중 하나를 사용해 정렬한 다음 i번째 작은 원소를 고르면 된다. 적어도 $O(n\log n)$ 시간에는 해낼 수 있다. 이 양쪽 한계 시간인 $\Omega(n)$과 $O(n\log n)$ 사이에서 얼마나 왼쪽에 근접할 수 있을까? 선형 시간을 넘어설 것처럼 보이지만 놀랍게도 선형 시간에 가능하다. 그것도 최악의 경우에 선형 시간이 가능하도록 보장할 수 있다. 이 알고리즘은 기발한 아이디어가 포함된 재미있는 자기호출 알고리즘 중 하나다.

01 평균 선형 시간 선택 알고리즘

퀵 정렬처럼 분할한 후 자기호출 방법을 쓰면 평균적으로 선형 시간에 i번째 작은 원소를 찾을 수 있다. 그렇지만 이 알고리즘은 최악의 경우 $O(n^2)$ 시간이 소요된다. 이 장에서 소개하는 알고리즘은 이 단점을 기발하게 개선해서 최악의 경우에도 선형 시간에 i번째 작은 원소를 찾을 수 있게 한다. 직관적으로 불가능해 보이는 한계를 극복한 좋은 예로, 이것이 알고리즘을 공부하는 묘미 중 하나다.

그림 5-1 알고리즘 공부의 묘미

n개의 원소가 규칙 없이 저장된 배열에서 i번째 작은 원소를 찾으려 한다. 먼저 퀵 정렬에서 사용한 분할 알고리즘을 상기해보자. 분할 알고리즘은 기준 원소보다 작거나 같은 원소를 기준 원소의 왼쪽 그룹으로, 기준 원소보다 큰 원소를 기준 원소의 오른쪽 그룹으로 재배치한다. 분할 알고리즘이 리턴하는 값으로 기준 원소가 전체에서 몇 번째 작은 원소인지 알 수 있다. 이것으로 기준 원소가 전체에서 k번째 작은 원소란 사실을 알았다고 하자. 이제 i와 k의

값을 비교한다. i가 k보다 작으면, i번째 작은 수는 왼쪽 그룹에 있는 원소 중 하나다. i가 k와 같으면, 기준 원소가 바로 i번째 작은 수다. i가 k보다 크면, i번째 작은 수는 오른쪽 그룹에 있는 원소 중 하나다.

[그림 5-2]는 이 선택 알고리즘의 작동 과정을 보여주기 위해 10개의 원소로 구성된 배열에서 2번째 작은 원소를 찾는 예다. 분할을 한 결과 기준 원소인 15를 중심으로 왼쪽 그룹과 오른쪽 그룹이 각각 3개, 6개로 나뉘었다. 전체에서 2번째 작은 원소는 왼쪽 그룹에서 2번째 원소다.

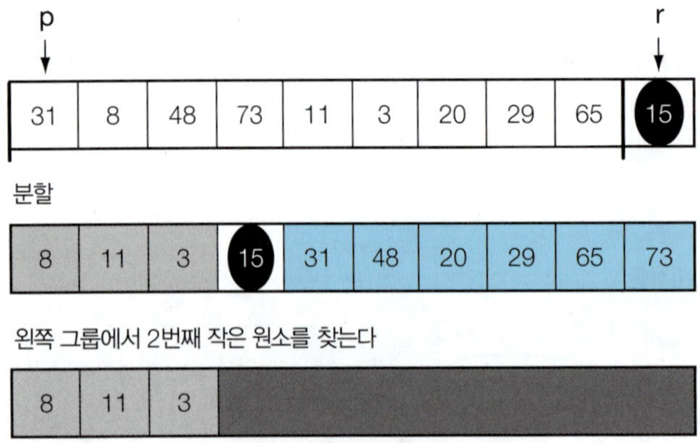

그림 5-2 선택 알고리즘의 작동 예 1 : 2번째 작은 원소 찾기

[그림 5-3]은 [그림 5-2]와 동일한 배열에서 7번째 작은 원소를 찾는 예다. 왼쪽 그룹에 3개, 기준 원소 1개를 고려하면 전체에서 7번째 작은 원소는 오른쪽 그룹에서 3번째 작은 원소다. [그림 5-2]와 [그림 5-3]에서 회색으로 칠한 부분은 찾고자 하는 원소가 있을 수 없는 영역, 즉 더 이상 볼 필요가 없는 영역이다. 여기서 왼쪽 그룹에서 2번째 작은 원소를 찾는 과정은 입력만 왼쪽 그룹으로 작아졌을 뿐 앞과 똑같은 과정을 다시 시작한다. 오른쪽 그룹에서 3번째로 작은 원소를 찾는 과정도 입력만 오른쪽 그룹으로 작아졌을 뿐 똑같은 과정을 다시 시작한다. 즉, 더 작은 문제에 대해 같은 알고리즘을 재귀적으로 호출한다.

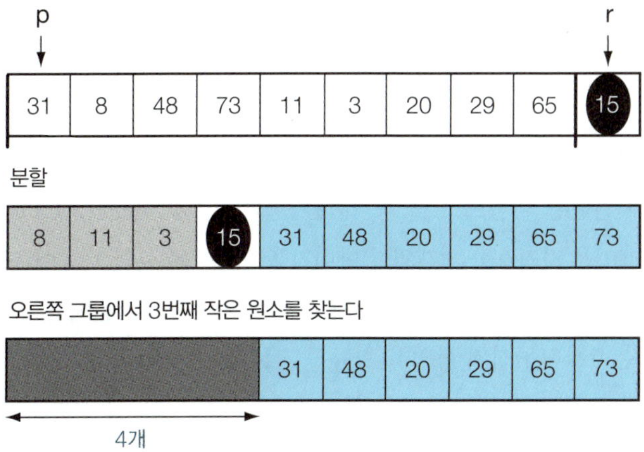

그림 5-3 선택 알고리즘의 작동 예 2 : 7번째 작은 원소 찾기

[알고리즘 5-1]은 앞에서 설명한 내용을 알고리즘으로 정리한 것이다.

알고리즘 5-1 평균 선형 시간 선택

```
select(A, p, r, i):          ▷ 배열 A[p...r]에서 i번째 작은 원소를 찾는다.
    if (p=r) return A[p]        ▷ 원소가 하나뿐인 경우. i는 반드시 1
    q ← partition(A, p, r)      ▷ [알고리즘 4-12]의 partition()과 동일
  ❶ k ← q-p+1                   ▷ k : 기준 원소가 전체에서 k번째 작은 원소임을 의미
    if (i<k) return select(A, p, q-1, i)        ▷ 왼쪽 그룹으로 범위를 좁힘
    else if (i=k) return A[q]                   ▷ 기준 원소가 바로 찾는 원소임
    else return select(A, q+1, r, i-k)          ▷ 오른쪽 그룹으로 범위를 좁힘
```

partition(A, p, r)은 퀵 정렬에서 사용하는 분할 알고리즘과 같은 것으로 기준 원소 $A[r]$을 중심으로 배열 $A[p...r]$을 왼쪽과 오른쪽으로 재배치하고 기준 원소가 자리한 곳을 알려준다. ❶의 계산 결과 기준 원소가 전체에서 k번째 작은 원소임을 알 수 있다. 이제 i와 k를 비교해 i가 k보다 작으면 i번째 작은 원소는 왼쪽 그룹에 속하므로 왼쪽 그룹을 대상으로 자기호출을 한다. $i=k$이면 기준 원소가 바로 i번째 작은 원소다. 그렇지 않으면(i가 k보다 크면) i번째 작은 원소는 오른쪽 그룹에 속하므로 오른쪽 그룹을 대상으로 자기호출을 한다. $p=r$이면 배열의 크기가 1이므로 반드시 $i=1$이다.

이제 이 알고리즘의 수행 시간을 분석해보자. 기준 원소가 전체 집합에서 k번째 작은 원소이면 두 그룹은 각각 $k-1$개와 $n-k$개로 나뉘고 알고리즘의 수행 시간은 다음과 같다.

$$T(n) \le \max[T(k-1),\ T(n-k)] + \Theta(n)$$

$T(k-1)$과 $T(n-k)$는 자기호출에 관련된 비용으로 둘 중 하나가 선택되는데 $\max[T(k-1), T(n-k)]$는 이 중 나쁜 경우다. $\Theta(n)$은 자기호출을 제외한 나머지 오버헤드로 분할 비용이 거의 전부를 차지한다. 여기서 입력 배열은 가능한 모든 경우가 고루 일어난다고 가정하면, 전체 배열에서 기준 원소의 순위 k는 1부터 n까지 동일한 확률을 갖는다. 이들의 평균을 위의 관계식에 반영하면 다음과 같다.

$$\le \frac{1}{n}\sum_{k=1}^{n}\max\left[T(k-1),\ T(n-k)\right] + \Theta(n)$$

이를 전개하면 다음과 같다.

$$\begin{aligned}
&\le \frac{1}{n}\sum_{k=1}^{n}\max\left[T(k-1),\ T(n-k)\right] + \Theta(n)\\
&\le \frac{2}{n}\sum_{k=\lfloor n/2 \rfloor}^{n-1} T(k) + \Theta(n)
\end{aligned}$$

$\lfloor n/2 \rfloor \le k < n$인 모든 k에 대해 $T(k) \le ck$라 가정하면(귀납적 가정) 다음과 같다. ← $\lfloor n/2 \rfloor$ 대신 n_0(경계치)을 사용해도 됨

$$\begin{aligned}
&\le \frac{2}{n}\sum_{k=\lfloor n/2 \rfloor}^{n-1} ck + \Theta(n)\\
&= \frac{2}{n}\left(\sum_{k=1}^{n-1} ck - \sum_{k=1}^{\lfloor n/2 \rfloor -1} ck\right) + \Theta(n)\\
&= \frac{2}{n}\left(\frac{c(n-1)n}{2} - \frac{c(\lfloor n/2 \rfloor -1)\lfloor n/2 \rfloor}{2}\right) + \Theta(n)\\
&\le \frac{2c}{n}\left(\frac{(n-1)n}{2} - \frac{(n/2-2)(n/2-1)}{2}\right) + \Theta(n)\\
&= c(n-1) - \frac{c}{n}\left(\frac{n^2}{4} - \frac{3n}{2} + 2\right) + \Theta(n)\\
&= cn + \left(-\frac{cn}{4} + \frac{c}{2} - \frac{2c}{n} + \Theta(n)\right)\\
&\le cn
\end{aligned}$$

← 상수 c를 충분히 크게 잡으면 $-\frac{cn}{4}$이 $\Theta(n)$을 압도해 $-\frac{cn}{4}+\frac{c}{2}-\frac{2c}{n}+\Theta(n)$이 음수가 되도록 할 수 있어 성립함

그러므로 $T(n)=O(n)$이다. $T(n)=\Omega(n)$임이 명백하므로 $T(n)=\Theta(n)$이다.

이 알고리즘은 평균적인 경우 $\Theta(n)$의 시간이 소요되지만, 최악의 경우에는 $\Theta(n^2)$의 시간이 소요된다. 최악의 예는 분할 결과 $0 : n-1$로 계속 분할되고 찾고자 하는 원소가 운 나쁘게도 큰 그룹에 속하는 일이 반복되는 경우다. 이때 수행 시간의 점화식은 다음과 같다.

$$T(n) = T(n-1) + \Theta(n)$$

이 식을 전개하면 $T(n)=\Theta(n^2)$이 된다. 항상 이렇게 되지 않아도 이에 준할 정도로 자주 분할의 균형이 깨지면 역시 $T(n)=\Theta(n^2)$이 된다. 다음 절에서는 이 단점을 개선한 알고리즘을 배운다.

NOTE_ 귀납적 증명에서 $n=k$일 때 성립하면 $n=2k$일 때 성립함을 보이는 것과 $\lfloor n/2 \rfloor \le k < n$인 모든 k에 대해 성립하면 n일 때 성립함을 보이는 것은 유사한 발상이다.

02 최악의 경우에도 선형 시간을 보장하는 선택 알고리즘

앞에서 소개한 알고리즘은 분할의 균형이 맞지 않고 찾고자 하는 원소가 운 나쁘게도 큰 그룹에 속하는 일이 반복되면 성능을 보장하지 못한다. 이 절에서는 이런 단점을 개선하고자 하는 과정에서 찾아낸 알고리즘을 소개한다.

본론으로 들어가기 전에 앞 절의 알고리즘에서 계속 1:9로 분할되고 이 중 나쁜 경우로 큰 그룹(9에 해당하는 부분)에서 탐색하게 된다고 하자. 이런 식으로 계속 반복되면 수행 시간은 어떻게 될까? 이 경우에는 다음 점화식으로 표현할 수 있다.

$$T(n) = T(\frac{9n}{10}) + \Theta(n)$$

즉, 입력의 크기가 n인 문제를 풀기 위해 $\Theta(n)$의 오버헤드를 사용한 다음 입력의 크기가 $\frac{9n}{10}$인 문제를 재귀적으로 호출한다. 이것을 계산하면 $T(n)=\Theta(n)$이 된다(연습문제 **06** 참조). 1:99로 분할되어도 여전히 점근적 시간은 $T(n)=\Theta(n)$이 된다(연습문제 **07** 참조). 즉, 분할의 균형이 아주 나빠 보여도 일정한 상수비만 넘지 않으면 점근적 복잡도는 항상 $\Theta(n)$이 된다. 이 절의 알고리즘은 분할의 균형을 어느 정도까지 보장함으로써 최악의 경우 $\Theta(n)$을 보장한다. 그렇지만 분할의 균형만 적당히 맞춘다고 $\Theta(n)$이 무조건 보장되는 것은 아니다. 균형을 맞추는 오버헤드가 너무 커져버리면 목표를 이룰 수 없다. 이제 본론으로 들어가자.

[알고리즘 5-2]는 최악의 경우 선형 시간을 보장하는 선택 알고리즘이다. 기호로 상세히 기술할 수도 있으나 그렇게 하면 오히려 핵심에 접근하는 데 방해되므로 서술적으로 기술하였다.

[그림 5-4]는 [알고리즘 5-2]의 단계 **5**에서 M을 중심으로 한 대소 관계를 그림으로 나타낸 것이다. 각 열은 5개의 원소로 된 각 그룹을 나타낸다.

알고리즘 5-2 | 최악의 경우 선형 시간 선택

linearSelect(A, p, r, i): ▷ $A[p...r]$에서 i번째 작은 원소를 찾는다.

1 원소의 총수가 5개 이하이면 i번째 원소를 찾고 알고리즘을 끝낸다.

2 전체 원소를 5개씩의 원소를 가진 $\lceil \frac{n}{5} \rceil$개의 그룹으로 나눈다.
(원소의 총수가 5의 배수가 아니면 이 중 한 그룹은 5개 미만이 된다.)

3 각 그룹에서 중앙값(원소가 5개이면 3번째 원소)을 찾는다.
이렇게 찾은 중앙값들을 $m_1, m_2, \cdots, m_{\lceil n/5 \rceil}$이라 하자.

4 $m_1, m_2, \cdots, m_{\lceil n/5 \rceil}$들의 중앙값 M을 재귀적으로 구한다.
원소의 총수가 홀수이면 중앙값이 하나이므로 문제가 없고,
원소의 총수가 짝수이면 두 중앙값 중 임의로 선택한다. ▷ linearSelect() 호출

5 M을 기준 원소로 삼아 전체 원소를 분할한다(M보다 작거나 같은 것은 M의 왼쪽에,
M보다 큰 것은 M의 오른쪽에 배치). ▷ partition() 호출

6 분할된 두 그룹 중 적합한 쪽을 선택해 단계 **1**~**6**을 재귀적으로 반복한다.
▷ linearSelect() 호출

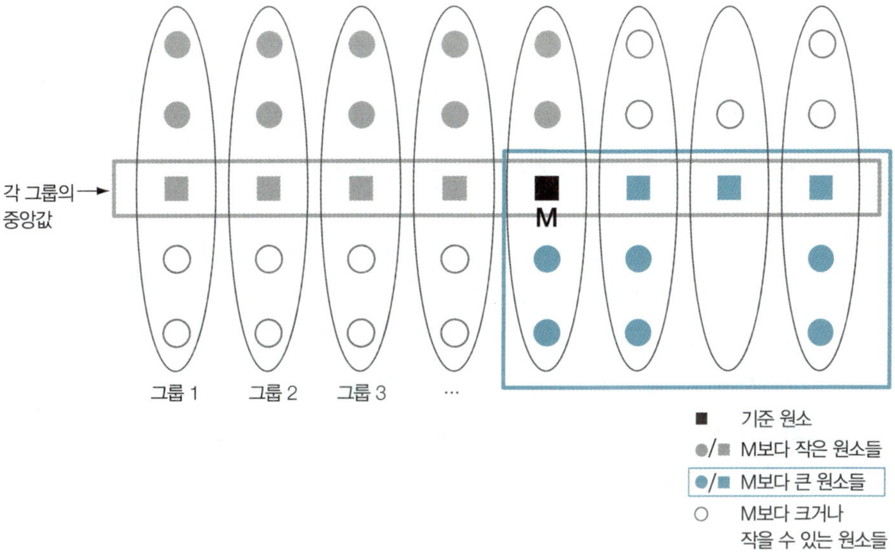

그림 5-4 기준 원소를 중심으로 분할된 상황을 표현한 예

[그림 5-4]의 각 그룹에서 ■/■/■은 해당 그룹의 중앙값이다. 가운데 ■ 원소는 단계 4에서 구한 '중앙값들의 중앙값', 즉 기준 원소로 사용한 원소다. 각 그룹에서 중앙값 위쪽은 중앙값보다 작은 원소들이고, 아래쪽은 중앙값보다 큰 원소들이다. M의 왼쪽에 놓인 중앙값은 M보다 작고, M의 오른쪽에 놓인 중앙값은 M보다 크다.

그림에서 ●/■ 원소들은 모두 M보다 크다. 이들은 M을 기준 원소로 분할하면 반드시 M의 오른쪽 그룹에 속한다. ●/■ 원소들은 M보다 작다. (분석의 편의상 모든 원소가 다르다고 가정한다. 같은 원소가 너무 많이 출현하면 문제가 될 수도 있으나 partition() 알고리즘을 조금 수정해서 좌우 균형이 많이 깨지는 경우를 대비할 수는 있다.) 이들은 M을 기준 원소로 분할하면 반드시 M의 왼쪽 그룹에 속한다. 나머지 ○ 원소들은 M보다 클 수도 있고 작을 수도 있다. 이들은 M의 대소 관계에 따라 왼쪽 그룹과 오른쪽 그룹으로 흩어질 것이다. 가장 바람직한 것은 이들이 반반으로 나누어지는 것이지만 그렇지 않을 가능성도 많다. 최악의 경우에는 모두 한쪽으로 몰릴 수도 있다. 그러면 이런 최악의 경우에 분할의 균형은 어느 정도까지 나빠질 수 있을까?

[그림 5-4]의 예에서 최악의 분할은 흰색의 ○ 원소들이 모두 한쪽으로 몰리게 되는 경우다. 모두 왼쪽으로 몰렸다고 가정하자. ●/■ 그룹에는 적어도 $\frac{3n}{10}-3$개의 원소가 포함된다. 여기에 M까지 포함하면 $\frac{3n}{10}-2$개다. 이들을 제외한 나머지 모든 원소는 많아야 $n-(\frac{3n}{10}-2)=\frac{7n}{10}+2$개가 된다. 즉, 최악의 경우는 이렇게 분할되고, 찾고자 하는 원소가 이 $\frac{7n}{10}+2$개짜리 그룹에 속한다. 이것으로 분할 비율은 최악의 경우에도 $\frac{7n}{10}+2:\frac{3n}{10}-3$이 되어 대략 7:3보다는 나빠지지 않을 수 있게 되었다.

앞 절에서 배운 select 알고리즘에서 이렇게 분할의 비율이 어느 정도 보장된다면 바로 선형 시간 알고리즘이 된다. 그렇지만 이렇게 분할의 균형을 어느 정도 보장하기 위해서 무시 못할 오버헤드가 발생한다. [알고리즘 5-2]에서 단계 1~4의 전처리 작업이 이에 해당한다. 이것은 좋은 기준 원소를 정하는 오버헤드다. 이것으로 얻는 이득이 오버헤드를 극복할 만큼 크다면 좋은 결과를 이끌어낼 수 있다.

이제 이 알고리즘의 수행 시간을 분석할 준비가 되었다. 단계 1은 원소의 총수가 고작 5개 이하인 경우로 상수 시간이 소요될뿐더러 반복적인 자기호출의 맨 마지막에 단 한 번만 수행되므로 전체 수행 시간에 영향을 주지 않는다. 단계 2는 n개의 원소를 5개짜리 그룹으로 나누는 것이므로 각 원소를 한 번씩만 지나가면서 소속 그룹을 정해주면 되어 $\Theta(n)$이다.

단계 **3**은 각 그룹에서 중앙값을 찾는 데 상수 시간이 들고, 이런 작업을 $\lceil\frac{n}{5}\rceil$번 하므로 $\Theta(n)$, 단계 **5**는 퀵 정렬에서 배웠듯이 $\Theta(n)$이 소요된다. 즉, 단계 **2** · **3** · **5**를 모두 합쳐서 $\Theta(n)$이 소요된다. 단계 **4**와 단계 **6**은 자기호출을 하는 부분이다. 즉, 동일한 linearSelect() 알고리즘을 호출하는데 단계 **4**는 입력의 크기가 $\lceil\frac{n}{5}\rceil$, 단계 **6**은 입력의 크기가 최대 $\frac{7n}{10}+2$다. 따라서 앞 알고리즘의 수행 시간 점화식은 다음과 같다.

$$T(n) \le T\left(\left\lceil \frac{n}{5} \right\rceil\right) + T\left(\frac{7n}{10}+2\right) + \Theta(n)$$

여기서 기준 원소를 잘 선택하는 오버헤드 부분은 $T(\lceil \frac{n}{5} \rceil)+\Theta(n)$에 해당한다. 이 식을 전개하면 다음과 같다.

$$\begin{aligned} T(n) &\le T\left(\left\lceil \frac{n}{5} \right\rceil\right) + T\left(\frac{7n}{10}+2\right) + \Theta(n) \\ &\le T\left(\frac{n}{5}+1\right) + T\left(\frac{7n}{10}+2\right) + \Theta(n) \end{aligned}$$

$n_0 \le k < n$인 모든 k에 대해서 $T(k) \le ck$라고 가정하면 다음과 같다(n_0는 경계치).

$$\begin{aligned} ❶ &\le c\left(\frac{n}{5}+1\right) + c\left(\frac{7n}{10}+2\right) + \Theta(n) \\ &= c\left(\frac{9n}{10}+3\right) + \Theta(n) \\ &= cn - \frac{cn}{10} + 3c + \Theta(n) \\ &\le cn \end{aligned}$$

← $-\frac{cn}{10}$이 $\Theta(n)$을 압도할 수 있도록 하는 c가 존재하기 때문에 성립함

따라서 $T(n) \le cn$이므로 $T(n)=O(n)$이다. $T(n)=\Omega(n)$임이 명백하므로 $T(n)=\Theta(n)$이 된다.

마지막으로 한 가지 짚고 넘어갈 것은 'n보다 작은 k에 대해서 $T(k) \le ck$라고 가정'했기 때문에 $T(\frac{n}{5}+1) \le c(\frac{n}{5}+1)$, $T(\frac{7n}{10}+2) \le c(\frac{7n}{10}+2)$를 이용해 ❶이 가능하다는 것이다. 이를 만족하려면 $\frac{n}{5}+1$과 $\frac{7n}{10}+2$가 각각 n보다 작아야 한다. $\frac{n}{5}+1 < n$과 $\frac{7n}{10}+2 < n$을 만족하려면 n이 7 이상이 되면 된다(즉, 경계치 n_0가 7 이상). 알고리즘의 점근적 시간 분석은 충분히 큰 n에 대한 것이므로 n이 7 이상이라는 조건은 아주 가벼운 것이다.

NOTE_ $\frac{n}{5} \le k < n$인 모든 k에 대해 $T(k) \le ck$라고 가정해도 된다(연습문제 **13** 참조).

종합예제

01 2절의 linearSelect 알고리즘에서 5개짜리 그룹으로 나누었다. 이것을 5개 대신 7개짜리 그룹으로 나누어도 여전히 선형 시간에 찾는가? 또 9개짜리 그룹으로 나누면 어떻게 되는가?

➔ 7개짜리와 9개짜리 모두 선형 시간에 찾는다.
7개짜리의 경우 점근적 수행 시간은

$T(n) \le T(\left\lceil \frac{n}{7} \right\rceil) + T(\left\lceil \frac{5n}{7} \right\rceil + 3) + \Theta(n)$이 되어 $T(n) = \Theta(n)$이 된다.

9개짜리의 경우 점근적 수행 시간은

$T(n) \le T(\left\lceil \frac{n}{9} \right\rceil) + T(\left\lceil \frac{13n}{18} \right\rceil + 4) + \Theta(n)$이 되어 $T(n) = \Theta(n)$이 된다.

02 4장에서 퀵 정렬의 최악의 경우 수행 시간은 $\Theta(n^2)$이라고 하였다. 이 장에서 배운 내용을 이용해 퀵 정렬의 최악의 경우 수행 시간이 $\Theta(n\log n)$이 되도록 하는 방법을 설명하시오.

➔ linearSelect 알고리즘을 이용해 선형 시간에 중앙값을 찾는다. 이렇게 찾은 중앙값을 기준 원소로 하여 분할한 다음 재귀적으로 정렬한다. 중앙값으로 분할했으므로 배열은 항상 이등분된다. 수행 시간은 $T(n) = 2T(\frac{n}{2}) + \Theta(n)$이 된다. (여기서 중앙값을 찾는 작업과 분할 작업이 모두 선형 시간이므로 $\Theta(n)$은 이들을 합친 시간이다.) 이로부터 최악의 경우에도 $T(n) = \Theta(n\log n)$ 시간이 된다.

요약

01 정렬을 이용해 i번째 수를 찾을 수 있다. 이때 복잡도는 정렬의 복잡도와 같다. 따라서 대부분의 경우 $\Theta(n\log n)$의 시간이 소요된다.

02 분할의 균형을 전적으로 운에 맡길 경우 퀵 정렬에서 사용하는 분할을 이용하는 선택 알고리즘은 평균 $\Theta(n)$, 최악의 경우 $\Theta(n^2)$의 시간이 소요된다.

03 분할의 균형이 일정한 상수 비율 이상으로는 나빠지지 않는 경우 **02**의 알고리즘은 최악의 경우 $\Theta(n)$의 시간이 소요된다.

04 2절의 linearSelect 알고리즘은 최악의 경우에도 분할의 균형이 일정 비율 이상으로는 나빠지지 않도록 전처리를 함으로써 [알고리즘 5-1]의 select 알고리즘이 최악의 경우 수행 시간이 $\Theta(n)$으로 되도록 만든 것이다.

05 이 장에서 소개한 두 선택 알고리즘은 모두 자기호출을 사용한다. 분할을 하고, 어느 쪽에 속하는지 판단하는 오버헤드를 수행하고 나면 자신보다 크기는 작지만 성격이 똑같은 문제 하나를 만난다.

연습문제

01 정렬을 이용해 배열 $A[1...n]$에서 i번째 작은 원소를 찾는 방법을 설명하시오.

02 배열 $A[1...7]$이 ⟨8, 3, 5, 9, 2, 6, 4⟩로 구성되어 있을 경우 1절의 select 알고리즘을 이용해 5번째 작은 수를 찾는 과정을 따라가보시오. 즉, select(A, 1, 7, 5)가 수행되는 과정을 그리시오.

03 1절의 select 알고리즘이 수행되는 과정에 길이가 0인 배열이 호출되는 경우가 발생할 수 있는가?

04 1절의 알고리즘에서 분할은 기준 원소보다 작거나 같은 원소는 왼쪽 그룹에, 기준 원소보다 큰 원소는 오른쪽 그룹에 속하도록 분할한다. 이 분할 알고리즘을 조금 바꾸어 기준 원소보다 작은 것은 왼쪽 그룹에, 크거나 같은 것은 오른쪽 그룹에 속하도록 해본다. 이렇게 하면 1절의 select 알고리즘은 제대로 작동하는가?

05 **04**번 문제에서 분할 알고리즘을 기준 원소보다 작거나 같은 것은 왼쪽 그룹에, 크거나 같은 것은 오른쪽 그룹에 속하도록 바꾸어본다. 즉, 기준 원소와 같은 원소는 왼쪽이나 오른쪽 그룹에 임의로 속할 수 있도록 한다. 이렇게 하면 알고리즘은 제대로 작동하는가?

06 1절의 select 알고리즘에서 partition()의 수행 결과로 항상 1:9로 분할되고, 불행히도 항상 오른쪽(큰 쪽)의 그룹이 선택된다고 하더라도 알고리즘의 점근적 수행 시간은 $O(n)$이 됨을 보이시오.

07 06번 문제에서 1:9 대신 1:99로 분할되고 항상 오른쪽의 그룹이 선택된다고 하더라도 점근적 수행 시간은 $O(n)$이 됨을 보이시오.

08 2절의 linearSelect 알고리즘을 이번에는 3개짜리 그룹으로 나누어도 선형 시간에 찾을 수 있는가?

09 1절의 select 알고리즘과 2절의 linearSelect 알고리즘은 많은 부분을 공유한다. 두 알고리즘은 어떤 점이 같고, 어떤 점이 다른가?

10 다음은 본문에서 배운 linearSelect 알고리즘을 변형한 것이다. 이 알고리즘의 최악의 경우 수행 시간을 O-표기법으로 밝히고 증명하시오.

❶ 원소의 수가 총 8개 이하이면 i번째 원소를 찾고 알고리즘을 끝낸다.
❷ 원소들을 8개짜리 집합 $\left\lceil \frac{n}{8} \right\rceil$개로 나눈다.
❸ 각 8개짜리 집합에서 4번째 작은 원소를 찾는다.
❹ ❸의 4번째 작은 원소들의 중앙값을 재귀적으로 구한다. 이를 M이라 하자.
❺ M을 기준 원소로 삼아 분할을 실시한다.
❻ M으로 나뉜 두 부분 중 적합한 부분으로 ❶~❻을 반복한다.

11 10번 문제를 한 번 더 비틀어보자. 원소 7개짜리 그룹으로 나누는 경우 상식적으로는 각 그룹의 4번째 원소들을 찾아 이들의 중앙값을 구하겠지만, 여기서는 7개의 원소 중 3번째 원소들을 찾아 이들의 중앙값을 구해서 이를 기준 원소로 사용한다. 이렇게 해도 선형 시간에 찾을 수 있는가?

12 다음 알고리즘은 무엇을 하는 알고리즘인가? 그리고 이 알고리즘의 점근적 수행 시간을 O-표기법으로 구하시오. 편의상 $A[\ldots]$의 모든 원소의 값은 다르다고 가정해도 좋다.

```
algorithmA(A[], p, r):
    if (p < r)
        ▷ linearSelect()는 본문에서 배운 것
        x = linearSelect(A, p, r, ⌈(r−p+1)/10⌉)
        q = partition(A, p, r, x)
        algorithmA(A, p, q−1)
        algorithmA(A, q+1, r)

partition(A[], p, r, x):
▷ x는 기준 원소 값
    A[p...r]을 두 그룹으로 나누되
     x보다 작거나 같은 것은 왼쪽에,
     x보다 큰 것은 오른쪽에 오도록 배치하고,
     왼쪽 부분의 끝자리 위치를 리턴한다.
```

13 178쪽과 183쪽의 귀납적 증명과 관련된 문제다. 귀납적 증명 시에 $n=n_0$일 때 성립하고(경계조건), $\frac{n}{10} \le k < n$인 모든 k에 대해 성립하면 n에 대해서도 성립함을 보이는 것도 정당한 방법임을 설명하시오.

Chapter

06

검색 트리

학습목표

- 검색에서 레코드와 키의 역할을 구분한다.
- 이진 검색 트리에서 검색·삽입·삭제 작업의 원리를 이해한다.
- 이진 검색 트리의 균형이 작업의 효율성에 미치는 영향을 이해하고, 레드 블랙 트리의 삽입·삭제 작업의 원리를 이해한다.
- B-트리의 도입 동기를 이해하고 검색·삽입·삭제 작업의 원리를 이해한다.
- 검색 트리 관련 작업의 점근적 수행 시간을 이해한다.
- 일차원 검색의 기본 원리와 다차원 검색의 연관성을 이해한다.

PREVIEW

나는 좀 더 응용력 있는 유형의 수학이라는 이유 때문에
컴퓨터 과학을 하고 싶었다.

로버트 타잔

데이터의 저장과 검색은 자료구조와 알고리즘 분야에서 가장 중요한 주제다. 엄청난 양의 웹 문서들을 빠른 시간에 검색해주는 구글과 같은 엔진이 검색의 대표적인 응용 예다. 적절한 자료구조와 알고리즘의 사용은 효율적인 데이터의 저장과 검색에서 매우 중요하다. 데이터를 저장하는 효율적인 자료구조가 개발되기 전에는 데이터가 들어오는 대로 쌓는 방법밖에 없었다. 그런데 이 방법은 배열에 데이터가 들어오는 순서대로 쌓는 것과 같아 데이터를 저장하기는 쉽지만 검색하기는 번거롭다.

이진 검색 트리는 이보다 개선된 저장 방법으로 평균 $\Theta(\log n)$ 시간에 저장과 검색을 할 수 있는 자료구조다. 이진 검색 트리는 검색 트리의 기본에 해당한다.

이 장에서는 먼저 이진 검색 트리를 소개한 다음, 최악의 경우에도 검색의 성능을 어느 정도 보장하는 균형 잡힌 검색 트리의 두 예인 레드 블랙 트리와 B-트리를 소개한다. 그리고 고급 주제로 다차원 검색 트리도 몇 가지 소개한다.

01 레코드, 키의 정의 및 검색 트리

책에서 어떤 내용을 찾기 위해 페이지를 마구 뒤지는 경험을 해보았을 것이다. 이때 색인이 있으면 매우 편리하다. 이 장에서 배우는 이진 검색 트리는 자료를 찾는 색인Index 역할을 하는 자료구조 중 하나다. 다음 장의 주제인 해시 테이블도 색인의 다른 예다.

레코드Record는 개체에 대한 모든 정보를 포함하고 있다. 사람의 레코드라면 주민번호, 이름, 집 주소, 직장 주소, 집 전화번호, 직장 전화번호, 휴대폰 번호, 최종 학력, 연소득, 가족 상황 등의 정보가 포함될 수 있다. 이 각각의 정보를 나타내는 부분을 필드Field라 한다.

이 장의 주제는 개체의 레코드를 저장하고 검색하는 검색 트리다. 검색 트리에 레코드를 다 저장할 수도 있으나 보통은 해당 레코드를 대표할 수 있는 필드만으로 검색 트리를 만든다. 사람 레코드의 경우 주민번호만 있으면 그 레코드를 대표할 수 있으므로 주민번호를 대표 필드로 삼아 검색 트리를 만들 수 있다. 이렇게 다른 레코드와 중복되지 않으면서 레코드를 대표할 수 있는 필드를 검색키Search Key 또는 키Key라고 한다. 키는 필드 하나로 구성할 수도 있고, 복수 개의 필드로 구성할 수도 있다. 이름과 집 전화번호를 사용하면 2개의 필드로 구성된 키가 될 수 있다. 검색 색인을 만들기 위해서는 레코드 대신 키와 해당 레코드가 저장된 위치 정보만 있으면 된다. 보통 이것들만으로 몸집을 가볍게 해서 검색을 위한 색인 정보를 만든다.

검색 트리는 한 노드에서 최대 몇 개의 자식 노드로 분기할 수 있느냐에 따라 이진 검색 트리와 다진 검색 트리로 나뉜다. 이진 검색 트리는 최대 2개의 자식 노드를 가질 수 있고, 다진 검색 트리는 3개 이상의 자식 노드로 분기할 수 있다. 일반적으로 k진 검색 트리라 하면 자식을 최대 k개까지 가질 수 있는 검색 트리를 뜻한다.

검색 트리는 저장되는 장소에 따라 내부 검색 트리와 외부 검색 트리로 나뉜다. 내부 검색 트리는 검색 트리가 메인 메모리 내에 존재하고, 외부 검색 트리는 검색 트리가 외부(주로 디스크)에 존재한다. 메인 메모리에서 모든 키를 수용할 수 있으면 검색 트리 전체를 메인 메모리로 한 번만 탑재한 후 내부 검색 트리로 사용할 수 있다. 반면, 메인 메모리에서 모든 키를 수용할 수 없을 정도로 검색 트리의 몸집이 크면 디스크 공간에 저장한 상태로 검색해야 한다. 그러므로 외부 검색 트리의 경우에는 디스크 접근 시간이 검색의 효율을 좌우한다.

검색 트리는 검색키가 포함하는 필드의 수에 따라 일차원 검색 트리와 다차원 검색 트리로 나뉜다. 키를 구성하는 필드가 하나이면 일차원 검색 트리, 2개 이상이면 다차원 검색 트리다. 기본 교과 과정에서 일반적으로 배우는 이진 검색 트리, 다진 검색 트리, B-트리, AVL-트리, 레드 블랙 트리 등은 모두 일차원 검색 트리다. 이외에 KD-트리, KDB-트리, R-트리 등의 다차원 검색 트리도 있다.

그림 6-1 키 삽입 순서에 따른 검색 트리 모양의 차이 예

02 이진 검색 트리

이진 검색 트리에는 다음과 같은 특징이 있다.

❶ 이진 검색 트리의 각 노드는 키 값을 하나씩 갖는다. 각 노드의 키 값은 모두 달라야 한다.

❷ 최상위 레벨에 루트 노드가 있고, 각 노드는 최대 2개의 자식 노드를 갖는다.

❸ 임의의 노드의 키 값은 자신의 왼쪽에 있는 모든 노드의 키 값보다 크고, 오른쪽에 있는 모든 노드의 키 값보다 작다.

[그림 6-2]는 이진 검색 트리의 예다. (a)에서 키 값이 30인 노드가 루트다. (b)에서는 키 값이 40인 노드가 루트다. 검색 트리 내에 존재하는 부분적인 트리들을 서브 트리라 한다. [그림 6-3]은 서브 트리의 예다. (a)의 검색 트리에서 노드 *r*의 왼쪽에 매달린 서브 트리와 노드 *r*의 오른쪽에 매달린 서브 트리를 보여준다.

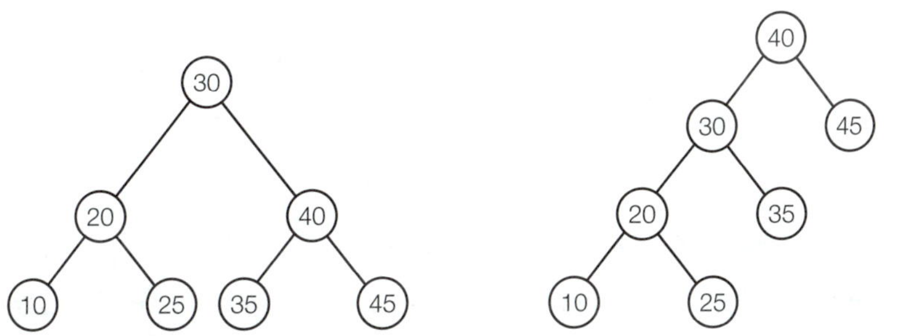

(a) 키 값이 30인 노드가 루트 (b) 키 값이 40인 노드가 루트

그림 6-2 이진 검색 트리의 예

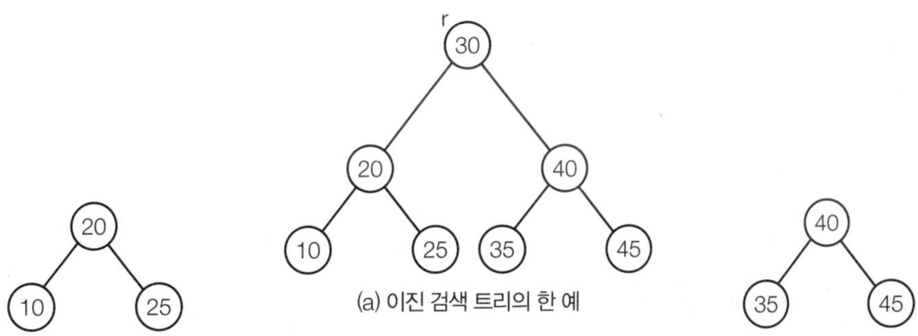

(a) 이진 검색 트리의 한 예

(b) 노드 r의 왼쪽 서브 트리 (c) 노드 r의 오른쪽 서브 트리

그림 6-3 서브 트리의 예

1 이진 검색 트리의 검색

이진 검색 트리에서 키가 x인 노드를 검색하고자 한다. 트리에 키가 x인 노드가 존재하면(성공적인 검색) 해당 노드를 리턴하고, 존재하지 않으면(실패하는 검색) NIL을 리턴한다.

[알고리즘 6-1]은 이진 검색 트리의 검색 알고리즘이다.

알고리즘 6-1 이진 검색 트리의 검색

```
treeSearch(t, x):
▷ t: 트리의 루트 노드
▷ x: 검색하고자 하는 키
    ❶ if (t = NIL or t.key = x) return t
    ❷ if (x < t.key) return treeSearch(t.left, x)
    ❸ else return treeSearch(t.right, x)
```

알고리즘의 입력으로는 검색할 트리의 루트 노드 t와 검색하고자 하는 키 x가 주어진다. 루트 노드 t의 키 값과 x를 비교해 x가 더 작으면 t의 왼쪽 서브 트리로 가서 x를 찾는다(❷). x가 더 크면 t의 오른쪽 서브 트리로 가서 x를 찾는다(❸). 운 좋게 루트 노드의 키 값이 x와 일치하면 루트 노드가 답이라고 알린다(❶). t가 NIL이면 검색이 실패했음을 알린다(❶). 검색이 성공하든 실패하든 반드시 ❶을 통해서 끝난다. 성공하면 해당 노드가 리턴되고 실패하면 NIL이 리턴된다.

[그림 6-4]는 이진 트리 검색에서 t의 주변 상황을 관계적 관점으로 나타낸 것이다. 루트 노드 t에서 왼쪽 자식 $t.left$로 분기하는 것이 ❷의 treeSearch($t.left$, x)다. 이것은 $t.left$가 새로운 루트가 되었을 뿐 앞의 treeSearch(t, x)와 똑같은 작업이다. 즉, 루트 노드와 x의 대소를 비교하는 수고를 하고 나면 자신과 성격은 똑같으면서 크기만 더 작은 문제를 만난다.

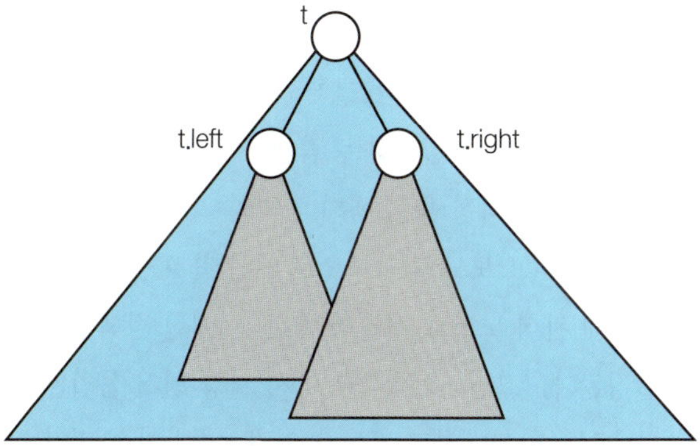

그림 6-4 이진 트리 검색의 재귀적 관점

[그림 6-5]는 이진 트리에서 검색이 성공하는 경우와 실패하는 경우를 간략하게 그린 것이다. (a)는 성공적인 검색을 보여주는 예로 treeSearch(*, *x*)를 재귀적으로 수행하다 *x*를 가진 노드를 만나면 해당 노드(그림의 노드 *r*)를 리턴한다. 여러 번의 자기호출 끝에 treeSearch(*r*, *x*)가 호출되는 순간 *r*의 키 값과 *x*가 일치하여 [알고리즘 6-1]의 ❶에서 *r*을 리턴하고 끝난다. (b)는 실패하는 검색을 보여준다. 두 가지 경우를 보이는데, 첫 번째 예는 리프 노드(*e*)까지 간 후에 실패라 판정하는 것이고, 두 번째 예는 내부 노드(*r*)에서 실패라 판정하는 것이다. 둘 다 분기를 거듭하다 분기하려는 방향의 자식이 NIL이면 실패라 판정한다. 마지막 분기에서 treeSearch(NIL, *x*)가 호출되자마자 루트 노드가 NIL이므로 [알고리즘 6-1]의 ❶에서 NIL을 리턴하고 끝난다.

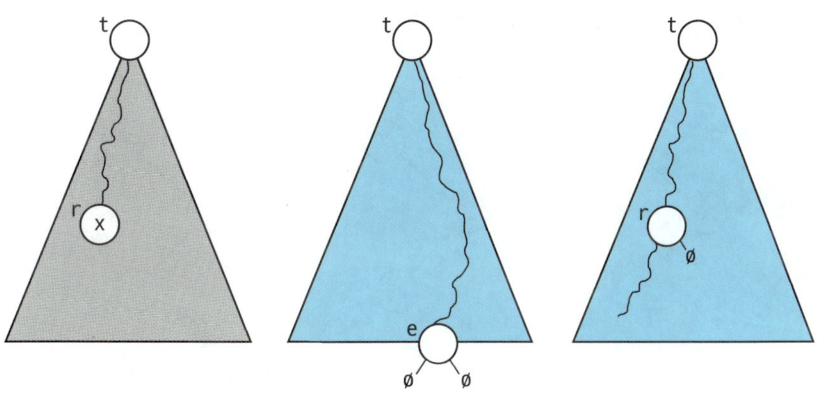

(a) 성공적인 검색 (b) 실패하는 검색

그림 6-5 성공적인 검색과 실패하는 검색

2 이진 검색 트리의 삽입

원소 x를 이진 검색 트리에 삽입하려면 우선 이진 검색 트리에 x를 키 값으로 가진 노드가 없어야 한다. 원소 x를 삽입할 자리를 찾기 위해서는 우선 실패하는 검색을 한 번 수행해야 한다. 즉, 루트 노드에서 x에 대한 검색(검색과 똑같은 과정)을 수행해 임의의 리프 노드에 이르러 더 이상 내려갈 곳이 없음이 확인되면 x를 그 리프 노드의 자식으로 매단다. 예를 들어, [그림 6–5]의 (b)처럼 노드 e까지 왔다면 x는 e의 자식 노드로 매달려야 한다. 이진 검색 트리의 모양은 원소들이 삽입되는 순서에 따라 결정된다. [그림 6–2]의 (a)에서 가장 먼저 삽입된 원소는 30이다. 두 번째로 삽입된 원소는 20 또는 40이다. [그림 6–2]의 (b)에서 가장 먼저 삽입된 원소는 40이다. [그림 6–6]은 30, 20, 25, 40, 10, 35의 순서로 원소가 삽입되는 경우 이진 검색 트리가 만들어지는 과정을 보여준다. 그림을 단계별로 설명하면 다음과 같다.

- **그림 (a)**: 아무것도 없는 상태에서 30이 삽입되면 30 하나만으로 이루어진 트리가 만들어진다.
- **그림 (b)**: 20이 입력되면 30보다 작으므로 30의 왼쪽에 매단다.
- **그림 (c)**: 25가 입력되면 30보다 작으므로 30의 왼쪽으로 간다. 20보다는 크므로 20의 오른쪽에 매단다.
- **그림 (d)**: 40이 입력되면 30보다 크므로 30의 오른쪽에 매단다.
- **그림 (e)**: 10이 입력되면 30보다 작으므로 왼쪽으로 간다. 20보다도 작으므로 20의 왼쪽에 매단다.
- **그림 (f)**: 35가 입력되면 30보다 크므로 오른쪽으로 간다. 40보다는 작으므로 40의 왼쪽에 매단다.

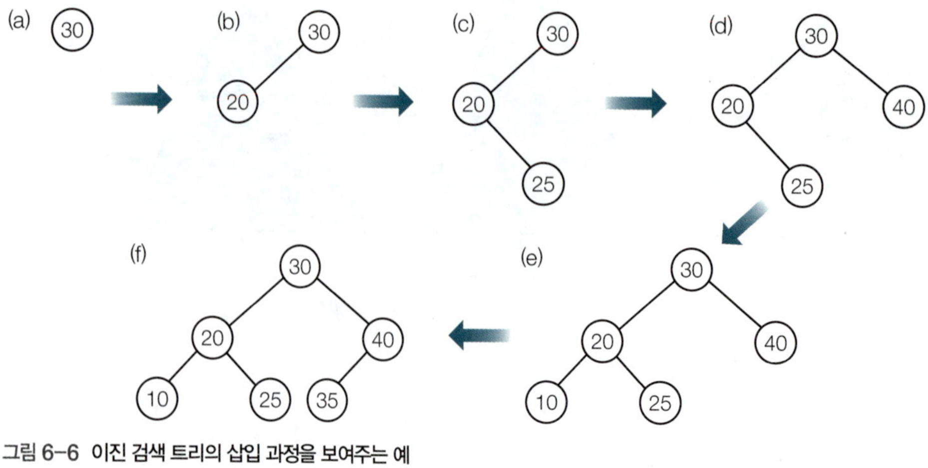

그림 6–6 이진 검색 트리의 삽입 과정을 보여주는 예

[알고리즘 6-2]는 이진 검색 트리에서 삽입의 개요를 기술한 것이다. 골격은 검색과 거의 같음을 볼 수 있다. ❶은 검색이 실패했음을 알게 되는 부분이다. 검색에서는 ❷에서 검색이 성공하는 경우도 있지만 삽입에서는 같은 키 값이 트리 내에 없어야 삽입할 수 있으므로 검색이 실패하는 경우밖에 없다. ❷와 ❸은 검색 알고리즘과 완전히 동일하다.

알고리즘 6-2 | 이진 검색 트리의 삽입(스케치)

sketchInsert(t, x)
▷ t: 트리의 루트 노드
▷ x: 삽입하고자 하는 키
　❶ **if** (t = NIL) x를 키로 하는 노드를 t의 부모 밑에 매달고 **return**
　❷ **if** (x < $t.key$) sketchInsert($t.left$, x)
　❸ **else** sketchInsert($t.right$, x)

이 알고리즘은 이해를 돕기 위해 대강의 과정을 묘사한 것이다. [알고리즘 6-3]은 이를 좀 더 구체적으로 묘사한 것으로 부모 노드에서 포인터 정보 갱신을 재귀 함수의 리턴 값을 이용해 처리하는 다소 고급스런 로직을 포함한다(❶과 ❷).

알고리즘 6-3 | 이진 검색 트리의 삽입(재귀)

treeInsert(t, x):
▷ t: 트리의 루트 노드
▷ x: 삽입하고자 하는 키
▷ 작업 완료 후 루트 노드의 포인터를 리턴한다.
　　if (t = NIL) $r.key$ ← x; $r.left$ ← NIL; $r.right$ ← NIL; **return** r　　▷ r: 새 노드
　❶ **if** (x < $t.key$) $t.left$ ← treeInsert($t.left$, x); **return** t
　❷ **else** $t.right$ ← treeInsert($t.right$, x); **return** t

[알고리즘 6-3]이 쉽게 받아들여지지 않는다면 똑같은 일을 하는 [알고리즘 6-4]와 같은 버전을 사용해야 하는데 [알고리즘 6-3]에 비해 상당히 지저분하다. 이런 차이가 재귀적 사고의 유용성을 보여주는 좋은 예다.

알고리즘 6-4 | **이진 검색 트리의 삽입**

```
treeInsert(t, x):
▷ t: 트리의 루트 노드
▷ x: 삽입하고자 하는 키
    r.key ← x; r.left ← NIL; r.right ← NIL      ▷ r: 새 노드
    if (t = NIL) root ← r
    else
        p ← NIL; tmp ← t
        while (tmp ≠ NIL)
            p ← tmp
            if (x < tmp.key) tmp ← tmp.left
            else tmp ← tmp.right
        if (x < p.key) p.left ← r
        else p.right ← r
```

[그림 6-6]의 이진 검색 트리는 결과적으로 좌우의 균형이 잘 잡힌 검색 트리다. 이렇게 균형이 잘 맞으면 검색의 효율이 높다. 검색 트리에서 효율은 검색 트리의 깊이와 밀접한 상관이 있기 때문이다. 하지만 트리의 균형이 잘 맞지 않는 경우도 발생한다.

[그림 6-7]은 10, 20, 25, 30, 40, 45의 순서로 원소가 삽입될 경우에 만들어지는 이진 검색 트리다. 트리의 모양이 극단적으로 오른쪽으로 치우쳐 있다. 이 트리에서 45를 검색할 경우에는 10, 20, 25, 30, 40, 45의 순서로 트리의 모든 원소와 비교해야 한다. 40을 검색할 경우에는 10, 20, 25, 30, 40의 순서로 다섯 번을 비교해야 한다. 이런 검색 트리는 검색의 효율이 나쁘다.

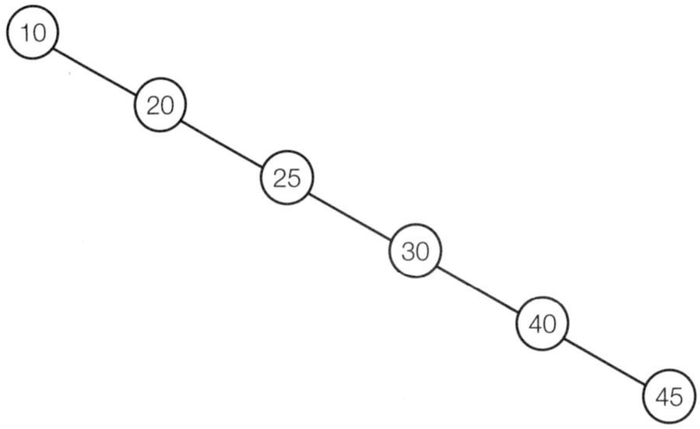

그림 6-7 균형이 맞지 않는 이진 검색 트리의 예

n개의 원소로 이진 검색 트리를 만들 때, 이진 검색 트리가 가장 이상적으로 균형이 잡히면 최악의 경우라 하더라도 검색 시간은 $\Theta(\log n)$이다. 가장 나쁘게 기울면 평균 검색 시간이 $\Theta(n)$이 된다. 가능한 모든 삽입 순서에 따른 이진 검색 트리를 모두 고려하면 평균 검색 시간은 $\Theta(\log n)$이다. 삽입의 경우 실패하는 검색을 한 후 상수 시간의 후처리를 하므로 점근적 수행 시간은 검색과 동일하다.

NOTE_ 이진 검색 트리의 평균 검색 시간

이진 검색 트리는 삽입 순서에 따라 모양이 결정된다. 키가 총 n개라면 키의 절댓값은 중요하지 않고 키들의 상대적인 크기에 따라 트리 모양이 결정된다. n개의 키가 만들 수 있는 상대적인 순서는 모두 $n!$가지다. 가능한 모든 순서를 고려할 때 임의의 키를 검색하는 데 필요한 평균 시간은 $O(\log n)$이다. 그 이유를 살펴보자.

이진 트리에서 각 노드의 깊이를 더한 것을 내부 경로 길이[IPL, Internal Path Length]라 한다. 아래 그림에서 이진 검색 트리의 IPL은 18이다. 노드가 총 7개이므로 IPL을 7로 나누면 2.6이다. 즉, 이 이진 검색 트리에 있는 임의의 키를 검색하는 데 평균 2.6번의 비교가 필요하다. [정리 6-1]은 키의 총수가 n개인 모든 이진 검색 트리의 평균 IPL에 관한 것이다.

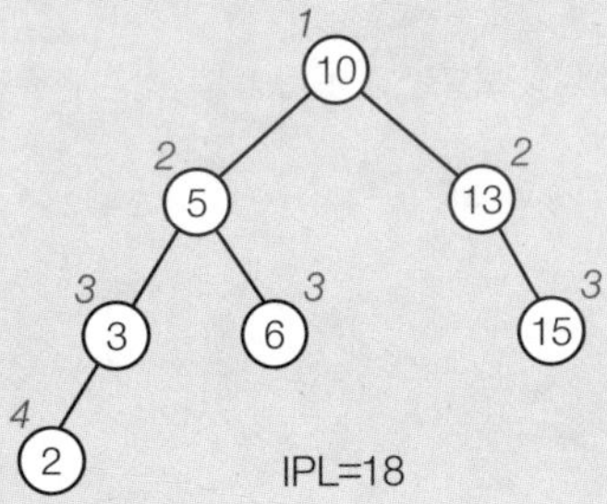

정리 6-1

키의 총수가 n개인 모든 이진 검색 트리의 평균 IPL은 $O(n\log n)$이다.

▶▶ **증명** $D(n)$을 키가 n개인 모든 이진 검색 트리의 평균 IPL이라 하자. $D(0)=0$, $D(1)=1$, $D(2)=3$이다. $D(n)$에 대한 점화식은 다음과 같다.

$$\begin{aligned} D(n) &= \frac{1}{n}\sum_{i=0}^{n-1}(D(i)+D(n-i-1))+n \\ &= \frac{2}{n}\sum_{i=0}^{n-1}D(i)+n \end{aligned}$$

$n=2$일 때 $D(2)\le c2\log 2$가 성립하도록 c를 잡을 수 있다. 모든 $2\le k<n$에 대해 $D(k)\le ck\log k$가 성립한다고 가정하자(귀납적 가정).

$$\begin{aligned} D(n) &= \frac{2}{n}\sum_{i=0}^{n-1}D(i)+n = \frac{2}{n}\sum_{i=2}^{n-1}D(i)+\frac{2}{n}D(1)+n \\ &\le \frac{2}{n}\sum_{i=2}^{n-1}ci\log i+n+\frac{2}{n} \\ &\le \frac{2}{n}\int_1^n cx\log x\,dx+n+\frac{2}{n} \\ &= \frac{2c}{n}\left(\left[\frac{1}{2}x^2\log x\right]_1^n-\left[\frac{1}{4}x^2\right]_1^n\right)+n+\frac{2}{n} \\ &= \frac{2c}{n}\left(\frac{1}{2}n^2\log n-\frac{1}{4}n^2+\frac{1}{4}\right)+n+\frac{2}{n} \\ &= cn\log n-\frac{cn}{2}+\frac{c}{2n}+n+\frac{2}{n} \\ &= cn\log n+\frac{(2-c)n}{2}+\frac{c+4}{2n} \\ &\le cn\log n \end{aligned}$$

$c=3$이면 $2\le n$인 모든 n에 대해 $D(n)\le cn\log n$이므로 $D(n)=O(n\log n)$이다.

이 정리는 임의 노드의 평균 깊이는 $O(\log n)$이 됨을 뜻한다. 따라서 임의의 노드를 검색할 때 성공적인 검색의 평균 시간은 $O(\log n)$이다.

3 이진 검색 트리의 삭제

이진 검색 트리에서 삽입은 노드가 삽입될 자리만 정해지면 간단하다. 삭제의 경우, 삭제할 노드가 정해진 이후에 더 복잡하다. 이진 검색 트리에서 노드 r을 삭제하고자 할 때는 다음 세 가지 경우에 따라 각각 다르게 처리해주어야 한다.

- **Case 1**: r이 리프 노드인 경우
- **Case 2**: r의 자식 노드가 1인 경우
- **Case 3**: r의 자식 노드가 2개인 경우

Case 1과 Case 2는 처리가 간단하고 Case 3은 다소 복잡하다. [알고리즘 6-5]는 삭제 알고리즘의 간략한 골격을 보여준다.

알고리즘 6-5 | 이진 검색 트리의 삭제(스케치)

```
sketchDelete(t, r):
▷ t: 트리의 루트 노드
▷ r: 삭제하고자 하는 노드
    if (r이 리프 노드)                          ▷ Case 1
        그냥 r을 버린다.
    else if (r의 자식이 하나만 있음)            ▷ Case 2
        r의 부모가 r의 자식을 직접 가리키도록 한다.
    else                                        ▷ Case 3
        r의 오른쪽 서브 트리의 최소 원소 노드 s를 삭제하고,
        s를 r 자리에 놓는다.
```

Case 1에서 r은 리프 노드이므로 자식이 없어 r이 삭제되어도 r의 아래쪽에는 영향을 미치지 않는다. 단지 r의 부모 노드에서 r을 가리키고 있던 포인터를 NIL로 바꿔주기만 하면 된다. [그림 6-8]은 Case 1의 예를 보여준다.

Case 2에서는 r을 제거하면 r의 자식 노드로의 연결이 끊어져버린다. r의 부모 노드에서 r을 가리키고 있던 포인터를 r의 자식을 가리키도록 바꾸어주면 된다.

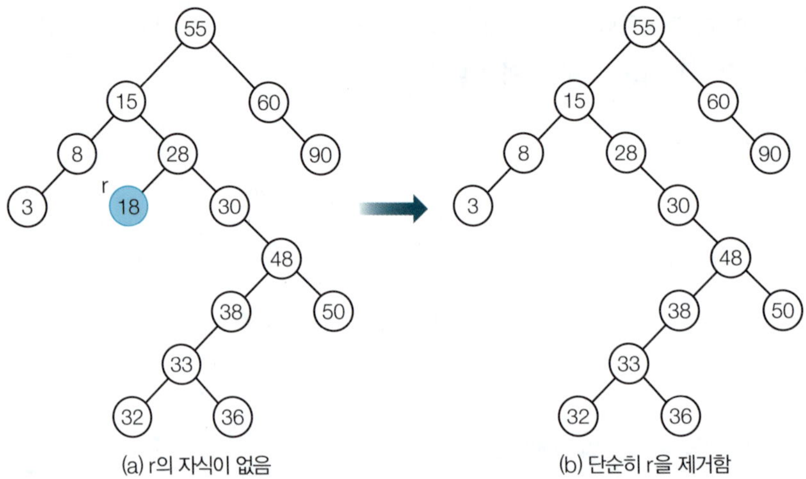

그림 6-8 이진 검색 트리의 삭제 Case 1

[그림 6-9]는 Case 2의 예를 보여준다.

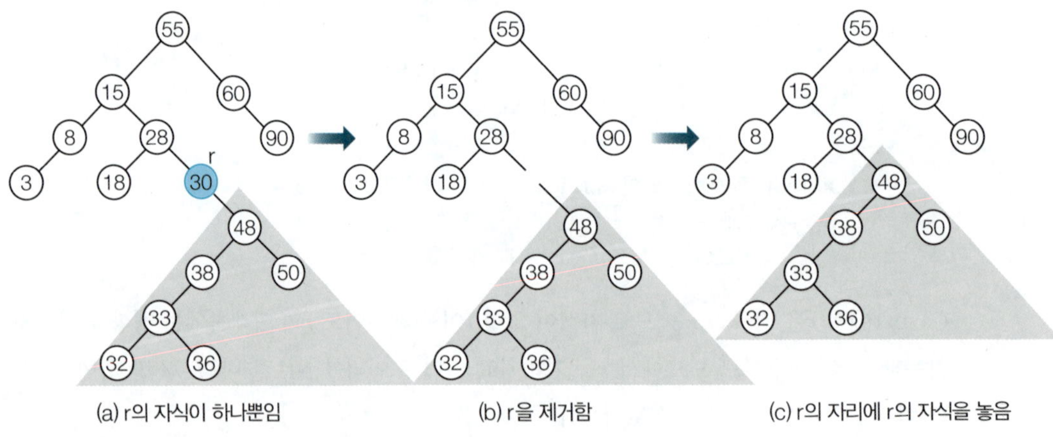

그림 6-9 이진 검색 트리의 삭제 Case 2

Case 3의 상황은 Case 2보다 복잡하다. *r*을 제거하면 *r*의 자식들로 가는 연결이 끊기는 것은 Case 2와 같다. Case 2에서는 *r*의 자식이 하나뿐이라 *r*의 부모가 *r*을 가리키고 있던 포인터를 단순히 그 자식을 가리키도록 하면 됐다. 그렇지만 이번에는 *r*의 자식이 둘이다. 그런데 *r*의 부모가 *r*을 가리키던 포인터는 하나다. 두 자식 중 하나만 이 포인터를 사용하고 나머지 하나는 연결을 끊을 수도 없는 일이다. 따라서 *r* 주변의 구조는 그대로 유지해야 한다. 우선 *r* 자리에 옮겨놓아도 이진 검색 트리의 성질을 전혀 깨지 않는 원소를 찾는다. 이런 원소는 왼쪽 서브 트리의 원소들보다 크고 오른쪽 서브 트리의 원소들보다 작아야 하므로 트리 전체에서 딱 2개 있다. 바로 *r*의 왼쪽 서브 트리에서 가장 큰 원소(크기순으로 *r*의 직전 원소)와 *r*의 오른쪽 서브 트리에서 가장 작은 원소(크기순으로 *r*의 직후 원소)다. 둘 중 하나를 택해(여기서는 직후 원소를 택하기로 함) 키를 *r* 자리로 옮긴다. 그런 다음 직후 원소가 들어 있던 노드를 삭제한다. 다행히 직후 원소는 절대 왼쪽 자식을 가질 수 없다(*r*의 오른쪽 자식에서 시작하여 왼쪽으로 분기할 수 있는 곳까지 분기하다가 더 이상 왼쪽으로 분기할 수 없으면 그것이 *r*의 직후 원소임). 그러므로 이 직후 원소의 삭제는 Case 1이나 Case 2에 속하게 되어 비교적 간단한 삭제 작업이 된다.

[그림 6-10]은 Case 3의 예를 보여준다. 먼저 *r*의 직후 원소를 가진 노드 *s*를 찾는다(그림 (a)). 그런 다음 노드 *s*의 키 30을 *r* 자리로 옮기고(그림 (b)와 (c)), *s*의 부모 노드가 *s*의 오른쪽 자식을 가리키도록 포인터를 바꾸어줌으로써(그림 (d)) *s*가 삭제된다.

[알고리즘 6-6]은 삭제 작업을 기술한 것이다. 함수 treeDelete( )에서 deleteNode( )를 호출하면서 *root*, *p.left*, *p.right*가 리턴 값을 기다리고 함수 deleteNode( )에서는 노드 *r*의 부모 노드에 매달릴 노드를 리턴한다. [알고리즘 6-3]도 이런 방식을 사용했다.

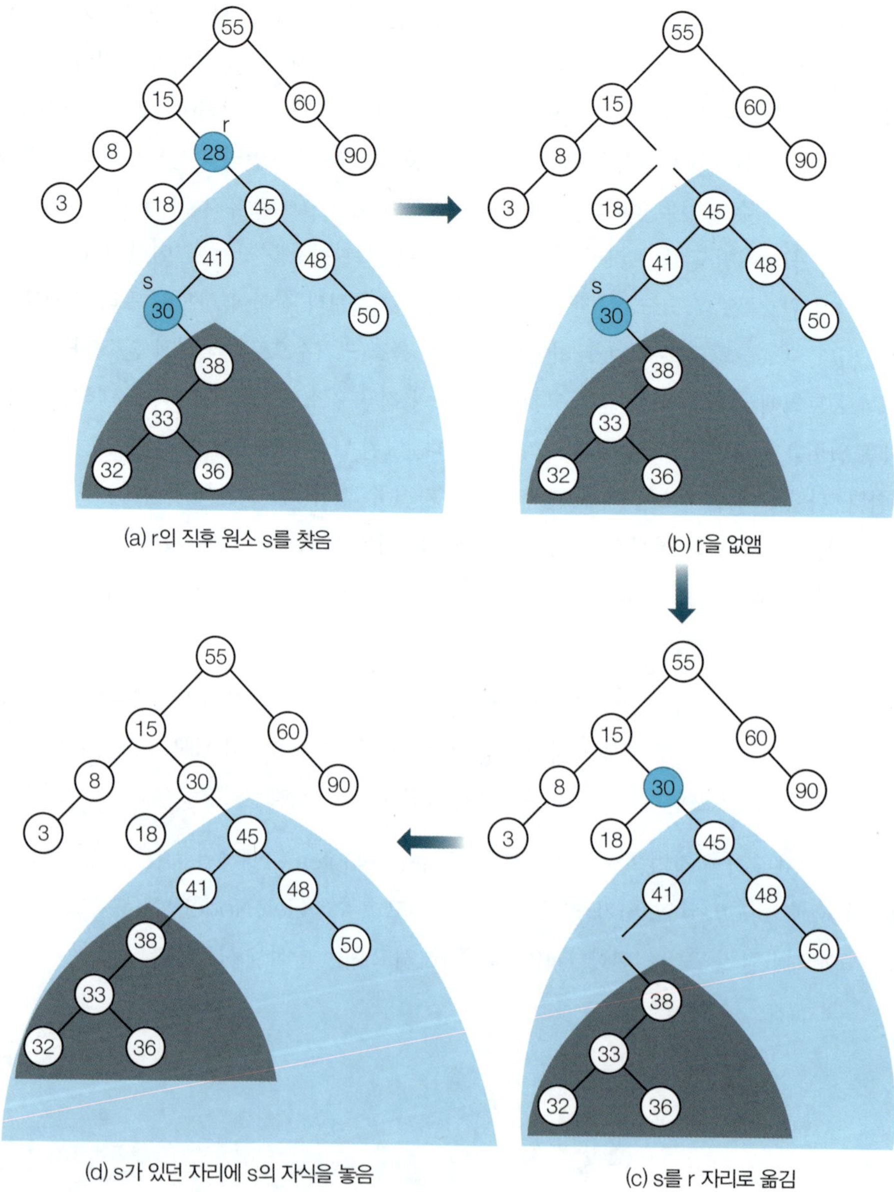

(a) r의 직후 원소 s를 찾음

(b) r을 없앰

(c) s를 r 자리로 옮김

(d) s가 있던 자리에 s의 자식을 놓음

그림 6-10 이진 검색 트리의 삭제 Case 3

알고리즘 6-6 이진 검색 트리의 삭제

```
treeDelete(t, r, p):
▷ t: 트리의 루트 노드
▷ r: 삭제하고자 하는 노드, p: r의 부모 노드
    ▷ r이 루트 노드인 경우
    if (r = t) root ← deleteNode(t)
    ▷ r이 루트 노드가 아닌 경우
    else if (r = p.left)
        p.left ← deleteNode(r)          ▷ r이 p의 왼쪽 자식
    else p.right ← deleteNode(r)        ▷ r이 p의 오른쪽 자식

deleteNode(r):
    if (r.left = r.right = NIL) return NIL                      ▷ Case 1
    else if (r.left = NIL and r.right ≠ NIL) return r.right     ▷ Case 2-1
    else if (r.left ≠ NIL and r.right = NIL) return r.left      ▷ Case 2-2
    else                                                        ▷ Case 3
        s ← r.right
        while(s.left ≠ NIL)
            parent ← s; s ← s.left
        r.key ← s.key
        if (s = r.right) r.right ← s.right
        else parent.left ← s.right
        return r
```

삭제 작업의 수행 시간을 살펴보자. Case 1과 Case 2는 상수 시간이 든다. Case 3은 노드 r의 직후 원소를 찾는 데 최악의 경우 트리의 높이에 비례하는 시간이 든다. 직후 원소를 찾은 다음 삭제하는 작업은 Case 1 또는 Case 2에 해당되므로 상수 시간이 든다. 따라서 삭제 작업을 위한 최악의 시간은 트리의 높이에 따라 $O(\log n)$과 $O(n)$ 사이에서 결정된다.

03 레드 블랙 트리

이진 검색 트리는 저장과 검색에 평균 $\Theta(\log n)$ 시간이 소요되지만 운이 나쁘면 트리의 모양이 균형을 잘 이루지 못한다. 균형이 많이 깨지면 $\Theta(n)$에 근접한 시간이 소요될 수도 있다. 그래서 고안해낸 것이 균형 잡힌 이진 검색 트리다. 균형 잡힌 이진 검색 트리는 최악의 경우에도 이진 트리의 균형이 잘 맞도록 유지한다. 균형 잡힌 이진 검색 트리로 대표적인 것은 레드 블랙 트리와 AVL-트리다. 여기서는 최근에 좀 더 많이 사용되는 레드 블랙 트리를 소개하도록 한다.

레드 블랙 트리는 이진 검색 트리의 모든 노드에 레드 또는 블랙의 색상을 칠한다. 단, 다음 성질을 만족하도록 색칠을 해야 하는데 이를 레드 블랙 특성이라 한다.

❶ 루트는 블랙이다.

❷ 모든 리프(NIL)는 블랙이다.

❸ 노드가 레드이면 그 노드의 자식은 반드시 블랙이다.

❹ 루트 노드에서 임의의 리프 노드에 이르는 경로에서 만나는 블랙 노드의 수는 모두 같다.

여기서 말하는 리프 노드는 일반적으로 말하는 리프 노드와 의미가 다르다. 이진 검색 트리의 노드가 가진 2개의 자식 포인터 중 NIL인 것이 있으면 노드를 하나 만들어 그것을 리프 노드라 한다. 처음에는 다소 어색해 보일 수 있지만 알고리즘에서 리프 노드가 개입될 때 특수 처리를 하지 않아도 되는 편리함이 있다.

[그림 6-11]의 (b)는 이진 검색 트리를 레드 블랙 트리로 만든 예를 보여준다. 루트 노드는 블랙으로 색칠되어 특성 ❶을 만족한다. 임의의 노드에서 자식이 없는 쪽은 모두 NIL 리프를 붙이고, 모든 NIL 리프는 블랙으로 색칠하여 특성 ❷를 만족한다. 임의의 노드가 레드이면 그 자식은 반드시 블랙이라는 특성 ❸을 만족한다. 루트 노드에서 모든 리프 노드에 이르는 경로상에서 만나는 블랙 노드의 수는 항상 3개로 똑같아 특성 ❹를 만족한다.

여기서 잠깐 실제로 구현할 때 NIL 리프를 어떻게 다루는지 살펴보도록 하자. 모든 NIL 리프마다 하나씩 노드를 할당하는 방법도 있으나 이렇게 하면 불편한 점이 많다. 그 대신 노드 하나를 할당하여 이를 리프로 정하고 모든 NIL 리프에 대한 포인터가 이 노드를 가리키도록 하면 된다. 공간도 절약할 수 있을뿐더러 경계조건을 다루기도 편리해진다. [그림 6-11]의 (c)는 이 방법을 보여준다.

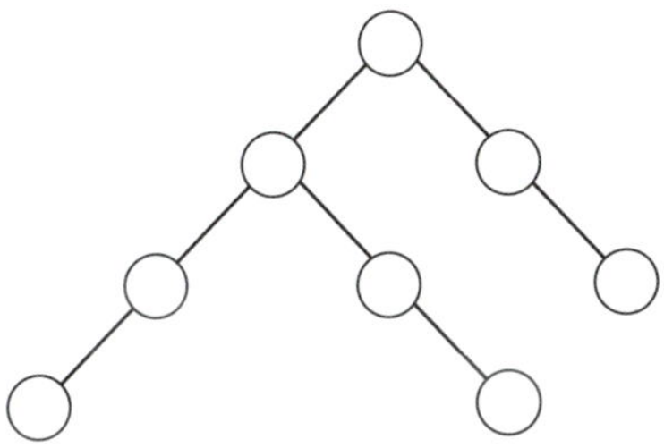

(a) 이진 검색 트리의 예

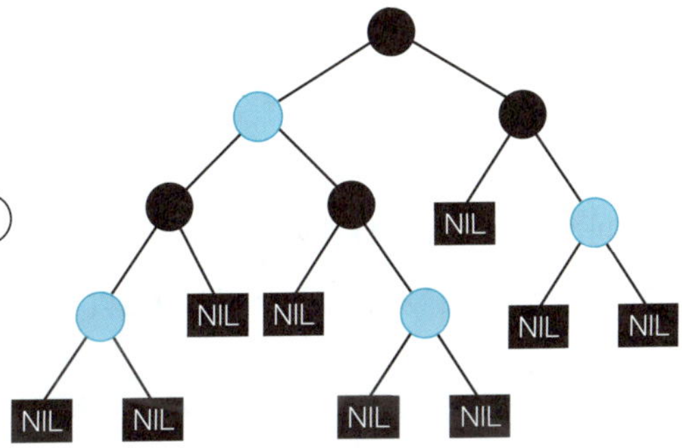

(b) (a)를 레드 블랙 트리로 만든 예

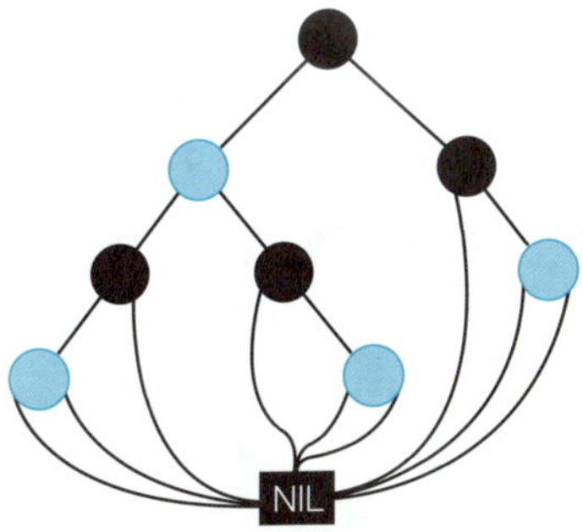

(c) 실제 구현 시 NIL 노드 처리 방법

그림 6-11 이진 검색 트리를 레드 블랙 트리로 만든 예

레드 블랙 트리에서 검색은 트리의 내용을 건드리지 않으므로 이진 검색 트리의 검색과 동일하다. 삽입과 삭제도 기본적으로는 이진 검색 트리와 동일하지만 삽입이나 삭제 후 레드 블랙 특성을 위반하는 경우가 발생할 수 있다. 이때는 적절한 작업을 해서 레드 블랙 특성을 만족하도록 바로잡아 주어야 한다. 삽입할 때와 삭제할 때와 처리 방법을 각각 알아보자.

1 레드 블랙 트리의 삽입

레드 블랙 트리에서 노드를 삽입할 때는 먼저 이진 검색 트리의 삽입 알고리즘에 따라 삽입을 한 다음 새 노드의 색상을 레드로 색칠한다. 이 노드를 x라 하자. 새 노드는 항상 맨 아래쪽에 매달리므로 삽입 직후에 x의 아래쪽은 블랙 노드인 리프 2개만 있어 레드 블랙 특성에서 문제가 생기지 않는다. x의 위쪽과 관련해서 문제가 생기는지만 확인하면 된다.

x의 부모 노드 p가 블랙이면 그것으로 삽입은 완료된다. 그러므로 p가 레드인 경우만 해결하면 된다. p가 레드이면 레드 노드가 2개 연속으로 있으므로 레드 블랙 특성 ❸을 위반한다. 그런데 삽입 전에는 레드 블랙 트리였으므로 특성 ❸에 따라 p의 부모 노드는 반드시 블랙이다. 이를 p^2이라 하자. 마찬가지로 특성 ❸에 따라 x의 형제 노드도 반드시 블랙이다. x 주변에서 레드나 블랙 모두 가능한 것은 p의 형제 노드인 s뿐이다. s의 색상에 따라 다음 두 경우로 나눈다.

- Case 1: s가 레드
- Case 2: s가 블랙
  - Case 2-1: x가 p의 오른쪽 자식
  - Case 2-2: x가 p의 왼쪽 자식

NOTE_ P가 P^2의 왼쪽 자식인지 오른쪽 자식인지에 따라 두 가지 경우로 나뉘는데 이 두 경우는 서로 정확히 대칭이므로 여기서는 p가 p^2의 왼쪽 자식인 경우만 설명한다.

[그림 6-12]는 각 경우에 대한 처리 작업을 보여준다. 각 경우에 대한 처리 작업을 구체적으로 설명하면 다음과 같다. 단, Case 1과 Case 2는 삽입 직후의 상황일 수도 있고 삽입 후 수선이 진행되는 도중의 상황일 수도 있다.

Case 1

p와 s의 색상을 레드에서 블랙으로, p^2의 색상을 블랙에서 레드로 바꾼다. p^2가 루트이면 p^2의 색상을 다시 블랙으로 바꾸고 끝난다. p^2가 루트가 아니면 p^2가 부모 색상을 확인해야 한다. p^2의 부모가 블랙이면 레드 블랙 특성을 모두 만족하고, 레드이면 레드 블랙 특성 ❸을 위반하여 처음과 똑같은 문제가 발생한다. 이것은 원래 x에 대해서 발생했던 문제와 똑같은 문제가 p^2에 대해서 발생했음을 뜻한다. p^2를 문제 발생 노드로 하여 재귀적으로 다시 시작한다.

Case 2

■ **Case 2-1**

p를 중심으로 왼쪽으로 회전한다. 여전히 레드 블랙 특성 ❸을 위반한다. Case 2-2로 이동한다.

- **Case 2-2**

  p^2를 중심으로 오른쪽으로 회전하고 p와 p^2의 색상을 맞바꾼다.

Case 2를 만나면 Case 2-2의 수선을 마지막으로 상황이 종료된다. Case 1을 만나면 상황이 끝날 수도 있고 똑같은 상황이 다른 노드에서 다시 시작될 수도 있다. 이런 상황이 재귀적으로 반복되어 루트까지 올라갈 수도 있다.

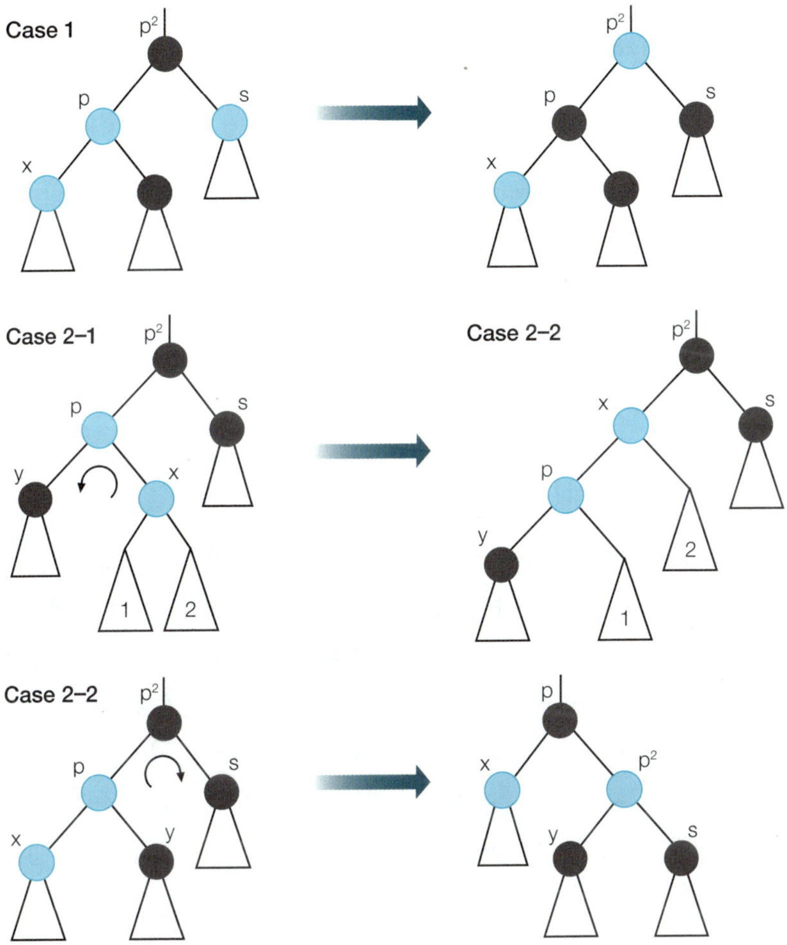

그림 6-12 레드 블랙 트리에서 각 경우에 따른 삽입 또는 수선 작업

[그림 6-12]의 Case 1에서 삽입 직후에 y가 NIL 리프가 아닌 블랙일 수 없다. 그런데도 동그라미 노드로 그려놓은 이유는 Case 1의 수선 결과로 만들어진 것일 수도 있기 때문이다. 이때는 수선 직전의 p^2가 새로운 x가 된 것이다.

2 레드 블랙 트리의 삭제

레드 블랙 트리에서 노드를 삭제할 때는 기본적으로 이진 검색 트리에서 삭제 방법에 따라 노드를 삭제한 후 색상을 맞추어준다. 이진 검색 트리에서 임의의 노드 d를 삭제할 때 d의 자식이 둘이면 d의 오른쪽 서브 트리에서 최소 원소(노드 d의 직후 원소)를 가진 노드 m의 키를 노드 d로 옮긴 다음 노드 m을 삭제한다. 노드 d의 색상을 건드리지 않은 채 키만 바뀌는 것은 레드 블랙 특성에 영향을 미치지 않는다. 문제가 되는 것은 최소 원소 노드 m을 삭제한 후 m 주변의 레드 블랙 특성 위반 여부다. 최소 원소 노드 m은 왼쪽 자식을 갖지 않는다는 점을 상기하자. 따라서 최소 원소 노드 m은 최대 1개의 자식만 가질 수 있으므로 2개의 자식을 가진 노드의 삭제 작업은 자식이 없거나 1개만 가진 노드의 삭제 작업으로 귀결된다. 따라서 레드 블랙 트리에서 삭제 작업은 자식이 없거나 1개만 가진 노드의 삭제에 국한해 설명해도 무방하다.

삭제하려고 하는 노드 m의 (최대 1개의) 자식을 x라고 하자. 자식이 없으면 x는 NIL 노드가 된다. 어떤 경우든 앞으로 설명할 알고리즘에서 구별할 필요는 없다. 그냥 x로 표시하는 것으로 충분하다. m은 자기 부모 노드의 왼쪽 자식일 수도 있고, 오른쪽 자식일 수도 있다. 두 경우는 완전히 대칭적이므로 둘 중 하나만 설명해도 완결성이 떨어지지 않는다. 여기서는 m이 자기 부모의 왼쪽 자식이라고 가정한다.

우선 몇 가지 간단한 경우가 있다. m이 레드이면 삭제 후 아무런 조치가 필요 없다. 레드 블랙 특성을 깨지 않는다. [그림 6-13]의 (a)가 이 경우다. 따라서 m이 블랙인 경우만 고려하면 된다. m이 블랙이더라도 x가 레드이면 삭제한 후 x의 색상을 블랙으로 바꾸어버리면 레드 블랙 특성을 만족한다. [그림 6-13]의 (b)가 이 경우다. 그림에서 m의 부모 노드 색상은 표시하지 않았는데 이것은 어떤 색상이든 상관없다는 뜻이다. 그러므로 까다로운 경우는 m과 x의 색상이 모두 블랙일 때다. 지금부터 이 경우에 대한 처리에 집중한다. 지금부터 설명하는 내용은 학생들이 이해하는 데 대체로 시간이 많이 들기에 이 책에서는 경우의 수를 나누는 방법부터 분리해서 설명하도록 한다.

m과 x가 블랙인 상태에서 m이 삭제되면 x는 m의 부모인 p의 자식이 되고 루트에서 x를 통과하는 경로의 블랙 노드 개수가 1개 모자라 레드 블랙 특성 ❹가 깨진다. [그림 6-14]의 (a)에서는 노드 m을 삭제하고 난 다음의 문제 상황을 보여준다. x 옆의 -1 표시는 루트에서 x를 지나는 경로에서 블랙 노드의 수가 하나 모자람을 의미한다. (b)에서는 x 주변의 노드들에 이름을 붙였다. x의 부모를 p, x의 형제를 s, s의 두 자식을 각각 l과 r이라 하자. 이들 p, s, l, r

의 색상 분포에 따라 여러 가지 경우로 나누어 처리한다. 우선 어떻게 경우의 수를 나누는지 부터 살펴보자.

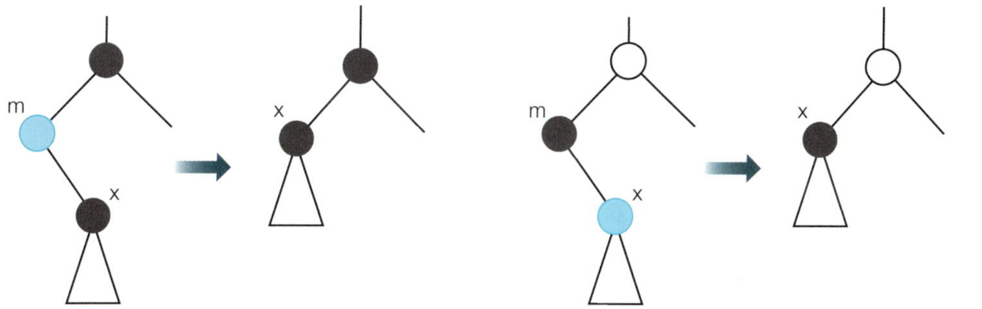

(a) 삭제 노드가 레드이면 문제없음 (b) 삭제 노드가 블랙이라도 (유일한) 자식이 레드이면 문제없음

그림 6-13 레드 블랙 트리에서 삭제가 아주 쉬운 두 경우

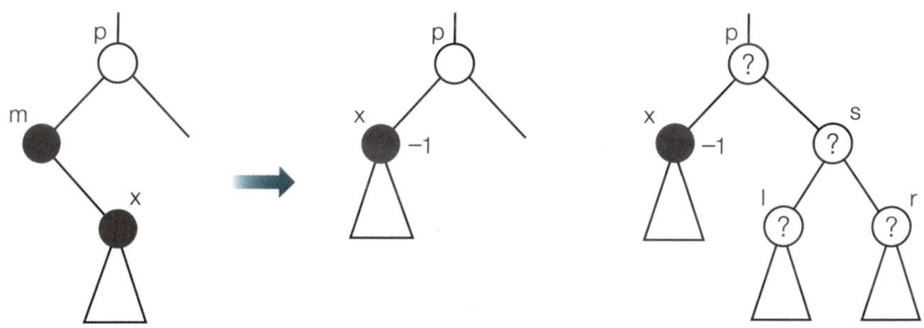

(a) 문제 발생 (b) x의 주변 상황에 따라 처리 방법이 다름

그림 6-14 레드 블랙 트리에서 문제가 발생한 x의 주변 상황 설정

먼저 *p*의 색상에 따라 Case 1(레드)과 Case 2(블랙)로 나눈다. *p*가 레드이면 *s*는 반드시 블랙이다. *l*과 *r*은 모든 색상의 조합이 가능하다. 〈*l*의 색상, *r*의 색상〉 조합에 따라 총 네 가지로 나눌 수 있다. 이 중 두 가지는 알고리즘에서 통합하여 처리하므로 다음과 같이 세 가지로 나눈다. 여기서 *는 어떤 색상이든 상관없음을 뜻한다.

■ **Case 1: *p*가 레드(*s*는 반드시 블랙). 〈*l*의 색상, *r*의 색상〉에 따라**

- **Case 1-1** 〈블랙, 블랙〉
- **Case 1-2** 〈레드, 레드〉 또는 〈블랙, 레드〉 ▷ 〈*, 레드〉로 표시
- **Case 1-3** 〈레드, 블랙〉

*p*가 블랙이면 *s*는 블랙, 레드가 모두 가능하다. 〈*s*의 색상, *l*의 색상, *r*의 색상〉에 따라 다음과 같이 네 가지로 나눈다.

■ **Case 2: p가 블랙. ⟨s의 색상, l의 색상, r의 색상⟩에 따라**

- Case 2−1 ⟨블랙, 블랙, 블랙⟩
- Case 2−2 ⟨블랙, 레드, 레드⟩ 또는 ⟨블랙, 블랙, 레드⟩ ▷ ⟨블랙, *, 레드⟩로 표시
- Case 2−3 ⟨블랙, 레드, 블랙⟩
- Case 2−4 ⟨레드, 블랙, 블랙⟩ ▷ s가 레드이면 l과 r은 반드시 블랙

[그림 6−15]는 모든 가능한 경우의 수를 나열하고 있다. 이 중 Case 1−2와 Case 2−2는 p의 색상만 다르다. 이들 경우에는 p의 색상이 처리 방법에 영향을 미치지 않으므로 통합한다. Case 1−3과 Case 2−3도 마찬가지 이유로 통합한다.

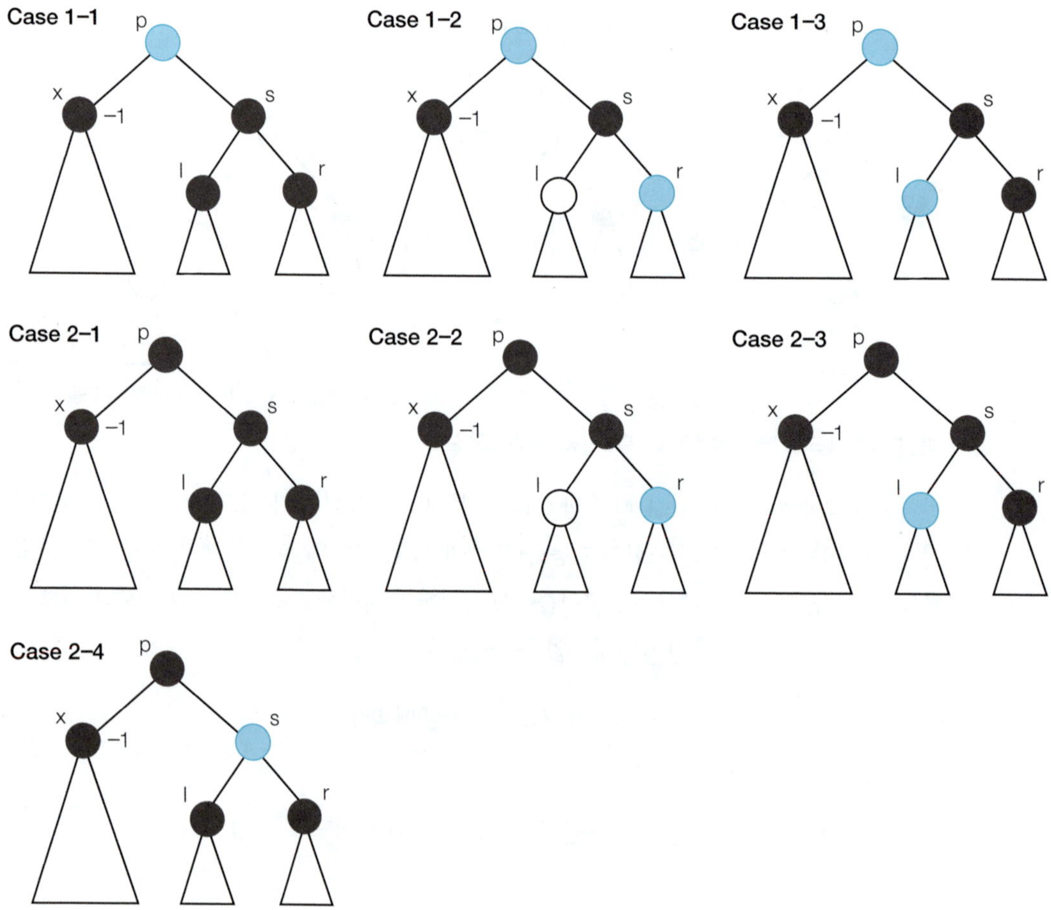

그림 6−15 레드 블랙 트리에서 삭제를 위한 모든 경우의 수

최종적으로 알고리즘이 처리하는 경우의 수는 [그림 6-16]과 같이 총 다섯 가지다. 각각 Case 1-1, Case *-2, Case *-3, Case 2-1, Case 2-4라고 하자(Case *-2는 Case 1-2와 Case 2-2가 합쳐졌음을 뜻함). 다섯 가지 경우 모두 특성 ❹를 위반한다.

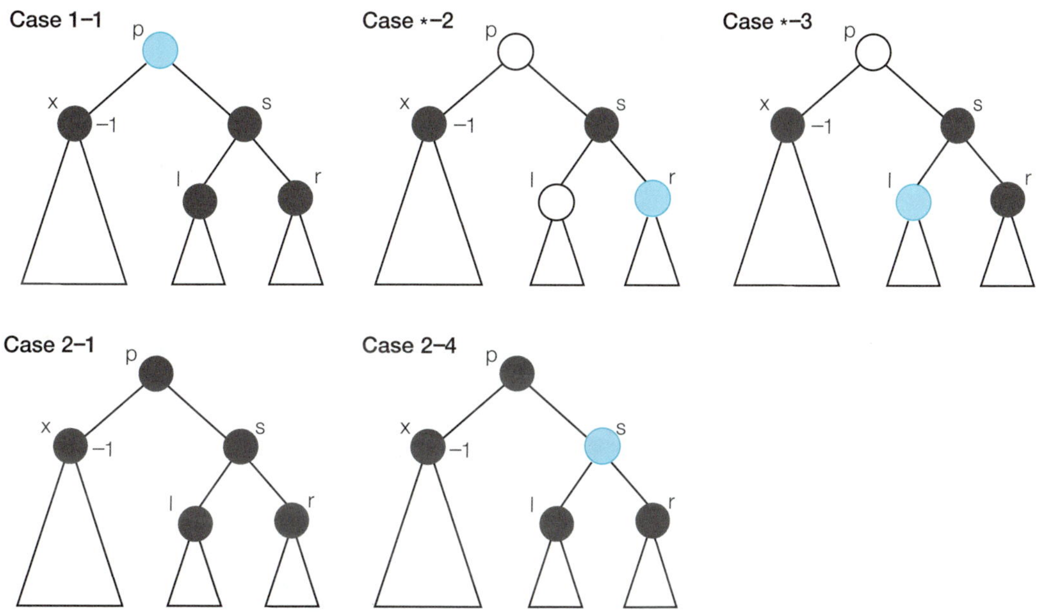

그림 6-16 레드 블랙 트리에서 삭제를 위한 최종 경우의 수

이제 각 경우에 대한 수선 방법을 소개한다. [그림 6-17]은 [그림 6-16]의 각 경우에 대한 수선 방법을 그린 것이다.

■ **Case 1-1**

단순히 p와 s의 색상을 맞바꾼다. x에 이르는 경로상에서 블랙이 하나 추가되었으므로 x에 이르는 경로에서 블랙 노드가 하나 모자라던 것이 해소되었다. 루트에서 s를 지나는 경로상의 블랙 노드의 수에는 변화가 없다. 특성 ❹가 만족되었다.

■ **Case *-2**

p를 중심으로 왼쪽으로 회전시키고, p와 s의 색상을 바꾼 다음 r의 색상을 레드에서 블랙으로 바꾼다. x에 이르는 경로상에서 블랙이 하나 추가되었으므로 x를 지나는 경로에서 블랙 노드가 하나 모자라던 것이 해소되었다. 1, 2, 3으로 표시된 서브 트리들은 루트에서 지나가는 경로상에 있는 블랙 노드의 수에 변화가 없다. 특성 ❹가 만족되었다.

■ **Case ∗−3**

*s*를 중심으로 오른쪽으로 회전Rotation시키고 *l*과 *s*의 색상을 맞바꾼다. Case ∗−2로 이동한다.

■ **Case 2−1**

단순히 *s*의 색상을 블랙에서 레드로 바꾼다. 이제 *s*를 지나가는 경로에서도 블랙 노드가 하나 모자라게 되어 *p*를 지나가는 경로 전체에서 블랙 노드가 하나 모자라게 된다. 이것은 원래 *x*에 대해서 발생했던 문제와 똑같은 문제가 *p*에 대해서 발생했음을 뜻한다. *p*를 문제 발생 노드로 하여 재귀적으로 다시 시작한다.

■ **Case 2−4**

*p*를 중심으로 왼쪽으로 회전시키고 *p*와 *s*의 색상을 맞바꾼다. *l*과 *r*을 경유하는 경로와 관련해서는 문제가 없다. 다만 문제가 발생한 *x*의 부모 노드의 색상이 블랙에서 레드로 바뀌었다. 이것은 Case 1에 해당한다. 색상의 조합을 따져 Case 1−1, 1−2, 1−3 중의 하나로 이동한다.

Case 1−1

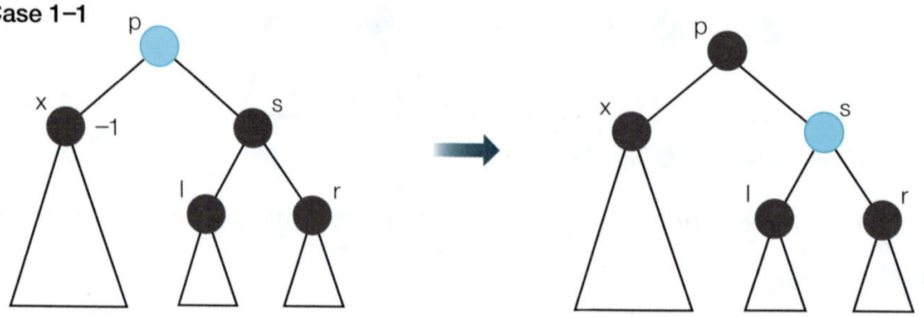

Case ∗−2

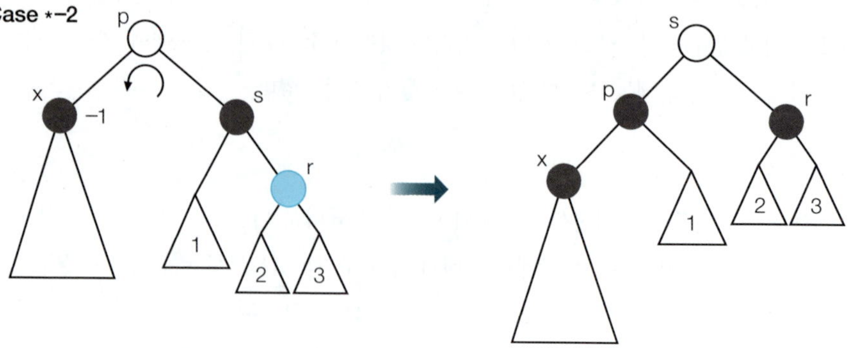

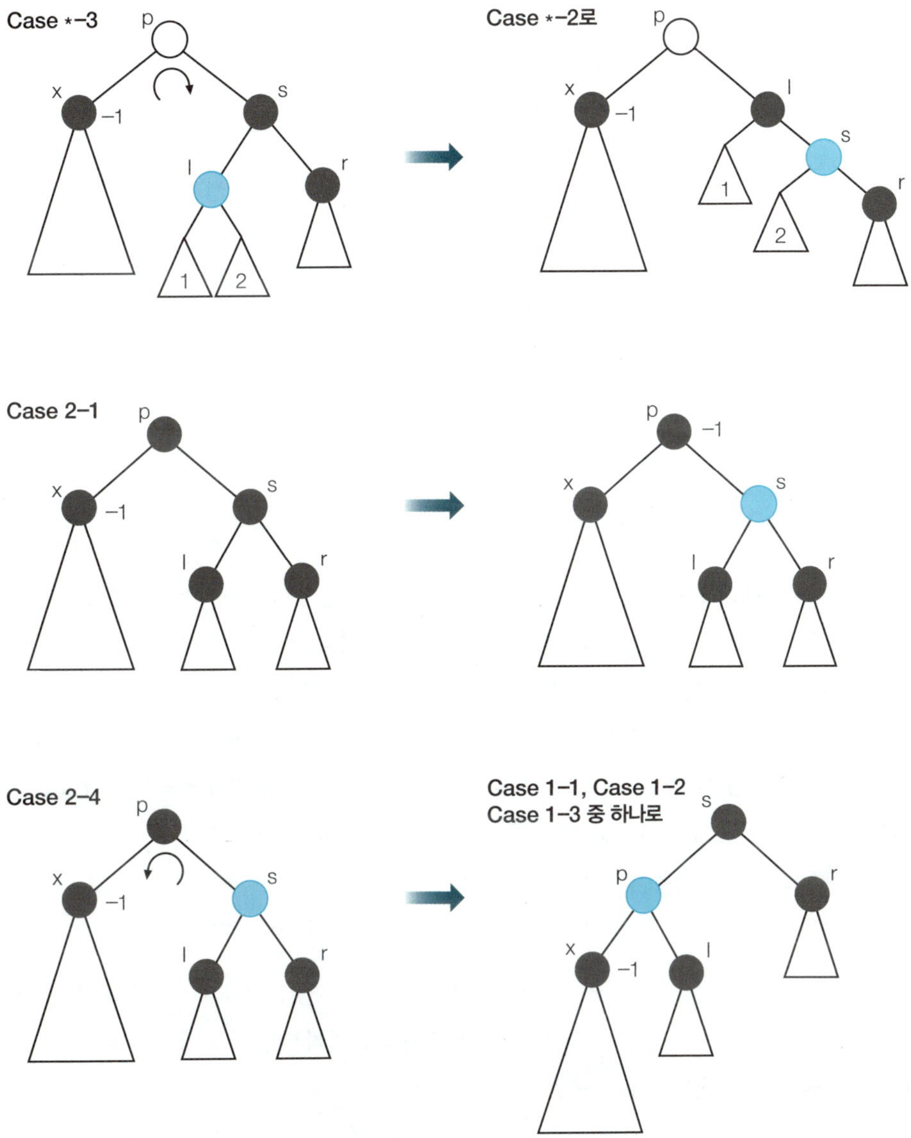

그림 6–17 레드 블랙 트리에서 각 경우에 따른 삭제 작업

3 레드 블랙 트리의 작업 성능 분석

레드와 블랙의 색상을 이용해 트리의 균형을 유지하는 레드 블랙 트리의 작업 성능을 분석해보자. [정리 6-2]는 레드 블랙 트리의 깊이가 최악의 경우에도 $O(\log n)$이 된다는 것을 보장한다. 단 하나의 노드로 된 트리의 깊이는 1이라 정의한다.

정리 6-2

> 키의 총수가 n인 레드 블랙 트리의 가능한 최대 깊이는 $O(\log n)$이다.

▶▶ **증명** 키의 총수가 n이라는 것은 레드 블랙 트리의 내부 노드의 수가 n임을 뜻한다. 레드나 블랙의 색상을 고려하지 않을 때 가장 이상적으로 꽉 채워진 트리의 깊이는 $\lfloor \log n \rfloor+1$이다. 그러므로 레드 블랙 트리가 아무리 잘 만들어져도 루트에서 임의의 리프에 이르는 경로에 존재하는 블랙 노드의 개수는 $\lfloor \log n \rfloor+1$을 넘을 수 없다. 레드 블랙 특성 ❸에 따라 레드 노드는 2개가 연속해서 존재할 수 없으므로 루트에서 임의의 리프에 이르는 경로에서 블랙 노드의 개수보다 많을 수 없다. 그러므로 루트에서 임의의 리프에 이르는 경로의 길이는 $2(\lfloor \log n \rfloor+1)$을 넘을 수 없다. 이것은 $O(\log n)$이다. 따라서 키의 총수가 n인 레드 블랙 트리의 가능한 최대 깊이는 $O(\log n)$이다.

TIP • 여기서 $\log n$은 $\log_2 n$을 뜻한다.

이 정리에 따라 레드 블랙 트리에서 검색에 소요되는 시간은 $O(\log n)$이 된다. 레드 블랙 트리에서 삽입과 삭제에 소요되는 시간 역시 모두 $O(\log n)$이다. 삽입의 경우 Case 2는 상수 시간에 끝난다. Case 1은 다시 Case 1을 재귀적으로 호출할 수 있으므로 최악의 경우 루트 노드까지 올라갈 수도 있다. 이것이 최악의 경우인데 [정리 6-2]에 따라 역시 $O(\log n)$의 시간이 든다. 삭제의 경우 Case 1-1, Case *-2, Case *-3은 상수 시간에 끝난다. Case 2-4는 Case 1-1, Case 1-2, Case 1-3 중 하나로 이동하므로 역시 상수 시간에 끝난다. Case 2-1은 부모 노드에서 같은 상황이 다시 반복될 수 있고, 루트 노드까지 올라갈 수도 있다. 이것이 최악의 경우인데 [정리 6-2]에 따라 역시 $O(\log n)$의 시간이 든다.

삽입하거나 삭제하는 원소의 자리를 찾는 작업까지 고려하면 총 시간은 $\Theta(\log n)$이다. 두 작업 다 경로상의 마지막 노드(NIL 리프)를 만날 때까지 내려가는데 이 과정에서 $\Theta(\log n)$개의 블랙 노드를 거치기 때문이다.

04 B-트리

디스크에 접근하는 작업은 메인 메모리로 접근하는 작업에 비해 엄청난 시간이 든다. 디스크 한 블록을 읽어오는 데는 펜티엄 2GHz CPU로 대략 20만 클록 정도 든다. 요즘은 컴퓨터 설계에서 파이프라인 구조가 잘되어 있어 기계어 명령 하나를 처리하는 데 평균 2클록도 들지 않는다. 결국 디스크에 한 번 접근하면 10만 개 이상의 명령을 처리하는 시간을 소비하게 된다. CPU 입장에서 볼 때 엄청난 낭비가 아닐 수 없다.

디스크에서 데이터를 읽고 쓰기 위해서는 블록 단위로 접근을 한다. 단 한 바이트만 읽거나 쓰고 싶어도 한 블록을 통째로 읽어오거나 써야 한다. 디스크의 한 블록은 보통 8K(8,192바이트), 16K(16,384바이트) 등인데 사용자가 결정하는 것은 아니다. 이 블록을 소프트웨어 레벨에서는 보통 페이지Page라 한다.

검색 트리가 방대하면 검색 트리를 메모리에 모두 올려놓고 사용할 수 없다. 결국 검색 트리가 디스크에 있는 상태로 작업해야 하는데 이 경우에는 CPU 작업의 효율성보다 디스크 접근 횟수가 효율을 좌우한다. 검색 트리의 분기 수를 늘리면 검색 트리의 기대 깊이를 낮출 수 있다. 예를 들어, 10억 개 내외의 키를 관리하는 이진 검색 트리가 균형을 완벽하게 이루고 있다면 가장 이상적인 경우 트리의 깊이가 30 정도 된다. 한 노드에서 256개의 분기가 가능하다면 가장 이상적인 경우 트리의 깊이가 5 정도 된다. 데이터 접근 요청이 빈번할 경우 디스크의 접근 횟수가 $\frac{1}{6}$로 절약되는 것은 큰 차이다.

디스크에 있는 상태로 사용되는 검색 트리를 외부 검색 트리라 한다. 그리고 분기의 수가 2개를 넘으면 다진 검색 트리라 한다. B-트리는 디스크 환경에서 사용하기에 적합한 외부 다진 검색 트리다. B-트리의 한 노드에는 최대 k개까지 키가 크기순으로 저장되어 있다. [그림 6-18]은 다진 검색 트리에 k개의 키가 있는 예를 보여준다. 키가 k개 있으면 이 노드는 k+1개의 자식을 가진다. 각각에 대응되는 서브 트리를 T_0, T_1, …, T_k라 하면 서브 트리 T_i의 모든 키들은 key_{i-1}보다 크고 key_i보다 작다.

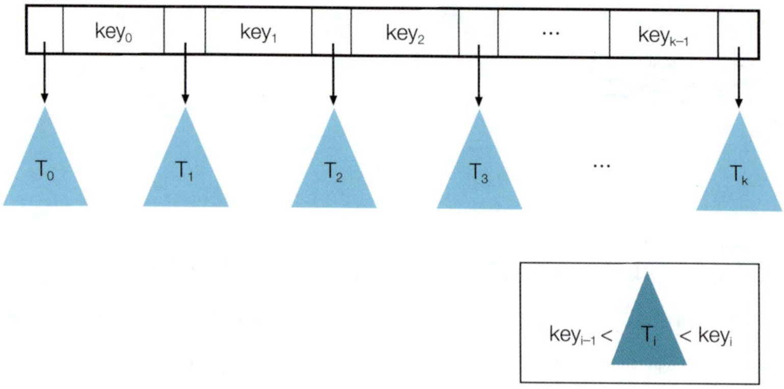

그림 6-18 다진 검색 트리에 키가 k개 있는 예

B-트리는 균형 잡힌 다진 검색 트리로 다음 성질을 만족한다.

- 루트를 제외한 모든 노드는 $\left\lfloor \frac{k}{2} \right\rfloor \sim k$개의 키를 갖는다.
- 모든 리프 노드는 같은 깊이를 가진다.

B-트리는 분기의 수를 가능하면 늘리되 균형을 맞추기 위해 각 노드가 채울 수 있는 최대 허용량의 반 이상의 키는 채워야 하는 검색 트리다. B-트리에서 k의 값은 키의 크기와 분기를 위한 포인터에 필요한 공간의 양을 반영하여 디스크의 한 블록이 수용할 수 있는 한도 내에서 최댓값을 잡는다. [그림 6-18]에서는 편의상 키와 분기를 위한 포인터만 표시했지만 임의의 키가 검색키와 일치했을 때 해당 키를 가진 레코드를 가져올 수 있는 페이지 번호가 같이 있어야 한다. 부모 노드를 가리키는 포인터도 하나 필요하다. 여기서 포인터는 모두 페이지에 대한 포인터이므로 페이지 번호를 사용한다. 이 요소를 모두 반영한 B-트리의 노드 구조는 다음과 같다.

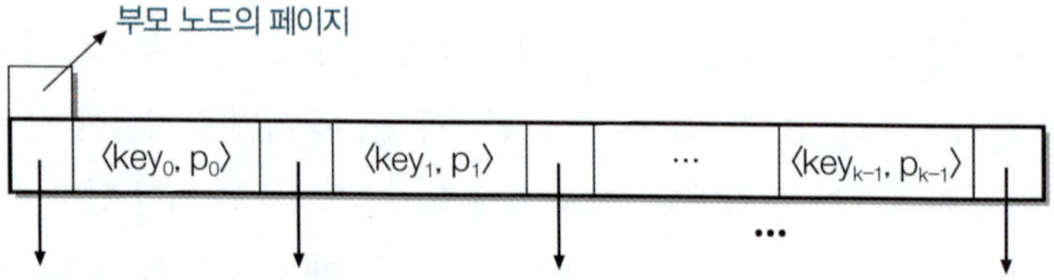

그림 6-19 B-트리의 노드 구조

자식 노드를 가리키는 포인터, 부모 노드의 페이지, P_i들은 모두 페이지 번호로 나타낸다. 예를 들어, 디스크의 한 블록이 8,192바이트이고, 키의 크기가 16바이트, 페이지 번호가 4바이트를 차지한다면, 최대 341개의 키 값을 가질 수 있다. 이 경우 각 노드는 170~341개의 키를 갖는다. 이렇게 디스크 블록의 크기와 노드의 크기를 일치시키는 것은 디스크에서 정보를 읽어올 때는 블록(페이지) 단위로 읽어오기 때문에 최대한 효율을 높이기 위해서다.

P_i들은 디스크에서 레코드의 구체적인 위치가 아닌, 해당 레코드가 저장된 페이지의 번호다. [그림 6-20]은 이 구조를 보여준다. P_i를 이용해서 페이지 P_i를 통째로 메인 메모리로 가져온 후 그 안에서 해당 레코드를 찾아서 처리한다. 메인 메모리에서 해당 레코드를 찾으려면 간단한 프로그램이 필요하지만 이 작업을 하는 데 걸리는 시간은 디스크에서 가져오는 시간에 비하면 무시할 수 있을 정도로 작다. 레코드의 위치를 나타내기 위해 페이지 번호 대신 페이지 내의 위치까지 나타낼 수도 있겠지만 이를 위한 공간이 더 필요하기 때문에 감수할 만한 가치는 없다.

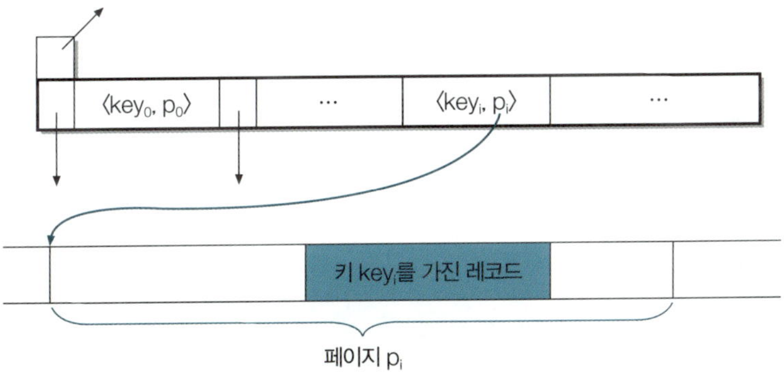

그림 6-20 레코드에 접근하는 절차를 보여주는 구조

1 B-트리의 검색

B-트리에서 키 x에 대한 검색은 기본적으로 이진 검색 트리의 검색과 같다. 이진 검색 트리에는 각 노드에 키가 하나밖에 없지만 B-트리에서는 각 노드가 최대 k개까지 키를 가질 수 있다. 이진 검색 트리에서는 검색키가 노드의 키와 일치하는 것이 있는지 확인하는 반면, B-트리에서는 노드의 여러 키 중 검색키와 일치하는 것이 있는지 확인한다. 이진 검색 트리에서는 유일한 키와 비교하여 왼쪽 또는 오른쪽 분기를 정하는 반면, B-트리에서는 $key_{i-1} < x < key_i$인 두 키를 찾아 분기해야 할 자식을 찾는다. 자식으로 분기하고 나면 깊이만 하나 내려간 똑같은 검색 문제가 된다. 이것은 이진 검색 트리에서처럼 재귀호출로 처리할 수 있다.

2 B-트리의 삽입

B-트리에서 키 x를 삽입하는 작업의 개략적인 골격은 다음과 같다.

❶ x를 삽입할 리프 노드 r을 찾는다.

❷ 노드 r에 공간의 여유가 있으면 키를 삽입하고 끝낸다.

❸ 노드 r에 여유가 없으면 형제 노드를 살펴 공간의 여유가 있으면 형제 노드에 키를 하나 넘기고 끝낸다.

❹ 형제 노드에 여유가 없으면 가운데 키를 부모 노드로 넘기고 노드를 2개로 분리한다. 분리 작업은 부모 노드에서의 삽입 작업을 포함한다.

[알고리즘 6-7]은 B-트리에서 삽입 알고리즘을 스케치한 것이다.

알고리즘 6-7 B-트리의 삽입(스케치)

```
Sketch_BTreeInsert(t, x):
▷ t: 트리의 루트 노드
▷ x: 삽입하고자 하는 키
    x를 삽입할 리프 노드 r을 찾는다.
    x를 r에 삽입한다.
    if (r에 오버플로우 발생) clearOverflow(r)

clearOverflow(r):
    if (r의 형제 노드 중 공간의 여유가 있는 노드가 있음)
        r의 남는 키를 넘긴다.
    else
        r을 둘로 분할하고 가운데 키를 부모 노드로 넘긴다.
        if (부모 노드 p에 오버플로우 발생) clearOverflow(p)
```

오버플로우가 발생할 때 우선 키를 넘겨줄 수 있는 형제 노드가 있는지 본다. 그런 노드가 있으면 키를 넘겨주고 끝낸다. 그렇지 않으면 노드를 분할해야 한다. 분할은 한 노드를 2개로 만드는 것이므로 부모 노드에 키가 하나 더 필요하다. 따라서 분할할 때 노드에 있는 키 중 하나를 부모 노드로 넘긴 다음 나머지로 분할한다. 이 분할의 결과로 키가 하나 늘어난 부모 노드에서 오버플로우가 발생할 수 있다. 앞에서 발생한 오버플로우와 성격은 같지만 발생 장소만 다르다. 재귀적으로 처리할 수 있다.

다음은 일련의 삽입 작업이 행해지는 예를 보여준다. 그림에서 하늘색으로 표시된 노드는 해당 작업에서 변화가 생긴 노드를 뜻한다. 각 노드가 최대 5개의 키를 가질 수 있다고 가정한다.

1 주어진 B-트리다.

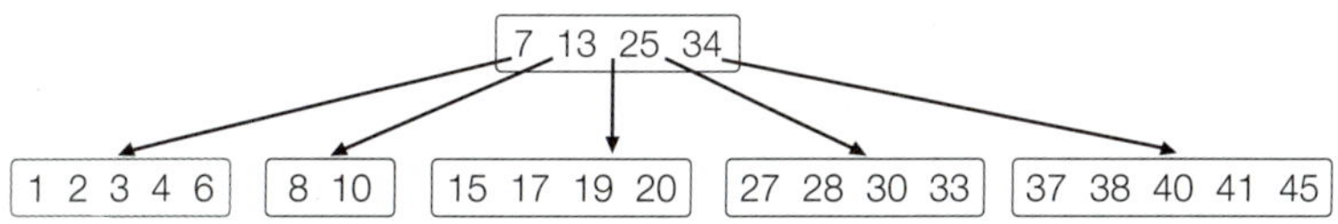

2 **9, 31 삽입:** 노드에 추가로 키를 받아들일 여유가 있으므로 9와 31을 해당 리프 노드에 넣는다.

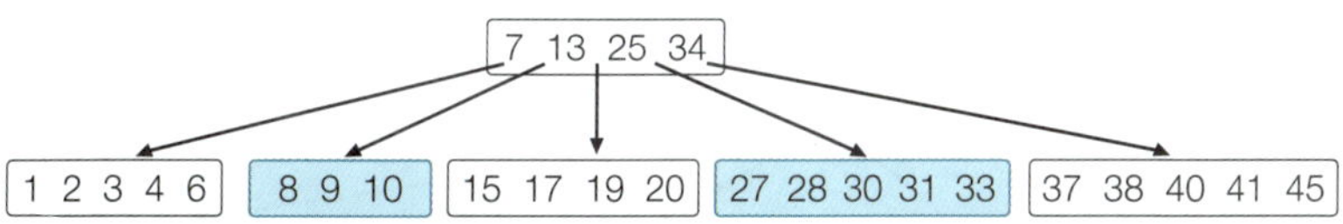

3 **5 삽입:** 5를 해당 리프 노드에 삽입하면 오버플로우가 발생한다. 바로 오른쪽의 형제 노드에 공간의 여유가 있으므로 키를 하나 넘긴다. 맨 오른쪽의 6을 형제 노드에 바로 넘기면 검색 트리의 성질이 깨지므로 부모 노드에 있는 7을 넘기고 그 자리에 6을 놓는다. 이것을 재분배(Redistribution)라 한다.

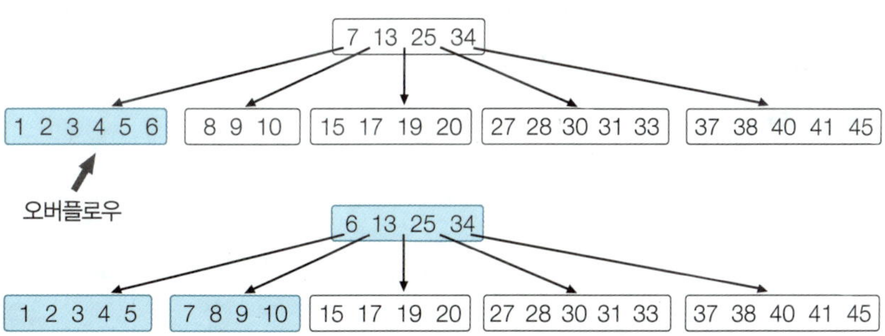

4 **39 삽입:** 39를 해당 리프 노드에 삽입하면 오버플로우가 발생한다. 바로 옆의 형제 노드에 공간의 여유가 없으므로 노드를 분할해야 한다. 맨 가운데 키 40을 부모 노드로 넘기고 나머지는 2개로 분할한다(하나의 노드가 2개로 나뉘므로 부모 노드에 분기를 위한 키가 하나 더 필요함).

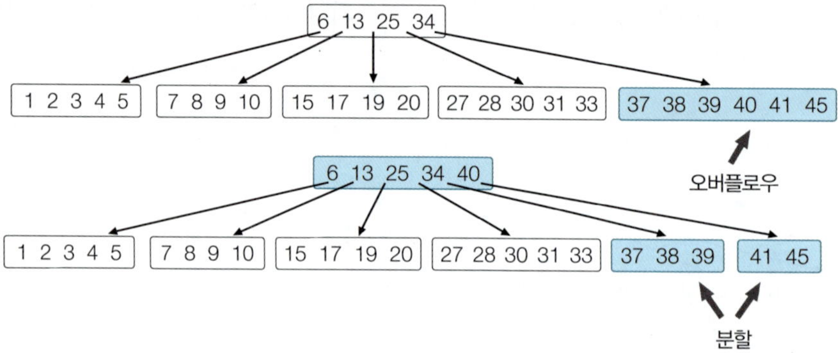

5 **23, 35, 36 삽입:** 23, 35, 36은 해당 리프 노드에 여유가 있으므로 해당 리프 노드에 넣는다.

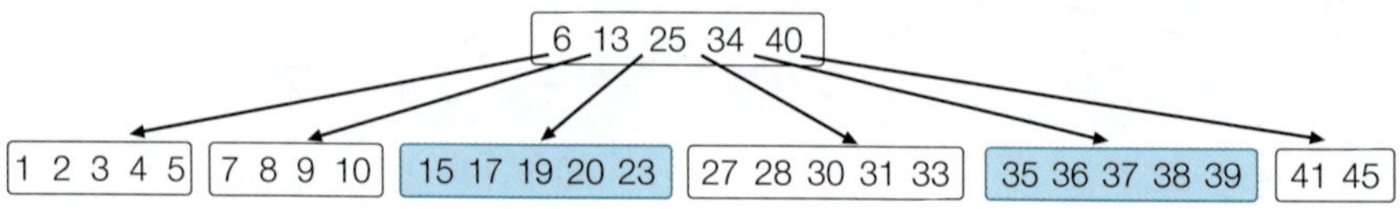

6 **32 삽입:** 32를 해당 리프 노드에 삽입하면 오버플로우가 발생한다. 양쪽의 형제 노드 모두 공간의 여유가 없으므로 분할한다. 가운데 키인 31을 부모 노드로 넘기고 노드를 둘로 분할한다. 키를 넘겨받은 부모 노드에 다시 오버플로우가 발생했다. 바로 아래에서 생겼던 오버플로우와 같은 상황이다. 재귀적으로 처리한다. 이 노드가 루트 노드이므로 키를 추가로 받을 형제 노드가 아예 없다. 노드를 둘로 나누고 가운데 키 31로 새로운 노드를 만든다. 이것이 새 루트 노드가 된다.

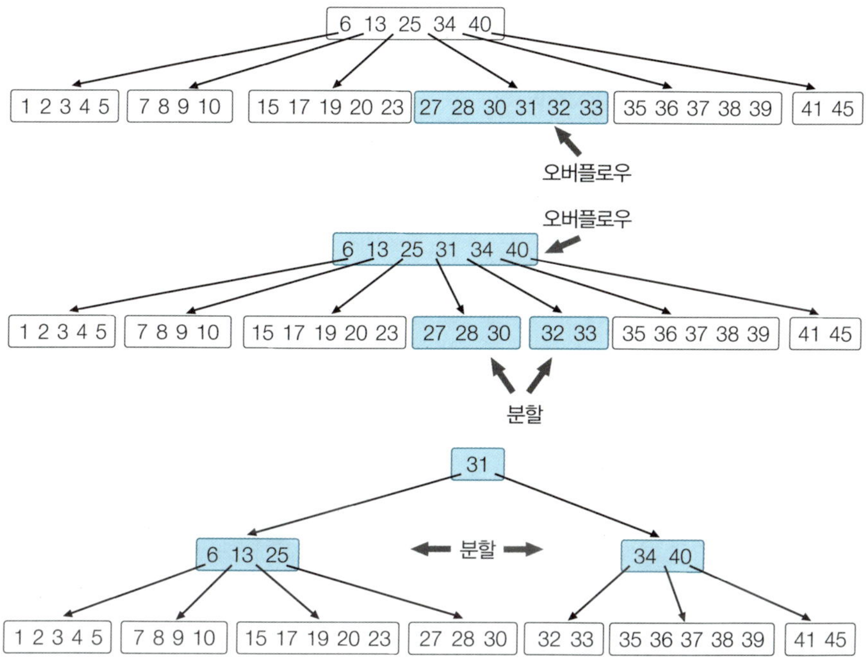

3 B-트리의 삭제

B-트리에서 키 x를 삭제하는 작업의 개략적인 골격은 다음과 같다.

❶ x를 키로 갖고 있는 노드를 찾는다.

❷ 이 노드가 리프 노드가 아니면 x의 직후 원소 y를 가진 리프 노드 r을 찾아 x와 y를 맞바꾼다.

❸ 리프 노드에서 x를 제거한다.

❹ x를 제거한 후 노드에 언더플로우가 발생하면 적절히 해소한다.

언더플로우가 발생할 때는 우선 키를 가져올 수 있는 형제 노드가 있는지 본다. 그런 노드가 있으면 가져다 채우고 끝낸다. 그렇지 않으면 형제 노드와 병합해야 한다. 병합은 두 노드를 하나로 합치는 것이므로 부모 노드의 키 중 하나가 필요 없다. 이 필요 없는 키와 두 노드를 합쳐 하나의 노드로 만든다. 이 병합의 결과 키가 하나 줄어든 부모 노드에서 언더플로우가 발생할 수 있다. 앞에서 발생한 언더플로우와 성격은 같지만 발생 장소가 다르다. 재귀적으로 처리할 수 있다.

[알고리즘 6-8]은 B-트리에서 삭제 알고리즘을 스케치한 것이다.

알고리즘 6-8 | **B-트리의 삭제(스케치)**

```
Sketch_BTreeDelete(t, x, v):
▷ t: 트리의 루트 노드
▷ x: 삭제하고자 하는 키, v: x를 갖고 있는 노드
    if (v가 리프 노드가 아님)
        x의 직후 원소 y를 가진 리프 노드를 찾는다.
        x와 y를 맞바꾼다.
    리프 노드에서 x를 제거하고 이 리프 노드를 r이라 한다.
    if (r에서 언더플로우 발생) clearUnderflow(r)

clearUnderflow(r):
    if (r의 형제 노드 중 키를 하나 내놓을 수 있는 여분을 가진 노드가 있음)
        r이 키를 넘겨받는다.
    else
        r의 형제 노드와 r을 병합하고 부모 노드에서 키를 하나 받는다.
        if (부모 노드 p에 언더플로우 발생) clearUnderflow(p)
```

다음은 B-트리에서 진행되는 삭제 작업의 예를 보여준다.

1 주어진 B-트리다.

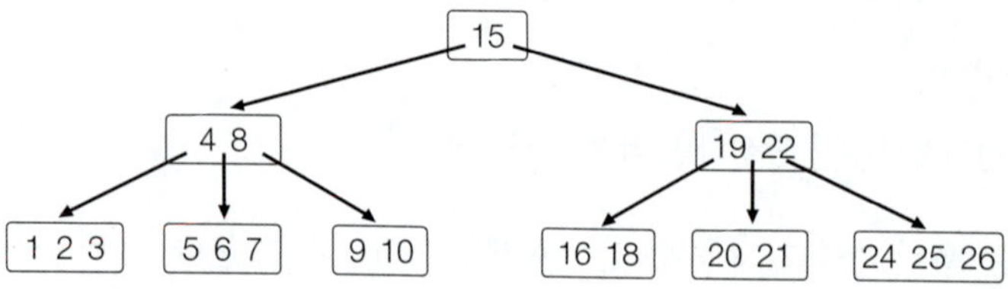

2 **7 삭제:** 키 7을 가진 노드에 3개의 키가 있으므로 하나를 삭제해도 B-트리의 성질을 만족한다.

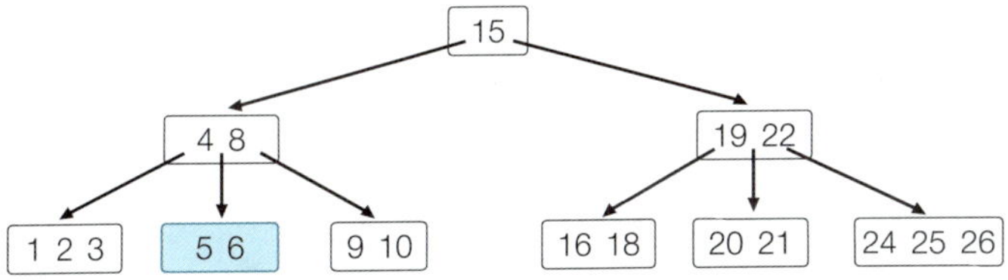

3 **4 삭제:** 4를 삭제하려 한다. 4가 리프 노드에 없으므로 4의 바로 다음 원소를 갖고 있는 리프를 찾는다. 4의 다음 원소는 5다. 4와 5를 교환한다. 4를 제거하면 해당 리프에서 6 하나만 남아 언더플로우가 발생했다. 형제 노드 중 키를 내놓을 수 있는 여분이 있는 노드가 있는지 본다. 왼쪽의 노드가 여분을 갖고 있으므로 키 3을 가져온다. 키 3을 바로 6 옆에 놓을 수 없으므로 부모 노드에 있는 5를 끌어내리고 그 자리에 3을 놓는다.

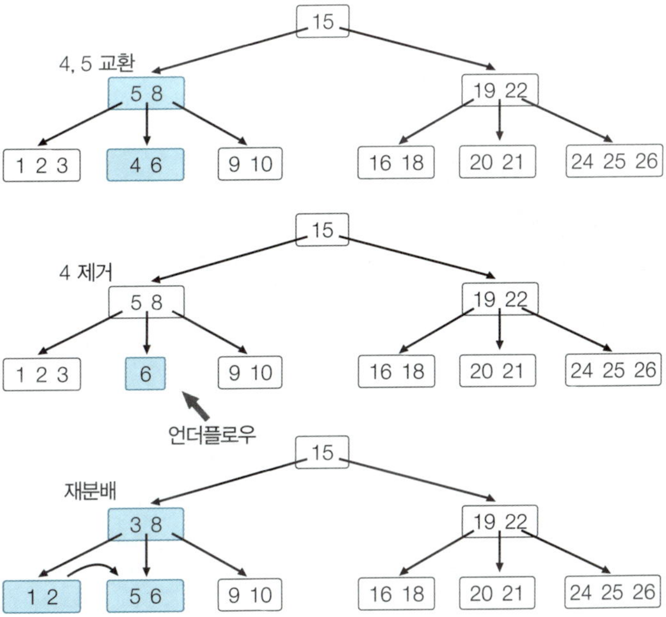

4 **9 삭제:** 9를 삭제하려 한다. 9를 리프 노드에서 제거하고 나니 언더플로우가 생겼다. 바로 옆의 형제 노드가 키를 내놓을 여유가 없으므로 병합한다. 병합은 형제 노드의 내용과 부모 노드의 키 하나(8)를 내려받아 행한다. 병합에 키 8을 내준 부모 노드에 다시 언더플로우가 생겼다. 먼저 발생한 언더플로우와 똑같은 문제가 발생했으므로 재귀적으로 처리한다. 그 결과 병합을 하게 되는데 부모 노드가 루트 노드이고 키가 하나밖에 없으므로 루트 노드는 키를 넘겨주고 없어진다. 병합된 노드가 새로운 루트 노드가 된다.

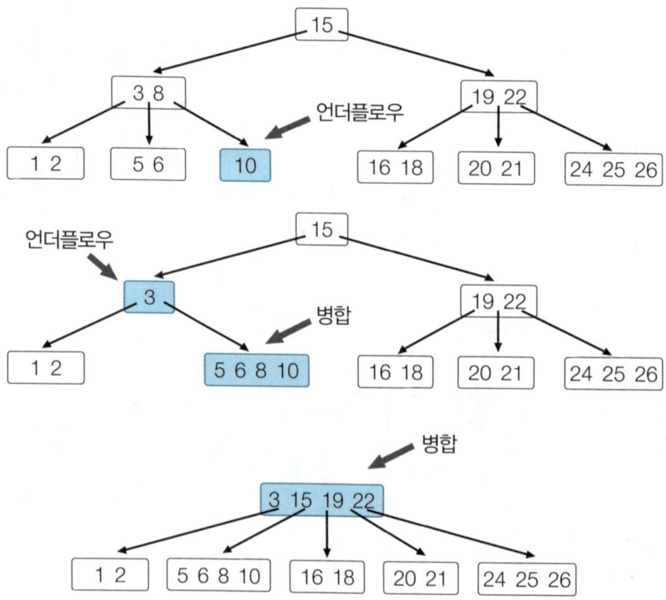

4 B-트리의 작업 성능 분석

이진 검색 트리가 균형을 아주 잘 맞추면 높이가 $\log_2 n$에 근접할 수 있다. 마찬가지로 d진 검색 트리가 균형을 아주 잘 맞추면 높이가 $\log_d n$에 근접할 수 있다. B-트리에서 임의의 노드가 최대 d개의 자식을 가질 수 있다면 최소한 $\left\lceil \frac{d}{2} \right\rceil$개의 자식은 가져야 한다(루트만 예외). 그러므로 B-트리의 깊이는 최악의 경우에도 '대략' $\log_{\frac{d}{2}} n$보다 깊을 수 없다. $\log_d n$과 $\log_{\frac{d}{2}} n$ 사이의 어디선가 결정될 것이다.

B-트리에서 작업들의 수행 시간은 디스크 접근 횟수를 기준으로 한다. 노드를 메인 메모리에 가져온 다음 수행하는 작업에 소요되는 시간은 디스크 접근 시간에 비하면 무시할 수 있을 정도로 작기 때문에 여기서는 고려하지 않는다.

B-트리에서 검색 시간은 당연히 $O(\log n)$이다. 삽입 작업은 일단 실패하는 검색을 한 번 수행하므로 $O(\log n)$ 시간이 든다. 오버플로우가 발생하지 않으면 트리의 맨 아래에 원소 하나를 추가하는 것은 상수 시간이 든다. 오버플로우가 반복적으로 발생해서 루트 노드까지 파급될 수도 있으므로 트리의 높이에 비례하는 시간이 들 수 있다. 이것이 최악의 경우이고 $O(\log n)$이다. 검색과 오버플로우 처리를 합하여 삽입 작업은 $O(\log n)$ 시간이 든다. 삭제 작업은 직후 원소를 찾는 데 $O(\log n)$ 시간이 든다. 언더플로우가 발생하지 않으면 노드에서 단순히 키 하나를 제거하는 데 상수 시간이 든다. 언더플로우가 반복적으로 발생해서 루트 노드까지 파급될 수 있으므로 트리의 높이에 비례하는 시간이 들 수 있다. 이것이 최악의 경우이고 $O(\log n)$이다. 직후 원소 찾기와 언더플로우 처리를 합하여 삭제 작업은 $O(\log n)$ 시간이 든다.

B-트리의 작업 시간은 모두 '점근적'으로는 $O(\log n)$으로 통칭되지만 이진 검색 트리의 $O(\log n)$에 비해 상수 인자가 상당히 작다.

05 *다차원 검색 트리

지금까지 배운 검색 트리는 모두 레코드를 색인하는 키가 하나의 필드로 구성되었다. 이런 검색 트리를 일차원 검색 트리라 한다. 이에 반해 하나의 키가 여러 개의 필드를 사용해야 하는 경우도 있다. 여러 개의 필드를 연결하여 하나의 필드처럼 다루는 방법도 있다. 다만 이렇게 하면 각 필드가 갖는 의미를 활용하지 못한다. 예를 들어, 하나의 키가 (x, y, z)와 같이 3개의 필드로 이루어질 경우, y의 값에 따라 어떤 작업을 해보고자 할 때 x, y, z를 합쳐서 하나로 처리한 경우라면 이 작업을 할 수 없다.

이 절에서는 키가 2개 이상의 필드로 이루어지는 경우 각 필드를 그대로 검색에 사용하는 트리를 소개한다. 이런 트리를 다차원 검색 트리라 한다. 이 경우 키는 여러 개의 필드로 이루어진 벡터가 된다. 일차원 트리들에 비해 작업은 조금 더 복잡해지지만 이진 검색 트리와 B-트리를 깊이 이해하고 있다면 큰 어려움이 없다. 여기서는 4개의 주제를 소개하는데, 앞에서 설명한 일차원 트리들보다는 간략하게 다루도록 한다.

1 KD-트리

KD-트리는 이진 검색 트리를 확장한 것으로 k개$(k \geq 2)$의 필드로 이루어지는 키를 사용한다. KD-트리에서는 검색 트리의 각 레벨이 하나씩의 차원만 다룬다. 루트 노드(레벨 0)는 첫 번째 필드만 사용해서 분기하고, 그다음 레벨은 두 번째 필드만 사용해 분기하고, …, 이런 식으로 동일한 레벨에 있는 노드는 모두 동일한 하나의 필드만 이용해서 분기한다. [그림 6-21]은 k개의 필드를 사용하는 KD-트리를 그린 것이다. 레벨 0(루트 노드)에서는 필드 0만으로 왼쪽이나 오른쪽으로 분기한다. 레벨 i에서는 필드 $i(\bmod k)$만으로 분기한다. 각 레벨에서 분기에 사용되는 필드는 하늘색으로 표시하였다.

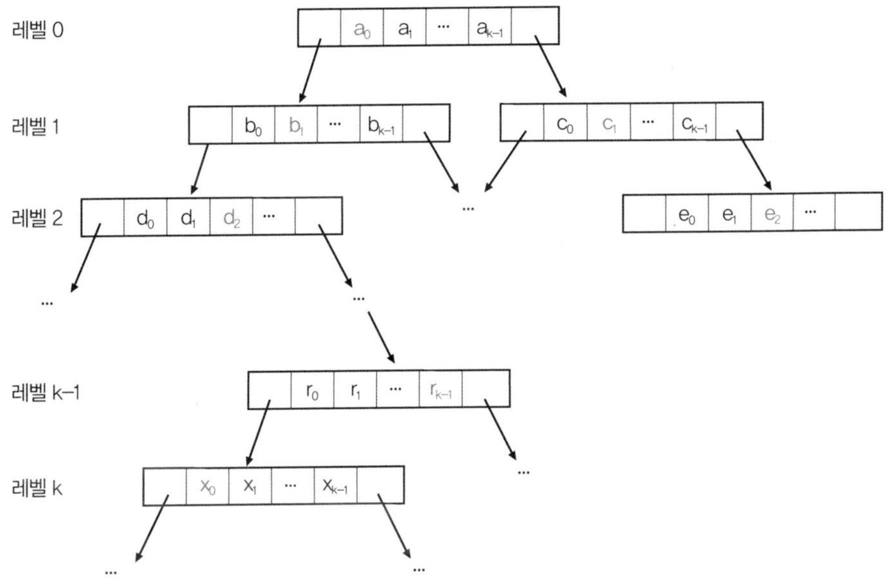

그림 6-21 k개의 키를 사용하는 KD-트리

[그림 6-22]는 키가 (x, y)로 표현되는 이차원 KD-트리에서 일련의 키가 삽입될 때 만들어지는 KD-트리의 모양을 보여준다. 키 A(50, 50), B(10, 70), C(80, 85), D(25, 20), E(40, 85), F(70, 85), G(10, 60)가 차례대로 삽입되었다. 각각 삽입되는 과정을 살펴보자. 분기에 사용되는 필드는 하늘색으로 표시하였다.

1. 가장 먼저 삽입된 A(50, 50)가 루트 자리를 차지한다.
2. B(10, 70)는 x값 10이 루트의 x값 50보다 작으므로 루트의 왼쪽 자식이 된다.
3. C(80, 85)는 x값 80이 루트의 x값 50보다 크므로 루트의 오른쪽 자식이 된다.
4. D(25, 20)는 먼저 x값 25가 루트의 x값 50보다 작으므로 루트의 왼쪽으로 가서 B(10, 70)를 만난다. y값 20이 B의 y값 70보다 작으므로 B의 왼쪽 자식이 된다.
5. E(40, 85)는 x값 40이 루트의 x값 50보다 작고, y값 85가 B의 y값 70보다 크므로 B의 오른쪽 자식이 된다.
6. F(70, 85)는 x값 70이 루트의 x값 50보다 크고, y값 85가 C의 y값 85와 같으므로 C의 오른쪽 자식이 되었다. 이처럼 KD-트리에서는 모든 필드 값이 같을 수는 없지만 일부 필드 값이 같은 경우가 발생할 수 있다. 여기서는 필드 값이 같을 경우에는 오른쪽으로 분기하도록 하였다.

7 G(10, 60)는 x값 10이 루트의 x값 50보다 작고, y값 60이 B의 y값 70보다 작고, x값 10이 D의 x값 25보다 작으므로 D의 왼쪽 자식이 된다.

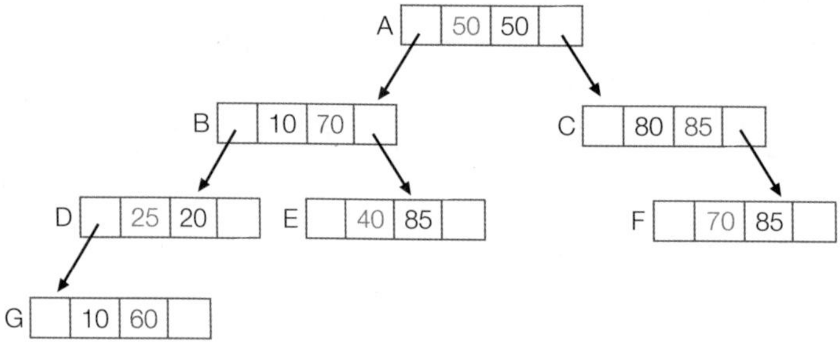

그림 6-22 이차원 KD-트리의 예

KD-트리상의 각 노드는 다차원 공간의 한 점에 해당한다. [그림 6-22]의 예는 이차원 검색 트리이므로 각 노드는 이차원 공간상의 한 점에 해당한다. KD-트리의 한 노드에서 필드 x를 사용해 분기하는 것은 그 노드가 속한 다차원 공간에서 x의 차원에 대해 공간을 둘로 분할하는 효과가 있다. [그림 6-23]은 앞의 이차원 KD-트리가 이차원 공간을 분할해나가는 과정을 표시한 것이다. 루트는 전체 공간을 $x=50$을 기준으로 둘로 나누고, G는 B와 D로 경계 지은 공간을 $y=60$을 기준으로 둘로 나눈다. KD-트리에서 검색을 이용해 내려간다는 것은 다차원 공간에서 이렇게 나누어진 결과에 따라 공간의 범위를 점점 좁혀나가는 것이다.

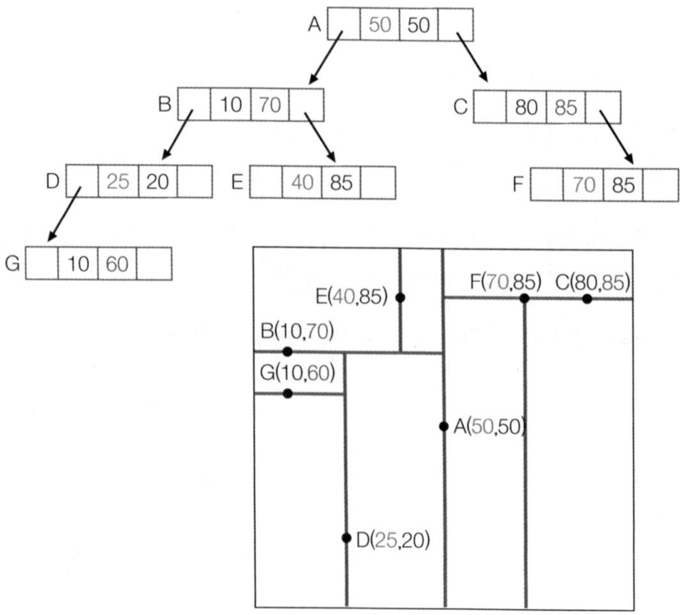

그림 6-23 [그림 6-22]에 대응되는 공간 분할 과정을 보여주는 예

KD-트리에서 검색은 별로 어려움이 없다. 임의의 키가 입력되면 각 필드를 차례대로 사용해서 트리를 검색해 내려가면 된다. 삽입도 별 어려움이 없다. [그림 6-22]의 예에서 설명한 바와 같이, 검색하듯이 트리를 따라 내려가다 리프 노드를 만나면 거기에서 왼쪽 또는 오른쪽에 매달아주면 된다.

검색과 삽입은 이진 검색 트리를 단순히 확장한 것이라 볼 수 있지만 KD-트리의 삭제는 이진 트리의 삭제에 비해 좀 복잡하다. 하지만 원리는 여전히 이진 검색 트리의 삭제에서 확장한 것이다. 이진 검색 트리에서 삭제는 삭제하고자 하는 노드가 몇 개의 자식을 갖느냐에 따라 세 가지로 나누어 처리하였다. 각 경우에 대해 KD-트리에서 확장 가능성을 살펴보자. 노드 r을 삭제한다고 가정한다.

- **자식이 없는 경우:** 이진 검색 트리와 마찬가지로 노드 r만 제거하면 된다.
- **자식이 하나뿐인 경우:** 이진 검색 트리에서는 노드 r의 부모가 바로 노드 r의 자식을 가리키도록 하면 간단히 끝난다. 그러나 KD-트리에서 이처럼 하면 자식 노드를 루트로 하는 서브트리가 한 레벨 위로 이동하므로 분기에 사용하는 필드가 달라진다. 원래의 트리에서 노드 r과 자식 노드는 분기에 사용하는 필드가 다르다. 따라서 아주 높은 확률로 KD-트리의 성질이 깨질 것이다. KD-트리에서는 자식이 하나뿐이더라도 자식이 둘인 경우와 같은 방법으로 삭제해주어야 한다.
- **자식이 둘인 경우:** 이진 검색 트리에서는 노드 r의 오른쪽 서브 트리의 최소 키 값을 가진 노드를 삭제하고 그 노드를 노드 r의 자리로 이동한다. KD-트리는 오른쪽 서브 트리 중 노드 r에서 분기에 사용한 필드 값이 가장 작은 노드를 찾아 삭제하고 그 노드를 노드 r의 자리로 이동하면 된다.

왼쪽 자식만 하나 있을 때는 왼쪽 서브 트리 중 노드 r에서의 분기에 사용한 필드 값이 가장 큰 노드를 찾아 삭제하고 그 노드를 노드 r의 자리로 이동하면 된다.

다음 예를 통해 KD-트리에서 삭제 작업의 전형적인 과정을 살펴보자.

1 그림에서 루트 노드 A를 삭제하고자 한다.

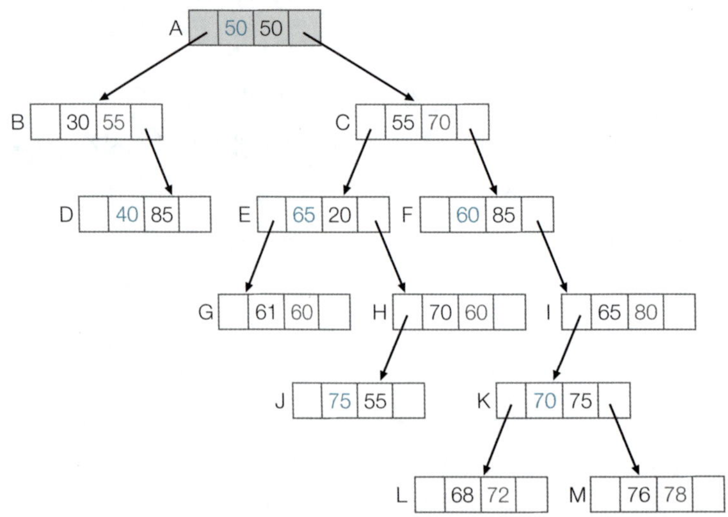

2 우선 A의 오른쪽 서브 트리에서 x값이 가장 작은 노드를 찾는다. 노드 C의 x값이 가장 작다.

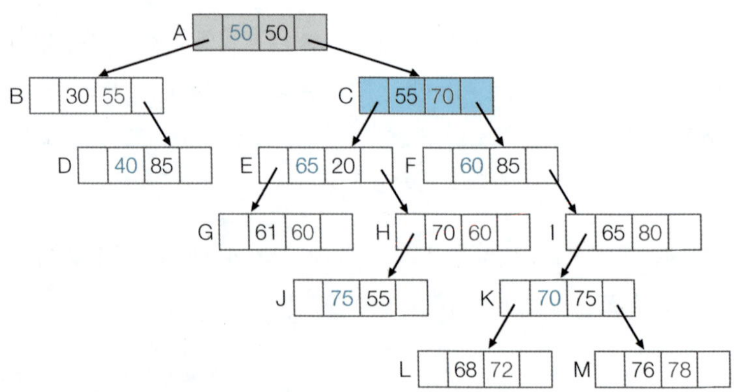

3 노드 A 자리에 노드 C를 옮겨놓는다. 이제 원래 노드 C가 있던 자리가 비었으므로 이를 해결해야 한다. 이것은 자리만 바뀌었을 뿐 노드 C를 삭제하는 작업이므로 **1**의 작업과 성격이 같다. 이것을 파악하면 여기서부터는 재귀적 작업임을 알 수 있다.

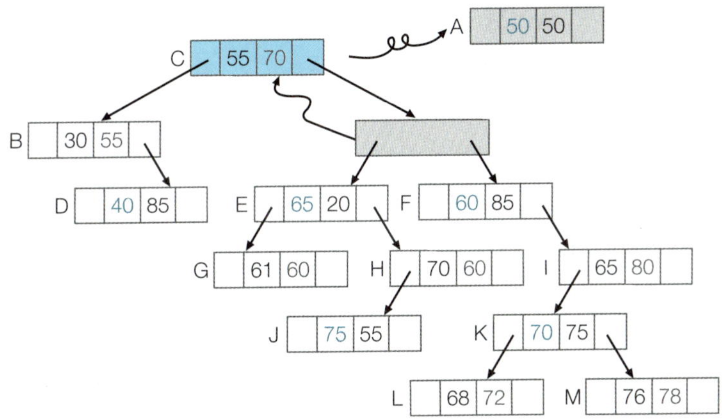

4 C가 있는 자리는 분기를 위해 y값을 사용한다. C의 오른쪽 서브 트리에서 y값이 가장 작은 노드를 찾으면 L이다.

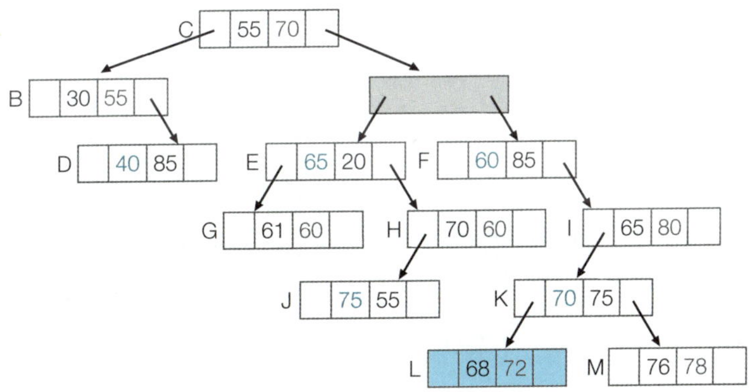

5 L을 C의 빈자리로 옮긴다.

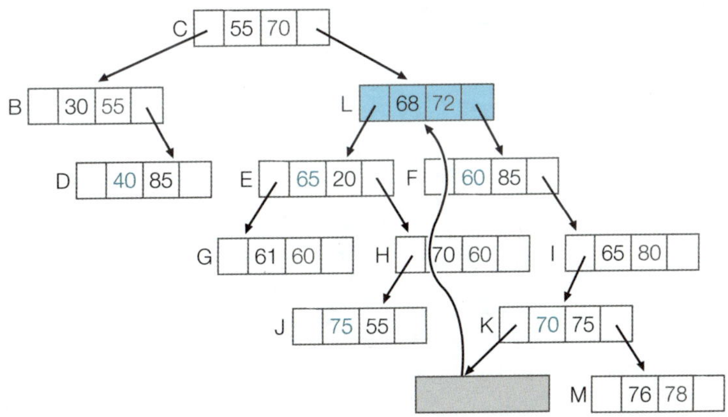

6 L은 리프 노드였으므로 L이 위로 옮겨감으로써 영향을 받는 자식이 없다. L에 대한 부모 노드의 연결만 NIL로 바꾸면 끝이다.

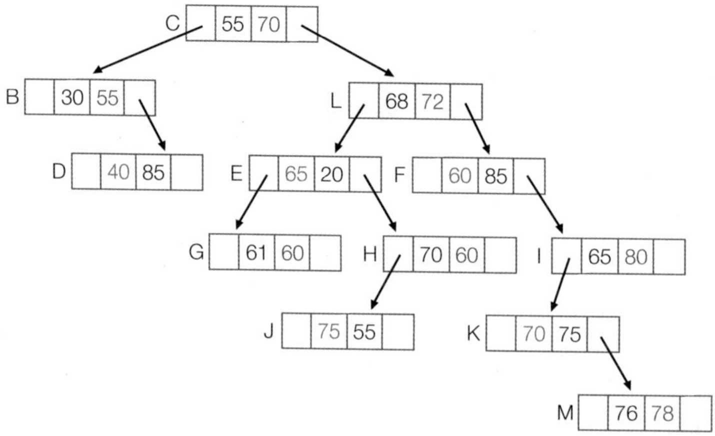

KD-트리에서 x값 또는 y값이 가장 작은 노드를 찾는 작업은 이진 트리에서 유일한 경로를 따라 내려가는 것처럼 간단하지 않다. 깊이보다는 서브 트리의 노드 수에 더 영향을 받는다고 볼 수 있다. [그림 6-24]는 앞의 예에서 A의 오른쪽 서브 트리에서 x값이 가장 작은 노드를 찾아갈 때 보지 않아도 되는 부분들을 표시한 것이다.

우선 A에서 C로 내려가면 C의 두 서브 트리는 무조건 다 내려가보아야 한다. 노드 C는 y값으로 분기했기 때문에 C 후손들의 x값을 짐작할 수 없기 때문이다. 먼저 E로 내려간다. E의 오른쪽 서브 트리는 E의 x값보다 큰 x값을 가지므로 볼 필요가 없다.

E의 왼쪽 서브 트리(여기서는 노드가 하나뿐)를 확인한 다음 백트래킹해서 노드 F로 간다. F의 오른쪽 서브 트리는 E에서와 같은 이유로 볼 필요가 없다. [그림 6-24]의 예에서는 대상이 되는 10개의 노드 중 4개만 방문하고 최솟값을 찾았다.

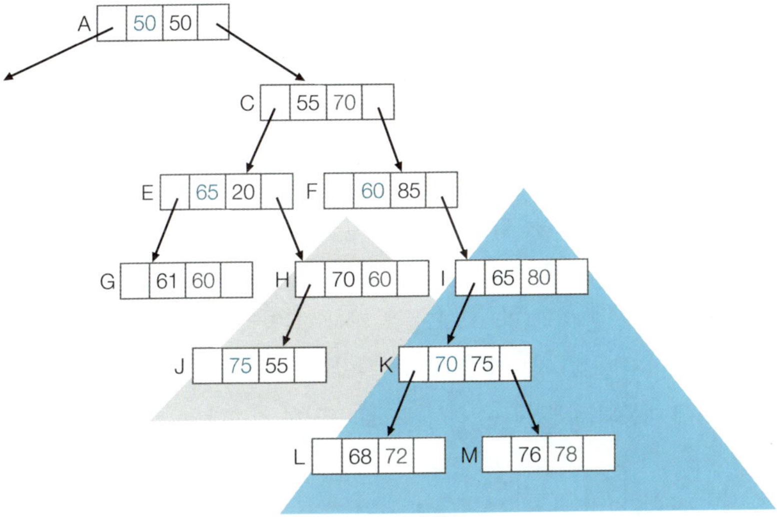

그림 6-24 서브 트리에서 가장 작은 x값을 찾을 때 보지 않아도 되는 부분들

2 KDB-트리

KDB-트리는 다차원 검색을 다룰 수 있도록 B-트리를 확장한 것이다. B-트리는 각 노드를 키로 분기하지만, KDB-트리는 각 노드를 영역으로 분기한다. KDB-트리는 루트 노드부터 시작해 전체 공간을 쪼개가면서 색인을 한다. B-트리처럼 KDB-트리의 한 노드는 디스크의 한 페이지와 일치한다. KDB-트리의 노드에는 다음 두 종류가 있다.

- **영역 노드:** 복수 개의 (영역, 페이지 번호) 쌍으로 구성된다. 모든 내부 노드Internal Node는 영역 노드다.
- **키 노드:** 복수 개의 (키, 페이지 번호) 쌍으로 구성된다. 모든 리프 노드는 키 노드다.

k차원의 키를 사용한다면 영역은 다음과 같이 표현된다.

$$(<min_0, max_0>, <min_1, max_1>, \cdots, <min_{k-1}, max_{k-1}>)$$

즉, 각 차원에서 범위가 주어지고 영역은 이들을 모두 만족하는 공간을 뜻한다. 이차원이라면 영역은 직사각형 블록 모양이다. 한 노드에 있는 영역끼리 겹치는 부분이 없다. 또 한 노드에 있는 모든 영역을 합하면 다시 영역을 이룬다. 즉, 이차원이라면 반듯한 직사각형을 이룬다. 키는 다음과 같이 표현된다.

$$(x_0, x_1, \cdots, x_{k-1})$$

(영역, 페이지 번호)의 페이지 번호는 해당 영역을 커버하는 자식 노드의 페이지 번호를 뜻한다. (키, 페이지 번호)의 페이지 번호는 해당 키를 가진 레코드가 저장된 디스크 페이지를 뜻한다. KDB-트리의 내부 노드들은 모두 영역 노드이며 리프 노드들은 모두 키 노드다. B-트리의 일종이므로 모든 리프 노드들의 깊이는 같다.

[그림 6-25]는 KDB-트리의 예를 보여준다. 루트는 전체 공간을 커버한다. 이 예에서 공간은 3개로 나누어져 3개의 페이지가 각각 커버한다. 각 페이지는 다시 복수 개로 나누어져 자식 페이지들이 나누어 커버한다. 맨 아래 리프 노드들은 각각 한 영역을 커버하는데, 해당 영역에 속하는 키들의 (키, 페이지 번호) 정보가 들어 있다. [그림 6-26]은 [그림 6-25]와 관련해서 디스크의 한 페이지에 대응되는 부분들을 하늘색으로 표시한 것이다.

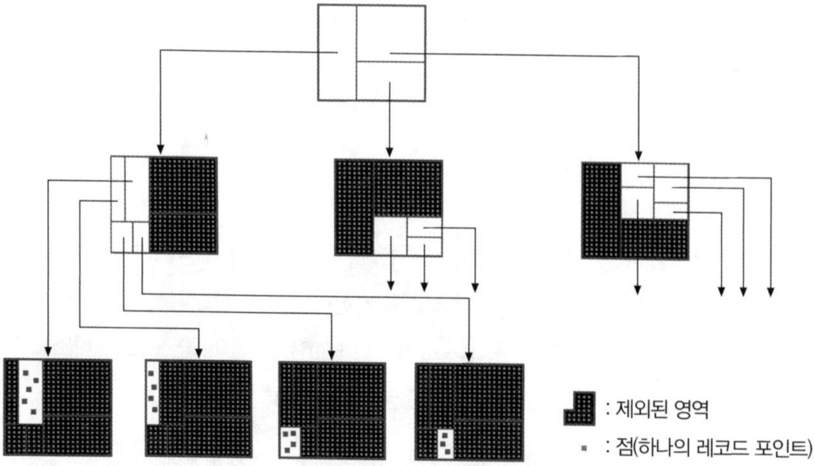

그림 6-25 KDB-트리의 예

KDB-트리에서 키 검색은 간단하다. 루트 노드부터 시작해서 해당 키가 포함되는 영역을 따라 리프 노드까지 내려가면 된다. 각 노드의 영역들은 서로 겹치는 부분이 없으므로 임의의 키로 도달하는 리프는 유일하다. 리프 노드에 해당 키의 (키, 페이지 번호) 정보가 있으면 해당 페이지로 가서 레코드를 가져온다. 도달한 리프에 해당 키의 (키, 페이지 번호) 정보가 없으면 검색은 실패한 것이다.

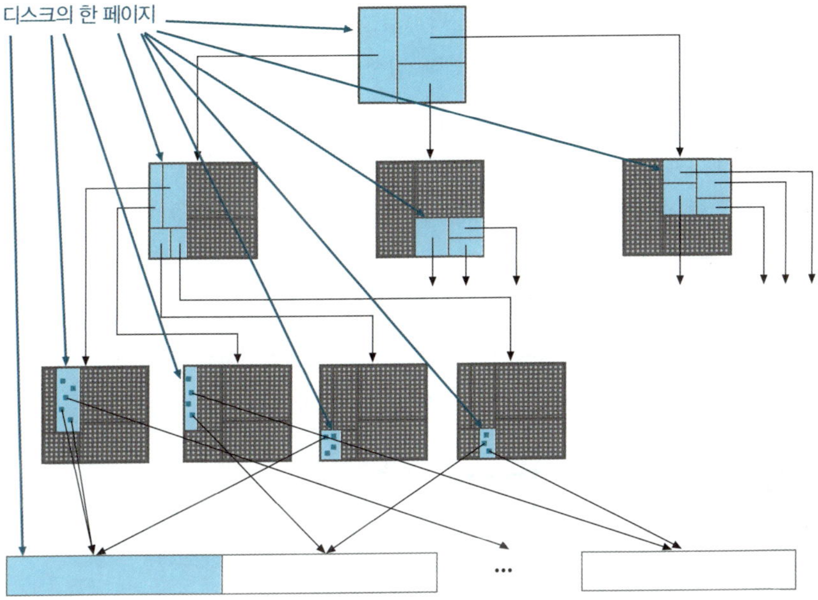

그림 6-26 디스크의 한 페이지에 대응되는 부분들

KDB-트리에서는 영역 검색도 가능하다. 검색 영역은 노드의 영역들처럼 다음과 같이 표현된다.

$$(<min_0,\ max_0>,\ <min_1,\ max_1>,\ \cdots,\ <min_{k-1},\ max_{k-1}>)$$

일부 차원은 $\langle min_i,\ max_i \rangle$가 해당 차원의 범위 전체를 다 커버할 수도 있다. 루트 노드부터 시작해 검색 영역과 겹치는 부분이 있는 노드는 모두 방문해 확인한다. 이런 과정을 거쳐 리프 노드를 만나면 검색 영역에 속하는 모든 키의 레코드를 가져온다. 검색 영역에 따라 아주 많은 수의 리프 노드를 방문하게 되는 경우도 있다. 키의 삽입은 B-트리에서의 삽입과 유사하다. 우선 삽입할 키가 속하는 리프 노드를 찾는다. 해당 리프 노드가 키를 더 수용할 수 있는 공간이 있으면 (키, 페이지 번호) 쌍을 삽입하고 끝난다. 리프 노드가 키를 더 이상 수용할 수 없는 경우, 형제 노드와 재분배할 수 있으면 재분배를 하고 작업은 끝난다(해당 리프의 부모 노드에서 영역의 경계를 조정하는 작업이 포함됨). 그러나 재분배가 불가능하면 리프 노드를 분할하여 2개로 만든다. 즉, 리프 노드에 대응되는 영역을 2개로 나눈다. 이에 따라 부모 노드에 있던 한 영역이 2개로 나뉘므로 (영역, 페이지 번호) 쌍이 하나 늘어난다. 부모 노드가 (영역, 페이지 번호)를 하나 더 수용할 공간이 있으면 작업은 끝이다. 부모 노드가 이것을 수용할 수 없으면 부모 노드를 분할한다.

[그림 6-27]은 노드 x를 분할하는 예를 보여준다. (a)는 노드 x의 자식 노드에서 하늘색으로 표시된 영역이 분할되어 올라온 상황이다. 하늘색 점선으로 표기된 가로선이 x의 자식 노드에서 해당 영역을 분할한 것이다. 노드 x가 이 분할의 결과를 수용할 수 있으면 그것으로 작업은 끝이다. 이 분할이 노드 x에서 오버플로우를 발생시키면 노드 x도 분할해야 한다. (b)는 이 경우에 노드 x를 분할한 것이다. 노드를 분할할 때는 자식 노드에서 분할을 위해 사용된 차원의 분할선을 노드 x 전체에 적용하여 자른다. 노드 x가 분할되면 이번에는 x의 부모 노드에서 x를 가리키던 (영역, 페이지 번호)를 2개로 나누어야 한다. 이것은 x의 자식 노드에서 분할이 일어나 노드 x로 올라온 (a)와 같은 상황이 x의 부모 노드에서 일어났을 뿐이다. 재귀적으로 처리할 수 있음을 짐작할 수 있다. B-트리의 분할과 같은 원리다.

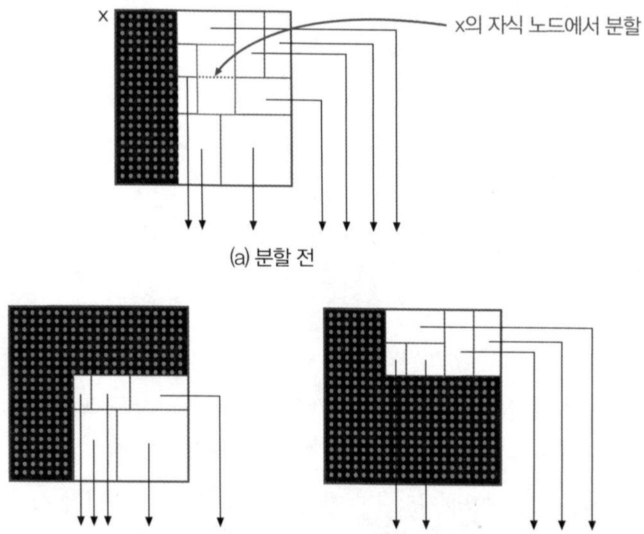

그림 6-27 노드 분할 전과 분할 후의 모양을 보여주는 예

KDB-트리의 삭제도 B-트리와 유사하다. 삭제한 후 언더플로우가 생기지 않으면 작업은 끝이다. 언더플로우가 발생하면 이웃 영역과 경계를 재조정해서 재분배할 수 있으면 재분배하고 작업을 끝낸다. 재분배할 수 없는 경우에는 병합한다. 병합은 부모 노드에서 (영역, 페이지 번호) 쌍 2개가 하나로 통합된다. 부모 노드에서 이 때문에 언더플로우가 발생하면 아래에서 발생한 언더플로우와 성격은 같지만 위치만 다른 재귀적 상황이 된다. B-트리의 병합과 같은 원리다.

3 R-트리

R-트리도 KDB-트리처럼 다차원 검색을 다룰 수 있도록 B-트리를 확장한 것이다. KDB-트리에서는 노드들이 전체 공간을 나누어 커버하는 데 반해 R-트리에서는 키들을 모두 포함하는 최소 영역만 노드에 있다. B-트리 계열이므로 R-트리의 한 노드도 디스크의 한 페이지와 일치한다. R-트리의 노드도 KDB-트리처럼 두 종류가 있다.

- **영역 노드:** 복수 개의 (영역, 페이지 번호) 쌍으로 구성된다. 모든 내부 노드는 영역 노드다.
- **키 노드:** 복수 개의 (키, 페이지 번호) 쌍으로 구성된다. 모든 리프 노드는 점 노드다.

B-트리에서 각 노드가 가질 수 있는 키 개수의 상한과 하한이 있었듯이, R-트리의 노드에서도 영역 개수의 상한과 하한이 있다. R-트리는 다음 성질을 만족한다.

- 루트를 제외한 모든 내부 노드는 $\left\lfloor \frac{k}{2} \right\rfloor \sim k$개의 영역을 갖는다.
- 모든 리프 노드는 같은 깊이를 가진다.
- 모든 레코드는 리프 노드에서만 가리킨다.

R-트리의 예를 들어보자. [그림 6-28]의 왼쪽 표는 R-트리로 구성하고자 하는 레코드들의 키를 정리한 것으로 이차원 키다. 오른쪽 그림은 이차원 공간에 이 키들의 위치를 표시한 것이다.

이름	Key_1	Key_2
A	8	100
B	4	10
C	6	35
D	1	10
E	6	60
F	5	45
G	7	85
H	3	20
I	10	70
J	2	30
K	8	50
L	4	50

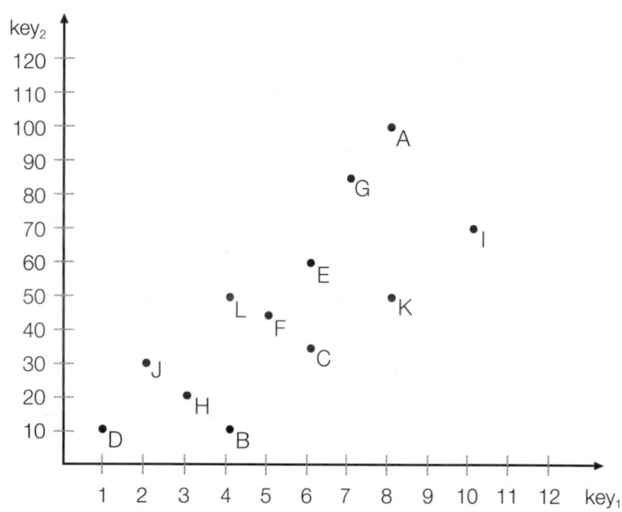

그림 6-28 이차원 키들의 레코드를 이차원 공간에 표시한 예

[그림 6-29]는 [그림 6-28]의 왼쪽 표에 있는 레코드들에 대한 R-트리의 예를 보여준다. k=5, 즉 루트를 제외한 모든 노드는 2개에서 5개까지 영역을 가지는 R-트리다. 루트에서는 전체 키를 2개의 직사각형 *R*1, *R*2에 포함시켰다. 루트의 왼쪽 자식에서는 *R*1에 속하는 키들을 다시 *R*3, *R*4, *R*5로 나누어 담았다. *R*3에 대응되는 리프 노드 x는 키 노드인데 *R*3에 속하는 레코드들이 저장된 디스크 페이지 번호들을 갖게 된다. 그림에서 노드 x에 있는 A는 실제로는 키 (8, 100)과 페이지 번호로 표현된다. [그림 6-29]의 R-트리를 이용해 하나의 레코드에 접근하려면 총 네 번의 디스크 접근이 필요하다. R-트리의 노드 세 번, 레코드 데이터 페이지 한 번이다.

R-트리는 한 노드에 있는 영역들이 서로 겹칠 수도 있다. 이 경우에는 검색의 경로가 유일하지 않을 수도 있다. [그림 6-29]의 예에서 레코드 E는 *R*4와 *R*5에 동시에 속한다. 검색하기 전에는 어느 영역에서 E를 담당하고 있는지 모른다. 레코드 E를 검색하려면 루트 노드의 *R*1로 분기한 다음 *R*4와 *R*5로 각각 분기하여 확인해야 할 수도 있다. 이런 중복이 여러 레벨에 걸쳐서 반복될 수도 있다. R-트리는 범위 검색도 가능하다.

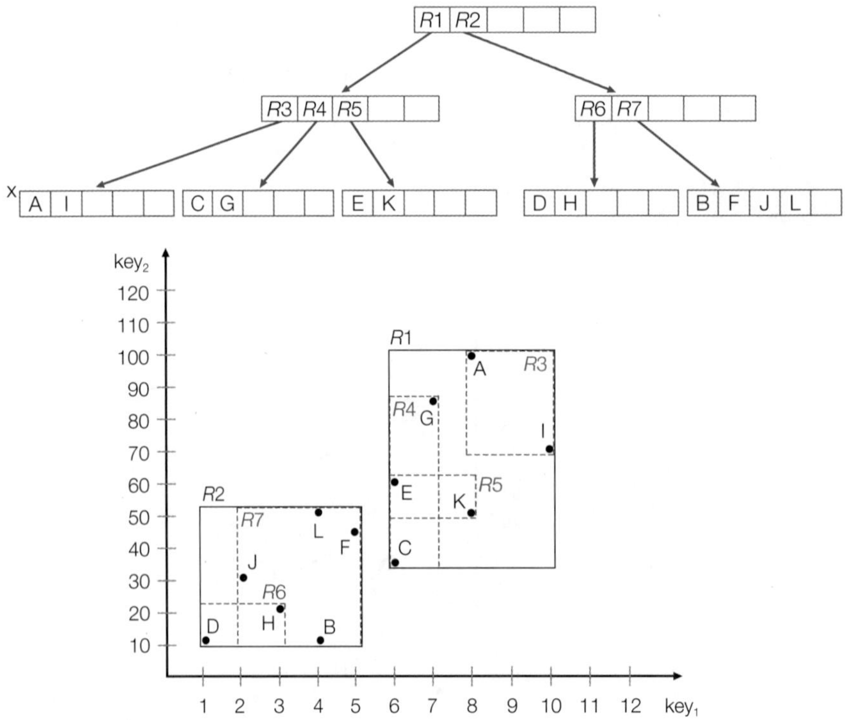

그림 6-29 레코드들과 R-트리

이제 R-트리에 일련의 레코드들이 삽입되는 예를 살펴보자. 설명의 편의상 삽입하고자 하는 레코드의 키 값 대신 공간에서 해당 위치를 그림에 표시하였다. 하늘색으로 표시된 노드는 내용에 변동이 생긴 노드다.

1 M 삽입 후 N 삽입 시도: R-트리에 레코드 M이 별 문제없이 삽입되었다. *R*7에 대응되는 리프 노드에 키 하나를 더 받을 수 있는 여분이 있었기 때문이다. 이어서 레코드 N을 삽입하려 하자 문제가 발생했다. 레코드 N은 영역 *R*7에 속하는데 해당 리프 노드에 더 이상 키를 받을 수 있는 공간이 없기 때문이다.

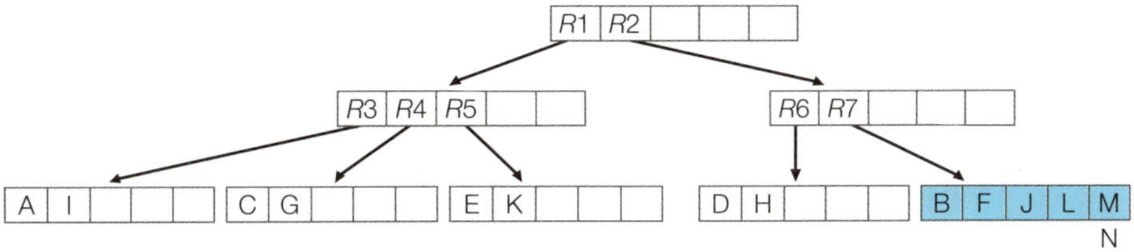

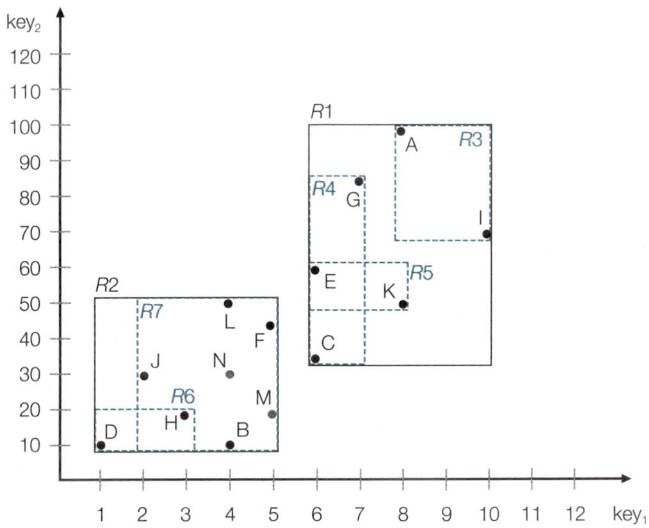

❷ **N 삽입을 위한 재분배:** *R*6과 *R*7의 영역을 조정함으로써 두 리프 노드에 속하는 키들을 재분배하였다. 이 결과 각각 2개, 6개의 소속 레코드를 갖고 있던 두 리프 노드가 각각 4개의 레코드를 갖게 되었다. 노드에서 *R*6과 *R*7은 같은 이름으로 표현되어 있지만 실제 영역의 내용은 바뀌었다.

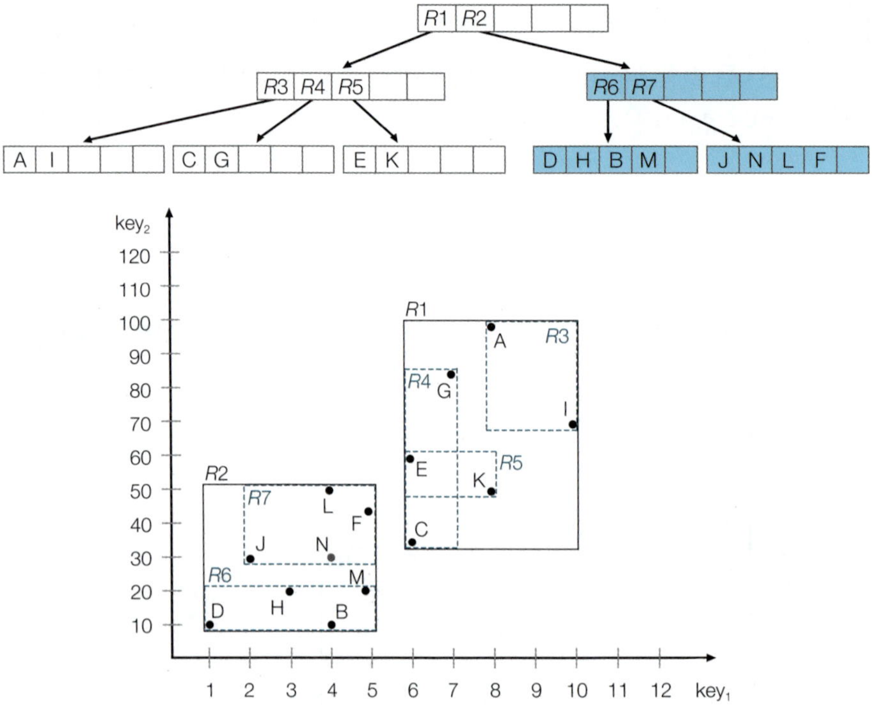

❸ **O, P 삽입 후 Q 삽입 시도:** 레코드 O, P가 별 문제없이 삽입되었다. 여기에 레코드 Q를 삽입하려 하자 문제가 발생했다. 레코드 Q는 영역 *R*6에 속하는데 해당 리프 노드에 더 이상 키를 받을 수 있는 공간이 없기 때문이다.

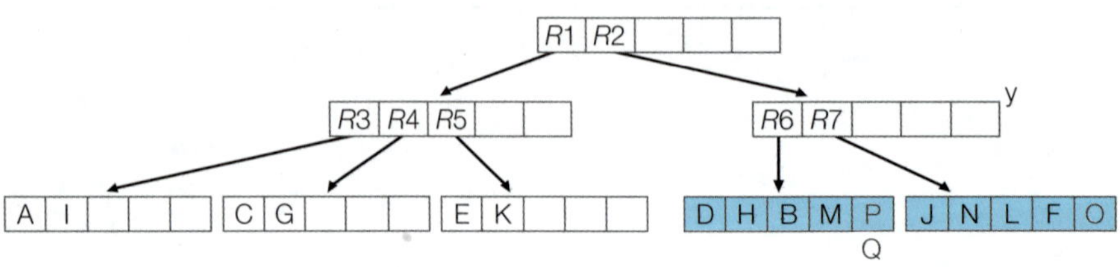

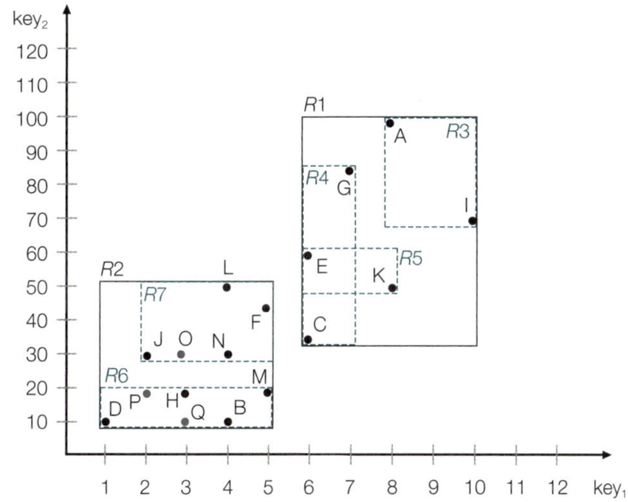

4 Q 삽입을 위한 분할: 이번에는 **2**에서처럼 재분배를 하려고 하니 형제 노드에 여분의 공간이 없다. 따라서 영역 *R*6을 둘로 분할하여 *R*6과 *R*8로 나누었다.

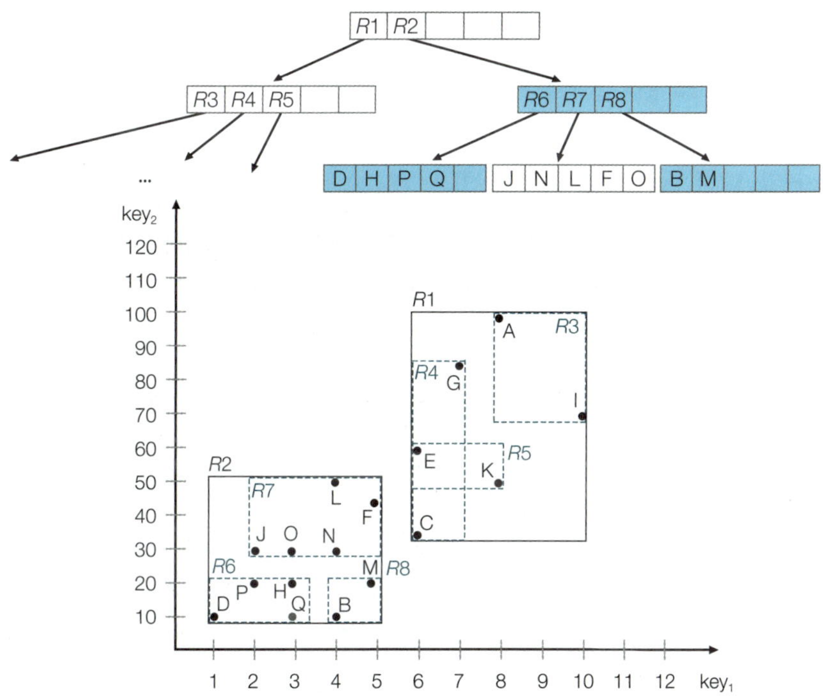

앞에서 노드의 분리가 한 번 일어나는 예를 보였지만 부모 노드를 분리하고 나면 부모 노드에서 오버플로우가 다시 일어날 수도 있다. 예를 들어 ❸에서 노드 y가 이미 5개의 영역을 갖고 있었다면 ❹에서 Q를 삽입하기 위해 분할한 후 다시 오버플로우가 발생한다. 이것은 아래에서 발생한 오버플로우와 똑같은 상황이므로 재귀적으로 처리한다.

R-트리의 삭제도 B-트리의 삭제와 유사하다. R-트리에서 레코드 정보는 리프 노드에만 있으므로 삭제 대상은 항상 리프 노드에 있다. 리프에서 (키, 페이지 번호) 쌍을 삭제한 후 언더플로우가 발생하지 않으면 작업은 끝난다. 언더플로우가 발생하면 바로 옆의 형제 노드와 재분배해서 조정을 시도한다. 재분배가 가능하지 않으면 바로 옆의 형제 노드와 병합한다. 병합은 부모 노드의 영역 수를 하나 줄인다. 이 결과 부모 노드에서 언더플로우가 발생하지 않으면 작업은 완료된다. 부모 노드에서 언더플로우가 발생한다면 이 상황은 아래의 자식 노드에서 발생했던 언더플로우와 똑같은 상황이므로 재귀적으로 처리한다.

R-트리는 한 노드에 있는 영역들이 서로 겹칠 수도 있다. 이로 인해 삽입할 때 노드를 조정할 수 있는 융통성은 커지지만 레코드를 검색할 때 경로가 유일하지 않을 수 있다. 이 문제를 개선하여 영역들이 겹치지 않도록 한 것이 R^*-트리다.

R-트리는 키로 대표되는 레코드를 저장하는 대신 도형을 저장·검색할 수도 있다. 이 경우 리프 노드는 키 노드가 아닌 영역 노드와 같은 모양이 되며, 리프 노드에서 임의의 도형은 그것을 수용할 수 있는 가장 작은 영역으로 표현된다.

B-트리를 다차원으로 확장한 KDB-트리와 R-트리를 개략적으로 소개하였다. 이들에 대한 삽입과 삭제 작업은 B-트리와 아주 유사하다는 점에 주목하기 바란다. 기본을 깊이 이해하고 나면 확장이나 응용은 그리 어려운 일이 아님을 알 수 있는 좋은 예다.

4 그리드 파일

그리드 파일은 검색 트리가 아니다. 따라서 검색 트리를 다루는 장에 그리드 파일을 포함하는 것이 좀 어색하기도 하지만 그래도 이 책에서는 이곳이 가장 잘 어울린다. 그리드 파일은 키의 내용으로 레코드가 저장된 곳을 '단번에' 알아낼 수 있도록 설계된 다차원 저장·검색 수단이다. 그리드 파일은 공간을 서로 배타적인 격자(그리드) 영역으로 나눈 다음 해당 영역에 속하는 레코드들을 모아서 저장함으로써 임의의 레코드에 대한 저장과 검색을 단번에 할 수 있게 한다.

이차원 그리드 파일의 예를 들어보자. [그림 6-30]은 레코드들의 키가 2개의 필드로 이루어지는 예를 보여준다. 키 값과 이차원 공간에서 키의 위치를 그려놓은 것이다.

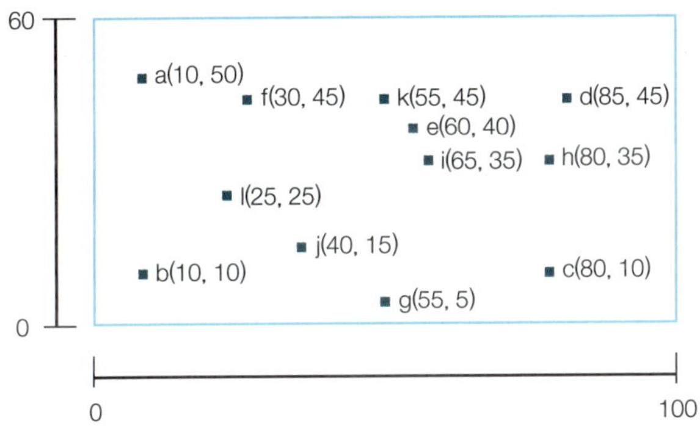

그림 6-30 저장·검색하고자 하는 이차원 레코드들

다음은 [그림 6-30]의 레코드들이 a, b, c, … 순으로 그리드 파일에 삽입되는 과정을 보여준다. 레코드는 상당히 커서 하나의 페이지에 최대 3개의 레코드가 저장될 수 있다고 가정하자. 하늘색으로 표시된 페이지는 내용에 변동이 생긴 페이지다.

❶ 레코드 a, b, c가 삽입되었다. 하나의 페이지에 레코드를 3개까지 담을 수 있으므로 여기까지는 한 페이지(P1)에 모두 담을 수 있다.

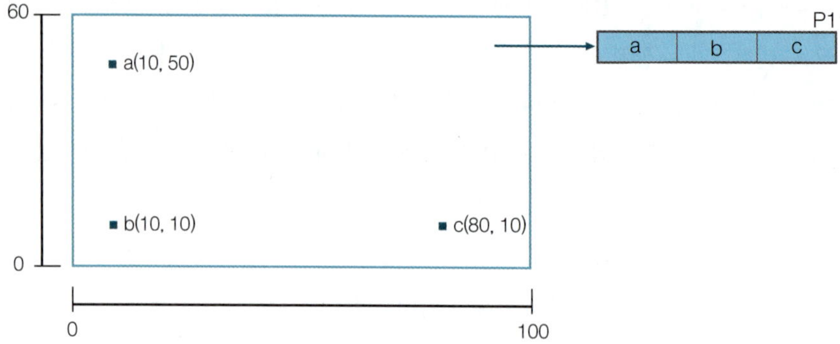

❷ 레코드 d가 삽입되려 하자 P1에 오버플로우가 발생했다. 공간을 둘로 나누어 2개의 페이지 P1, P2에 분할 저장하였다.

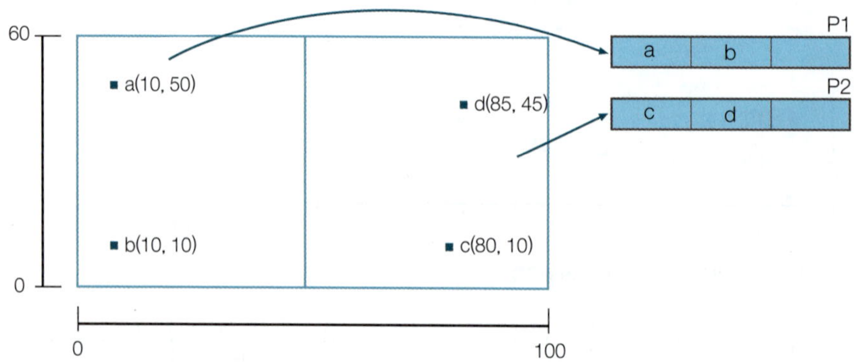

❸ 레코드 e가 P2에 삽입되었다.

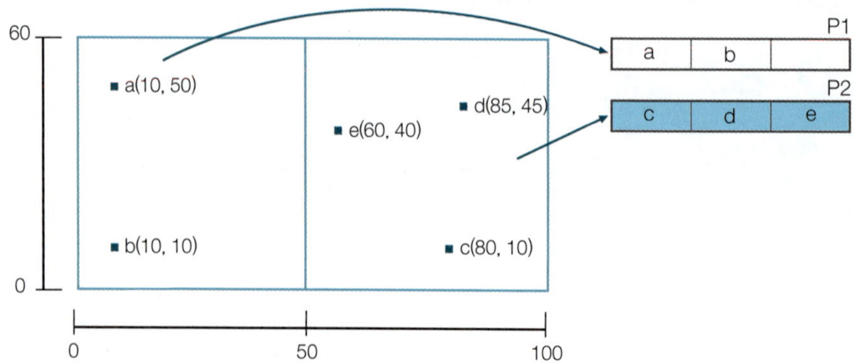

❹ 레코드 f가 P1에 삽입되었다.

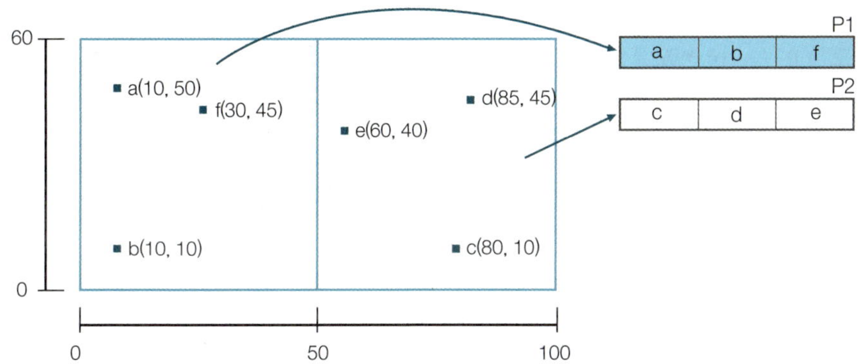

❺ 레코드 g가 삽입되자 P2에 오버플로우가 발생했다. 전체 영역을 $y=30$을 기준으로 둘로 나눈다. P2에 있던 레코드들은 P2, P3 둘로 나뉘어 재분배되었다. P1의 영역도 둘로 나뉘지만 그곳에 포함된 원소의 내용에는 변화가 없다. 나누어진 두 그리드가 모두 페이지 P1을 가리키도록 포인터를 조정해준다.

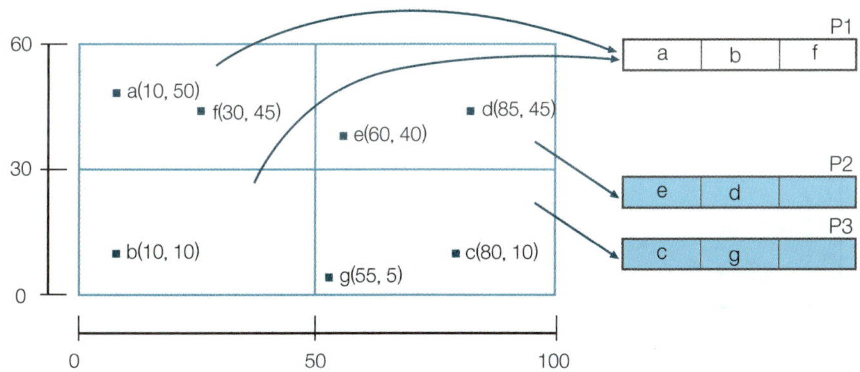

❻ 레코드 h가 P2에 삽입되었다.

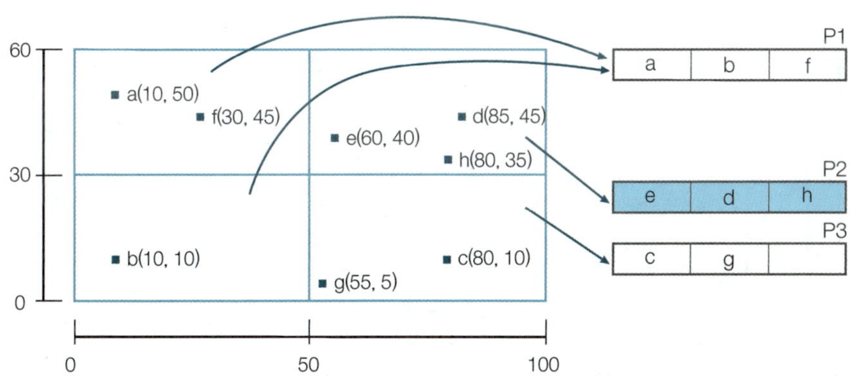

7 레코드 i가 삽입되자 P2에 오버플로우가 발생했다. P2를 P2, P4 둘로 나누어 재분배했다. 이로 인해 P3과 대응되는 그리드도 둘로 나뉘지만 내용에는 변화가 없다. 나뉜 두 그리드가 모두 P3을 가리키도록 포인터를 조정해준다.

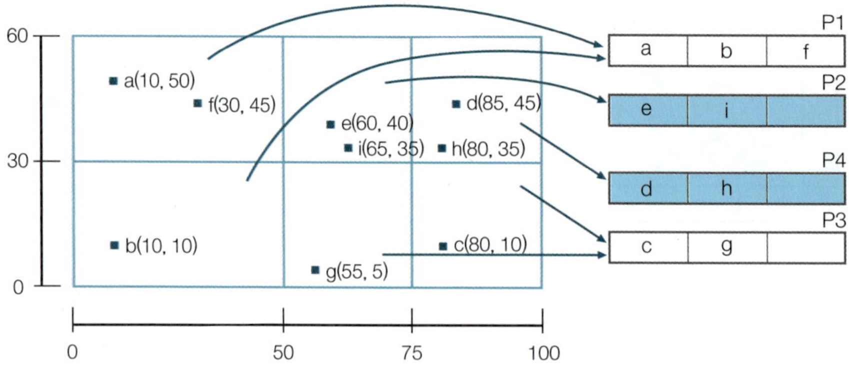

8 레코드 j를 삽입하자 P1이 더 이상 두 그리드를 모두 수용할 수 없다. P1을 P1, P5 둘로 나누어 P1을 가리키던 포인터들이 각각 P1, P5를 가리키도록 분리하였다.

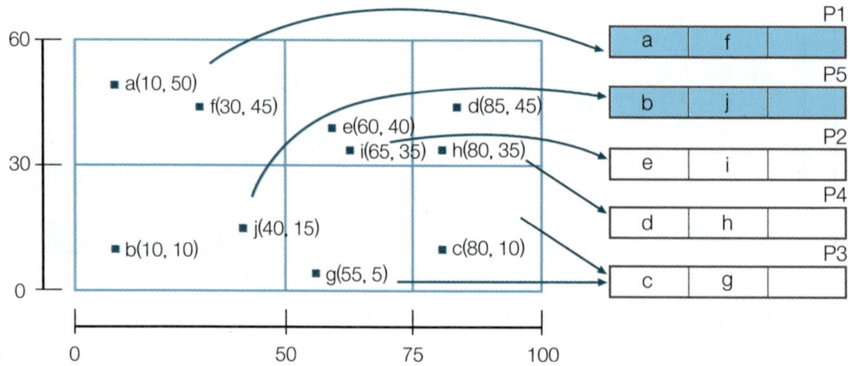

9 레코드 k와 l이 각각 P2와 P5에 별 문제없이 삽입되었다.

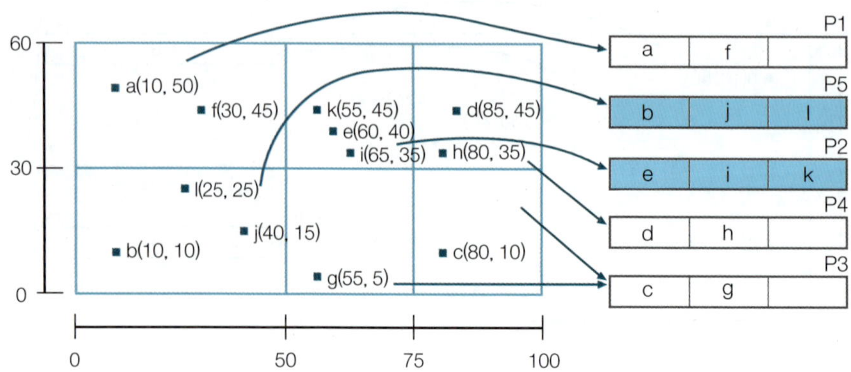

앞에서 본 바와 같이 그리드 하나당 디스크의 한 페이지가 대응된다. 그러면 어떤 레코드가 어느 그리드에 속하는지에 관한 정보는 어떻게 알 수 있는가? 또 임의의 그리드에 대응되는 페이지는 어디인가에 관한 정보는 어떻게 알 수 있는가? 이 정보는 일차 스케일링 배열Linear-Scaling Array과 그리드 배열Grid Array로 알아낸다. 일차 스케일링 배열에는 각 차원의 어느 지점에서 그리드가 경계를 이루는지에 대한 정보가 들어 있다. 앞의 예에서라면 일차 스케일링 배열의 모양은 다음과 같다. x차원은 50과 75를 경계로 나누고, y차원은 30을 경계로 나누었음을 뜻한다.

50	75
30	

그리드 배열은 이 일차 스케일링 배열을 기초로 다음과 같이 만들어진다.

1	2	4
5	3	3

총 6개의 그리드로 나뉘고 각 그리드는 페이지 1, 2, 4, 5, 3, 3에 저장되어 있음을 뜻한다. 이 중 2개의 그리드는 한 페이지(페이지 3)에 저장되어 있는 것도 볼 수 있다. 그리드 배열의 크기가 지나치게 크지 않으면 메인 메모리에 놓아두고 쓸 수 있으므로 그리드 파일에서 임의의 레코드를 검색하기 위해서는 디스크에 단 한 번만 접근하면 된다. 데이터가 방대해서 그리드 배열의 크기가 메인 메모리에서 수용할 수 없을 정도이면 디스크에 두어야 하므로 임의의 레코드를 검색하기 위해서는 디스크에 두 번 접근하면 된다. 일차원 스케일링 배열이 너무 커서 메인 메모리가 수용할 수 없는 경우는 현실적으로 없다.

그리드 파일에서 검색은 간단하다. 그리드 배열에서 해당 레코드가 저장된 페이지를 알아낸 다음 해당 페이지에 가서 확인하면 된다. 삭제도 비교적 간단하다. 해당 레코드를 페이지에서 제거하면 된다. 임의의 페이지에 저장된 레코드의 수가 너무 작을 때는 인접한 그리드와 병합해서 2개 이상의 그리드를 한 페이지에 저장할 수도 있다.

경우에 따라 한 레코드가 한 페이지를 다 차지하거나 복수 개의 페이지를 차지할 수도 있다. 실제로 요즘처럼 디스크의 가격이 싸고 각종 정보를 광범위하게 수집하는 환경에서는 이런 경우가 충분히 발생할 수 있다. 하나의 그리드에 하나 이하의 레코드가 소속되는 경우 그리드 파일은 매력이 없다. 앞의 예와 같이 한 그리드에 최대 3개의 레코드가 소속되는 경우도 그리 매력적이지는 않다. 이때는 하나의 그리드에 대응되는 페이지에 레코드를 직접 저장하는 대신 레코드 인덱스, 즉 (키, 페이지 번호)들만 모아두면 될 것이다. 이 경우 임의의 레코드에 접근하기 위한 디스크 접근 횟수는 1회 증가한다. 그 대신 하나의 그리드 페이지에 소속되는 레코드의 수가 크게 늘어나 그리드 배열의 크기를 많이 줄일 수 있으므로 그리드 배열을 메인 메모리에 두고 쓸 수 있는 가능성이 높아진다. 그러면 앞에서 늘어난 디스크 접근 횟수를 상쇄할 수 있다.

다음 장에서 배울 해시 테이블도 키 값으로 단번에 저장 및 검색을 한다. 그리드 파일과 디자인상의 동기가 유사하다. 그렇지만 해시 테이블에서는 해시 함수를 사용해서 키 값을 변형하기 때문에 저장 위치와 키 값 사이에는 아무런 관련이 없다. 그리드 파일은 저장 위치가 키 값을 변형하지 않은 채 결정되기 때문에 키 값을 이용한 '범위 검색'이 가능하다. 예를 들어, x값이 10~20 사이이고, y값이 40~50 사이인 레코드들을 간단히 검색할 수 있다.

01 각 노드가 최대 k개의 키를 가질 수 있는 B-트리에서 리프 노드에 들어 있는 키의 수와 내부 노드에 들어 있는 키의 수는 어떤 관계가 있는가?

➡ 내부 노드의 총 키의 수를 m이라 하면 리프 노드의 총수는 $m+1$이다. 각 노드는 $\left\lfloor \frac{k}{2} \right\rfloor$~$k$개의 키를 가지므로 리프 노드에 있는 키의 총수는 $(m+1)\left\lfloor \frac{k}{2} \right\rfloor \sim (m+1)k$ 범위에 있다.

02 B-트리에서 언더플로우가 일어나 자신의 형제 노드와 병합할 때 두 노드의 키를 모두 합치고 부모 노드에서 추가로 키를 1개 가져온다. 이렇게 다 합쳐서 병합으로 만든 노드에 오버플로우가 생기는 경우는 없는가?

➡ 없다. 각 노드가 최대 k개의 키를 가질 수 있다고 하자. 병합해야 할 상황이었으면 언더플로우가 일어난 노드의 키는 $\left\lfloor \frac{k}{2} \right\rfloor -1$개, 형제 노드의 키는 $\left\lfloor \frac{k}{2} \right\rfloor$개다. 따라서 부모 노드에서 1개를 가져와도 새 노드의 키의 총수는 $(\left\lfloor \frac{k}{2} \right\rfloor -1)+\left\lfloor \frac{k}{2} \right\rfloor +1=2\left\lfloor \frac{k}{2} \right\rfloor \leq k$가 되어 오버플로우는 생기지 않는다.

03 B-트리 인덱스는 기본적으로 디스크에 인덱스가 저장된 상태로 검색하는 것을 전제로 한다. 현장에서 사용할 때 디스크 접근 횟수를 추가로 줄일 수 있는 실용적인 아이디어를 말해보시오.

➡ B-트리가 아무리 커도 루트 노드와 그 아래 레벨의 노드 정도는 메모리에 올려놓고 쓸 수 있다. 즉, 디스크 접근 횟수를 적어도 두 번은 줄일 수 있다. 이 정도면 현실적인 수준에서 거의 모든 데이터베이스의 인덱스 검색 과정에서의 디스크 접근 횟수는 한 번 또는 두 번 정도면 충분하다.

요약

01 검색 트리는 데이터를 저장·검색·삭제하는 자료구조다.

02 n개의 원소로 구성된 이진 검색 트리에서 한 원소를 저장·검색·삭제하는 데 평균 $\Theta(\log n)$의 시간이 든다. 트리의 균형이 나쁘면 최악의 경우 $\Theta(n)$의 시간이 들 수도 있다.

03 균형 잡힌 검색 트리는 저장·검색·삭제하기 위해 최악의 경우에도 $\Theta(\log n)$ 시간이 보장되도록 해준다. 본문에서 균형 잡힌 이진 검색 트리로 레드 블랙 트리를 예로 들었고, 균형 잡힌 다진 검색 트리로 B-트리를 예로 들었다.

04 B-트리는 검색 트리가 디스크에 저장되어 있는 경우에 유용한 검색 트리다. B-트리는 디스크의 블록 크기와 트리의 노드 크기를 일치시킴으로써 가능한 최대의 분기를 추구한다. 디스크 접근 횟수를 현저히 떨어뜨려 검색 트리에서 저장·검색·삭제의 효율을 높인다.

05 키가 하나의 필드로 구성되면 일차원 키, 여러 개의 필드로 구성되면 다차원 키라 한다. 일차원 키를 사용하는 검색을 일차원 검색, 다차원 키를 사용하는 검색을 다차원 검색이라 한다. 2~4절의 이진 검색 트리, 레드 블랙 트리, B-트리는 일차원 검색 방법이고, 5절에서 소개한 KD-트리, KDB-트리, R-트리, 그리드 파일은 다차원 검색 방법이다.

06 일차원 검색 트리의 기본 작업을 깊이 이해하면 다차원 검색 트리의 기본 작업은 매우 유사한 방법으로 쉽게 할 수 있다.

연습문제

01 다음 이진 검색 트리에서 키 30을 검색하는 과정을 순서대로 설명하시오.

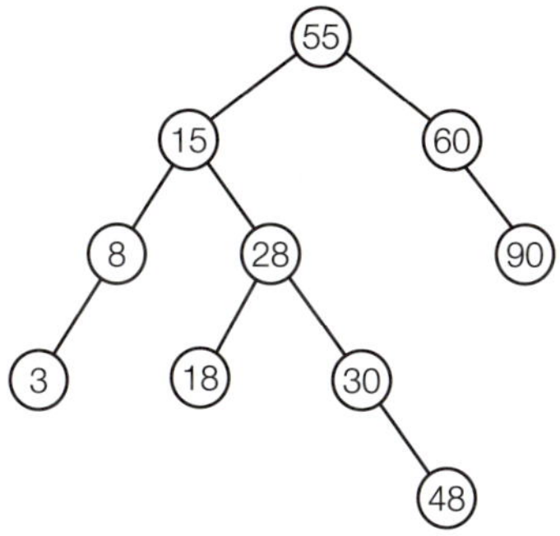

02 **01**번 문제의 이진 검색 트리에서 키 16이 삽입된 후의 모양을 그리시오.

03 다음 이진 검색 트리에서 키 38을 삭제한 후의 모양을 그리시오.

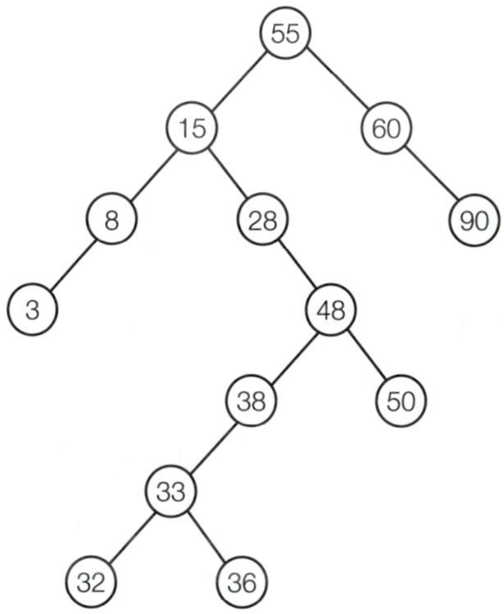

04 **03**번 문제의 이진 검색 트리에서 키 3을 삭제한 후의 모양을 그리시오.

05 **03**번 문제의 이진 검색 트리에서 키 15를 삭제한 후의 모양을 그리시오.

06 다음 레드 블랙 트리에서 키 7이 삽입된 후의 모양과 노드의 색상을 그리시오. 편의상 레드 블랙 트리에서 사용하는 블랙 리프들은 그리지 않았다.

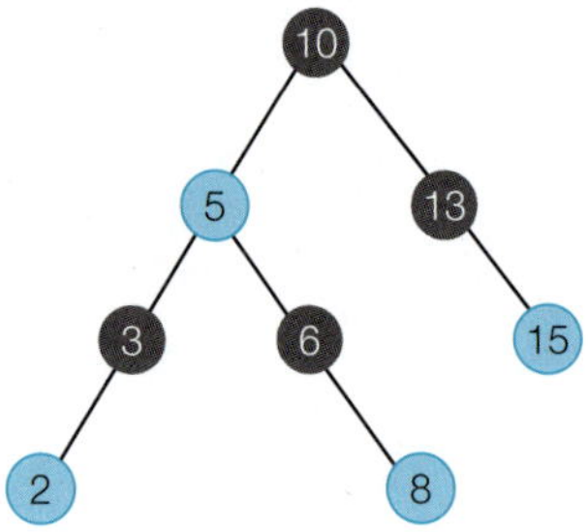

07 **06**번 문제의 레드 블랙 트리에서 키 5를 가진 노드를 삭제한 후의 모양을 그리시오.

08 **06**번 문제의 레드 블랙 트리에서 키 6을 가진 노드를 삭제한 후의 모양을 그리시오.

09 다음 B-트리에서 키 18을 삽입한 후의 모양을 그리시오(각 노드는 최대 5개의 키를 가질 수 있다 가정함).

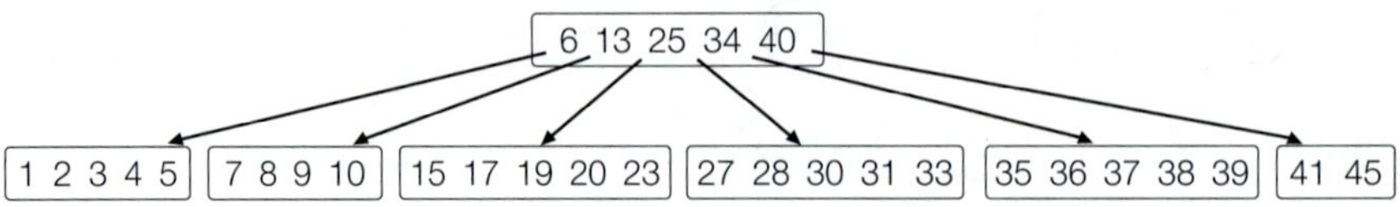

10 **09**번 문제의 결과로 만들어진 B-트리에서 키 16을 삽입한 후의 모양을 그리시오.

11 다음 B-트리에서 키 22를 삭제한 후의 모양을 그리시오.

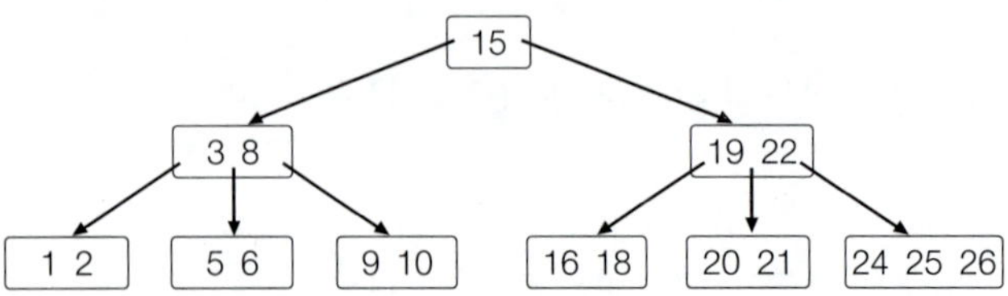

12 11번 문제의 결과로 만들어진 B-트리에서 키 19를 삭제한 후의 모양을 그리시오.

13 레드 블랙 트리의 삭제 작업에서 같은 성격의 재귀적 작업이 세 번 이상 발생하는 예를 만드시오.

14 레드 블랙 트리와 B-트리를 작업 시간 측면에서 비교하시오. 각각 상대방에 비해 시간이 더 드는 부분과 덜 드는 부분에 초점을 맞추어 비교한다.

15 디스크의 한 블록이 8,192바이트, 키의 크기가 20바이트, 페이지 번호가 4바이트를 차지한다면 B-트리의 한 노드는 최대 몇 개의 키 값을 가질 수 있도록 설계하겠는가?

16 n개의 노드로 구성된 이차원 KD-트리가 포화 이진 트리를 이룬다고 하자. 키를 구성하는 필드는 (x, y)의 모양을 하고 있다. 이 트리의 모든 노드 중 x값이 최소인 노드를 찾기 위해 소요되는 점근적 시간은 $\Theta(\sqrt{n})$임을 보이시오.

NOTE_ 포화 이진 트리 Full Binary Tree

리프 노드들을 제외한 모든 노드가 자식을 2개씩 가진 이진 트리를 뜻한다.

17 나라가 어떤 유행에 휩쓸리다 보니 부모의 성을 다 사용하여 성을 짓도록 법령이 개정되었다. 이렇게 r세대를 거치면 성의 길이가 2^r의 속도로 늘어난다. 예를 들어, '최전 두환'과 '박이 순자'가 결혼하여 재용을 낳으면 이 사람은 '최전박이 재용'이 된다. '최전박이 재용'과 '박김이전 지숙'이 결혼하여 소라를 낳으면 이 사람은 '최전박이박김이전 소라'가 된다. 이렇게 하여 몇십 년이 흐르고 나니 성이 너무 길어져 도저히 호적을 관리하기가 힘들어졌다. 이에 나라에서는 성에서 중복이 일어난 부분을 모두 제거하고 남은 성들을 가나다순으로 정렬하여 이것으로 성을 삼기로 결정하였다. 예를 들어, '김박박이최전이전천방방박박마박천추'란 성을 가진 사람의 성에서 중복을 제거하면 '김박이최전천방마추'가 된다. 이것을 가나다순으로 정렬하면 '김마박방이전천최추'가 된다. 이것이 이 사람의 새 성이 된다. '남궁' 같은 2자 성은 없다고 가정한다.

모든 국민에 대해 이 작업을 하려고 하니 효율적인 알고리즘이 필요하게 되었다. 길이가 충분히 큰 n에 대해 이 작업을 효율적으로 하기 위해 레드 블랙 트리를 사용하여 중복되는 성들을 제거한 다음 이로부터 가나다순으로 추출하기로 하였다.

이것은 개략적인 스케치만 한 것으로, 여러분은 이 목표를 달성하는 과정을 좀 더 구체적으로 설명하여 이 과정을 이해하고 있다는 점을 드러내보시오. 그리고 이 방법의 평균적인 경우의 수행 시간을 O-표기로 제시하시오. 수행 시간은 성의 길이 n과 이 중 서로 다른 성의 개수 k가 사용된 점근적 표현을 써야 한다. k가 아주 작은 값일 수도 있고, 거의 n에 근접하는 큰 수일 수도 있기 때문에 분석 과정에서 k를 무시할 수 없다.

18 레드 블랙 트리에서 리프 노드에 새 키를 삽입하고 레드 색을 칠하니 특성 ❸이 깨졌다. 이를 수선하는 과정에서 최악의 경우에는 루트까지 영향을 미칠 수도 있다. 루트까지 영향을 미치는 상황을 설명해보시오. 삽입이 일어난 노드를 p라 할 때 적어도 p^6까지는 어떤 일이 일어나는지 보여야 한다. 여기서 p^6는 p에서 루트로 가는 경로상에서 다섯 번째 만나는 조상 노드, 즉 p의 고고조 할아버지다.

19 어떤 레드 블랙 트리에서 노드 x를 방금 삽입했는데, 레드 색을 칠해놓고 나니 문제가 생겼다. 그래서 본문에서 배운 방식으로 레드 블랙 트리의 성질을 만족하도록 수선했다. 만일 루트에서 x에 이르는 경로의 길이가 9라면(즉, 루트를 떠나고 나서 9번째 만나는 노드가 x이며 루트는 하나로 세지 않음) 수선 과정에서 색이 바뀌는 노드는 최대 몇 개까지 가능한가?

20 레드 블랙 트리의 루트에서 리프 노드에 이르는 경로상 블랙 노드의 수가 방금 1만큼 감소하였다. 이런 결과가 언제 나타날 수 있는지 사건의 시작부터 끝까지 이해하고 있다는 것이 드러날 정도의 수준으로 설명하시오.

21 B-트리의 각 노드가 담을 수 있는 최대 키가 2,000개인 예에서 1조 개의 키로 인덱싱하면 B-트리의 높이는 얼마인가? 하나의 노드로 이루어진 트리의 높이를 1이라 정의한다.

Chapter

07

해시 테이블

학습목표

- 해시 테이블의 발생 동기를 이해한다.
- 해시 테이블의 원리를 이해한다.
- 해시 함수 설계 원리를 이해한다.
- 충돌 해결 방법과 그 장단점을 이해한다.
- 해시 테이블의 검색 성능을 분석할 수 있도록 한다.

PREVIEW

그에게서 배운 것이 아니라
이미 내 속에 있었던 것이 그와 공명한 것이다.

머레이 겔만

자료구조의 대표적인 기능은 자료를 저장하고 필요할 때 이 자료를 찾는 것, 즉 검색이다. 앞에서 상당히 효율적인 저장·검색 수단으로 검색 트리를 배웠다. 이 장에서 배울 해시 테이블은 자료의 저장·검색에서 극단적인 효율을 추구하는 방식이다.

배열에 n개의 원소를 저장한다면 원소 하나를 저장하고 검색하는 데 평균 $\Theta(n)$ 시간이 걸린다(자료를 정렬된 형태로 저장하느냐 아니냐에 따라 차이가 나지만 어떤 경우든 저장과 검색 중 하나는 $\Theta(n)$ 시간이 걸림). 이 문제를 개선한 것이 검색 트리다. 일반적인 검색 트리는 원소 하나를 저장하고 검색하는 데 평균 $\Theta(\log n)$ 시간이 걸리고, 최악의 경우에는 $\Theta(n)$ 시간이 걸린다. 이 시간을 최악의 경우에도 $\Theta(\log n)$이 되도록 만든 것이 균형 잡힌 검색 트리이며 대표적으로 AVL-트리, 레드 블랙 트리, B-트리 등이 있다. 저장과 검색에 최악의 경우에도 $\Theta(\log n)$ 시간으로 충분히 효율적인 것 같지만 사람의 욕심은 끝이 없다. 저장된 자료의 양에 상관없이 원소 하나를 저장·검색하는 작업을 항상 상수 시간에 가능하게 할 수 없을까? 이 꿈을 실현한 것이 해시 테이블이다. 해시 테이블은 자료의 저장·검색에서 극단적인 효율에 다다른 자료구조다.

검색 트리는 검색 또는 저장하려는 원소와 검색 트리에 있는 원소를 루트부터 비교하며 해당 원소의 자리를 찾아 내려간다. 해시 테이블은 발상이 완전히 다르다. 원소끼리 비교해 자리를 찾는 것이 아니라 자신의 값이 자신의 자리를 바로 결정한다.

01 해시 테이블: 검색 효율의 극단

검색 트리는 원소가 저장될 자리를 이미 트리에 존재하는 원소와 비교하여 결정하는 반면, 해시Hash 테이블은 원소가 저장될 자리를 원소의 값에 의해 결정하는 자료구조다. 즉, 저장된 자료와 비교하여 자리를 찾지 않고 단 한 번의 계산으로 자신의 자리를 찾는다.

입력: 25, 13, 16, 15, 7

0	13
1	
2	15
3	16
4	
5	
6	
7	7
8	
9	
10	
11	
12	25

그림 7-1 크기가 13인 해시 테이블에 5개의 원소가 들어간 예

임의의 원소를 해시 테이블에 저장하려면 먼저 해당 원소의 해시 값을 계산한다. 해시 값은 해시 함수로 계산된다. 해시 테이블이 총 m개의 원소를 저장할 수 있다면 테이블의 각 자리는 0부터 $m-1$의 주소 값을 갖고, 해시 함수는 임의의 원소 값을 입력으로 받아 0, 1, 2, ⋯, $m-1$ 중의 한 값을 리턴한다. 이 리턴 값이 바로 해당 원소를 저장하는 주소다. 가장 간단한 방법은 원소 값이 x라면 x를 m으로 나눈 나머지를 해시 값으로 삼는 것이다. [그림 7-1]은 설명을 위해 만든 해시 테이블에 5개의 원소가 차례로 저장된 모습이다. 그림에서 해시 테이블의 크기는 13이고, 각 자리는 0부터 12까지의 주소 값을 갖는다. 해시 함수는 $h(x)=x \bmod 13$이다. 즉, 13으로 나눈 나머지다. 따라서 해시 함수 값은 0, 1, ⋯, 12 중 하나가 된다. 그림은 25, 13, 16, 15, 7을 차례로 저장한 예인데 각각의 해시 값은 $h(25)=12$, $h(13)=0$, $h(16)=3$, $h(15)=2$, $h(7)=7$이다. 따라서 해시 테이블상의 12, 0, 3, 2, 7번 주소에 각 원소가 저장되었다. 저장한 후에 검색할 때도 해당 원소의 해시 값을 계산해 그곳을 보면 된다. 예를 들어, 25를 검색하고 싶으면 $h(25)=12$, 즉 12번 주소에 25가 있는지 알아보면 된다. 해시 테이블은 이런 식으로 원소를 저장할 위치를 '단번에'(상수 시간에) 계산한다.

해시 테이블에 원소가 차 있는 비율은 해시 테이블의 성능에 매우 중요한 영향을 미친다. 이 비율을 적재율Load Factor이라 한다. 해시 테이블의 크기가 m이고, 저장된 원소의 총수가 n이면 적재율은 $\frac{n}{m}$이고 보통 α로 표기한다. [그림 7-1]의 예에서 적재율은 $\frac{5}{13}$다.

해시 테이블은 이처럼 저장 주소를 단번에 계산할 수 있지만 한 가지 중요한 장애물이 있다. [그림 7-1]의 예처럼 5개의 원소가 들어 있는 상태에서 28이 입력으로 들어오면 $h(28)=2$가 되는데 2번 주소에는 이미 원소 15가 들어 있다. 그러므로 28은 해시 값이 가리키는 자리에 넣을 수 없다. 이런 상황을 충돌Collision이라 한다. 충돌을 처리하는 방법에는 여러 가지가 있는데, 충돌 처리는 해시 테이블 이론의 핵심이다. 우선 해시 함수를 만드는 방법을 살펴보고 충돌을 처리하는 방법을 차례로 알아보자.

그림 7-2 해시 테이블의 고안 배경

02 해시 함수

해시 함수는 키 값을 입력으로 받아 해시 테이블상의 주소를 리턴한다. 해시 함수는 다음 두 가지 성질을 가지도록 만들어야 한다.

- 입력 원소가 해시 테이블 전체에 고루 저장되어야 한다.
- 계산이 간단해야 한다.

첫 번째 성질이 가장 중요한데, 이 성질을 잘 만족해야 서로 다른 두 원소가 한 주소를 놓고 충돌할 확률이 작아지기 때문이다. 첫 번째 성질을 만족하기 위해 해시 함수에 지나치게 복잡한 계산이 필요한 경우는 별로 없다. 그래서 두 번째 성질은 대부분 신경 쓰지 않아도 쉽게 만족된다.

여기서는 해시 함수를 만드는 대표적인 두 가지 방법인 나누기 방법과 곱하기 방법을 소개한다.

1 나누기 방법

나누기 방법Division Method은 앞 절에서 예로 제시한 다음과 같은 모양의 해시 함수다.

$$h(x) = x \bmod m$$

여기서 m은 해시 테이블의 크기다. 해시 테이블에 있는 m개의 자리가 0부터 $m-1$의 주소 값을 가지므로 m으로 나눈 나머지 연산을 사용하는 것이 매우 자연스럽다. 해시 테이블 크기 m은 2의 멱수에 가깝지 않은 소수素數를 택하는 것이 좋다. 예를 들어, 해시 테이블의 크기를 1,601로 잡았다고 하자. 1,601은 2^{10}과 2^{11}에 근접하지 않은 소수 중 하나다. 여기에 원소 1,025,390에 대한 해시 값은 1,025,390 mod 1,601=750이 되어 원소 1,025,390은 충돌이 일어나지 않으면 해시 테이블의 주소 750에 저장된다.

만일 $m = 2^p$이라면 입력 원소의 하위 p비트에 의해 해시 값이 결정되므로 해시 값을 분산시키기에 그리 이상적이지 않다. 예를 들어, '김철수'와 '이철수'의 뒤쪽에 있는 두 기호가 다른 원소들보다 비슷하다고 해서 이 둘이 더 인접한 자리에 위치하는 경향이 있다면 좋은 해시 함수가 아니다. 해시 값은 입력 원소의 모든 비트를 이용하는 것이 확률적으로 좋은 분포를 갖도록 하는 데 유리하다.

2 곱하기 방법

나누기 방법은 해시 테이블 크기보다 큰 수를 해시 테이블 크기 범위에 들어오도록 수축시킨다. 곱하기 방법Multiplication Method은 이와 반대로, 먼저 입력값을 0과 1 사이의 소수小數로 대응시킨 다음 해시 테이블 크기 m을 곱하여 0부터 $m-1$ 사이로 팽창시킨다. 이 방법에서는 해시 함수의 특성을 결정짓는 $0 < A < 1$ 범위의 상수 A를 미리 준비해놓아야 한다. 임의의 원소 x에 대해 다음 과정을 거쳐 x의 주소를 결정한다.

- x에 A를 곱한 다음 소수부만 취한다.
- 방금 취한 소수부에 m을 곱하여 그 정수부를 취한다.

정리하면 해시 함수는 다음과 같이 된다.

$$h(x) = \lfloor m(xA \bmod 1) \rfloor$$

[그림 7-3]은 곱하기 방법으로 원소 x의 주소를 결정하는 과정을 시각적으로 보여준다. 예를 들어, 크기 m이 65,536인 해시 테이블에서 A=0.6180339887로 정해져 있다고 하자. 원소 1,025,390의 해시 값을 구해보자. 먼저 xA=1,025,390×0.6180339887=633,725.871673093이 된다. 이 값에서 소수부만 추출하면 0.871673093이 되고, 이 값에 해시 테이블 크기 65,536을 곱하면 57,125.967…이 된다. 이 수에서 정수부만 취하면 57,125가 되어 원소 1,025,390에 대한 해시 주소는 57,125가 된다.

곱하기 방법은 나누기 방법과 달리 해시 테이블의 크기 m을 아무렇게나 잡아도 상관없다. 따라서 컴퓨터의 이진수 환경에 맞게 $m = 2^p$으로 잡는 것이 자연스럽다. 대신 상수 A를 어떻게 잡느냐에 따라 해시 값 분포가 많은 영향을 받는다. 크누스[97]는 잘 작동하는 A값으로 $\frac{\sqrt{5}-1}{2}$을 제안하였는데, 이는 바로 앞의 예에서 사용한 값인 0.6180339887…이다.

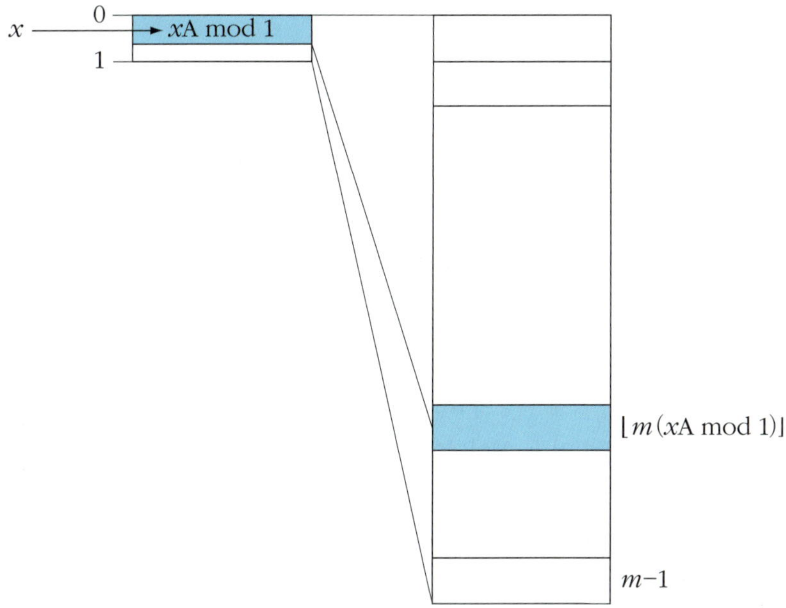

그림 7-3 곱하기 방법의 작동 과정을 보여주는 예

03 충돌 해결

해시 테이블 내의 한 주소를 놓고 2개 이상의 원소가 자리를 다투는 것을 충돌이라고 한다. 즉, 한 원소를 해싱해서 저장하려는데 다른 원소가 이미 그 자리를 차지한 상황을 뜻한다. 충돌 해결Collision Resolution에는 크게 두 가지 방법이 있다. 첫 번째는 체이닝으로, 해시 테이블의 각 주소가 리스트의 헤더 역할을 하고, 여기에 해당 주소로 들어오는 원소들이 연결 리스트Linked List로 매달린다. 두 번째는 개방 주소 방법인데, 체이닝이 추가 공간을 사용하는 것과 달리 어떻게든 해시 테이블 내에서 충돌을 해결한다. 개방 주소 방법에서는 충돌이 일어나면 원소가 원래 들어갈 자리가 아니더라도 테이블의 다른 자리를 찾아 들어간다.

1 체이닝

체이닝Chaining에서는 같은 주소로 해싱되는 원소를 모두 하나의 연결 리스트에 매달아서 관리한다. 해시 테이블 크기가 m이면 최대 m개의 연결 리스트가 존재할 수 있다. 크기가 13인 해시 테이블에 원소들이 55, 13, 42, 70, 43, 44, 3, 94, 47, 74, 39, 86, 76, 40 순서로 저장된다고 하자. [그림 7-4]는 체이닝을 이용해 이 원소들을 저장한 예다.

그림에서 총 13개의 주소 중 5개는 비었고, 8개의 주소에는 원소가 1개 이상 있다. 같은 주소로 들어온 원소들은 해당 헤더 아래 연결 리스트로 매달려 있다. 체이닝에서 임의의 원소를 연결 리스트에 삽입할 때는 해당 리스트의 맨 앞에 삽입한다. 굳이 연결 리스트의 맨 앞이 아닌 다른 자리에 삽입하는 것은 효율성 면에서 손해다(연습문제 **04** 참조). 그림에서 주소 3에는 4개의 원소가 연결되어 있는데, 저장된 순서는 55, 42, 3, 94 순이고 연결 리스트에서 이들의 순서는 저장된 순서의 역순인 94, 3, 42, 55가 된다. 원소를 검색할 때는 해당 연결 리스트의 원소들을 차례로 지나가면서 찾는다. 예를 들어, 94를 검색한다면 3번 주소의 연결 리스트로 들어가자마자 성공적으로 찾게 되며, 42를 검색한다면 3번 주소의 94, 3을 조사한 후에 42를 찾게 된다. 원소를 삭제할 때는 연결 리스트에서 해당 원소를 삭제한다.

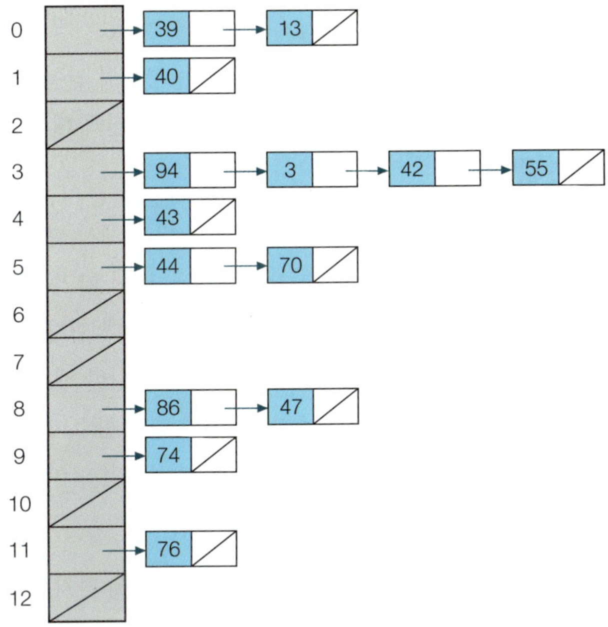

그림 7-4 체이닝을 이용한 충돌 해결을 보여주는 예

[알고리즘 7-1]은 체이닝을 사용하는 해시 테이블의 삽입·검색·삭제 알고리즘을 간단히 표현한 것이다.

알고리즘 7-1	체이닝을 사용하는 해시 테이블에서의 작업

chainedHashInsert$(T[\,], x)$:
▷ T: 해시 테이블, x: 삽입 원소
    리스트 $T[h(x)]$의 맨 앞에 x를 삽입

chainedHashSearch$(T[\,], x)$:
▷ T: 해시 테이블, x: 검색 원소
    리스트 $T[h(x)]$에서 x값을 가지는 원소를 검색

chainedHashDelete$(T[\,], x)$:
▷ T: 해시 테이블, x: 삭제 원소
    리스트 $T[h(x)]$에서 x의 노드를 삭제

체이닝은 적재율이 1을 넘어도 사용할 수 있다는 장점이 있다.

2 개방 주소 방법

개방 주소Open Addressing 방법은 체이닝과 달리 추가 공간을 허용하지 않는다. 충돌이 일어나더라도 어떻게든 주어진 테이블 공간에서 해결한다. 따라서 모든 원소가 반드시 자신의 해시 값과 일치하는 주소에 저장된다는 보장은 없다.

개방 주소 방법에서 임의의 원소를 해시 테이블에 삽입하는 과정을 보자. 먼저 해시 함수를 계산한다. 계산된 주소를 차지하고 있는 다른 원소가 없으면 그 자리에 넣는다. 그 자리에 다른 원소가 있으면 충돌이 일어난다. 이때 정해진 규칙에 따라 다음 자리를 찾는데 빈자리를 찾을 때까지 계속 찾는다. 이것을 순차적인 해시 함수로 볼 수 있다. 즉, 처음 계산한 해시 함수를 0번째 해시 함수, 충돌이 일어나서 다음 주소를 계산하는 것을 1번째 해시 함수, 또 충돌이 일어나서 다음 주소를 계산하는 것을 2번째 해시 함수, … 식으로 볼 수 있다. 이것을 $h_0(x)$, $h_1(x)$, $h_2(x)$, … 식으로 표현할 수 있다. 이 중 $h_0(x)$는 $h(x)$를 뜻한다.

다음 주소를 정하는 방법도 다양하다. 지금부터 다음 주소를 결정하는 대표적인 세 가지 방법을 소개한다.

선형 조사

선형 조사Linear Probing는 가장 간단한 충돌 해결 방법으로 충돌이 일어난 바로 뒷자리를 보는 것이다(엄밀하게 말하면, 충돌이 일어난 자리에서 i에 관한 일차 함수의 보폭으로 점프를 하는 것이나 흔히 일차 함수의 대표로 그냥 i를 씀). 이렇게 하면 $h_i(x)$는 $h(x)$에서 i만큼 떨어진 자리가 된다. 테이블의 경계를 넘어갈 경우에는 맨 앞으로 가면 된다. [그림 7-5]는 선형 조사 방법의 예다. 크기가 13인 해시 테이블에 10개의 원소를 차례대로 삽입할 때 세 원소에 대해 충돌이 일어났다. 그림은 원소 10개의 삽입 과정을 충돌이 일어나는 시점들을 경계로 하여 세 부분으로 나누었다. 화살표는 다음 자리를 보는 것을 나타낸다.

원소 28은 해싱된 주소 2에 15가 들어 있어 충돌이 일어났다. 그다음 주소 3을 보니 16이 들어 있다. 다시 그다음 주소 4를 보니 비어 있어 그 자리에 저장되었다. 원소 20은 해싱된 주소 7에서 충돌이 일어나 그다음 주소 8에 저장되었다. 원소 38은 해싱된 주소 12에서 충돌이 일어났다. 주소 12는 마지막 자리이므로 한 바퀴 돌아 주소 0이 다음 주소가 된다. 주소 0에는 13이 들어 있어 다음을 보는데 계속 충돌이 일어나 주소 1, 2, 3, 4, 5까지 조사한 다음 주소 6에 이르러서야 비로소 빈 공간을 찾게 되어 주소 6에 저장되었다.

입력 : 25, 13, 16, 15, 7, 28, 31, 20, 1, 38

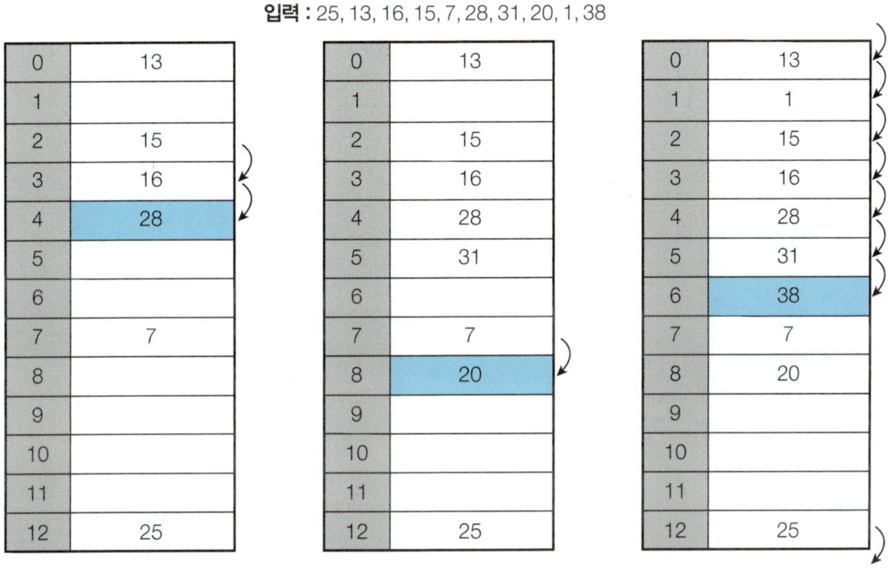

그림 7-5 선형 조사의 예

정리하면, 선형 조사 방법에서 i번째 해시 함수는 다음과 같이 된다.

$$h_j(x) = (h(x) + i) \bmod m \qquad i = 0, 1, 2, \cdots$$

선형 조사의 경우 특정 영역에 원소가 몰릴 때는 치명적으로 성능이 떨어진다. 이런 현상을 1차 군집Primary Clustering이라 한다. [그림 7-6]은 1차 군집의 예인데, 원소가 많이 몰려 있는 영역을 하늘색으로 표시하였다. 이 상태에서 주소 2부터 6 사이로 해싱되는 원소들은 해당 주소에서 차례로 훑어 주소 7에 이르러야 하므로 조사 횟수가 늘어난다. 조사 횟수는 주소 6으로 해싱되면 두 번, 주소 5로 해싱되면 세 번, …, 주소 2로 해싱되면 여섯 번이 된다. 그리고 영역이 커질수록 해당 영역으로 해싱될 확률이 커지므로 군집이 심하지 않은 영역에 비해 영역의 크기가 빨리 커진다. 그림에서 주소 2부터 6 사이에 한 원소가 해싱되면 영역은 1만큼 넓어지고, 이후에 주소 2부터 7 사이에 한 원소가 해싱되면 영역은 또 1만큼 넓어진다. 이러다가 두 개의 군집된 영역이 붙으면 영역은 갑자기 커지기도 한다.

0	
1	
2	15
3	16
4	28
5	31
6	44
7	
8	
9	
10	
11	37
12	

그림 7-6 1차 군집의 예

이차원 조사

두 번째 충돌 해결 방법은 이차원 조사Quadratic Probing로 바로 뒷자리를 보는 대신 보폭을 이차 함수로 넓혀가면서 본다. 예를 들어, i번째 해시 함수를 $h(x)$에서 i^2만큼 떨어진 자리로 삼을 수 있다. 즉, $h(x)$, $h(x)+1$, $h(x)+4$, $h(x)+9$, $h(x)+16$, …과 같이 볼 수 있다.

이차원 조사 방법의 i번째 해시 함수는 다음과 같은 모양이 된다.

$$h_i(x) = (h(x) + c_1 i^2 + c_2 i) \bmod m \qquad i = 0, 1, 2, \cdots$$

이렇게 하면 선형 조사에서처럼 특정 영역에 원소가 몰려도 그 영역을 빨리 벗어날 수 있다. [그림 7-7]은 [그림 7-6]에서 본 1차 군집 영역을 이차원 조사 방법을 이용해서 벗어나는 예를 보여준다. 주소 3에 한 원소가 해싱될 경우 선형 조사 방법이라면 네 번 만에 군집 영역을 벗어나지만 $h_i(x)=(h(x)+i^2) \bmod m$을 사용하면 두 번 만에 군집 영역을 벗어난다. 또 앞의 해시 함수에서 c_1과 c_2값을 키우면 군집 영역을 더 빨리 벗어날 수 있다.

그러나 여러 개의 원소가 동일한 초기 해시 함수 값을 갖게 되면 모두 같은 순서로 조사를 할 수밖에 없어 효율이 떨어진다. 이런 현상을 2차 군집Secondary Clustering이라 한다. [그림 7-8]은 2차 군집의 예다. 그림에서 하늘색으로 표시된 원소들은 모두 주소 2로 해싱된 원소다. 해시 함수로는 $h_i(x)=(h(x)+i^2) \bmod m$을 사용하였다. 원소 28은 두 번 만에 빈자리를 찾았고, 원소 41은 세 번 만에, 원소 67은 네 번 만에, 원소 54는 다섯 번 만에 빈자리를 찾았다. 보폭은 점점 넓어지지만 최초의 해시 값이 같은 원소들은 이 때문에 이득을 보지 못한다.

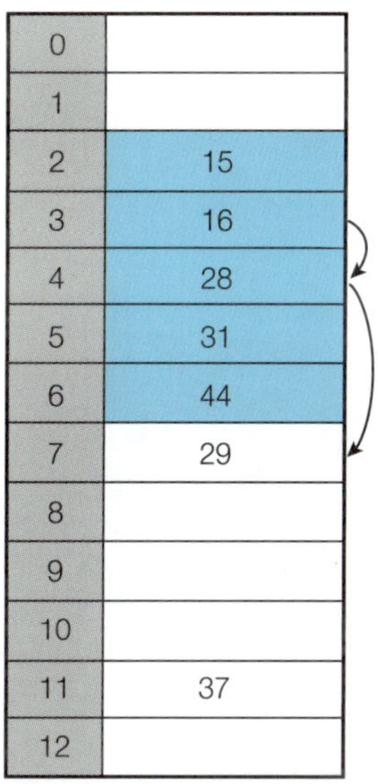

그림 7-7 1차 군집을 빨리 벗어나는 예

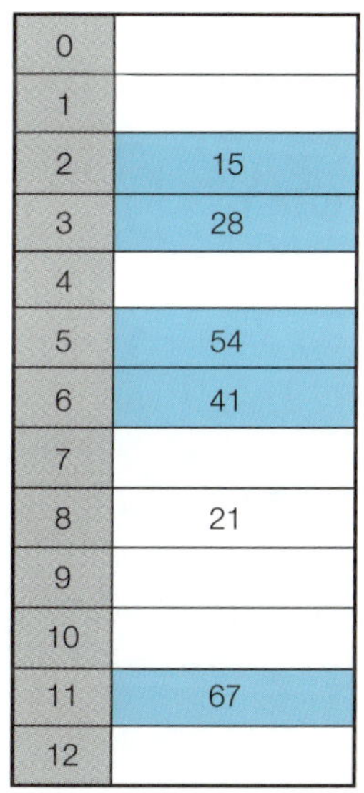

그림 7-8 2차 군집의 예

더블 해싱

세 번째 충돌 해결 방법은 더블 해싱Double Hashing으로, 2개의 함수를 사용한다. 더블 해싱에서 i번째 해시 함수는 다음과 같다.

$$h_i(x) = (h(x) + i \cdot f(x)) \bmod m \qquad i = 0, 1, 2, \cdots$$

여기서 $h(x)$와 $f(x)$는 서로 다른 해시 함수다. 이 방법에서는 충돌이 생겨 다음에 볼 주소를 계산할 때 두 번째 해시 함수 값만큼씩 점프한다. 두 원소의 첫 번째 해시 값이 같더라도 두 번째 함수 값이 같을 확률은 매우 작으므로 서로 다른 보폭으로 점프를 하게 된다. 그러므로 2차 군집 문제는 발생하지 않는다. [그림 7-9]는 이차원 조사를 사용하면 [그림 7-8]과 같이 2차 군집이 발생하지만 더블 해싱을 사용하면 문제가 되지 않는다. 원소 15, 28, 41, 67이 모두 주소 2로 해싱되지만($h(x)=2$), 두 번째 함수 값이 모두 달라($f(28)=7$, $f(41)=9$, $f(67)=2$) 두 번째 조사하는 주소가 모두 달라진다. 따라서 모두 두 번 만에 빈자리를 찾았다.

$$h(x) = x \bmod 13$$
$$f(x) = 1 + (x \bmod 11)$$
$$h_1(x) = (h(x) + i \cdot f(x)) \bmod 13$$

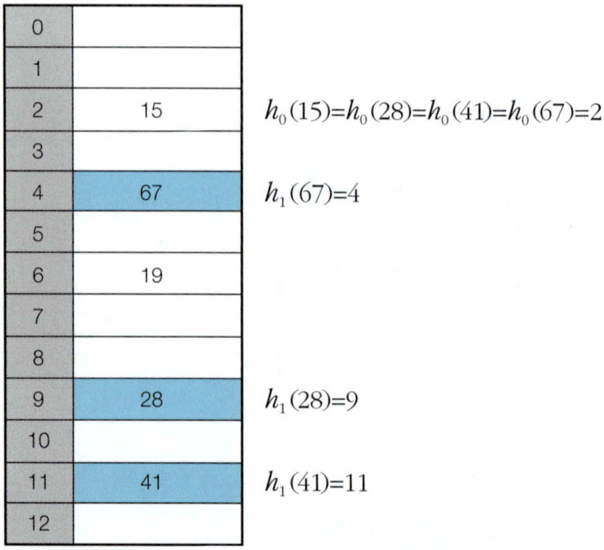

그림 7-9 2차 군집에서 해방된 예

2개의 해시 함수를 정할 때 권장하는 방법은 $h(x)=x \bmod m$으로 잡고, m보다 조금 작은 소수 m'에 대해 $f(x)=1+(x \bmod m')$으로 잡는 것이다. [그림 7-9]의 예도 이 원리를 따랐다($m=13$, $m'=11$). 좀 더 큰 예를 들면, 해시 테이블 크기 $m=1601$이라 할 때 $m'=1597$로 잡으면 원소 $x=10025$에 대해 $h(10025)=419$, $f(10025)=444$가 되어 조사 순서는 419, $(419+444) \bmod 1601$, $(419+2*444) \bmod 1601$, …이 된다. 다른 원소 $y=8424$에 대

해서는 $h(8424)=419$, $f(8424)=440$이 되어 조사 순서는 419, (419+440) mod 1601, (419+2*440) mod 1601, …이 된다. $h(x)$와 $h(y)$값은 같지만 $f(x)$와 $f(y)$는 달라 두 번째 보는 자리는 서로 달라진다.

더블 해싱에서 조심할 점은 두 번째 해시 함수 값 $f(x)$가 해시 테이블 크기 m과 서로 소인 값이어야 한다는 것이다. $f(x)$와 m이 1보다 큰 최소공약수 d를 가지면 x의 자리를 찾기 위해 해시 테이블 전체 중에 기껏해야 $\frac{1}{d}$밖에 보지 못하게 된다(종합예제 **02** 참조). 위의 예처럼 해시 테이블 크기 m을 소수로 잡고, $f(x)$의 값이 항상 m보다 작은 자연수가 되도록 하면 이들은 항상 서로 소가 되므로 이 조건은 만족시키기 어려운 조건은 아니다.

지금까지 개방 주소 방법의 예를 세 가지 설명하였다(선형 조사, 이차원 조사, 더블 해싱). [알고리즘 7-2]는 개방 주소 방법을 알고리즘으로 기술한 것이다.

알고리즘 7-2 | 개방 주소 방법

```
hashInsert(T[], x):
    i ← 0
    repeat
        j ← h_i(x)
        if (T[j] = NIL or T[j]=DELETED)
            T[j] ← x; return j
        else i++
    until (i = m)
    error "테이블 오버플로우"

hashSearch(T[], x):
    i ← 0
    repeat
        j ← h_i(x)
        if (T[j] = x) return j
        else i++
    until (T[j] = NIL or i = m)
    return NIL
```

개방 주소 방법은 테이블에 주어진 공간만 사용할 수 있으므로 적재율이 1을 넘을 수는 없다. 적재율이 높아지면 효율이 급격히 떨어지므로 적당한 임계점을 설정한 후 그 임계점을 넘으면 해시 테이블의 크기를 대략 2배로 키우고 모든 원소를 다시 해싱하는 것이 일반적이다. 마지막으로 개방 주소 방법에서 조심할 것은 원소를 삭제했을 경우다. [그림 7-10]의 예를 보자. 편의상 선형 조사를 사용하는 예를 든다. (a)는 원소들이 저장된 상태에서 원소 1이 삭제되었다. (b)는 이 상황을 보여준다. 여기서 원소 38을 검색하면 주소 12, 0을 거쳐 주소 1에 이르면 빈자리를 발견하게 되어 원소 38은 없다고 판단한다. 그런데 원소 38은 주소 6에 저장되어 있다. 원소 38을 저장할 때 주소 12, 0, 1, 2, 3, 4, 5를 거쳐 주소 6에 저장했으므로 검색할 때도 이와 똑같은 과정을 밟을 수밖에 없다. 그런데 중간에 있는 주소 1의 원소가 삭제되어 1을 거쳐갈 수가 없으므로 이런 문제가 생긴 것이다. 이런 경우에는 원소를 삭제할 때 원래는 원소가 있던 자리였음을 표시해주면 문제를 해결할 수 있다. (c)에는 주소 1 자리에 DELETED라는 상수 값을 저장하여 삭제된 자리임을 표시하였다. 이제는 원소 38을 검색하면 주소 1의 자리를 거쳐서 주소 6까지 이르게 된다. 이렇게 삭제된 자리에 실제 원소가 아닌 상수 DELETED가 여기저기 저장되어 있으면 공간 사용의 효율이 떨어지지 않느냐는 질문을 가끔 받는다. 삽입 과정에서 상수 DELETED를 만나면 그 자리에 원소를 넣으면 되기 때문에 그리 낭비적이지 않다.

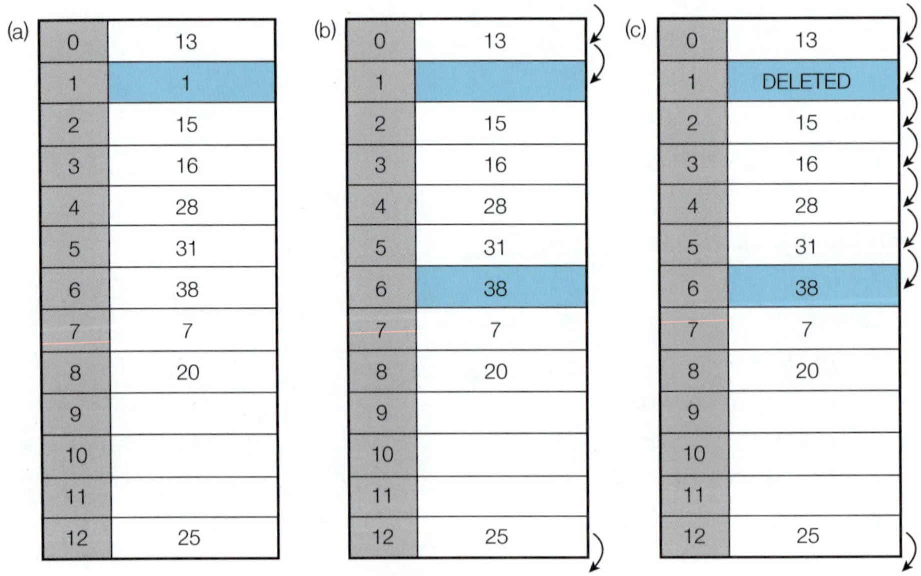

그림 7-10 해시 테이블에서 자료가 삭제될 경우의 처리 방법

04 해시 테이블의 검색 시간 분석

체이닝 방법을 이용하는 경우의 검색 시간을 살펴보자. 저장된 다른 원소와 관계없이 임의의 원소가 테이블상의 모든 위치에 같은 확률로 해시된다고 가정하자.

정리 7-1

체이닝 방법을 이용하는 해싱에서 적재율이 α일 때, 실패하는 검색에서 조사 횟수의 기대치는 α이다.

▶▶ **증명** 적재율이 α이면 각 연결 리스트에 매달린 원소 개수의 기대치는 α이다. 그러므로 찾고자 하는 원소가 없을 때는 평균적으로 α개의 원소를 조사하고 나면 끝난다.

해당 연결 리스트에 원소가 하나도 없다면 아무런 조사 없이 끝난다. 여기서 연결 리스트의 헤드를 지나가는 것은 고려하지 않았다. 이것도 굳이 한 번의 조사라고 간주한다면 위의 결과에 1을 더하면 될 것이다. 다음에 설명할 성공하는 검색의 경우는 해당 리스트에 적어도 하나의 원소가 있으므로 1보다 작을 수는 없다.

정리 7-2

체이닝을 이용하는 해싱에서 적재율이 α일 때, 성공하는 검색에서 조사 횟수의 기대치는 $1+\frac{\alpha}{2}-\frac{\alpha}{2n}$이다.

▶▶ **증명** 검색이 성공하므로 마지막에는 검색하는 원소를 조사하고 끝낸다. 그러므로 적어도 한 번은 조사를 한다. 각 원소가 저장될 때는 리스트의 맨 앞에 삽입되므로 원소 x가 저장된 다음 몇 개의 원소가 x와 같은 리스트에 저장되었는지 알면 된다. x와 같은 리스트에 저장되는 원소는 해시 값이 x의 해시 값과 일치하는 원소다. 해시 함수가 잘 설계되었다면 임의의 두 원소가 같은 위치 값(해시 값)을 가질 확률, 즉 충돌을 일으킬 확률은 $\frac{1}{m}$이다. 해시 테이블에 총 n개의 원소가 저장되었다면 적재율

은 $\alpha=\frac{n}{m}$이다. 원소 x가 n개의 원소 중 i번째로 저장되었다면 x보다 먼저 저장된 원소는 같은 해시 값을 갖더라도 연결 리스트에서 원소 x보다 뒤에 매달리므로 x를 성공적으로 검색하는 데 전혀 영향을 미치지 않는다. 문제는 x보다 뒤에 저장되었으면서 x와 충돌을 일으킨 원소들이다. 이들은 모두 리스트에서 x의 앞에 매달리므로 이들을 지나가야만 x에 이를 수 있다. 정리하면, 원소 x가 i번째로 저장되었다면 x를 검색하기 위해 필요한 조사 횟수는 $1+\sum_{j=i+1}^{n}\frac{1}{m}$이다. 이를 모든 원소에 대해 평균하면 다음과 같다.

$$
\begin{aligned}
\frac{1}{n}\sum_{i=1}^{n}\left(1+\sum_{j=i+1}^{n}\frac{1}{m}\right) &= 1+\frac{1}{mn}\sum_{i=1}^{n}\sum_{j=i+1}^{n}1 \\
&= 1+\frac{1}{mn}\sum_{i=1}^{n}(n-i) \\
&= 1+\frac{1}{mn}\left(\sum_{i=1}^{n}n-\sum_{i=1}^{n}i\right) \\
&= 1+\frac{1}{mn}\left(n^2-\frac{n(n+1)}{2}\right) \\
&= 1+\frac{n-1}{2m} \\
&= 1+\frac{\alpha}{2}-\frac{\alpha}{2n}
\end{aligned}
$$

이제 개방 주소 방법에서 검색 시간을 살펴보자. 체이닝의 경우보다 조금 복잡하다. 체이닝에서는 각 원소가 자신이 해시된 주소에만 저장되므로 다른 주소에는 영향을 전혀 미치지 않지만, 개방 주소 방법에서는 자신이 해시되지 않은 주소에 저장될 수도 있으므로 복잡해진다. 개방 주소 방법에서 조사 순서 $h_0(x)$, $h_1(x)$, $\cdots$, $h_{m-1}(x)$가 0부터 $m-1$ 사이의 수로 이루어진 순열을 이루고, 모든 순열은 같은 확률로 일어난다고 하자. 즉, 이 조사 순서가 테이블의 모든 위치를 각각 한 번씩 중복 없이 볼 수 있고, 보는 순서는 임의의 순서라는 뜻이다. 앞에서 배운 개방 주소 방법의 조사 방법들에서 보는 순서는 임의의 순서가 아니다. 더블 해싱은 선형 조사와 이차원 조사보다는 이 가정에 가깝다. 따라서 이 가정을 정확하게 만족하지는 않으나 분석의 편의상 이렇게 가정을 한다. 이렇게 분석을 해도 해싱의 성능을 개략적으로 짐작하는 데 큰 도움이 된다.

정리 7-3

해시 함수가 앞에서 가정한 특성을 만족한다고 할 때, 적재율 $\alpha = \frac{n}{m} < 1$인 개방 주소 해싱의 실패하는 검색에서 조사 횟수의 기대치는 최대 $\frac{1}{1-\alpha}$이다.

▶▶ **증명** 두 확률 변수 p_i , q_i를 다음과 같이 정의하자.

- p_i: 빈자리를 찾기 전에 정확히 i번 이미 점유된 주소를 조사할 확률
- q_i: 빈자리를 찾기 전에 적어도 i번 이미 점유된 주소를 조사할 확률

그러면 조사 횟수의 기대치는 $1+\sum_{i\geq 0} ip_i$가 된다. 여기서 1은 마지막에 빈자리를 보는 것을 의미한다. 조사 순서가 임의의 순열을 이룬다고 하였으므로 확률 q_i는 다음과 같다.

$$q_1 = \frac{n}{m}$$
$$q_2 = \frac{n}{m}\frac{n-1}{m-1}$$
$$\cdots$$
$$q_i = \frac{n}{m}\frac{n-1}{m-1}\frac{n-2}{m-2}\cdots\frac{n-i+1}{m-i+1}$$

여기서 p_i와 q_i는 각각 다음과 같다.

$$p_i = q_i - q_{i+1}$$
$$q_i = \frac{n}{m}\frac{n-1}{m-1}\frac{n-2}{m-2}\cdots\frac{n-i+1}{m-i+1} \leq \left(\frac{n}{m}\right)^i = \alpha^i$$

이를 이용해서 조사 횟수의 기대치를 전개하면 다음과 같이 되어 증명이 끝난다.

$$\begin{aligned} 1+\sum_{i\geq 0} ip_i &= 1+\sum_{i\geq 1} i(q_i - q_{i+1}) \\ &= 1+\sum_{i\geq 1} q_i \\ &\leq 1+\sum_{i\geq 1} \alpha^i \\ &= \frac{1}{1-\alpha} \end{aligned}$$

정리 7-4

해시 함수가 앞에서 가정한 특성을 만족한다고 할 때, 적재율 $\alpha = \frac{n}{m} < 1$인 개방 주소 해싱의 성공하는 검색에서 조사 횟수의 기대치는 최대 $\frac{1}{\alpha}\log\frac{1}{1-\alpha}$이다.

▶▶ **증명** i번째 원소가 삽입된 직후의 적재율은 $\frac{i}{m}$이다. x가 $i+1$번째로 삽입된 원소라면 x가 삽입될 당시 실패하는 검색 후에 자리를 찾았을 것이므로, [정리 7-3]에 따라 조사 횟수의 기대치는 최대 $\frac{1}{1-i/m} = \frac{m}{m-i}$이다. 이를 모든 경우에 대해 평균하면 다음과 같이 되어 증명이 끝난다.

$$\begin{aligned}\frac{1}{n}\sum_{i=0}^{n-1}\frac{m}{m-i} &= \frac{m}{n}\sum_{i=0}^{n-1}\frac{1}{m-i}\\ &\le \frac{1}{\alpha}\int_0^n \frac{1}{m-x}dx\\ &= \frac{1}{\alpha}\log\frac{1}{1-\alpha}\end{aligned}$$

앞의 정리들에서 이론적으로는 체이닝이 개방 주소 방법보다 평균 조사 횟수가 적음을 알 수 있다. 이 사실은 굳이 정리를 보지 않아도 직관적으로 짐작할 수 있다. 개방 주소 방법의 경우 자신과 직접 충돌을 일으키지 않은 원소라도 검색 과정을 방해할 수 있다. 충돌이 일어나면 자신의 해시 값이 아닌 다른 주소에 어떻게든 자리를 잡기 때문이다. 이에 반해서 체이닝은 충돌을 일으킨 원소만 같은 연결 리스트에 매달리므로 충돌을 일으키지 않은 원소들끼리는 검색에 지장을 주지 않는다. 그렇지만 이론적 성질이 조금 낫다고 해서 체이닝이 가장 매력적인 것은 아니다. 체이닝은 우선 각 연결 리스트마다 헤드를 하나씩 두어야 하고 연결 리스트를 만들기 위해 각 원소마다 연결 공간이 필요하다. 따라서 적재율이 그리 높지 않을 때는(예를 들어, $\frac{1}{2}$ 이하) 개방 주소 방법이 더 매력적인 경우가 많다. 개방 주소 방법은 적재율이 절대로 1을 넘지 못하는 반면, 체이닝은 제한이 없다. 어떤 경우든 적재율이 높으면 해싱의 효율이 떨어지므로 적절하게 낮은 적재율을 유지할 필요가 있다.

01 체이닝을 사용하는 충돌 해결 방법에서 각 연결 리스트를 정렬된 형태로 유지한다면 효율성 면에서 어떤 변화가 생기는가? (삽입, 삭제, 성공적인 검색, 실패하는 검색의 경우로 나누어 생각한다.)

➔ 삽입 시간은 연결 리스트의 길이에 비례하므로 원래 버전보다 비용이 더 든다. 성공적인 검색의 경우 비용이 원래 버전과 거의 동일하다. 실패하는 검색은 연결 리스트를 다 보지 않고도 끝낼 수 있으므로 비용이 절반 정도 든다. 삭제는 성공적인 검색과 연동되므로 리스트에 있는 원소의 삭제에 관한 한 비용이 거의 동일하다.

02 더블 해싱에서 두 번째 해시 함수 값 $f(x)$와 해시 테이블 크기 m이 1보다 큰 최소공약수 d를 가지면 x의 자리를 찾기 위해 해시 테이블 전체 중에 기껏해야 $\frac{1}{d}$밖에 보지 못하게 되는 이유를 설명하시오.

➔ $f(x)=dk$, $m=dl$이라 하자. 여기서 k, l은 양의 정수다. 여기서 $h_i(x)=(h(x)+i\cdot f(x)) \bmod m$이라면 i번째 조사에서는 $h(x)$에서 $i\cdot f(x)$만큼 점프한다. l번째 조사에서는 $l\cdot f(x)$만큼 점프하는데 $l\cdot f(x)=ldk=km$이 되어 m의 배수이므로 $h(x)$ 자리와 일치하게 된다. 그러므로 기껏해야 l번, 즉 $\frac{m}{d}$번밖에 조사하지 못한다.

요약

01 해시 테이블은 저장된 원소의 양에 관계없이 상수 시간 검색을 가능하게 하는 검색 효율의 극단을 추구하는 자료구조다.

02 해시 함수는 원소들을 테이블에 고루 분산시킬 수 있어야 한다.

03 동일한 주소에 2개 이상의 원소가 해시되는 것을 충돌이라 한다. 충돌을 해결하는 방법은 해시 테이블에서 가장 중요한 문제다.

04 충돌 해결 방법에는 체이닝과 개방 주소 방법이 있다. 체이닝은 충돌이 일어난 원소들을 하나의 연결 리스트로 관리하는 방식이고, 개방 주소 방법은 추가적인 공간을 사용하지 않고 어떻게든 해시 테이블 내에서 해결하는 방식이다.

연습문제

01 크기가 13인 해시 테이블이 해시 함수로 $h(x)=x \bmod 13$을 사용한다. 충돌 해결은 개방 주소 방법의 선형 조사를 택한다. 원소 10, 20, 30, 40, 33, 46, 50, 60이 차례로 저장된 후 해시 테이블의 모양은 어떻게 되는가?

02 **01**번 문제에서 선형 조사 대신 해시 함수 $h_i(x)=(x+i^2) \bmod 13$을 사용하는 이차원 조사를 택할 경우 최종적인 해시 테이블 모양은 어떻게 되는가?

03 **01**번 문제에서 선형 조사 대신 더블 해싱 $h_i(x)=(h(x)+i \cdot f(x)) \bmod 13$을 사용할 때 최종적인 해시 테이블 모양은 어떻게 되는가? (여기서 $h(x)=x \bmod 13$, $f(x)=1+(x \bmod 11)$)

04 체이닝을 사용하는 충돌 해결 방법에서 각 연결 리스트에 새로운 원소가 삽입될 때 리스트의 맨 앞에 삽입하지 않고 맨 뒤에 삽입한다면 효율성 면에서 어떤 변화가 생기는가?

05 좋지 않은 선택이지만 문제를 만들기 위해 해시 테이블 크기를 100이라 하고, 해시 함수 $h(x)=x \bmod 100$을 사용한다. 충돌 해결은 선형 조사를 사용한다. 50개의 원소가 다음 순서로 저장되었을 때 나중에 이들을 검색하려면 각 원소당 평균 몇 번의 조사가 필요하겠는가?

100, 200, ⋯, 1000, 101, 201, ⋯, 1001, 102, 202, ⋯, 1002, 103, 203, ⋯, 1003, 104, 204, ⋯, 1004

★ **06** 충돌을 해결하는 일련의 해시 함수가 $h_i(x)=(h_{i-1}(x)+i) \bmod m$으로 정의된다고 하자. 이때 m은 2의 멱수라 가정한다.

① 이 방법이 이차원 조사 방법의 일종임을 보이시오.

② $h_0(x)$, $h_1(x)$, $h_2(x)$, ⋯, $h_{m-1}(x)$는 항상 집합 $\{0, 1, 2, \cdots, m-1\}$에 중복 없이 대응됨을 증명하시오. 즉, $h_0(x)$, $h_1(x)$, $h_2(x)$, ⋯, $h_{m-1}(x)$는 $\{0, 1, 2, \cdots, m-1\}$로 이루어지는 순열을 이룸을 증명하시오.

연습문제

07 6장의 **17**번 문제에서 레드 블랙 트리 대신 해시 테이블을 사용해서 문제를 해결하고자 한다. 이 목표를 달성하는 과정을 좀 더 구체적으로 설명하여 이 과정을 이해하고 있다는 점을 드러내보시오. 그리고 이 방법의 최악의 경우 수행 시간을 O-표기로 제시하시오. 수행 시간은 성의 길이 n과 이 중 서로 다른 성의 개수 k가 사용된 점근적 표현을 사용해야 한다. k가 아주 작은 값일 수도 있고, 거의 n에 근접하는 큰 수일 수도 있기 때문에 분석 과정에서 k를 무시할 수 없다.

Chapter

08

집합의 처리

학습목표

- 연결 리스트를 이용한 상호 배타적 집합의 처리 방법을 이해한다.
- 연결 리스트를 이용해 집합을 처리하는 연산들의 수행 시간을 분석할 수 있도록 한다.
- 트리를 이용한 상호 배타적 집합의 처리 방법을 이해한다.
- 트리를 이용해 집합을 처리하는 연산들의 수행 시간을 기본적인 수준에서 분석할 수 있도록 한다.

PREVIEW

얼마 전 나는 학술회의 준비차 『다윈』을 읽었다.
읽으면서 그동안 읽지 않기를 잘했다는 생각이 들었다.
다른 때 『다윈』을 읽었더라면 여전히 이해할 수 없었을 것이기 때문이다.
… 결국, 읽을 준비가 되었을 때 읽어야 한다는 것이다.

로저 생크

상호 배타적인 여러 개의 집합을 처리해야 할 경우가 종종 있다. 가까이는 10장에서 배울 최소 신장 트리를 위한 크루스칼 알고리즘에서 상호 배타적인 집합을 처리하는 알고리즘이 필요하다. 집합의 관리에서 필요한 연산은 임의의 원소가 어느 집합에 속하는지 알아내는 연산과 두 집합을 합하는 연산이다. 이 장에서 취급하는 집합은 상호 배타적이므로 두 집합의 교집합은 항상 공집합이어서 교집합 연산은 필요 없다. 이 장에서 다룰 연산은 다음 세 가지다.

- **Make_Set(x)**: 원소 x로만 구성된 집합을 만든다.
- **Find_Set(x)**: 원소 x를 가진 집합을 알아낸다.
- **Union(x, y)**: 원소 x를 가진 집합과 원소 y를 가진 집합을 하나로 합친다.

이 장에서는 상호 배타적 집합을 처리하기 위해 연결 리스트를 이용하는 방법과 트리를 이용하는 방법을 각각 소개한다.

01 연결 리스트를 이용한 집합의 처리

1 작업의 개요

연결 리스트를 이용한 표현에서는 각 원소당 하나의 노드를 만들고 이들을 연결 리스트로 연결한다. 각 노드에는 원소를 저장하는 필드와 다음 원소, 대표 원소를 가리키는 2개의 포인터가 있다. 다음 원소를 가리키는 포인터를 이용해 집합의 모든 원소가 연결 리스트로 연결된다. 그리고 각 집합의 대표 원소는 연결 리스트의 맨 앞에 있는 원소가 된다. 각 집합에는 마지막 원소를 가리키는 tail이라는 변수를 두는데, 이 변수는 두 집합을 합칠 때 시간을 절약할 수 있게 해준다. 여기서는 이해를 돕기 위해 단순히 "… 원소를 가리키는 포인터"라고 했지만 엄밀하게 말하면 "… 노드를 가리키는 포인터"다.

다음은 상호 배타적 집합을 관리하는 데 필요한 세 가지 연산이다.

- **Make_Set(x)**: 원소 x로만 구성된 집합을 만든다.
- **Find_Set(x)**: 원소 x를 가진 집합을 알아낸다.
- **Union(x, y)**: 원소 x를 가진 집합과 원소 y를 가진 집합을 하나로 합친다.

Make_Set(x)는 원소 하나로 구성된 집합을 만드는데, 노드를 하나 만들어 해당 원소를 저장한다. 대표 노드로는 자신을 가리키도록 하고, 다음 원소는 없으므로 포인터는 NIL로 해둔다. [그림 8-1]은 하나의 원소로 구성된 집합을 연결 리스트로 만든 직후의 모양이다. 그림에서 맨 아래 필드의 사선은 NIL을 뜻한다.

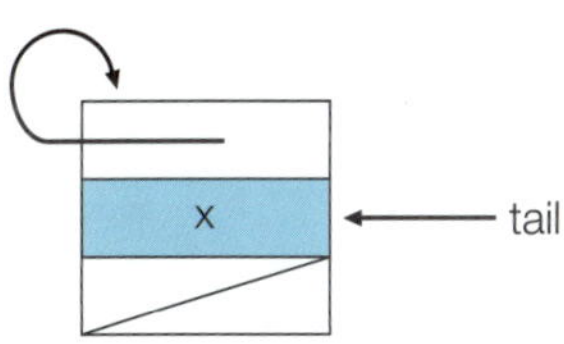

그림 8-1 연결 리스트를 이용하는 표현에서 하나의 원소로 구성된 집합

Find_Set(x)는 원소 x가 포함된 집합을 알아낸다. 원소 x가 가리키는 대표 노드를 리턴한다.

Union(x, y)는 원소 x가 속한 집합과 원소 y가 속한 집합을 하나로 합치는 연산이다. 우선 Find_Set(x)와 Find_Set(y)를 이용하여 x와 y가 속한 집합의 대표 노드를 각각 알아낸 다음 두 집합 중 하나를 다른 집합 뒤에 붙인다. 이렇게 뒤에 붙는 집합을 부집합, 앞쪽에 있는 집합을 주집합이라 하자. 우선 주집합에 있는 tail 노드의 다음 원소 포인터를 부집합의 대표 노드를 가리키도록 바꾸면 두 리스트가 하나로 합쳐진다. 부집합에 있는 모든 노드의 대표 원소 포인터는 주집합의 대표 노드를 가리키도록 바꾼다.

[그림 8-2]는 연결 리스트를 이용한 집합의 표현에서 두 집합을 합치는 작업을 보여주는 예다.

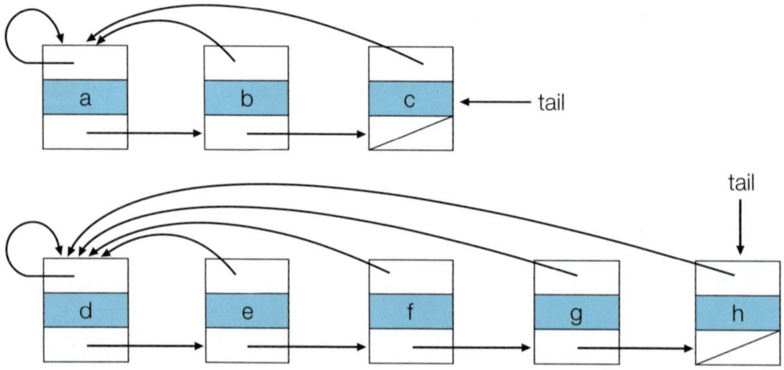

(a) 합치고자 하는 두 집합

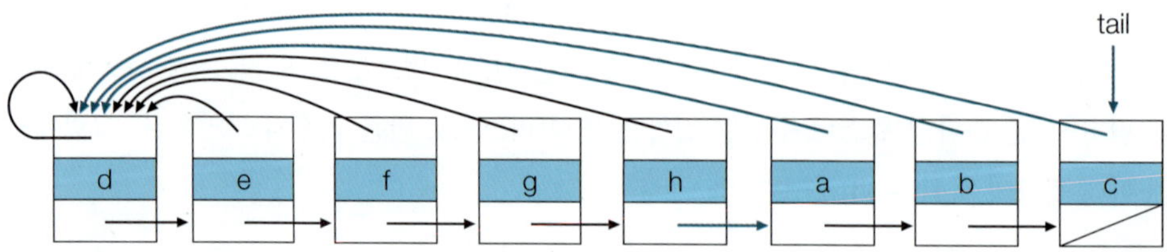

(b) 두 집합을 합친 결과

그림 8-2 연결 리스트를 이용하는 집합의 표현에서 두 집합을 합치는 작업

[그림 8-2]의 (a)에는 원소가 각각 3개, 5개인 두 집합이 연결 리스트로 표현되어 있다. 두 집합은 $\{a, b, c\}$와 $\{d, e, f, g, h\}$이다. 집합 $\{a, b, c\}$는 원소 a를 대표 원소로 삼고, 집합 $\{d, e, f, g, h\}$는 원소 d를 대표 원소로 삼았다. 각 집합의 모든 원소가 대표 원소를 가리키는 포인터를 하나씩 갖고 있는 것을 볼 수 있다. 이 대표 원소 포인터로 각 원소는 자신이 소속된 집합을 나타낸다. 또 각 원소는 자신이 속한 집합에서 다음 원소를 포인터로 연결하고 있는 것도 볼 수 있다. 마지막 원소는 다음 원소가 없으므로 다음 원소 포인터가 NIL로 되어 있다.

[그림 8-2]의 (b)는 (a)의 두 집합을 합친 결과다. 집합 $\{d, e, f, g, h\}$를 주집합으로 하고 집합 $\{a, b, c\}$를 그 뒤에 붙였다. 집합 $\{a, b, c\}$에 있는 모든 원소의 대표 원소를 원소 a에서 원소 d가 되도록 바꾸어준다. 주집합에서는 해줄 작업이 거의 없다. 단지 NIL로 되어 있던 마지막 원소 h의 다음 원소 포인터를 집합 $\{a, b, c\}$의 첫 번째 노드를 가리키도록 바꾸면 된다. 그림에서 변동이 생긴 포인터는 하늘색으로 표시하였다.

2 수행 시간

연결 리스트 표현에서 Make_Set은 하나의 원소로 된 집합을 초기화하는 것이므로 상수 시간이 든다. Find_Set도 상수 시간이 든다. 해당 원소의 노드에 있는 대표 원소 포인터만 리턴하면 되기 때문이다. 상수 시간을 초과할 수 있는 것은 Union뿐이다.

연결 리스트 표현에서 Union을 할 때 시간이 가장 많이 드는 작업은 대표 원소를 가리키는 포인터를 바꾸어주는 일이다. 크기가 다른 두 집합이 있을 때 여러분이라면 큰 집합에 작은 집합을 붙이겠는가, 작은 집합에 큰 집합을 붙이겠는가? 당연히 큰 집합을 그대로 두고 작은 집합을 붙이는 것이 대표 원소 포인터를 갱신하는 비용이 덜 들 것이다. 이런 방식으로 두 집합을 합치는 것을 '무게를 고려한 Union'Weighted Union이라 한다.

무게를 고려한 Union을 이용해 집합을 처리하면 다음 정리에서 기술한 성질이 만족된다. 이 정리는 그 자체가 중요하다기보다는 정리를 증명하기 위한 아이디어가 참신하니 한번 음미해 보기 바란다. 이 아이디어는 상각 분석Amortized Analysis이라고 하는 분석법의 한 종류다.

정리 8-1

연결 리스트를 이용해 표현되는 배타적 집합에서 무게를 고려한 Union을 사용할 때, m번의 Make_Set, Union, Find_Set 중 n번이 Make_Set이라면 이들의 총 수행 시간은 $O(m+n\log n)$이다.

▶▶ **증명** n번의 Make_Set을 포함하므로 원소의 총수는 n개다. 우선 Make_Set과 Find_Set은 상수 시간이 소요되는 간단한 작업이다. Make_Set과 Find_Set은 각각 $O(1)$ 시간이 들고 이들을 합해도 m번을 넘지 않으므로 이들로 인한 부담은 $O(m)$ 시간이다. 문제는 Union이고, Union에서 시간을 결정하는 것은 대표 노드로 포인터를 갱신하는 작업이다.

전체 작업을 통틀어 임의의 원소 x에 대해 Union으로 생길 수 있는 대표 노드 포인터 갱신 횟수를 살펴보자. 무게를 고려하는 Union이므로 항상 작은 집합이 큰 집합 뒤에 붙는다. x가 큰 집합에 속한다면 x의 대표 노드 포인터를 갱신할 필요가 없다. 하지만 x가 작은 집합에 속하면 해당 집합의 노드에 한 번씩 갱신이 발생하므로 x의 노드에도 한 번의 갱신이 발생한다(두 집합의 크기가 같으면 둘 중 한쪽에 대표 노드 갱신이 필요하므로 이때도 x의 노드에 갱신이 발생할 수 있음). 갱신이 한 번 발생할 때마다 x가 속한 집합의 크기는 최소한 2배 이상 커진다. x가 둘 중 크지 않은 집합에 속할 때만 갱신이 일어나므로, 갱신이 일어났다는 것은 x가 원래 속한 집합보다 작지 않은 집합과 더해졌음을 의미하기 때문이다. 그러므로 x가 속한 집합은 갱신이 일어날 때마다 최소한 $1 \rightarrow 2 \rightarrow 2^2 \rightarrow 2^3 \rightarrow \cdots$ 이상의 비율로 커진다. 하지만 원소가 총 n개이므로 집합의 크기가 n을 넘을 수 없다. 즉, 원소 x의 대표 원소 포인터의 갱신은 기껏해야 $\lceil \log_2 n \rceil$이다.

원소의 총수는 n이므로 모든 원소를 고려하면 대표 노드 포인터의 갱신 총 비용은 기껏해야 $\lceil n\log_2 n \rceil$을 넘지 않는다. 그러므로 전체 시간은 $O(m+n\log n)$이다.

이 증명에서는 연산을 기준으로 시간 분석을 하지 않고 각 원소를 기준으로 전체 작업에 미칠 수 있는 부담을 계산한 다음 이를 전체 원소의 수로 곱하였다. 관점을 전환하여 간명하게 생각할 수 있는 좋은 예다.

02 트리를 이용한 집합의 처리

1 기본 원리

이번에는 앞 절에서 배운 연결 리스트를 이용하는 방법보다 효율적인 처리 방법을 소개한다. 각 집합을 하나의 트리로 표현하는 방법인데, 흔히 다루는 트리와는 조금 다른 방식의 표현을 쓴다. 트리를 나타낼 때 보통은 부모 노드가 자식 노드를 가리키도록 하지만 여기서는 자식 노드가 부모 노드를 가리키도록 한다. [그림 8-3]은 트리를 이용한 집합 표현의 예로, 8개의 원소로 구성된 집합이 트리로 표현되었다. 임의의 노드에서 부모를 가리키는 포인터를 계속 따라가다 보면 자신이 속한 트리의 루트 노드를 만나게 된다. 이 루트 노드가 집합의 대표 노드다. 트리를 이용한 처리에서 루트 노드의 부모 노드 포인터는 그림과 같이 자신을 가리킨다.

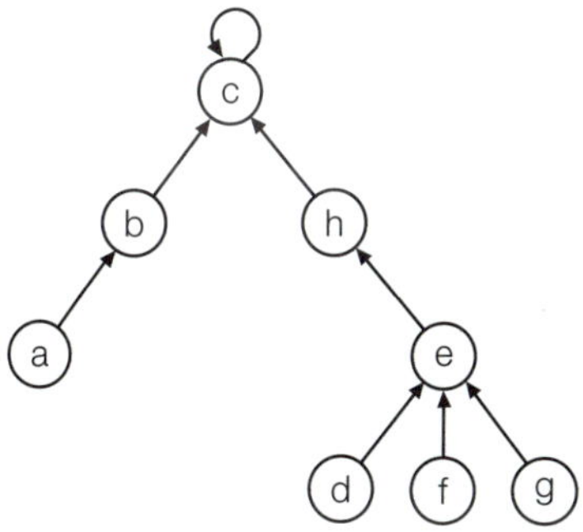

그림 8-3 트리를 이용한 집합 표현의 예

트리를 이용한 표현에서 두 집합을 합치는 작업은 연결 리스트 방법보다 아주 간단하다. 두 집합 중 한 집합의 루트가 다른 집합의 루트를 가리키도록 포인터 하나만 변경해주면 된다. [그림 8-4]는 트리로 표현된 두 집합을 합치는 예를 보여준다. (a)는 집합 $\{a, b, c, h\}$와 집합 $\{d, e, f, g\}$를 표현하는 2개의 트리다. (b)는 이들을 합쳐서 집합 $\{a, b, c, d, e, f, g, h\}$를 만든 것이다. 합치기 전 두 집합의 대표 원소였던 c, e 중 c가 합쳐진 집합의 대표 원소가 되었다.

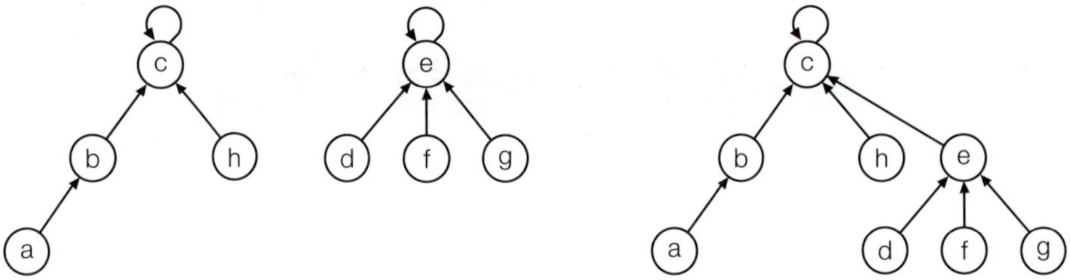

(a) 합치고자 하는 두 집합　　　(b) 두 집합을 합친 결과

그림 8-4 트리를 이용한 표현에서 두 집합을 합치는 예

하나의 원소로 구성된 집합은 노드를 하나 만들고 이 노드의 부모가 자신이 되도록 포인터를 만들어놓으면 된다. [그림 8-5]는 하나의 원소로 구성된 집합이 만들어진 모양을 나타낸다.

그림 8-5 트리를 이용하는 집합 표현에서 하나의 원소로 구성된 집합

[알고리즘 8-1]은 트리를 이용한 집합의 처리에서 Make_Set, Union, Find_Set 연산을 기술한다. 노드 x의 부모 노드는 $x.parent$로 나타냈다. 앞 절에서는 x, y가 원소를 나타내도록 사용했지만, 여기서는 알고리즘의 간명함을 위해 노드와 원소를 동일하게 취급한다.

알고리즘 8-1 트리를 이용한 집합의 처리에서 Make_Set, Union, Find_Set

Make_Set(x):
▷ 노드 x를 유일한 원소로 하는 집합을 만든다.
　　$x.parent \leftarrow x$

Union(x, y):
▷ 노드 x가 속한 집합과 노드 y가 속한 집합을 합친다.
　　Find_Set(y).$parent$ ← Find_Set(x)

Find_Set(x):
▷ 노드 x가 속한 집합을 알아낸다. 노드 x가 속한 트리의 루트 노드를 리턴한다.
　　if ($x = x.parent$) **return** x
　　else return Find_Set($x.parent$)

2 연산의 효율을 높이는 방법

랭크를 이용한 Union

각 노드는 자신을 루트로 하는 서브 트리의 높이의 상한을 랭크Rank라는 이름으로 저장한다. 단 하나의 노드로 된 트리의 높이는 0이라고 정의한다. 루트 노드의 랭크가 해당 집합의 랭크가 된다. [그림 8-6]은 집합을 나타내는 트리에서 각 노드의 랭크를 사각형 안에 표기한 것이다. 랭크를 이용한 Union에서는 두 집합을 합칠 때 랭크가 낮은 집합을 랭크가 높은 집합에 붙인다.

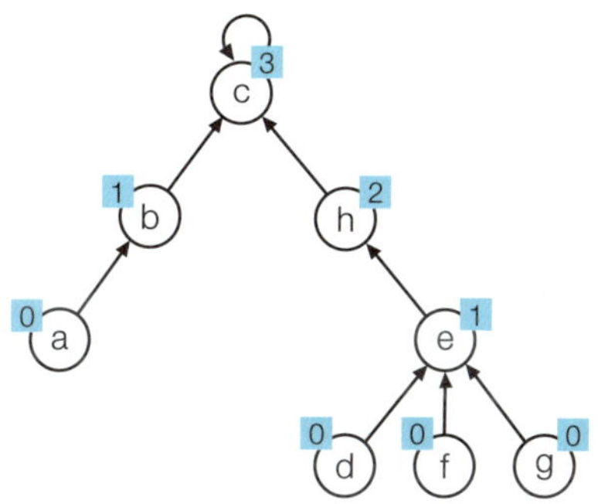

그림 8-6 집합을 표현한 트리에서 각 노드의 랭크가 표시된 예

[그림 8-7]은 랭크를 이용한 Union의 예를 보여준다. (a)에서 두 집합의 랭크는 각각 2와 1이다. 랭크 1인 집합을 랭크 2인 집합에 붙였고 두 집합의 합집합 랭크는 여전히 2다. 이런 방식으로 합칠 때 합집합의 랭크가 커지는 경우는 두 집합의 랭크가 동일한 경우밖에 없다.

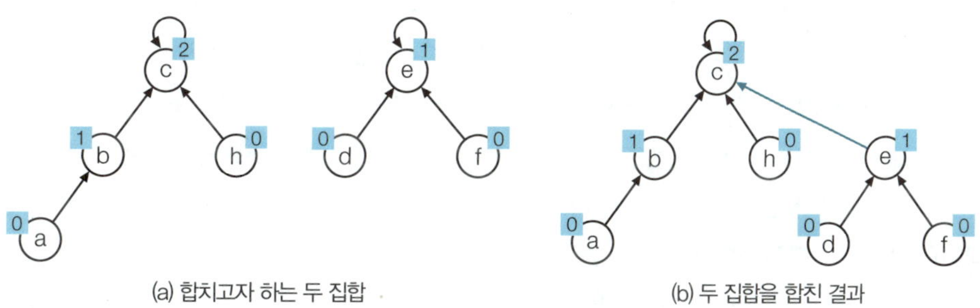

그림 8-7 랭크를 이용한 Union의 예

[알고리즘 8-2]는 랭크를 이용하는 경우의 Make_Set과 Union 알고리즘이다. Find_Set은 [알고리즘 8-1]과 동일하다.

알고리즘 8-2 랭크를 이용한 Union과 Make_Set

```
Make_Set(x):
▷ 노드 x를 유일한 원소로 하는 집합을 만든다.
    x.parent ← x
    x.rank ← 0

Union(x, y):
▷ 노드 x가 속한 집합과 노드 y가 속한 집합을 합친다.
    x′ ← Find_Set(x)
    y′ ← Find_Set(y)
    if (x′.rank > y′.rank)
        y′.parent ← x′
    else
        x′.parent ← y′
        if (x′.rank = y′.rank) y′.rank ← y′.rank+1
```

경로 압축

경로 압축은 Find_Set을 행하는 과정에 경로의 길이를 줄이는 아이디어를 넣은 것이다. 기본적으로는 [알고리즘 8-1]의 Find_Set과 같이 행하되 Find_Set(x)를 수행하는 과정에서 만나는 모든 노드가 직접 루트를 가리키도록 포인터를 바꾸어준다. 이렇게 하면 트리의 랭크(높이)를 줄일 가능성이 높다. [그림 8-8]은 경로 압축을 이용한 Find_Set의 예를 보여준다. (a)의 노드 g를 대상으로 Find_Set(g)를 한 결과가 (b)다. 노드 g에서 루트에 이르는 경로상에 있는 모든 노드가 직접 루트 노드를 가리키도록 바뀌었다. 그림에서 하늘색으로 표시된 노드(e와 g의 노드)가 포인터를 바꾼 노드들이다. (b)에서 h의 랭크는 0이 더 어울리지만 트리의 구조상 h가 자신에게 자식이 남아 있는지 알 수 있는 방법이 없다. 그래서 랭크를 높이가 아니라 '높이의 상한'이라고 하는 것이다. [알고리즘 8-3]은 경로 압축을 이용한 Find_Set 알고리즘이다. 이 알고리즘에서 함수의 리턴 값을 이용하여 포인터를 갱신하고 있는데 [알고리즘 6-3]과 [알고리즘 6-6]에서 유사한 예를 볼 수 있다.

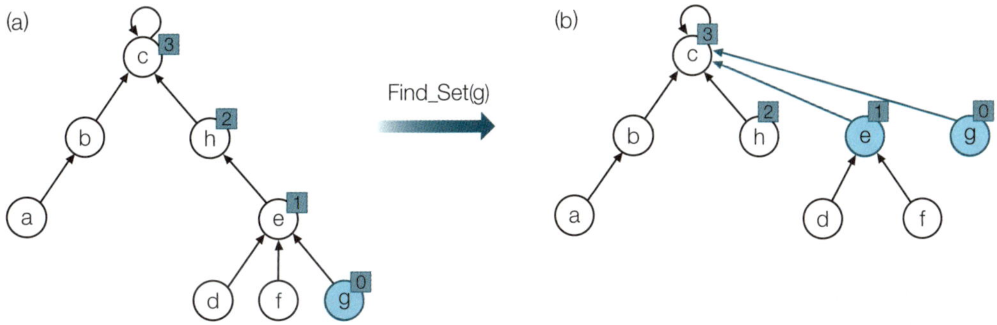

그림 8-8 트리를 이용한 표현에서 경로 압축을 사용하는 Find_Set(g) 직후의 모양

알고리즘 8-3 | **경로 압축을 이용한 Find_Set**

Find_Set(x):
▷ 노드 x가 포함된 트리의 루트를 리턴한다.
  if ($x \neq x.parent$) $x.parent \leftarrow$ Find_Set($x.parent$)
  return $x.parent$

효율성

트리를 이용한 집합의 처리에서 연산의 수행 시간을 알아보자.

정리 8-2

랭크를 이용한 Union을 사용하면, 랭크가 k인 노드를 대표로 하는 집합의 원소 수는 최소한 2^k개다.

▶▶ **증명** 랭크가 0이면 원소가 1개다. $2^0=1$이므로 $k=0$인 경우는 정리를 만족한다. 랭크가 r일 때 최소한 2^r개의 원소를 갖는다고 가정하자. 랭크가 r인 트리와 랭크가 r보다 작은 트리를 합치면 랭크는 여전히 r이면서 원소 수만 늘어난다. 랭크가 $r+1$로 증가하는 유일한 경우는 랭크가 r로 같은 두 트리가 합쳐지는 때다. 가정에 따라 이들 각각이 최소한 2^r개의 원소를 가지므로 이들을 합치면 최소한 2^{r+1}개의 원소를 가진다. 따라서 랭크가 k인 집합의 원소 수는 최소한 2^k개다.

정리 8-3

> 랭크를 이용한 Union을 사용하면, 원소 수가 n인 집합을 표현하는 트리에서 모든 노드의 랭크는 O(log$n$)이다.

▶▶ **증명** [정리 8–2]의 결과로 바로 성립된다.

정리 8-4

> 트리를 이용해 표현되는 배타적 집합에서 랭크를 이용한 Union을 사용할 때, m번의 Make_Set, Union, Find_Set 중 n번이 Make_Set이라면, 이들의 총 수행 시간은 O($m$log$n$)이다.

▶▶ **증명** Make_Set과 Union의 수행 시간은 O(1)이다. Make_Set이 n번 행해졌으므로 원소의 수는 총 n개다. [정리 8–3]에 따르면 임의 노드의 랭크는 O(log$n$)이므로 Find_Set의 수행 시간은 O(log$n$)이다. 그러므로 m번의 Make_Set, Union, Find_Set에 소요되는 시간은 O($m$log$n$)이다.

정리 8-5

> 트리를 이용해 표현되는 배타적 집합에서 랭크를 이용한 Union과 경로 압축을 이용한 Find_Set을 동시에 사용하면, m번의 Make_Set, Union, Find_Set 중 n번이 Make_Set일 때 이들의 수행 시간은 O($m$log$^*n$)이다.

[정리 8–5]의 증명은 꽤 복잡하다. 이 책에서는 다루지 않지만 이 정리에 담긴 의미는 매우 중요하다. 여기서 log^*n은 다음과 같이 정의된다.

$$\log^* n = \min\{k \mid \underbrace{\log\log\cdots\log}_{k} n \le 1\}$$

즉, n에 log를 계속 적용할 때 k번을 적용하면 최초로 1 이하로 된다는 뜻이다. 이것은 현실적으로 다루는 거의 모든 수에서 사실상 상수로 볼 수 있을 정도로 작다. 예를 들어, 2^{65536}은 영겁의 크기를 가진 수인데 $\log^* 2^{65536}$은 불과 5밖에 되지 않을 정도다. 따라서 우리가 현실적으로 다룰 수 있는 모든 경우에 대해 $\log^* n$은 사실상 O(1)이다. 이 정리가 말하는 것은 m번의 연산을 할 경우에 최악의 경우 O(m)의 시간이 든다는 것이다. 즉, 전체적으로 보면 각 연산에 평균 상수 시간이 소요된다.

여기서 한 가지 부연하면, 경로 압축 시에 영향을 받는 노드의 랭크 값을 수정해주는 것이 바람직하나 거의 불가능하다. 그래서 랭크 값이 실제로 바뀌어도 그대로 둔다. [정리 8-5]의 결론은 이런 환경에서 도출된 것이다. 그러므로 랭크는 서브 트리의 높이로 정의되었지만 이런 상황까지 감안하면 서브 트리의 상한이라는 표현이 더 정확하다.

종합예제

01 연결 리스트를 사용하는 집합의 처리에서 무게를 고려한 Union을 사용하지 않는다고 하자. m번의 Make_Set, Find_Set, Union 중 n번이 Make_Set일 때 최악의 경우 수행 시간은 어떻게 되겠는가?

➔ Make_Set은 상수 시간이 소요되며 n번 수행되므로 $\Theta(n)$만큼 소요된다. Find_Set도 상수 시간이 소요되며 최대 $m-n$번 수행되므로 최대 $\Theta(m-n)$ 시간만큼 소요된다. 시간을 결정하는 것은 Union이다. 최악의 경우는 Make_Set에 의해 하나씩의 원소로 구성된 집합이 만들어지고, Union할 때마다 주 집합에 하나의 원소를 더하되 주 집합의 원소들이 1개짜리 집합 뒤에 연결되는 경우다. 이때마다 주 집합의 크기만큼 비용이 든다. Make_Set은 총 n번만 수행되므로 Union은 $n-1$번을 초과할 수 없다. 그러므로 Union이 미칠 수 있는 최악의 수행 시간은 $\Theta(n^2)$이다. 그러므로 최악의 경우 수행 시간은 $\Theta(m+n^2)$이다.

요약

01 배타적 집합을 표현하는 대표적인 방법에는 연결 리스트를 이용하는 방법과 트리를 이용하는 방법이 있다.

02 배타적 집합을 처리하는 데 필요한 작업은 Make_Set, Find_Set, Union이다.

03 연결 리스트를 이용하는 방법을 잘 구현하면 Make_Set과 Find_Set은 O(1), Union은 평균 O(log$n$)의 시간이 들도록 할 수 있다.

04 트리를 이용하는 방법을 잘 구현하면 Make_Set, Find_Set, Union 모두 평균 수행 시간이 O(1)이 되도록 할 수 있다(엄밀하게 말하면, 최악의 경우라 하더라도 m번의 작업을 수행하는 데 O(m) 시간이 들도록 할 수 있음).

연습문제

01 다음 두 집합을 연결 리스트를 사용해 표현하고, 이들이 합쳐진 후의 모양을 그리시오.

{1, 3}, {12, 20, 7, 9}

02 다음과 같이 (a), (b)에 트리 표현을 이용한 집합이 각각 2개씩 있다. 먼저 (a)의 두 집합을 합친 다음 (b)의 두 집합을 합치고, 마지막으로 이들의 결과로 만들어진 두 집합을 합친다. 랭크를 이용한 Union을 사용할 경우 각 과정의 결과를 차례대로 그리시오.

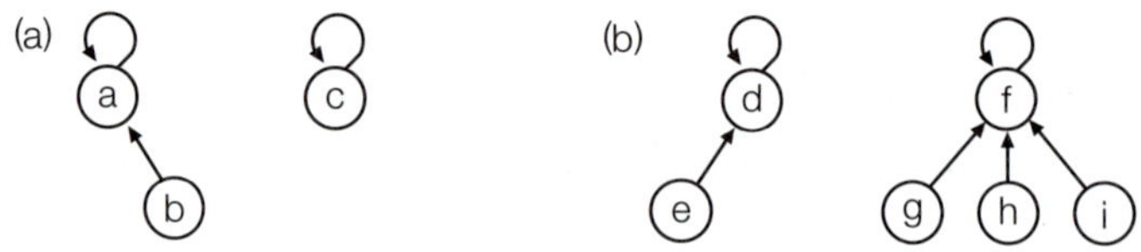

03 트리를 이용한 집합의 처리에서 본문에서 배운 경로 압축을 사용하는 Find_Set()은 다음과 같다. 이것을 자기호출을 사용하지 않는 버전으로 바꾸시오.

Find_Set(x): ▷ 노드 x가 포함된 트리의 루트를 리턴한다.
  if ($x \neq x.parent$) $x.parent \leftarrow$ Find_Set($x.parent$)
  return $x.parent$

04 트리를 이용한 집합의 처리에서 랭크를 이용한 Union을 사용할 경우, 총 n개의 원소로 구성된 집합에서 임의의 노드가 가질 수 있는 랭크의 상한은 얼마인가?

05 $\log^* n$값이 최초로 1, 2, 3, 4, 5가 되는 n의 값은 각각 얼마인가?

Drift

추상화와 은유

유발 하라리는 그의 명저『사피엔스』와『호모데우스』에서 인간 집단의 위력이 결정적으로 확장된 중요한 계기를 "허구를 만들어내는 능력"으로 파악한다. 지도자가 모든 구성원과 개인적으로 아는 상태에서 통솔한다고 할 때 대략 150명을 넘기기 힘들다고 한다. 이 이상으로 규모가 커지면 허구가 필요하다. 신화, 설화 같은 것으로 신비감을 획득한 지도자는 개인적인 친분이 없는 구성원들에게도 경외감과 복종심을 심어줄 수 있게 되었다. 허구는 점점 더 추상화되어 종교, 국가, 화폐 등으로 진화했다.

컴퓨터 작업의 추상화도 허구의 역사다. 다만 인간의 역사가 '구라성 허구'에서 출발한 데 반해 컴퓨터 작업의 역사는 '논리적 허구'에서 출발했다는 점이 다르다. 추상화의 레벨이 높아지는 프로세스는 비슷하다. 컴퓨터 과학 분야에서 역사상 유래가 없는 속도로 추상화의 레벨이 급등한 덕분에 현대의 컴퓨터 프로그램은 옛날에는 상상할 수 없었던 복잡하고 방대한 프로젝트를 감당할 수 있게 되었다.

1980년대에 배우던 자료구조론과 요즘 배우는 자료구조론의 가장 큰 차이를 든다면 자료구조에서 Data Abstraction(자료의 추상화)이라는 말이 일반화되었다는 것이다. 프로그래밍의 대세도 절차적 언어에서 객체지향 언어의 사용으로 넘어갔다. 물론 아직도 추상화보다 미세한 구체성이나 절차성이 중요한 경우에는 C 언어가 널리 사용된다. 자료의 추상화가 중요한 이유는 우리가 일반적으로 다루는 추상적 개념을 실재實在화함으로써 컴퓨터 프로그래밍을 사고 활동의 심층 수준 근처로 끌어올렸다는 것이다. 프로그래밍에서 추상화는 기계어를 사용하던 시절부터 지금까지 계속되어온 것으로, 지금도 진행형이다. 여기서 추상화가 한 단계 더 진행되면 프로그래밍의 혁명 시대가 올 것이다. 언제일지는 모르지만 그 시기가 분명히 온다.

가장 행복한 추상화의 세계에 사는 사람들은 수학자다. 그들은 실존하지 않는 추상적 세계를 머릿속에서 만들어 그 속에서 교류한다. 그것들을 가끔 속세에 던져 현실적인 문제를 해결하는 키를 제공하기도 한다. 오늘날 모든 과학 분야에서 폭넓게 사용되는 복소해석은 상식의 세계에 존재하지 않던 허수에서 발전한 추상적 산출물이다. 다른 분야들도 정도의 차이는 있지만 전문가들의 세계는 모두 추상화의 세계다. 특히 컴퓨터 과학은 크누스의 말대로 추상화의 레벨이 지속적으로 급상승하여 만들어진 분야다.

재귀는 컴퓨터 과학에서 추상화의 긴요한 도구다. 재귀는 그 대상을 추상화된 개념으로 인지하는 데서 출발한다. 재귀적 관계가 드러나 있으면 그 관계를 인지하면 된다. 그렇지 않다면 문제 속에서 하나의 추상적 개념을 추출하지 않고는 재귀의 단초를 잡을 수 없다.

은유는 2차 주제로 1차 주제의 그림을 그리는 것이다. 1860년대 맥스웰이 전자기장 방정식을 발표하면서 사용한 은유는 다음과 같다.

전자기장은 바퀴, 도르래, 유체의 집합처럼 행동한다.

바퀴, 도르래, 유체는 2차 주제다. 처음 보았을 때 2차 주제와 1차 주제가 일치하지 않아 보이는 것을 둘 사이의 긴장이라 한다. 흔히 직유와 은유를 전혀 다른 두 개념으로 생각하지만 사실 둘은 연속적인 것으로 보아야 한다. 직유는 긴장도가 가장 낮은 수준의 은유다. 마치 물리학에서 플랑크 상수 값이 0이면 파동성과 입자성의 연결이 끊어지는 것과 같다.

초등학교 시절 피아노를 아주 깊은 수준까지 친 학생은 나중에 마음만 먹으면 수학에서 비슷한 깊이까지 들어갈 수 있다. 바둑에서 깊은 수준까지 들어간 학생은 역시 마음만 먹으면 공부에서도 비슷한 수준으로 들어갈 수 있다. 인간에게는 은유적 능력이 있기 때문이다. 고등교육이라는 것은 결국 다양한 분야에서 긴장도 높은 은유를 받아들이고 만들어낼 수 있는 능력을 훈련하는 과정이라고 볼 수 있다. 이를 위해서 은유에 가져다 쓸 수 있는 고급 빌딩 블록들을 풍부하게 가지고 있어야 한다. 기초교육의 중요성이 바로 여기에 있다. 기업에서는 졸업생들이 회사에 바로 활용할 수 있는 지식을 갖추지 못했다고 불평들을 하는데 이런 불평은 대부분 몰라서 하는 소리다. 대학은 개별 활용 지식을 하나하나 가르치는 곳이 아니라 그런 다양한 요구에 짧은 시간에 적응할 수 있는 고급 빌딩 블록을 쌓아가는 곳이다.

고등학교 수학을 배운 사람이면 재귀의 개념을 받아들이는 과정에서 수학적 귀납법 은유를 사용하면 수월하다. 이것은 2차 주제와 1차 주제가 너무나 유사해서 그 긴장도가 그리 높지 않은 경우다. 그래서 보통의 이공 학도라면 계승이나 피보나치 수열을 위한 재귀 함수를 이해하는 데 전혀 어려움이 없다. 재귀적 구현이 어려운 경우는 명시적으로 제공되지 않지만 재귀적 특성을 지닌 추상적 개념을 추출해내기까지의 과정이다. 퀵 정렬은 기준 원소와 대소를 비교하여 배열의 모든 원소를 양쪽으로 분할한다. 그러고 나면 독립적으로 정렬만 하면 되는 똑같은 정렬 문제를 2개 만난다. 기준 원소를 중심으로 분할하는 과정이 재귀적 관계를 발견하는 오버헤드다.

생태학자 그레고리 베이트슨은 "은유는 정신적 상호 연관성의 피륙을 짜는 방법"이라고 말했다. (그레고리 베이트슨은 그레고리 멘델의 연구를 세상에 알리고 유전학Genetics이란 말을 처음 만든 생물학자인 윌리엄 베이트슨의 막내아들이다. 그는 멘델을 기려 막내아들 이름을 그레고리라고 지었다고 한다.) 그는 항상 직접적인 표현을 쓰기보다 장황한 은유를 들어 표현하고자 하는 바를 말했다. 아마도 은유를 사용해 타인의 머릿속에 개념의 그물을 짜려고 했을 것이다. 베이트슨의 중심 메시지는 대상에서 관계로 이동한다. 그는 관계가 모든 정의의 기초가 되어야 한다고 주장했다. 사실 계산이론에서는 일찌감치 관계가 이론의 출발점이 되어 있었다. 계산 가능한 모든 집합을 재귀적 집합Recursive Set이라 한다. 재귀적 집합은 모든 입력에 대해 집합의 원소인지 여부를 판정해줄 수 있는 재귀 함수가 존재하는 집합을 의미한다. 결국 재귀는 강력한 관계의 표현 수단이지 않은가? 괴델 정리는 아리스토텔레스 논리학의 역리와 은유적으로 통한다. 그것은 또 컴퓨터 과학의 정지 문제와도 통한다. 전혀 다른 시대, 다른 세계의 사람들이 유사한 방법으로 정신의 피륙을 짜고 있었다.

어떤 언어에 개념을 담을 수 있는 단어나 수단이 없으면 사고가 그 틀 속에서 제한된다. 다른 언어를 쓰는 사람들이 문화적 환경 속에서 쉽게 체득하는 개념들을 독자적인 추상화의 과정을 거쳐 어렵게 만들어내야 한다. 그래서 고등교육이 중요하고 엘리트교육이 중요하다. 제대로 추상화의 과정을 형성하지 못한 사람은 현대 문명에 어울린 원시인 같은 존재다. 추상화와 은유는 고등교육에서 체득해야 할 중요한 습관이다.

Chapter

09

동적 프로그래밍

학습목표

- 동적 프로그래밍이 무엇인지 이해한다.
- 어떤 특성을 가진 문제가 동적 프로그래밍의 적용 대상인지 감지할 수 있도록 한다.
- 기본적인 몇 가지 문제를 동적 프로그래밍으로 해결할 수 있도록 한다.

PREVIEW

계시란 바깥 어딘가에서 우리한테 갑자기 주어지는
객관적 지식이 아니다. 만물의 근원에 대한 본질적인 귀속감,
우리가 거기에 아주 밀접하게 닿아 있다는 관계성을 스스로가 발견해내는 것이 계시다.

데이빗 스타인들-라스트

n의 계승은 정수 1부터 n까지 곱한 것이다. 이는 다음 두 가지 방법으로 정의할 수 있다.

- $n! = 1 \cdot 2 \cdots (n-1) \cdot n$
- $n! = n(n-1)!$

첫 번째는 $n!$을 보통의 방식으로 정의한 것이고, 두 번째는 $n!$을 관계의 관점에서 정의한 것이다. $n!$은 $(n-1)!$을 포함하고 있다. n을 변수로 한 계승 문제의 답은 $n-1$을 변수로 한 계승 문제의 답을 포함한다. 즉, 크기 n인 계승 문제는 크기가 하나 작은 계승 문제의 답을 포함한다.

임의 그래프의 두 정점 s, t 간의 최단 경로 $s \rightsquigarrow t$에서 t에 이르기 직전에 방문되는 정점을 x라고 하자(즉, $s \rightsquigarrow x \rightarrow t$). s, t 간의 최단 경로는 s, x 간의 최단 경로를 포함한다. s에서 x까지 최단 경로가 아니라면 s에서 t까지도 최단 경로가 될 수 없기 때문이다.

이것은 다른 크기의 문제들이 서로 재귀적 관계를 가진 경우의 예다. 재귀적 관계를 가진 문제는 재귀호출 알고리즘을 사용하면 자연스럽게 구현할 수 있는데, 재귀적 구현이 효율적인 경우도 있고, 그렇지 못한 경우도 있다. 이 장에서 배울 동적 프로그래밍은 이런 상황에서 재귀호출 알고리즘을 사용하면 지나친 중복 호출이 발생하는 경우에 사용하는 기법이다.

01 어떤 문제를 동적 프로그래밍으로 푸는가

동적 프로그래밍은 큰 문제의 해답에 작은 문제의 해답이 포함되어 있고, 이를 재귀호출 알고리즘으로 구현하면 지나친 중복이 발생하는 경우에 이 재귀적 중복을 해결하는 방법이다. 동적 프로그래밍의 간단한 예를 찾기가 쉽지 않지만 여러분이 잘 알고 있는 피보나치 수 구하기에 의외로 동적 프로그래밍의 개념을 이해할 수 있는 핵심이 모두 들어 있다.

피보나치 수는 다음과 같이 정의된다.

$$f(n) = f(n-1) + f(n-2)$$
$$f(1) = f(2) = 1$$

즉, n의 피보나치 수는 $n-1$의 피보나치 수와 $n-2$의 피보나치 수를 포함하고 있다.

이처럼 큰 문제의 해답에 그보다 작은 문제의 해답이 포함되어 있으면 최적 부분 구조Optimal Substructure를 가졌다고 한다. 동적 프로그래밍을 적용하려면 문제가 일단 이 성질을 가져야 한다.

이런 최적 부분 구조를 가진 문제의 경우에는 재귀호출을 사용해 문제를 풀 수 있다. 피보나치 수 문제의 경우 fib(n)은 fib($n-1$)과 fib($n-2$)를 재귀적으로 호출한다. [알고리즘 9-1]은 이를 재귀호출로 구현한 것이다.

알고리즘 9-1 피보나치 수(재귀)

```
fib(n):
    if (n=1 or n=2) return 1
    else return (fib(n-1)+fib(n-2))
```

최적 부분 구조는 문제의 해답을 구하기 위해 더 작은 문제의 해답을 이용하므로 이처럼 재귀적 알고리즘으로 구현하는 것이 자연스럽다. 그런데 재귀적 알고리즘은 간명하지만 때때로 엄청난 비효율을 초래할 수 있다. n의 피보나치 수를 구하는 앞의 재귀적 알고리즘은 지수 함수에 비례하는 시간이 든다. [그림 9-1]은 [알고리즘 9-1]의 재귀적 호출 구조를 트리로 나타낸 것이다. 예를 들어, fib(7)을 구하는 과정에서 fib(5)는 2번, fib(4)는 3번, fib(3)은 5번, fib(2)는 8번이나 호출된다. [표 9-1]은 문제의 크기가 커짐에 따라 중복 호출이 증가하는 정도를 나타낸다. 수가 점점 커지면서 이 중복의 정도는 더 심각해진다. 재미있게도 중복 호출 횟수 자체가 다시 피보나치 수열을 이룬다. 증가 속도는 $\Omega(2^{\frac{n}{2}})$, 즉 적어도 $2^{\frac{n}{2}}$ 이상의 비율로 증가해 지수 함수적이다.

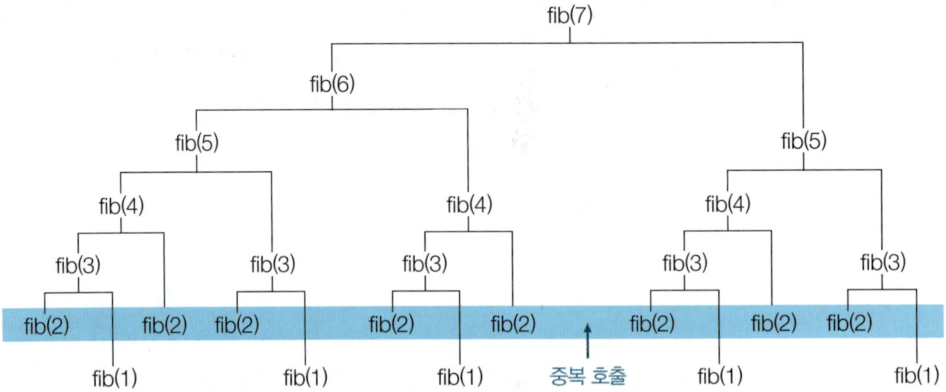

그림 9-1 재귀적 구현으로 동일한 문제가 중복 호출되는 상황을 보여주는 트리 예

표 9-1 fib()에서 문제 크기가 커짐에 따라 중복 호출이 증가하는 모습

수행되는 fib( )	fib(2)의 중복 호출 횟수
fib(3)	1
fib(4)	2
fib(5)	3
fib(6)	5
fib(7)	8
fib(8)	13
fib(9)	21
fib(10)	34

이것은 호출 결과를 한 번만 구해 저장해놓았다가 나중에 그냥 사용만 하면 될 것을 매번 호출함으로써 비효율이 발생하는 것이다. 예를 들어, fib(3)을 처음 호출하고 결과를 얻었으면 이것을 어딘가에 저장해두고 나중에 fib(3)이 필요하면 저장한 것을 사용하면 된다(이런 식으로 부분 결과를 저장하면서 해를 구해나가는 것이 동적 프로그래밍의 핵심임). 이렇게 재귀적으로 구현했을 때 중복 호출로 심각한 비효율이 발생하는 경우가 동적 프로그래밍을 사용하기 적합한 두 번째 조건이다.

그림 9-2 재귀와 동적 프로그래밍

정리하면, 다음 두 성질이 있는 문제에 대해 적절한 저장 방법으로 중복 호출의 비효율을 제거한 것을 동적 프로그래밍이라 한다.

- 최적 부분 구조를 이룬다.
- 재귀적으로 구현했을 때 중복 호출로 심각한 비효율이 발생한다.

피보나치 수는 [알고리즘 9–2]와 같이 아래에서 위로 구하면 선형 시간에 구해진다. 배열 $f[]$에 작은 것부터 저장해가면서 계산하는 방식이다.

알고리즘 9–2 　 피보나치 수(동적 프로그래밍 1)

```
fibonacci(n):
    f[1] ← f[2] ← 1
    for i ← 3 to n
        f[i] ← f[i-1]+f[i-2]
    return f[n]
```

for 루프를 순환하는 것이 수행 시간을 좌우하므로 선형 시간 알고리즘이다. for 루프가 한 번 돌 때마다 앞에서 구해 저장해놓은 피보나치 수 2개를 배열에서 가져다 더하기만 하면 된다. 이렇게 선형 시간에 해결할 수 있는 것을 재귀적으로 구현하니 지수 함수 시간이 든 것이다. fibonacci() 알고리즘은 앞에서 언급한 두 가지 성질을 지닌 문제에서 중복 호출이 야기한 비효율을 제거하였다. 이 알고리즘은 간단하지만 동적 프로그래밍의 핵심을 다 포함한다.

재귀적 구현에 다음과 같은 장치를 하여 비효율을 제거할 수도 있다.

알고리즘 9–3 　 피보나치 수(동적 프로그래밍 2)

```
▷ 배열 f[]의 모든 원소는 0으로 초기화되어 있다.
▷ f[i]값이 0이면 fib(i)가 아직 한 번도 수행되지 않았음을 의미한다.
fib(n):
  ❶ if (f[n] ≠ 0) return f[n]
    else
        if (n=1 or n=2) f[n] ← 1
        else f[n] ← fib(n-1)+fib(n-2)
        return f[n]
```

주석에서 언급한 바와 같이, 편의상 알고리즘에 포함시키지는 않았으나 배열 $f[]$의 모든 원소는 0으로 초기화된다. fib(i)가 처음으로 수행되면 $f[i]$에 fib(i)의 결과를 저장한다. 그리고 fib(i)가 호출되면 먼저 fib(i)가 이전에 호출된 적이 있는지 체크해 호출된 적이 있으면 재귀적 호출을 하지 않고 저장된 $f[i]$를 리턴한다. 이전에 호출되었는지 여부는 $f[i]$값이 아직 0으로 남아 있는지만 확인해보면 알 수 있다(❶). 재귀호출을 사용하되 한 번 호출된 것은 메모해둠으로써 중복 호출을 피하였다. 이것도 동적 프로그래밍이다. 중복된 재귀호출을 피하는 이런 방법의 동적 프로그래밍에는 특별히 메모하기Memoization라는 이름이 붙어 있다. 이 단어를 흔히 Memorization과 혼동하는데 Memoization이다. 메모를 한다는 의미로 memo에서 만들어진 단어다. 이것은 탑다운Top-down 방식의 동적 프로그래밍으로 하향식 방법이다. 상대적으로 [알고리즘 9-2]와 같이 아래에서 위로 저장해가면서 해를 구해나가는 것은 바텀업Bottom-up 방식의 동적 프로그래밍으로 상향식 방법이다. 바텀업 방식을 더 흔하게 사용하지만 두 가지 동적 프로그래밍 모두 작은 문제들의 해를 테이블에 저장한다는 점은 동일하다.

사실 동적 프로그래밍이란 용어는 이 기법의 내용과 그다지 어울리지 않는다. 이 용어는 원래 제어 분야에서 해를 테이블에 저장해가면서 풀어나간다는 데서 유래했다고 한다. '동적Dynamic'이란 용어는 '정적Static'이란 용어의 대비로서는 그럴듯하지만, 이 기법의 내용을 놓고 보면 영어든 한국어든 별로 어울리지 않고 직관적인 이해에도 도움이 되지 않는다. 그래도 역사적으로 정착된 용어이므로 그대로 쓸 수밖에 없다.

거의 모든 재귀적 알고리즘은 최적 부분 구조를 구현한다. 앞에서 배운 병합 정렬, 퀵 정렬 등도 큰 문제의 답이 작은 문제의 답을 포함한다. 그러나 이들의 재귀적 구현에서는 중복이 발생하지 않는다. 계승도 최적 부분 구조를 갖지만 이를 재귀적으로 구현한 것은 중복이 발생하지 않는데, 이 점이 동적 프로그래밍의 대상이 되는 문제들과 다른 부분이다.

02 행렬 경로 문제

이번에는 피보나치 수 구하기보다는 복잡하지만 비교적 간단한 예를 하나 살펴보자. 양수로 이루어진 $n \times n$ 행렬이 주어진다. 행렬의 왼쪽 위에서 시작해 한 칸씩 이동해 오른쪽 아래까지 도달한다. 이 과정에서 방문한 칸에 있는 수들을 더한 값이 이 경로의 합이다. 이동 규칙은 다음과 같다.

- 오른쪽이나 아래쪽으로만 이동할 수 있다.
- 왼쪽, 위쪽, 대각선 이동은 허용하지 않는다.

[그림 9-3]은 이 규칙을 위반하는 예와 만족하는 예를 보여준다. (a)는 위쪽으로 불법 이동한 예이며, (b)는 왼쪽으로 불법 이동한 예다. (c)와 (d)는 규칙을 만족하는 이동이다. 이 예는 행렬의 원소 (1, 1)에서 (n, n)으로 이동하는 모든 경로의 점수 중 가장 높은 점수를 구하는 문제다. 가능한 모든 이동 경로를 따져본 다음 가장 높은 점수를 구할 수는 있으나 지수 함수적인 시간이 걸린다.

우선 최적 부분 구조의 존재를 확인해보자. 행렬의 왼쪽 위 원소 (1, 1)에서 원소 (i, j)까지 도달하는 경로들의 점수 중 최고점을 구해보자. 원소 (i, j)에 도달하기 직전에 방문할 수 있는 원소는 $(i-1, j)$와 $(i, j-1)$ 단 2개다. 원소 (i, j)를 방문하므로 원소 (i, j)의 값은 반드시 더해진다. $(i-1, j)$를 거쳐 (i, j)에 도달하는 경우와 $(i, j-1)$을 거쳐 (i, j)에 도달하는 경우 중 점수가 높은 쪽을 택하면 된다. 즉, $(i-1, j)$까지 도달하는 최고 점수와 $(i, j-1)$까지 도달하는 최고 점수 중 큰 것에 원소 (i, j)의 점수를 더하면 원소 (i, j)까지 도달하는 최고 점수가 된다.

이 설명을 다르게 말하면, 문제 (i, j)의 최적해는 문제 $(i-1, j)$의 최적해와 문제 $(i, j-1)$의 최적해로 설명된다. 즉, 자신의 부분 문제에 대한 최적해를 자신의 최적해를 구성하는 데 사용한다. 최적 부분 구조를 가지고 있다.

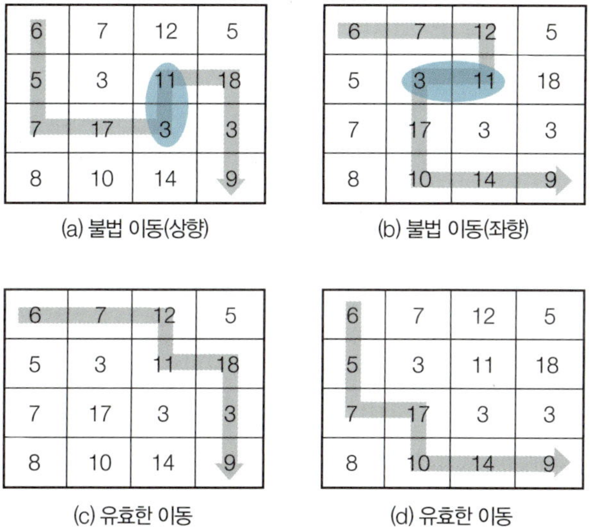

그림 9-3 허용되지 않는 이동과 허용되는 이동의 예

이제 이 최적 부분 구조를 재귀적 관계로 나타내보자. 변수 c_{ij}를 원소 (1, 1)에서 원소 (i, j)에 이르는 최고 점수라 정의하자. 최종적으로 구하고자 하는 것은 c_{nn}이다. 그러면 c_{ij}는 다음과 같이 재귀적 관계로 나타낼 수 있다. 여기서 m_{ij}는 행렬의 원소 (i, j)의 값이다.

$$c_{ij} = \begin{cases} 0 & \text{if } i=0 \text{ or } j=0 \\ m_{ij} + \max\left\{c_{i,j-1}, c_{i-1,j}\right\} & \text{otherwise} \end{cases}$$

c_{ij}는 다음 두 가지 경우로 나뉜다.

- $i=0$이거나 $j=0$이면 이 행렬에는 존재하지 않는 자리에 이르는 최고 점수다. 경계치 역할을 하는 것으로 항상 다른 선택보다 열등하도록 값 0을 갖는다. 이렇게 함으로써 따로 추가해야 할 (1, 1), $(1, j)$, $(i, 1)$ 세 가지 경우를 다음 (i, j)에 포함시킬 수 있다.
- 이 경우가 아니면 원소 (i, j)의 바로 왼쪽 원소에 이르는 최고 점수와 원소 (i, j)의 바로 위쪽 원소에 이르는 최고 점수 중 큰 것에 원소 (i, j)의 값을 더한 것이 원소 (i, j)에 이르는 최고 점수다.

[알고리즘 9-4]는 앞의 행렬 경로 문제를 재귀호출로 구현한 것이다.

알고리즘 9-4　행렬 경로 문제(재귀)

matrixPath (i, j):
▷ (i, j)에 이르는 최고 점수
　if $(i=0$ **or** $j=0)$ **return** 0
　else return $(m_{ij} + (\max(\text{matrixPath}(i-1, j), \text{matrixPath}(i, j-1))))$

[그림 9-4]는 matrixPath(4, 4)를 수행할 때 재귀호출 관계를 트리로 나타낸 것이다. 공간의 제약 때문에 matrixPath()를 mat()로 표기하였다. 경계조건에 해당하는 mat(0, j), mat(i, 0)은 그리지 않았는데 중복 호출 정도를 관찰하려는 목적이므로 상관없다. 상당한 중복 호출이 관찰된다. 예를 들어, 하늘색으로 칠한 matrixPath(2, 1)은 10번 중복 호출된다. 4×4 행렬의 경우 25개의 문제를 포함하고 있는데 총 139회의 호출이 일어난다. 3×3 행렬은 9개의 문제를 포함하고 있는데 39번의 호출이 일어난다. 문제가 커지면 중복 호출이 지수 함수적으로 일어난다.

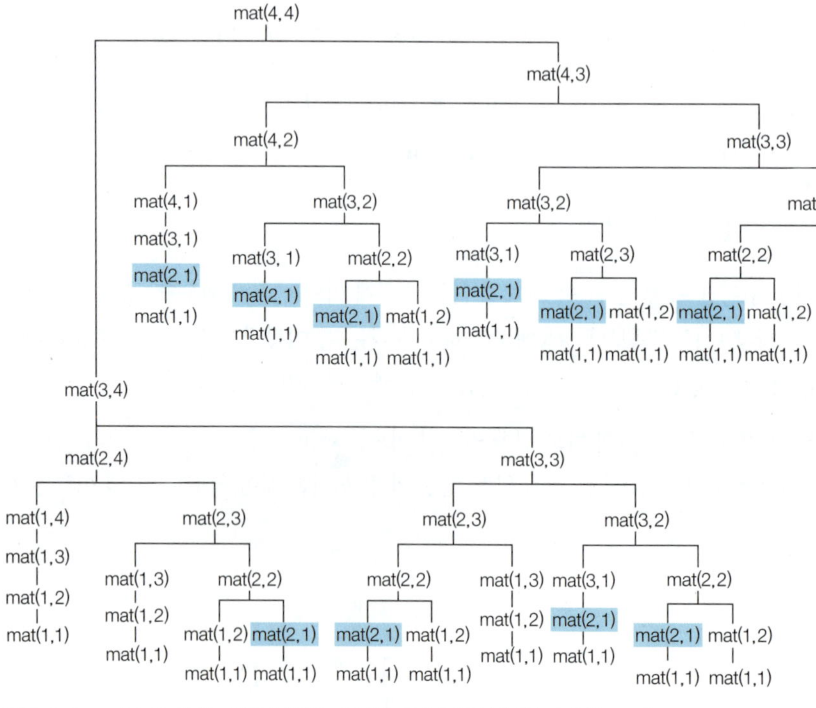

그림 9-4　matrixPath(4, 4)를 수행하는 과정의 재귀적 호출 관계를 나타내는 트리

[표 9-2]는 matrixPath()에서 문제의 크기가 커짐에 따라 matrixPath(2, 1)이 중복 호출되는 횟수를 보여준다. 2×2 행렬의 경우에는 1번, 3×3 행렬의 경우에는 3번, 4×4 행렬의 경우에는 10번, 5×5 행렬의 경우에는 35번, 6×6 행렬의 경우에는 126번, 7×7 행렬의 경우에는 462번, 8×8 행렬의 경우에는 1,716번, 9×9 행렬의 경우에는 6,435번의 중복 호출이 일어난다. 행렬의 크기가 커짐에 따라 무서운 속도로 늘어난다. 여기서 matrixPath(2, 1)을 잡은 것은 하나의 예를 들어 세어본 것이고, 다른 부분 문제에서도 비슷한 모양으로 증가한다.

표 9-2 matrixPath()에서 문제 크기가 커짐에 따라 중복 호출이 증가하는 모습

수행되는 matrixPath( )	matrixPath(2, 1)의 중복 호출 횟수
matrixPath(2, 2)	1
matrixPath(3, 3)	3
matrixPath(4, 4)	10
matrixPath(5, 5)	35
matrixPath(6, 6)	126
matrixPath(7, 7)	462
matrixPath(8, 8)	1,716
matrixPath(9, 9)	6,435

지금까지 행렬 경로 문제의 최적 부분 구조와 재귀적 구현 시 발생하는 중복 호출을 확인하였다. 이 문제가 동적 프로그래밍의 좋은 대상임을 알 수 있다. $n \times n$ 행렬에 대해서 이 문제에 존재하는 부분 문제들의 총수는 고작 n^2개다. 이 n^2을 [알고리즘 9-5]와 같이 아래에서부터(작은 것부터) 재귀적 관계를 이용해 구해나가면 된다. [알고리즘 9-5]의 수행 시간은 ❶의 for 루프가 지배한다. ❷는 배열의 두 원소 중 큰 것을 고르는 작업과 덧셈이므로 상수 시간이 든다. 그러므로 알고리즘의 총 수행 시간은 $\Theta(n^2)$이다. 행렬의 원소 수(n^2)에 대해서는 선형 시간이다.

알고리즘 9-5 행렬 경로 문제(동적 프로그래밍)

```
matrixPath(n):
▷ (n, n)에 이르는 최고 점수
    for i ← 0 to n
        c[i, 0] ← 0
    for j ← 1 to n
        c[0, j] ← 0
 ❶ for i ← 1 to n
        for j ← 1 to n
            ❷ c[i, j] ← m_ij + max(c[i-1, j], c[i, j-1])
    return c[n, n]
```

03 돌 놓기 문제

이번에는 동적 프로그래밍으로 풀 수 있는 간단한 놀이를 예로 들어본다. $3 \times n$ 테이블의 각 칸에 숫자가 쓰여 있다. 테이블의 각 칸 중 일부에 제한조건을 만족하는 방법으로 돌을 놓아 돌이 놓인 곳에 있는 수의 합을 최대로 하는 문제다.

돌을 놓는 제한조건은 다음과 같다.

- 가로나 세로로 인접한 두 칸에 동시에 돌이 놓일 수 없다.
- 각 열에는 적어도 하나 이상의 돌을 놓는다.

[그림 9-5]에 테이블의 예를 하나 들었다. (a)는 주어진 테이블이다. (b)는 제한조건을 만족하고, (c)는 제한조건을 만족하지 않는다. 5열에서 세로로 인접한 5와 7 위에 돌이 동시에 놓일 수 없다. 또 6열과 7열의 맨 아래 가로로 인접한 −2와 9 위에도 돌이 동시에 놓일 수 없다.

6	7	12	−5	5	3	11	3
−8	10	14	9	7	13	8	5
11	12	7	4	8	−2	9	4

(a) 문제의 예

6	7	**12**	−5	**5**	3	**11**	3
−8	**10**	14	**9**	7	**13**	8	**5**
11	12	**7**	4	8	−2	**9**	4

(b) 합법적인 예

6	7	12	−5	**5**	3	**11**	3
−8	**10**	**14**	9	**7**	13	8	**5**
11	12	7	**4**	8	**−2**	**9**	4

(c) 합법적이지 않은 예

그림 9-5 돌 놓기 문제의 예와 돌을 놓은 예

임의의 열에 돌을 놓을 수 있는 방법은 총 네 가지다. [그림 9-6]에서는 이 네 가지 패턴을 보여준다. 임의의 열에 한 패턴으로 돌이 놓이면, 인접한 열에 이 패턴과 양립할 수 없는 패턴으로 돌을 놓을 수는 없다.

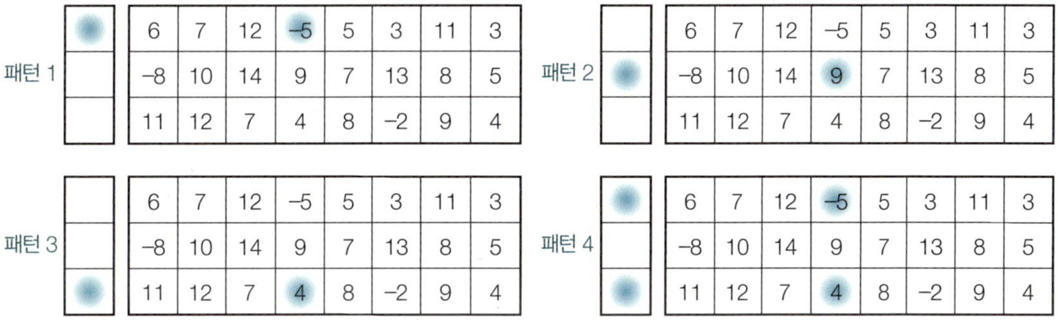

그림 9-6 임의의 열에 놓을 수 있는 네 가지 패턴 예

[그림 9-7]에 서로 양립할 수 있는 패턴을 정리하였다. 패턴 1의 이웃에는 패턴 2와 3만, 패턴 2의 이웃에는 패턴 1·3·4만, 패턴 3의 이웃에는 패턴 1·2, 패턴 4의 이웃에는 패턴 2만 올 수 있다(양립할 수 있음). 돌을 놓는 모든 경우의 수를 따져본 다음 가장 높은 점수를 구할 수는 있으나 지수 함수적인 시간이 걸린다.

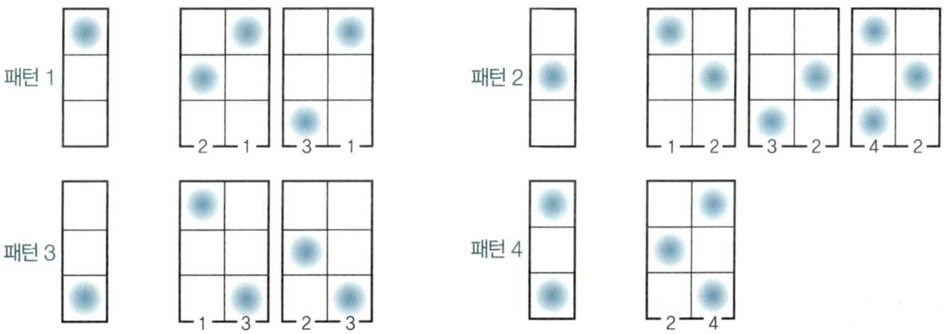

그림 9-7 서로 양립할 수 있는 패턴들

우선 최적 부분 구조의 존재를 확인해보자. n열 중 1열부터 i열까지 돌을 놓는 경우에 1열부터 i열까지 합의 최고치를 생각해보자. i열에는 네 가지 패턴 중 하나로 돌이 놓일 것이므로 다음 네 가지를 구해보자.

- i열이 패턴 1로 놓여 있을 경우의 최고점
- i열이 패턴 2로 놓여 있을 경우의 최고점
- i열이 패턴 3으로 놓여 있을 경우의 최고점
- i열이 패턴 4로 놓여 있을 경우의 최고점

이 중 i열이 패턴 4로 놓여 있으면 $i-1$열은 반드시 패턴 2로 놓여야 한다. 따라서 i열이 패턴 4로 놓여 있을 경우의 최고점은 $i-1$열이 패턴 2로 놓여 있을 경우의 최고점과 i열에서 패턴 4로 돌이 놓인 곳에 있는 수를 합한 점수다. i열이 패턴 1로 놓여 있을 경우의 최고점은 $i-1$열이 패턴 2로 놓여 있을 경우의 최고점과 $i-1$열이 패턴 3으로 놓여 있을 경우의 최고점 중 큰 것과 i열에서 패턴 1로 돌이 놓인 곳에 있는 수를 합한 점수다. 이처럼 i열까지의 최적해는 $i-1$열까지의 최적해를 포함한다. 즉, 자신보다 크기가 하나 작은 문제의 최적해를 자신의 최적해를 구성하는 데 사용한다. 최적 부분 구조를 가지고 있다.

이제 이 최적 부분 구조를 정리해보자. 변수 c_{ip}와 w_{ip}를 다음과 같이 정의한다.

- c_{ip}: i열이 패턴 p로 놓일 때의 최고 점수
- w_{ip}: i열이 패턴 p로 놓일 때 i열에 돌이 놓인 곳의 점수 합

그러면 c_{ip}는 다음과 같이 재귀적 관계로 나타낼 수 있다.

$$c_{ip} = \begin{cases} w_{1p} & \text{if } i=1 \\ \max\limits_{p\text{와 양립하는 패턴 } q} \{c_{i-1,\,q}\} + w_{ip} & \text{if } i>1 \end{cases}$$

최종적으로는 $c_{n,1} \sim c_{n,4}$ 중 가장 큰 것이 답이다. 이제 이 최적 부분 구조를 가진 문제를 재귀적으로 구현해보자.

알고리즘 9-6 | 돌 놓기 문제(재귀)

```
pebble(i, p):
▷ i열이 패턴 p로 놓일 때 최고 점수
▷ w_ip: i열이 패턴 p로 놓일 때 i열에 돌이 놓인 곳의 점수 합, p∈{1, 2, 3, 4}
    if (i=1) return w[1, p]
    else
        max ← -∞
        for q ← 1 to 4
            if (패턴 q가 패턴 p와 양립)
                tmp ← pebble(i-1, q)
                if (tmp > max) max ← tmp
        return (max + w_ip)
```

최종적으로 pebble(n, 1)~pebble(n, 4)의 결과 중 최댓값이 답이다. [그림 9-8]은 이 알고리즘으로 pebble(5, 1)을 수행할 때 재귀호출 관계를 트리로 나타낸 것이다. 상당한 중복 호출이 관찰된다. 예를 들어, 하늘색을 칠한 pebble(2, 2)는 4번 중복 호출된다. 그리고 문제가 커지면 지수 함수적으로 중복 호출이 일어난다.

[표 9-3]에 문제가 커짐에 따라 함수 pebble()의 총 호출 횟수가 어떻게 증가하는지 정리했다. 앞서 제시한 피보나치 수열 구하기나 행렬 경로 문제에서는 특정 부분 문제가 호출되는 횟수를 세었는데 여기서는 모든 함수 호출 횟수를 세었다. 예를 들어, 문제의 크기가 7인 경우 존재하는 부분 문제의 수는 고작 28개인데 함수 pebble()은 726번이나 호출된다.

표 9-3 pebble()에서 문제가 커짐에 따라 중복 호출의 비율이 증가하는 모습

문제의 크기(n)	부분 문제의 총수	함수 pebble( )의 총 호출 횟수
1	4	4
2	8	12
3	12	30
4	16	68
5	20	152
6	24	332
7	28	726

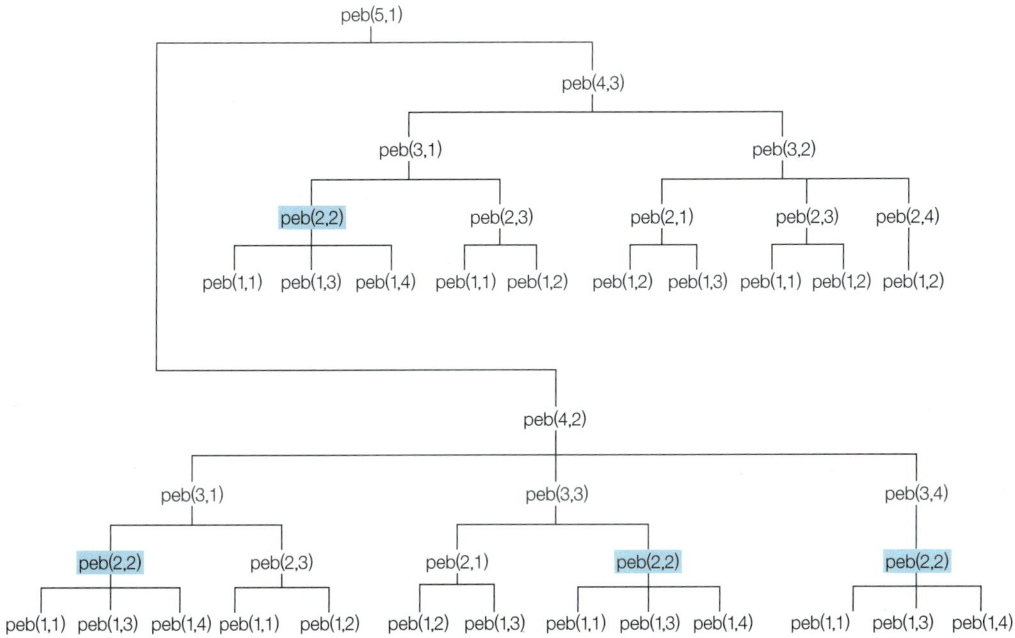

그림 9-8 pebble(5, 1)을 수행하는 과정의 재귀적 호출 관계를 나타내는 트리

지금까지 돌 놓기 문제의 최적 부분 구조와 재귀적 구현 시 발생하는 중복 호출을 확인하였다. 이 문제가 동적 프로그래밍의 좋은 대상임을 알 수 있다. 이 문제에 존재하는 부분 문제를 모두 나열하면 $c_{11} \sim c_{14}$, $c_{21} \sim c_{24}$, $\cdots$, $c_{n,1} \sim c_{n,4}$가 되어 총 $4n$개다. [알고리즘 9-6]에서 함수 pebble()을 한 번 호출하는 것은 부분 문제 1개에 대응되는데 심한 중복 호출이 있었다. 이 $4n$개를 [알고리즘 9-7]과 같이 아래에서부터(작은 것부터) 저장해가면서 구하면 중복을 피할 수 있다.

알고리즘 9-7 **돌 놓기 문제(동적 프로그래밍)**

```
pebble(n):
▷ n열까지 돌을 놓을 때 최고 점수
    for p ← 1 to 4
        peb[1, p] ← w[1, p]
 ❶ ┌ for i ← 2 to n
   │     for p ← 1 to 4
   └         peb[i, p] ← max        {peb[i-1, q]} + w_ip
                        p와 양립하는 패턴 q
    return max        {peb[n, p]}
           p=1, 2, 3, 4
```

부분 문제들의 답을 $n \times 4$ 배열 $peb[][]$에 저장한다. 이 알고리즘의 수행 시간은 ❶의 for 루프가 지배한다. 바깥쪽의 for 루프는 $n-1$번 반복되고, 각 반복마다 안쪽의 for 루프는 단지 4번만 반복되므로 중첩된 for 루프는 총 $4(n-1)$번 반복된다. 반복할 때마다 $peb[i, p]$를 구하기 위해 최대 3개의 양립되는 패턴을 살펴볼 뿐이다. ❶의 for 루프는 $4(n-1)$번 반복할 때마다 상수 시간이 소요된다. 그러므로 수행 시간은 $\Theta(n)$이다.

04 행렬 곱셈 순서 문제

n개의 행렬 A_1, A_2 ⋯, A_n이 주어지고 이들의 곱 $A_1A_2 \cdots A_n$을 계산하려 한다. 3개의 행렬을 한꺼번에 곱할 수 없으므로 한 번에 2개씩 곱해서 궁극적으로 1개의 행렬 $A_1A_2 \cdots A_n$을 구해야 한다. 가장 단순한 방법은 앞에서부터 차례로 곱해나가는 것이다. 즉, A_1A_2를 구하고, 여기에 A_3을 곱해 $(A_1A_2)A_3$을 구하고, 이런 식으로 계속하여 마지막으로 $(A_1A_2 \cdots A_{n-1})$과 A_n을 곱해 $(A_1A_2 \cdots A_n)A_n$, 즉 $A_1A_2 \cdots A_n$을 구한다.

행렬의 곱셈은 결합법칙이 성립한다. 즉, $(AB)C = A(BC)$다. 따라서 이 n개의 행렬을 어떤 순서로 2개씩 짝지어 계산해도 결과는 동일하다. 다음은 4개의 행렬을 곱하는 모든 경우다.

$((A_1A_2)A_3)A_4$
$(A_1A_2)(A_3A_4)$
$(A_1(A_2A_3))A_4$
$A_1((A_2A_3)A_4)$
$A_1(A_2(A_3A_4))$

이 중에서 $(A_1A_2)(A_3A_4)$는 (A_1A_2)와 (A_3A_4) 중 어느 것을 먼저 계산하는지에 따라 다른 경우의 수로 볼 수도 있으나 결과가 같으므로 여기서는 같은 것으로 취급한다. 즉, 괄호를 묶는 방법이 5가지 존재한다. 어떤 순서로 수행하든 총 3번의 행렬 곱셈을 하게 된다. 일반적으로 n개의 행렬 곱셈에 대해서는 총 $n-1$번의 곱셈을 한다.

두 행렬 A, B가 각각 $p \times q$, $q \times r$ 행렬이라면 두 행렬의 곱 AB를 계산하는 데는 pqr번의 스칼라 곱셈(수의 곱셈)이 일어난다. 이것이 행렬 곱셈 시간을 좌우한다. 3개 이상의 행렬을 곱할 때 어떤 순서로 수행하느냐에 따라 이 스칼라 곱셈의 수가 크게 달라질 수 있다. 예를 들어 세 행렬 A, B, C가 각각 10×100, 100×5, 5×50 행렬이라면 이 세 행렬의 곱을 구하는 방법은 (AB)C와 A(BC) 두 가지뿐이다. (AB)C는 10×100 행렬 A와 100×5 행렬 B를 곱하는 데 $10 \times 100 \times 5 = 5{,}000$번의 스칼라 곱셈이 필요하고, 10×5 행렬 (AB)와 5×50 행렬 C를 곱하는 데 $10\times5\times50=2{,}500$번의 스칼라 곱셈이 필요하다. 둘을 합치면 총 7,500번의 스칼라 곱셈이 필요하다. 반면, A(BC)는 100×5 행렬 B와 5×50 행렬 C를 곱하는 데 $100\times5\times50=25{,}000$번의 스칼라 곱셈이 필요하고, 10×100 행렬 A와 100×50 행렬 (BC)를 곱하는 데 $10\times100\times50=50{,}000$번의 스칼라 곱셈이 필요하다. 둘을 합치면 총 75,000번의 스칼라 곱셈이 필요하다. 불과 3개의 행렬을 곱하는 데도 이렇게 순서에 따라 시간이 10배 차이가 날 수도 있다. 일반적으로 n개의 행렬을 곱하는 경우에는 이 차이가 엄청나게 증폭될 수 있다.

n개의 행렬을 곱하기 위해 괄호로 묶는 방법의 총 가짓수는 $\Omega(2^n)$, 즉 적어도 2의 지수 함수 이상에 비례한다(연습문제 **02** 참조). 행렬 곱셈 순서 문제는 n개의 행렬 $A_1, A_2, \cdots, A_n$이 주어졌을 때 이들을 어떤 순서로 곱하는 것이 가장 시간을 적게 사용하는지 알아내는 문제다. 즉, 이 중 가장 스칼라 곱셈을 적게 하는 방법을 찾는 문제다. 곱셈 순서는 괄호를 묶어 나타낼 수 있으므로 최적의 행렬 곱셈 순서를 알아내는 것은 최적의 괄호치기를 알아내는 것과 동일하다.

먼저 이 문제가 어떤 최적 부분 구조를 갖고 있는지 살펴보자. 행렬 $A_1, A_2, \cdots, A_n$이 각각 $p_0\times p_1, p_1\times p_2, \cdots, p_{n-1}\times p_n$ 행렬이라 하자. 즉, 행렬 A_i는 $p_{i-1}\times p_i$ 행렬이다. $A_1, A_2, \cdots, A_n$이 구해지는 마지막 행렬 곱셈이 어떻게 이루어지느냐에 따라 다음과 같이 $n-1$가지로 나눌 수 있다.

$$A_1(A_2\cdots A_n)$$
$$(A_1A_2)(A_3\cdots A_n)$$
$$(A_1A_2A_3)(A_4\cdots A_n)$$
$$\cdots$$
$$(A_1\cdots A_{n-2})(A_{n-1}A_n)$$
$$(A_1\cdots A_{n-1})A_n$$

$(A_1\cdots A_i)(A_{i+1}\cdots A_n)$은 i개짜리 행렬 곱셈 문제 $(A_1\cdots A_i)$와 $n-i$개짜리 행렬 곱셈 문제 $(A_{i+1}\cdots A_n)$을 포함하고 있다. 변수 c_{ij}를 다음과 같이 정의하자.

C_{ij}: 행렬 $A_i, \cdots, A_j$의 곱 $A_i\cdots A_j$를 계산하는 최소 비용

C_{ij}는 다음과 같은 최적 부분 구조 관계를 갖는다.

$$C_{ij} = \begin{cases} 0 & \text{if } i = j \\ \min\limits_{i \le k \le j-1} \{C_{ik} + C_{k+1,j} + p_{i-1}p_k p_j\} & \text{if } i < j \end{cases}$$

즉, 행렬 $A_i \cdots A_j$를 구하는 최소 비용은 $A_i(A_{i+1} \cdots A_j)$, $(A_iA_{i+1})(A_{i+2} \cdots A_j)$, $\cdots$, $(A_i \cdots A_{j-1})A_j$ 중 하나를 이용해 이루어진다. 이 중 $(A_i \cdots A_k)(A_{k+1} \cdots A_j)$의 비용은 $(A_i \cdots A_k)$를 위한 최소 비용 C_{ik}, $(A_{k+1} \cdots A_j)$를 위한 최소 비용 $C_{k+1,j}$, 두 행렬 $(A_i \cdots A_k)$와 $(A_{k+1} \cdots A_j)$를 곱하는 비용 $p_{i-1}p_kp_j$를 더한 값이 된다.

[알고리즘 9–8]은 이 관계를 재귀적으로 구현한 것이다. 알고리즘의 이름 앞에 붙은 r은 recursive, 즉 재귀적이라는 뜻이다.

알고리즘 9–8 행렬 곱셈 순서 문제(재귀)

```
rMatrixChain(i, j):        ▷ 행렬곱 A_i⋯A_j을 구하는 최소 비용을 구한다.
    if (i=j) return 0       ▷ 행렬이 하나뿐인 경우의 비용은 0
    min ← ∞
    for k ← i to j−1
        ❶ q ← rMatrixChain(i, k) + rMatrixChain(k+1, j) + p_{i−1}p_kp_j
           if (q < min) min ← q
    return min
```

이 알고리즘은 앞의 관계식을 정확하게 구현하지만 재귀호출의 중복이 아주 심해서 $\Omega(2^n)$ 시간이 소요된다(320쪽의 NOTE '알고리즘 rMatrixChain()의 수행 시간' 참조). 즉, 적어도 2^n 이상의 비율로 시간이 증가한다. 그러나 $A_1A_2 \cdots A_n$에 존재하는 부분 문제의 수는 고작 $\frac{n(n+1)}{2}$개밖에 되지 않는다. [알고리즘 9–9]는 이들의 해를 아래부터 저장하면서 구하는 동적 프로그래밍이다.

알고리즘은 2개의 for 루프가 중첩되어 있고, 안쪽의 for 루프에서 $m[i, j]$를 구하기 위해서는 총 r가지 경우를 비교해보아야 한다. 따라서 이 중첩된 for 루프로 수행 시간의 부담은 $\sum_{r=1}^{n-1}\sum_{i=1}^{n-r} r$에 비례한다. $\sum_{r=1}^{n-1}\sum_{i=1}^{n-r} r = \Theta(n^3)$이므로 [알고리즘 9–9]의 수행 시간은 $\Theta(n^3)$이다.

알고리즘 9-9 행렬 곱셈 순서 문제(동적 프로그래밍)

```
matrixChain(n):
    for i ← 1 to n
        m[i, i] ← 0            ▷ 행렬이 하나뿐인 경우의 비용은 0
    for r ← 1 to n−1           ▷ r: 문제의 크기를 결정하는 변수, 문제의 크기 = r+1
        for i ← 1 to n−r
            j ← i+r
            m[i, j] ← min_{i≤k≤j−1} {m[i, k] + m[k+1, j] + p_{i−1}p_k p_j}
    return m[1, n]
```

NOTE_ 알고리즘 rMatrixChain()의 수행 시간

[알고리즘 9-8]의 rMatrixChain() 알고리즘의 수행 시간은 ❶이 속한 for 루프가 좌우한다. 따라서 총 수행 시간은 이 for 루프 안의 한 장소인 ❶을 지나가는 총 횟수를 기준으로 삼을 수 있다. rMatrixChain()에서 곱하고자 하는 행렬의 총수가 n일 때 ❶을 지나가는 총 횟수는 다음과 같다.

$$P(n)=\begin{cases}0 & \text{if } n=1\\ \sum_{k=1}^{n-1}(P(k)+P(n-k)+1) & \text{if } n>1\end{cases}$$

$$=\begin{cases}0 & \text{if } n=1\\ 2\sum_{k=2}^{n-1}P(k)+n-1 & \text{if } n>1 \quad \leftarrow P(1)=0\end{cases}$$

$P(n)\geq c2^n$임을 증명해보자.

$$\begin{aligned}P(n)&=2\sum_{k=2}^{n-1}P(k)+n-1\\ &\geq 2\sum_{k=2}^{n-1}c2^k+n-1 \quad \leftarrow \text{귀납적 가정 이용}\\ &=2c(2^n-4)+n-1\\ &=2c2^n-8c+n-1\\ &\geq c2^n\end{aligned}$$

$c=\frac{1}{4}$이면 2 이상의 모든 n에 대해 성립한다. 따라서 알고리즘 rMatrixChain은 n에 대해 지수 함수적으로 증가한다. 즉, 수행 시간은 $\Omega(2^n)$이다. 매우 비효율적인 알고리즘임을 알 수 있다.

05 최장 공통 부분 순서(LCS)

부분 순서라는 말이 좀 애매하게 들릴 수 있으므로 우선 예를 들어보자. 문자열⟨bcdb⟩는 문자열 ⟨abcbdab⟩의 부분 순서다. 문자열 ⟨abcbdab⟩ 안에 b, c, d, b가 차례로 나타나기 때문이다. 이들이 연속될 필요는 없다. 또 다른 예를 들어보자. 문자열 ⟨abcbdab⟩와 ⟨bdcaba⟩에 대하여 문자열 ⟨bca⟩는 두 문자열에 공통적으로 나타나는 부분 순서(공통 부분 순서)다. ⟨bcba⟩는 두 문자열에 존재하는 가장 긴 공통 부분 순서, 즉 최장 공통 부분 순서다. 최장 공통 부분 순서 문제는 두 문자열 $X_m = \langle x_1 x_2 \cdots x_m \rangle$과 $Y_n = \langle y_1 y_2 \cdots y_n \rangle$에 공통으로 존재하는 가장 긴 부분 순서를 구한다. 최장 공통 부분 순서를 영어로 Longest Common Subsequence, 줄여서 LCS라 한다.

LCS 문제에 존재하는 최적 부분 구조를 살펴보자.

- $x_m = y_n$이면 X_m과 Y_n의 LCS의 길이는 X_{m-1}과 Y_{n-1}의 LCS 길이보다 1이 크다. 즉, (m, n) 크기 문제의 해가 $(m-1, n-1)$ 문제의 해를 포함한다.
- $x_m \neq y_n$이면 X_m과 Y_n의 LCS 길이는 X_m과 Y_{n-1}의 LCS 길이와 X_{m-1}과 Y_n의 LCS 길이 중 큰 것과 같다. 즉, (m, n) 크기 문제의 해가 $(m, n-1)$ 크기 문제의 해와 $(m-1, n)$ 크기 문제의 해를 포함한다.

이 성질을 [정리 9-1]과 같이 표현할 수 있다.

정리 9-1

$X_m = \langle x_1 x_2 \cdots x_m \rangle$과 $Y_n = \langle y_1 y_2 \cdots y_n \rangle$의 최장 공통 부분 순서 LCS의 길이가 k라 하자. LCS는 하나 이상 있을 수 있는데 이 중 하나를 $Z_k = \langle z_1 z_2 \cdots z_k \rangle$라 하자.

❶ $x_m = y_n$이면, $z_k = x_m = y_n$이고 Z_{k-1}은 X_{m-1}과 Y_{n-1}의 LCS다.

❷ $x_m \neq y_n$이고 $z_k \neq x_m$이면, Z_k는 X_{m-1}과 Y_n의 LCS다.

❸ $x_m \neq y_n$이고 $z_k \neq y_n$이면, Z_k는 X_m과 Y_{n-1}의 LCS다.

▶▶ **증명** ❶ $x_m = y_n$인데 $z_k \neq x_m = y_n$라 가정해보자. 그러면 $\langle z_1 z_2 \cdots z_k \rangle$의 뒤에 x_m을 붙인 $\langle z_1 z_2 \cdots z_k x_m \rangle$도 X_m과 Y_n의 공통 부분 순서가 된다. 이것은 길이가 $k+1$이므로 Z_k가 최장 공통 부분 순서[LCS]라는 가정에 모순된다. 그러므로 $x_m = y_n$이면 $z_k = x_m = y_n$이다.

X_m, Y_n, Z_k에 공통으로 들어 있는 맨 마지막 문자를 제거해보자. Z_{k-1}은 X_{m-1}과 Y_{n-1}의 공통 부분 순서이므로 X_{m-1}과 Y_{n-1}의 LCS가 $k-1$보다 작을 수 없다. 반대로 X_{m-1}과 Y_{n-1}의 LCS 길이가 $k-1$보다 크다면 X_{m-1}과 Y_{n-1}의 뒤에 z_k를 붙여 길이가 k보다 큰 X_{m-1}과 Y_{n-1}의 LCS를 만들 수 있으므로 Z_k가 최장 공통 부분 순서[LCS]라는 가정에 모순된다. 그러므로 X_{m-1}과 Y_{n-1}의 LCS 길이는 $k-1$이고 Z_{k-1}은 이들의 LCS가 된다.

❷ $x_m \neq y_n$이고 $z_k \neq x_m$이면, Z_k는 X_{m-1}과 Y_n의 공통 부분 순서가 된다. Z_k보다 길이가 긴 X_{m-1}과 Y_n의 공통 부분 순서가 존재한다면 이것은 X_m과 Y_n의 공통 부분 순서이기도 하므로 Z_k가 X_m과 Y_n의 최장 공통 부분 순서[LCS]라는 가정에 모순된다. 그러므로 Z_k 는 X_{m-1}과 Y_n의 LCS여야 한다.

❸ X와 Y의 역할만 바뀔 뿐 ❷와 동일하다.

이 최적 부분 구조를 정리해보자. C_{ij}를 문자열 $X_i = \langle x_1 x_2 \cdots x_i \rangle$와 $Y_j = \langle y_1 y_2 \cdots y_j \rangle$의 LCS 길이라 하면 점화식은 다음과 같다.

$$C_{ij} = \begin{cases} 0 & \text{if } i = 0 \text{ or } j = 0 \\ C_{i-1,j-1} + 1 & \text{if } i, j > 0 \text{ and } x_i = y_i \\ \max\{C_{i-1,j}, C_{i,j-1}\} & \text{if } i, j > 0 \text{ and } x_i \neq y_i \end{cases}$$

[알고리즘 9-10]은 이를 재귀적으로 구현한 것이다.

알고리즘 9-10 | 최장 공통 부분 순서 길이(재귀)

```
LCS(m, n):
▷ 두 문자열 X_m과 Y_n의 LCS의 길이를 구한다.
    if (m=0 or n=0) return 0
    else if (x_m = y_n) return LCS(m-1, n-1)+1
    else return max(LCS(m-1, n), LCS(m, n-1))
```

LCS(m, n)이 포함하고 있는 부분 문제의 수는 (m+1)(n+1)개다. 그런데 LCS(m, n)은 엄청난 중복 호출이 일어난다. [그림 9-9]는 LCS(3, 4)를 수행하는 과정에서 발생하는 중복 호출을 보여준다. 고작 LCS(3, 4)를 수행하는 데 LCS(1, 1)이 10번이나 중복 호출됨을 볼 수 있다. [표 9-4]에 문제 크기가 커짐에 따라 LCS(1, 1)의 중복 호출 횟수가 얼마나 증가하는지 몇 개 정리해보았다. LCS(4, 4)를 수행하기 위해서는 LCS(1, 1)이 20번 중복 호출된다. LCS(4, 5)를 수행하기 위해서는 35번, LCS(5, 5)를 위해서는 70번 중복 호출된다. LCS(6, 6)을 수행하기 위해서는 252번, LCS(7, 7)을 위해서는 924번, … 무서운 속도로 커진다. 이것은 적어도 지수 함수 이상이다. 여기서 LCS(1, 1)은 하나의 예를 든 것이고, 일반적인 LCS(i, j)들의 중복도 마찬가지로 지수 함수 이상으로 증가한다.

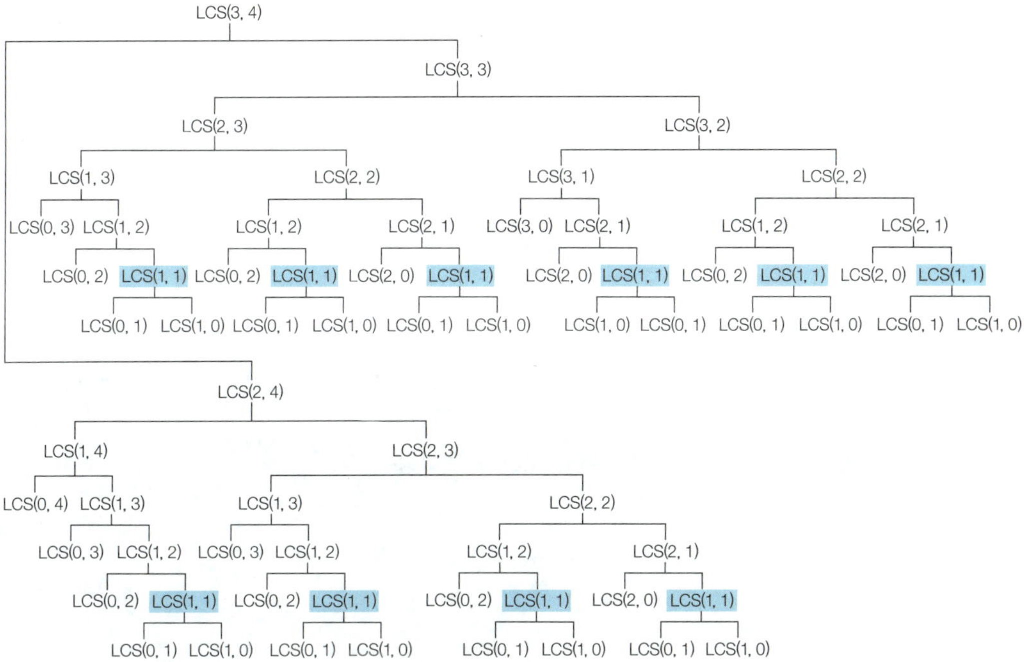

그림 9-9 LCS(3, 4)를 수행하는 과정의 재귀적 호출 관계를 나타내는 트리

표 9-4 LCS( )에서 문제 크기가 커짐에 따라 중복 호출이 증가하는 모습

수행되는 LCS( )	LCS(1, 1)의 중복 호출 횟수
LCS(2, 2)	2
LCS(2, 3)	3
LCS(3, 3)	6
LCS(3, 4)	10
LCS(4, 4)	20
LCS(4, 5)	35
LCS(5, 5)	70
LCS(5, 6)	126
LCS(6, 6)	252
LCS(6, 7)	462
LCS(7, 7)	924

작은 문제들의 해를 아래부터 저장하면서 구하면 [알고리즘 9-11]과 같은 알고리즘을 얻는다. 이차원 배열 $C[][]$에 각 부분 문제의 답을 저장하면서 풀어나가는 동적 프로그래밍이다. 배열의 총 원소는 $(m+1)(n+1)$개이고, ❶의 for 루프가 총 mn번을 반복하면서 원소를 하나씩 계산한다. 각 원소를 계산하는 데는 상수 시간이 든다. 따라서 총 수행 시간은 $\Theta(mn)$이다.

알고리즘 9-11 최장 공통 부분 순서 길이(동적 프로그래밍)

```
LCS(m, n):
▷ 두 문자열 X_m과 Y_n의 LCS 길이를 구한다.
    for i ← 0 to m
        C[i, 0] ← 0
    for j ← 0 to n
        C[0, j] ← 0
 ❶ ┌ for i ← 1 to m
    │     for j ← 1 to n
    │         if (x_i = y_i) C[i, j] ← C[i-1, j-1]+1
    └         else C[i, j] ← max{C[i-1, j], C[i, j-1]}
    return C[m, n]
```

06 메모하기

1 탑다운 방식의 동적 프로그래밍

최적 부분 구조를 갖고 있는 문제를 재귀 알고리즘으로 구현하는 것은 자연스럽고 쉽다. 최적 부분 구조의 재귀적 관계를 거의 그대로 옮기면 재귀 알고리즘이 된다. 그렇지만 문제에 따라 이렇게 재귀 알고리즘으로 구현하면 엄청난 중복 호출이 발생한다. 동적 프로그래밍은 재귀적 최적 부분 구조를 갖고 있지만 재귀 알고리즘으로 구현하면 심각한 중복 호출이 발생하는 것을 피하는 접근법이다.

많은 동적 프로그래밍 알고리즘은 재귀 알고리즘을 피함으로써 중복 호출 문제를 해결한다. 2~5절에서 재귀 알고리즘을 피한 동적 프로그래밍을 소개했다. 이 방식들의 공통점은 부분 문제들의 해를 테이블로 관리한다는 것이다. 즉, 큰 문제의 해를 구할 때 필요한 작은 문제(부분 문제)의 해들은 이미 구해져 테이블에 저장된 상태다. 이런 방식을 아래에서 위로 해결하는 방식, 즉 바텀업[Bottom-Up] 방식이다.

그런데 테이블에 저장하는 방식을 쓰되 재귀 알고리즘을 거의 그대로 사용할 수 있는 방법이 있다. 탑다운[Top-Down] 방식이라 할 수 있다. 부분 문제들의 해를 저장하는 테이블을 사용한다는 점은 바텀업 방식과 같지만 테이블에 해를 채워나가는 방식이 다르다. 바텀업 방식에서는 어떤 중간 문제의 해를 구하기 위해 필요한 부분 문제들은 계산이 끝나 있어야 한다. 반면 탑다운 방식은 그렇지 않다.

탑다운 방식에서는 먼저 모든 부분 문제들의 해를 저장하기 위한 테이블을 만들고 초기화한다. 초깃값은 어떤 부분 문제의 해도 될 수 없는 것으로 정한다. 흔히 0, -1, ∞, $-\infty$ 등이 사용된다. 재귀 알고리즘이 수행되는 중에 어떤 부분 문제가 호출되면 먼저 테이블에 문제의 해가 초깃값으로 남아 있는지 본다. 초깃값이 다른 값으로 바뀌었으면 이 문제는 이미 한 번 호출이 일어나서 해결된 것이다. 그러면 저장된 값을 리턴한다. 즉, 재귀호출이 일어나자마자 끝나니 중복 호출 단계로 진입하는 일은 없다. 반면 호출했는데 테이블의 해가 초깃값으로 남아 있으면 이 문제는 처음으로 호출된 것이다. 그러면 통상적인 재귀 알고리즘으로 진입한다. 이 과정에서 여러 작은 문제들을 호출하게 될 텐데 그중에는 이미 한 번 해결된 문제도 있고 처음으로 만나는 문제도 있다. 이미 해결된 문제는 같은 원리로 테이블에서 해를 가져와 리턴하므로 결코 재귀적 중복을 일으키지 않는다. 이렇게 해서 어떤 문제의 해가 구해지면 테이블에 초깃값을 지우고 그 해를 저장한다. 한 번 계산이 끝난 부분 문제의 해는 더 이상 변하지 않는다.

로직이 단순한 피보나치 수열을 예로 들어보자. [알고리즘 9-12]는 메모하기 방식으로 $f[n]$을 구하는 피보나치 수열 알고리즘이다. 먼저 배열 $f[0...n-1]$을 준비한다. $f[n]$보다 작은 문제들의 해를 저장하기 위한 것이다. 이들을 모두 0으로 초기화한다. 피보나치 수 $f[n]$을 구하기 위한 재귀 알고리즘에서 n보다 작은 $f[k]$들이 호출된다. 임의의 k에 대해 fib[k]가 호출되는 순간 [알고리즘 9-1]의 ❶과 같이 fib(k−1)과 fib(k−2)를 호출하지 않고 먼저 fib(k)가 이전에 호출된 적이 있는지 체크한다. 즉, 배열의 $f[k]$ 값이 초깃값 0에서 바뀌었는지 체크한다. 만일 $f[k]$ 값이 0이 아니면 *fib*(k)는 이미 한 번 호출되어 답을 구한 적이 있고 이 답이 $f[k]$에 저장된 것이다. 이 경우는 바로 $f[k]$ 값을 리턴하고 fib(k)를 종료한다. 그러므로 한 번 해결된 문제는 두 번째 호출부터는 재귀호출 단계(fib(k−1)과 fib(k−2))로 절대 들어가지 않는다. 그리고 fib(k)가 재귀호출을 통해 끝나면 $f[k]$ 값을 저장해두고 $f[k]$를 리턴한다. 그래야 나중에 fib(k)가 호출되면 $f[k]$ 값이 초깃값이 아니어서 한 번 해결되었다는 것을 알 수 있다.

알고리즘 9-12 | **피보나치 수열(메모하기)**

```
▷ 배열 f[0...n−1]의 모든 원소는 0으로 초기화되어 있다.
▷ f[i]값이 0이면 fib(i)가 아직 한 번도 수행되지 않았음을 의미한다.
fib(n):
  ❶ if (f[n] ≠ 0) return f[n]
    else
        if (n = 1 or n = 2) f[n] ← 1
        else
            ❷ f[n] ← fib(n−1)+fib(n−2)
        return f[n]
```

참고	[알고리즘 9-1]의 피보나치 수(재귀)

```
fib(n):
    if (n=1 or n=2) return 1
  ❶ else return (fib(n-1)+fib(n-2))
```

이런 방식으로 재귀호출을 사용하되 한 번 호출된 것은 메모해둠으로써 중복 호출을 피하는 동적 프로그래밍을 메모하기(메모이제이션)Memoization라 부른다. 이 단어를 흔히 Memorization과 혼동하는데 Memoization이다. 메모를 한다는 의미로 memo에서 만들어진 단어다. 학생들이 가끔 왜 Memorization이라 하지 않고 Memoization이라 이름 지었는지 묻는다. 필자는 그냥 처음 이름 지은 사람이 그렇게 지었다고 대답한다. 이미 존재하는 Memorization이란 단어와 구분하고 싶어 그렇게 지었을 것이다. 어떤 문서에서는 Memoization을 "함수의 수행을 기억해둔 것으로 바꾸는 행위"로 정의하기도 하는데 결국 메모해놓고 사용한다는 뜻이다.

정리하면 테이블에 작은 문제들의 해를 저장하는 방식은 바텀업 방식과 탑다운 방식이 동일한데 탑다운 방식은 재귀 알고리즘을 사용한다는 것이다. 다음으로 앞에서 배운 동적 프로그래밍 일부 문제에 대한 메모하기 방식의 알고리즘을 소개한다.

2 돌 놓기 문제의 메모하기 알고리즘

[알고리즘 9-13]은 돌 놓기 문제를 메모하기 버전으로 구현한 것이다. 참고로 비교를 위해 [알고리즘 9-6]의 재귀 알고리즘을 복사해놓았다. 열의 수가 총 n개인 돌 놓기 문제에서 문제의 총 수는 $4n$개다. 먼저 [알고리즘 9-7]의 바텀업 방식 동적 프로그래밍에서처럼 이들을 위한 2차원 배열 *peb*[ ][ ]을 준비한다. 첫째 열의 해를 의미하는 *peb*[1, *p*]들은 단순히 해당 패턴으로 돌이 놓인 곳의 수들의 합인 w_{1p}를 저장하고 나머지 *peb*[ ][ ]들은 모두 $-\infty$로 초기화 해둔다. *p*는 네 패턴 1, 2, 3, 4 중의 하나다. [알고리즘 9-6]의 재귀 알고리즘과 비교하면, ❶에서 초깃값이 변한 것을 확인하면 바로 *peb*[*i*, *p*]를 리턴하면서 끝내는 점, 그 외의 모든 리턴 전에 반드시 답을 *peb*[*i*, *p*]에 저장한다는 점만 다르고 나머지 구조는 사실상 동일하다.

알고리즘 9-13 돌 놓기 문제(메모하기 1)

```
▷ 아래와 같이 초기화해놓고 시작한다.
▷ peb[i, p] = −∞, i=2, 3, ..., n, p=1, 2, 3, 4
▷ peb[1, p] = w_1p, p=1, 2, 3, 4
pebble(i, p):
  ❶ if ( peb[i, p] ≠ −∞) return peb[i, p]
    else
        max ← −∞
        for every pattern q compatible to pattern p
            tmp ← pebble(i−1, q)
            if (tmp > max) max ← tmp
      ❷ peb[i, p] ← max + w_ip
        return peb[i, p]
```

참고 [알고리즘 9-6]의 돌 놓기 문제(재귀)

```
pebble(i, p):
▷ i열이 패턴 p로 놓일 때 최고 점수
▷ w_ip: i열이 패턴 p로 놓일 때 i열에 돌이 놓인 곳의 점수 합, p∈{1, 2, 3, 4}
    if (i=1) return w[1, p]
    else
        max ← −∞
        for q ← 1 to 4
            if (패턴 q가 패턴 p와 양립)
                tmp ← pebble(i−1, q)
                if (tmp > max)max ← tmp
        return (max + w_ip)
```

[알고리즘 9-13]을 [알고리즘 9-14]와 같이 조금 바꿀 수도 있다. 완전히 똑같은 일을 하는 알고리즘인데 로직을 조금 바꾸었다. 필자는 이 버전을 더 좋아하지만 이해하기에는 [알고리즘 9-13]이 좀 나을 것이다.

알고리즘 9-14 돌 놓기 문제(메모하기 2)

```
pebble(i, p):
    if (peb[i, p] = -∞)
        max ← -∞
        for every pattern q compatible to pattern p
            tmp ← pebble(i-1, q)
            if (tmp > max) max ← tmp
        peb[i, p] ← max + w_ip
    return peb[i, p]
```

3 행렬 곱셈 순서 문제의 메모하기 알고리즘

[알고리즘 9-15]는 행렬 곱셈 순서 문제를 메모하기 버전으로 구현한 것이다. 참고로 비교를 위해 [알고리즘 9-8]의 재귀 알고리즘을 복사해놓았다. A_1, A_2, …, A_n의 곱셈에서 부분 문제 $A_i \cdots A_j$의 총수는 $\frac{n(n+1)}{2}$ 개다. [알고리즘 9-9]의 바텀업 동적 프로그래밍에서와 같이 2차원 배열 $m[\ ][\ ]$을 준비한다. $m[\ ][\ ]$ 값은 ∞로 초기화해둔다. [알고리즘 9-8]의 재귀 알고리즘과 비교하면, ❶에서 초깃값이 변한 것을 확인하면 바로 ❷로 가서 $m[i, j]$를 리턴하면서 끝내는 점, 모든 리턴 직전에는 반드시 답이 $m[i, j]$에 저장된 상태로 만들어둔다는 점만 다르고 나머지 구조는 사실상 동일하다. 앞의 돌 놓기 문제에서는 두 가지 메모하기 버전을 소개했는데 [알고리즘 9-15]는 그중 뒤쪽 버전과 같은 스타일이다.

알고리즘 9-15　행렬 곱셈 순서 문제(메모하기)

```
rMatrixChain(i, j):                ▷ 행렬곱 A_i⋯A_j를 구하는 최소 비용을 구한다.
 ❶ if(m[i, j] = ∞)
        if(i = j) m[i, j] = 0      ▷ 행렬이 하나뿐인 경우의 비용은 0
        else
            for k ← i to j−1
                q ← rMatrixChain(i, k) + rMatrixChain(k+1, j) + p_{i-1}p_kp_j
            if (q < m[i, j]) m[i, j] ← q
 ❷ return m[i, j]
```

참고　[알고리즘 9-8]의 행렬 곱셈 순서 문제(재귀)

```
rMatrixChain(i, j):           ▷ 행렬곱 A_i⋯A_j을 구하는 최소 비용을 구한다.
    if (i=j) return 0         ▷ 행렬이 하나뿐인 경우의 비용은 0
    min ← ∞
    for k ← i to j−1
        q ← rMatrixChain(i, k) + rMatrixChain(k+1, j) + p_{i-1}p_kp_j
        if (q < min) min ← q
    return min
```

01 10111010100과 00111010110의 최장 공통 부분 순서를 구하시오.

➜ 다음은 동적 프로그래밍으로 최장 공통 부분 순서를 구하는 과정에서 채우는 테이블의 내용이다. C_{ij}는 테이블에서 (i, j) 자리의 값이다. LCS의 길이는 9이고, 최장 공통 부분 순서는 011101010이다.

	0	1	2	3	4	5	6	7	8	9	10	11
0	0	0	0	0	0	0	0	0	0	0	0	0
1	0	0	0	1	1	1	1	1	1	1	1	1
2	0	1	1	1	1	1	2	2	2	2	2	2
3	0	1	1	2	2	2	2	3	3	3	3	3
4	0	1	1	2	3	3	3	3	3	4	4	4
5	0	1	1	2	3	4	4	4	4	4	5	5
6	0	1	2	2	3	4	5	5	5	5	5	5
7	0	1	2	3	3	4	5	6	6	6	6	6
8	0	1	2	3	3	4	5	6	7	7	7	7
9	0	1	2	3	4	4	5	6	7	8	8	8
10	0	1	2	3	4	4	5	6	7	8	8	9
11	0	1	2	3	4	4	5	6	7	8	8	9

요약

01 동적 프로그래밍은 최적 부분 구조를 가지며 재귀적으로 구현했을 때 중복 호출로 심각한 비효율이 발생하는 문제를 해결하는 데 적합한 기법이다.

02 상향식(바텀업) 동적 프로그래밍은 작은 문제의 해부터 테이블에 저장해가면서 이들을 이용해 큰 문제들의 해를 구해나가는 방법이다.

03 메모하기 방식의 동적 프로그래밍은 재귀적으로 구현하되 함수의 앞부분에 이미 해결한 적이 있는 문제인지를 체크하는 부분을 둔다. 이미 한 번 해결한 문제이면 함수를 더 이상 진행하지 않고 테이블에 있는 해를 리턴한다.

연습문제

01 행렬 $A_1, A_2, \cdots, A_5$가 각각 $p_0 \times p_1, p_1 \times p_2, \cdots, p_4 \times p_5$ 행렬이고 $\langle p_0, p_1, \cdots, p_5 \rangle = \langle 10, 5, 20, 7, 15, 3 \rangle$이라 하자.

① 모든 가능한 곱셈 순서는 총 몇 가지인가?

② 동적 프로그래밍으로 최적 행렬 곱셈 순서를 찾으시오.

02 n개의 행렬을 곱하는 순서의 총 가짓수는 충분히 큰 n에 대해 $\Omega(2^n)$임을 증명하시오.

03 [알고리즘 9-11]을 최장 공통 부분 순서의 길이와 함께 최장 공통 부분 순서도 같이 구할 수 있도록 바꾸시오.

04 n개의 수로 구성된 수열에서 가장 긴 단조 증가 부분 수열의 길이를 동적 프로그래밍으로 찾는 알고리즘을 고안하시오. 예를 들어, 수열 ⟨1, 10, 5, 20, 15, 10, 30, 49, 25, 35, 66, 75, 44⟩에서 ⟨1, 5, 10, 30, 49, 66, 75⟩는 최장 단조 증가 부분 수열 중 하나로 길이가 7이다.

05 A 회사의 조직도는 트리 구조다. 사장을 루트로 하고 직원들은 직속 상관 바로 밑에 매달린다. 이 회사에서 파티를 열려고 하는데 파티 분위기를 위해 부하 직원과 그 직속 상관은 같이 파티에 초대될 수 없도록 하려고 한다. 각 직원들의 '날라리 기질'은 평소에 관찰하여 회사의 데이터베이스에 기록해두었다.

① 이 제한을 만족시키면서 파티의 '날라리' 분위기의 정도가 최고 값이 되도록 참가자 목록을 결정하는 선형 시간 동적 프로그래밍 알고리즘을 고안하시오.

② 어떻게 하면 사장을 반드시 포함시킬 수 있는가?

06 2절의 행렬 경로 문제를 조금만 변형해보시오. $n \times n$ 행렬의 왼쪽 위에서 시작해 오른쪽 아래까지 한 칸씩 이동하여 도달하는 것은 동일하나 이동상의 규칙이 다음과 같이 조금 다르다.

- 오른쪽이나 아래쪽 또는 오른쪽 대각선으로만 이동할 수 있다.
- 왼쪽이나 위쪽 이동과 여타의 대각선 이동은 허용하지 않는다.

다음 (a)와 (b)는 규칙에 위반되는 예와 규칙을 만족하는 예다. 행렬의 원소 (1, 1)에서 (n, n)으로 이동하는 모든 경로의 점수 중 가장 높은 점수를 찾는 동적 프로그래밍 알고리즘을 작성하시오.

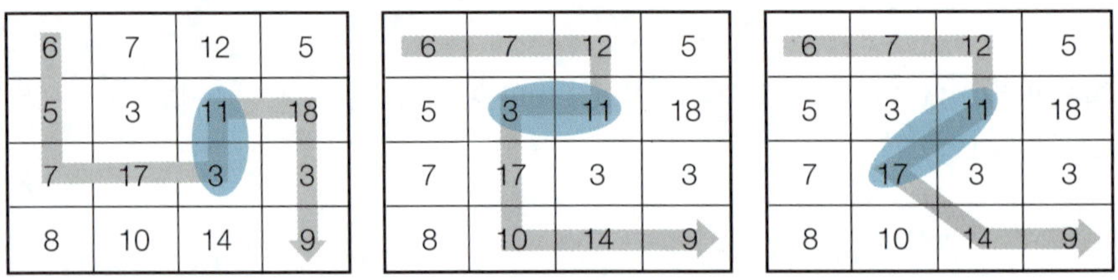

(a) 불법 이동

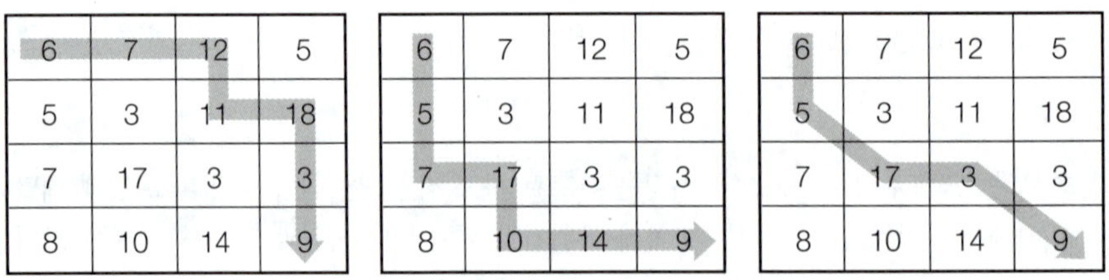

(b) 유효한 이동

07 알파벳 $\Sigma = \{a, b, c\}$의 세 원소로 구성된 연산 테이블이 오른쪽과 같이 주어진다. 예를 들어 ab = b, ba = c, cc = c와 같이 계산된다. a(b((cb)a)) = a다. 괄호를 묶는 방법에 따라 연산의 순서가 달라지고 결과도 달라진다. 임의의 문자열 $x_1x_2 \cdots x_n (x_i \in \Sigma,\ i=1,\ 2,\ \cdots,\ n)$에 대하여 결과가 a가 되는 괄호치기 방법이 있는지 알아보는 최대한 효율적인 알고리즘을 작성하고 제시한 알고리즘의 복잡도를 분석하시오. 예를 들어 bbbba를 입력으로 받았다면 결과가 a인 방법이 존재하므로 "yes"를 리턴해야 한다. [b(b(bb))a = a]

	a	b	c
a	b	b	a
b	c	b	a
c	a	c	c

08 영문 전용 워드 프로세서에서 한 문단을 보기 좋게 만드는 방법을 생각해보자. 한 문단은 n개의 단어로 구성되는데 여기서 한 단어란 붙여 쓰는 글자 묶음을 뜻한다. 예를 들어, "We are attacking an interesting problem"이라는 문장은 6개의 단어로 구성되었다고 말한다. 문제를 간명하게 하기 위해 다음과 같이 몇 가지를 가정한다.

- 한 문자가 차지하는 넓이는 모두 똑같다(편의상 마침표도 똑같은 넓이를 차지한다고 가정해도 좋다).
- 단어와 단어 사이에는 한 칸(한 문자 넓이만큼) 띄운다. 단, 행이 바뀔 때는 띄울 필요 없다.
- 한 단어를 잘라 두 행에 걸칠 수 없다.

한 행은 80개의 문자가 들어갈 수 있는 넓이다. 임의의 문단에 들어가는 n개의 단어 길이(문자 수)를 각각 $w_1, w_2, \cdots, w_n$이라 할 때, i번째 단어부터 j번째 단어까지가 한 행에 들어간다고 하면, 이를 위해 필요한 최소한의 공간은 $\sum_{k=1}^{j} w_k + j - i$가 되고, $80 - j + i - \sum_{k=i}^{j} w_k$만큼의 공간은 여백으로 남는다(문제의 간명성을 위해 오른쪽을 여백으로 남김).

한 문단의 단어들을 각 행에 할당하는 방법은 수없이 많은데 앞에서 언급한 추가적인 여백의 양을 최소화하는 할당 방법을 찾고자 하는 것이 본 문제의 목적이다(단, 마지막 행의 여백은 미관을 해치지 않으므로 고려하지 않음). n개의 단어로 된 문단이 주어질 때 여백의 '제곱합' 최솟값을 찾아내는 동적 프로그래밍 알고리즘을 고안하고 그 복잡도를 밝히시오('여러분이 찾을 수 있는 가장 효율적인' 알고리즘을 찾아볼 것).

09 앞에서부터 읽거나 뒤에서부터 읽거나 똑같은 문자열을 회문, 즉 좌우대칭이라고 한다. {A, B, C, D}로 이루어진 임의 문자열의 모든 부분 문자열 중 가장 긴 회문의 길이를 알아내는 알고리즘을 동적 프로그래밍으로 작성하고 점근적 복잡도를 밝히시오. 예를 들어, 문자열 ABBCDAA에는 AA, ABBA, BBAA, ABA, ACA, ADA, A, B, C, D 등의 부분 문자열이 회문을 이룬다. 가장 긴 회문의 길이는 4다.

10 앞의 회문 문제를 조금 바꾸어본다. {1, 2, 3, …, 9}로 이루어진 임의의 문자열에서 모든 부분 문자열 중 다음 규칙에 따른 점수의 합을 최대로 하는 부분 문자열의 점수를 구하는 알고리즘을 동적 프로그래밍으로 작성하고 점근적 복잡도를 밝히시오.

> 부분 문자열 $x_1x_2 \cdots x_k$에서
> *a*. x_i와 x_{k-i+1}이 같은 수이면 점수에 x_i만큼 더한다.
> *b*. x_i와 x_{k-i+1}이 서로 다른 수이면 점수에 $\max\{x_i, x_{k-i+1}\} - 2 \cdot \min\{x_i, x_{k-i+1}\}$만큼 더한다.

11 n개의 원반 $p_i(i = 1, 2, \cdots, n)$가 있다. 각 원반의 반지름 r_i와 높이 h_i가 주어진다. 이 n개의 원반 중 일부 또는 전부를 수직으로 쌓으려고 한다. $i<j$이면 p_i는 p_j 아래에만 놓일 수 있고, 더 넓은 원반이 더 좁은 원반 위에 놓일 수 없다. 넓이가 같은 원반은 위에 놓일 수 있다.

① 이 조건을 만족하면서 쌓을 수 있는 원반 더미의 최대 높이를 구하는 동적 프로그래밍 알고리즘을 최대한 효율적으로 제시하시오.

② 자신이 제시한 알고리즘의 점근적 수행 시간을 O-표기로 밝히고 설명하시오.

12 {0, 1, ∧, ∨}의 원소들로 이루어진 식이 있다. 여기서 0, 1, ∧, ∨는 각각 “거짓”, “참”, “And 연산”, “Or 연산”을 뜻한다. 다음은 한 예다.

> $0 \vee 1 \wedge 0 \wedge 1 \vee 1$

이 식의 결과 값은 연산자의 적용 순서를 어떻게 정하느냐에 달려 있다. 예를 들어 $(0 \vee 1) \wedge ((0 \wedge 1) \vee 1)$처럼 정하면 참이 된다. 반면, $(0 \vee (1 \wedge 0)) \wedge (1 \vee 1)$은 거짓이 된다. 보통의 관행과 달리 여기서는 두 연산자 ∧와 ∨ 간에 우선순위가 없다. 즉, 괄호만 우선순위를 결정한다. 임의의 식이 주어졌을 때, 결과 값이 참이 되는 괄호치기 방법의 총수를 계산하는 동적 프로그래밍 알고리즘을 제시하시오. 예를 들어, $1 \wedge 0 \wedge 0 \vee 1$ 식은 $((1 \wedge 0) \wedge 0) \vee 1$, $(1 \wedge (0 \wedge 0)) \vee 1$, $1 \wedge ((0 \wedge 0) \vee 1)$ 단 세 가지 경우만 참이 된다. 다른 경우는 모두 거짓이 된다. 그러므로 참이 되는 괄호치기 방법은 총 세 가지다.

① 최적 부분 구조를 반영하는 점화식을 구하시오.

② 작은 문제부터 테이블에 저장해나가는 방식의 동적 프로그래밍 알고리즘을 제시하시오.

③ 점근적 수행 시간을 Θ-표기로 밝히고, 이유를 간단히 설명하시오.

13 n개의 실수가 다음과 같이 차례로 늘어서 있는 수열이 주어진다.

$x_1, x_2, \cdots, x_n$

함수 $f(a, b)$는 두 실수 a, b를 입력으로 받아 결과를 양의 실수로 내놓는다. 이제 이 n개의 수들을 2개씩 묶어 $f()$값을 도출한 다음 그것으로 두 수를 대치하는 작업을 $n-1$번 계속하여 궁극적으로 하나의 수로 만든다. 수열 $\langle x_1, x_2, \cdots, x_4\rangle$에서 한 순서의 예를 들면 다음과 같다. 먼저 $f(x_2, x_3)$하여 수열 $\langle x_1, f(x_2, x_3), x_4\rangle$가 되고, 다음으로 $f(f(x_2, x_3), x_4)$하여 수열 $\langle x_1, f(f(x_2, x_3), x_4)\rangle$가 되고, 마지막으로 $f(x_1, f(f(x_2, x_3), x_4))$하여 하나의 실수가 되는 예를 들 수 있다. 이렇게 여러 순서로 구할 수 있는 마지막 값 중 최대치를 구하는 알고리즘을 동적 프로그래밍으로 작성하시오. 먼저 최적 부분 구조를 제시한 후 구체적 알고리즘을 제시하시오. 그리고 제시한 알고리즘의 수행 시간도 밝히고 그 이유를 설명하시오.

14 n개의 연속된 정수 1, 2, 3, …, n을 키로 가진 이진 검색 트리를 만들려고 한다. 1, 2, 3, …, n으로 만들 수 있는 가능한 이진 검색 트리의 총수를 세는 동적 프로그래밍 알고리즘을 제시하고 복잡도를 밝히시오. C_i를 1, 2, …, i로 만들 수 있는 이진 검색 트리의 총수라 할 때 C_n을 구하는 것이다. 예를 들어, $C_1=1$, $C_2=2$, $C_3=5$다. 먼저 최적 부분 구조부터 도출한 다음 진행하시오.

15 도미노[Domino]는 1×2 모양의 사각형 하나를 뜻한다. 가로의 길이 n, 세로의 길이 2인 사각형을 도미노로 채우는 방법의 수는 총 몇 가지인지 계산하는 알고리즘을 동적 프로그래밍으로 작성하시오. 최적 부분 구조를 먼저 찾아내고, 이를 실현하는 알고리즘을 작성하시오. 다음 그림은 가로 길이 $n=2$(세로 길이는 물론 2)인 사각형을 도미노로 채우는 예다. 총 2개의 도미노를 사용해야 하는데, 이 경우는 총 두 가지 방법밖에 없다.

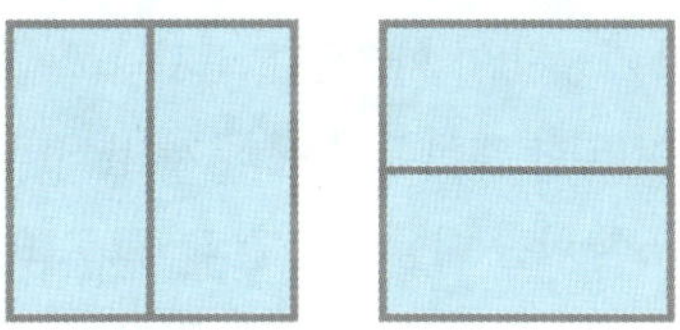

Drift

은유와 추상의 혁명, 트랜스포머 어텐션

최근 AI 분야에서 은유와 추상의 혁명이 일어났다. 오픈AI의 챗GPT가 자연어 소통의 혁명을 일으킨 것이다. 이로 인해 AI 분야와 관련된 산업이 급속히 재편될 조짐을 보인다. 알파고로 바둑을 정복한 딥마인드는 2020년 알파폴드-2로 천년의 도전 문제라던 단백질 3차원 구조 예측을 거의 정복하다시피 해버렸다. 챗GPT뿐 아니라 구글의 바드, 메타의 라마 등 비슷비슷한 대규모 자연어 모델이 춘추전국 시대를 이루고 있다. 이들 생성형 AI는 그림도 그려주고, 노래도 만들고, 마침 사람처럼 말도 하고, 표정도 짓는다. 이 모든 기능의 공통 기반을 이루는 기술이 트랜스포머 어텐션 Transformer Attention이다.

장난감 로봇이 변신(트랜스폼)하듯이 트랜스포머는 기본 요소(토큰이라 함)들의 표현을 변형시켜 가는 도구다. 번역이나 질의응답 시스템의 경우 한 예를 들면 1,024개의 수(벡터)로 각각의 요소를 표현한다. 처음에 각 요소 벡터에 1,024개의 수를 아무렇게나 주고 시작한다. 여기서 요소는 대략 단어와 비슷하다고 생각하면 된다. 트랜스포머 과정을 마치고 나면 비슷한 단어들은 비슷한 벡터로, 상이한 단어들은 상이한 벡터로 표현된다. 예를 들어, 'Kelvin'과 'Klein', 'a'와 'an', 'want'와 'wants' 쌍은 비슷한 표현을 갖도록 변한다. 이런 결과로 부분적인 문장이 진행되었을 때 그다음에 나올 단어는 직전까지 만들어진 부분 문장과 그 이전의 문맥에 확률적으로 가장 어울리는 것으로 결정된다. 인간의 언어가 이런 확률 계산으로 재현될까 싶겠지만 적어도 문법적으로는 완벽에 가까운 문장을 만들어낸다.

인공 신경망의 한 계층을 거치는 것은 행렬 곱셈 한 번으로 구현된다. 이러한 구현은 공간 변환, 즉 추상화에 해당한다. 그리고 이러한 행렬의 원소들(신경망의 가중치)이 학습된다. 트랜스포머는 여기에 토큰들 사이의 상관성을 노골적으로 계산하는 모듈을 삽입한 것이다. 상관성 계산을 할 때는 행렬 곱셈으로 추상화한 다음 상관성을 계산한다. 이 행렬 또한 학습 대상이다. 결과적으로 요소들 간의 은유적 관계가 창발한다. 이로 인해 과거에는 상상하지 못한 크기의 추상화와 관계 계산을 통해 계산의 혁명이 일어났다. 이제 컴퓨터를 공부하는 사람은 트랜스포머의 기본 원리 정도는 알아둬야 할 것이다.

Chapter

10

그래프

학습목표

- 그래프의 표현법을 익힌다.
- 너비 우선 탐색과 깊이 우선 탐색의 원리를 충분히 이해하도록 한다.
- 신장 트리의 의미와 최소 신장 트리를 구하는 두 가지 알고리즘을 이해한다.
- 그래프의 특성에 따라 가장 적합한 최단 경로 알고리즘을 선택할 수 있도록 한다.
- 위상 정렬을 알고, DAG의 경우에 위상 정렬을 이용해 최단 경로를 구하는 방법을 이해한다.
- 강연결 요소를 구하는 알고리즘을 이해하고 이 알고리즘의 정당성을 확신할 수 있도록 한다.
- 본문에서 소개하는 각 알고리즘의 수행 시간을 분석할 수 있도록 한다.

PREVIEW

수학은 패턴의 과학이다. 음악 역시 패턴들이다.
컴퓨터 과학은 추상화 및 패턴의 형성과 깊은 관련이 있다.
컴퓨터 과학이 다른 분야들에 비해 특징적인 것은
지속적으로 차원이 급상승한다는 점이다.
미시적 관점에서 거시적 관점으로 도약하는 것이다.

도널드 크누스

그래프는 현상이나 사물을 정점과 간선으로 표현하는 것으로, 정점은 대상이나 개체를 나타내고 간선은 이들 간의 관계를 나타낸다. 이 장에서는 컴퓨터 알고리즘에서 그래프를 표현하는 방법을 먼저 소개한 다음, 그래프에서 발생하는 여러 가지 문제를 해결하는 알고리즘들을 소개한다. 그래프의 정점들을 차례로 탐색하는 방법, 주어진 그래프로부터 최소 신장 트리를 구하는 알고리즘, 사이클이 없는 그래프에서 정점들의 순열을 구하는 위상 정렬, 정점들 간의 최단 경로를 구하는 알고리즘, 강연결 요소를 구하는 알고리즘 등을 소개한다.

01 그래프

그래프는 현상이나 사물을 정점과 간선으로 표현하는 것으로, 정점Vertex은 대상이나 개체를 나타내고 간선Edge은 이들 간의 관계를 나타낸다. 예를 들어, 사람 간의 친밀도를 그래프로 나타낸다고 하자. [그림 10-1]과 같이 각 사람을 하나씩 정점으로 표시하고, 서로 친밀한 사람 간에는 간선을 두면 된다. 간선은 두 도시를 연결하는 도로의 존재 여부, 두 집안 간의 혼인 여부 등을 나타낼 수 있다.

[그림 10-2]는 [그림 10-1]을 조금 변형한 것이다. [그림 10-1]이 사람 간의 친밀도 존재 여부만 표시하는 데 비해 [그림 10-2]는 친밀도의 크기까지 표시한다. 즉, 간선에 가중치를 주어 친밀감의 정도를 보여준다. 도시 간의 거리, 두 지점 사이에 묻힌 가스 파이프의 용량, 두 공항 사이의 비행 시간 등을 이런 가중치로 나타낼 수 있다.

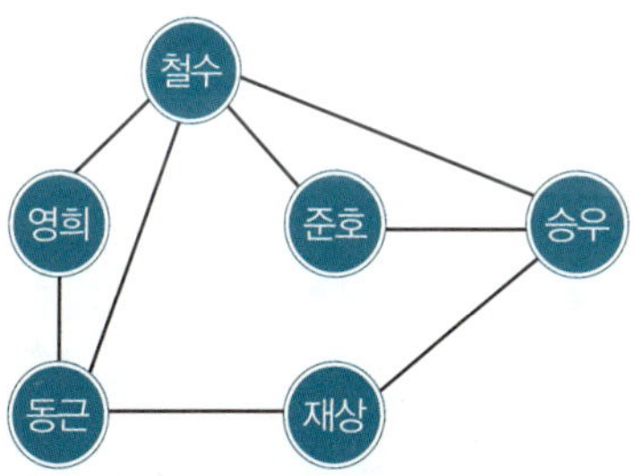

그림 10-1 친분 관계 그래프

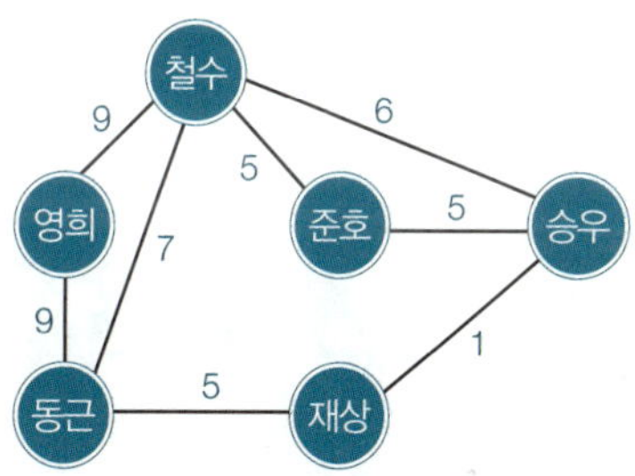

그림 10-2 친밀도를 가중치로 나타낸 친분 관계 그래프

[그림 10-3]은 간선이 방향을 갖는 예를 보여준다. [그림 10-1]과 비교해 간선에 방향성의 개념이 들어간 것만 다르다. 즉, 각 사람이 다른 사람에게 애정이 있는지를 표시했다. 애정의 유무는 상호 대칭적이지 않기 때문에 방향을 가진 간선으로 나타낼 수 있다. 방향을 가진 간선으로 기업 간의 제품 공급 관계, 제품 생산 공정의 선후 관계 등을 나타낼 수 있다. [그림 10-1]과 같은 그래프로는 나타낼 수 없는 일방통행 도로의 존재를 나타낼 수도 있다. 이런 그래프를 방향을 가진 그래프 또는 유향 그래프Directed Graph라고 한다. 반면, 간선의 방향이 없는 그래프를 무향 그래프Undirected Graph 또는 무방향 그래프라고 한다.

[그림 10-4]는 [그림 10-3]의 방향을 가진 간선이 가중치를 갖는 경우다. 누가 누구를 얼마만큼 좋아하는지를 나타낸다. 서울과 LA 간의 비행기 노선처럼 가는 데 걸리는 시간과 오는 데 걸리는 시간이 다른 경우를 나타낼 때도 가중치가 있는 유향 그래프를 쓸 수 있다.

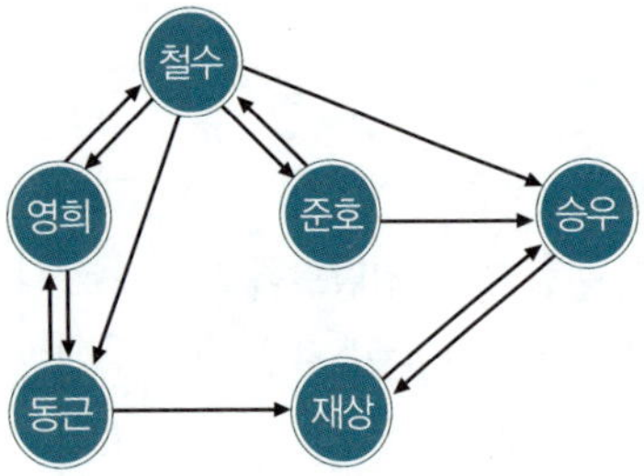

그림 10-3 방향을 고려한 친분 관계 그래프

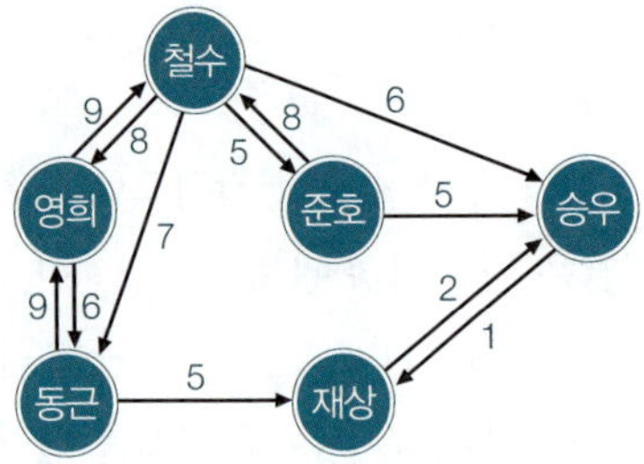

그림 10-4 가중치를 가진 유향 그래프

이 장에서는 이런 다양한 그래프를 이용해 문제를 해결하는 알고리즘들을 소개한다. n개의 정점 집합 V와 이들 간에 존재하는 간선 집합 E로 구성된 그래프 G를 보통 $G=(V, E)$로 표시한다.

02 그래프의 표현

이 절에서는 컴퓨터에서 그래프를 표현하는 방법을 공부한다. 그래프의 표현법에는 크게 행렬을 이용하는 방법과 리스트를 이용하는 방법이 있다.

1 인접 행렬을 이용한 방법

우선, 앞 절에서 살펴본 [그림 10-1]과 같이 방향성이 없고 가중치도 없는 단순 관계 그래프를 표현하는 방법을 알아보자.

그래프 $G=(V, E)$에서 정점의 총수가 n이라 하자. 우선 $n \times n$ 행렬을 준비한다. 정점 i와 정점 j 간에 간선이 있으면 행렬의 (i, j) 원소와 (j, i) 원소의 값을 1로 할당한다. 간선으로 연결된 두 정점은 인접하다Adjacent고 한다. 이런 식으로 모든 간선에 대해서 행렬의 해당 원소에 1을 할당하고, 나머지 원소에는 0을 할당한다. [그림 10-5]는 단순 관계 그래프를 인접 행렬Adjacency Matrix로 표현한 것이다.

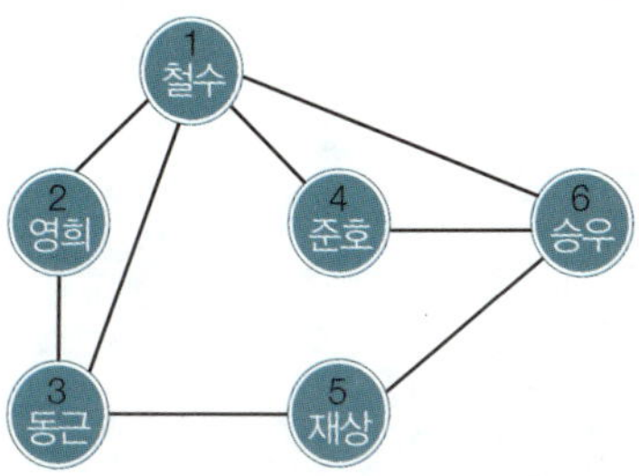

	1	2	3	4	5	6
1	0	1	1	1	0	1
2	1	0	1	0	0	0
3	1	1	0	0	1	0
4	1	0	0	0	0	1
5	0	0	1	0	0	1
6	1	0	0	1	1	0

그림 10-5 무향 그래프와 인접 행렬 표현

[그림 10-6]은 가중치가 있는 그래프를 인접 행렬로 표현한 예를 보여준다. 행렬의 각 원소에 1 대신 가중치를 저장한다는 점이 [그림 10-5]와 다르다.

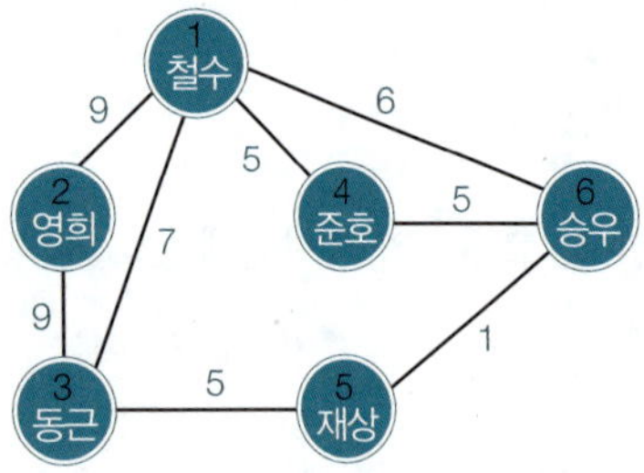

	1	2	3	4	5	6
1	0	9	7	5	0	6
2	9	0	9	0	0	0
3	7	9	0	0	5	0
4	5	0	0	0	0	5
5	0	0	5	0	0	1
6	6	0	0	5	1	0

그림 10-6 가중치를 가진 무향 그래프와 인접 행렬 표현

[그림 10-7]과 [그림 10-8]은 유향 그래프를 인접 행렬로 표현한 두 예를 보여준다. 간선이 방향을 가지므로 인접 행렬은 [그림 10-5], [그림 10-6]과 달리 대칭이 아니다.

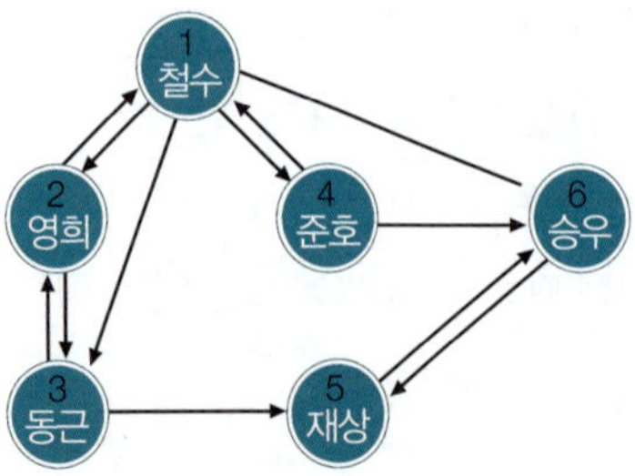

	1	2	3	4	5	6
1	0	1	1	1	0	1
2	1	0	1	0	0	0
3	0	1	0	0	1	0
4	1	0	0	0	0	1
5	0	0	0	0	0	1
6	0	0	0	0	1	0

그림 10-7 유향 그래프와 인접 행렬 표현

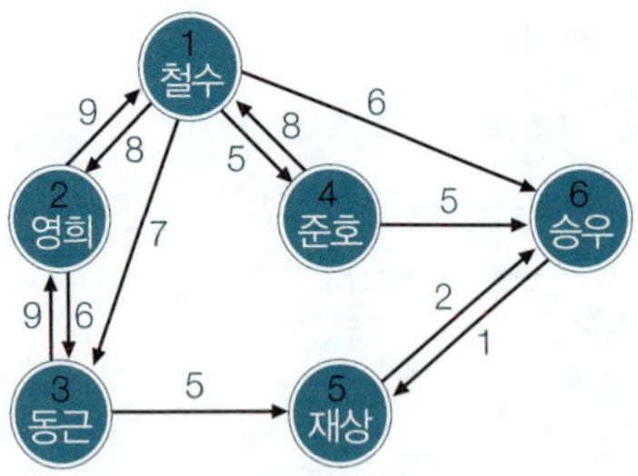

	1	2	3	4	5	6
1	0	8	7	5	0	6
2	9	0	6	0	0	0
3	0	9	0	0	5	0
4	8	0	0	0	0	5
5	0	0	0	0	0	2
6	0	0	0	0	1	0

그림 10-8 가중치를 가진 유향 그래프와 인접 행렬 표현

행렬 표현법은 이해하기 쉽고 간선의 존재 여부를 즉각 알 수 있다는 장점이 있다. 정점 i와 정점 j의 인접 여부는 행렬의 (i, j) 원소나 (j, i) 원소의 값만 보면 알 수 있기 때문이다. 대신 $n \times n$ 행렬이 필요하므로 n^2에 비례하는 공간이 필요하고, 행렬의 준비 과정에서 행렬의 모든 원소를 채우는 데만 n^2에 비례하는 시간이 든다. 그러므로 $O(n^2)$ 미만의 시간이 소요되는 알고리즘이 필요한 경우에 행렬 표현법을 사용하면 행렬의 준비 과정에서만 $\Theta(n^2)$의 시간을 소모해버려 적절하지 않다.

간선의 밀도가 아주 높은 그래프에서는 인접 행렬 표현이 적합하다. 예를 들어, 전체 (i, j) 쌍에서 둘 중 하나 꼴로 간선이 있는 경우라면 행렬을 사용하는 것이 효율적이다. 그렇지만 100만 개의 정점을 가진 그래프에서 간선이 200만 개밖에 없는 경우에 행렬 표현을 쓰면 시간과 공간이 많이 낭비된다. 행렬의 총 원소 수는 1조 개인데 이 중 고작 200만(또는 400만) 개만 1로 채워지고 나머지는 0이기 때문이다.

2 인접 리스트를 이용한 방법

인접 리스트Adjacency List 표현법은 각 정점에 인접한 정점들을 리스트로 표현하는 방법이다. 각 정점마다 리스트를 하나씩 만든다. 여기에 각 정점에 인접한 정점들을 연결 리스트Linked List로 매단다. 인접 리스트 표현에서는 행렬 표현과 달리 존재하지 않는 간선은 표현상에 나타나지 않는다.

[그림 10-9]는 단순 관계 그래프를 인접 리스트로 표현한 것이다. 간선 하나에 대하여 노드가 2개씩 만들어진다. 각 노드는 〈정점 번호, 다음 정점의 포인터〉로 구성된다. 이런 무향 그래프를 위한 인접 리스트 표현에서 필요한 총 노드 수는 존재하는 총 간선 수의 2배다. 정점 i와 정점 j가 인접하면 정점 i의 연결 리스트에 정점 j가, 정점 j의 연결 리스트에 정점 i가 매달려 한 간선당 노드가 2개씩 만들어지기 때문이다. 유향 그래프의 경우에는 간선 하나당 노드가 하나씩 존재한다.

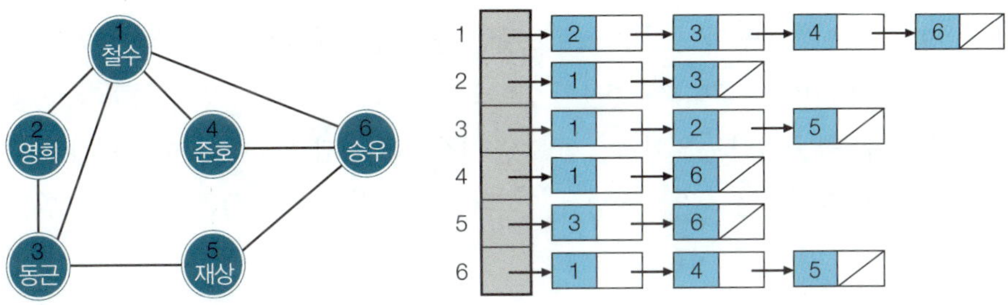

그림 10-9 무향 그래프와 인접 리스트 표현

[그림 10-10]은 가중치를 가진 그래프를 인접 리스트로 표현한 예를 보여준다. 각 노드에는 정점 번호, 다음 노드의 포인터와 함께 해당 간선의 가중치를 저장하는 부분이 추가된다. 즉, 각 노드는 〈정점 번호, 가중치, 다음 정점의 포인터〉로 구성된다.

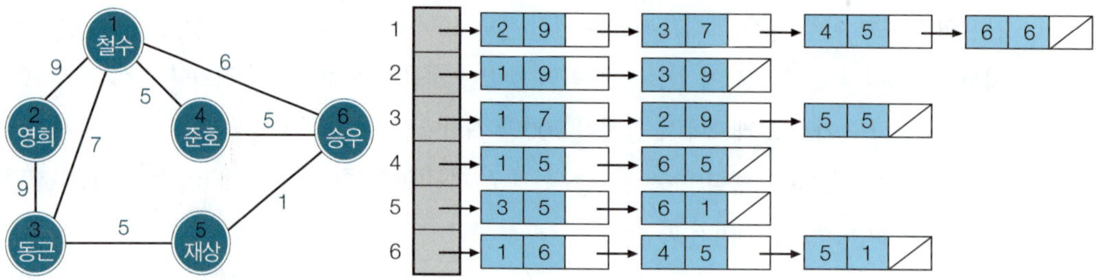

그림 10-10 가중치를 가진 그래프와 인접 리스트 표현

인접 리스트는 공간이 간선의 총수에 비례하는 양만큼 필요하므로 대체로 행렬 표현에 비해 공간의 낭비가 없다. 모든 가능한 정점 쌍에 비해 간선의 수가 적을 때 특히 유용하다. 그렇지만 거의 모든 정점 쌍에 대해 간선이 존재하는 경우에는 오히려 리스트를 만드는 데 필요한 오버헤드만 더 든다. 인접 리스트는 정점 i와 정점 j 간에 간선이 존재하는지 알아볼 때 리스트에서 차례대로 훑어야 하므로 인접 행렬 표현보다는 시간이 많이 걸린다. 특히 간선이 많은 경우에는 최악의 경우 n에 비례하는 시간이 들 수도 있다. 이 부분이 이를 이용하는 알고리즘의 성능에 치명적인 영향을 미칠 수 있다. 그래서 인접 리스트 표현법은 간선의 밀도가 아주 높은 경우에는 그리 적합하지 않다. 이때는 앞에서 언급한 대로 인접 행렬 표현법을 쓰는 것이 좋다.

3 인접 배열과 인접 해시 테이블

앞에서 언급한 대로 인접 행렬과 인접 리스트 표현법 둘 다 장단점이 있다. 연결이 그리 촘촘하지 않은 그래프라 하더라도 크기가 크면 인접 리스트를 쓰기가 만만치 않다. 특히 두 정점 간의 간선 존재 여부를 체크하는 일이 잦으면 수행 시간에 큰 부담을 준다. 다행히 인접 리스트처럼 간선의 수에 비례하는 공간을 쓰면서 간선의 존재 여부를 훨씬 빨리 체크할 수 있는 방법이 있다.

각 정점에 연결된 정점들을 연결 리스트로 저장하는 대신 배열로 저장하면 연결 리스트의 포인터를 관리하는 번거로움에서 해방될 뿐만 아니라 두 정점의 인접 여부를 체크하는 시간도 대폭 줄일 수 있다. [그림 10-11]은 [그림 10-9]의 연결 리스트 표현을 배열로 대체한 예를 보여준다. 정점 *j*가 정점 *i*에 인접한지 체크하려면 정점 *i*의 인접 배열에서 *j*의 존재를 확인하면 된다. 배열을 정렬된 형태로 만들면 이진 탐색을 쓸 수 있어 임의의 정점에 인접한 정점 수가 *k*라면 $\log_2 k+1$번 이내의 비교로 *j*의 존재를 확인할 수 있다. 인접 배열의 크기가 100일 때 인접 리스트를 쓰면 최악의 경우 100개의 원소와 비교해야 하지만 인접 배열을 쓰면 7개 이하면 충분하다.

각 정점의 인접 배열 헤더에 인접 정점이 몇 개인지 표시해두면 쉽게 탐색할 수 있다. [그림 10-11]은 6개의 정점이 각각 4, 2, 3, 2, 2, 3개의 정점과 인접함을 표시한다.

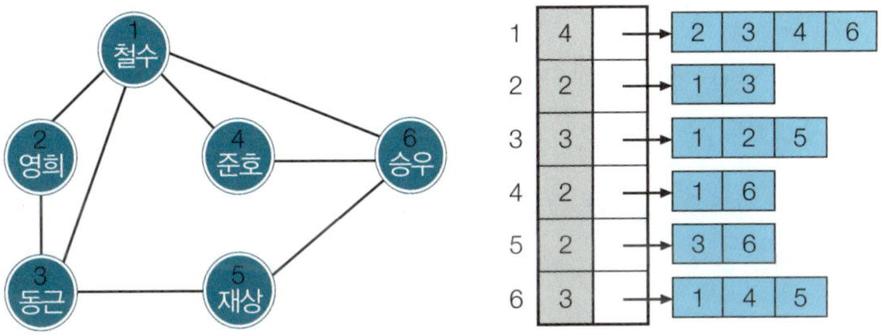

그림 10-11 무향 그래프와 인접 배열 표현

각 정점의 인접 배열을 위해 각 공간을 따로 할당받을 수도 있고([그림 10-11]이 여기에 해당함), 공간 사용의 깔끔함을 위해 하나의 배열을 할당받은 다음 같이 사용할 수도 있다. 우선 각 인접 배열 크기를 더해 필요한 전체 배열 크기를 다 계산한 다음 하나의 배열을 할당받는다. 각 헤더에는 자신의 인접 배열이 끝나는 자리를 표시해둔다.

[그림 10-12]는 [그림 10-11]을 하나의 배열로 처리한 예를 보여준다. 각 헤더에는 각각 4, 6, 9, 11, 13, 16이라는 자리가 표시되어 있다. 이 배열을 *A*[ ]라 하자. 정점 1은 *A*[1...4]에, 정점 2는 *A*[5...6]에, ⋯, 정점 6은 *A*[14...16]에 저장되어 있음을 뜻한다.

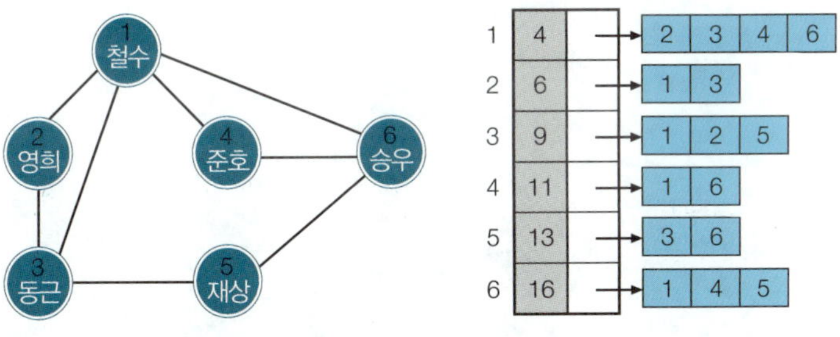

그림 10-12 하나의 배열로 인접 배열을 다 처리한 예

이 정도면 공간 사용은 인접 리스트에 준하고, 검색 시간은 대폭 줄어 실용적으로 손색이 없다. 그러나 이것도 불만인 경우가 있을 수 있다. 다루어야 할 그래프가 엄청나게 크면 이진 탐색을 한다고 해도 자주 하기가 만만치 않다. 예를 들어, 아주 큰 그래프에서 인접 배열의 평균 크기가 100만이라면 이진 탐색을 해도 최대 22번의 비교가 필요하다. 검색이 아주 잦다면 부담스러울 수 있다. 각 인접 배열을 하나씩 해시 테이블로 대체하는 방법도 있다. 각 인접 배열 크기의 2배 정도 되는 공간을 할당하여 적재율을 0.5로 만들면 평균 두 번 이내의 비교로 가능하다. 원소 집합이 고정된 해시 테이블이므로 어느 정도 충돌이 일어나는지 미리 알 수 있고 적재율을 마음대로 미리 정할 수 있다. 인접 배열의 2배 공간도 인접 리스트에 준하는 크기다.

해시 테이블을 위한 공간을 할당받을 때도 인접 배열의 경우와 마찬가지다. 정점별로 따로 할당받을 수도 있고, 하나의 배열에 인접 배열 전체 크기의 2배 정도를 할당받아 [그림 10-12]와 같은 방법으로 나누어 쓸 수도 있다.

그렇지만 어떤 정점에서 인접한 정점들을 차례로 보면서 작업해야 한다면 해시 테이블은 적합하지 않다(불가능하지는 않음). 임의의 두 정점이 인접한지만 체크하는 경우에는 해시 테이블이 아주 매력적이다.

03 너비 우선 탐색과 깊이 우선 탐색

그래프에서 모든 정점을 방문해야 할 때가 자주 있다. 모든 정점을 방문하는 방법은 다양하지만 대표적인 방법은 이 절에서 소개할 너비 우선 탐색BFS, Breadth-First Search과 깊이 우선 탐색DFS, Depth-First Search이다. 두 방법은 매우 간단하지만 그래프 알고리즘에서 핵심적인 위치를 차지한다. 그러므로 이 두 탐색 방법에 대해 깊은 직관을 가질 필요가 있다.

우선, 직관적인 이해를 돕기 위해 트리를 대상으로 하여 두 탐색 방법을 설명해보겠다. 루트를 시작으로 탐색한다면 너비 우선 탐색BFS은 먼저 루트의 자식을 차례로 방문한다. 다음으로 루트 자식의 자식, 즉 루트에서 2개의 간선을 거쳐서 도달할 수 있는 정점을 방문한다. 다음으로 루트에서 3개의 간선을 거쳐 도달하는 정점들순으로 방문한다. 이런 식으로 루트에서 거리순으로 방문한다. 이에 반해 깊이 우선 탐색DFS은 루트의 자식 정점을 하나 방문한 다음, 아래로 내려갈 수 있는 곳까지 내려간다. 더 이상 내려갈 수 없으면 위로 되돌아오다가 내려갈 곳이 있으면 즉각 내려간다. [그림 10-13]은 트리를 대상으로 한 너비 우선 탐색BFS과 깊이 우선 탐색DFS의 예를 보여준다. BFS는 옆으로(너비로) 쭉 훑어나가고, DFS는 아래로(깊이로) 갈 수 있는 데까지 갔다가 막히면 되돌아와서 다시 내려간다. 각각 너비 우선 탐색과 깊이 우선 탐색이라고 하는 이유를 짐작할 수 있을 것이다.

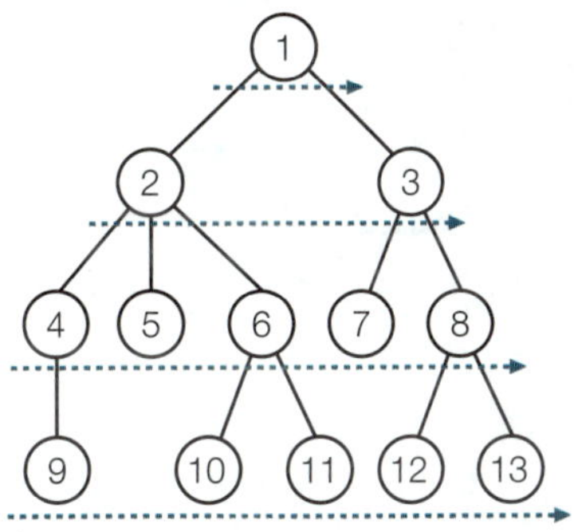

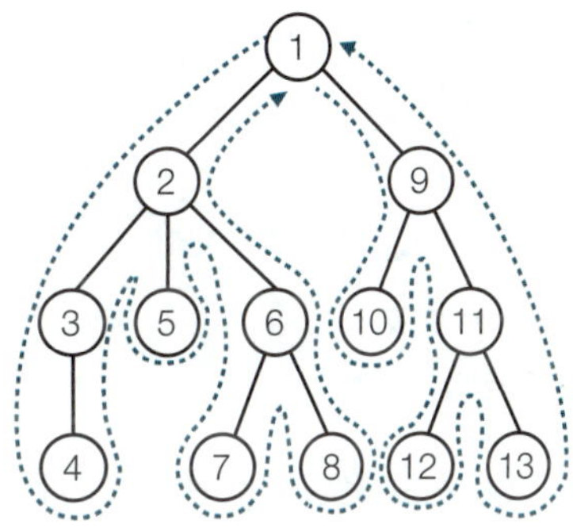

그림 10-13 트리를 대상으로 한 BFS와 DFS

이제 일반적인 그래프 $G=(V, E)$에 대해 BFS와 DFS를 해보자. [그림 10-14]는 무향 그래프에 대해 BFS를 수행하는 예를 보여준다.

- **그림 (a):** 시작 정점으로 정해진 정점을 방문한다(1로 표시함).
- **그림 (b):** (a)에서 방문한 정점에 인접한 정점을 모두 방문한다(각각 2, 3, 4로 표시함).
- **그림 (c):** 정점 2에 인접한 정점 중 방문하지 않은 정점은 없다. 정점 3에 인접한 정점 중 방문하지 않은 정점을 모두 방문한다. 하나밖에 없다(5로 표시함). 정점 4에 인접한 정점 중 방문하지 않은 정점을 모두 방문한다. 2개가 있다(각각 6, 7로 표시함).
- **그림 (d):** 정점 5에 인접한 정점 중 방문하지 않은 정점은 없다. 정점 6에 인접한 정점 중 방문하지 않은 정점을 모두 방문한다. 하나밖에 없다(8로 표시함). 정점 7에 인접한 정점 중 방문하지 않은 정점은 없다.
- 마지막으로 정점 8에 인접한 정점 중 방문하지 않은 정점이 없어 더 이상 갈 곳이 없으므로 끝낸다.

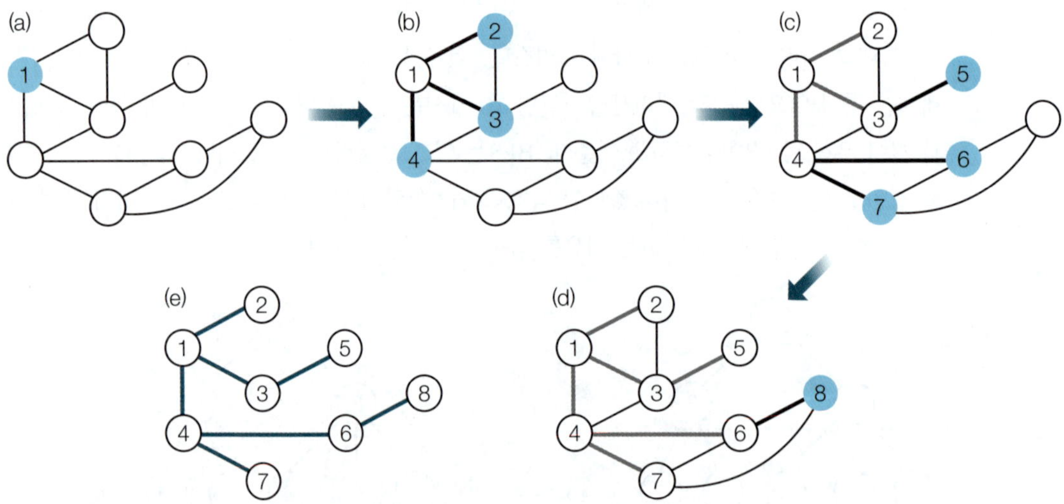

그림 10-14 BFS의 작동 예

[그림 10-14]에서 검은색의 굵은 간선들은 각 정점을 처음으로 방문할 때 사용한 간선들이다. 그래프 G에서 이 간선들만 남기면 트리가 되는데 이 트리를 너비 우선 트리라 한다(그림 (e)). [알고리즘 10-1]은 위의 예와 같이 작동하는 BFS 알고리즘을 기술한 것이다.

알고리즘 10-1 | BFS(너비 우선 탐색) 알고리즘

```
BFS(G, s):
    for each v∈V−{s}
        v.visited ← NO
    s.visited ← YES                 ▷ s: 시작 정점
    enqueue(Q, s)                   ▷ Q: 큐
    while (Q≠ø)
        u ← dequeue(Q)
        for each v ∈ u.adjlist      ▷ u.adjlist: 정점 u의 인접 정점 집합
            if (v.visited=NO)
                v.visited ← YES
                enqueue(Q, v)
```

먼저 시작 정점을 제외한 모든 정점을 "방문하지 않았다(*v.visited*←NO)"로 표시한다. 큐의 맨 앞에 있는 정점을 빼내고 이에 인접한 정점 중 방문하지 않은 정점을 모두 "방문하였다(*v.visited*←YES)"로 표시하고 큐에 넣는다. BFS가 수행되는 동안 enqueue()와 dequeue()를 각각 정확히 V번씩 호출한다. 즉, 각 정점이 큐에 한 번씩 들어갔다가 나온다. 위 알고리즘은 그래프가 토막 나 있는 경우에는 모든 정점을 방문하지 못한다. 이 경우 방문하지 않은 정점 중 아무 것이나 골라 BFS()를 다시 시작한다. 이런 식으로 방문하지 않은 정점이 없을 때까지 계속한다. 이렇게 할 때 BFS의 총 수행 시간은 $\Theta(V+E)$이 된다. 이번에는 DFS를 살펴보자. [그림 10-15]는 무향 그래프에 대해 DFS를 수행하는 예를 보여준다.

> **NOTE_** 혼동할 염려가 없으면 정점의 수 $|V|$ 대신 V를, 간선의 수 $|E|$ 대신 E를 사용하기도 한다. 즉, $\Theta(V+E)$는 $\Theta(|V|+|E|)$를 뜻한다.

- **그림 (a)**: 시작 정점으로 정해진 정점을 방문한다(1로 표시함).
- **그림 (b)**: 정점 1에 인접한 정점 중 하나를 방문한다(2로 표시함).
- **그림 (c)**: 정점 2에 인접하면서 방문하지 않은 정점은 총 3개다. 이 중 하나를 방문한다(3으로 표시함).
- **그림 (d)**: 정점 3에 인접한 정점 중 방문하지 않은 정점은 2개다. 이 중 하나를 방문한다(4로 표시함).

- **그림 (e)**: 정점 4에 인접한 정점 중 방문하지 않은 정점은 하나뿐이다. 이곳을 방문한다(5로 표 시함). 5에 인접한 정점 중 방문하지 않은 정점은 없다. 따라서 왔던 길로 되돌아간다. 정점 4·3·2로 되돌아가는 과정에서 정점 4·3에 인접한 정점 중 방문하지 않은 정점은 없다.
- **그림 (f)**: 정점 2로 되돌아오면 이에 인접한 정점 중 방문하지 않은 정점이 하나 있다. 이곳을 방문한다(6으로 표시함).
- **그림 (g)**: 정점 6에 인접한 정점 중 방문하지 않은 정점은 2개다. 이 중 하나를 방문한다(7 로 표시함).
- **그림 (h)**: 정점 7에 인접한 정점 중 방문하지 않은 정점은 없다. 정점 6으로 돌아간다. 정점 6에 인접한 정점 중 방문하지 않은 정점이 하나 있다. 이곳을 방문한다(8로 표시함). 정점 8에서 인접한 정점 중 방문하지 않은 정점은 없다. 정점 6으로 돌아간다. 정점 6에서도 인접한 정점 중 방문하지 않은 정점은 없다. 정점 2로 돌아간다. 정점 2에서도 방문하지 않은 인접 정점은 없다. 정점 1로 돌아간다. 정점 1에서도 방문하지 않은 인접 정점은 없다. 시작 정점(정점 1)에서 더 이상 갈 곳이 없으므로 끝낸다.

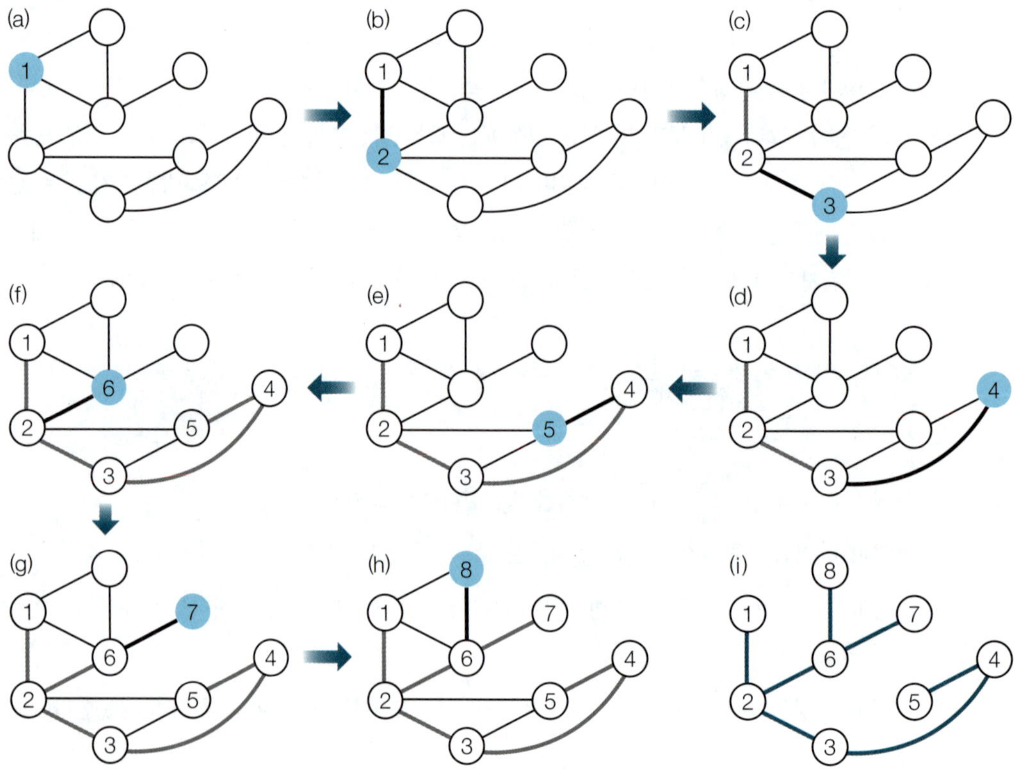

그림 10-15 DFS의 작동 예

[그림 10-15]에서 검은색의 굵은 간선들은 각 정점을 처음으로 방문할 때 사용된 간선들이다. (i)는 [그림 10-14]의 (e)처럼 각 정점을 처음으로 방문할 때 사용한 간선들로 만들어진 트리다. 이 트리를 깊이 우선 트리라 한다. [알고리즘 10-2]는 [그림 10-15]의 예와 같이 작동하는 DFS 알고리즘을 기술한 것이다.

알고리즘 10-2　DFS(깊이 우선 탐색) 알고리즘

```
DFS(v):
    v.visited ← YES
    for each x ∈ v.adjlist        ▷v.adjlist: 정점 v의 인접 정점 집합
        if (x.visited = NO) DFS(x)
```

정점 v에 대해 DFS(v)가 호출되면 먼저 정점 v를 "방문하였다($v.visited \leftarrow$ YES)"로 표시하고 이와 인접한 정점 중 방문하지 않은 정점에 대해 각각 DFS를 호출한다. 정점 v에 인접한 정점 중 방문하지 않은 정점 $x \cdot y \cdot z$가 있더라도 x에 대해 DFS를 호출하면 DFS는 일단 깊이 들어갈 수 있는 데까지 들어간다. 그 과정에서 정점 y나 정점 z가 다른 정점과 인접하면 방문될 수도 있다. 즉, DFS(v)에서 x에 대해 DFS를 끝내고 돌아오면 방문하지 않은 상태였던 정점 y나 정점 z가 방문된 상태가 되어 이들에 대해 DFS를 수행할 필요가 없게 되는 상황이 매우 흔하다. 궁극적으로 모든 정점에 대해 DFS( )가 한 번씩 호출된다. 이렇게 할 때 DFS의 수행 시간은 $\Theta(V+E)$이 된다.

여기서 BFS와 DFS는 모두 연결 그래프를 가정한 것이다. 만일 분리된 2개 이상의 부분 그래프가 있다면 BFS나 DFS를 부분 그래프의 수만큼 수행해야 모든 정점을 방문할 수 있다. BFS나 DFS의 수행 시간 $\Theta(V+E)$는 이렇게 모든 정점을 방문하는 시간이다.

04 최소 신장 트리

그래프 $G=(V, E)$의 신장 트리는 정점 집합 V를 그대로 두고 간선을 $|V|-1$개만 남겨 트리가 되도록 만든 것이다. 임의의 그래프로부터 만들 수 있는 신장 트리는 매우 다양하다. 앞 절에서 배운 너비 우선 트리와 깊이 우선 트리도 신장 트리다. 간선들이 가중치를 갖는 그래프에서 간선 가중치의 합이 가장 작은 트리를 최소 신장 트리Minimum Spanning Tree라 한다. 이 절에서는 최소 신장 트리를 찾는 알고리즘들을 배운다.

1 프림 알고리즘

프림Prim 알고리즘은 집합 S를 공집합에서 시작하여 모든 정점을 포함할 때까지(즉, $S=V$가 될 때까지) 키워나간다. 맨 처음 정점만 제외하고 정점을 하나 더할 때마다 간선이 하나씩 확정된다. [알고리즘 10-3]은 집합 S를 중심으로 프림 알고리즘을 기술한 것이다.

[알고리즘 10-3]에서 $v.cost$는 정점 v를 신장 트리에 포함시키는 데 드는 최소 비용을 저장한다. 궁극적으로 $v.cost$는 각 정점 v를 신장 트리에 연결하는 데 드는 최소 비용을 갖게 되지만 알고리즘의 수행 과정에서는 충분히 큰 값부터 시작하여 이 최소 비용을 향해 계속 감소한다. $v.tree$는 현재까지 계산한 결과 정점 v를 신장 트리에 연결시키는 비용이 가장 적게 드는 간선을 저장한다(실제로는 해당 간선에서 v의 맞은편에 있는 정점을 저장함). 알고리즘이 끝난 후 $v.tree$ 정보를 이용해서 최소 신장 트리를 만들 수 있다.

프림 알고리즘을 처음 접하는 독자라면 앞의 설명만으로 단번에 이해하기는 힘들 것이다. [그림 10-16]을 보면서 차근차근 이해해보자. 그림은 7개의 정점이 가중치를 가진 간선들로 연결되어 있는 그래프다.

알고리즘 10-3 **프림 알고리즘 1**

```
Prim(G, r):
▷ G = (V, E): 주어진 그래프
▷ r: 시작 정점
    S ← ø                              ▷ S: 정점 집합
  ❶ for each u ∈ V
        u.cost ← ∞
    r.cost ← 0
  ❷ while (S ≠ V)                      ▷ n회 순환
      ❸ u ← extractMin(V−S)
        S ← S ∪ {u}
      ❹ for each v ∈ u.adjlist   ▷ u.adjlist: 정점 u의 인접 정점 집합
          ❺ if (v ∈ V−S and w_uv < v.cost)
              ❻ v.cost ← w_uv
              ❼ v.tree ← u

extractMin(Q)
    집합 Q에서 u.cost 값이 가장 작은 정점 u를 리턴한다.
```

- **그림 (a):** 시작 정점 r의 연결 비용을 0으로, 나머지 정점들의 연결 비용을 ∞로 초기화한다.
- **그림 (b):** 먼저 정점 r을 집합 S의 첫 번째 원소로 포함시킨다. 이제 집합 S 바깥의 정점 중 정점 r에 연결된 정점들을 살핀다. 정점 r과 이 정점들을 연결하는 비용은 각각 8, 9, 11이다. 이 비용을 각 정점에 기록해둔다. 그림에서 음영으로 표시된 영역이 집합 S를 나타낸다. 집합 S는 (a)에서 공집합으로 시작하여 원소가 하나씩 늘어나 (h)에서 최종적으로 n개가 됨을 볼 수 있다. 각 정점에 기록된 값은 해당 정점을 집합 S에 있는 정점과 연결하는 데(집합 S에 포함시키는 데) 드는 최소 비용이다. (b)에서 집합 S는 정점 r만으로 구성되어 있으므로 이와 연결된 세 정점은 각각 8, 9, 11의 값을 갖고, 아직 집합 S와 연결 관계가 없는 나머지 정점들은 모두 ∞의 값을 갖는다.

- **그림 (c)**: 집합 *S*에 연결하는 데 가장 최소 비용이 드는 정점을 새로이 집합 *S*에 포함시킨다. 8의 비용이 드는 정점이다. 이 정점을 집합 *S*에 포함시키고 나니 한 정점을 집합 *S*에 연결하는 비용이 ∞에서 10으로 바뀌었다. 집합 *S*의 바깥에서 회색으로 표시한 정점들은 이처럼 방금 집합 *S*가 확장되면서 이에 연결하는 최소 비용이 바뀐 정점들을 나타낸다. 이 최소 비용의 변경은 [알고리즘 10-3]의 ❻에서 수행한다. 이제 집합 *S* 바깥의 정점 중 연결 비용이 가장 낮은 것의 비용은 9다.
- **그림 (d)**: 연결 비용이 9인 정점을 새로이 집합 *S*에 포함시킨다. 이로 인해 한 정점의 연결 비용이 ∞에서 12로 바뀌고, 한 정점의 연결 비용은 10에서 5로 바뀌었다. 정점의 연결 비용이 ∞에서 바뀌는 것은 이 정점을 최초로 집합 *S*에 연결할 수 있게 되었을 때다. 정점의 연결 비용이 ∞가 아닌 수에서 바뀌는 것은 이미 연결할 수 있는 상태가 되었지만 더 좋은 연결 방법이 발견되었을 때다. 이런 식으로 정점의 연결 비용은 여러 번 바뀔 수 있다. 이제 나머지 정점 중 연결 비용이 최소인 것은 비용이 5다.
- **그림 (e)**: 이 정점을 새로이 집합 *S*에 포함시킨다. 이 경우에는 정점이 *S*에 추가되면서 다른 정점의 연결 비용에 미치는 영향이 없다.
- **그림 (f)**: 연결 비용 11인 정점이 *S*에 추가된다. 이것으로 한 정점의 연결 비용이 ∞에서 8로 바뀌었다.
- **그림 (g)**: 연결 비용 8인 정점이 *S*에 추가된다. 이것으로 한 정점의 연결 비용이 12에서 7로 바뀌었는데, 이 정점은 연결 비용이 두 번째 바뀐 것이다.
- **그림 (h)**: 마지막 남은 정점이 7의 비용으로 연결되면서 최소 신장 트리가 완성되었다. 최종적인 최소 신장 트리는 (i)와 같다.

[그림 10-16]의 표시를 다시 정리해보자. 하늘색 음영으로 표시된 영역이 집합 *S*를 나타낸다. 집합 *S* 안에서 짙은 하늘색으로 표시된 것은 방금 집합 *S*로 들어간 정점이다. 집합 *S*의 바깥에서 회색으로 표시된 것은 방금 집합 *S*로 들어간 정점과 관계되어 최소 연결 비용(*.cost*)에 변동이 생긴 정점이다.

방금 집합 *S*로 들어간 정점으로 인해 변동이 생기는 경우도 있고, (e)처럼 변동이 전혀 생기지 않는 경우도 있다. 어떤 정점은 변동이 여러 번 생기기도 한다. (c)에서 ∞ → 10으로 바뀐 정점은 (d)에서 다시 5로 바뀌었다. (d)에서 ∞ → 12로 바뀌었다가 (g)에서 다시 7로 바뀐 예도 볼 수 있다. 이렇게 값이 바뀌는 것을 이완Relaxation이라 한다.

굵은 선으로 표시된 간선들이 최소 신장 트리를 구성하는 간선들이다. 정점이 S로 하나씩 들어갈 때마다 간선 하나가 같이 굵어지는 것을 볼 수 있다. 알고리즘의 ❼에 대응된다. 즉, 해당 정점을 집합 S로 집어넣는 데 기여하고 해당 정점의 연결 비용을 마지막으로 바꾼 간선이다. 또한 해당 정점을 최소 신장 트리에 연결시키는 간선이다.

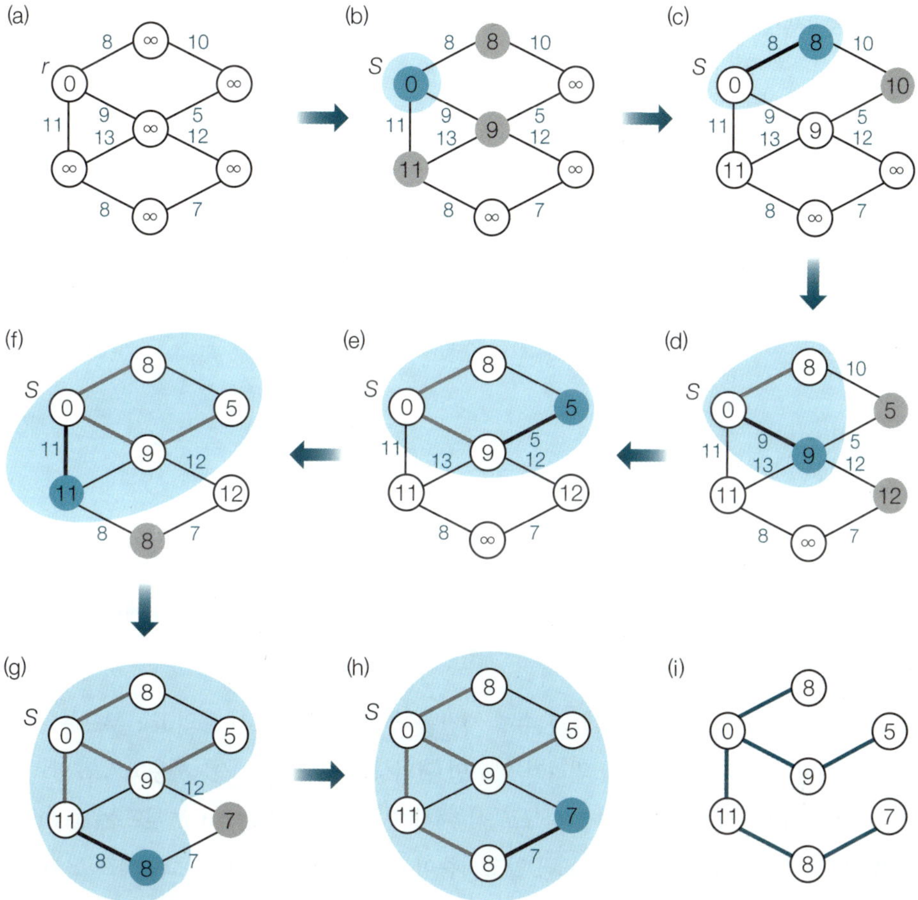

그림 10-16 프림 알고리즘의 작동 예

프림 알고리즘을 [알고리즘 10-4]와 같이 기술할 수도 있다. [알고리즘 10-3]은 집합 S를 중심으로 기술한 것이고, [알고리즘 10-4]는 집합 S를 제외한 나머지, 즉 $Q=V-S$를 중심으로 기술한 것이다. 그 외에는 완전히 똑같은 알고리즘이다. 직관적으로는 집합 S를 바로 다루는 첫 번째 버전이 이해하기에 좀 나을지 모르나 구현하는 데는 두 번째 버전이 더 나을 것이다.

알고리즘 10-4	프림 알고리즘 2

```
Prim(G, r):
▷ G=(V, E): 주어진 그래프
▷ r: 시작 정점
    Q ← V                               ▷ Q: S에 속하지 않은 정점 집합
  ❶ for each u ∈ Q
        u.cost ← ∞
    r.cost ← 0
  ❷ while (Q≠ø)                         ▷ n회 순환
      ❸ u ← deleteMin(Q)
      ❹ for each v ∈ u.adjlist     ▷ u.adjlist: 정점 u의 인접 정점 집합
          ❺ if (v ∈ Q and w_uv < v.cost)
              ❻ v.cost ← w_uv
                 v.tree ← u

deleteMin(Q):
    집합 Q에서 u.cost 값이 가장 작은 정점 u를 리턴하고, u를 집합 Q에서 제거한다.
```

프림 알고리즘 1에서 집합 S가 공집합에서 시작하여 모든 정점을 포함할 때까지(즉, $S=V$가 될 때까지) 커가는 과정은 프림 알고리즘 2에서 집합 Q가 모든 정점의 집합 V에서 시작하여 공집합으로 줄어가는 과정과 일치한다.

[알고리즘 10-4]에서 프림 알고리즘의 수행 시간을 분석해보자. 우선 ❶의 for 루프는 정확히 n회 반복된다 ($n=|V|$, 혼동의 염려가 없으면 편의상 $|V|$ 대신에 V를 사용하기도 함). 각각의 for 루프에서 단순 할당 작업을 하므로 상수 시간이 소모되어 ❶의 for 루프는 총 $O(V)$ 시간을 소요한다. 결과적으로 보면 프림 알고리즘이 $O(V)$보다 시간이 더 소요되므로 이 for 루프는 점근적 시간에 영향을 미치지 않는다. ❷의 while 루프는 정확히 n회 반복된다. 이 while 루프에 ❹의 for 루프가 중첩되어 있다. 여기서 좀 주의를 기울여야 한다. 2개의 루프가 중첩되어 있지만 ❹의 for 루프는 u와 인접한 간선을 훑어보는데 어떻게 되든 한 간선은 두 번만 본다(임의의 간선 (u, v)는 알고리즘을 통틀어 ❺에서 단 두 번만 사용됨). 그러므로 ❹의 for 루프는 while 루프를 통틀어 $2E$번 돌 뿐이다. 프림 알고리즘의 수행 시간은 ❸의 deleteMin( )이 ❷의 while 루프가 반복될 때마다 수행되는 시간과 ❺, ❻이 ❹의 for 루프

내에서 수행되는 시간 중 하나가 좌우한다. ❻에서 $v.cost$ 값 변경은 단순한 배열 원소 값 변경으로는 힘든데 그 이유는 뒤이어 설명한다.

deleteMin()은 .*cost* 값이 가장 작은 정점을 고른 다음 제거하는 것으로 어떠한 자료구조를 쓰느냐에 따라 시간이 달라진다. 가장 원시적인 배열을 사용한다고 해보자. 배열을 .*cost* 값에 따라 정렬된 형태로 유지한다면 가장 작은 원소를 추출하는 데는 상수 시간이 든다. 단, ❻에서 $v.cost$ 값의 변동이 생길 때 이를 수정하기 위해서는 배열을 한 칸씩 줄줄이 이동해야 하므로 최대 $O(V)$ 시간이 소요된다. 이런 수정은 최악의 경우 E번 일어날 수 있으므로 이것이 수행 시간을 좌우하여 전체 시간은 $O(VE)$가 된다. 배열을 정렬되지 않은 형태로 유지한다면 이번에는 가장 작은 원소를 추출하는 데 $O(V)$ 시간이 소요된다. 대신 $v.cost$ 값의 변동은 상수 시간에 해결된다. 따라서 이 경우에는 ❸의 deleteMin()에 소요되는 시간이 좌우하여 $O(V^2)$이 된다. 이 정도의 시간은 아무래도 좀 불만스럽다.

.*cost* 값을 관리하기 위해 최소힙을 사용하면 시간을 개선할 수 있다. .*cost* 값들이 힙으로 구성되어 있다면 ❸의 deleteMin()은 $O(\log V)$ 시간에 가능하다. while 루프가 n회 반복되므로 이와 관계된 비용은 $O(V\log V)$이다. 그런데 ❻에서 .*cost* 값의 변동이 생기면 힙을 조정해주어야 한다. 힙에서 임의의 원소 값이 변해서 이를 반영하여 조정하는 데는 $O(\log V)$ 시간이 소요된다. 이런 수정은 ❻에서 최악의 경우 E번 일어날 수 있으므로 이와 관련된 비용은 총 $O(E\log V)$가 된다. 힙 정렬에서 배웠듯이, 최초에 힙을 만드는 데는 $O(V)$이면 충분하므로 프림 알고리즘의 수행 시간은 $O(E\log V)$가 된다.

2 크루스칼 알고리즘

크루스칼Kruskal 알고리즘은 사이클을 만들지 않는 범위에서 최소 비용 간선을 하나씩 더해가면서 최소 신장 트리를 만든다. n개의 정점으로 트리를 만드는 데는 $n-1$개의 간선이 필요하므로, 알고리즘은 최초에는 간선이 하나도 없는 상태에서 시작하여 $n-1$개의 간선을 더하면 끝난다. 크루스칼 알고리즘은 프림 알고리즘처럼 하나의 트리를 키워나가는 방식이 아니고, 임의의 시점에 최소 비용의 간선을 더하므로 여러 개의 트리가 산재하게 된다. 최초에는 n개의 트리로 시작한다. 즉, 간선이 하나도 없는 상태의 n개의 정점은 각각 정점 하나만으로 구성된 n개의 트리로 볼 수 있다. 하나의 간선을 더할 때마다 2개의 트리가 하나의 트리로 합쳐진다. $n-1$개의 간선을 더하고 나면 모든 트리가 합쳐져서 하나의 트리가 된다. 다르게 표현하면, n개의 트리로 구성된 숲Forest에서 궁극적으로 하나의 트리로 변해간다. [알고리즘 10-5]에 크루스칼 알고리즘을 기술하였다.

알고리즘 10-5 **크루스칼 알고리즘**

```
Kruskal(G):
        T ← ø        ▷ T: 신장 트리
    ❶ 단 하나의 정점만으로 구성된 n개의 집합을 초기화한다.
    ❷ 모든 간선을 가중치의 크기순으로 정렬하여 배열 A[1...E]에 저장한다.
    ❸ while (T의 간선 수 < n-1)
        ❹ A에서 최소 비용의 간선 (u, v)를 제거한다.
        ❺ if (정점 u와 v가 다른 집합에 속함)
            ❻ T ← T ∪ {(u, v)}
            ❼ 정점 u와 v가 속한 두 집합을 하나로 합친다.
```

[그림 10-17]은 크루스칼 알고리즘의 작동을 보여주는 예다. 회색 음영으로 표시된 영역 하나가 하나의 집합에 해당한다. (a)에서 각 정점만으로 된 n개의 집합을 볼 수 있다. 이것부터 시작해 한 번에 하나씩 간선을 하여 집합을 합쳐나간다. 궁극적으로 $n-1$번 합치면 (h)처럼 하나의 집합이 된다. 이제 그림을 설명해보자.

- **그림 (b):** (a)에서 가장 작은 간선은 5다. 이 간선을 택하여 각각 원소 하나씩 가진 두 집합이 합쳐져 2개의 원소를 가진 집합이 되었다. 그림에서 하늘색 음영으로 표시된 집합이다. 앞으로 이 간선은 다시 보지 않는다. 알고리즘에서 사실상 제거한다. 나머지 간선 중 가장 작은 것은 가중치가 7이다.
- **그림 (c):** 앞의 가중치 7인 간선으로 두 집합이 하나로 합쳐진다. 이 간선을 알고리즘에서 제거한다. 이제 남은 간선 중 가장 작은 것은 가중치가 8인데 3개가 있다. 이 중 하나를 임의로 선택한다.
- **그림 (d):** 앞의 가중치 8인 간선으로 두 집합이 하나로 합쳐진다. 이제 남은 간선 중 가장 작은 것은 가중치가 8인데 2개가 있다. 이 중 하나를 임의로 선택한다.
- **그림 (e):** 다시 두 집합이 하나로 합쳐진다. 이제 남은 간선 중 가장 작은 것은 가중치가 8이다.
- **그림 (f):** 이 간선의 경우 양 끝점이 같은 집합에 속한다. 즉, 이 간선을 집어넣으면 기존 집합에서 사이클이 만들어진다. 신장 트리를 만들어가는 과정이므로 사이클이 만들어지면 안 된다. 따라서 이 간선은 그냥 버린다.

- **그림 (g)**: 다음으로 가중치 9를 가진 간선이 더해진다.
- **그림 (h)**: 마지막으로 가중치 11을 가진 간선이 더해지면서 모든 정점이 하나의 집합으로 통합된다.

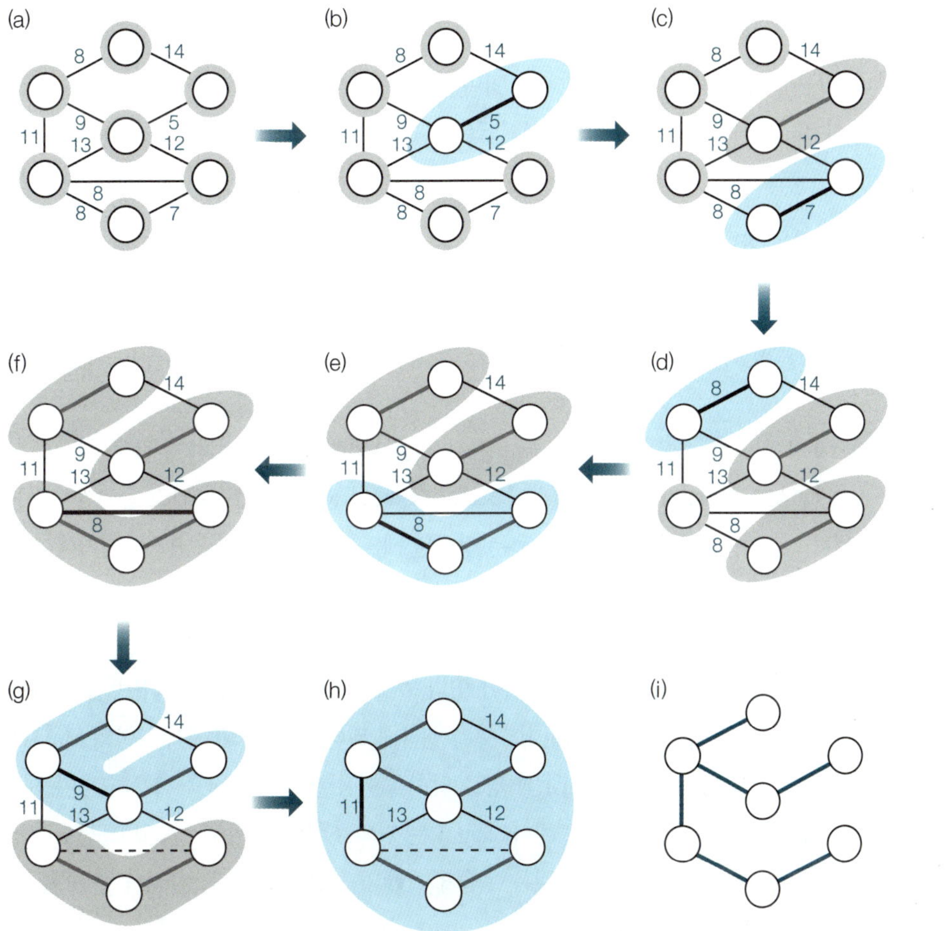

그림 10-17 크루스칼 알고리즘의 작동 예

[그림 10-17]에서 최종적인 최소 신장 트리는 (i)와 같다. (h)에서 볼 수 있듯이 가중치 12, 13, 14를 가진 3개의 간선은 살펴보지 않고 알고리즘이 끝났다. 크루스칼 알고리즘이 간선을 차례로 보지만 작은 순서로 보므로 이렇게 상당한 수의 간선을 보지 않은 채 끝날 수 있다.

[그림 10-17]의 표시를 다시 정리해보자. 회색 음영으로 표시된 영역은 하나씩의 집합을 나타낸다. 이 중 하늘색 음영으로 표기된 것은 하나의 간선을 통해 방금 하나로 합쳐진 집합이다. 검은색으로 굵게 표시된 간선은 방금 취급한 간선이다. 이 간선으로 두 집합이 하나로 합쳐질 수도 있고(b, c, d, e, g, h), 사이클을 만들어 그냥 버려질 수도 있다(f). 회색으로 굵게 표시된 간선들은 사이클을 만들지 않고 성공적으로 더해진 간선들이다. 이 간선들이 궁극적으로 최소 신장 트리를 만든다. 그림에서는 이미 한 번 취급되어 더 이상 고려하지 않는 간선들은 가중치 값을 보이지 않게 하고, 방금 취급된 간선과 앞으로 고려할 간선들의 가중치만 남겼다.

그림의 각 집합은 하나씩의 부분 트리에 해당한다. 따라서 두 집합이 하나로 합쳐지는 것은 두 부분 트리가 하나로 합쳐지는 것이다. 프림 알고리즘이 하나의 트리(=집합)에 초점을 맞추어 키워나가는 데 비해 크루스칼 알고리즘은 부분적 트리(=집합)들을 조각조각 만들고 합쳐간다.

[알고리즘 10-5]의 크루스칼 알고리즘의 수행 시간을 분석해보자. 우선 ❶에서 모든 간선을 정렬하는 데 $O(E\log E)=O(E\log V)$ 시간이 소요된다. ❸의 while 루프는 최소 $V-1$회, 최대 E회 반복된다. while 루프 내부를 보자. ❹는 정렬된 배열에서 맨 앞부터 하나씩 제거해나가면 되므로 상수 시간이 든다. ❻은 간선 하나를 단순히 더하는 것이라 상수 시간이 든다. ❺와 ❼은 집합을 관리하는 작업들(두 정점이 다른 집합에 속하는지 확인하는 작업과 두 집합을 하나로 합치는 작업들)로 여러 가지 구현 방법이 있다. 7장에서 배운 집합의 처리 방법을 이용하면 최대 $O(E)$번의 Find_Set()과 Union()을 수행하게 된다. 여기에 ❶에서 V번의 Make_Set()이 필요하다. 랭크를 이용한 Union과 경로 압축을 이용한 Find_Set을 사용하면 이들을 모두 합친 시간은 $O((V+E)\log^* V)$가 된다. $\log^* V$는 거의 상수로 간주할 수 있으므로 결국 크루스칼 알고리즘의 시간을 좌우하는 것은 우습게도 ❷의 정렬 시간이다. 따라서 총 수행 시간은 $O(E\log V)$가 된다.

3 안전성 정리

앞에서 소개한 두 알고리즘의 작동 방법만 알고자 하는 독자는 이 부분을 읽지 않아도 좋다. 하지만 두 알고리즘이 옳음을 확신할 수 있는 이유를 알고 싶다면 읽어보기 바란다. 여기서는 두 알고리즘의 이론적 정당성을 제공한다.

앞에서 소개한 두 알고리즘은 사실 한 가지 원리를 바탕으로 한다. 프림 알고리즘은 하나의 집합 S를 키워나가면서 하나의 신장 트리를 만드는 방식이고, 크루스칼 알고리즘은 여러 집합을 합쳐가면서 최종적으로 하나의 신장 트리를 만드는 방식이다. 프림 알고리즘은 집합 S에 정점을 하나씩 더해가지만 정점을 하나 더할 때마다 해당 정점을 트리에 연결하는 간선이 정해지므로 사실상 간선을 하나씩 더하는 것이다. 크루스칼 알고리즘은 2개의 집합을 합칠 때마다 두 집합을 연결하는 하나의 간선이 정해지므로 역시 간선을 하나씩 더하는 것이다. 따라서 두 알고리즘 모두 $n-1$개의 간선을 더해가는 순서를 나름대로 정해준다. 여기서 다루는 정리는 이렇게 더해가는 간선이 궁극적으로 최소 신장 트리에 이르는 길을 놓치지 않아 해당 간선을 일단 중간 과정에 포함시키는 것이 안전하다는 것이다.

간선이 가중치를 갖는 무향 그래프 $G=(V, E)$의 정점들이 임의의 두 집합 S와 $V-S$로 나누어져 있다고 하자. 간선의 두 끝점이 한쪽은 S에, 한쪽은 $V-S$에 속한다면 이 간선은 S와 $V-S$ 사이의 교차 간선이라 한다. S와 $V-S$ 사이의 교차 간선 중 가장 가벼운 간선(들)을 최소 교차 간선이라 하자.

정리 10-1

간선이 가중치를 갖는 무향 그래프 $G=(V, E)$의 정점들이 임의의 두 집합 S와 $V-S$로 나누어져 있다 하자. 간선 (u, v)가 S와 $V-S$ 사이의 최소 교차 간선이면 (u, v)를 포함하는 그래프 G의 최소 신장 트리가 반드시 존재한다.

▶▶ **증명** 임의의 최소 신장 트리 T가 간선 (u, v)를 포함하지 않는다고 하자. 트리 T는 연결 그래프이므로 정점 u에서 정점 v에 이르는 경로가 반드시 존재하고 이것은 정점 u에서 정점 v에 이르는 유일한 경로다. 경로가 2개 이상이라면 u와 v를 포함하는 사이클이 만들어져 트리가 될 수 없다. 이 경로는 S 쪽에서 시작해서 $V-S$ 쪽에 이르는(또는 그 반대) 경로이므로 이 경로상에는 S와 $V-S$ 사이의 교차 간선이 적어도 하나 존재한다. 이런 교차 간선 하나를 (x, y)라 하자. [그림 10-18]의 (a)에 이런 상황을 그려놓았다. 그림에서 모든 실선은(곡선 포함) 최소 신장 트리 T를 구성하는 간선을 나타낸다. 화살표는 경로임을 표시하기 위해 사용했을 뿐이고 실제로는 일련의 간선들을 나타낸다. 그림에 집합 S와 집합 $V-S$의 교차 간선은 (x, y) 이외에도 복수 개 있을 수 있다. (x, y)는 그중 임의로 하나를 잡은 것이다.

트리 T에 간선 (u, v)를 더하면 사이클이 만들어진다. 이 사이클은 앞의 $u \rightsquigarrow v$ 경로에 간선 (u, v)가 더해진 사이클이다. 트리 T에서 (x, y)를 제거하고 (u, v)를 포함시키면 다른 신장 트리 T^*가 만들어진다([그림 10-18]의 (b)). (u, v)가 S와 $V-S$ 사이의 최소 교차 간선이므로 $w_{uv} \le w_{xy}$이다. 그러므로 (x, y)를 제거하고 (u, v)를 새로 넣은 신장 트리 T^*는 $w(T^*) \le w(T)$를 만족한다. (만일 $w_{uv} < w_{xy}$라면 $w(T^*) < w(T)$가 되어 T가 최소 신장 트리라는 조건에 모순되므로 그런 일은 있을 수 없다. $w_{uv} = w_{xy}$라면 $w(T^*) = w(T)$가 되어 T^*도 최소 신장 트리다.)

즉, (u, v)를 포함하지 않은 최소 신장 트리가 존재한다면 반드시 이를 포함하는 최소 신장 트리로 바꿀 수 있다.

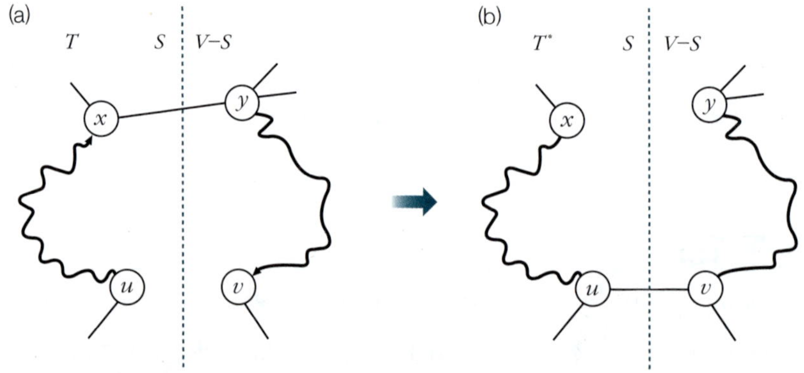

그림 10-18 최소 교차 간선으로 최소 신장 트리를 바꾼 상황

프림 알고리즘의 경우 이미 구성된 집합 S에서 최소 신장 트리에 $V-S$ 사이를 연결하는 최소 간선을 더하는 것은 안전하다고 할 수 있다. 크루스칼 알고리즘의 경우 임의의 간선 (u, v)를 더하는 시점에 (u, v)는 그때까지 고려되지 않은 모든 간선 중 최소 간선이다. 정점 u가 속한 집합을 S라 하면, 크루스칼 알고리즘의 작동 원리상 간선 (u, v)는 집합 S와 나머지 집합 $V-S$의 최소 교차 간선이다. 그러므로 간선 (u, v)를 더하는 것은 안전하다. 프림 알고리즘과 크루스칼 알고리즘은 이런 논리적 기반하에서 안전한 간선을 차례로 더해가는 것이다.

참고로 크루스칼 알고리즘이 다루는 트리의 집합(숲)들은 11장에서 배우는 매트로이드에 속해 매트로이드 이론의 관점에서도 최적해가 보장된다.

05 위상 정렬

일상생활을 하다 보면 완수해야 할 여러 가지 일이 있고 이 일들 간에는 상호 선후 관계가 존재한다. 한 사람이 라면을 끓인다고 할 때 어떤 순서로 일을 해야 하는가? [그림 10-19]는 라면을 맛있게 끓이기 위해 필요한 작업의 선후 관계를 나타낸 것이다. 두 작업 간에 방향 간선이 있으면 이들의 순서가 반드시 유지되어야 작업이 제대로 이루어진다. 예를 들면, 라면을 넣는 것은 점화를 한 후여야 한다. 계란을 넣는 것은 라면을 넣은 다음이어야 한다. 또한 계란 풀기는 수프를 넣은 다음이어야 한다. 한 사람이 한 번에 한 가지 작업밖에 할 수 없으므로 선후 관계에 기초해서 다음 순서로 라면 끓이기를 할 수 있다.

① 냄비에 물 붓기

② 점화

③ 라면 봉지 뜯기

④ 라면 넣기

⑤ 수프 넣기

⑥ 계란 풀기

또 냄비에 물 붓기와 라면 봉지 뜯기는 어느 것을 먼저 해도 상관없으므로, 다음과 같이 해도 된다.

① 라면 봉지 뜯기

② 냄비에 물 붓기

③ 점화

④ 라면 넣기

⑤ 수프 넣기

⑥ 계란 풀기

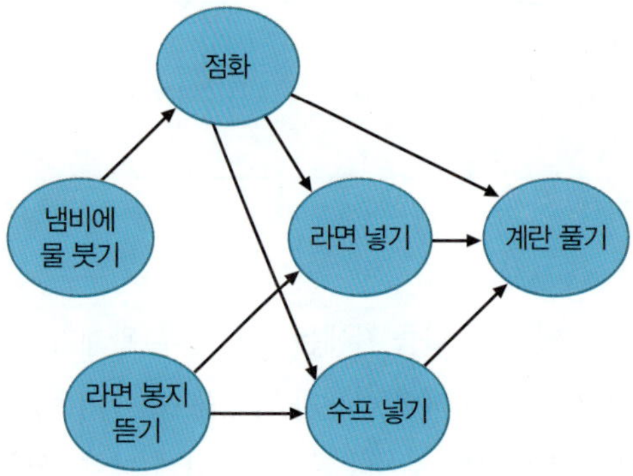

그림 10-19 라면 끓이기 작업에서 선후 관계

라면 넣기와 수프 넣기도 선후 관계가 없으므로 다음과 같은 순서도 무방하다.

① 라면 봉지 뜯기

② 냄비에 물 붓기

③ 점화

④ 수프 넣기

⑤ 라면 넣기

⑥ 계란 풀기

세 가지 순서의 공통점은 [그림 10-19]에서 작업 i와 작업 j 사이에 간선 (i, j)가 존재한다면 작업 i는 반드시 작업 j보다 먼저 수행된다는 사실이다. 그림의 모든 간선에 대해서 이 성질만 만족하면 어떤 순서라도 좋다. 이런 성질을 만족하는 정렬을 위상 정렬Topological Sorting이라 한다.

위상 정렬은 사이클이 없는 유향 그래프 $G=(V, E)$에서 V의 모든 정점을 정렬하되 다음 성질을 만족해야 한다.

> 간선 (i, j)가 존재하면 정렬 결과에서 정점 i는 반드시 정점 j보다 앞에 위치해야 한다.

만약 그래프에 사이클이 있다면 이 성질은 결코 만족될 수 없으므로 위상 정렬을 할 수 없다. [알고리즘 10-6]은 위상 정렬 알고리즘을 기술한 것이다. [그림 10-20]에서 볼 수 있듯이, 알고리즘에서 정점 u의 진입 간선은 u에 연결된 간선 중 u로 향하는 간선을 뜻하고, 진출 간선은 u에 연결된 간선 중 u에서 나가는 간선을 뜻한다.

알고리즘 10-6 | **위상 정렬 1**

topologicalSort1 (G, v):
  for $i \leftarrow 1$ to n
    ❶ 진입 간선이 없는 정점 u를 선택한다.
      $A[i] \leftarrow u$
    ❷ 정점 u와 u의 진출 간선들을 모두 제거한다.
  ▷ 이 시점에 배열 $A[1...n]$에는 정점들이 위상 정렬되어 있다.

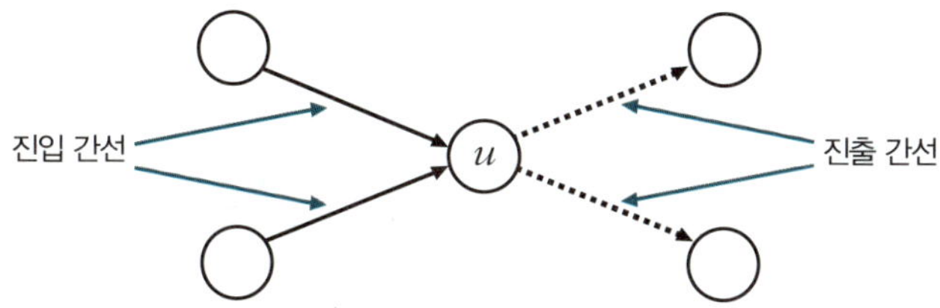

그림 10-20 정점 u의 진입 간선과 진출 간선

[그림 10-21]은 [그림 10-19]의 그래프를 입력으로 하여 위상 정렬 알고리즘을 수행하는 예를 보여준다. 과정을 차례로 살펴보자.

- **그림 (a)**: 진입 간선이 없는 정점은 **냄비에 물 붓기**와 **라면 봉지 뜯기**다.
- **그림 (b)**: 이 중 임의로 **냄비에 물 붓기**를 선택하고 이 정점과 진출 간선을 모두 제거한다. 이제는 **점화**와 **라면 봉지 뜯기**에 진입 간선이 없다.
- **그림 (c)**: 이 중 **점화**를 선택하고 이 정점과 진출 간선을 모두 제거한다. 이제 진입 간선이 없는 정점은 **라면 봉지 뜯기**뿐이다.
- **그림 (d)**: **라면 봉지 뜯기**를 선택하고 이 정점과 진출 간선을 모두 제거한다. 이제 진입 간선이 없는 정점은 **라면 넣기**와 **수프 넣기**다.
- **그림 (e)**: 두 정점 중 **라면 넣기**를 선택하고 이 정점과 진출 간선을 모두 제거한다. 이제 진입 간선이 없는 정점은 **수프 넣기**뿐이다.
- **그림 (f)**: **수프 넣기**를 선택하고 이 정점과 진출 간선을 제거한다. 이제 정점은 **계란 풀기** 하나만 남았다. 당연히 진입 간선은 없다.
- **그림 (g)**: 이 정점을 제거한다.

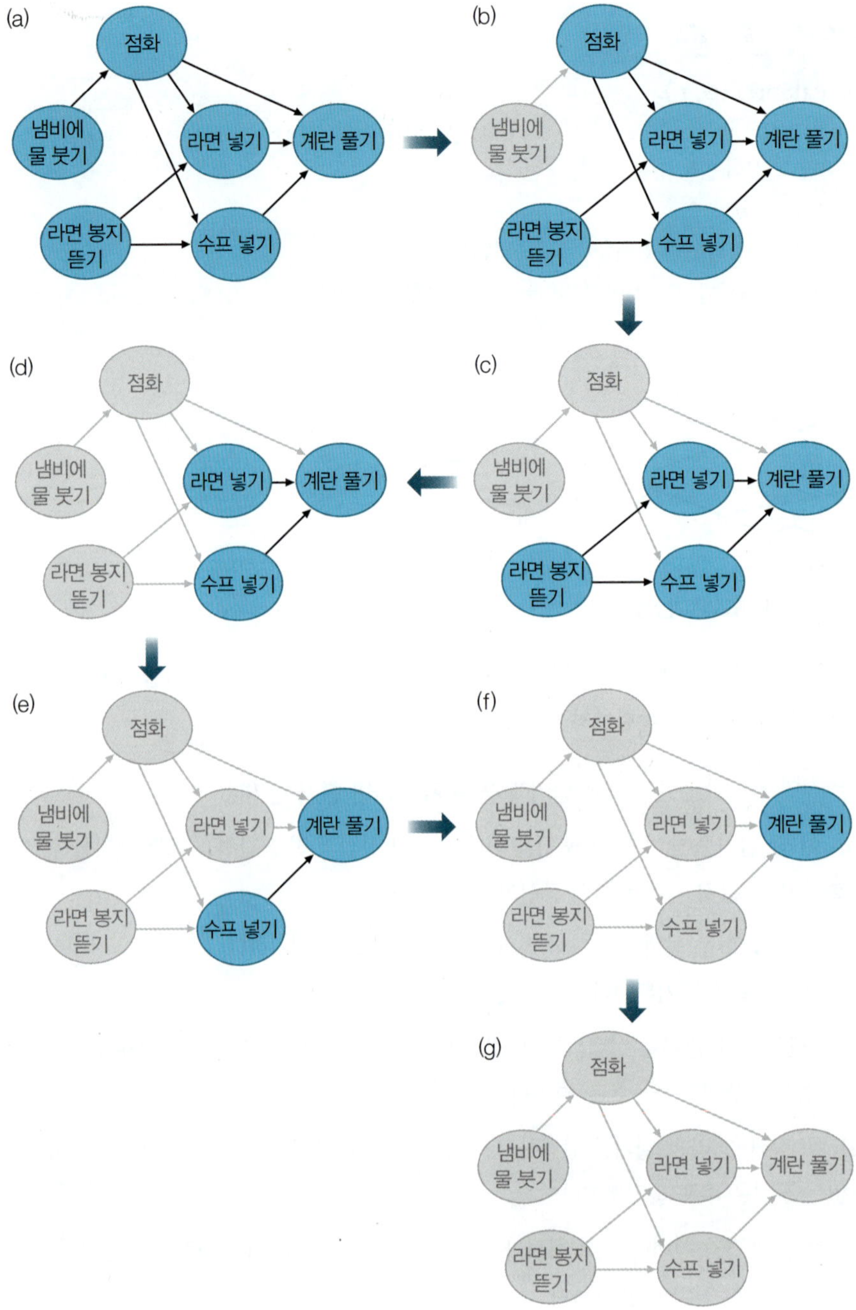

그림 10-21 위상 정렬 알고리즘 1의 작동 예

여기서 정점이 제거되는 순서가 하나의 위상 정렬을 이루고, 이는 이 절의 시작 부분에서 예를 든 세 가지 위상 정렬 중 첫 번째에 해당한다.

위상 정렬 알고리즘의 수행 시간을 분석해보자. for 루프는 n번 반복된다. 반복할 때마다 1개의 정점이 선택되고 해당 정점에 연결된 진출 간선이 모두 제거된다. 각 간선은 단 한 번씩만 취급된다. 그러므로 총 수행 시간은 $\Theta(V+E)$다. 이를 달성하기 위해서는 자료구조와 관련한 약간의 기술이 필요한데 자세한 것은 아래 NOTE를 참고하기 바란다.

NOTE_ 위상 정렬 알고리즘의 수행 시간 분석

위상 정렬 알고리즘을 기술한 [알고리즘 10-6]의 수행 시간 $\Theta(V+E)$는 진입 간선이 없는 정점을 찾는 것이 상수 시간에 이루어진다고 해야 가능하다. 이것은 자명하지가 않다.

우선, 그래프의 표현을 인접 행렬로 하면 행렬의 준비 과정에서 $\Theta(V^2)$ 시간이 소요되므로 대부분의 그래프에 대해 $\Theta(V+E)$를 넘어버린다. 따라서 인접 리스트를 사용하기로 한다. 일반적으로 유향 그래프의 인접 리스트에서 간선 (u, v) 는 정점 u의 연결 리스트에만 포함시킨다. 즉, 인접 리스트에서 간선 (u, v)는 정점 u의 진출 간선으로만 관리된다. 이 경우 진입 간선이 없는 정점을 찾기 위해서는 모든 정점의 진출 간선 리스트를 다 보아야 한다. 이것 하나를 찾는 데 최악의 경우 $\Theta(V+E)$ 시간이 들어 앞의 시간을 맞출 수 없다. 이 문제는 다음 방법으로 해결할 수 있다.

알고리즘을 시작할 때 배열 $C[1...n]$에 각 정점의 진입 간선 수를 기록한다. 인접 리스트를 한 번 훑으면서 간선 (u, v)를 만나면 $C[v]$를 1 증가시키면 된다. 모두 훑고 나면 $C[1...n]$에는 각 정점의 진입 간선 수가 기록된다. $C[1...n]$을 한 번 훑어 0의 값을 가진 정점들을 리스트로 만들어둔다. ❷에서 정점 u의 진출 간선 (u, v)를 지울 때 $C[v]$를 1 감소시킨다. 그러면 $C[1...n]$은 항상 현재의 진입 간선 수를 갖게 된다. 이 과정에서 정점 v의 $C[v]$값이 0에 이르면 앞의 진입 간선 수가 0인 정점 리스트에 삽입한다. 이렇게 관리하면서 ❶에서 진입 간선이 없는 정점이 필요할 때마다 이 리스트에서 아무거나 하나씩 빼주면 된다.

따라서 진입 간선이 없는 정점을 찾는 데 상수 시간이 들며, 이를 가능하게 하는 앞의 모든 준비 과정은 $\Theta(V+E)$의 시간이 소요된다.

[알고리즘 10-7]에 위상 정렬 알고리즘을 하나 더 소개한다. 이 알고리즘은 DFS를 이용한 것으로 앞의 알고리즘보다 더 많이 사용된다. 위상 정렬 1은 좀 더 직관적인 접근법을 택한 것이고, 위상 정렬 2는 DFS의 성질을 적절히 이용한 고급스런 알고리즘이라 할 수 있다. DFS를 거의 그대로 이용하면서 약간의 요소만 더 추가하였으므로 상대적으로 더 간단하게 구현된다. DFS와 다른 점은 함수의 맨 끝에(❶) 작업이 끝난 정점을 연결 리스트로 관리하는 부분이다. 알고리즘이 끝나고 나서 연결 리스트 R에 매달린 순서가 위상 정렬된 순서다.

알고리즘 10-7 위상 정렬 2

```
topologicalSort2(G):
    for each v ∈ V
        v.visited = NO
    for each v ∈ V        ▷ 정점의 순서는 무관
        if (v.visited = NO) DFS_TS(v)

DFS_TS(v):
    v.visited = YES
    for each x ∈ v.adjlist
        if (v.visited = NO) DFS_TS(x)
  ❶ 연결 리스트 R의 맨 앞에 정점 v를 삽입한다.
```

[알고리즘 10-7]의 수행 시간은 DFS에 ❶의 연결 리스트 삽입을 더한 것뿐이므로(연결 리스트 삽입 한 번당 상수 시간, 총 $\Theta(V)$) DFS의 수행 시간과 같다. 그러므로 $\Theta(V+E)$다.

[그림 10-22]는 앞의 라면 끓이기 작업을 위상 정렬 알고리즘 2를 이용해서 수행하는 예다.

- **그림 (a)**: 주어진 그래프다. 여기서 첫 번째 DFS_TS를 위해 아무 정점이나 택한다.
- **그림 (b)**: **수프 넣기**를 시작 정점으로 하여 DFS_TS를 시작하였다.
- **그림 (c)**: **계란 풀기**를 방문한다. 이 정점에서 더 할 일이 없다. 즉, 완료되었다. 연결 리스트에 **계란 풀기**를 삽입하고 첫 번째 완료된 정점이란 의미로 ▲1을 표시하였다. 알고리즘에서 ❶의 삽입이 처음으로 수행되었다는 뜻이다.
- **그림 (d)**: **계란 풀기** 정점이 완료되었으므로 **수프 넣기** 정점으로 되돌아온다(백트래킹 Backtracking). **수프 넣기** 정점에서도 더 할 일이 없으므로 연결 리스트에 삽입하고 완료된 정점이란 의미로 ▲2를 표시하였다. (b)에서 시작한 **수프 넣기**를 시작 정점으로 한 DFS_TS가 끝났다.
- **그림 (e)**: 방문하지 않은 정점 중 하나를 임의로 선택하여 DFS_TS를 다시 시작한다. **냄비에 물 붓기** 정점이 시작 정점으로 선택되었다.
- **그림 (f)**: **점화** 정점을 방문한다. **점화** 정점의 진출 간선이 방문하지 않은 **라면 넣기** 정점으로 연결되어 있으므로 **점화** 정점은 아직 완료되지 않았다.

- **그림 (g): 라면 넣기** 정점을 방문한다. **라면 넣기** 정점에서는 더 할 일이 없으므로 연결 리스트에 삽입하고 완료된 정점이란 의미로 ▲3을 표시하였다.
- **그림 (h): 점화** 정점으로 되돌아온다. **점화** 정점에서도 더 할 일이 없으므로 연결 리스트에 삽입하고 완료된 정점이란 의미로 ▲4를 표시하였다.
- **그림 (i): 냄비에 물 붓기** 정점으로 되돌아온다. 이 정점에서도 더 할 일이 없으므로 연결 리스트에 삽입하고 완료된 정점이란 의미로 ▲5를 표시하였다. (e)에서 시작한 **냄비에 물 붓기** 정점을 시작으로 한 DFS_TS가 끝났다.
- **그림 (j):** 남은 정점이 **라면 봉지 뜯기** 하나밖에 없으므로 이를 시작으로 DFS_TS를 수행하면 바로 완료된다. 연결 리스트에 삽입하고 완료 순서 ▲6을 표시하였다.

[그림 10-22]에서 굵은 검은색 실선은 관련 정점을 처음으로 방문할 때 사용된 간선이고(DFS의 전진), 굵은 검은색 점선은 화살표의 반대 방향으로 백트래킹할 때 사용된 간선이다(DFS의 후진). 하늘색 정점들은 현재의 DFS_TS에서 방문한 정점들이다. 이 중 짙은 하늘색 정점이 해당 단계에서 관심의 대상인 정점이다. 옅은 회색 정점은 이미 처리가 끝난 정점들이다.

최종적으로 연결 리스트 *R*에는 그림에서 표시된 완료 순서의 역순으로 정점들이 저장되어 있다. 이 순서가 위상 정렬 순서다. 즉, 다음과 같은 순서가 된다.

① 라면 봉지 뜯기

② 냄비에 물 붓기

③ 점화

④ 라면 넣기

⑤ 수프 넣기

⑥ 계란 풀기

이 순서는 이 절의 시작 부분에서 [그림 10-19]를 위해 예를 든 세 가지 위상 정렬 중 두 번째와 일치한다.

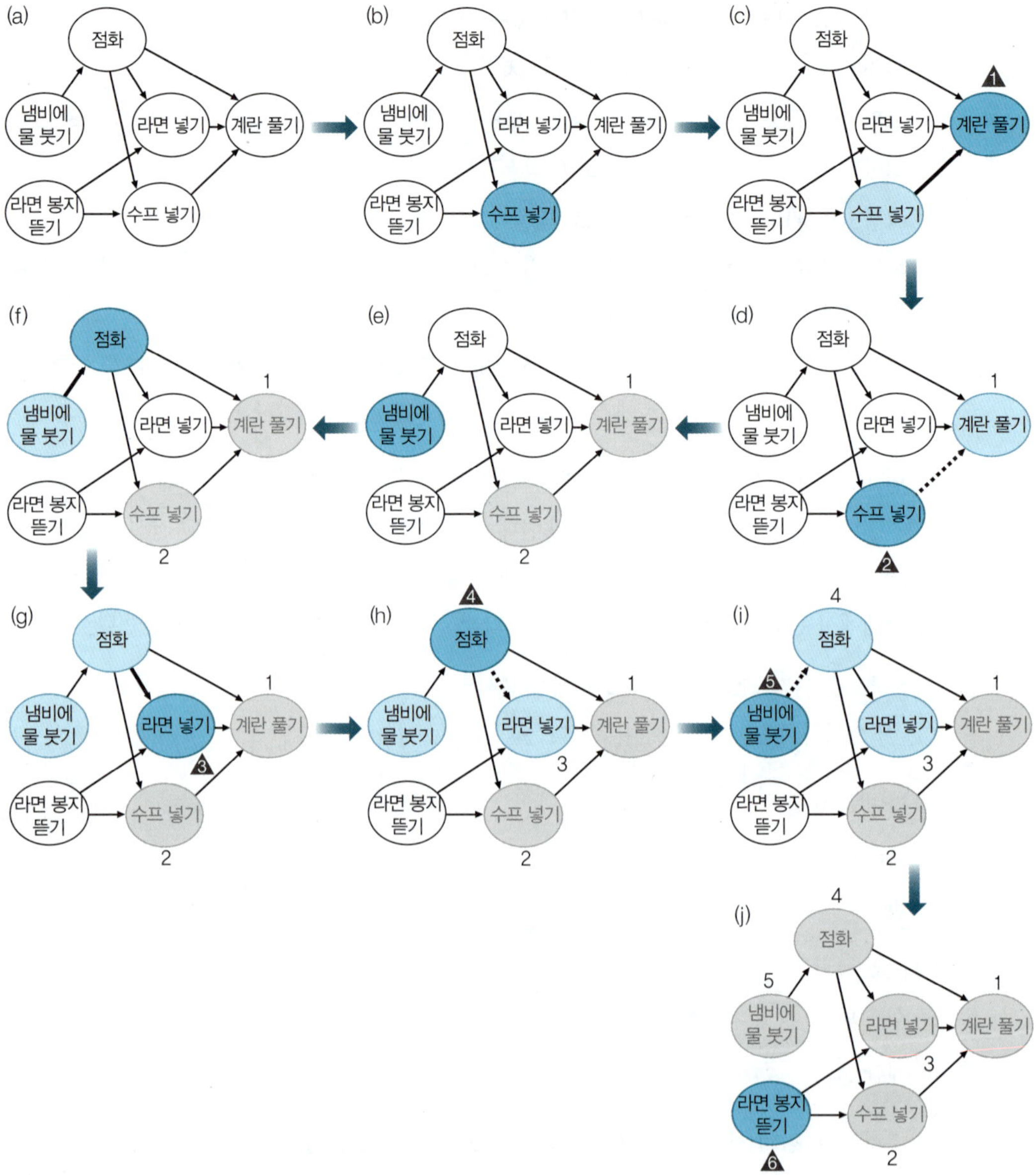

그림 10-22 위상 정렬 알고리즘 2의 작동 예

06 최단 경로

자동차에 장착된 내비게이션 시스템에 목적지를 입력하면 가장 효율적인 경로를 안내해준다. 전철에서 내려 복잡한 시내를 거쳐 어떤 목적지로 걸어간다면, 대개 가능한 여러 경로 중 최단 거리가 소요되거나 최단 시간이 소요되는 경로를 선택한다. 이번 절의 주제는 이와 같은 최단 경로Shortest Path 구하기다.

그래프 $G=(V, E)$가 주어지고, 여기서 E는 가중치를 가진 유향 간선들의 집합이다. 임의의 경로는 연속된 간선들로 구성된다. 경로를 구성하는 간선들의 가중치 합을 해당 경로의 길이라 한다. 이 절에서는 목적지에 이르는 모든 가능한 경로 중 최단 경로를 찾는 알고리즘으로 다익스트라 알고리즘, 벨만-포드 알고리즘, 모든 쌍 최단 경로 알고리즘, 사이클이 없는 그래프의 최단 경로 알고리즘을 소개한다.

최단 경로 문제에서 입력 그래프의 유형은 크게 두 가지다. 하나는 모든 간선 가중치가 음이 아닌 일반적인 경우로, 다익스트라 알고리즘이 이 유형의 문제를 푼다. 다른 하나는 음의 가중치가 존재하는 경우로, 벨만-포드 알고리즘이 이 유형의 문제를 푼다. 이때 음의 가중치는 허용하지만 가중치 합이 음인 사이클은 절대 허용하지 않는다. 음의 사이클이 있으면 해당 사이클을 몇 번이고 반복해서 돌아 경로의 가중치 합을 무한정 낮출 수 있기 때문에 최단 경로 문제 자체가 성립하지 않는다.

다익스트라 알고리즘, 벨만-포드 알고리즘, 사이클이 없는 그래프의 최단 경로 알고리즘은 하나의 시작 정점에서 다른 모든 정점까지 최단 경로, 즉 $n-1$개의 경로를 구한다. 반면, 모든 쌍 최단 경로 알고리즘은 모든 정점 쌍 간의 최단 경로, 즉 $n(n-1)$개의 경로를 구한다. 그래서 앞의 유형을 단일 시작점 최단 경로 문제라 하고, 뒤의 유형을 모든 쌍 최단 경로 문제라 한다.

임의의 두 정점 간에 경로가 존재하지 않으면 이 경로의 길이는 ∞로 정의한다. 또 두 정점 사이에 간선이 없으면 가중치가 ∞인 간선이 있다고 간주한다. 알고리즘의 편의상 이처럼 정의하는 것인데 매우 자연스러운 가정이다.

1 다익스트라 알고리즘(음의 가중치를 허용하지 않는 경우)

다익스트라 알고리즘은 입력 그래프 $G=(V, E)$에서 간선들의 가중치가 모두 0 이상인 경우의 최단 경로 알고리즘으로, 다익스트라Dijkstra가 고안하였다.

알고리즘 10-8 다익스트라 알고리즘

```
Dijkstra(G, r):
▷ G=(V, E): 주어진 그래프
▷ r: 시작으로 삼을 정점
    S ← ø                          ▷ S: 정점 집합
    for each u ∈ V
        u.dist ← ∞
    r.dist ← 0
    while (S≠V)                    ▷ n회 순환
        u ← extractMin(V−S)
        S ← S∪{u}
        for each u.adjlist         ▷ u.adjlist: 정점 u로부터 연결된 정점들의 집합
            if (v ∈ V−S and u.dist+w_uv < v.dist)
              ❶ v.dist ← u.dist+w_uv
                v.prev ← u

extractMin(Q):
    집합 Q에서 u.dist 값이 가장 작은 정점 u를 리턴한다.
```

다익스트라 알고리즘은 최소 신장 트리를 위한 프림 알고리즘의 원리와 거의 같다. [알고리즘 10-8]을 보면 알고리즘의 골격이 거의 동일함을 알 수 있다. 다만 프림 알고리즘에서는 $v.cost$가 정점 v를 신장 트리에 연결하는 최소 비용을 저장하는 반면, 다익스트라 알고리즘에서는 $v.dist$가 정점 r에서 정점 v에 이르는 최단 거리를 저장한다.

[그림 10-23]은 다익스트라 알고리즘의 작동을 보여주는 예다. 그림은 8개의 정점이 가중치를 가진 유향 간선들로 연결된 그래프다.

- **그림 (a):** 시작 정점 r만 최단 거리 0으로 초기화하고 다른 정점들의 최단 거리는 모두 ∞로 초기화한다.

- **그림 (b)**: 먼저 정점 r을 집합 S의 첫 번째 원소로 포함시킨다. 이제 정점 r에 연결된 집합 S 바깥의 정점들을 살핀다. 정점 r에서 이 정점들에 이르는 거리는 각각 8, 9, 11이다. 이 비용을 각 정점에 기록해둔다. 음영으로 표시된 영역은 집합 S를 나타낸다. 그림에서 보면 집합 S는 (a)에서 공집합으로 시작하여 원소가 하나씩 늘어나 (i)에서 최종적으로 n개가 됨을 볼 수 있다. 정점에 기록된 값은 시작 정점 r에서 해당 정점에 이르는 현재까지 계산된 최단 거리다. (b)에서 집합 S는 정점 r만으로 구성되어 있으므로 이와 연결된 세 정점은 각각 8, 9, 11의 최단 거리 값을 갖고, 아직 집합 S와 연결 관계가 없는 나머지 정점들은 모두 ∞의 최단 거리 값을 가지고 있다.
- **그림 (c)**: 계산된 최단 거리가 가장 짧은 정점을 집합 S에 새로이 포함시킨다. 최단 거리가 8인 정점이다. 이 정점을 집합 S에 새로이 포함시키고 나니 한 정점의 최단 거리 값이 ∞에서 18로 바뀌었다. 정점의 최단 거리 값이 ∞에서 다른 수로 바뀌는 때는 최초로 시작 정점 r에서 이 정점에 이르는 경로가 발견되었을 때다. 그림에서 집합 S의 바깥에 회색으로 표시한 정점들은 방금 집합 S가 확장되면서 이와 관련해서 최단 거리 값이 바뀐 정점들이다. 이제 집합 S 바깥의 정점 중 최단 거리 값이 가장 낮은 것은 9다.
- **그림 (d)**: 연결 비용이 9인 정점을 새로이 집합 S에 포함시킨다. 이로 인해 최단 거리가 18이던 정점의 최단 거리가 10으로 바뀌었다. 이처럼 정점의 최단 거리가 ∞가 아닌 수에서 다른 수로 또 바뀌는 때는 이미 경로는 발견되었지만 더 짧은 경로가 발견되었을 때다. 이런 식으로 정점의 최단 거리는 여러 번 바뀔 수 있다. 이 변경은 [알고리즘 10-8]의 ❶에서 이루어진다. 이제 나머지 정점 중 최단 거리 값이 가장 낮은 것은 10이다.
- **그림 (e)**: 이 정점을 집합 S에 새로이 포함시킨다. 이로 인해 한 정점의 최단 거리 값이 ∞에서 12로 바뀌었다.
- **그림 (f)**: 최단 거리 11인 정점이 S에 추가된다. 이로 인해 두 정점의 최단 거리 값이 ∞에서 19로 바뀌었다.
- **그림 (g)**: 최단 거리 12인 정점이 S에 추가된다. 이로 인해 한 정점의 최단 거리 값이 19에서 16으로 바뀌었다. 이 정점도 최단 거리 값이 두 번째 바뀐 것이다.
- **그림 (h)**: 최단 거리 16인 정점이 S에 추가된다. 이로 인해 최단 거리가 바뀌는 정점은 없다.
- **그림 (i)**: 마지막 남은, 최단 거리 19인 정점이 S에 추가되면서 알고리즘은 끝난다.

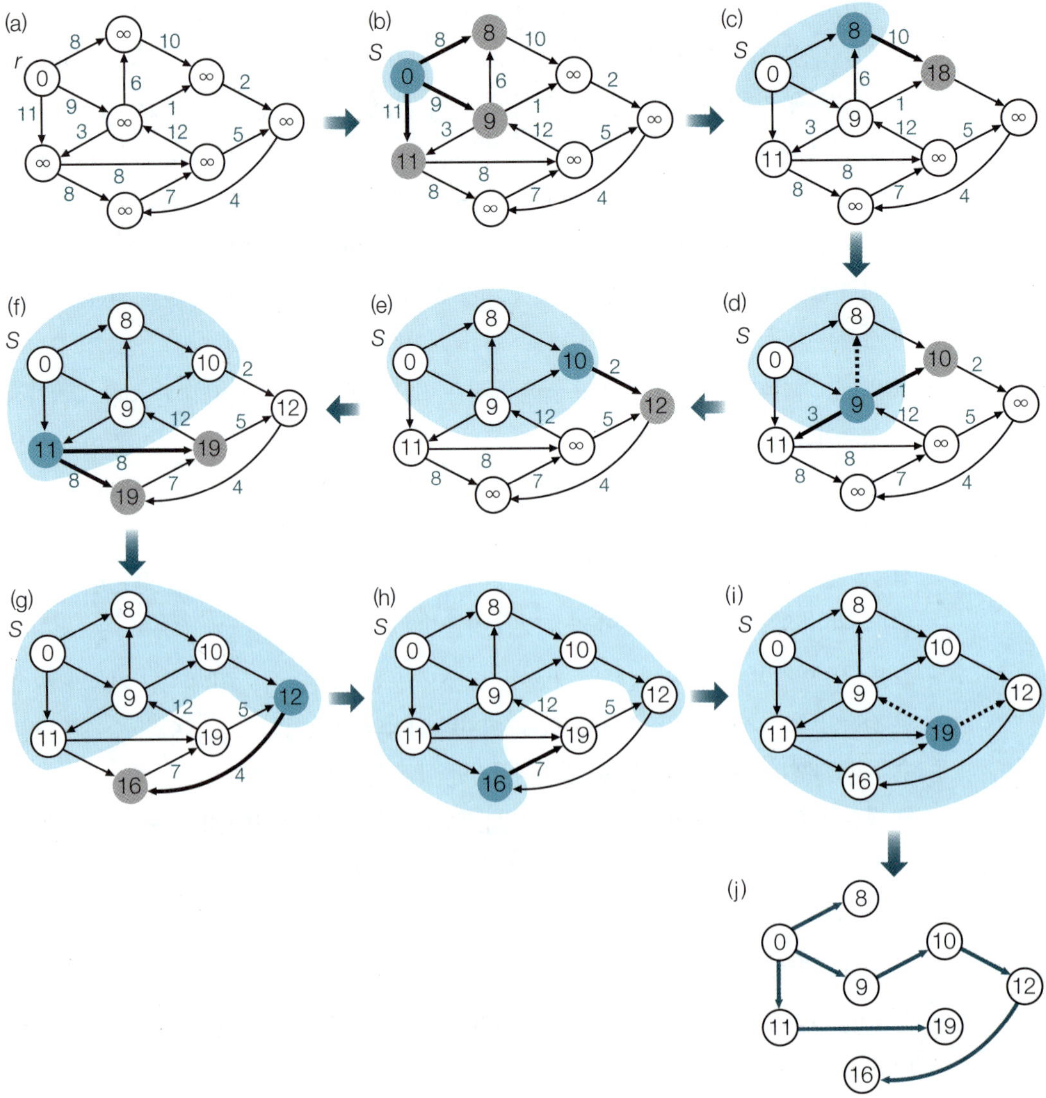

그림 10-23 다익스트라 알고리즘의 작동 예

[그림 10-23]의 표기를 다시 정리해보자. 하늘색 음영으로 표시된 영역이 집합 S를 나타낸다. 집합 S 내에서 짙은 하늘색으로 표시된 것은 방금 집합 S로 들어간 정점이다. 검은색 굵은 실선으로 표시된 간선은 방금 집합 S로 들어간 정점에서 출발하는 간선으로, 이 간선에 연결되는 정점의 최단 거리(*.dist* 값)에 변동이 생기는지 보는 시점을 나타낸다. 집합 S의 바깥에 회색으로 표시된 정점은 이로 인해 최단 거리에 변동이 생긴 정점을 나타낸다. 검은색 굵은 점선으로 표시된 간선들은 방금 집합 S로 들어간 정점에서 이미 S에 들어간 정점으로 연결되는 간선이므로 볼 필요가 없다. (j)의 간선들은 각 정점들에 이르는 최단 경로를 형성하는 간선들을 나타낸다. 각 정점이 마지막으로 회색으로 표기되던 시점에 사용된 간선들이다. 임의의 정점 v에 대해 적어도 한 번 이상 ❶의 변동이 일어나게 되는데 (j)에 살아남은 간선은 이 중 마지막으로 변동이 일어나게 한 간선 (u, v)와 일치한다.

다익스트라 알고리즘의 내용은 앞에서 배운 프림 알고리즘과 거의 같으므로 수행 시간도 동일하다. 힙을 이용하면 $O(E\log V)$ 시간이 소요된다.

다익스트라 알고리즘은 간선의 가중치가 음이 되면 작동하지 않는다. 다익스트라 알고리즘에서는 임의의 정점을 집합 S에 더할 때 r에서 그 정점까지의 최단 거리는 계산이 끝났다는 확신을 가지고 더한다. 이후에 더 짧은 경로가 존재한다면 다익스트라 알고리즘의 논리적 기반이 무너진다.

[그림 10-24]는 다익스트라 알고리즘이 작동하지 않는 예를 보여준다. [그림 10-23]의 예와 거의 유사하나 간선 하나를 가중치 6에서 −15로 바꾸어놓았다. 음의 가중치가 문제를 일으키는 예를 만든 것이다. 단계 (a), (b), (c)는 [그림 10-23]과 똑같다. (d)에 이르면 가중치가 −15인 간선을 만난다. 다익스트라 알고리즘은 방금 집합 S에 들어간 정점에서 S 바깥으로 연결되는 간선들만 고려하므로 (d1)처럼 처리하게 된다. 즉, [그림 10-23]과 똑같이 처리하고 넘어간다. 그러나 사실은 현재까지 최단 거리가 8로 계산되어 있는 정점이 (d2)처럼 최단 거리 −6으로 바뀌어야 한다. 다익스트라 알고리즘은 집합 S에 한 번 포함된 정점에서는 최단 거리를 다시 계산하지 않으므로 이러한 예에서는 제대로 작동하지 않는다.

그러면 다익스트라 알고리즘을 살짝 변경해서 이미 집합 S의 내부에 있는 정점에서도 최단 거리를 바꿀 수 있도록 하면 제대로 작동할까? 답은 여전히 "안 된다"이다. 만일 그렇게 한다면 (d2)처럼 8을 −6으로 바꾸게 되는데 그러면 최단 거리 10으로 계산되어 있는 정점의 최단 거리도 4로 바뀌어야 한다. 그렇지만 −6에 해당하는 정점은 이미 집합 S에 포함되어 버렸으므로 다시는 이에 연결된 정점을 10에서 4로 바꿀 기회가 없다. 알고리즘의 골격을 유지한 채 조금 변경해서는 이런 문제를 해결하기 힘들다. 다음에 소개하는 벨만-포드 알고리즘은 이런 음의 가중치도 모두 허용한다. 물론 다익스트라 알고리즘보다는 시간이 많이 걸린다.

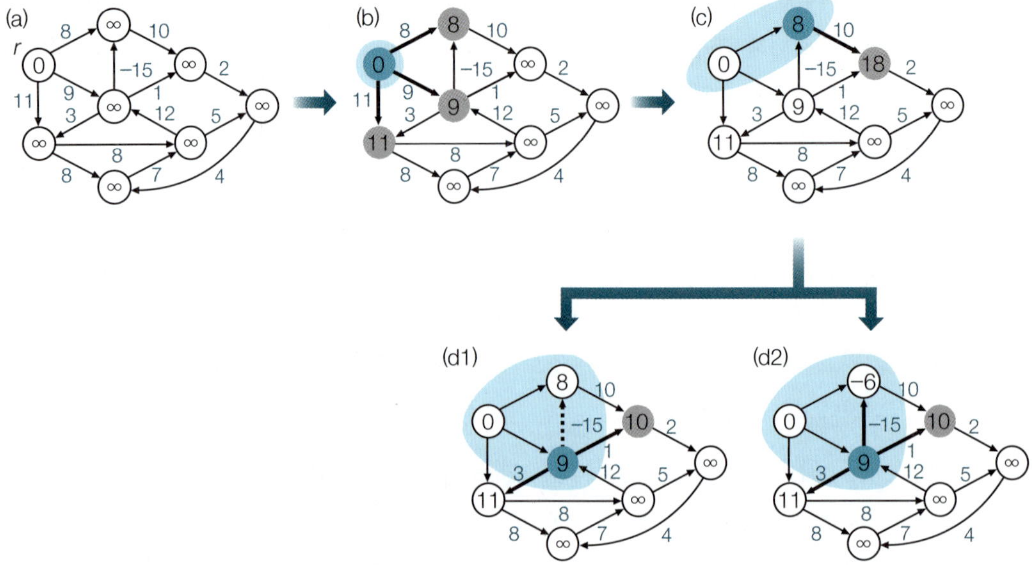

그림 10-24 다익스트라 알고리즘이 제대로 작동하지 않는 예

2 벨만-포드 알고리즘(음의 가중치를 허용하는 경우)

벨만-포드Bellman-Ford 알고리즘은 입력 그래프 $G=(V, E)$에서 간선의 가중치가 음의 값을 허용하는 임의의 실수인 경우 최단 경로 알고리즘이다. 벨만-포드 알고리즘은 간선을 최대 1개 사용하는 최단 경로, 간선을 최대 2개 사용하는 최단 경로, … 식으로 간선을 최대 $n-1$개 사용하는 최단 경로까지 구해나간다. [알고리즘 10-9]는 벨만-포드 알고리즘을 기술한 것이다.

알고리즘 10-9	벨만-포드 알고리즘

```
BellmanFord(G, r):
    for each u ∈ V
            u.dist ← ∞
    r.dist ← 0
  ❶ for i ← 1 to |V|-1
      ❷ for each (u, v) ∈ E
            if (u.dist+w_uv < v.dist)
              ❸ v.dist ← u.dist + w_uv
                v.prev ← u
    ▷ 음의 사이클 존재 여부 확인
  ❹ for each (u, v) ∈ E
        if (u.dist+w_uv < v.dist) output "음의 사이클 발견! 해 없음"
```

벨만-포드 알고리즘은 코드가 간단한 알고리즘 중 하나다. 위 알고리즘에서 ❹의 for 루프는 음의 사이클이 존재하는지 확인하는 부분이다. 즉, 문제가 성립하는지 확인하는 부분이므로 최단 경로를 구하는 작업과 상관없다. 따라서 남은 부분에서 핵심부만 남기면 다음과 같다.

```
for i ← 1 to |V|-1
    for each (u, v) ∈ E
        v.dist ← min{v.dist, u.dist + w_uv}
```

알고리즘에서 ❶의 for 루프가 거의 전부인데 이것은 총 $n-1$번 반복된다. i번째 루프가 끝나면 최대 i개의 간선을 사용해서 이를 수 있는 최단 경로가 계산된다. 이 의미를 풀어서 해석하면 다음과 같다. ❶의 for 루프를 시작하기 직전에는($i=0$인 셈) 간선을 하나도 사용하지 않고 이를 수 있는 최단 경로만 계산되어 있다. 경로를 하나도 사용하지 않고 이를 수 있는 정점은 시작 정점 r 자신밖에 없고 다른 정점들은 도달 불가능하므로 r의 최단 거리만 0이 되고 나머지는 모두 ∞로 초기화되었다. for 루프가 처음으로 한 번 돌고 나면(즉, $i=1$인 상태에서 수행), 단 하나의 간선을 사용해서 r부터 이를 수 있는 최단 경로가 계산된다. 즉, r부터 바로 연결된 정점들의 최단 거리에 변동이 생긴다(물론 이것은 나중에 더 작게 갱신될 수 있음). 맨 마지막 반복, 즉 $n-1$번째 루프가 끝나면 최대 $n-1$개의 간선을 사용해서 이를 수 있는 최단 경로가 계산된다. 최대 $n-1$개의 간선을 사용해서 이를 수 있는 최단 경로는 이 그래프의 최단 경로다.

NOTE_ 최대 $n-1$개의 간선을 사용해서 이를 수 있는 경로가 최단 경로가 되는 이유

$n-1$개보다 많은 간선을 사용하는 경로가 있다고 하자. 그래프에서 정점의 총수가 n개이므로, 이 경로에는 적어도 하나의 사이클이 반드시 존재한다. 최단 경로 문제의 정의에서 음의 사이클은 존재할 수 없으므로 이 사이클은 절대 음이 아니다. 해당 경로에서 모든 사이클을 제외하면 경로가 더 짧아지거나(양의 사이클) 똑같다(길이가 0인 사이클). 그러므로 $n-1$개 이하의 간선을 사용하는 최단 경로 중 궁극적인 최단 경로가 되는 것이 반드시 존재한다.

NOTE_ 벨만-포드 알고리즘이 최단 경로를 제대로 찾는다는 것의 증명

주장 10-1

벨만-포드 알고리즘에서 m번째 for 루프($i=m$으로 수행)가 끝나고 나면 최대 m개의 간선을 사용해서 얻을 수 있는 최단 경로가 계산된다.

▶▶ **증명** 본문에서 언급한 바와 같이 for 루프가 처음으로 한 번 돌고 나면(즉, $i=1$인 상태에서 수행), 단 하나의 간선을 사용해서 r부터 이를 수 있는 최단 경로가 계산된다. $i=k$인 상태에서 for 루프가 끝나면 최대 k개의 간선을 사용해서 이를 수 있는 최단 경로가 계산된다 가정하자. 그러면 그다음 for 루프($i=k+1$인 상태로 수행)에서는 모든 간선(u, v)에 대해 $v.dist < u.dist + w_{uv}$인지 본다. 여기서 $u.dist$는 앞에서 계산해놓은 최단 경로이므로 최대 k개의 간선을 사용해서 u에 이를 수 있는 최단 경로다. 이 경로에 (u, v)를 더한다면 최대 $i=k+1$개의 간선을 사용해서 v에 이르는 경로가 된다. 즉, 최대 $k+1$개의 간선을 사용해서 각 정점에 이를 수 있는 최단 경로가 계산된다.

주장 10-2

벨만-포드 알고리즘은 각 정점에 이르는 최단 경로를 찾는다.

▶▶ **증명** [주장 10-1]에 따라 마지막 for 루프($i=n-1$의 값으로 수행)가 끝나고 나면 모든 정점에 대해 최대 $n-1$개의 간선을 사용해서 얻을 수 있는 최단 경로가 계산된다. 최대 $n-1$개의 간선을 사용해서 얻을 수 있는 최단 경로는 궁극적인 최단 경로다.

[그림 10-25]는 벨만-포드 알고리즘의 작동을 보여주는 예다. 그림은 8개의 정점이 가중치를 가진 유향 간선들로 연결된 그래프다. 그림을 차례로 따라가보자.

- **그림 (a)**: 시작 정점 r의 최단 거리만 0으로 설정하고 나머지는 모두 ∞로 초기화한다.
- **그림 (b)**: 모든 간선을 한 번씩 살피면서 해당 간선으로 인해 앞에서 설정한 최단 거리가 더 짧아질 수 있는지 본다. 여기서는 시작 정점에 연결된 세 정점에만 변동이 생긴다. 이들의 최단 거리가 ∞에서 8, 9, 11로 각각 바뀌었다.
- **그림 (c)**: 모든 간선을 다시 한 번씩 살피면서 해당 간선으로 인해 앞에서 설정된 최단 거리가 더 짧아질 수 있는지 본다. 앞에서 3개의 정점에 변동이 생겼으므로 이번에는 이들에서 연결된 정점들에 변동이 생길 수 있다. 이들의 최단 거리가 8, ∞, ∞, ∞에서 −6, 10, 19, 19로 각각 바뀌었다. 이 중 −6으로 바뀐 정점은 바로 전 단계인 (b)에서도 바뀌었는데 최단 거리 9인 정점으로부터 연결되어 있어 다시 −6으로 바뀌었다.
- 이런 식으로 매 for 루프마다 모든 간선을 한 번씩 살피면서 해당 간선으로 최단 거리의 변동이 생기는지 본다.
- 마지막 for 루프(i=7)인 (h)에서는 아무 변동이 일어나지 않았다. 이것은 시작 정점에서 7개의 간선을 사용하는 최단 경로는 없다는 뜻이다. 결과적으로 가장 많은 수의 간선을 사용하는 최단 경로는 (g)에서 계산된 최단 경로 3의 정점으로 6개의 간선을 사용한다.

[그림 10-25]에서 사용한 표기와 색상의 의미를 다시 정리해보자. 회색으로 표시된 정점은 최단 거리에 변동이 생긴 정점을 나타낸다. 검은색으로 굵게 표시된 간선은 회색으로 표시된 정점에 방금 변동이 생기게 한 간선이다. (i)에서 하늘색으로 굵게 표시된 간선은 각 정점에 이르는 최단 경로를 형성하는 간선을 나타낸다. 즉, 각 정점이 마지막으로 회색으로 표시되던 시점에 사용된 간선들이다. 벨만-포드 알고리즘에서는 각 정점 v에 대해 적어도 한 번 이상 ❸에서 값의 변동이 일어나게 되는데 (i)에서 하늘색으로 표시된 간선은 이 중 마지막으로 변동이 일어나게 한 간선 (u, v)와 일치한다.

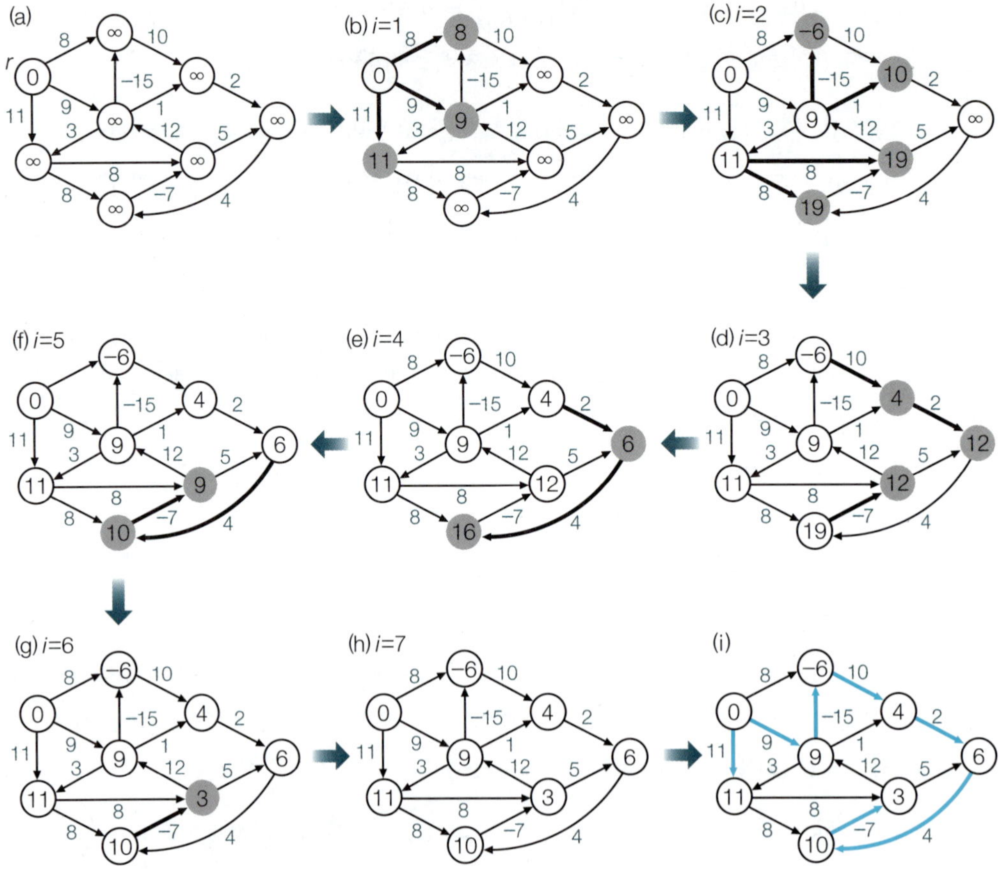

그림 10-25 벨만-포드 알고리즘의 작동 예

앞에서 음의 사이클이 존재하면 문제 자체가 성립하지 않는다 했다. 벨만-포드 알고리즘에 음의 사이클이 존재하는 그래프가 입력으로 들어오면 어떻게 될까? [알고리즘 10-9]에서 ❹의 for 루프가 이런 음의 사이클이 존재하는지 체크하는 작업을 한다. 음의 사이클이 존재하는 예를 가지고 벨만-포드 알고리즘을 한번 수행해보자. [그림 10-26]은 음의 사이클이 존재하는 입력 그래프로 벨만-포드 알고리즘을 수행한 예를 보여준다. (h)는 마지막 루프가 종료된 상황을 나타낸다. (i)를 보자. 이 그림에서는 각 정점의 최단 거리가 마지막으로 갱신되게 한 간선을 하늘색으로 굵게 표시하였다. 이 간선들이 사이클을 이루고 있음을 볼 수 있다. 재미있게도 이 사이클은 이 그래프가 갖고 있는 음의 사이클이다. 이 사이클에 있는 상당수의 정점이 ❹의 for 루프의 체크를 통과하지 못하는 상태임을 볼 수 있다. 예를 들어 최단 거리가 3으로 되어 있는 정점은 7−7=0 < 3이므로 문제가 생긴다. 정상적인 그래프라면 하늘색 간선들이 [그림 10−25]의 (i)와 같이 정점 r을 루트로 하는 유향 트리를 만들지만 음의 사이클이 있는 경우에는 이들이 사이클을 만들어버린다.

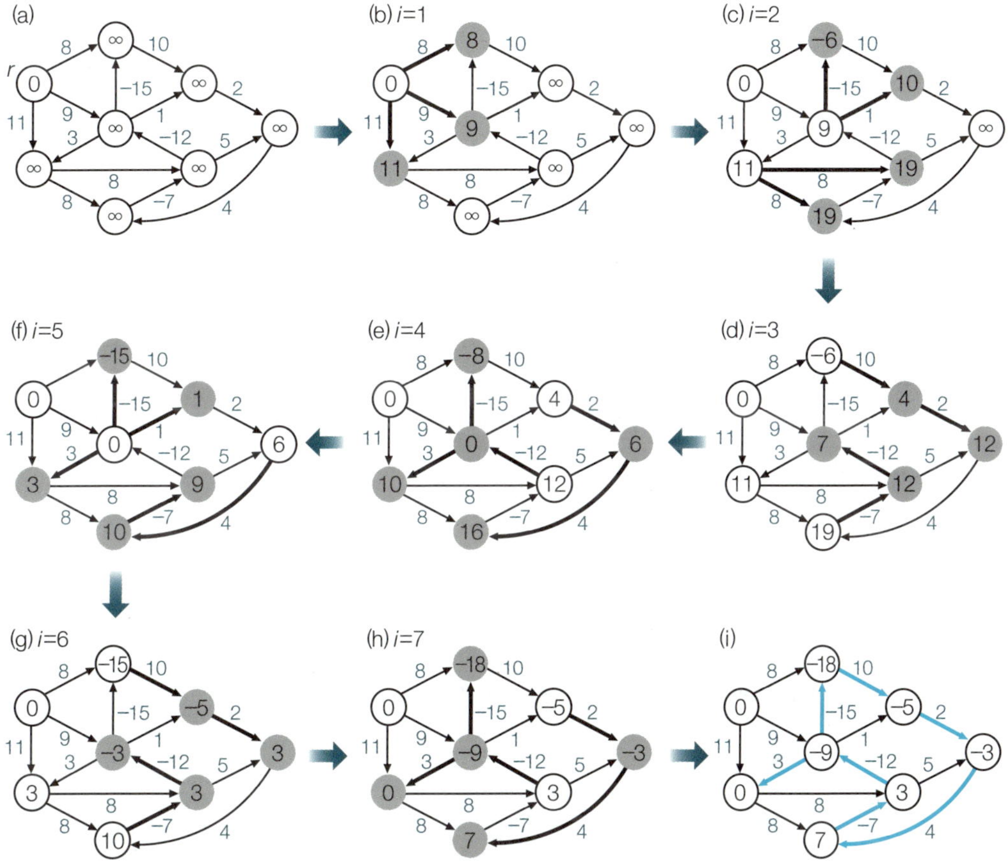

그림 10−26 음의 사이클을 갖는 그래프로 벨만-포드 알고리즘을 수행한 경우의 예

벨만-포드 알고리즘을 사용해야 하는 곳에 다익스트라 알고리즘을 사용하면 제대로 해를 구하지 못한다. 반면 다익스트라 알고리즘을 사용해 해를 구할 수 있는 경우에는 항상 벨만-포드 알고리즘을 써도 된다. 그러나 벨만-포드 알고리즘은 $O(E\log V)$ 시간이 소요되는 다익스트라 알고리즘에 비해 시간이 많이 걸리므로 좋은 선택이 아니다.

벨만-포드 알고리즘의 수행 시간을 분석해보자. 아주 간단하다. ❶의 for 루프는 $\Theta(V)$회 반복된다. ❷의 for 루프는 $\Theta(E)$회 반복된다. ❷의 for 루프 내 if 작업은 상수 시간 작업이다. 따라서 이 두 for 루프가 겹쳐져 총 $\Theta(VE)$ 시간이 소요된다. ❹의 for 루프는 상수 시간이 소요되는 일이 $\Theta(E)$회 반복되므로 $\Theta(E)$ 시간이 든다. 그러므로 벨만-포드 알고리즘의 수행 시간은 $\Theta(VE)$다.

한 가지 부언할 것은, ❷의 for 루프에서 모든 간선 (u, v)를 한 번씩 살피지만 사실은 바로 앞 단계에서 $u.dist$ 값에 변동이 생긴 경우에만 살펴볼 가치가 있다는 것이다. 따라서 이런 성질을 이용해서 [알고리즘 10-9]의 벨만-포드 알고리즘을 평균적으로 좀 더 효율이 높은 $O(VE)$가 되도록 수정할 수도 있다.

3 모든 쌍 최단 경로 알고리즘

지금까지 하나의 시작점에서 다른 정점들로 가는 최단 경로를 구하는 방법을 공부하였다. 여기서는 모든 정점 쌍 사이의 최단 경로를 구하는 방법을 공부한다. 즉, 구해야 할 최단 경로가 모두 n^2개다(자기 자신에게 가는 경로 포함).

이 알고리즘은 동적 프로그래밍을 이용한 아주 기발한 해결책을 제시한다. 이 해결책을 제시하기 전에 일반적으로 생각할 수 있는 해결책을 살펴보자. 이것은 벨만-포드 알고리즘의 단순한 연장선상에 있는 방법이다. 변수 d_{ij}^m를 다음과 같이 정의하자.

d_{ij}^m: 최대 m개의 간선을 사용해서 정점 i에서 정점 j에 이르는 최단 거리

그러면 점화식은 다음과 같다.

$$d_{ij}^m = \begin{cases} w_{ij} & \text{if } m = 1 \\ \min\limits_{1 \le k \le n}\{d_{ik}^{m-1} + w_{kj}\} & \text{if } m \ge 2 \end{cases}$$

최대 m개의 간선을 사용해서 정점 i에서 정점 j에 이르는 최단 거리 d_{ij}^m를 구하기 위해서는, 모든 정점 k에 대해 최대 $m-1$개의 간선을 사용하여 정점 i에서 정점 k에 이르는 최단 거리 d_{ik}^{m-1}에다 w_{kj}를 더한 값을 구한 다음 이 중 가장 짧은 것을 택한다. 벨만-포드 알고리즘처럼

최대 $m-1$개의 간선을 사용하여 정점 i에서 임의의 정점 k에 이르는 경로에 간선 (k, j)를 더하면 최대 m개의 간선을 사용하여 정점 i에서 정점 j에 이르는 경로가 되는 사실을 이용한 것이다. 이것을 알고리즘으로 기술하면 다음과 같다.

```
simpleShortestPath1(G):
    for i ← 1 to n
        for j ← 1 to n
            d_ij^1 = w_ij
    for m ← 2 to n-1                ▷ 최대 m개의 간선을 사용하는 경우
        for i ← 1 to n              ▷ i: 시작 정점
            for j ← 1 to n          ▷ j: 마지막 정점
                d_ij^m = min_{1≤k≤n} {d_ik^(m-1) + w_kj}
```

이 알고리즘의 수행 시간은 $\Theta(n)$의 for 루프가 세 겹으로 중첩되어 있고, 맨 안쪽의 for 루프가 반복될 때마다 n개의 경우를 체크하므로 $\Theta(n^4)$이 된다.

NOTE_ simpleShortestPath1 알고리즘의 또 다른 구현

앞의 simpleShortestPath1 알고리즘을 다음과 같이 변수를 덜 써서 구현할 수도 있다.

```
simpleShortestPath2(G):
    for i ← 1 to n
        for j ← 1 to n
            d_ij ← w_ij
    for m ← 2 to n-1                ▷ 최대 m개의 간선을 사용하는 경우
        for i ← 1 to n              ▷ i: 시작 정점
            for j ← 1 to n          ▷ j: 마지막 정점
                d_ij ← min_{1≤k≤n} {d_ik + w_kj}
```

이것은 알고리즘 simpleShortestPath1에서 d_{ij}^m가 계산되면 d_{ij}^{m-1}는 더 이상 필요하지 않으므로 d_{ij} 변수 하나만으로 처리한 것이다. 이렇게 해도 수행 시간은 여전히 $\Theta(n^4)$이다.

이제 이 절의 주 알고리즘인 플로이드-워샬Floyd-Warshall 알고리즘을 소개할 차례다. 앞의 동적 프로그래밍이 간명하기는 하나 시간은 $\Theta(n^4)$이 소요되는데, 플로이드-워샬 알고리즘도 동적 프로그래밍의 원리를 이용하지만 $\Theta(n^3)$ 시간에 해결한다. 이번에는 변수 d_{ij}^k를 다음과 같이 정의한다.

d_{ij}^k: 정점 집합 $\{1, 2, \cdots, k\}$에 속하는 정점들만 중간 정점으로 거쳐서 i에서 j에 이르는 최단 거리

앞의 알고리즘에서는 사용한 간선의 수와 관계 지어 변수를 정의하였으나 여기서는 사용한 정점의 '집합'과 관계를 지었다. 같은 방식으로 정의하면 점화식은 다음과 같다.

$$d_{ij}^{k} = \begin{cases} w_{ij} & \text{if } k = 0 \\ \min\{d_{ij}^{k-1}, d_{ik}^{k-1} + d_{kj}^{k-1}\} & \text{if } k \ge 1 \end{cases}$$

이렇게 정리할 수 있는 논리적 근거를 살펴보자. d_{ij}^{k}는 정의에 따라 정점 집합 {1, 2, ⋯, k}에 속하는 정점들만 거쳐서 i에서 j에 이르는 최단 거리다. 경로 p를 이런 최단 경로라고 하자.

- 경로 p에 정점 k가 포함되어 있다면 정점 k를 중심으로 경로 $i \rightsquigarrow k$와 경로 $k \rightsquigarrow j$로 나누어보자. [그림 10-27]의 위쪽 경로가 이 상황을 나타낸다. 최단 경로상에 사이클은 존재할 수 없으므로 두 경로의 중간에 정점 k는 더 이상 나타나지 않는다. 즉, 이 두 경로는 각각 정점 집합 {1, 2, ⋯, k−1}에 속하는 정점만 거치는 최단 경로 $i \rightsquigarrow k$와 정점 집합 {1, 2, ⋯, k−1}에 속하는 정점만 거치는 최단 경로 $k \rightsquigarrow j$가 되어 각각의 길이는 d_{ik}^{k-1}와 d_{kj}^{k-1}가 된다.
- 경로 p에 정점 k가 포함되어 있지 않으면 이 경로는 정점 집합 {1, 2, ⋯, k−1}에 속하는 정점만 사용한다. 즉, $d_{ij}^{k} = d_{ij}^{k-1}$이다. [그림 10-27]의 아래쪽 경로가 이 상황을 나타낸다.

즉, 경로 $i \rightsquigarrow j$를 위한 위의 두 경우 중 작은 것이 d_{ij}^{k}가 된다. 이것을 구현한 것이 [알고리즘 10-10]의 플로이드-워샬 알고리즘이다. 여기서 1, 2, ⋯, n으로 매겨지는 정점은 어떠한 순서든 상관없고 한 가지 순서가 고정되기만 하면 된다.

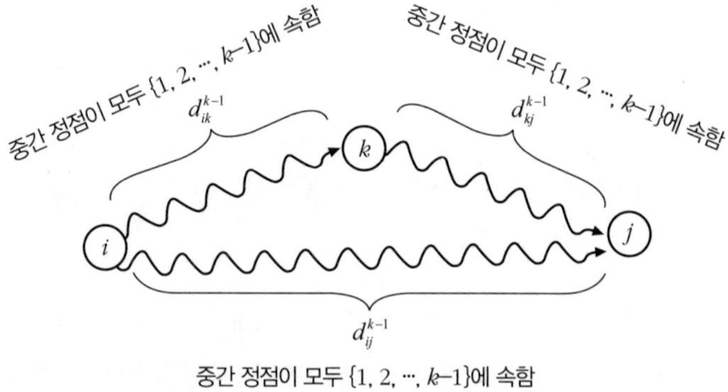

그림 10-27 d_{ij}^{k}를 계산하는 시점의 상황

알고리즘 10-10 플로이드-워샬 알고리즘

```
FloydWarshall(G):
    for i ← 1 to n
        for j ← 1 to n
            d_ij^0 ← w_ij
    for k ← 1 to n                      ▷ 중간 정점 집합 {1, 2, ⋯, k}
        for i ← 1 to n                  ▷ i: 시작 정점
            for j ← 1 to n              ▷ j: 마지막 정점
                d_ij^k ← min{d_ij^(k-1), d_ik^(k-1) + d_kj^(k-1)}
```

이 알고리즘은 $\Theta(n)$의 for 루프가 세 겹 중첩되었고, 각 경우에 단 두 가지 경우의 대소를 비교하는 것이므로 상수 시간이 걸려 $\Theta(n^3)$ 시간에 수행된다.

플로이드-워샬 알고리즘은 플로이드Floyd와 워샬Warshall의 이름에서 따온 것인데, 사실 플로이드보다 워샬의 공헌이 훨씬 크다. 원래 워샬이 유향 그래프에서 정점들 간의 상호 연결 경로의 존재 여부를 판정하기 위해 거의 골격이 같은 알고리즘을 제안했는데 플로이드가 이것을 조금 변형해서 최단 거리 알고리즘으로 바꾸었다. 기여도를 정확히 반영한다면 이 알고리즘의 이름은 워샬-플로이드 알고리즘이 되어야 한다. 워샬 알고리즘은 연습문제로 남긴다.

4 사이클이 없는 그래프의 최단 경로

사이클이 없는 그래프에서 최단 경로를 구하는 것은 매우 간단하다. 사이클이 없는 유향 그래프를 DAGDirected Acyclic Graph라 한다. DAG에서는 모든 정점을 한 줄로 늘어놓을 때, 뒤에 위치한 정점부터 앞에 위치한 정점으로 가는 간선은 존재하지 않도록 하는 정점들의 순열이 존재한다. 이 순열은 5절에서 배운 위상 정렬로 얻을 수 있다. DAG에서는 위상 정렬의 순서를 이용해서 [알고리즘 10-11]과 같이 최단 경로를 구할 수 있다.

알고리즘 10-11 | 사이클이 없는 유향 그래프(DAG)의 최단 경로

```
DAG_ShortestPath(G, r):
  ❶ for each u ∈ V
        u.dist ← ∞
    r.dist ← 0
  ❷ G의 정점들을 위상 정렬한다.
  ❸ for each u ∈ V (정점 r부터 시작하여 위상 정렬 순서로)
      ❹ for each v ∈ u.adjlist        ▷ u.adjlist: u로부터 연결된 정점들의 집합
            if (u.dist + w_uv < v.dist)
                v.dist ← u.dist + w_uv
                v.prev ← u
```

다음은 DAG를 위한 최단 경로 알고리즘의 작동을 보여주는 예다. 주어진 그래프는 사이클이 없는 유향 그래프다. 그림을 차례로 따라가보자.

1 사이클이 없는 유향 그래프[DAG]가 주어졌다. 정점 r(□)이 주어진 시작점이다.

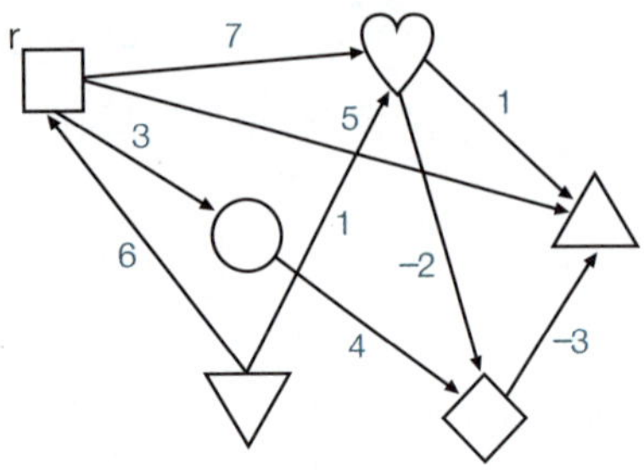

2 이 그래프의 정점들을 위상 정렬한 결과다. 이 순서에서 간선은 모두 왼쪽에서 오른쪽으로 향하고 있음을 볼 수 있다.

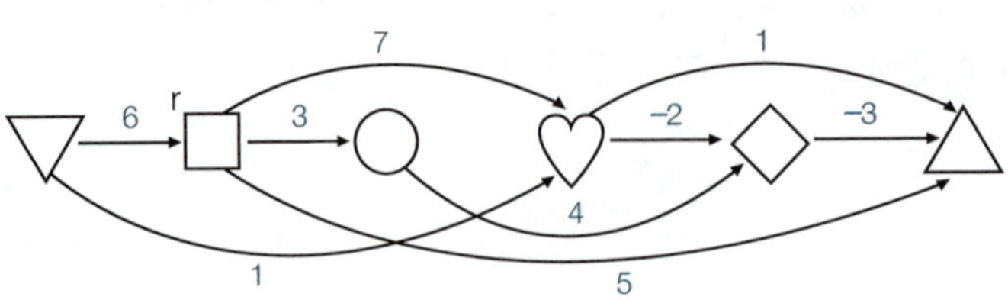

3 시작 정점 □를 제외한 각 정점의 $d[]$값을 ∞로 초기화한다.

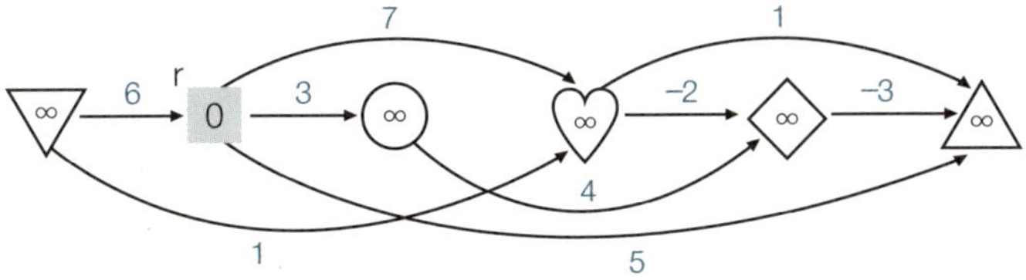

4 ❸에서 시작 정점인 □를 택한다. ❸의 for 루프 수행 결과로 정점 ○, ♡, △의 $d[]$값이 ∞에서 각각 3, 7, 5로 변한다.

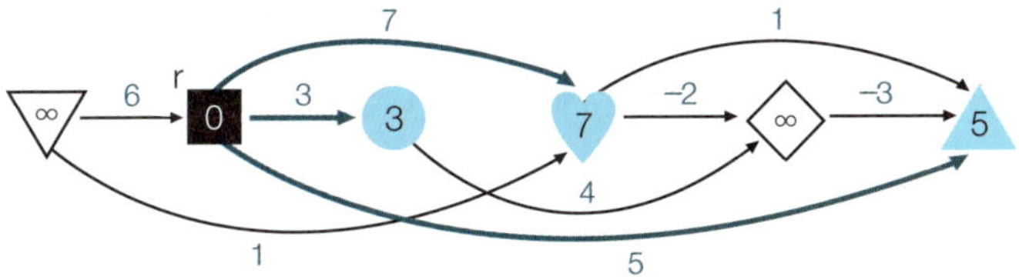

5 ❸에서 정점 ○를 택한다. ❸의 for 루프 수행 결과로 정점 ◇의 $d[◇]$값이 ∞에서 7로 변한다.

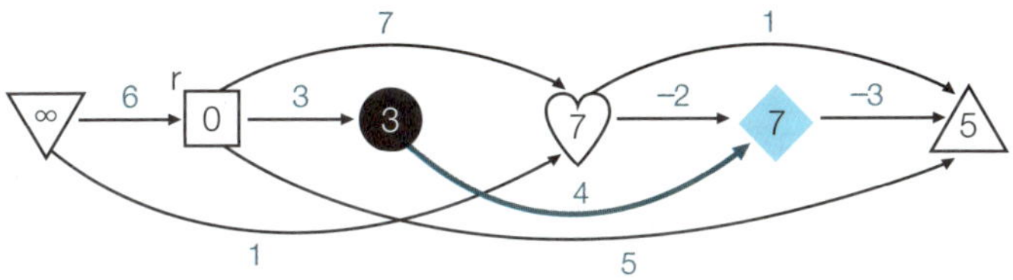

6 ❸에서 정점 ♡를 택한다. ❸의 for 루프 수행 결과로 정점 ◇의 $d[◇]$값이 7에서 5로 변한다.

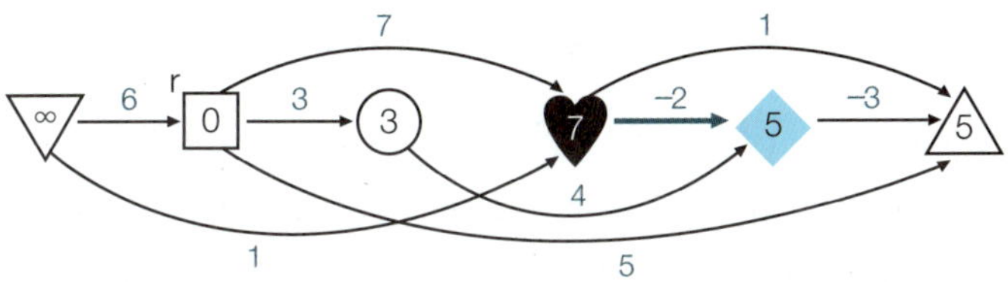

7 ❸에서 정점 ◇를 택한다. ❸의 for 루프 수행 결과로 정점 △의 $d[△]$값이 5에서 2로 변한다.

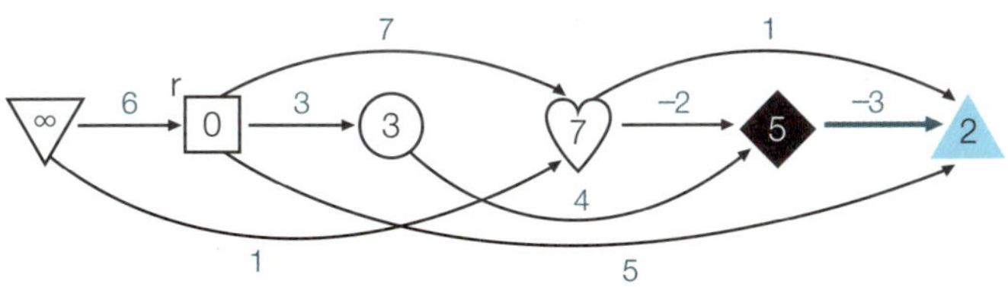

8 최종적인 결과다. 굵은 간선은 최단 경로에 기여하는 간선들이다.

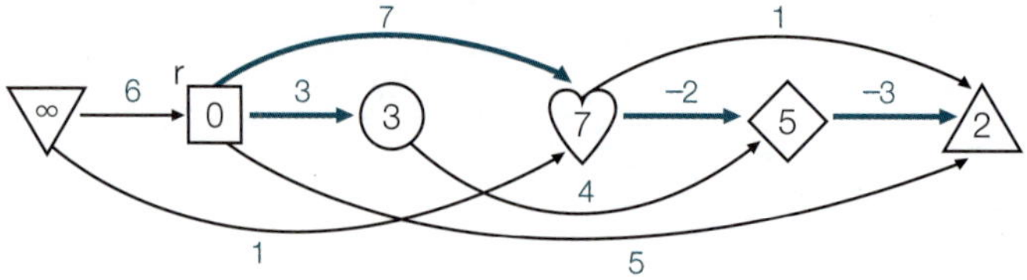

위 그림에서 사용한 표기와 색상의 의미를 요약해보자. 검은색으로 칠한 정점들은 위상 정렬 순서에 따라 각 정점이 ❸에서 선택되는 시점을 뜻한다. 하늘색으로 표시된 정점은 최단 거리에 변동이 생긴 정점을 나타낸다. 그림 **4**~**7**에서 굵게 표시된 간선은 하늘색으로 표시된 정점에 방금 변동이 생기게 한 간선이다. 그림 **8**에 굵게 표기한 간선은 각 정점에 이르는 최단 경로를 형성하는 간선을 나타낸다. 즉, 각 정점의 *.dist* 값에 마지막으로 변동이 일어나도록 한 간선들을 나타낸다.

DAG를 위한 최단 경로 알고리즘의 수행 시간을 분석해보자. [알고리즘 10−11]에서 ❶의 for 루프는 $\Theta(V)$ 시간이 든다. ❷의 위상 정렬은 5절에서 본 바와 같이 $\Theta(V+E)$ 시간이 든다. ❹의 for 루프를 한 번 반복하는 데 상수 시간이 든다. ❸의 for 루프에서 각 정점을 한 번씩 보고 그때마다 해당 정점에서 연결된 간선들을 한 번씩 체크하므로 ❸, ❹를 통틀어 모든 간선을 한 번씩 체크하게 된다. 즉, ❹의 for 루프는 ❸의 for 루프를 통틀어 정확하게 총 '$|E|$− 위상 순서로 r 앞의 정점들의 진출 간선 총수'번 반복된다. ❸, ❹의 두 for 루프를 통틀어 수행 시간은 $O(V+E)$다. 그러므로 [알고리즘 10−11]의 총 수행 시간은 $\Theta(V+E)$다. 이것은 선형 시간으로 다익스트라 알고리즘이나 벨만-포드 알고리즘보다 훨씬 빠르다.

참고로 DAG의 경우, [알고리즘 10−11]에서 간선들의 가중치 부호를 모두 바꾸어 수행하면 최장 경로를 구할 수 있다. 그렇지만 DAG가 아닌 경우, 다익스트라 알고리즘이나 벨만-포드 알고리즘에서는 이런 방식으로 최장 경로를 구할 수 없다. 얼핏 보기에 난이도가 비슷한 문제 같지만 일반 그래프에서 최장 경로를 구하는 것은 놀랍게도 13장에서 배울 NP−완비군에 속하는 난제다.

07 강연결 요소

유향 그래프 $G=(V, E)$에서 V의 모든 정점 쌍 (u, v)에 대해 경로 $u \rightsquigarrow v$와 경로 $v \rightsquigarrow u$가 존재하면 그래프 G는 강하게 연결되었다고 말한다. 즉, 어떤 두 정점을 잡더라도 양방향으로 서로에게 이르는 경로가 존재하면 강하게 연결되었다고 한다. 그래프에서 강하게 연결된 부분 그래프들을 각각 강연결 요소Strongly Connected Component(강하게 연결된 부분이라는 뜻)라 한다. 임의의 그래프에서 강연결 요소들을 찾는 문제는 깊이 우선 탐색을 이용하는 대표적인 응용 중 하나다.

알고리즘 10-12 | 강연결 요소 구하기

stronglyConnectedComponents(G):

1. 그래프 G에 대해 DFS를 수행하여 각 정점 v의 완료 시간 $f[v]$를 계산한다.
   (한 번의 DFS로 끝나지 않으면 남은 정점 중 아무거나 시작점으로 잡아 DFS를 반복한다.)
2. G의 모든 간선들의 방향을 뒤집어 G^R을 만든다.
3. 그래프 G^R에 대해 DFS를 수행하되 [알고리즘 10-2]의 시작점을 택할 때 1에서 구한 $f[v]$가 가장 큰 정점으로 시작점을 잡는다.
4. 앞의 3에서 만들어진 분리된 트리 각각을 강연결 요소로 리턴한다.

[그림 10-28]은 강연결 요소 구하기 알고리즘의 작동 과정을 보여주는 예다.

- **그림 (a):** 주어진 그래프 G다.
- **그림 (b):** 정점 안에 1로 표기된 정점을 시작점으로 [알고리즘 10-2]의 DFS를 한 결과다. 정점 내의 수는 방문된 순서를 뜻한다. 시작점은 임의로 잡은 것이다. 이 결과 모든 정점이 방문되지는 못하고 10개 중 8개만 방문되었다. 정점 바깥의 수는 각 정점의 완료 시간 $f[v]$다. 정점 v의 완료 시간은 DFS를 수행하면서 v에 관한 한 더 이상 할 일이 없는 상태가 된 시점을 뜻한다. 예를 들어, 그림에서 네 번째 방문된 정점에 이르렀을 때 이 정점의 진출 간선은 이미 방문

된 정점(두 번째 방문된 정점)으로 향하고 있고 다른 간선은 없다. 즉, 4번 정점에 관한 한 더 이상 할 일이 없고 3번으로 돌아가는 일만 남았다. 그래서 4번 정점이 가장 먼저 '완료'되어 완료 시간으로 1이 할당되었다. 이어서 3번 정점이 모든 일을 마친다. 완료 시간은 2다. 다음으로 2번 정점이 일을 마친다. 완료 시간 3이다. 이제 1번 정점으로 돌아간다. 1번 정점은 아직 방문하지 않은 정점으로 연결되어 있으므로 DFS는 그쪽으로 이동한다. 이것이 5번 정점이다. 1번 정점은 아직 완료되지 않은 상태에서 DFS가 5번 정점으로 이동하였음을 볼 수 있다. 이제 DFS가 6, 7, 8번 정점의 순으로 방문한다. 8번 정점을 방문하면 더 이상 새로이 방문할 곳이 없다. 8번 정점이 완료된다. 완료 시간은 4다. 이어서 DFS가 왔던 길을 되돌아가면서 7, 6, 5번 정점이 차례로 완료된다. 완료 시간은 차례로 5, 6, 7이다. 마지막으로 정점 1로 돌아오면 이제는 더 이상 갈 곳이 없다. 완료 시간은 8이다. DFS의 결과 2개의 정점이 방문되지 않고 남았다.

- **그림 (c):** 남은 그래프에서 둘 중 하나를 임의의 시작점으로 하여 (b)에서처럼 DFS를 수행한다. 9번, 10번 정점이 방문되고, 각각 완료 시간 10, 9를 할당받는다.
- **그림 (d):** 이제 그래프 G의 모든 간선의 방향을 역으로 바꾼 그래프 G^R을 만든다. 여기서 정점 안에 표기된 값은 완료 시간 $f[]$를 나타낸다. 방문 순서가 아님에 유의하라.
- **그림 (e):** 그래프 G^R을 대상으로 DFS를 수행하되 완료 시간이 가장 큰 정점을 시작점으로 잡는다. 완료 시간 10인 정점을 시작으로 DFS를 수행한 결과 자신만 방문하고 끝났다. 분리한다.
- **그림 (f):** (e)에서 분리된 정점을 제외한 나머지 그래프에서 완료 시간이 가장 높은 정점에서 시작하여 DFS를 수행한다. 이번에도 완료 시간 9인 정점만 방문하고 끝났다. 분리한다.
- **그림 (g):** (e), (f)에서 분리된 정점들을 제외한 나머지 그래프에서 완료 시간이 가장 높은 (완료 시간 8) 정점에서 시작하여 DFS를 수행한다. 이번에는 완료 시간 8, 6, 7, 4, 5인 정점이 방문되고 끝났다. 이 5개의 정점을 분리한다.
- **그림 (h):** (e), (f), (g)에서 분리된 정점들을 제외한 나머지 정점 중에 완료 시간이 가장 높은 (완료 시간 3) 정점을 시작점으로 DFS를 수행한다. 이번에는 남은 3개의 정점들이 모두 방문되고 끝났다.
- **그림 (i):** 알고리즘의 수행 결과 그래프 G가 4개의 강연결 요소로 분리되었다.

[그림 10-28]에서 사용한 표기와 색상의 의미를 요약해보자. (b), (c)에서 회색으로 처리한 정점들은 그래프 G에 대해 각 DFS에서 방문한 모든 정점을 나타낸 것이다. (e)~(h)에서 하늘색 영역 내에 짙은 하늘색으로 표시된 정점들은 그래프 G^R에 대해 각 DFS에서 방문되는 모든 정점을 표시한 것이다. 음영으로 분리된 각 영역이 하나씩의 강연결 요소를 나타낸다.

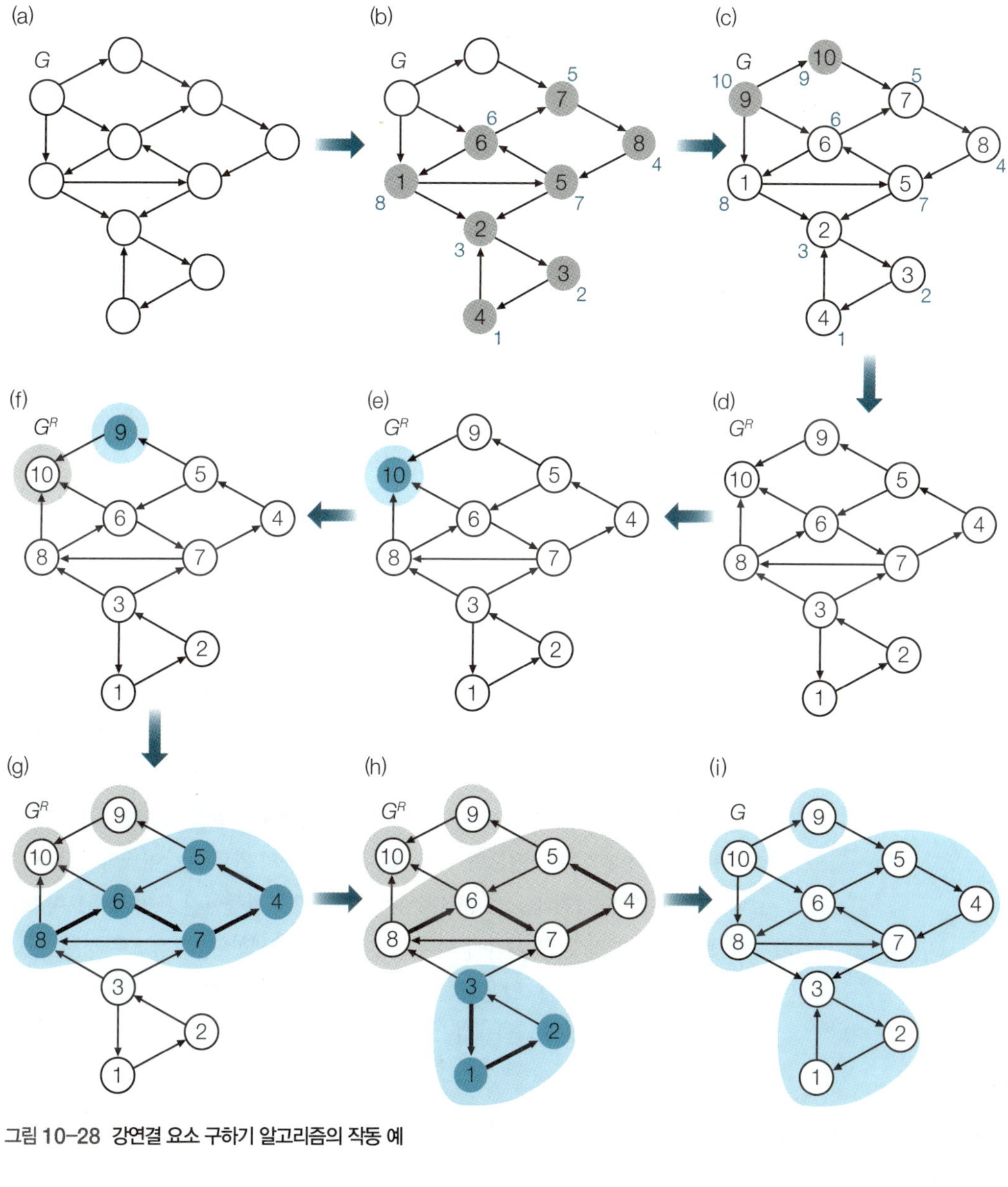

그림 10-28 강연결 요소 구하기 알고리즘의 작동 예

강연결 요소 구하기 알고리즘의 수행 시간은 간단하게 파악할 수 있다. [알고리즘 10-12]에서 **1**의 DFS는 $\Theta(V+E)$ 시간이 든다. **2**의 그래프 G^R을 만드는 과정도 모든 간선을 한 번씩 훑으면서 방향만 바꾸어주면 되니까 $\Theta(V+E)$ 시간이 든다. **3**의 DFS도 $\Theta(V+E)$ 시간이 든다. 그러므로 알고리즘의 총 수행 시간은 $\Theta(V+E)$다.

다음 정리는 [알고리즘 10-12]가 강연결 요소를 제대로 구한다는 것을 증명한다.

정리 10-2

[알고리즘 10-12]의 **4**에서 같은 트리에 속하는 정점들과 같은 강연결 요소에 속하는 정점들은 일치한다.

▶▶ **증명** (⇒) **4**에서 같은 트리에 속하는 정점들은 같은 강연결 요소에 속한다.

4에서 같은 트리에 속한 두 정점 x, y를 생각해보자. 해당 트리의 루트를 r이라 하자. x, y가 이 트리에 속했으므로 G^R에서 경로 $r \rightsquigarrow x$와 경로 $r \rightsquigarrow y$가 존재한다. [그림 10-29]의 (a)가 이 상황을 보여준다. 그래프 G^R은 그래프 G의 간선들의 방향만 바꾸어놓은 것이므로, 그래프 G에는 경로 $x \rightsquigarrow r$과 경로 $y \rightsquigarrow r$이 존재한다. (b)가 이 상황을 보여준다. 그래프 G에 경로 $r \rightsquigarrow x$와 경로 $r \rightsquigarrow y$도 존재한다면 경로 $x \rightsquigarrow r \rightsquigarrow y$와 경로 $y \rightsquigarrow r \rightsquigarrow x$가 존재하게 되어 x, y는 서로에게 이르는 경로가 존재하므로 같은 강연결 요소에 속함이 증명된다.

이제 그래프 G에 경로 $r \rightsquigarrow x$와 경로 $r \rightsquigarrow y$가 존재한다는 것을 증명하자. 모순을 이끌어내기 위해 경로 $r \rightsquigarrow x$가 존재하지 않는다 가정하자. **1**에서 G에 대해 DFS를 수행할 때 r을 x보다 먼저 방문하였다면, 경로 $r \rightsquigarrow x$가 존재하지 않는다고 했으므로 r의 완료 시간이 x의 완료 시간보다 빠르다. x를 r보다 먼저 방문하였다면 경로 $x \rightsquigarrow r$이 존재하므로 r에 이르게 되고 r의 완료 시간이 x의 완료 시간보다 빠르게 된다. 즉, $r \rightsquigarrow x$가 존재하지 않으면 어떤 경우든 경로 r의 완료 시간이 x의 완료 시간보다 빠르게 된다. 그런데 r은 G^R로 수행한 DFS에서 만들어진 트리의 루트이므로 해당 트리에서 가장 완료 시간이 늦다. 즉, 모순이 발생한다. 그러므로 경로 $r \rightsquigarrow x$는 반드시 존재해야 한다. 같은 방법으로 경로 $r \rightsquigarrow y$가 존재한다는 것을 증명할 수 있다. (c)가 이 두 경로를 나타낸다.

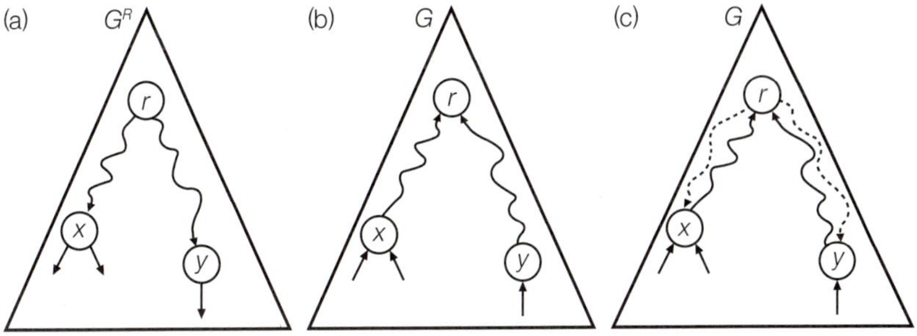

그림 10-29 강연결 요소 알고리즘에서 같은 트리에 속하는 정점들과 관련한 상황

(⇐) 같은 강연결 요소에 속하는 정점들은 **4**에서 같은 트리에 속한다.

강연결 요소를 이루는 임의의 두 정점 x, y가 있다면 그래프 G에서 경로 $x \leadsto y$와 경로 $y \leadsto x$가 존재한다. 간선의 방향만 바꾸어놓은 그래프 G^R에서도 경로 $y \leadsto x$와 경로 $x \leadsto y$가 존재한다. **3**의 G^R에 대한 DFS에서 x가 먼저 방문된다면 y도 같은 DFS에서 방문되고, y가 먼저 방문된다면 x도 같은 DFS에서 방문된다. 그러므로 두 정점 x, y는 반드시 같은 트리에 속한다.

01 모든 정점들 사이에 간선이 존재하는 그래프를 완전 그래프라 한다. 임의의 완전 그래프에 대해 다음 질문에 답하시오.

① DFS를 수행했다면, 만들어지는 깊이 우선 트리의 모양은 어떠한가?

② BFS를 수행했다면, 만들어지는 너비 우선 트리의 모양은 어떠한가?

➔ ① 일자로 죽 이어진 체인이 된다.

② 시작 노드에 모든 자식이 바로 연결된 트리가 된다.

02 그래프 $G=(V, E)$의 간선들의 가중치가 (1, 100)의 범위에서 균등 분포를 이룬다. 최소 신장 트리를 찾기 위해 어떤 알고리즘을 사용하겠는가? 그 이유도 함께 설명하시오.

➔ 본문에서와 같이 $V-S$의 정점들의 d값을 관리하기 위해 힙을 사용한다면 크루스칼 알고리즘이 유리하다. 크루스칼 알고리즘은 [알고리즘 10-5]의 ❷에서 모든 간선을 정렬하는 데 $O(E\log E)$, ❸의 while 루프에서 ❺와 ❼의 집합 처리와 관련하여 $O((V+E)\log^* V)$ 시간이 든다. 만일 모든 간선의 가중치가 (1, 100) 범위에서 균등 분포를 이루는 실수라면 버킷 정렬을 이용하여 평균 선형 시간에 정렬할 수 있다. 그러므로 크루스칼 알고리즘의 평균 수행 시간이 $O((V+E)\log^* V)$이 되어 프림 알고리즘보다 유리해진다.

03 간선들의 가중치가 모두 다른 그래프가 2개의 최소 신장 트리를 가질 수 있다고 가정한다. 이 가정이 모순임을 밝혀 단 하나의 최소 신장 트리를 가짐을 증명하시오.

➔ 해당 그래프에서 최소 신장 트리를 구해 이를 T라 하자. 모순을 유도하기 위해 다른 최소 신장 트리 T'가 존재한다고 가정하자. T와 T'가 서로 다른 신장 트리이므로 서로 상대방에 없는 간선이 각각 하나 이상 존재한다. 이런 모든 간선 중 가장 가중치가 작은 간선을 e라 하자. 일반성을 잃지 않고 이것이 T'에 속한다 하자. 간선 e를 T에 더하면 사이클이 만들어진다. 이 사이클에는 T'에 없는 간선이 적어도 하나 있다. 이런 간선 중 하나를 f라 하자. T에서 f를 제거하고 e를 더하면 T보다 가중치의 합이 작은 신장 트리가 만들어진다. 이는 T가 최소 신장 트리라는 가정에 모순된다. 따라서 서로 다른 최소 신장 트리가 2개 이상 존재할 수 없다. 참고로, 매트로이드를 다룬 430쪽의 [정리 11-7]도 이 성질을 지원한다.

04 n개의 정점을 가진 무향 그래프에서 모든 간선의 가중치가 {1, 2, ⋯, n}에 속할 때 프림 알고리즘과 크루스칼 알고리즘 중 어느 것을 사용하겠는가? 그 이유도 함께 설명하시오.

➜ 본문에서와 같이 $V-S$의 정점들의 d값을 관리하기 위해 힙을 사용한다면 크루스칼 알고리즘이 유리하다. 크루스칼 알고리즘은 [알고리즘 10-5]의 ❷에서 모든 간선을 정렬하는 데 $O(E\log E)$, ❸의 while 루프에서 ❺와 ❼의 집합 처리와 관련하여 $O((V+E)\log^* V)$ 시간이 든다. 만일 모든 간선의 가중치가 {1, 2, ⋯, n}에 속하면 계수 정렬의 사용하여 선형 시간 정렬이 가능하다. 그러므로 크루스칼 알고리즘의 수행 시간이 $O((V+E)\log^* V)$이 되어 프림 알고리즘보다 유리해진다.

모든 간선의 가중치가 {1, 2, ⋯, n}에 속하면 $V-S$에 속하는 정점들의 d값은 1, 2, ⋯, n, ∞ 중 하나로 총 n+1가지를 넘지 못한다. 자료구조를 요령 있게 관리하면 $O((V+E)\log W)$ 시간에 가능해진다.

05 가중치를 가진 유향 그래프에서 모든 간선의 가중치가 {1, 2, ⋯, W}에 속할 때 다익스트라 알고리즘은 $O((V+E)\log W)$ 시간에 수행될 수 있음을 보이시오.

➜ 모든 간선의 가중치가 1, 2, ⋯, W 중 하나이면 374쪽의 [알고리즘 10-8] 다익스트라 알고리즘에서 집합 S의 바깥에 있는 정점들의 d값은 ∞를 제외하고는 최대 W+2가지밖에 있을 수 없다. 왜냐하면 집합 S에 속한 정점들의 d값 중 최댓값을 x라 하면, S 바깥에 있는 정점들 중 d값이 ∞인 것을 제외하고는 $x+W$를 넘을 수 없기 때문이다. 그러므로 d값은 모두 x와 $x+W$ 사이이고, 그렇지 않은 것은 모두 ∞다. 즉, x, x+1, x+2, ⋯, $x+W$, ∞의 W+2가지다. 자료구조를 요령 있게 관리하면 extractMin( )과 힙 수선은 각각 $O(\log W)$ 시간이면 된다. 그러므로 다익스트라 알고리즘은 $O((V+E)\log W)$ 시간이면 충분하다.

요약

01 그래프는 현상이나 사물을 정점과 간선으로 표현하는 것으로, 정점은 대상이나 개체를 나타내고 간선은 이들 간의 관계를 나타낸다.

02 그래프를 표현하는 방법에는 인접 행렬 방식, 인접 리스트 방식, 인접 배열 방식, 인접 해시 테이블 방식 등이 있다.

03 최소 신장 트리는 주어진 그래프에서 간선을 $|V|-1$개만 남겨 만들어지는 트리 중 가중치 합이 최소인 트리다. 본문에서는 프림 알고리즘과 크루스칼 알고리즘을 소개하였다.

04 최단 경로 알고리즘에는 하나의 시작점부터 모든 정점에 이르는 최단 경로를 구하는 유형과 모든 정점 쌍 간의 최단 경로를 구하는 유형이 있다. 본문에서 소개한 알고리즘 중 플로이드-워샬 알고리즘은 모든 쌍 간의 최단 경로를 구하는 것이고, 다른 모든 알고리즘은 하나의 시작점부터 모든 정점에 이르는 최단 경로를 구하는 것이다.

05 음의 가중치가 없는 그래프에서 최단 경로는 다익스트라 알고리즘으로 구할 수 있다.

06 음의 가중치가 있는 그래프에서 최단 경로는 벨만-포드 알고리즘으로 구할 수 있다.

07 사이클이 없는 유향 그래프, 즉 DAG에서 최단 경로는 다익스트라 알고리즘이나 벨만-포드 알고리즘을 사용할 필요 없이 선형 시간에 구할 수 있다.

연습문제

01 모든 정점 사이에 간선이 존재하는 그래프가 있다. 여러분이라면 인접 행렬 표현과 인접 리스트 표현 중 어느 것을 사용하겠는가? 그 이유도 함께 설명하시오.

02 정점들 사이에 아주 드물게 간선이 존재하는 그래프가 있다. 이런 그래프를 희소 그래프Sparse Graph라 한다. 인접 행렬 표현과 인접 리스트 표현 중 하나를 사용해야 한다면 여러분은 어느 것을 사용하겠는가? 그 이유도 함께 설명하시오.

03 다음 그래프에서 정점 r부터 시작하여 다음 질문에 답하시오.

① 너비 우선 탐색을 하는 과정을 그리시오.

② 깊이 우선 탐색을 하는 과정을 그리시오.

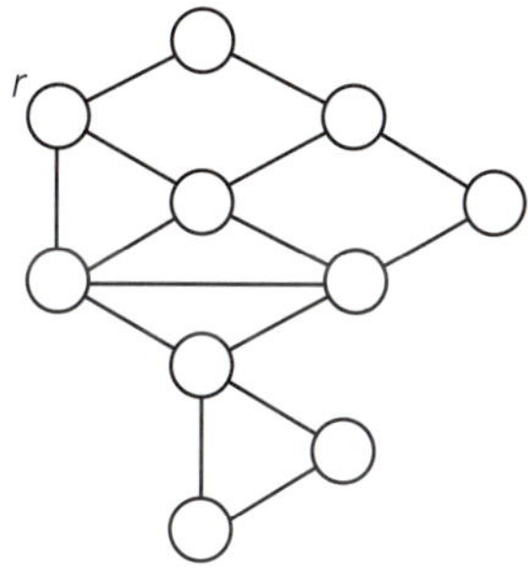

04 그래프 $G=(V, E)$에서 V의 부분집합 S가 있다. 그래프 G에서 깊이 우선 탐색을 수행하면서 방문 순서대로 번호를 매겼을 때, S의 정점에 할당된 번호 중 가장 큰 번호에서 가장 작은 번호를 뺀 것을 집합 S의 DFS Span이라고 한다. 다음 그래프에서 정점 v에서 시작하여 깊이 우선 탐색을 실시할 때 방문 순서는 여러 가지다. 이 순서들에 대응되는 집합 S의 DFS Span 중 최댓값과 최솟값은 각각 얼마인가?

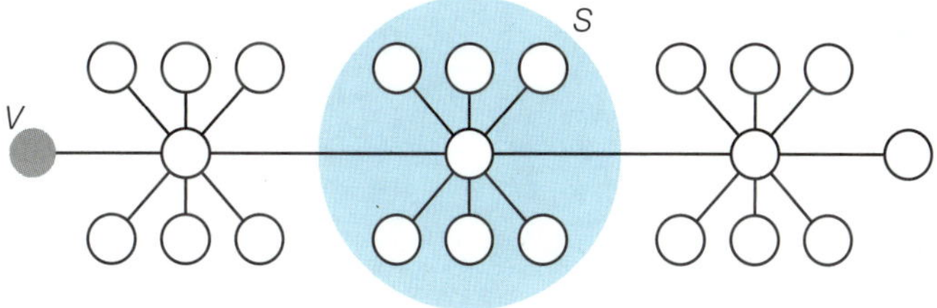

05 오른쪽 그래프에 대해 다음 질문에 답하시오.

① 프림 알고리즘으로 최소 신장 트리를 구하는 과정을 보이시오.

② 크루스칼 알고리즘으로 최소 신장 트리를 구하는 과정을 보이시오.

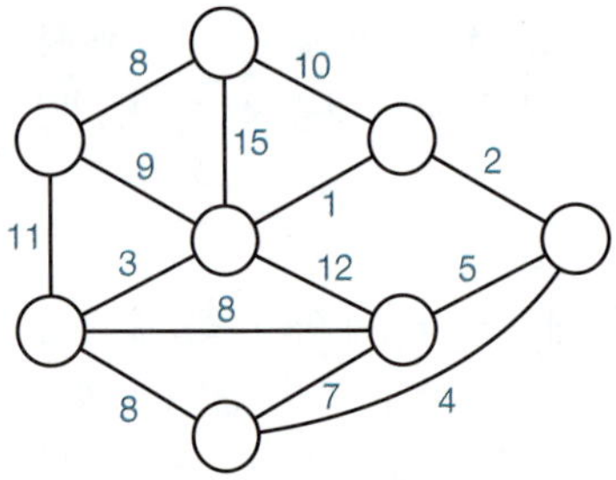

06 다음 그래프에서 최소 신장 트리를 찾으려 한다. 알고리즘에서 간선의 가중치가 같아 그중 하나를 선택해야 할 경우에는 아무거나 먼저 선택한다. 이 그래프에 대해 정점 x에서 시작하여 프림 알고리즘을 수행할 때 만들 수 있는 서로 다른 최소 신장 트리의 개수는 총 몇 개인가? 과정이 달라도 결과가 같으면 동일한 트리로 간주한다.

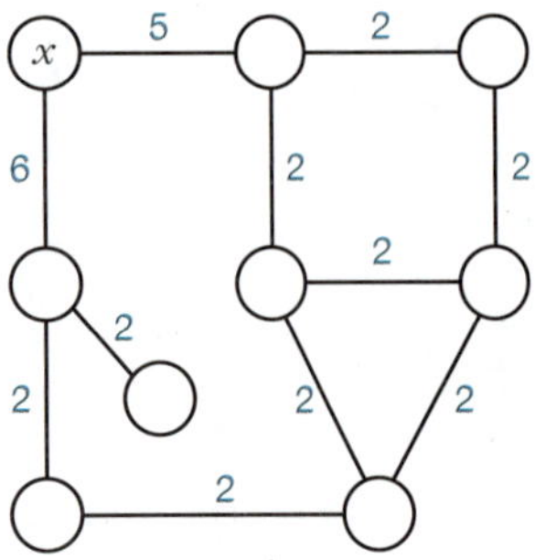

07 다음 그래프에서 위상 정렬을 하면 가능한 위상 정렬 순서는 모두 몇 가지인가?

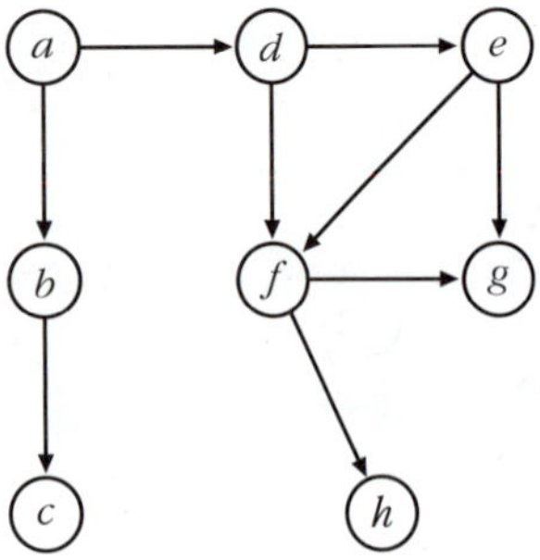

08 철수가 어떤 그래프에 대해 최소 신장 트리를 구하였는데, 틀린 간선이 1개 있다. 조교가 틀린 간선을 알려주어 일단 이 간선을 제거했다. 이 상태에서 최소 신장 트리를 찾는 가능한 한 빠른 알고리즘을 제시하고 그 시간 복잡도를 밝히시오. 그리고 시간 복잡도가 왜 그렇게 되는지 설명하시오. 처음부터 최소 신장 트리를 구하는 것보다는 당연히 빨리 끝나야 한다.

09 $G=(V, E)$는 가중치를 가진 무향 그래프이고, T는 G의 최소 신장 트리다. 이제 G의 한 간선 e의 가중치가 바뀌었다고 하자. T가 여전히 최소 신장 트리인지 아닌지 알아내는 알고리즘을 제안하고 제안한 알고리즘의 점근적 수행 시간을 밝히시오.

힌트 e가 T에 속한 경우와 그렇지 않은 경우로 나누어 생각한다. 알고리즘은 말로 설명하는 것으로 충분하다(중요한 것은 의미 전달).

10 다음은 최소 신장 트리를 위한 크루스칼 알고리즘이다. ❶ 부분에 동일 집합 표시 대신 사이클 체킹 알고리즘을 사용해서 구현하려 한다. 이때 크루스칼 알고리즘의 최악의 경우 수행 시간을 Θ-표기로 밝히시오. 먼저 사이클 체킹 알고리즘을 간단히 설명하고 이의 점근적 시간을 밝혀야 한다(엄밀한 증명을 요구하는 것은 아님).

```
Kruskal(G):
    T ← ø        ▷ T: 신장 트리
    단 하나의 정점으로 이루어진 n개의 집합을 초기화한다.
    모든 간선을 가중치의 크기 순으로 정렬하여 배열 A[1...E]에 저장한다.
    while (T의 간선 수 < n-1)
            A에서 최소 비용의 간선 (u, v)를 제거한다.
        ❶ if (간선 (u, v)를 T에 더하면 사이클이 발생하지 않음)
                T ← T ∪ {(u, v)}
                정점 u와 v가 속한 두 집합을 하나로 합친다.
```

11 프림 알고리즘에 대하여 다음 물음에 답하시오.

```
Prim(G, r):
▷ G=(V, E): 주어진 그래프
▷ r: 시작 정점
    S ← ø        ▷ S: 정점 집합
    for each u ∈ V
        u.cost ← ∞
    r.cost ← 0
    while (S≠V)
        u ← extractMin(V−S)
        S ← S ∪ {u}
        for each v ∈ u.adjlist        ▷ u.adjlist: 정점 u의 인접 정점 집합
            if (v ∈ V−S and w_uv < v.cost)
             ❶ v.cost ← w_uv
                v.tree ← u
```

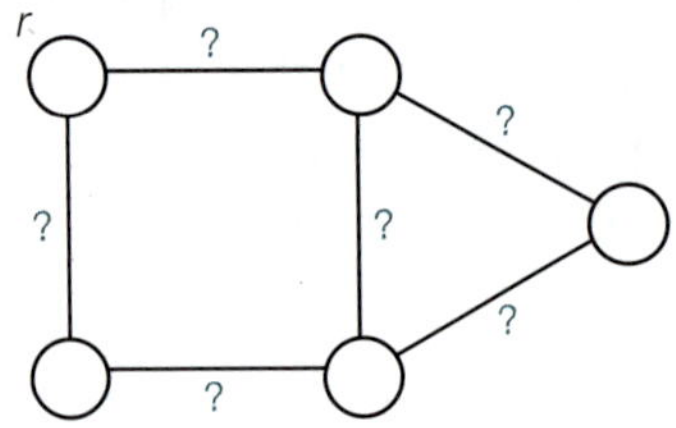


```
extractMin(Q):
    집합 Q에서 u.cost값이 가장 작은 정점 u를 리턴한다.
```

① 일반적인 그래프 $G=(V, E)$에서 ❶의 이완은 최대 몇 번 일어날 수 있는가?

② 최악의 경우가 일어나도록 이 그래프의 간선 가중치를 채워보시오. 모든 간선은 서로 다르고, 1부터 6까지의 정수로 구성된다. 위 그림의 물음표 부분에 1부터 6까지의 정수를 채워넣으시오.

③ ❶의 *.cost* 값을 관리하기 위해 최소힙을 사용하면 프림 알고리즘의 수행 시간은 $O(E\log V)$가 된다. 이를 위해 ❶에서 *.cost* 값이 변하면 이를 힙에서 반영하는 방법을 설명하고 그것이 건당 $O(\log V)$인 이유를 설명하시오.

12 다음 그래프에서 정점 s에서 시작하여 다른 정점들에 이르는 최단 거리를 다익스트라 알고리즘으로 구하는 과정을 보이시오.

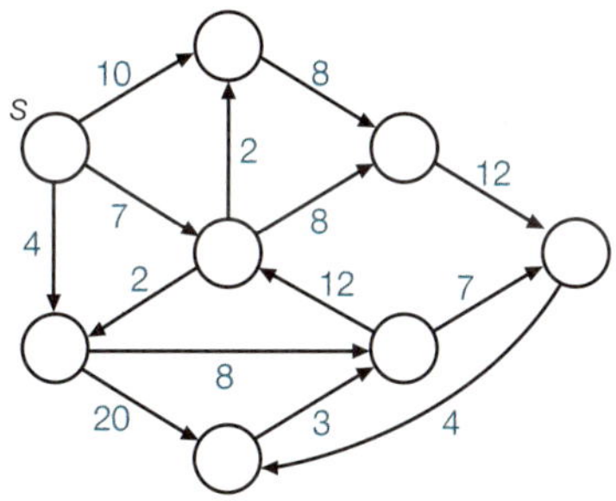

13 음의 가중치가 있을 때 다익스트라 알고리즘이 제대로 작동하지 않는 예를 하나 들어보시오.

14 n개의 원소로 구성된 최소힙에서 임의의 원소 값이 감소했을 때 $O(\log n)$ 시간에 이를 반영해서 힙을 수선할 수 있다. 어떻게 하면 되는지 그 과정을 기술하시오.

15 모든 간선의 길이가 1인 유향 그래프에서 지정된 어떤 정점을 시작점으로 하여 모든 다른 정점에 이르는 최단 경로를 구하려 한다. 알려진 대로 다익스트라 알고리즘을 쓰면 일단 최단 경로의 길이를 찾긴 하지만 이 경우에는 좀 더 빠르게 찾는 방법이 있다. 더 빠른 방법을 제안하고 수행 시간이 얼마인지 설명하시오.

16 다익스트라 알고리즘은 음의 간선이 있는 경우에는 최단 경로가 보장되지 않는다. 어떤 학생이 다음과 같은 아이디어를 제시했다.

> "음의 간선이 있는 그래프에서 모든 간선에 같은 크기의 충분히 큰 상수를 더해 모든 간선을 양수로 만든 다음 다익스트라 알고리즘으로 푼다. 그 결과로 나오는 경로 길이에 포함된 (더해진) 상수의 합만큼 빼주면 되지 않겠는가?"

이렇게 하면 최단 경로가 보장되는가? 답에 대한 이유를 설명하시오.

연습문제

17 다익스트라 알고리즘은 시작 정점 하나로부터 모든 다른 정점으로 가는 최단 경로를 구한다. 자동차 내비게이션에서는 지도가 그래프로 주어지고 시작점에서 특정한 목적점에 이르는 최단 경로를 구한다. 이 작업을 위해 다익스트라 알고리즘을 그대로 사용하는 것은 적당하지 않다.

① 다익스트라 알고리즘을 사용하는 것이 왜 비효율적인가?

② 이를 개선하기 위한 아이디어를 생각해보시오. (14장에서 이와 관련된 아이디어를 소개하지만 미리 이 문제를 생각해보면 좋다.)

18 다익스트라 알고리즘은 모든 간선의 가중치가 음이 아닐 때만 사용 가능하다. 음의 가중치를 가진 간선이 있으면 벨만-포드 알고리즘을 사용할 수밖에 없다. 다익스트라 알고리즘의 복잡도는 일반적으로 $O(E\log V)$이고 벨만-포드 알고리즘의 복잡도는 $O(VE)$라 큰 차이가 있다. 어떤 그래프에서 단 하나의 간선 가중치만 음수이고 나머지는 다 양수인 경우, 벨만-포드 알고리즘을 쓰기는 좀 아깝다. 이 경우 다익스트라 알고리즘을 두 번 사용해서 작업을 끝낼 수 있다. 첫 번째와 두 번째 다익스트라 알고리즘에 어떤 변화를 주면 되겠는가? 아이디어를 묻는 문제이니 알고리즘을 쓰지 말고 간단히 설명하시오. 조건은 다음과 같다.

- 가중치 음수인 간선을 (x, y)라 한다. 물론, 이 음의 간선으로 인해 음의 사이클이 만들어지지는 않는다.
- 편의상 최단 경로의 길이에 대해서만 생각한다. 경로 자체를 알 수 없어도 상관없다.

★ **19** 음의 가중치가 없는 유향 그래프 $G=(V, E)$와 두 정점 s, t가 주어졌을 때, s에서 t로 가는 최단 경로의 길이를 찾기 위해 수업 시간에 배운 다익스트라 알고리즘을 변형한 다음 DualDijkstra(G, s, t)를 수행한다. 이 알고리즘은 s와 t를 시작점으로 각각 G, G^R에서의 다익스트라 알고리즘을 번갈아 수행하다가 $S_0 \cap S_1$에 원소가 생기는 순간 완료한다. 여기서 G^R은 G에서 간선들의 방향을 뒤집어놓은 그래프다.

```
DualDijkstra(G, s, t):
    for each v ∈ V
        d_0[v] ← ∞; d_1[v] ← ∞
    d_0[s] ← 0; d_1[t] ← 0; S_0 ← ø; S_1 ← ø
    for (j ← 0; S_0∩S_1 is empty; j++)
        i ← j%2                          ▷ i는 0 또는 1
        u ← extractMin(V−S_i, d_i)
        S_i ← S_i∪{u}
        x ← u
        for each v ∈ L_i(u)∩(V−S_i)      ▷ L_0(u)=L(u)
                                         ▷ L_1(u)≡L^R(u) (G^R에서 정점 u에 인접한 정점들)
            if (d_i[v] > d_i[u] + w_i(u, v))
                d_i[v] ← d_i[u] + w_i(u, v)  ▷ w_0(a, b)=w_1(b, a)=w(a, b)
    return (d_0[x]+d_1[x])               ▷ x는 S_0∩S_1의 유일한 원소

extract_min(Q, d):
    집합 Q에서 d값이 가장 작은 정점 u를 리턴한다.
```

① 이 알고리즘에서 리턴하는 $d_0[x]+d_1[x]$가 반드시 s에서 t로 가는 최단 경로의 길이가 아닐 수도 있다. 어떤 경우에 그렇게 되는지 예를 보이시오.

② 알고리즘 DualDijkstra(G, s, t)가 최단 경로의 길이를 제대로 리턴하도록 바꾸시오. s, t 양쪽에서 번갈아 진행하는 위 알고리즘의 골격은 그대로 유지하면서 약간의 수정만 가하도록 한다.

20 벨만-포드 알고리즘을 상기하자. 이 알고리즘은 메인 루프를 k번째 수행하고 나면 각 정점 v에 대해 최대 k개의 간선을 사용하는 최단 경로를 확보하게 된다. 그렇지만 실제로는 k개보다 더 많은 간선을 사용하는 최단 경로까지 구해질 수도 있다.

① 왜 지켜지지 않는 것인가?

② 그럼에도 이것이 벨만-포드 알고리즘이 최단 경로를 구하는 데 문제를 일으키지 않는 이유는 무엇인가?

21 다음은 최단 경로의 길이를 구하기 위한 벨만-포드 알고리즘의 핵심부만 추린 것이다. 여기서 ❶의 for 루프에는 조금 낭비가 있다. 여기서처럼 반드시 모든 간선을 보지 않아도 된다.

```
BellmanFord(G, r):
    for each u ∈ V
        u.dist ← ∞
    r.dist ← 0
    for i ← 1 to |V|-1
      ❶ for each (u, v) ∈ E
            if (u.dist+w_uv < v.dist) v.dist ← u.dist+w_uv
```

① 보는 간선 수를 가능한 한 최소로 하여 시간을 단축시키는 방법을 제안해보시오. 이 아이디어가 점근적 수행 시간(최악의 경우 수행 시간)을 줄이지 못해도 된다.

> **NOTE_** 처음에 DFS를 실시하여 시작점에서 이를 수 없는 정점들을 추려낸 다음 이들에 대한 계산을 향후 제외한다는 아이디어는 별 의미가 없다.

② ①의 아이디어를 어떻게 구현할지 설명하시오. 어떤 자료구조를 써서 어떻게 이용할 것인지를 반드시 포함해야 한다. 복잡한 자료구조를 요구하는 것은 절대 아니다. 설명을 기호적으로 할 필요는 없다.

22 [알고리즘 10-10]의 플로이드-워샬 알고리즘을 정점 쌍에 대한 최단 경로의 길이뿐 아니라 최단 경로들도 복원할 수 있는 정보를 포함하도록 알고리즘을 확장하시오.

23 유향 그래프에서 정점들 간의 상호 연결 경로의 존재 여부를 판정하는 워샬 알고리즘은 [알고리즘 10-10]에 소개한 플로이드-워샬 알고리즘의 원형이다. 이번에는 반대로 [알고리즘 10-10]을 변형하여 정점들 간의 상호 연결 경로의 존재 여부를 판정하는 워샬 알고리즘을 만드시오.

24 최단 경로 문제에서는 어떤 경우든 음의 사이클이 존재해서는 안 된다. 만일 음의 사이클이 존재하는 그래프가 주어졌다면, 플로이드-워샬 알고리즘이 수행된 후 그런 사이클이 존재한다는 것을 어떻게 알 수 있는가?

25 다음은 본문의 DAG(사이클이 없는 유향 그래프)에서 최단 경로 알고리즘을 조금 변형한 것이다.

```
DAG_ShortestPath2(G, r):
    for each u ∈ V
        u.dist ← ∞
    r.dist ← 0
    G의 정점들을 위상 정렬한다.
    for each v ∈ V(정점 r부터 시작하여 위상 정렬 순서로)
        for each u ∈ V s.t. (u, v) ∈ E      ▷ 정점 v로 들어오는 간선의 시작 정점들
            if (u.dist + w_uv < v.dist)
                v.dist ← u.dist + w_uv
                v.prev ← u
```

① 이렇게 해도 제대로 최단 경로를 찾을 수 있는가? 여러분의 대답이 Yes이면 이 알고리즘이 제대로 작동한다는 것을 수학적 귀납법으로 보이고, 대답이 No이면 그 이유를 설명하시오.

② 이 알고리즘이 여전히 $O(V+E)$ 시간에 수행될 수 있음을 간선을 저장하는 자료구조를 중심으로 설명하시오(①의 답이 Yes이든 No이든 상관없음).

★ **26** 주어진 유향 그래프에서 정점 s로부터 시작하여 정점 t에 이르는 경로는 없을 수도 있고, 아주 많이 있을 수도 있다. 정점 s에서 정점 t에 이르는 모든 가능한 경로상에 있는 모든 정점의 집합을 (s, t)의 골격이라 하자. 그래프 G의 두 정점 s, t에 대하여 (s, t)의 골격을 구하는 알고리즘을 제시하고 점근적 수행 시간을 밝히시오. 알고리즘은 읽는 사람이 제대로 이해할 수만 있으면 자연어 문장이 포함된 스케치 정도로도 충분하다.

27 강연결 요소를 찾기 위한 알고리즘을 다음과 같이 바꾼다. 이렇게 해도 제대로 답을 찾을 수 있는가? 대답에 대해 핵심적인 이유를 덧붙여 설명하시오.

stronglyConnectedComponent(G):
- **2** G의 모든 간선들의 방향을 뒤집어 G^R을 만든다.
- **1** 그래프 G^R에 대해 DFS(G^R)을 수행하여 각 정점 v의 완료 시간 $f[v]$를 계산한다.
- **3** DFS(G^R)을 수행하되 [알고리즘 10-2]에서 시작점을 택할 때 **1**에서 구한 $f[v]$가 가장 큰 정점으로 시작점을 잡는다.
- **4** 앞의 **3**에서 만들어진 분리된 트리 각각을 강연결 요소로 리턴한다.

28 DFS의 끝에 다음과 같이 각 정점의 완료 시간($f\_time[\,]$)을 표시하도록 하였다. 입력 그래프가 주어지면, 임의의 정점에서 다음 bDFS를 시작하여 더 이상 진행할 수 없을 때까지 진행한다. bDFS가 모든 정점을 다 방문하지 못하고 끝나면 나머지 정점 중 아무거나 하나 골라 다시 bDFS를 수행한다. 이런 식으로 모든 정점이 방문될 때까지 진행한다. 이 과정에서 변수 값 cnt는 일관성을 갖고 계산된다. 즉, 전역 변수처럼 동작한다.

```
bDFS(v):
    mark[v] = YES
    for all x ∈ v.adjlist        ▷ v.adjlist: 정점 v에 인접한 정점 집합
        if (mark[x] = NO) bDFS(x)
    f_time[v] = cnt++
```

다음 그림으로 이 DFS를 수행했을 때, 정점 x의 완료 시간이 정점 y의 완료 시간보다 빠른 경우가 있는가? bDFS는 아무 정점에서나 시작할 수 있다.

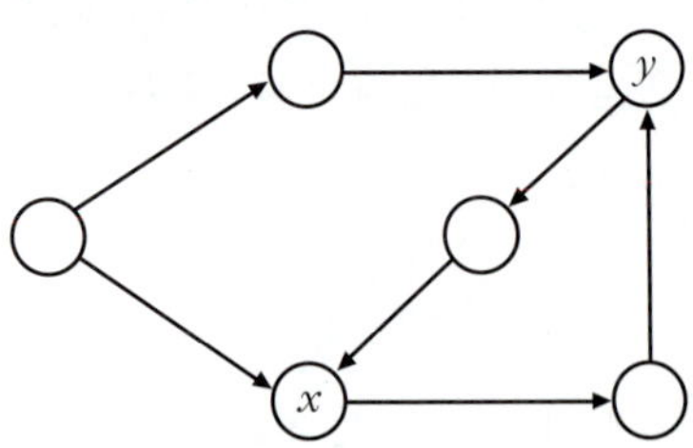

Chapter

11

그리디 알고리즘

학습목표

- 그리디 알고리즘의 특징을 파악한다.
- 그리디 알고리즘으로 최적해가 보장되는 예와 그렇지 않은 예를 관찰한다.
- 매트로이드의 정의를 익힌다.
- 매트로이드가 만드는 문제 공간의 특성을 배운다.

PREVIEW

워런 버핏 : 찰리 멍거는 유머 감각을 어디서 얻는지 들어봅시다.

찰리 멍거 : 세상을 정확하게 바라보면 웃을 수밖에 없습니다. 터무니없으니까요.

사람이 살면서 눈앞의 이익만 좇으면 당장은 이익인 것 같아도 장기적으로 보면 좋은 결과로 이어지는 경우가 드물다. 알고리즘이 해를 찾는 과정에서도 당장의 이익만 좇는 선택을 반복하면 대개 결과가 좋지 않다. 이렇게 눈앞의 이익만 우선 추구하는 알고리즘을 총칭해서 그리디 알고리즘이라 한다. 뜻으로 보면 욕심스런 알고리즘 정도 되겠다.

그리디 알고리즘은 대부분의 경우 뛰어난 결과를 도출하지 못하지만 드물게 최적해를 보장하는 경우도 있다. 이 장에서는 그리디 알고리즘으로 최적해를 구할 수 있는 드문 예들과 그렇지 않은 예들을 소개한다. 그리고 매트로이드라는 특수한 구조를 가지는 문제는 그리디 알고리즘으로 최적해를 보장하게 되는데, 이것도 상당히 비중 있게 살펴본다.

01 전형적인 그리디 알고리즘의 구조

눈앞의 이익만 추구하는 알고리즘을 총칭해서 그리디 알고리즘Greedy Algorithm이라 한다. 그리디 알고리즘은 대부분의 경우 뛰어난 결과를 도출하지 못하지만 드물게 최적해를 보장하는 경우도 있다. 그리디 알고리즘은 최적화 문제를 대상으로 한다. 최적해를 찾을 수 있으면 그것을 목표로 삼고, 찾기 어려운 경우에는 주어진 시간 내에 그런대로 괜찮은 해를 찾는 것을 목표로 삼는다.

[알고리즘 11-1]은 전형적인 그리디 알고리즘의 구조다.

알고리즘 11-1 | **전형적인 그리디 알고리즘**

```
do
    가장 좋아 보이는 선택을 한다.
until (해 구성 완료)
```

그리디 알고리즘은 하나의 온전한 해가 만들어질 때까지 눈앞에 가장 좋아 보이는 선택을 반복한다. 10장에서 최소 신장 트리를 찾는 알고리즘을 둘 배웠다. 예를 들어, n개의 정점을 가진 어떤 그래프의 최소 신장 트리는 사이클을 이루지 않는 총 $n-1$개의 간선으로 이루어진다. 이 문제를 푸는 그리디 알고리즘은 간선이 하나도 없는 집합에서 시작하여 간선을 하나씩 더해가면서 $n-1$개의 간선이 될 때까지 집합을 키워나간다. 이 과정의 각 단계에서 어떤 간선을 택할지 결정하는 로직이 있어야 한다. 이 로직이 눈앞의 이익만 추구하면 그리디 알고리즘 계열에 속하게 된다. 최소 신장 트리 문제에서는 간선을 하나 더할 때마다 해당 간선이 기존에 선택된 간선들과 사이클을 이루지 않는지 확인해야 한다. 모든 그리디 알고리즘은 이런 구성 요소들을 포함한다.

[알고리즘 11–2]는 최소 신장 트리를 찾는 그리디 알고리즘 중 하나인 프림 알고리즘이다.

알고리즘 11–2 프림 알고리즘

```
Prim(G, r):
▷ G=(V, E): 그래프, r: 시작 정점
    S ← ø; T ← ø          ▷ S: 정점 집합, T: 간선 집합
    정점 r을 집합 S에 더한다.
    while (S≠V)
        S에서 V–S를 연결하는 간선들 중 최소 길이의 간선 (x, y)를 찾는다.
                                            ▷ (x ∈ S, y ∈ V–S)
        T에 간선 (x, y)를 더한다.
        정점 y를 집합 S에 더한다.
```

간선의 집합 T는 공집합으로 시작하여 알고리즘이 끝나면 $n-1$개의 간선을 포함하게 되고 그것이 최적해가 된다.

알고리즘 11–3 그리디 알고리즘

```
Greedy(C):
▷ C: 원소들의 총 집합
    S ← ø
    while (C≠ø and S는 아직 온전한 해가 아님)
        ❶ x ← C에서 원소 하나 선택
           집합 C에서 x를 제거한다.          ▷ C ← C–{x}
        ❷ if (S에 x를 더해도 됨) S ← S ∪ {x}
    if (S가 온전한 해임) return S
    else return "해 없음!"
```

[알고리즘 11-3]의 ❶에서 원소를 선택하는 기준이 눈앞의 이익을 우선하면 그리디 알고리즘 계열에 속한다. 프림 알고리즘의 경우, 집합 S에 속하는 정점과 집합 S에 속하지 않는 정점을 연결하는 간선들 중 가장 짧은 것을 우선 택한다. 최소 신장 트리는 간선의 합을 최소로 하는 신장 트리를 찾는 것이므로 부분적으로 만들어진 신장 트리에 연결할 수 있는 간선 중 길이가 가장 짧은 것을 우선 택하고 보자는 것이다. 이런 근시안적인 선택이 최적해를 보장하는 경우는 드물지만, 최소 신장 트리 문제는 이런 방식으로 최적해가 보장되는 드문 예 중 하나다. ❷는 원소를 하나 더하기 전에 해당 원소를 더함으로써 온전한 해가 될 가능성이 없어지지 않았는지 체크하는 부분이다.

02 그리디 알고리즘으로 최적해가 보장되지 않는 예

그리디 알고리즘은 대부분의 경우 최적해를 보장하지 못한다. 몇 가지 예를 보자.

1 이진 트리의 최적합 경로 찾기

우선 그리디 알고리즘이 최적해를 보장하지 못하는 아주 쉬우면서도 직관적인 예를 소개한다. 각 노드가 양의 가중치를 갖는 이진 트리가 있다. 트리의 내용은 사전에 알지 못한다. 루트부터 시작해 왼쪽으로 분기할지 오른쪽으로 분기할지를 매 단계마다 결정해야 한다. 임의의 노드에 이르면 그제서야 그 노드의 자식에 할당된 가중치가 공개된다. 이렇게 내려가다 리프 노드를 만나면 끝난다. 이 과정에서 만난 노드에 있는 가중치 합이 이 경로의 점수다. 이 합을 최대화하는 알고리즘을 찾아야 한다.

이 문제는 척 보면 모든 노드를 다 보기 전에는 최적해를 보장할 수 없다는 것을 알 수 있다. 극단적인 예로, 가보지 않은 어떤 노드가 다른 모든 경로의 합보다 큰 가중치를 갖고 있을 가능성이 있기 때문에 모든 노드를 보기 전에는 최적해를 보장할 수 없다. 그러므로 루트로부터 DFS와 같은 백트래킹 탐색을 할 수밖에 없고, 수행 시간의 상한은 트리의 총 노드 수에 비례하게 된다.

이 문제에서 각 단계를 내려갈 때마다 눈앞의 이익만 좇는다면 [알고리즘 11-4]와 같은 그리디 알고리즘이 된다.

[그림 11-1]은 이 알고리즘이 최적해를 찾지 못했음을 보여주는 예다. 루트에서 두 자식의 가중치를 보면 15와 60이다. 그리디 알고리즘은 눈앞의 이익을 좇아 60을 선택한다. 이 경로는 한 단계 더 내려가면 리프 노드를 만나 끝난다. 이 경로의 점수는 62다. 최적 경로는 점선을 따라 내려가는 경로로 점수가 274다. 이 문제는 DFS나 BFS와 같은 방식으로 모든 노드를 다 확인해보기 전에는 최적해를 보장할 수 없다.

알고리즘 11-4 이진 트리의 탐색(그리디)

```
Greedy_Sum(T, w[], r):
▷ T: 이진 트리, r: 루트 노드, w[]: 노드들에 할당된 수
    x ← r; sum ← 0
    while (x가 리프 노드가 아님)
        sum ← sum + w[x]
        x ← x의 자식 중 가중치가 큰 자식
    sum ← sum + w[x]
    return sum
```

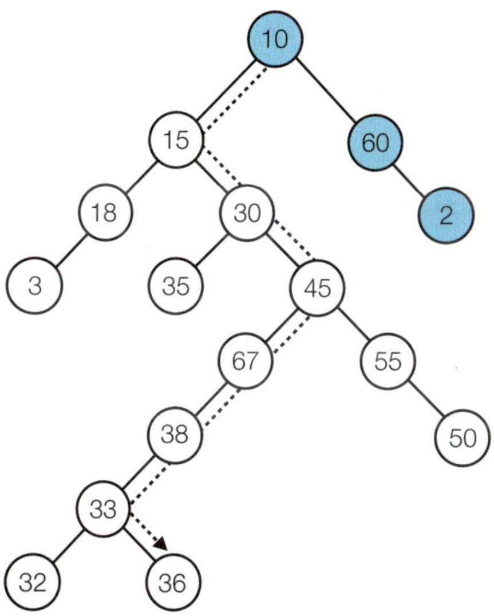

그림 11-1 그리디 알고리즘이 실패하는 예

2 보따리 문제

부피가 M인 보따리(냅색Knapsack)와 이 보따리에 넣으려 하는 n개의 물건이 있다. 물건 i의 부피는 W_i이고 이 물건을 보따리에 넣을 경우 P_i의 가치가 있다. 물건들의 전체 부피 합이 M을 넘지 않도록 하면서 가치가 최대가 되도록 보따리에 물건들을 넣어보자.

알고리즘 11-5 | 보따리 문제(그리디)

```
Greedy_Knapsack(p[], W[], M):
▷ P[]: 가치 배열, W[]: 부피 배열
▷ X: 보따리에 담는 물건 집합, M: 보따리 부피

    ▷ P와 W를 P[i]/W[i]에 따라 내림차순(단위 부피당 가치가 큰 순서)으로 정렬한다.
    headRoom ← M; i ← 1
    while (W[i] ≤ headRoom and i≤n)
        X ← X ∪ {i}
        headRoom ← headRoom − W[i]
        i++
    return X
```

이 그리디 알고리즘은 보따리 용량을 초과하지 않은 한 단위 부피당 가치가 가장 큰 물건 순서로 각 물건을 보따리에 추가한다. 이 방식의 그리디 알고리즘은 최적해를 보장하지 못한다. 사실 이 문제는 13장의 주제인 NP-Hard에 속하는 난제다. 이 문제를 0/1 보따리 문제0/1 Knapsack Problem라 한다.

보따리 문제에서 물건을 자를 수 있다면 이 같은 방식으로 최적해를 보장할 수 있다. 즉, 단위 부피당 가치가 가장 큰 물건 순서로 각 물건을 보따리에 추가하다가 어떤 물건을 넣으려는 순간 보따리 용량을 초과하면 남은 용량에 들어갈 만큼만 잘라 넣으면 된다. 그러면 최적해가 된다. 이 유형의 보따리 문제를 자를 수 있는 보따리 문제Fractional Knapsack Problem라 한다.

3 동전 바꾸기

우리나라에는 500원, 100원, 50원, 10원, 5원, 1원의 여섯 가지 동전이 있다.

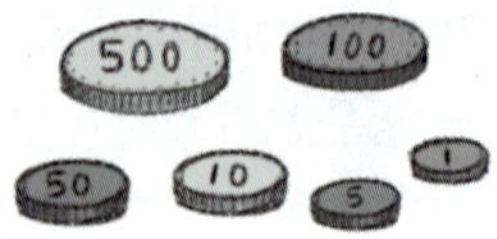

3,256원을 가장 적은 개수의 동전을 사용해 만든다고 하자. 먼저 500원을 쓸 수 있는 데까지 쓰면 6개가 된다. 다음 100원 2개, 50원 1개, 5원 1개, 1원 1개를 사용하면 총 11개의 동전으로 3,256원을 만들 수 있다. 이것은 최적해다. 이처럼 동전의 액면이 커지면서 바로 아래 액면의 배수가 되는 경우에는 이 예처럼 그리디한 방식으로 최적해를 구할 수 있다.

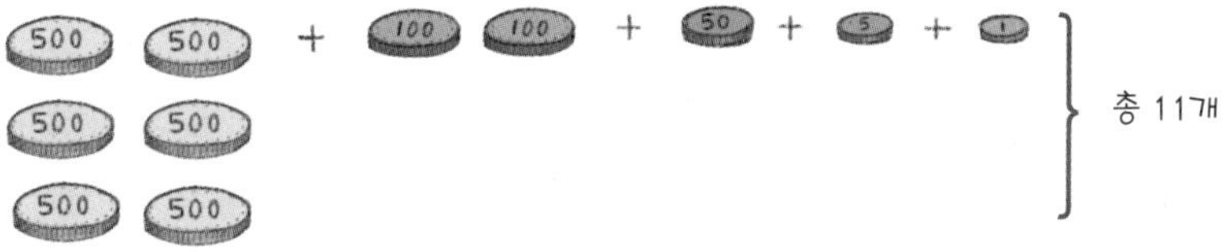

그렇지만 동전의 액면이 증가하면서 앞 액면의 배수가 되지 않는 경우에는 그리디한 방법으로 최적해가 보장되지 않는다. 예를 들어 동전의 액면이 다음과 같이 500원, 400원, 100원, 75원, 50원이라 하자.

이 동전들로 1,300원을 만들어보자. 앞에서처럼 그리디한 방법을 쓰면 500원 2개, 100원 3개를 선택하게 되어 총 5개의 동전을 쓰게 된다. 최적해는 500원 1개, 400원 2개로 총 3개의 동전이면 된다.

이 문제는 9장의 동적 프로그래밍으로 최적해를 구할 수 있다.

03 그리디 알고리즘으로 최적해가 보장되는 예

1 최소 신장 트리

10장에서 배운 최소 신장 트리를 위한 프림 알고리즘, 크루스칼 알고리즘은 그리디 알고리즘으로 최적해가 보장되는 예들이다. 다음 프림 알고리즘을 다시 보자.

알고리즘 11-6 | 프림 알고리즘

```
Prim(G, r):
▷ G=(V, E): 주어진 그래프
▷ r: 시작 정점
    S ← ∅
    for each u ∈ V
        u.cost ← ∞
    r.cost ← 0
    while (S≠V)
        u ← extractMin(V−S, d)
        S ← S ∪ {u}
        for each v ∈ u.adjlist
            if (v ∈ V−S and w(u, v) < v.cost)
                v.cost ← w(u, v)
                v.prev ← u
```

이 알고리즘이 진행되는 중간의 한 시점을 보자. 집합 S에 지금까지 처리가 끝난 정점들의 집합이 들어 있고, 아직 처리가 끝나지 않은 정점($V-S$에 속하는 정점) 중에서 집합 S로 연결하는 간선 중 가장 짧은 간선을 가진 정점(u)을 집합 S에 더한다. 어떤 시점이든지 그 시점에서 집합 S에 가장 싼 비용으로 연결되는 정점을 택한다. 이렇게 그리디한 방법을 썼는데도 다행히 최적해를 놓치지 않는다.

2 회의실 배정 문제

회사에 회의실이 1개 있다. 여러 부서에서 회의실을 사용하므로 미리 신청을 받아 스케줄링을 한다. 회의실을 사용하고자 하는 부서는 원하는 회의 시작 시간과 종료 시간을 명시해서 신청서를 제출한다. 이렇게 받은 n개의 회의 신청에 대해 회의실 사용 스케줄을 정하려 한다. 목표는 겹치는 회의가 없게 하면서 가장 많은 수의 회의를 소화할 수 있도록 하는 것이다. 구현 편의를 위해 앞 회의의 종료 시간과 바로 다음 회의의 시작 시간이 같아도 된다. 예를 들어, 11시에 회의가 끝나고 11시에 시작하는 것이다.

알고리즘 11-7 회의실 배정 문제(그리디)

```
Greedy_Schedule(S, n):
▷ S = {(s_i, t_i) | i = 1, 2, ⋯, n}, n: 신청 회의 수
▷ s_i: 시작 시간, t_i: 종료 시간
    t_i에 대한 오름차순으로 정렬하고, 이 순서대로 S = {(s_i, t_i) | i = 1, 2, ⋯, n}의
        번호를 다시 매긴다.        ▷ 즉, 종료 시간이 가장 이른 회의는 (s_1, t_1)이 된다.
    T ← {1}
    last ← 1
    for (i ← 2 to n)
        if (t_last ≤ s_i)
            T ← T ∪ {i}
            last ← i
    return T
```

예를 하나 들어보자. 다음은 8개의 회의가 신청된 상황이다. 각 시작 시간과 종료 시간을 종료 시간이 빠른 순서로 정렬한 결과가 다음과 같다고 하자.

(3, 5), (1, 6), (6, 7), (5, 9), (8, 13), (7, 14), (12, 18), (16, 20)

알고리즘은 이 순서로 회의들을 포함시킬지 체크한다. 먼저 1번 회의 (3, 5)는 무조건 들어간다. 1번 회의가 끝나는 시간은 5다. 그다음 (1, 6)은 앞에 배정된 회의와 겹치는 시간이 있으므로 제외된다. 또 그다음 (6, 7)은 겹치지 않아 포함된다. 이제 배정된 회의가 끝나는 시간은 7이다. 따라서 (5, 9)는 제외된다. (8, 13)은 포함된다. (7, 14), (12, 18)은 제외된다. (16,

20)은 포함된다. 즉, 차례가 왔을 때 자신의 시작 시간이 이미 배정된 회의 중 맨 마지막에 끝나는 것보다 뒤면 포함시키는 일을 반복했다. 배정 결과는 다음과 같다.

(3, 5), (6, 7), (8, 13), (16, 20)

이것은 얼핏 직관과 어긋나 보인다. 이 문제를 학생들에게 소개하고 "그리디한 선택을 할 때 가장 넣고 싶은 회의는 어떤 것인가?"라고 물어보면, 소요 시간이 짧은 회의부터 고려하려는 경향이 있다. 가장 많은 회의를 소화하려면 회의 시간이 짧은 것이 유리하다고 생각하기 때문이다. 사람에 따라서는 시작 시간이 가장 빠른 회의부터 고려하는 경우도 있다. 이런 방식들은 최적해를 보장하지 않는다.

정리 11-1

Greedy_Schedule()은 항상 최적해를 구한다.

▶▶ **증명** 신청받은 회의들을 종료 시간이 빠른 순서로 1, 2, ⋯, n까지 번호를 매기자. 우선 회의 1을 포함하는 최적해가 존재한다는 사실을 보이자.

회의 1을 포함하지 않는 최적해 T가 있다고 하자. T에서 가장 먼저 끝나는 회의를 i라 하자. 그러면 회의 i를 빼고 회의 1을 넣어도 합법적인 스케줄이 된다. 즉, $T \cup \{1\} - \{i\}$로 바꾸어도 역시 최적해가 된다.

일단 회의 1을 포함시켜 놓고 나머지 중에서 같은 방식으로 최적해를 찾으면 된다.

3 그 밖의 예

그래프에서 최단 경로를 구하는 다익스트라 알고리즘도 그리디 알고리즘이다. 문서에서 각 원소들의 출현 빈도가 주어질 때 해당 문서를 효율적으로 압축하는 코드를 만드는 허프만 코딩 알고리즘도 그리디 알고리즘이다. 이들도 그리디 알고리즘이면서 최적해가 보장되는 예다.

04 매트로이드: 그리디 알고리즘으로 최적해가 보장되는 공간 구조

매트로이드[Matroid]는 독립성이라는 성질을 만족하는 수학적 공간이다. 어떤 문제의 공간이 매트로이드를 이루면 이 문제를 위한 최적해를 보장하는 그리디 알고리즘이 존재한다. 그렇지만 그리디 알고리즘으로 최적해가 보장되는 모든 문제가 매트로이드 구조는 아니다.

수학에서 추상적 구조를 정의할 때는 주로 원소들이 어떤 연산자에 대해서 만족하는 성질로 정의된다. 모노이드[Monoid]나 군[Group] 등이 대표적이다. 여기서 소개하는 매트로이드는 연산자가 없다. 원소들의 부분집합들끼리 만족하는 성질로 정의된다. 매트로이드는 원래 행렬(매트릭스)에서 행들의 독립성을 일반화(추상화)하면서 출현한 탓에 매트로이드란 이름을 갖게 되었다.

1 매트로이드의 정의와 예

정의 11-1 매트로이드

어떤 유한 집합 S의 부분집합들의 집합인 I(즉, $I \subseteq 2^S$)가 다음의 성질을 만족하면 매트로이드라 한다.

❶ $A \in I$이고 $B \subseteq A$이면 $B \in I$이다. ▷ 상속성[Heredity]

❷ $A, B \in I$이고 $|A| < |B|$이면, $A \cup \{x\} \in I$인 $x \in B - A$가 존재한다. ▷ 증강성[Augmentation]

성질 ❶에서 공집합은 모든 집합의 부분집합이므로 $\emptyset \in I$란 의미도 포함된다. 성질 ❷는 증강성보다 교환성[Exchange]으로 더 많이 부르는데 4.4절에서 소개하는 교환성과 구별하기 위해 여기서는 증강성으로 표현하였다.

이 정의를 풀어쓰면 다음과 같다. 집합 I는 부분집합들을 원소로 가지는 집합인데 이들에게 요구되는 이 두 가지 성질을 독립성이라고 한다.

❶ 집합 A가 I에 속하면 A의 모든 부분집합도 I에 속한다.

❷ 크기가 다른 두 집합 A, B($|A| < |B|$)가 I에 속하면, B의 원소이면서 A의 원소가 아닌 것 중에 A에 더해서 I에 속하게 하는 원소가 존재한다.

이런 성질을 가지는 부분집합들을 모아놓은 집합 I를 매트로이드라 한다. 곧이어 소개하겠지만 그래프 $G=(V, E)$에서 모든 숲의 집합은 매트로이드가 된다.

그래프의 부분 그래프 중 사이클을 갖지 않는 연결 그래프를 트리Tree라 한다. 트리가 하나 이상 모이면 숲이라 한다. 나무를 뜻하는 트리를 원문 그대로 불렀으면 숲도 원문인 포레스트Forest라 부르는 것이 일관성 있지만 포레스트란 단어가 좀 길고 어색해서 숲으로 부르기로 한다. 임의의 숲은 '서로 겹치는 부분이 없는 트리를 하나 이상 모아놓은' 것인데 이것은 '사이클을 이루지 않는 간선들의 집합'이란 말로 달리 표현할 수 있다. 일반적으로 숲이라 하면 정점과 간선을 모두 생각하게 되지만, 정점은 간선을 표현하기 위해 사용되었다 간주하고 간선으로만 나타내어도 된다. 이렇게 하면 간선들의 집합 E가 매트로이드의 [정의 11-1]의 원집합 S가 된다. [그림 11-2]의 (b)~(f)는 (a)의 그래프 $G=(V, E)$로 만들 수 있는 숲의 예들이다. (b), (c), (d), (e), (f)는 각각 간선을 0개, 6개, 7개, 8개, 9개 가진 숲의 예를 보여준다. 이 중 (b)는 간선이 하나도 없는 공집합으로 역시 숲이다(트리 10개로 구성된 숲임). (f)는 트리 1개로 구성된 숲이다. $G=(V, E)$에서 모든 가능한 숲의 집합을 F라 하자. 즉, $F \subseteq 2^E$이다. 임의의 숲은 간선을 최대 $|V|-1$개까지 가질 수 있고 이 경우 단 하나의 트리로 구성된다. F는 매트로이드가 된다.

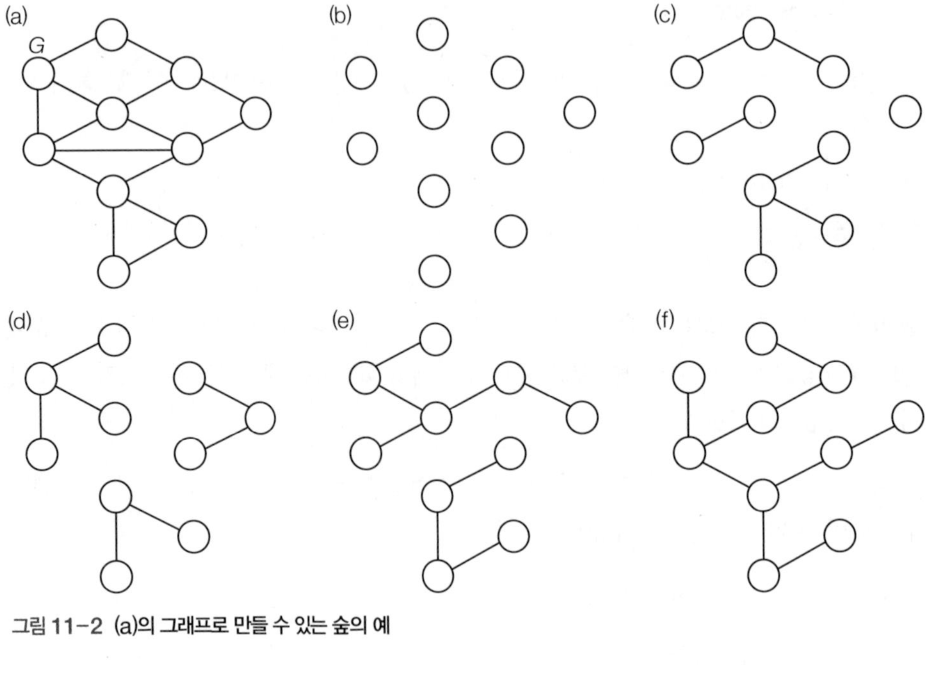

그림 11-2 (a)의 그래프로 만들 수 있는 숲의 예

정리 11-2 그래픽 매트로이드

> 그래프 $G=(V, E)$의 숲 집합 $F \subseteq 2^E$은 매트로이드다.

▶▶ **증명** F가 [정의 11-2]의 두 가지 성질을 만족함을 보이면 된다.

❶ (상속성) 어떤 숲의 부분집합도 당연히 숲이다.

❷ (증강성) $|A|<|B|$인 두 숲 A, B를 생각하자. A는 적어도 2개 이상의 분리된 트리로 구성된다. A에 속하는 임의의 트리 하나를 T라 하자. T의 정점들에 대해 이들을 연결하는 간선 수는 B가 A보다 많을 수 없다(그렇지 않으면 B가 사이클을 가짐). A의 다른 트리에서도 마찬가지다. B가 A보다 간선 수가 많으므로 B에는 A의 서로 다른 트리를 연결하는 간선이 적어도 하나 이상 존재한다. 이 간선 중 하나를 A에 더하면 사이클을 만들지 않아 역시 숲이 된다.

[그림 11-3]은 ❷를 보충 설명하는 예를 보여준다. (a)와 (b)는 각각 두 숲 A, B로 $|A|<|B|$이다. (c)에서 굵은 간선은 B의 간선 중에서 A의 같은 트리에 속하는 정점들을 연결하는 것들이다. 나머지 점선 간선들은 B의 간선 중에서 A의 서로 다른 트리를 연결하는 것들이다. $|A|<|B|$이므로 어떤 경우든 점선 간선이 적어도 하나 존재한다. 이 간선 중 아무거나 A에 더하면 역시 숲이 된다. (d)는 간선 e를 A에 더하니 여전히 숲이 되는 예다.

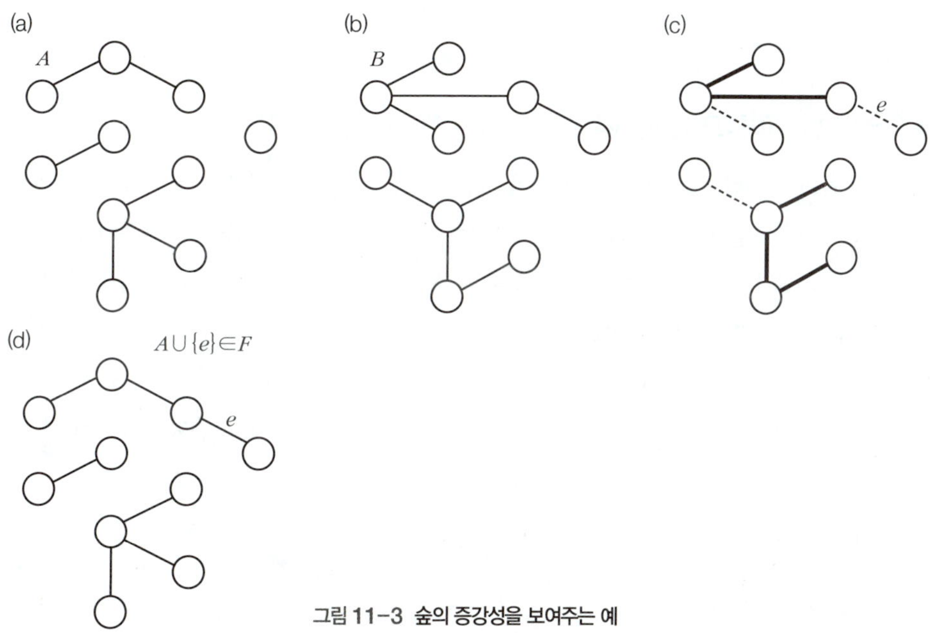

그림 11-3 숲의 증강성을 보여주는 예

2 매트로이드의 확장과 포화

정의 11-2 확장 Extension

매트로이드 $I \subseteq 2^S$와 $A \in I$에서 A에 속하지 않는 어떤 원소 $x \in S$에 대하여 $A \cup \{x\} \in I$이면 x가 A를 확장한다고 한다. A가 더 이상 확장되지 않으면 A를 포화 집합Maximal Set이라 한다.

[그림 11-3]의 (d)에서 $A \cup \{e\} \in F$이므로 "e는 A를 확장한다"라고 한다. [그림 11-2]의 (f)는 하나의 간선을 더하면 무조건 사이클이 만들어져 더 이상 확장할 수 없다. 그러므로 포화 집합이다. 숲에서 포화 집합은 모두 $|E|-1$개의 간선을 가지게 될 것임을 짐작할 수 있다. 이것을 일반화한 것이 [정리 11-3]이다.

정리 11-3

임의의 매트로이드 $I \subseteq 2^S$의 포화 집합은 모두 같은 크기를 가진다.

▶▶ **증명** 두 포화 집합 A, B가 서로 다른 크기를 가졌다고 가정하자. 일반성을 잃지 않고 $|A|<|B|$라 하자. [정의 11-1]의 증강성에 따라 $A \cup \{x\} \in I$인 x가 $B-A$에 존재하여 A가 확장된다. 이는 A가 포화 집합이라는 가정에 모순되므로 그런 일은 있을 수 없다.

3 그리디 알고리즘으로 최적해를 보장하는 매트로이드 구조

매트로이드 I의 원집합 S의 원소들이 (양의) 가중치를 가지면 이를 가중치 매트로이드Weighted Matroid라 한다. 이 모델에서는 최적화 문제를 만들 수 있는데 소속된 원소들의 가중치 합을 최대로 하는 부분집합 $A \in I$를 찾는 문제다. 그래픽 매트로이드라면 간선들이 가중치를 갖게 되고 간선 가중치의 합을 최대로 하는 숲을 찾는 문제가 된다(이것은 최대 신장 트리 문제가 됨). 매트로이드에서 가중치 최적화 문제는 항상 최적해를 찾을 수 있다. 즉, 그리디 알고리즘으로 풀려는 문제가 매트로이드 구조를 가지면 최적해를 보장하게 된다. 가중치는 모두 양인 경우로 제한한다.

알고리즘 11-8 최대 가중치 합 구하기(그리디)

```
Greedy (I, w[]):
▷ I⊆2^S: 매트로이드, w[]: 가중치 배열
    A = ∅
    S의 원소들을 w의 가중치 크기로 내림차순 정렬한다.
    for each x ∈ S(가중치 내림차순으로)
        if (A ∪ {x} ∈ I) A ← A ∪ {x}
    return A
```

정리 11-4

[알고리즘 11-8]의 Greedy()는 최적해를 보장한다.

▶▶ **증명** Greedy(I, w[])로 구한 부분집합 $A \in I$보다 가중치가 큰 부분집합 $X \in I$가 존재한다고 가정하자. 가중치가 모두 양이고 알고리즘은 더 이상 확장할 수 없을 때까지 원소 더하기를 시도하므로 최종적으로는 포화 집합을 갖게 된다. 이 포화 집합의 원소 수를 n이라 하자. 또 포화 집합 A의 원소들을 크기순으로 a_1, a_2, $\cdots$, a_n이라 하고, X의 원소들을 크기순으로 x_1, x_2, $\cdots$, x_n이라 하자. 이 중 x_k, a_k에서 처음으로 $w(x_k) > w(a_k)$가 된다 하자. 부분집합 $A_{k-1} = \{a_1, a_2, \cdots, a_{k-1}\} \in I$, $X_k = \{x_1, x_2, \cdots, x_k\} \in I$에서 $|A_{k-1}| < |X_k|$이므로 증강성에 따라 $A_{k-1} \cup \{x_i\} \in I$인 $x_i \in X_k - A_{k-1}$가 존재한다. $w(x_i) \geq w(x_k) > w(a_k)$이므로 Greedy($I$, w[])는 a_k 대신 x_i 중의 하나를 선택한다. 그러므로 A보다 가중치가 더 큰 부분집합 $X \in I$가 있으면 A가 Greedy(I, w[])의 결과물이 될 수 없다. 즉, Greedy(I, w[])는 항상 최적해를 결과물로 리턴한다.

최소 신장 트리 문제의 경우 가중치 합을 최소로 하므로 가중치 최대 합을 구하는 이 구조에 맞지 않다. 이 문제는 그래프의 모든 간선 가중치 중 가장 큰 것보다 큰 임의의 값 D부터 각 간선의 가중치를 뺀 값으로 가중치를 바꾸어 풀면 된다. 이렇게 바꾼 간선 가중치 합을 최대화하면 원래 가중치 기준으로는 가중치 합을 최소화하는 최소 신장 트리 문제가 된다.

최적의 포화 집합을 찾는 문제로 제한하면 최대 합을 구하는 대신 최소 합을 구하는 경우에도 [알고리즘 11-8]은 항상 최적해를 찾는다. 단, 가중치 내림차순 대신 오름차순으로 한다는 점만 다르다.

★ 4 문제 공간 탐색 관점에서 본 매트로이드

앞에서 배운 알고리즘 Greedy( )에서 부분집합 A는 아무것도 없는 상태(공집합)에서 시작하여 원소를 하나씩 더해나간다. 즉, 불완전한 상태에서 온전한 해로 변해나간다. 마지막에 단 하나의 온전한 해를 만나는 순간 알고리즘은 끝난다. 이렇게 쌓아나가는 유형의 알고리즘을 구축형Constructive 알고리즘이라 한다. 반면, 알고리즘 중에는 초기에 임의의 온전한 해부터 시작해서 내용을 조금씩 바꾸어가면서 다른 해로 이동하는 유형도 있다. 이런 알고리즘을 개선형Improvement 알고리즘이라 한다. 비유하자면, 전자는 건설자 관점의 알고리즘이고 후자는 여행자 관점의 알고리즘이라 할 수 있다. 즉, 하나는 만들어가는 것이고, 하나는 만들어져 있는 해들 사이를 돌아다니는 것이다. 알고리즘 Greedy()는 구축형 알고리즘이다.

포화 집합의 크기가 n인 매트로이드에서 하나의 해 $A=\{a_1, a_2, \cdots, a_n\}\in I$는 n차원 벡터로 표현할 수도 있다. 즉, $\langle a_1, a_2, \cdots, a_n\rangle$으로 볼 수 있다. 구축형 알고리즘이 해를 만들어가는 과정을 보자. 처음에 공집합으로 시작해서 최종적으로 n개의 원소로 채우는데 원소를 하나씩 더할 때마다 중간해의 차원은 하나씩 낮아져간다. 처음의 공집합 상태는 모든 가능한 해를 포함한다. 즉, n차원 전체를 포함한다. 원소가 하나 결정되면, 벡터의 첫 번째 차원 값은 고정되었으므로 나머지 $n-1$ 차원 값만 비어 있다. 즉, $n-1$차원이 된다. 이렇게 값이 하나씩 더해질 때마다 남은 차원은 하나씩 감소한다. 최종적으로 마지막 원소가 채워지면 하나의 점이 되고 남은 차원은 없다. 이 과정에서 거쳐가는 중간 공간들을 수학적 용어로 초평면Hyperplane이라 한다. 구축형 알고리즘에서 값이 다 결정되지 않은 상태의 해는 다차원 공간인 초평면과 대응된다. 매트로이드의 구축형 알고리즘을 진행하는 과정에서 거쳐가는 초평면은 항상 최적해를 포함하는 방식으로 공간을 좁혀나간다.

반면, 개선형 알고리즘은 온전한 해부터 시작하므로 하나의 점에서 시작한다. 결정되지 않은 차원이 없다. 탐색을 시작하는 해로 주어지는 초기해는 거의 100% 최적해가 아니다. 매트로이드를 위한 구축형 알고리즘이 최적해를 벗어나지 않도록 공간을 좁혀나가는 데 반해, 개선형 알고리즘은 탐색을 시작하는 해가 이미 최적해를 벗어나 있다. 이 상태에서 최적해로 이동하고자 하는 것이다. 해의 내용을 바꾸어 다른 해를 탐색한다는 것은 공간의 한 점에서 다른 점으로 이동하는 것이다.

앞에서 배운 알고리즘 Greedy()는 구축형 알고리즘이고 이 방식의 접근으로 항상 최적해를 보장한다는 것을 배웠다. 여기서 한 가지 궁금증이 생긴다. 과연 개선형 알고리즘으로도 매트로이드 공간의 최적해를 항상 보장할 수 있을까? 즉, 포화 집합인 임의의 초기해 $X \in I$가 하나 주어지면(대부분 최적해에서 벗어나 있음) 이를 개선해나가면서 최적해를 반드시 찾을 수 있을까 하는 것이다. 공간 이동 관점에서 매트로이드 공간을 분석해보았다. 결론은 매트로이드 구조를 가진 문제에서는 개선형 알고리즘으로도 최적해를 보장할 수 있다는 것이다.

알고리즘 11-9 매트로이드 구조 문제(개선형 그리디)

Greedy2 (I, A, w[])
▷ $I \subseteq 2^S$: 매트로이드, $A \in I$, w[]: 가중치 배열
❶ **while** ($w(a) < w(x)$이고 $A \cup \{x\} - \{a\} \in I$인 $a \in A$, $x \in S - A$가 존재)
$A \leftarrow A \cup \{x\} - \{a\}$
return A

이제 해를 이동시키면서 공간을 탐색할 준비를 하자. 온전한 해들 사이를 이동하므로 지금부터 '해'는 모두 포화 집합이다. 4.1절에서 소개한 매트로이드 정의의 증강성 부분을 다시 보자.

$A, B \in I$이고 $|A| < |B|$이면, $A \cup \{x\} \in I$인 $x \in B - A$가 존재한다.

이것은 똑같은 의미이지만 다음과 같이 다르게 표현할 수 있다.

$A, B \in I$, $b \in B - A$, $A - B \neq \emptyset$이면 $A \cup \{b\} - \{a\} \in I$가 되는 $a \in A - B$가 존재한다(교환성Exchange).

증강성과 교환성은 사실상 똑같은 개념이다. 교환성에서 A의 원소 하나를 제거하고 다른 것으로 바꾸어 넣는 작업을 이 절에서 진행하는 공간 이동의 기본 연산자로 삼는다.

정의 11-3 인접성

임의의 해 $A, B \in I$에 대해 $B = A \cup \{b\} - \{a\}$, $a \in A$, $b \in B - A$이면 B는 A에 인접하다고 한다.

즉, 한 원소를 교환함으로써 서로 이동 가능한 두 해(포화 집합)를 인접 관계에 있다고 정의한다. 매트로이드 I에 속하는 해들을 인접 관계로 된 문제 공간 관점에서 볼 수 있다. 여기서 인접성을 두 포화 집합이 1개의 원소 교환으로 이동할 수 있는 경우로 정의했는데, 인접성을 얼마든지 다르게 정의할 수 있다. 예를 들어, 2개 이하의 원소 교환으로 이동할 수 있는 경우로

정의할 수도 있고, 다른 이동 연산으로 정의하는 것도 가능할 것이다. 여기서는 1개의 원소 교환이라는 단순한 연산으로 정의하였고, 이 단순한 이동 연산으로도 최적해를 찾기에 충분하다. 여기서 언급하는 인접성은 모두 [정의 11-3]의 인접성으로 제한한다. 교환 연산자로 제한했지만 이 교환 작업이 매트로이드의 성질을 정의하는 핵심 요소라 대표성이 강하다. [알고리즘 11-9]의 ❶에서 체크하는 것은 '인접하면서 품질이 좋은 해가 있는가'다.

정의 11-4 지역 최적해 또는 끌개

임의의 해 $A \in I$에 대해 A와 품질이 동일한 해들의 인접 관계의 체인을 따라 이를 수 있는 모든 해에서 품질이 더 좋은 인접해가 없으면 A는 지역 최적해 또는 끌개라고 한다.

임의의 해 $A \in I$가 봉우리를 형성하면 이를 지역 최적해라 한다. 인접한 해 중에 A보다 품질이 좋은 해는 없지만 품질이 동일한 해가 있다면 A가 지역 최적해가 아닐 수도 있다. 품질이 동일한 해들의 인접 관계를 따라가다 보면 더 좋은 해를 만날 수도 있기 때문이다. 이렇게 인접 관계의 체인을 따라 형성되는 품질이 동일한 해들에 인접한 해 중에 더 좋은 해가 없으면 이들은 하나의 지역 최적해 봉우리를 이룬다. (이것은 지역 최적해의 일반적인 정의에 해당되는 것으로, 이어지는 [정리 11-5]에 따라 여기서 다루는 매트로이드 문제 공간에서는 '단지 A에 인접한 해 중에' A보다 좋은 것이 없기만 하면 A는 지역 최적해가 된다. 그 뒤에 이어지는 내용은 심지어 전역 최적해가 된다는 것이다.)

지역 최적해는 국소 지역에서 봉우리에 해당하는 것으로 봉우리는 단 하나의 해로 이루어질 수도 있고, 품질이 같은 여러 해로 이루어질 수도 있다. 지역 최적해를 형성하는 봉우리가 여럿 있으면 이 중 가장 품질이 좋은 봉우리가 문제 공간 전체에서 가장 좋은 해, 즉 최적해(전역 최적해^Globlal Optimum^)가 된다.

임의의 최적화 문제에서 문제 공간의 모양은 이런 식으로 인접 관계의 정의에 따라 결정된다. 인접성의 정의를 바꾼다고 최적해가 바뀌는 것은 아니다. 그렇지만 인접 관계의 정의에 따라 공간을 이동하는 기본 연산이 결정되므로 이동 연산이 나쁘면 공간이 필요 이상으로 구질구질해져 최적해에 이르는 길을 찾기가 힘들어질 수 있다. 어떤 인접 관계로 만들어지는 공간은 지역 최적 봉우리의 개수가 다른 연산으로 만들어지는 공간에 비해 현저히 많아져 탐색이 번거로울 수도 있다. 다행히 매트로이드는 [정의 11-3]에서 정의한 단 하나의 원소 교환으로 정의되는 단순한 인접 관계를 써도 공간이 매끈할 정도로 좋은 특성을 갖고 있다. 이제 매트로이드 문제 공간 안으로 들어가보자.

정리 11-5

> 매트로이드 I에서 $A \in I$보다 품질이 좋은 해가 존재한다면, A와 인접한 해 중에서 A보다 품질이 좋은 해가 반드시 하나 이상 존재한다.

▶▶ **증명** A보다 품질이 좋은 해 $X \in I$가 존재한다고 하자. $X-A$의 원소들을 가중치순으로 해 $\{x_1, x_2, \cdots, x_k\}$, $A-X$의 원소들을 가중치가 큰 순서로 $\{a_1, a_2, \cdots, a_k\}$라 하자. $w(A) < w(X)$이므로 $w(a_i) < w(x_i)$인 (a_i, x_i)가 적어도 한 쌍 존재한다. i번째 원소에서 최초로 $w(a_i) < w(x_i)$가 된다 하자. X로부터의 상속성에 따라 $(A \cap X) \cup \{x_1, x_2, \cdots, x_i\} \in I$, A로부터의 상속성에 따라 $(A \cap X) \cup \{a_1, a_2, \cdots, a_{i-1}\} \in I$이고, $|(A \cap X) \cup \{a_1, a_2, \cdots, a_{i-1}\}| < |(A \cap X) \cup \{x_1, x_2, \cdots, x_i\}|$이므로 증강성에 따라 $(A \cap X) \cup \{a_1, a_2, \cdots, a_{i-1}\} \cup \{x\} \in I$가 되는 $x \in \{x_1, x_2, \cdots, x_i\}$가 존재한다. 이렇게 만들어진 부분집합 $(A \cap X) \cup \{a_1, a_2, \cdots, a_{i-1}\} \cup \{x\} = A'$이라 하자. $|A'| \le |A|$이다. $|A'| < |A|$이면 증강성에 따라 $A - A' = \{a_i, a_{i+1}, \cdots, a_k\}$의 원소 중 하나를 A'에 더해서 A'을 확장할 수 있다. 이런 식으로 $|A'| = |A|$가 될 때까지 A'을 확장할 수 있다. 그러면 최종적으로 $\{a_i, a_{i+1}, \cdots, a_k\}$ 중에서 한 원소 a만 빠지고 x가 들어간 $A \cup \{x\} - \{a\} = A'$이 된다. $w(a) \le w(a_i) < w(x_i) \le w(x)$이므로 $w(A) < w(A')$이다. A'은 A와 원소 하나만 다르므로 인접하면서 A보다 품질이 좋다.

이 정리가 말하는 것은 A보다 품질이 좋은 모든 해 X에 대해서 $w(A) < w(A')$이면서 $|A' - X| = |A - X| - 1$이 되는 A'이 존재한다는 것이다. 즉, A를 X 방향으로 한 단계 이동시켜 A보다 품질이 좋은 해를 적어도 하나 찾을 수 있다는 것이다. 따라서 이렇게 할 수 없는 해는 자신보다 품질이 좋은 해가 없는 해, 즉 최적해밖에 없다.

따름 정리 11-6

> 매트로이드 I에서 $A \in I$와 인접한 해 중에 자신보다 품질이 더 좋은 해가 없으면 A는 (전역) 최적해다.

▶▶ **증명** [정리 11-5]로부터 자명하다.

지금까지 우리는 가중치 매트로이드 공간에서 어떤 해가 인접한 해 중에 더 좋은 해가 없으면 그보다 더 좋은 해는 존재하지 않는다는 것을 살펴보았다. 즉, 최적해가 된다. 이 성질은 매우 유용하다. 어떤 해와 인접한 더 좋은 해가 없지만 인접 관계의 체인을 따라가다 보면 더 좋은 해가 있을 수도 있는 가능성을 없애는 정리이기 때문이다. [정리 11-5]와 [따름정리 11-6]은 최적해보다 품질이 못한 지역 최적해는 존재할 수 없음을 의미하기도 한다. 가능한 봉우리는 최적해로 이루어진 봉우리뿐이다. 그러면 같은 품질이지만 서로 다른 최적해로 이루어진 봉우리가 2개 이상 존재할 수 있을까? 아니면 서로 다른 모든 최적해는 인접 관계를 따라 (같은 품질로) 연결되어 단 하나의 봉우리만 존재할까? 결론부터 말하면 봉우리는 단 하나뿐이다. 얼마나 멋진 성질인가? 지금부터 이것을 증명한다.

정리 11-7

매트로이드 I에서 서로 다른 두 (전역) 최적해 A, $B \in I$가 있다면 이들은 원소의 집합은 다르지만 가중치의 집합은 동일하다.

▶▶ **증명** 두 최적해 A, B의 가중치 집합이 다르다 가정하자. $A-B$의 원소들을 가중치 크기순으로 $\{a_1, a_2, \cdots, a_k\}$, $B-A$의 원소들을 가중치 크기가 큰 순서로 $\{b_1, b_2, \cdots, b_k\}$라 하자. i번째 원소에서 최초로 $w(a_i) \neq w(b_i)$가 된다 하자. 일반성을 잃지 않고 $w(a_i) < w(b_i)$라 하자. 상속성에 따라 $(A \cap B) \cup \{a_1, \cdots, a_{i-1}, a_{i+1}, \cdots, a_k\} \in I$이다. $|(A \cap B) \cup \{a_1, \cdots, a_{i-1}\}| < |(A \cap B) \cup \{b_1, \cdots, b_i\}|$이므로 증강성에 따라 $(A \cap B) \cup \{a_1, \cdots, a_{i-1}, b\} \in I$인 $b \in \{b_1, \cdots, b_i\}$가 존재한다. $A' = (A \cap B) \cup \{a_1, \cdots, a_{i-1}, b\}$라 하자. $|A'| < |A|$이면 증강성에 의해 $A - A' = \{a_i, \cdots, a_k\}$의 원소 중 하나를 A'에 더해 A'를 확장할 수 있다. 이런 식으로 $|A'| = |A|$가 될 때까지 $\{a_i, \cdots, a_k\}$에서 남은 원소 중 하나씩 더해 A'를 확장할 수 있다. 최종적으로 $A' = (A \cap B) \cup \{a_i, \cdots, a_k\} - \{a\} \cup \{b\}$, $a \in \{a_i, \cdots, a_k\}$, $b \in \{b_1, \cdots, b_i\}$가 된다. $w(a) \leq w(a_i) < w(b_i) \leq w(b)$이므로 $w(A) < w(A')$이다. 이것은 A가 최적해라는 조건에 모순된다.

즉, 어떠한 서로 다른 두 최적해 $A = \{a_1, a_2, \cdots, a_n\}$, $B = \{b_1, b_2, \cdots, b_n\}$에 대해서도(원소들을 가중치 순으로 나타냄) $w(a_1) = w(b_1)$, $w(a_2) = w(b_2)$, $\cdots$, $w(a_n) = w(b_n)$이다. $w(a_i) \neq w(b_i)$, $w(a_j) \neq w(b_j)$이면서 $w(a_i) + w(a_j) = w(b_i) + w(b_j)$와 같이 되어 A, B의 품질이 같아지는 경우는 없다는 것이다.

정리 11-8

서로 다른 어떤 두 최적해 A, $B \in I$든지 동일한 품질의 해들로 연결된 인접 관계의 체인을 따라 도달 가능하다.

▶▶ **증명** $A-B$의 원소들을 가중치가 큰 순서로 $\{a_1, a_2, \cdots, a_k\}$, $B-A$의 원소들을 가중치가 큰 순서로 $\{b_1, b_2, \cdots, b_k\}$라 하자. 성질 ❷의 교환성에 따라 A에 b_1을 더하고 $\{a_1, a_2, \cdots, a_k\}$ 중 하나 a_i를 제거해서 $A \cup \{b_1\} - \{a_i\} \in I$를 만들 수 있다. 이 $A \cup \{b_1\} - \{a_i\}$를 A'이라 하자. $w(a_i) \leq w(a_1) = w(b_1)$이므로([정리 11-7]에 따라 $w(a_1) = w(b_1)$) $w(A) \leq w(A')$이다. A가 최적해이므로 A'이 A보다 좋을 수는 없어 $w(A) = w(A')$이다. 즉, A는 b_1을 받아들이고 b_1과 가중치가 같은 자신의 원소 하나를 내보내는 1회 교환으로 같은 품질의 인접한 다른 최적해 A'으로 이동할 수 있다.

결과적으로 $w(a_i) = w(a_1)$이다. $\{a_1, a_2, \cdots, a_k\}$에서 a_i와 a_1을 자리 바꾸고 이름도 a_1, a_i로 바꾸어도 가중치 순서로 나열된 집합이 유지된다. 그러면 $A' = A \cup \{b_1\} - \{a_1\}$로 다시 쓸 수 있다. 즉, 가장 앞의 원소 a_1과 b_1을 교환한 결과가 된다.

이제 $A'-B$의 원소들은 가중치가 큰 순서로 $\{a_2, \cdots, a_k\}$, $B-A'$의 원소들은 가중치가 큰 순서로 $\{b_2, \cdots, b_k\}$가 된다. 앞과 같은 과정에 따라 $A' \cup \{b_2\} - \{a_2\} \in I$를 얻을 수 있다. a_2는 앞에서처럼 같은 가중치의 원소와 자리와 이름을 바꾼 것일 수도 있다. 이 $A' \cup \{b_2\} - \{a_2\}$를 A''이라 하자. 앞에서와 같은 이유로 $w(A') = w(A'')$이 된다. 즉, A'은 b_2를 받아들이고 b_2와 가중치가 같은 자신의 원소 하나를 내보내는 1회 교환으로 같은 품질의 인접한 다른 최적해 A''으로 이동할 수 있다. 이제 $A'' = A \cup \{b_1, b_2\} - \{a_1, a_2\}$가 되었다.

이런 식의 이동을 A로부터 k회 수행하면 계속 같은 품질의 인접한 해들 $A' \rightarrow A'' \rightarrow \cdots$을 거쳐 B에 이를 수 있다. 그러므로 어떤 두 최적해든지 서로 간에 이런 이동이 가능하다.

이제 다음과 같은 매트로이드 문제 공간의 멋진 결론을 얻게 된다.

따름 정리 11-9

매트로이드 I에서 최적해를 이루는 봉우리는 단 하나뿐이다.

▶▶ **증명** [정리 11-8]로 모든 최적해는 서로 같은 품질의 인접성 체인을 따라 연결되므로 최적해 봉우리는 단 하나뿐이다.

이 정리들이 말하는 것은 다음과 같다. 임의의 해에서 시작하여 더 좋은 인접해가 존재하기만 하면 그중 아무것으로나 이동해도 더 이상 이동할 수 없을 때까지 이동하기만 하면 (전역) 최적해를 항상 찾게 되고 그것이 유일한 봉우리에 속한다는 것이다.

SIMPLE CHECK

집합 $S=\{a, b, c, d\}$, $I=\{\varnothing, \{a\}, \{b\}, \{c\}, \{d\}\} \subseteq 2^S$이다. 즉, I는 S의 원소 1개 이하로 구성된 모든 부분집합으로 구성된 집합이다. I는 매트로이드인가?

01 n개의 정점으로 이루어진 그래프 $G=(V, E)$가 있다. 이 그래프는 모든 정점 간에 유향 간선이 있다. 즉, 완전 연결 그래프로 $|E|=n(n-1)/2$이다. 집합 $C \subseteq 2^E$는 다음과 같이 정의된다.

$C = \{E' \subseteq E \mid E'$은 체인(들)의 집합$\}$

즉, C는 체인 집합을 이루는 간선 부분집합들을 모두 모아놓은 집합이다(여기서 체인Chain은 1개 이상의 간선이 한 줄로 죽 연결된 것임). 다음 그림에서 (a)는 C의 원소가 되는 간선 부분집합의 예이고 (b)는 C의 원소가 아닌 간선 부분집합의 예다. (b)에서는 하늘색으로 칠한 정점에서 체인의 성질을 깨고 있다. C는 매트로이드인가? 답에 대한 이유도 설명하시오.

(a)

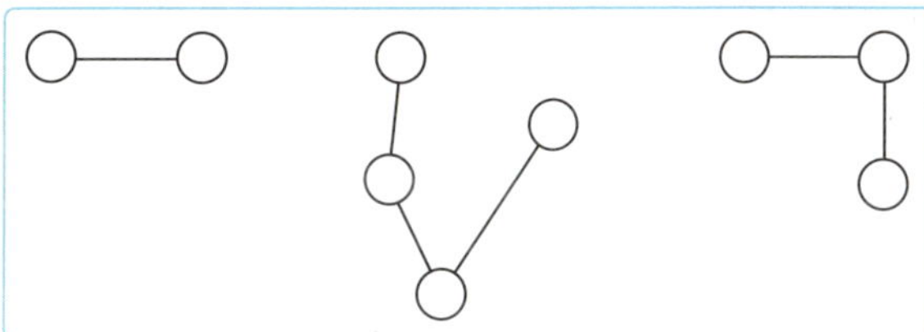

(b)

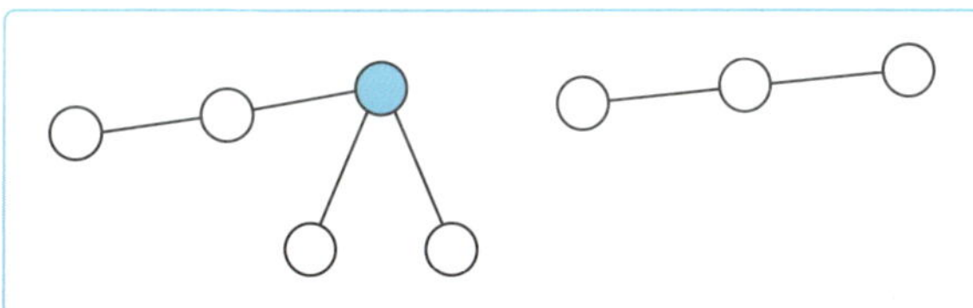

➜ 매트로이드가 아니다. 아래 그림의 두 집합 A, $B \in C$는 $|A| < |B|$인데 B의 어떤 원소를 더해도 A의 체인이 깨져 확장할 수 없다. 즉, 매트로이드의 성질 ❷ (421쪽 참고)를 만족하지 못한다.

A

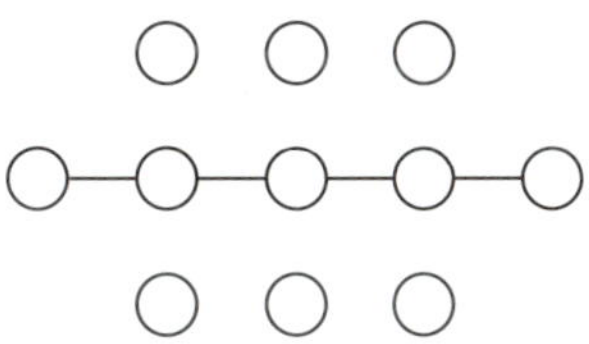

B

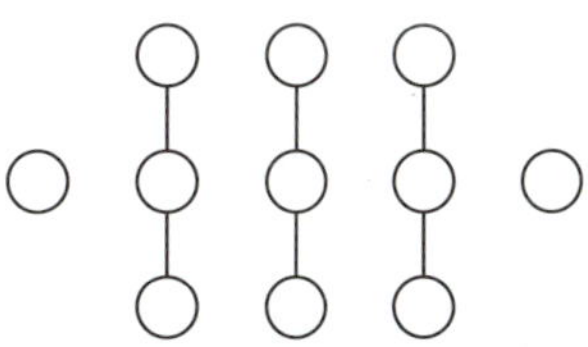

요약

01 그리디 알고리즘은 눈앞의 이익만 좇는 알고리즘을 총칭한다.

02 그리디 알고리즘은 대체로 좋은 결과를 기대할 수 없다.

03 어떤 문제들은 그리디 알고리즘으로 최적해가 보장된다. 최소 신장 트리를 위한 프림 알고리즘, 크루스칼 알고리즘, 최단 경로를 위한 다익스트라 알고리즘 등이 대표적인 예다.

04 매트로이드는 부분집합들의 집합으로 어떤 성질을 만족하는 수학적 구조를 갖는다.

05 가중치가 붙은 매트로이드 최적화 문제는 그리디 알고리즘으로 최적해가 보장된다.

06 가중치가 붙은 매트로이드가 만드는 문제 공간에는 봉우리가 단 하나뿐이다.

연습문제

01 그리디 알고리즘으로 최적해를 보장하는 예를 2개만 들어보시오.

02 그리디 알고리즘으로 최적해를 보장하지 않는 예를 2개만 들어보시오.

03 2절의 이진 트리의 최적합 경로 찾기 문제에서, 각 노드에서 아래로 3단계를 더 내려가는 곳까지 미리 볼 수 있다면 그리디 알고리즘으로 최적해를 보장할 수 있는가?

04 3절의 회의실 배정 문제에서 회의 시간이 가장 짧은 것부터 선택하는 그리디 접근법을 쓸 때 최적해를 놓치는 예를 만들어보시오.

05 **04**번 문제에서 시작 시간이 가장 이른 문제부터 선택하는 그리디 접근법을 쓸 때 최적해를 놓치는 예를 만들어보시오.

06 다음 매트로이드에 대한 설명 중 틀린 것은?

① 매트로이드는 특정한 성질을 만족하는 집합에 관한 것이다.
② 매트로이드는 행렬에서 유래하여 매트로이드란 이름을 갖게 되었다.
③ 그리디 알고리즘으로 최적해를 구할 수 있는 문제는 모두 매트로이드 성질을 갖고 있다.
④ 매트로이드의 원집합 원소들이 가중치를 가지면 가중치 합을 최대로 하는 부분집합을 그리디 알고리즘으로 찾을 수 있다.

07 집합 $S = \{a, b, c, d\}$, $I = \{\emptyset, \{a\}, \{b\}, \{c\}, \{d\}, \{a, b\}, \{a, c\}, \{a, d\}, \{c, d\}\} \subseteq 2^S$이다. 즉, I는 S의 원소 2개 이하로 구성된 모든 부분집합 중 $\{b, c\}$, $\{b, d\}$만 빠진 것이다. I는 매트로이드인가?

08 숲 집합은 매트로이드를 이룬다고 했다. 숲은 트리들의 집합으로 정의할 수도 있고, 사이클을 이루지 않는 간선들의 집합으로 정의할 수도 있다. 사이클을 최대 하나까지만 허용하는 간선들의 집합은 매트로이드가 되는가?

09 [정의 11-1]의 매트로이드 정의는 다음과 같다.

① $A \in I$이고 $B \subseteq A$이면 $B \in I$이다.

② A, $B \in I$이고 $|A| < |B|$이면, $A \cup \{x\} \in I$인 $x \in B - A$가 존재한다.

4절에서 ②를 다음과 같이 바꾸어도 의미가 같다고 했는데 같은 의미임을 증명하시오.

A, $B \in I$, $b \in B - A$, $A - B \neq \emptyset$이면, $A \cup \{b\} - \{a\} \in I$가 되는 $a \in A - B$가 존재한다.

10 철수는 어떤 문제의 경우 본문에서 사용한 기본 연산자를 바탕으로 공간의 이동을 할 때 서로 다른 2개의 봉우리가 존재할 수 있다고 주장하면서 각 봉우리에 있는 두 해 X, Y를 제시하였다. 철수가 틀렸다는 것을 어떻게 증명할 수 있는가?

11 가중치 매트로이드 공간에서 개선형 알고리즘 방식으로 본문에서 정의한 이동 연산자에 의해 인접한 해들 중 더 이상 개선할 수 없을 때까지 이동한 봉우리가 최적해Global Optimum가 아닐 수도 있는가? 즉, 여기서 사용한 이동 연산자(1개의 원소 교환)의 제약으로 인해 유일한 봉우리이지만 최적해가 아닐 가능성은 없는가?

12 원소들이 양의 가중치를 가진 매트로이드 $I \subseteq 2^S$에서 [알고리즘 11-8]의 Greedy()가 항상 최대 가중치 부분집합을 찾는다는 것을 배웠다. 이제 이것이 최소 가중치 부분집합도 찾을 수 있는지 생각해보자. 단순히 '최소 가중치 부분집합'을 찾는다면 무조건 공집합이 되므로 '최소 가중치를 갖는 포화 집합'을 찾는 문제로 바꾸어야 한다.

① 알고리즘 Greedy()가 최소 가중치를 갖는 포화 집합을 찾도록 바꾸시오.

② 여러분이 짠 알고리즘이 항상 최소 가중치 포화 집합을 찾음을 증명하시오. [정리 11-4]의 증명을 이 문제에 맞게 바꾸는 방식으로 증명한다.

Chapter

12

문자열 매칭

학습목표

- 원시적인 매칭 방법에 깃든 비효율성을 감지할 수 있도록 한다.
- 오토마타를 이용한 매칭 방법을 이해한다.
- 라빈-카프 알고리즘의 수치화 과정을 이해한다.
- KMP 알고리즘을 이해하고, 오토마타를 이용한 방법과 비교해 이점을 이해하도록 한다.
- 보이어-무어 알고리즘의 개요를 이해하고, 다른 매칭 알고리즘들에 비해 어떤 특장점이 있는지 이해한다.

PREVIEW

> 새로운 생각이나 새로운 발견이 이루어지는 직관의 도약이 있다.
> 이렇게 순간적으로 튀어오르는 힘이 유난히 좋은 과학자들이 있다.
> 특별히 뛰어난 직관력을 가진 과학자들을 보면
> 마치 종교인들이 말하는 것과 같은 그런 종류의 믿음이 있다.
> 그들의 마음을 사로잡는 어떤 것이 이끄는 곳으로 흔들림 없이
> 그대로 따라가는 성향은 최정상의 과학자가 흔히 보이는 특성이다.
>
> **프리초프 카프라**

아래아한글이나 워드 문서 작업을 할 때 특정 문자열을 많이 검색해보았을 것이다. 이 장에서 다루는 주제는 이런 문자열 검색처럼 텍스트 문자열 $A[1...n]$이 패턴 문자열 $P[1...m]$을 포함하고 있는지 알아보는 것이다. 즉, 문자열 매칭을 공부한다. 문자열 매칭 알고리즘은 이와 관련된 재미있는 아이디어가 많고, 바이오인포메틱스 분야에서 널리 요구되는 염기 서열 근사 매칭을 위한 기본기에 해당하기도 한다.

이 장에서는 먼저 문자열 매칭을 위한 원시적인 알고리즘을 하나 소개한 다음 이 알고리즘에 내재된 비효율성을 지적한다. 이후에는 이를 개선하는 네 가지 매칭 알고리즘, 즉 오토마타를 이용하는 알고리즘, 패턴의 수치화를 이용해 효율을 높이는 라빈-카프 알고리즘, 부분 패턴에 깃든 효용성을 최대한 이용하는 KMP 알고리즘, 텍스트 문자열을 보지 않고 점프할 수 있는 기회를 최대화하는 보이어-무어 알고리즘을 차례대로 소개한다.

01 원시적 매칭

문자열 매칭은 텍스트 문자열 $A[1...n]$이 패턴 문자열 $P[1...m]$을 포함하고 있는지 알아보는 것이다. $P[]$는 $A[]$에 비해 현저히 짧다고 가정한다($m \ll n$). 여기서 소개하는 원시적인 알고리즘은 초등학생 정도면 쉽게 떠올릴 수 있는 매칭 알고리즘이다. $A[1...n]$이 패턴 $P[1...m]$을 포함하고 있는지 알아보기 위해 먼저 패턴과 $A[1...m]$이 일치하는지 보고, 다음으로 패턴과 $A[2...m+1]$, 다음으로 패턴과 $A[3...m+2]$, … 이런 식으로 계속 비교해나간다. 패턴을 총 $n-m+1$번 비교하면 작업이 완료된다. [그림 12-1]은 이 과정을 보여주는 예다.

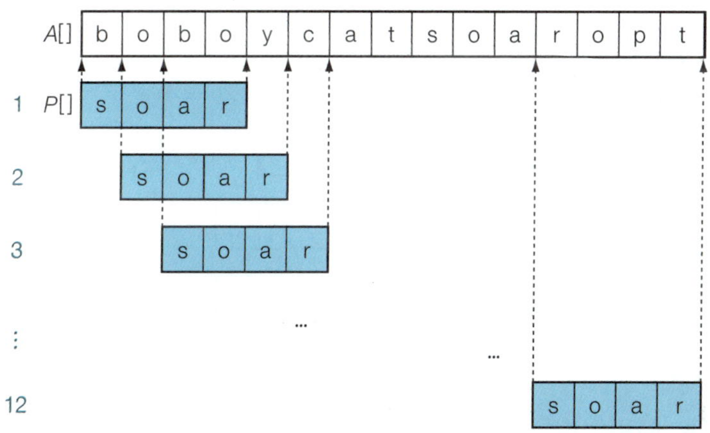

그림 12-1 원시적 매칭 방법

[알고리즘 12-1]은 원시적 매칭 알고리즘을 기술한 것이다. 이 알고리즘에서 ❶의 for 루프는 $n-m+1$회 반복된다. ❷의 비교 작업은 길이가 m인 문자열 2개를 비교하는 것이므로 $O(m)$ 시간이 든다. 그러므로 전체 수행 시간은 $O(mn)$이다($m \ll n$).

알고리즘 12-1	원시적 매칭

naiveMatching(A[], P[]):
▷ n: 배열 A[]의 길이, m: 배열 P[]의 길이
　❶ for $i \leftarrow 1$ to $n-m+1$
　　❷ if ($P[1...m] = A[i...i+m-1]$)
　　　$A[i]$ 자리에서 매칭이 발견되었음을 알린다.

이 알고리즘을 개선해야 하는 이유를 살펴보자. 우선 [그림 12-2]를 보자. 텍스트 문자열 A[]의 중간쯤에서 패턴 문자열 P[]와 비교를 하고 있는 예다.

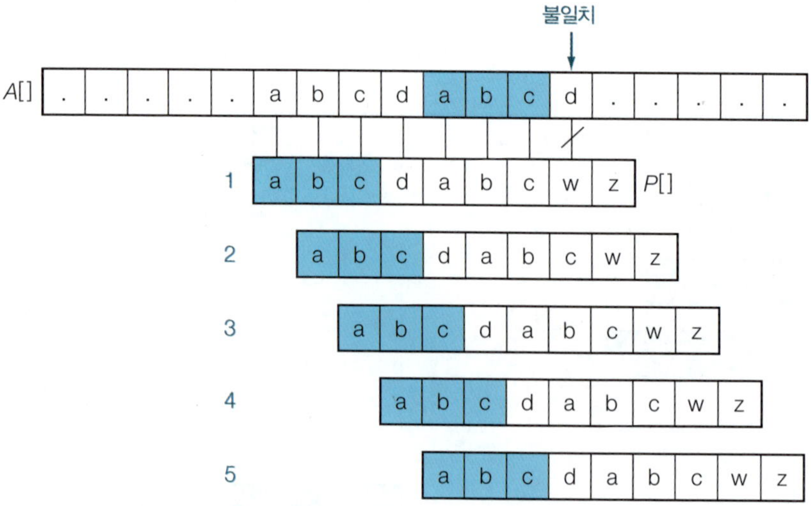

그림 12-2 원시적인 알고리즘이 비효율적인 예

[그림 12-2]에서 1은 "abcdabc", 즉 $P[1...7]$까지는 일치하다가 그다음 문자인 '*w*', 즉 $P[8]$과 일치하지 못한 상황이다. [알고리즘 12-1]은 어떻게 불일치가 일어났는지 신경 쓰지 않는다. 무조건 2, 3, 4, 5 순으로 한 칸씩 이동하면서 비교해간다. 이 부분을 개선할 수 있다. A[]에서 불일치가 일어난 부분의 바로 앞 문자열 "*abc*"는 $P[1...3]$과 일치한다. 즉, $P[5...7]$과 $P[1...3]$이 일치한다. 이외에는 $P[1...m]$에서 $P[5...7]$과 일치하는 부분 문자열이 없다. 이 정보를 미리 알고 있다면 2, 3, 4의 비교는 생략하고 바로 5로 점프할 수 있다. 불일치가 일어난 곳의 문자('*d*')와 $P[4]$를 바로 비교하는 것이다. 일반화하면, $P[1... m]$과 $A[i... i+m+1]$이 일치하지 않더라도 $P[1 ...m]$의 앞부분과 $A[i... i+m+1]$의 뒷부분이 부분적으로 일치할 수

있다. [알고리즘 12-1]은 이 정보를 전혀 고려하지 않고 $P[1...m]$이 모두 일치하지 않는 한 $P[1...m]$과 $A[i+1...\ i+m+2]$를 통째로 다시 비교한다. 2절에서 소개하는 오토마타를 이용하는 매칭과 4절에서 소개하는 KMP 알고리즘은 패턴 문자열의 앞부분과 텍스트 부분 문자열 뒷부분의 일치 여부를 활용할 수 있도록 전처리 과정에서 준비를 한다.

02 오토마타를 이용한 매칭

이 절에서는 비교 과정의 문맥을 전혀 이용하지 않는 원시적인 알고리즘의 단점을 개선하기 위해 오토마타를 사용한다. 오토마타는 여러 개의 상태로 표현되는데, 문제 해결 절차를 상태 간의 이동(전이)으로 나타낸 것이다. 여기서 상태는 문제 해결 과정의 문맥을 반영한다. 오토마타는 아래 다섯 가지 구성 요소로 이루어진다.

$(Q, q_0, F, \Sigma, \delta)$

- Q: 상태들의 집합
- q_0: 오토마타의 작동이 시작되는 상태
- F: 목표 상태(목적이 달성된 상태)들의 집합
- Σ: 입력 가능한 문자 집합
- δ: 상태 전이 함수

오토마타를 이용하는 매칭의 예를 하나 들어보자. 집합 {a, b, c, d, …, z}의 원소로만 구성된 문서에서 문자열 "ababaca"를 찾으려고 한다. 다음과 같이 오토마타를 구성할 수 있다.

$$Q = \{0, 1, 2, 3, 4, 5, 6, 7\},\ q_0 = 0,\ F = \{7\},\ \Sigma = \{a, b, c, d, \cdots, z\}$$

상태 전이 함수는 [그림 12-3]의 간선들이 나타내고 있다. 예를 들어, 상태 1에서 입력 'b'를 받으면 상태 2로 이동한다. 상태 5에서 입력 'a'를 받으면 상태 1로 이동한다. 각 상태는 문자열 "ababaca" 중 얼마만큼 일치했는가를 나타낸다. 예를 들어, 상태 0은 아무것도 찾지 못한 상태를, 상태 3은 "aba"까지 찾은 상태를, 상태 7은 "ababaca"를 모두 찾은 상태를 나타낸다. 목표 상태에 이르면 종료할 수도 있고 필요에 따라 계속 더 찾을 수도 있다.

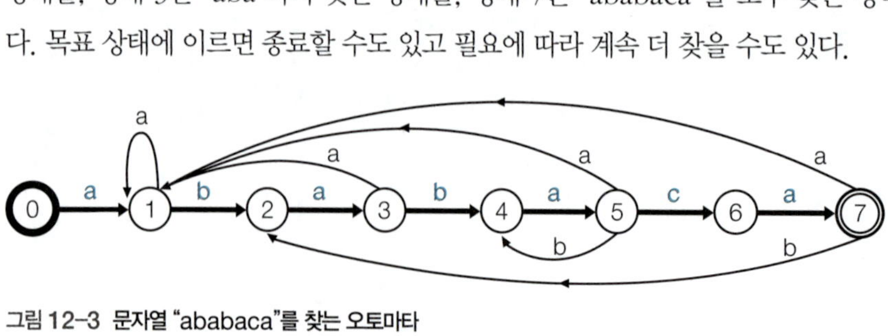

그림 12-3 문자열 "ababaca"를 찾는 오토마타

[그림 12-3]의 상태 전이 함수 δ는 구현 과정에서 [그림 12-4]와 같이 테이블로 정의된다.

상태 \ 입력 문자	a	b	c	d	e	…	z
0	1	0	0	0	0	…	0
1	1	2	0	0	0	…	0
2	3	0	0	0	0	…	0
3	1	4	0	0	0	…	0
4	5	0	0	0	0	…	0
5	1	4	6	0	0	…	0
6	7	0	0	0	0	…	0
7	1	2	0	0	0	…	0

그림 12-4 상태 전이 함수 δ의 표현

이 테이블에서 (3, b) 자리는 4다. 이것은 $\delta(3, b)=4$임을 뜻하며, 상태 3에서 문자 'b'를 입력으로 받으면 상태 4로 이동(전이)함을 의미한다. 이 오토마타는 0부터 7까지 여덟 가지 상태로 구성되고, 시작 상태는 0, 목표 상태는 7이다. 오토마타에서 시작 상태는 항상 하나이지만 목표 상태는 여러 가지가 가능하다. 이 예에서는 목표 상태가 하나이고, 입력으로 가능한 문자는 영문 소문자로 제한하였다.

[알고리즘 12-2]는 오토마타가 주어졌을 때 매칭 여부를 체크하는 알고리즘이다.

알고리즘 12-2 | 오토마타를 이용한 매칭

```
FA_Matcher(A[], δ[][], F):
▷ F: 목표 상태 집합
▷ n: 배열 A[]의 길이
    q ← 0
    for i ← 1 to n
        q ← δ(q, A[i])
        if (q ∈ F) A[i−m+1] 자리에서 매칭이 발생했음을 알린다.
```

[알고리즘 12-2]의 수행 시간을 살펴보자. 알고리즘은 for 루프를 단순히 n번 반복하는 것이다. 반복할 때마다 수행 시간은 $\Theta(1)$이다. 따라서 전체 수행 시간은 $\Theta(n)$이다. 문자열 $A[1...n]$의 처음부터 끝까지 한 번 훑으면서 상태를 옮겨다니는 것이 전부다.

여기서 고려하지 않은 것은 오토마타의 상태 전이 함수를 준비하는 시간이다. 문자열 집합 Σ의 크기가 $|\Sigma|$라 할 때 상태 전이 함수 테이블을 가장 효율적으로 만들면 $\Theta(|\Sigma|m)$의 시간이 필요하다. 상태 전이 함수 테이블이 행렬 모양이고 행렬의 원소 수가 $|\Sigma|m$개이기 때문이다. 따라서 오토마타를 이용하는 매칭 알고리즘의 총 수행 시간은 $\Theta(n+|\Sigma|m)$이 된다.

이를 개선하기 위해 테이블을 만들 때 매칭에 사용하는 패턴 $P[1...m]$에 포함된 문자들의 집합 Σ'만으로 테이블을 만들고 나머지 문자들은 하나로 처리할 수 있다. [그림 12-5]에서 이를 보여준다. 이 테이블을 이용할 때는 인덱스 변환 테이블 $i[]$를 사용한다. 상태 s에서 문자 r을 만나는 경우, 상태 전이 함수 계산을 할 때는 $\delta(s, r)$ 대신 $\delta(s, i[r])$을 사용한다. 이 경우에는 상태 전이 함수를 만드는 데 $\Theta(|\Sigma'|m+|\Sigma|)$ 시간이 걸린다. 4절에서 소개할 KMP 알고리즘은 동기가 이와 비슷하지만 전이 함수를 만드는 방법이 더 간명하고 효율적이다.

상태 \ 입력 문자	a	b	c	기타
0	1	0	0	0
1	1	2	0	0
2	3	0	0	0
3	1	4	0	0
4	5	0	0	0
5	1	4	6	0
6	7	0	0	0
7	1	2	0	0

	a	b	c	d	e	f	…	z
$i[]$	1	2	3	4	4	4		4

$i[a]=1$
⋮
$i[z]=4$

그림 12-5 [그림 12-4]로부터 크기를 줄인 상태 전이 함수 테이블

03 라빈-카프 알고리즘

라빈-카프Rabin-Karp 알고리즘은 문자열 패턴을 수치로 바꾸어 문자열의 비교를 수치 비교로 전환해 매칭하는 방법이다. 우선 찾고자 하는 패턴 $P[1...m]$을 수치화한다. 가능한 문자 집합 Σ의 크기에 따라 몇 진수를 쓸 것인지가 결정된다. 영어 알파벳 대·소문자만으로 구성된 문서라면 52진수가 될 것이다. ASCII 문서이면 128진수로 처리하면 충분하다. 여기서는 설명의 간명함을 위해 문자의 총수가 10개라 가정하고 이에 따라 10진수를 사용하도록 한다. 실제로 d진수를 사용한다면 다음 설명의 10이 d로 바뀔 뿐이다.

$P[1...m]$을 10진수로 바꾸면 다음과 같다.

$$\begin{aligned} p &= P[m]+10P[m-1]+10^2 P[m-2]+\cdots+10^{m-1} P[1] \\ &= P[m]+10P[m-1]+10(P[m-2]+10(\cdots+10P[1])\cdots)) \end{aligned}$$

이제 문자열 $A[1...n]$에서 $A[1]$부터 시작해 m개짜리 부분 문자열을 오른쪽으로 이동해가면서 검토한다. 1절에서 소개한 원시적인 방법에서도 이렇게 이동하며 비교했지만 매번 $P[1...m]$ 전체와 비교를 해서 효율성이 낮았다. $A[1...n]$의 부분 문자열 $A[i...i+m-1]$에 대응되는 10진수 a_i는 p를 구하는 방법처럼 다음과 같이 계산할 수 있다.

$$a_i = A[i+m-1]+10(A[i+m-2]+10(A[i+m-3]+10(\cdots+10A[i])\cdots)) \quad \text{---------(식 12.1)}$$

이런 방식으로 매번 a_i를 계산하면서 비교하면 총 수행 시간은 $\Theta(mn)$이 된다. 한 번의 a_i 계산은 $\Theta(m)$ 시간이 들고, 계산해야 할 a_i의 총수는 $n-m+1$이기 때문이다($m \ll n$). 이것은 원시적인 방법보다 나은 점이 없다. 다행히 a_i를 이렇게 일일이 계산하지 않아도 된다. a_i와 a_{i-1}의 관계가 다음과 같기 때문이다.

$$a_i = 10(a_{i-1} - 10^{m-1} A[i-1]) + A[i+m-1] \quad \text{------------------------(식 12.2)}$$

반복해서 사용되는 10^{m-1}은 초기에 한 번만 계산해서 저장해놓으면 된다. 따라서 a_{i-1}이 구해져 있으면 a_i는 곱셈 두 번과 덧셈 두 번으로 구할 수 있다. 즉, 상수 시간에 구할 수 있다. [그림 12-6]은 이런 방식으로 수치화를 이용하는 매칭 알고리즘의 작동 과정을 보여주는 예다. 5개의 문자만 사용하므로 5진수로 처리하면 된다. 그림에서 문자열 "ebbce"의 수치를 구하기 위해서는 바로 앞에서 계산한 문자열 "cebbc"의 수치 1782를 이용해 $5(1782-2\times5^4)+4$로 계산한다. 두 번의 곱셈과 두 번의 덧셈을 사용하였다. 설사 패턴 문자열이 더 길어지더라도 변함없이 두 번의 곱셈과 두 번의 덧셈이면 된다.

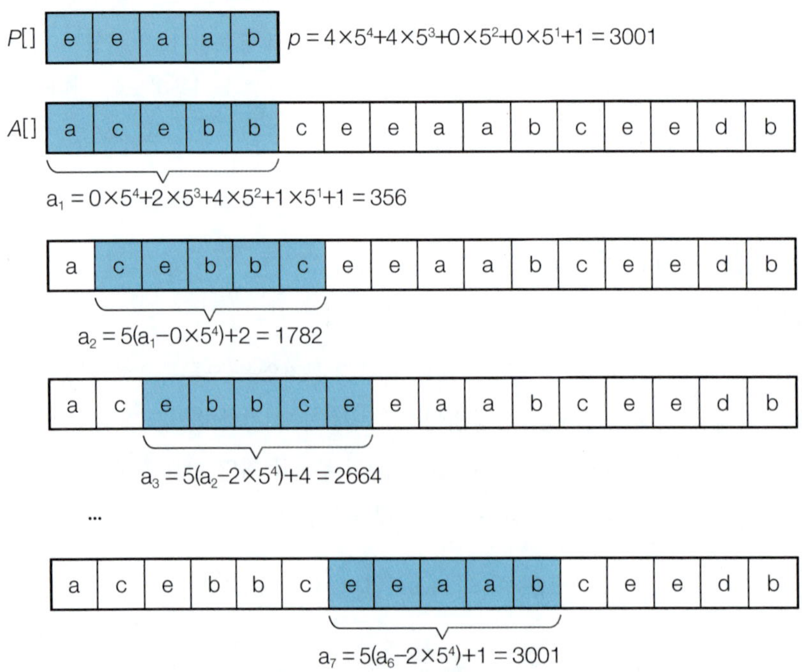

그림 12-6 수치화를 이용한 매칭 알고리즘의 작동 예

[알고리즘 12-3]은 이 과정을 기술한 것이다. 이 알고리즘은 ❶의 for 루프가 시간을 좌우한다. ❶의 for 루프는 $n-m+1$회 반복되며 반복할 때마다 상수 시간이 든다. 따라서 전체 수행 시간은 $\Theta(n)$이 된다($m \ll n$).

알고리즘 12-3　수치화를 이용한 매칭

```
basicRabinKarp (A[], P[], d):
▷ n: 배열 A[]의 길이, m: 배열 P[]의 길이
    p ← 0; a₁ ← 0
    for i ← 1 to m        ▷ 패턴 P[]의 수치 값과 a₁ 계산
        p ← dp + P[i]
        a₁ ← da₁ + A[i]
  ❶ for i ← 1 to n−m + 1
        if (i≠1) aᵢ ← d(aᵢ₋₁−d^(m−1)A[i−1]) + A[i+m−1]
        if (p=aᵢ) A[i] 자리에서 매칭이 발견되었음을 알린다.
```

이 알고리즘은 효율적이지만 한 가지 난관이 있다. 문자 집합 Σ의 크기와 m의 길이에 따라 a_i가 매우 큰 수가 되면 컴퓨터 레지스터의 용량을 초과할 수도 있다. 즉, 이 알고리즘은 오버플로우가 발생할 가능성이 있다. 라빈-카프 알고리즘은 수치화 알고리즘의 골격을 사용하면서 이 문제를 해결한 알고리즘이다. a_i를 직접 다루는 대신 나머지 연산인 모듈러(mod) 연산의 결과를 이용한다. 컴퓨터 레지스터가 감당할 수 있는 범위에서 충분히 큰 소수 q를 하나 잡아(정확하게는, d진수를 사용한다면 컴퓨터 레지스터가 dq를 수용할 수 있게 잡아) a_i 대신 $b_i=a_i \bmod q$를 사용한다. 아래 b_i와 b_{i-1}의 관계도 a_i와 a_{i-1}의 관계와 유사하다.

$$b_i = (10(b_{i-1} - (10^{m-1} \bmod q)A[i-1]) + A[i+m-1]) \bmod q \quad \text{---------(식 12.3)}$$

d진수라면 다음과 같이 10을 d로 바꾸기만 하면 된다.

$$b_i = (d(b_{i-1} - (d^{m-1} \bmod q)A[i-1]) + A[i+m-1]) \bmod q \quad \text{----------(식 12.4)}$$

이 계산은 명백히 상수 시간에 행해지고, b_i의 크기는 모듈러 연산을 사용하여 q 미만으로 제한된다.

[알고리즘 12-4]는 라빈-카프 알고리즘이고, [그림 12-7]은 이 라빈-카프 알고리즘의 작동 과정을 보여주는 예다. 여기서 반복해서 사용되는 5^4 mod 113은 미리 계산해두면 되므로 하나의 패턴 문자열을 수치화하기 위해 두 번의 곱셈, 두 번의 덧셈, 한 번의 모듈러 연산이면 된다. 문자열이 더 길어져도 마찬가지다. 여기서는 $q=113$으로 잡았지만 보통은 이보다 훨씬 크게 잡는다.

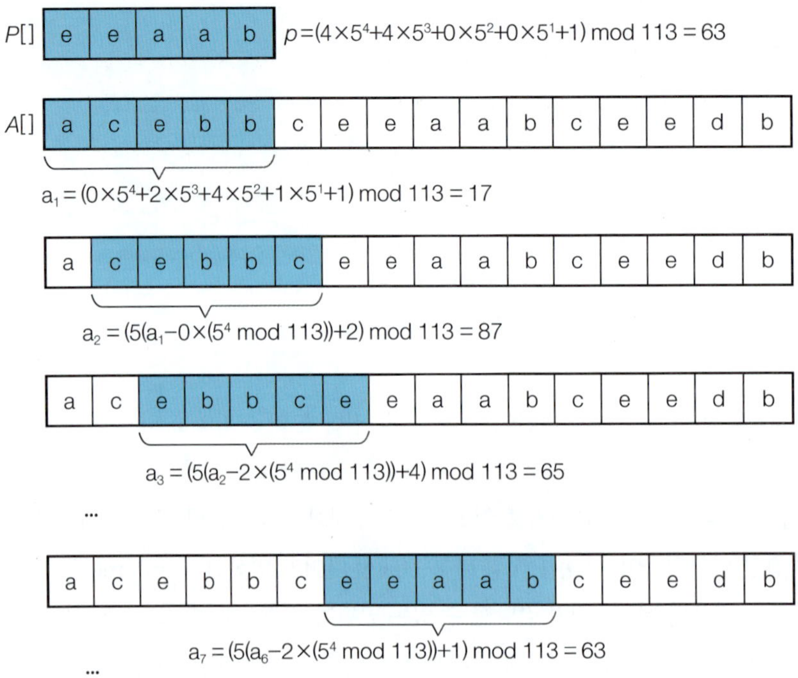

그림 12-7 라빈-카프 알고리즘의 작동 예

[알고리즘 12-4]에서도 시간을 좌우하는 것은 ❶의 for 루프다. 이 for 루프는 $n-m+1$회 반복된다. $m \ll n$이므로 이것은 $\Theta(n)$이다. ❷의 $p=b_i$가 참이 되면 ❸의 비교를 하는 데 $O(m)$ 시간이 든다. 매치가 되면 이 시간은 $\Theta(m)$이 된다. 매치가 일어나는 횟수가 k라면 이 알고리즘의 수행 시간은 $\Theta(n+km)$이 된다. (식 12.2) 대신 (식 12.3), (식 12.4)를 사용함으로써 수행 시간이 $\Theta(n)$에서 $\Theta(n+km)$으로 되었다. 그렇지만 매치가 아주 많이 일어나는 특이한 경우가 아니면 사실상 $\Theta(n)$과 같다.

알고리즘 12-4 **라빈-카프 알고리즘**

```
RabinKarp(A[], P[], d, q):
▷ n: 배열 A[]의 길이, m: 배열 P[]의 길이
    p ← 0; b_1 ← 0
    for i ← 1 to m
        p ← (dp+P[i]) mod q
        b_1 ← (db_1+A[i]) mod q

    h ← d^(m-1) mod q
 ❶ for i ← 1 to n-m+1
        if (i≠1) b_i ← (d((b_(i-1)-hA[i-1]) mod q)+A[i+m-1]) mod q
     ❷ if (p = b_i)
         ❸ if (P[1...m] = A[i...i+m-1])
                A[i] 자리에서 매칭이 되었음을 알린다.
```

바로 앞의 시간 분석에서 설명의 편의상 일부러 빠뜨린 것이 있다. ❸의 비교가 필요한 경우는 실제로 매치가 발생했거나 매치가 발생하지 않았는데도 mod q 연산 때문에 우연히 $p = b_i$가 되었을 때다. 매치가 아닌데 우연히 $p = b_i$가 된 경우를 t회라고 하자. 이것을 고려하면 이 알고리즘의 수행 시간은 $O(n+(k+t)m)$이 된다. 그렇지만 문자들의 분포가 충분히 고르다고 가정하면 $P[1...m] = A[i...i+m-1]$이 아닌데 $p = b_i$가 될 확률은 $\frac{1}{q}$이다. 알고리즘 전체에서 우연히 $p = b_i$가 되는 횟수(t)의 기대치는 $\frac{n}{q}$이다. 보통 $n < q$가 되도록 충분히 큰 q를 잡으므로 t의 기대치는 1 미만이다. 따라서 라빈-카프 알고리즘의 수행 시간은 $\Theta(n+km)$이라 해도 무방하다. 또 바로 이전 단락에서 언급했듯이 매칭 횟수 $k = O(1)$이라면 이 시간은 $\Theta(n)$이다. 대부분의 경우 매칭 횟수는 상수 번에 불과하므로 라빈-카프 알고리즘은 거의 100%에 가까운 확률로 $\Theta(n)$ 시간이 소요된다.

04 KMP 알고리즘

앞에서 소개한 세 가지 알고리즘은 직관적으로 이해하기 쉽지만, 이 절에서 소개할 KMP 알고리즘을 이해하려면 좀 더 주의를 기울여야 한다. KMP 알고리즘은 Knuth크누스, Morris모리스, Pratt프랫 세 사람이 만들었다고 해서 이들의 이니셜을 딴 KMPKnuth-Morris-Pratt라는 이름을 갖게 되었다.

오토마타를 이용한 매칭에서는 문자열을 차례로 훑는다. 그리고 어느 지점에서 매칭이 성공하지는 못했어도 그 지점을 기준으로 마지막 몇 개의 부분 문자열이 찾으려는 패턴 문자열의 앞부분과 일치한다면 그 정보를 이용한다. KMP 알고리즘도 같은 동기에서 출발하였다. 다만 오토마타에서처럼 전처리 비용이 많이 들지 않는다. KMP 알고리즘의 핵심은 패턴의 각 위치에 대해 매칭에 실패했을 때 돌아갈 곳을 알려주는 일차원 배열을 준비하고 이를 이용해 텍스트 문자열을 훑어나간다는 것이다. 이는 패턴 문자열에 대해 오토마타를 만들어두는 것과 유사하다.

[그림 12-8]은 텍스트에서 패턴 문자열 "abcdabcwz"를 찾는 것을 보여주는 예다. (a)는 수행 과정의 한 순간을 포착한 것이다. 패턴의 앞부분 "abcdabc"까지는 텍스트와 일치하였고 패턴의 문자 'w'가 텍스트의 문자 'd'와 일치하지 않음을 확인한 직후다. 텍스트의 문자 'd' 직전의 문자열 "abc"는 패턴의 맨 앞부분 세 문자와 일치하므로 이 정보를 이용하면 텍스트의 문자 'd'와 패턴의 4번째 문자를 비교하면 된다. 여기서는 다행히 이들이 일치한다. (b)는 (a)와 같은 상황이 일어날 때 텍스트에서 불일치가 일어난 부분을 패턴의 어느 부분과 비교하면 되는지에 대한 정보다. 즉, 패턴의 8번 문자와 불일치가 일어나면 패턴의 4번 문자와 비교해 보라는 것이다. (c)의 배열 $\pi[]$는 패턴 문자열에서 각각의 위치에 대해 (b)와 같은 정보를 담고 있다. 배열 $\pi[]$ 아래의 화살표 그림은 배열 $\pi[]$를 시각적으로 나타낸 것이다.

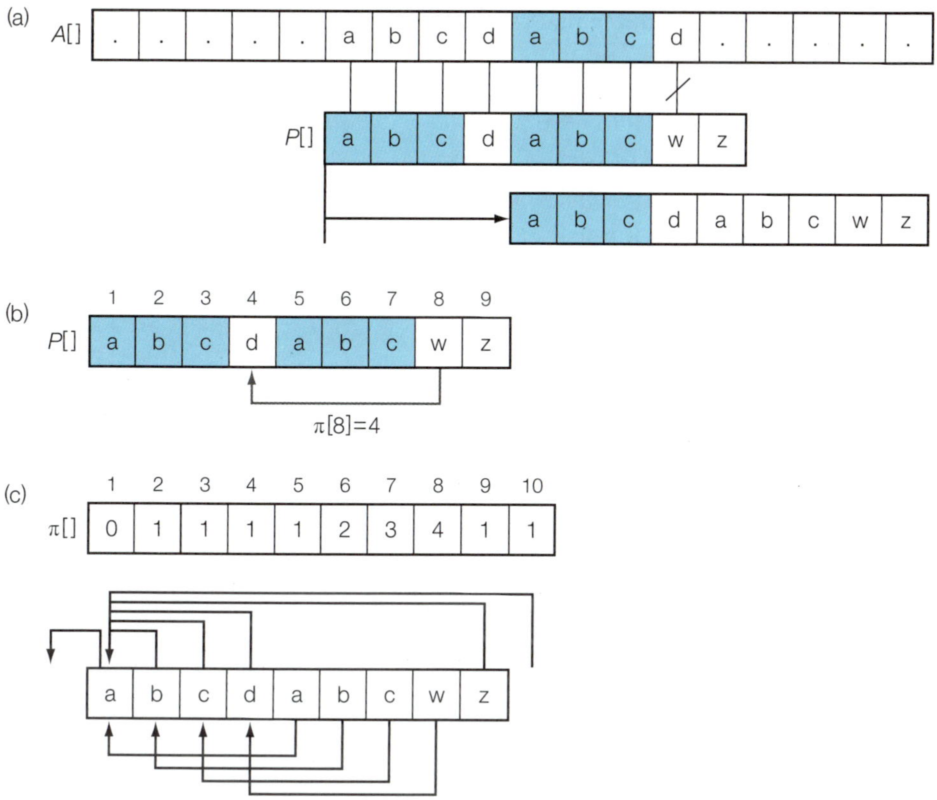

그림 12-8 KMP 알고리즘을 설명하는 예

[알고리즘 12-5]는 KMP 알고리즘을 기술한 것이다. KMP 알고리즘은 관점에 따라 패턴을 만들고 이를 이용하는 방법을 조금씩 다르게 구현하기도 한다. 여기서 소개한 방법은 간결하면서도 2절의 오토마타를 이용한 매칭과 문맥 정보를 이용하는 방법에서 가장 일관성이 있는 버전이다.

알고리즘 12-5 ┆ KMP(Knuth-Morris-Prat) 알고리즘

```
KMP(A[], P[]):
▷ n: 배열 A[]의 길이, m: 배열 P[]의 길이
    preprocessing(P)
    i ← 1      ▷ 본문 문자열 포인터
    j ← 1      ▷ 패턴 문자열 포인터
  ❶ while (i ≤ n)
        ❷ if (j = 0 or A[i] = P[j]) i++; j++
        ❸ else j ← π[j]
          if (j = m+1)
              A[i−m]에서 매칭되었음을 알린다.
            ❹ j ← π[j]

preprocessing(P[]):
▷ m: 배열 P[]의 길이
    j ← 1
    k ← 0
    π[1] ← 0
    while (j ≤ m)
        if (k = 0 or P[j] = P[k]) j++; k++; π[j] ← k
        else k ← π[k]
```

이 알고리즘의 수행 시간을 분석해보자. 여기서 사용되는 분석 방법을 잘 음미해보기 바란다. 알고리즘을 구조적으로 접근하지 않고 알고리즘 내 변수 값의 변화로 시간을 추정한다. 이는 상각 분석의 일종으로 [정리 8-1]의 증명에서 유사한 방법을 사용한 바 있다.

함수 KMP()에서 시간을 좌우하는 것은 ❶의 while 루프다. 루프가 한 번 반복될 때마다 배열 $A[]$에서 한 칸 오른쪽으로 진행하거나(i++로), 패턴 배열 $P[]$에서 뒷걸음친다($j \leftarrow \pi[j]$로). $\pi[j] < j$이므로 $j \leftarrow \pi[j]$는 j값을 감소시킨다. 분석을 위해 두 변수 i와 j를 조합한 $i+(i-j)$를 도입하고 이 값의 흐름을 보자. while 루프가 한 바퀴 반복될 때마다 $i+(i-j)$는 최소한 1 증가한다. 이유를 살펴보자. 매 while 루프마다 if 문의 결과에 따라 ❷ 또는 ❸이 수행된다. ❷는 i와 j가 동시에 1 증가하므로 $i+(i-j)$값은 1 증가한다. ❸은 j값만 감소하므로 $i+(i-j)$값은 1 이상 증가한다. 매칭되면 ❹가 수행될 수도 있는데 이것은 ❸과 똑같으므로

$i+(i-j)$값이 한 번 더 1 이상 증가한다. 따라서 매 while 루프마다 $i+(i-j)$값은 최소한 1 이상 증가한다. j는 음수가 될 수 없으므로 다음과 같다.

$$i+(i-j) \le 2i$$

그런데 $i \le n$이어야 while 루프에 진입할 수 있으므로 while 루프에 진입하기 위해서는 다음과 같이 되어야 한다.

$$i+(i-j) \le 2i \le 2n$$

$i+(i-j)$값은 맨 처음 while 루프에 진입할 때 1로 시작해 (매 반복마다 1 이상 증가하면서) $2n$을 넘을 수 없으므로 while 루프는 $2n$회 이상 반복될 수 없다. 매 while 루프에서 하는 일은 명백히 상수 시간 작업이므로 while 루프와 관련된 총 수행 시간은 $\Theta(n)$이다. 함수 preprocessing()은 $i+(i-j)$ 대신 $j+(j-k)$를 사용해 같은 방법으로 분석하면 수행 시간은 $\Theta(m)$이 된다. 그러므로 KMP 알고리즘의 총 수행 시간은 $\Theta(n)$이다.

05 보이어-무어 알고리즘

앞에서 소개한 네 가지 알고리즘은 텍스트 문자열 $A[1...n]$에 대해 $A[1]$부터 $A[n]$까지 모든 문자를 적어도 한 번씩은 확인해야 한다는 공통점이 있다. 그러나 이 절에서 소개할 보이어-무어Boyer-Moore 알고리즘에서 일부 문자는 아예 보지 않아도 된다.

보이어-무어 알고리즘의 핵심 아이디어를 먼저 이해하도록 하자. 텍스트 문자열 $A[1...n]$의 맨 처음 $A[1...m]$과 패턴 문자열 $P[1...m]$을 비교한다고 하자. 두 문자열을 앞에서부터 비교하는 대신 맨 뒤부터 비교한다. $A[1...m]$의 맨 오른쪽 문자 $A[m]$이 $P[1...m]$에 존재하지 않는다면 $A[2], \cdots, A[m-1]$로 시작하는 문자열들은 $P[1...m]$과 매칭될 가능성이 없다. 따라서 바로 $A[m+1...2m]$과 $P[1...m]$을 비교하면 된다. 이 경우에는 텍스트에서 $m-1$개의 문자는 보지 않고 점프할 수 있다. 그리고 이런 경우가 이후에도 계속 발생할 수 있다.

이 내용을 일반화해보자. 방금 $P[1...m]$과 비교한 텍스트 내의 마지막 문자($P[m]$과 대응되는 자리에 있는 문자)가 $P[1...m]$에 포함되어 있지 않다면 $P[1...m]$이 이 문자를 완전히 지나갈 때까지는 매칭될 가능성이 없다. 보이어-무어 알고리즘은 이런 경우 한 번에 점프해버린다. [그림 12-9]의 예에서는 한꺼번에 5칸을 점프할 수 있다. 방금 패턴과 비교를 한 텍스트 내의 마지막 문자가 $P[1...m]$에 포함되어 있는 문자라 해도 그것이 $P[1...m]$의 몇 번째 문자인지에 따라 한 번에 2칸 이상 점프할 수 있는 기회가 있다. [그림 12-10]의 예에서는 한꺼번에 3칸을 점프할 수 있다.

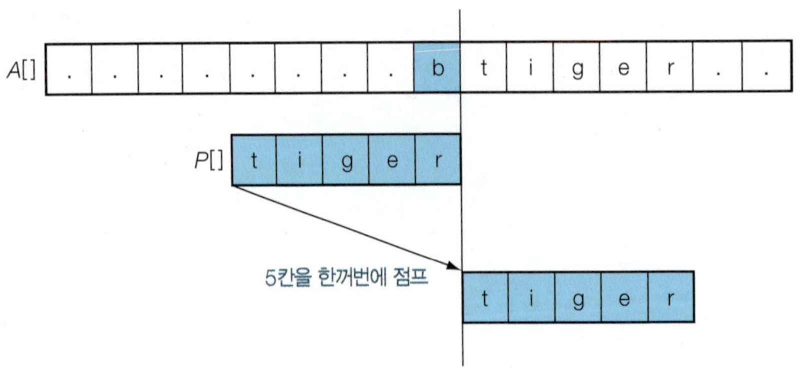

그림 12-9 패턴에 없는 문자('b')를 잘 활용하는 예

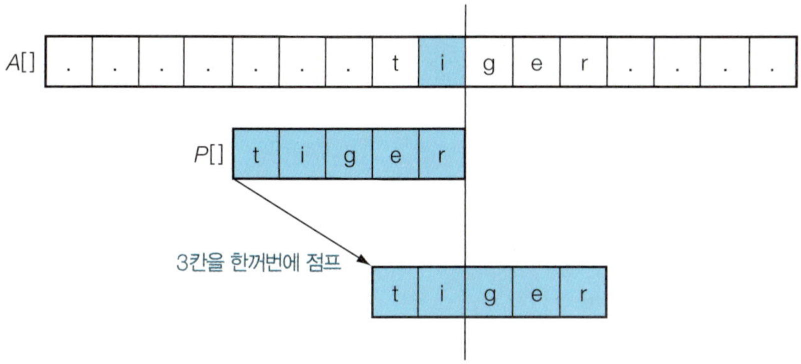

그림 12-10 패턴에 있는 문자('i')를 잘 활용하는 예

보이어-무어 알고리즘의 핵심은 이렇게 텍스트의 내용을 아예 보지 않고 2칸 이상 점프할 수 있도록 하는 것이다. 이런 종류의 점프에서 최대한으로 이득을 얻으려면 꽤 까다로운 알고리즘이 된다. 그래서 보이어-무어 알고리즘을 일반 독자가 접근하기 힘들어한다. 사실 까다로운 부분을 좀 간단하게 처리해도 전체 성능에는 거의 영향을 주지 않는다. 그래서 여기서는 까다로운 부분을 약식으로 처리한 보이어-무어-호스풀[Boyer-Moore-Horspool] 알고리즘을 소개한다.

먼저 [알고리즘 12-1]의 원시적인 매칭 알고리즘을 상기하자. 이 알고리즘의 for 루프를 while 루프로 바꾸어 다음과 같이 기술할 수 있다.

```
naiveMatching(A[], P[]):
▷ n: 배열 A[]의 길이, m: 배열 P[]의 길이
    i ← 1
    while (i≤n−m+1)
        if (P[1...m] = A[i...i+m−1])
            A[i] 자리에서 매칭이 발견되었음을 알린다.
      ❶ i ← i+1
```

이 알고리즘에 [그림 12-9]와 [그림 12-10]에서 예를 든 점프 아이디어를 반영하면 다음과 같다.

```
improvedNaiveMatching(A[], P[]):
▷ n: 배열 A[]의 길이, m: 배열 P[]의 길이
  ❷ computeJump(P, jump)          ▷ 점프 정보를 미리 계산
     i ← 1
     while (i ≤ n−m+1)
        if (P[1...m] = A[i...i+m−1])
              A[i] 자리에서 매칭이 발견되었음을 알린다.
     ❸ i ← i+jump[A[i+m−1]]
```

유일한 변화는 원래 알고리즘의 ❶이 점프를 사용하는 ❸으로 바뀌고 이를 위한 준비 작업을 하는 ❷가 추가된 것이다. ❸에서 $A[i+m-1]$은 패턴 $P[]$와 비교하는 부분 중 마지막 문자를 뜻한다. ❷는 $A[i...i+m-1]$의 오른쪽 끝 문자에 따라 몇 칸이나 점프할 수 있는지 미리 배열 $jump[]$에 계산해놓는 것으로, 매우 간단한 작업이다.

[그림 12-11]은 점프 정보를 계산하는 두 가지 예다. 우선 패턴에 없는 문자이면 패턴 전체를 통째로 점프할 수 있다. 배열에서 "기타"에 해당하는 부분이다. 패턴의 맨 오른쪽에서 2칸 왼쪽에 있는 문자와 일치하면 2칸을 점프할 수 있다. 패턴의 오른쪽에서 r칸 왼쪽에 있는 문자와 일치하면 r칸을 점프할 수 있다. "rational"의 'a'와 같이 패턴에서 2번 이상 출현하는 문자는 그중 가장 작은 점프를 택한다. "rational"에서 'a'는 각각 1과 6의 점프가 가능한데 둘 중 작은 1의 점프를 택해야 한다.

"tiger"에 대한 점프 정보

오른쪽 끝 문자	t	i	g	e	r	기타
jump	4	3	2	1	5	5

"rational"에 대한 점프 정보

오른쪽 끝 문자	r	a	t	i	o	n	a	l	기타
jump	7	6	5	4	3	2	1	8	8

➡

오른쪽 끝 문자	r	t	i	o	n	a	l	기타
jump	7	5	4	3	2	1	8	8

그림 12-11 점프 정보를 만드는 예

[알고리즘 12-6]은 보이어-무어-호스풀 알고리즘이다. improvedNaiveMatching 알고리즘에서 $P[1...m] = A[i...i+m-1]$의 비교를 ❸의 while 루프로 풀어서 쓴 것뿐이다. 주의를 기울일 것은 $P[1...m]$과 $A[i... i+m-1]$을 비교하는 데 오른쪽 끝에서 시작해서 왼쪽으로 진행한다는 점이다. 비교하다가 일치하지 않는 문자가 나오는 즉시 ❸의 while 루프가 종료된다.

알고리즘 12-6 | 보이어-무어-호스풀 알고리즘

```
BoyerMooreHorspool(A[], P[]):
▷ n: 배열 A[]의 길이, m: 배열 P[]의 길이
▷ jump['a']는 기호 'a'에 대한 점프를 의미함
    ❶ computeJump(P, jump)
      i ← 1
    ❷ while (i≤n−m+1)
            j ← m; k ← i+m−1
          ❸ while (j > 0 and P[j] = A[k])
                    j−−; k−−
            if (j = 0) A[i] 자리에서 매칭이 발견되었음을 알린다.
          ❹ i ← i + jump[A[i+m−1]]
```

[알고리즘 12-6]의 수행 시간을 분석해보자. ❶을 계산하는 데 $\Theta(m)$의 시간이 소요된다. ❷의 while 루프는 최악의 경우 $n-m+1$회($O(n)$회) 반복되고, ❸의 while 루프는 $O(m)$ 시간이 소요된다. 그러므로 총 수행 시간은 $O(mn)$이다. 최악의 경우는 텍스트 전체가 동일한 문자로 채워져 있는 경우인데, 이때는 정확히 $\Theta(mn)$ 시간이 소요된다. 보이어-무어 알고리즘은 이론상으로는 라빈-카프 알고리즘이나 KMP 알고리즘보다 비효율적이지만, 일반적인 상황에서 가장 빨라 현장에서 많이 사용한다. ❸의 while 루프는 보통 몇 번 반복하다 끝나고, ❷의 while 루프도 ❹의 점프에 힘입어 $n-m+1$회보다 훨씬 작은 횟수만큼 반복하기 때문이다. 오른쪽부터 비교하는 것과 점프에서 최대한으로 이득을 얻으면 최선의 경우 수행 시간은 $\Theta(\frac{n}{m})$이 된다. 실제로 현장에서 적용해보면 보이어-무어 알고리즘은 평균적으로 $\Theta(n)$보다 더 작은 시간이 드는 것으로 알려져 있다. 대체로 $\Theta(n)$보다는 $\Theta(\frac{n}{m})$에 더 가까운 시간이 드는 것을 관찰할 수 있다.

완전한 보이어-무어 알고리즘은 [알고리즘 12-6]을 좀 더 확장한다. 이 알고리즘에서 ❸의 while 루프가 끝났을 때 j=0이라면 $P[1...m]$과 $A[i...i+m-1]$이 일치하며, 그렇지 않으면 j와 k는 각각 $P[1...m]$과 $A[i...i+m-1]$을 비교할 때(오른쪽에서 시작하여) 처음으로 일치되지 않은 인덱스를 갖게 된다. j가 m보다 r번째 왼쪽에 있다면 텍스트에서 $jump[A[k]]-r$만큼 점프할 수 있다. 보이어-무어 알고리즘에서도 이를 이용하는데 불일치 문자 휴리스틱Bad-Character Heuristic이라 한다. 불일치가 일어났더라도 $P[m]$에서 $P[j+1]$까지, 즉 $P[j+1...m]$은 일치된 것이다. 보이어-무어 알고리즘에서는 맨 마지막 문자만 고려하는 ❹ 대신 오른쪽부터 일치가 일어난 부분 문자열도 고려한다. $P[1...m]$의 다른 부분에서 $P[j+1...m]$과 일치하는 부분 문자열이 없으면 한꺼번에 점프할 수 있다. $P[j+1...m]$과 일치하는 부분 문자열이 있으면 그 부분이 $A[i...i+m-1]$과 나란해지도록 점프할 수 있다. 이를 일치 접미부 휴리스틱Good-Suffix Heuristic이라 한다.

[그림 12-12]는 불일치 문자 휴리스틱과 일치 접미부 휴리스틱을 이용하는 예다. 그림에서 비교하고자 하는 패턴은 "calintin"이란 문자열이다. 그림의 맨 위는 비교가 실패한 직후의 모양을 나타낸다. 맨 오른쪽 두 문자는 일치했고(문자열 "in"), 3번째 문자('a')에서 불일치가 발생하였다. 패턴의 문자 'a'는 현재 텍스트에서 'a'가 있는 위치보다 4칸 왼쪽에서 처음으로 나

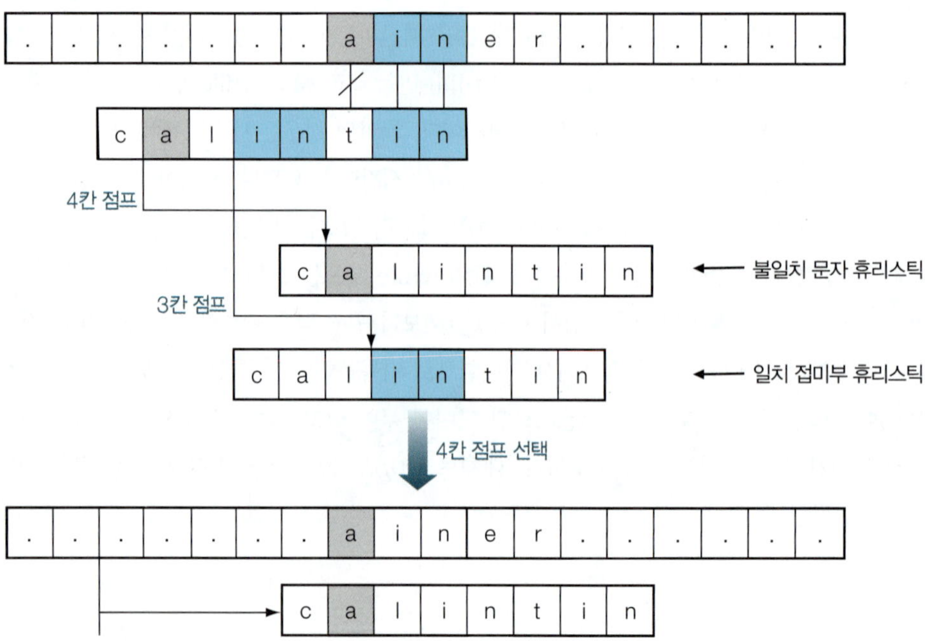

그림 12-12 일치 접미부 휴리스틱과 불일치 문자 휴리스틱 중 좋은 것 선택하기: 예 1

타나므로 최소 4칸은 안전하게 점프할 수 있다(불일치 문자 휴리스틱). 패턴의 부분 문자열 "in"은 현재 텍스트에서 "in"이 있는 위치보다 3칸 왼쪽에 나타나므로 최소 3칸은 안전하게 점프할 수 있다(일치 접미부 휴리스틱). 이 둘 중 큰 것을 택해 4칸을 점프한다.

[그림 12-13]은 다른 예다. 역시 맨 오른쪽 두 문자는 일치했고(문자열 "al"), 3번째 문자 ('a')에서 불일치가 발생하였다. 이번에는 불일치 문자 'a'와 관련해서 -1칸을 점프할 수 있고, 일치 문자열 "al"은 패턴 내에 다시 나타나지 않으므로 7칸을 점프할 수 있다. 둘 중 더 큰 7칸을 점프한다. 이처럼 불일치 문자 휴리스틱은 마이너스의 점프를 할 수도 있으나 일치 접미부 휴리스틱이 항상 플러스의 점프를 하므로 문제가 되지 않는다.

이 두 휴리스틱을 적용하려면 2개의 일차원 배열을 준비해두어야 한다. 불일치 문자를 위한 점프는 배열 *jump*[]를 그대로 사용하면 되고, 일치 접미부 관련 배열을 만드는 과정은 좀 까다롭지만 원리는 앞에서 설명한 바와 같이 간단하다. [알고리즘 12-6]의 보이어-무어-호스풀 알고리즘 정도로도 보이어-무어의 핵심 아이디어를 충분히 반영한 것이고, 라빈-카프나 KMP 알고리즘보다 평균적으로 빠르다. 일치 접미부가 유용한 경우가 흔치 않아 완전한 보이어-무어 알고리즘보다 빠른 경우가 많다.

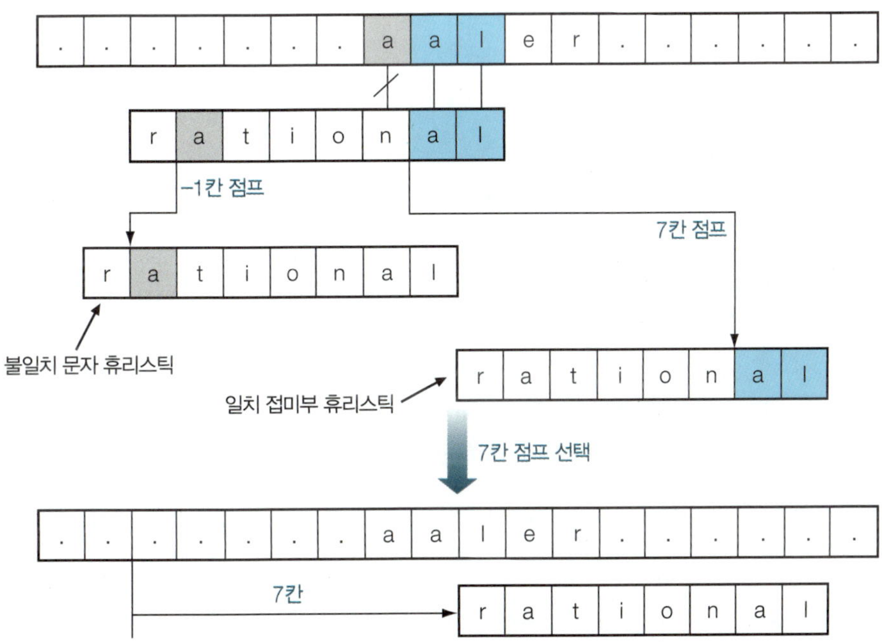

그림 12-13 일치 접미부 휴리스틱과 불일치 문자 휴리스틱 중 좋은 것 선택하기: 예 2

01 $n \times n$ 문자 배열에서 $m \times m$ 패턴을 찾을 수 있도록 라빈-카프 알고리즘을 확장하는 방법을 설명하시오.

➜ $m \times m$ 패턴을 선형 문자열로 취급한다. 즉, $A[i, j]$로부터 시작되는 $m \times m$ 패턴을 문자열 $A[i, j]A[i, j+1], \cdots, A[i, j+m-1]A[i+1, j], A[i+1, j+1]\cdots A[i+1, j+m-1]\cdots A[i+m-1, j] A[i+m-1, j+1]\cdots A[i+m-1, j+m-1]$로 간주한다. $A[i, j]$로부터 시작되는 길이가 m인 문자열의 수치화 값을 b_{ij}라 하자. 모든 b_{ij}는 본문에서 제시한 방법으로 쉽게 미리 계산해 놓을 수 있다. $A[i, j]$로부터 시작되는 $m \times m$ 패턴의 수치화 값을 k_{ij}라 하면 다음에 의해 간단히 계산할 수 있다.

$$k_{ij}=((d^m \bmod q)(k_{i-1,j}-(d^{m(m-1)} \bmod q)*b_{i-1,j})+b_{i+m-1,j}) \bmod q$$

$d^m \bmod q$와 $d^{m(m-1)} \bmod q$는 초기에 한번만 계산해 놓으면 되므로 k_{ij} 계산은 상수 시간에 가능하다. $A[i, j]$로부터 시작되는 $m \times m$ 패턴이 배열 $n \times n$을 벗어나면 k_{ij} 값은 존재하지 않는다.

02 [알고리즘 12-6]의 보이어-무어-호스풀 알고리즘을 자기호출 버전으로 변형하시오. 배열 *jump*[ ]는 최초에 미리 만들어놓았다 가정하고 이를 함수의 인자로 포함시킨다. 이때 최초의 호출은 어떤 모양인가?

➜ 재귀적 사고법을 훈련하기 좋은 예제다.

```
BoyerMooreHorspool(A[ ], P[ ], k):
    if (k≤n)
        j=m; q=k
        while ( j>0 and P[j]=A[q])
            j--; q--
        if ( j=0) A[k-m+1] 자리에서 매칭이 발견되었음을 알린다.
        BoyerMooreHorspool(A, P, k+jump[A[k]])
```

최초의 호출은 BoyerMooreHorspool(A, P, m)이다.

요약

01 원시적인 매칭 알고리즘은 텍스트의 각 위치에서 시작해 패턴 문자열과 일치하는지 체크하는 방법으로, $O(mn)$의 수행 시간이 든다.

02 오토마타를 이용하는 알고리즘은 매칭 과정에서 불일치가 일어났을 때 처음부터 다시 비교하지 않고 문맥상의 정보를 이용해 중간부터 비교할 수 있도록 한 것이다.

03 KMP 알고리즘은 매칭 과정에서 불일치가 일어났을 때 처음부터 다시 비교하지 않고 중간부터 비교할 수 있도록 되돌아갈 위치를 배열로 나타낸 것이다. 오토마타 방법에서는 문자 각각에 대해 돌아갈 곳을 명시하지만 KMP 알고리즘에서는 문자별로 구별하지 않아 전처리 시간이 줄어든다.

04 라빈-카프 알고리즘은 패턴을 수치화해, 즉 문자열의 비교를 수치 비교로 전환해 문자열 매칭을 수행하는 방법이다.

05 보이어-무어 알고리즘은 패턴의 뒷부분에 대응되는 텍스트의 문자를 이용해 텍스트를 보지 않고도 뛰어넘을 수 있게 한다. 이론적으로는 최악의 경우 $\Theta(mn)$ 시간이 소요되지만, 평균적으로는 가장 좋은 성능을 보여 현장에서 가장 많이 사용된다.

연습문제

01 원시적인 매칭 알고리즘의 수행 시간은 $O(mn)$이라고 하였다. 현장에서 사용된다면 이 알고리즘의 일반적 수행 시간은 어떨지 자신의 생각을 이야기해보시오.

02 문자열 "abcdabcwz"를 인식하는 오토마타를 만드시오.

03 텍스트와 검색하려는 패턴 문자열이 문자 집합 {a, b, c}로 구성되어 있다고 하자. 라빈-카프 알고리즘을 사용해 매칭하려고 할 때 문자열 "abababaca"는 어떤 수로 수치화되는가?

04 라빈-카프 알고리즘에서 모듈러 13을 사용하고, A[ ] = "2417856414394628"에서 패턴 P[ ] = "30"을 찾을 때, 텍스트에 "30"이 없는데도 "30"과 같은 수치를 가지는 경우는 몇 번이나 발생하는가?

05 문자열 "abababaca"를 KMP 알고리즘을 사용해 찾으려 한다. KMP 알고리즘으로 만들어지는 배열 π[]의 내용은 어떻게 되는가?

06 임의의 텍스트 T의 첫 번째 문자와 마지막 문자를 연결하면 고리 형태가 된다. 이를 텍스트 T의 고리라 하자. 텍스트 T가 다른 텍스트 T'과 같은 고리를 가진다는 것을 알아내는 선형 시간 알고리즘을 제시하시오. 예를 들어, "rotation", "otaionr", "tationro"는 모두 같은 고리를 갖는다. 문자가 흐르는 방향이 바뀌는 것은 고리가 아니다. "cba"와 "abc"는 같은 고리를 갖지 않는다.

07 보이어-무어 알고리즘이 본문에서 소개한 다른 네 가지 알고리즘과 다른 점은 무엇인가?

08 문자 집합 {a, b, c}로 이루어지는 텍스트에서 패턴 "ababbabcab"를 위해 [알고리즘 12-6]에서 사용하는 배열 *jump*[]를 만드시오.

09 [알고리즘 12−1]의 원시적인 매칭 알고리즘을 자기호출을 이용하는 버전으로 바꾸시오.

10 KMP 알고리즘의 작동 원리를 깊게 이해하기 위해 다음과 같이 자기호출을 이용하는 버전으로 바꾸어보았다. A, P, π는 본문의 배열들 그대로이고 π는 최초의 KMP() 호출 전에 미리 만들어 두었다고 가정한다.

```
KMP(A[], P[], i, j):
▷ n: 배열 A[]의 길이, m: 배열 P[]의 길이
    if (i≤n)
        if (j=0 or A[i]=P[j]) i++; j++
        else j ← π[j]
        if (j=m+1)
            A[i-m] 자리에서 매칭되었음을 알린다.
            j ← π[j]
        KMP(A, P, i, j)
```

① KMP(A, P, i, j)를 호출할 때 매칭은 어디까지 진행된 상태인가? (특히 i, j는 매칭의 진행 상태와 어떤 관계가 있는가?)

② 최초의 KMP 호출은 어떤 모양인가? (KMP(…?…)에서 괄호 안의 내용을 말함)

③ 이렇게 자기호출을 이용하는 버전으로 바꾸면 수행 시간에 변화가 있는가?

11 라빈-카프 알고리즘에서 영문 소문자로 제한된 문자열만 대상으로 하는 경우를 가정하자. 문자열의 모든 n개 기호가 'a'로 채워져 있고(즉, "aaaaaaaaaaaaaaaaa…"), 찾고자 하는 패턴으로 길이 $\frac{n}{5}$인 "aa … aa"가 입력될 때 라빈-카프 알고리즘의 수행 시간은 어떻게 되는가? Θ−표기로 나타내시오. 첫 번째 매칭만 찾고 끝나는 것으로 착각하지 말아야 한다.

12 라빈-카프 알고리즘은 최악의 경우 점근적 수행 시간이 어떻게 되는가?

Chapter

13

NP-완비

학습목표

- P와 NP를 구별한다.
- Yes/No 문제와 최적화 문제의 차이를 이해한다.
- NP-완비의 의미를 이해한다.
- NP-완비의 증명 방법을 이해한다.
- NP-완비라는 사실이 판명됨으로써 얻을 수 있는 이득을 이해한다.

PREVIEW

나는 그저 NP-완비 이론이 흥미로운 발상이라고만 생각했다.
그것이 지닌 잠재적 영향력은 제대로 인식하지 못했다.

스티븐 쿡

때로는 어떤 것이 불가능하다는 사실이 유용할 때도 있다.

레오니드 레빈

이 장은 쿡과 레빈에 의해 제안되어 무섭게 확장된 문제군에 관한 것이다. 이 문제군의 아이디어를 최초로 제안한 두 사람 중 1명인 쿡도 이 개념이 이렇게 엄청난 파급 효과를 지닌 주제가 될지 몰랐다.

어떤 문제를 해결하려 하는데 도무지 효율적인 방법이 생각나지 않는다. 이 문제는 도대체 효율적인 해법이 존재하기는 하는 것일까? 그냥 포기하려고 하니 혹시 좋은 해가 있을까봐 불안하다. 이럴 때 NP-완비 이론이 유용한 정보를 제공한다.

NP-완비군에는 놀라울 정도로 많은 문제가 속해 있는데 이 문제들은 현재까지의 연구 결과로는 현실적인 시간에 대답을 얻을 수 있는 해법이 존재하지 않는다. 하지만 재미있게도 이 문제들 중 단 하나라도 현실적인 시간에 대답을 얻을 수 있는 해법이 존재한다면, NP-완비군의 다른 모든 문제에서도 현실적인 시간에 대답을 얻을 수 있는 해법이 존재한다. 이 장에서는 이런 논리적 연결 관계를 배운다.

01 문제의 종류

세상에는 다양한 종류의 문제가 존재한다. 이 문제들은 해결 가능성에 따라 [그림 13-1]과 같이 풀 수 있는 문제와 풀 수 없는 문제로 나눌 수 있다. 20세기 천재 수학자 괴델이 증명한 바와 같이 어떤 무모순적인 논리 체계하에서도 근본적으로 풀 수 없는 문제가 존재한다. 컴퓨터 과학의 정지 문제나 힐버트의 열 번째 문제는 우리의 논리 체계하에서 풀 수 없는 대표적인 문제다. 이 책에서는 풀 수 있는 문제만 대상으로 한다.

풀 수 있는 문제는 해결하는 데 필요한 시간에 따라 현실적인 시간에 풀 수 있는 문제와 그렇지 않은 문제로 나뉜다. 12장까지 배운 문제들은 거의 모두 현실적인 시간에 풀 수 있는 문제들에 속하므로 해를 구하는 데 큰 난관이 없었다. 그러나 현실적인 시간에 풀 수 없는 문제는 주어진 시간 범위에서 근사해를 구하는 것을 목표로 할 수밖에 없다. 이 장의 주제인 NP-완비는 현실적인 시간에 풀 수 없다고 추정되면서 서로 강력한 논리적 연관성을 가진 특이한 문제군에 관한 것이다.

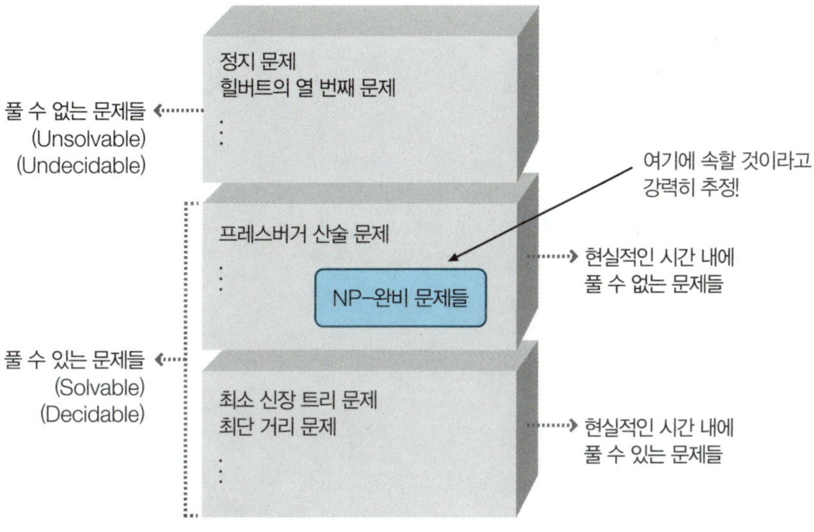

그림 13-1 문제의 종류

지금까지 다룬 문제는 해결하는 데 다항식 시간Polynomial Time이 들었다. 즉, 문제 크기가 n이면 그 문제를 해결하는 데 n의 다항식에 비례하는 시간이 드는 알고리즘들이었다. 다항식은 여러분이 잘 아는 바와 같이 $f(n)=a_K n^k+a_{k-1}n^{k-1}+\cdots+a_1 n+a_0 (a_k \neq 0)$ 같은 식을 뜻한다. 이를 점근적으로 표기하면 $f(n)=\Theta(n^k)$이다. 결국, 다항식 시간이란 $\Theta(n^k)$으로 표시되는 시간을 뜻한다. $n^k logn$은 다항식이 아니지만 $O(n^{k+1})$에 속하므로 다항식 시간에 해당한다. 다항식 시간이 아닌 대표적인 것으로 지수 시간과 계승 시간을 들 수 있는데, $\Theta(r^n)$이나 $\Theta(n!)$로 표현된다. 보통 다항식 시간을 현실적인 시간이라 간주하고 다항식을 벗어나는 시간을 비현실적인 시간이라 간주한다. 즉, 어떤 문제가 다항식 시간에 해결되면 현실적인 시간에 풀 수 있는Tractable 경우로 간주하고, 비다항식 시간이 소요되면 현실적인 시간에 풀 수 없는Intractable 경우로 간주한다.

n이 충분히 큰 경우만 고려하는 점근적 분석에서는 다항식 시간이 아무리 커도 지수 시간이나 계승 시간에 비하면 가볍다. 어떤 독자는 "n^{100}과 같이 차수가 매우 높은 다항식 시간도 현실적인 범위를 벗어나는 것 아닌가?" 하는 질문을 할 수도 있다. 맞다. 다항식도 최고차 항이 너무 크면 현실적인 시간으로 간주하기 힘들다. 다행히 현실에서 n^6을 넘는 경우가 아주 드물기 때문에 아주 높은 차수의 다항식 시간이 드는 알고리즘을 만날 일이 거의 없고 대부분 차수가 낮다. 이런 맥락에서 '다항식 시간 = 현실적인 시간'으로 이해하도록 하자.

02 Yes/No 문제와 최적화 문제

문제는 요구하는 대답의 종류에 따라 다음 두 가지로 분류할 수 있다.

- Yes 또는 No의 대답을 요구하는 문제
- 가장 좋은 해를 요구하는 문제

예를 들어, 10장에서 배운 최단 경로 문제의 경우에 "정점 u에서 정점 v로 가는 길이 100 이하인 경로가 존재하는가?"라고 물으면 Yes 또는 No로 대답해야 한다. 반면, "정점 u에서 정점 v로 가는 최단 경로의 길이는 얼마인가?"라고 물으면 최단 경로의 길이를 대답해야 한다. 전자는 Yes/No 문제이고, 후자는 최적화 문제다.

NP-완비 이론은 이론의 전개를 쉽게 하기 위해서 Yes/No 문제만 대상으로 한다. 그래서 최적화 문제도 모두 그에 대응되는 Yes/No 문제로 바꾼 다음 다룬다. 예를 들어, TSP 문제는 다음과 같다.

> n개의 지점을 모두 방문하고 돌아오는 최단 거리를 구하라.

이런 TSP 문제는 최적화 문제이므로 다음과 같은 Yes/No 문제로 바꾸어 다룬다.

> n개의 지점을 모두 방문하고 돌아오는 거리 K 이하인 경로가 존재하는가?

최적화 문제는 대응되는 Yes/No 문제보다 대답이 쉽지는 않으므로 Yes/No 문제가 어렵다면 대응되는 최적화 문제도 어렵다고 말할 수 있다. NP-완비 이론은 어떤 문제가 어렵다는 사실을 보이는 것과 관련된 것으로, Yes/No 문제에 국한해서 논의를 하고 Yes/No 문제가 어려움을 보이면 대응되는 최적화 문제도 어렵다는 것을 짐작할 수 있게 해준다.

Yes/No 문제를 다른 말로는 결정 문제Decision Problem라 한다. 여기서 '결정'이란 Yes 또는 No로 결정(대답)하는 것을 뜻한다. 이 장에서는 이 두 용어(결정 문제, Yes/No 문제)를 모두 사용할 것이다. 이 장의 6절까지는 Yes/No 문제만 다루고, 7절부터는 최적화 문제도 이 맥락에 연결시킨다.

어떤 문제를 다항식 시간에 결정할 수 있으면 현실적인 시간에 풀 수 있다고 하고, 다항식 시간에 결정할 수 없으면 현실적인 시간에 풀 수 없다고 한다. 이 장에서 배울 NP-완비군에 속하는 문제들은 현실적인 시간에 풀 수 없다(결정할 수 없다)고 강력하게 추정되는 문제들이다. 지금까지 수없이 많은 NP-완비 문제가 알려졌지만 이들을 다항식 시간에 해결할 수 있는 알고리즘은 발견된 바 없다. 그렇다고 이들이 다항식 시간에 해결 불가능하다고 증명된 것도 아니다. 재미있는 것은 수천수만 개의 NP-완비 문제 중 단 하나라도 다항식 시간에 해결되면 모든 NP-완비 문제가 한꺼번에 다항식 시간에 해결되는 논리적 연결 체계를 가졌다는 점이다.

지금부터 NP-완비군을 구성하는 논리적 연결 체계를 배우고, NP-완비란 무엇이며, 문제가 NP-완비임을 어떻게 증명하는지 배운다.

03 NP

NP-완비군은 NP군에 속하는 문제 중 나중에 설명할 특수한 관계를 가진 문제들의 집합이다. NP-완비를 취급하기 전에 우선 NP의 의미부터 살펴볼 텐데, 이 NP에 대비되는 군은 P다. P는 다항식 시간에 해결할 수 있는 문제들의 군이다. 이 책에서 12장까지 배운 문제는 12장의 보따리 문제를 제외하고는 모두 P군에 속한다. 해당 문제를 해결하는 알고리즘이 모두 다항식 시간 알고리즘이기 때문이다. 즉, 다항식 시간 내에서 더 적은 시간을 소요하는 알고리즘을 개발하는 데 초점이 맞추어져 있었다. 결정 문제에 국한하면 P는 다항식 시간에 Yes 또는 No라고 대답할 수 있는 문제들의 군이다.

흔히 NP를 Non-Polynomial, 즉 다항식 시간에 해결할 수 없는 문제군으로 잘못 알고 있는데, 사실은 Nondeterministic Polynomial, 즉 비결정론적 다항식 시간에 해결할 수 있는 문제군을 뜻한다. 필자의 강의 경험에 비추어보면 비결정론적 다항식 시간이라는 용어에 어려움을 느끼는 학생이 많았다. 이 용어 때문에 NP-완비 이론 공부의 출발점에서 좌절해서는 안 된다. 다행히 다른 정의 방법이 있으므로 이 책에서는 이 방법을 취하기로 한다. 이 방법은 컴퓨터 이론 용어를 많이 사용하지 않기에 더 쉽게 이해할 수 있다.

NP에 속하는 문제는 그 문제의 대답이 Yes라는 근거가 주어졌을 때 그것이 옳은 근거임을 다항식 시간에 확인해줄 수 있는 문제다. 반면, P에 속하는 문제는 그 문제의 질문이 주어졌을 때 Yes 또는 No의 대답을 다항식 시간에 해줄 수 있는 문제다. NP군의 문제는 대답이 Yes라는 근거가 제시되었을 때 그것이 맞다는 것을 다항식 시간에 확인만 하면 될 뿐 대답이 No일 경우는 어떻게 하든 상관없다. P군의 문제는 질문 자체에 대해서 다항식 시간에 Yes 또는 No로 대답해야 한다. 질문에 대답한다는 것은 일반적으로 '문제를 푼다'는 개념과 일치한다. 직관적인 표현으로 정리를 하면 P는 빨리 풀 수 있는 문제군이고, NP는 빨리 확인할 수 있는 문제군이다.

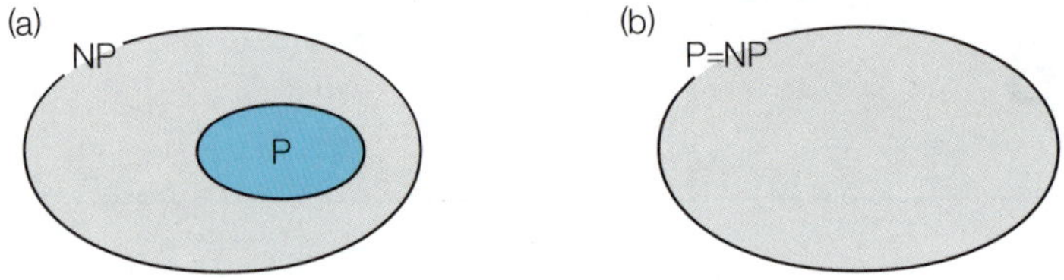

그림 13-2 P와 NP의 포함 관계에 대한 두 가지 가능성

[그림 13-2]는 P와 NP의 포함 관계가 될 수 있는 두 가지 가능성을 제시한 것이다. 모든 P군의 문제는 당연히 NP군에도 속한다. 즉, P⊆NP다. 그렇지만 NP에 P가 아닌 문제가 포함되어 있는지는 아직 아무도 모른다. P와 NP는 당연히 그 크기가 아주 많이 차이 나는 집합일 것 같지만 아직 증명되지 않은 문제다. 일반적으로 두 가지 가능성 중 (a)가 맞을 것이라고 강력하게 추정하고 있을 뿐이다. 이것을 "P=NP?" 문제 또는 "NP−P=ϕ?" 문제라고 하는데 클레이 연구소에서 21세기를 맞아 정한 7개의 백만 불짜리 문제 중 하나다.

근거가 제시되었을 때 이를 다항식 시간에 확인할 수 있다는 말과 문제를 비결정론적 다항식 시간에 풀 수 있다는 말은 같은 의미다. 학생들은 단번에 이해하기 어려워하는 부분이지만 NP를 확인 의미로만 이해해도 이 장의 내용을 공부하는 데 무리가 없다. 그리고 어떤 문제가 NP에 속하는지 보여주는 일은 대부분의 경우 너무나 쉽다. 따라서 이 장에서 배우는 NP-완비 이론은 'NP'보다 '완비'라는 용어에 좀 더 주의를 기울이기 바란다. 나중에 배우겠지만, NP-완비 이론에서는 NP-완비의 필요조건인 NP-하드라는 성질에 가장 주의를 기울여야 한다. 473쪽 NOTE에 비결정론적이란 용어를 구체적으로 설명하였으니 이해의 폭을 넓히고 싶은 독자는 읽어보기 바란다.

이 장의 6절까지는 결정 문제만 다루므로 '결정한다', '해결한다', '푼다'는 모두 의미가 같다. 문장에 따라 가장 자연스러워 보이는 용어를 서로 섞어가며 사용할 것이니 혼란스러워하지 말기 바란다. 그리고 문제 A가 "NP군에 속한다"라는 말과 문제 A가 "NP다"라는 말도 역시 섞어 쓸 것이다.

NOTE_ 비결정론적 다항식 시간의 의미

본문에서 NP는 Nondeterministic Polynomial, 즉 비결정론적 다항식 시간에 해결할 수 있는 문제군이라고 하였다. '다항식 시간'은 받아들이는 데 문제가 없는데 '비결정론적 다항식 시간'은 수학이나 컴퓨터 이론에 익숙하지 않은 사람이 받아들이기 쉽지 않다. 그래서 이를 가능하면 쉽게 설명해보려 한다.

임의의 그래프와 두 정점 S, F가 주어질 때, 정점 S에서 출발해서 정점 F에 이르는 경로가 존재하는지 알아보는 알고리즘을 개발한다고 하자. 이 알고리즘에 다음 그래프가 연결 리스트 표현으로 입력되었다고 하자. 연결 리스트 표현 이외의 정보가 없다면 어떤 기발한 알고리즘을 쓰든 이 그래프에서는 최악의 경우 모든 경로를 다 가본 다음 $S \rightsquigarrow F$를 발견할 수밖에 없다.

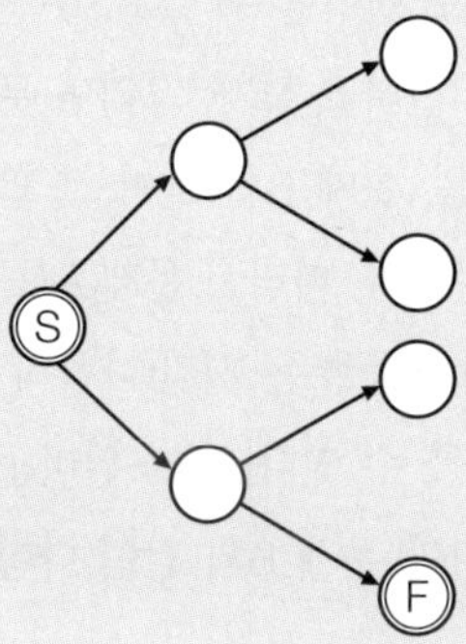

경로 찾기 문제의 예

어디로 가야 유리한지 정보가 없기 때문에 최악의 경우 각 정점에서 두 가지씩 시도해보아야 한다. 간선을 하나 따라가보는 것을 1만큼의 시간이 든다고 하자. 결정론적으로 말하면 최악의 경우 6의 시간이 소요된다. 결정론적인 관점은 풀이 과정에서 거치는 모든 과정이 시간에 반영된다(지금까지 배운 모든 시간 분석은 결정론적임). 그러나 비결정론적인 관점에서 보면 2의 시간이 소요된다. 비결정론적 관점이란 답을 구하는 과정에서 시행착오는 고려하지 않고 그런 경로가 존재한다면 그 경로를 따라 F에 이르는 데 걸리는 시간을 뜻한다. 이것은 해당 경로(답이 Yes라는 근거)가 주어졌을 때 그것이 맞는 경로임을 확인하는 데 걸리는 시간과 같다.

본문에서 NP군의 문제는 근거가 제시되었을 때 그것이 맞음을 다항식 시간에 확인할 수 있는 문제라고 한 것과 이 그림을 이용한 설명의 연관성을 감지할 수 있으면 비결정론적인 다항식 시간의 의미를 직관적으로 이해한 것이다.

오토마타를 배우지 않은 사람은 이번 단락은 읽지 말고 그냥 넘어가기 바란다. 오토마타에는 결정론적 오토마타 Deterministic Automata와 비결정론적 오토마타 Nondeterministic Automata가 있는데, 결정론적 오토마타에서는 한 심볼로 한 상태에서 단 하나의 다른 상태로만 갈 수 있고, 비결정론적 오토마타에서는 하나의 심벌로 한 상태에서 2개 이상의 다른 상태로 갈 수 있다. 오토마타에서 시작 상태부터 목표 상태까지 걸리는 시간은 알고리즘이 종료하는 데 걸리는 시간에 대응된다. 비결정론적 오토마타에서 다항식 시간에 목표 상태에 이른다는 것은 실제로 수행했을 때 다항식 시간에 걸린다는 것이 아니고 다항식 시간에 목표 상태에 이를 수 있는 경로가 존재한다는 뜻이다. 즉, 시작 상태에서 목표 상태로 가는 다항식 스텝 경로가 존재한다는 것이지 그 경로를 다항식 스텝 만에 발견할 수 있다는 뜻은 아니다. 직관적으로 표현하면, 비결정론적인 다항식 시간에 풀 수 있다는 말은 결론을 얻기까지의 과정은 무시하고 그런 결론을 다항식 시간에 (운 좋게) 낼 수 있는 경로가 존재한다는 뜻이다.

04 다항식 시간 변환

이 절은 NP–완비 이론의 논리 체계를 구성하는 핵심 원리를 담고 있다. 결정 문제 A가 다항식 시간에 해결 가능한지 알고 싶은데, 다항식 시간에 해결 가능한 결정 문제 B를 이미 알고 있다고 하자. [그림 13–3]과 같이 문제 A를 다항식 시간에 문제 B로 변형할 수 있고 이 변형의 결과 문제 B의 대답(Yes 또는 No)과 문제 A의 대답이 항상 일치한다고 하자. 그러면 문제 A도 다항식 시간에 해결 가능하다. 문제 A를 문제 B로 변환한 다음, 문제 B를 풀어 그 답이 Yes이면 A의 답도 Yes, 그 답이 No이면 A의 답도 No가 되기 때문이다. 따라서 문제 A를 푸는 데 걸리는 시간은 문제 B로 변환하는 시간(다항식 시간)과 문제 B를 푸는 시간(다항식 시간)을 합한 것이다. 즉, 문제 A는 다항식 시간에 문제 B로 바꾸어 풀 수 있다. NP–완비군에 속하는 문제들은 모두 서로 이런 논리적 연결 관계를 맺고 있다. 다만 문제 B와 같이 다항식 시간에 해결 가능한 문제가 발견되지 않았다는 점이 다르다.

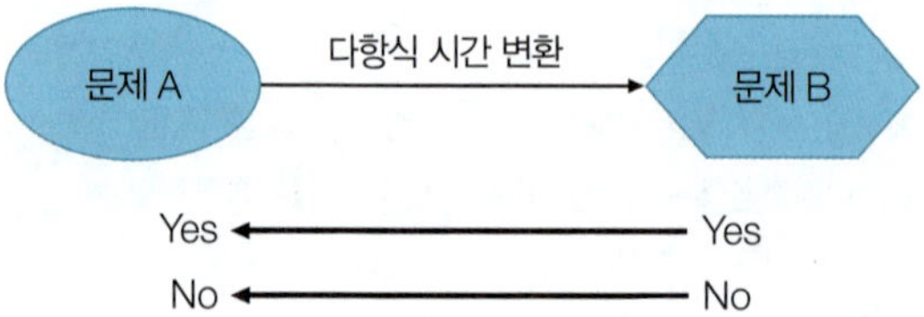

그림 13–3 변환으로 대답을 얻는 예

변환은 영어로 Reduction이라 한다. Reduction은 의미를 멋지게 표현하는 용어이지만 우리말로는 이만큼 마음에 드는 용어를 만들기가 쉽지 않다. 환원, 변형, 변환 등을 생각할 수 있는데 어느것도 썩 마음에 들지 않는다. 의미에 더 가까운 용어를 굳이 만든다면 '제한적 변환', '축소 변환' 정도가 되겠지만 어감이 부드럽지가 않아 이 책에서는 변환이라는 용어를 쓰기로 한다.

정의 13-1 다항식 시간 변환

문제 A의 사례 α를 문제 B의 사례 β로 바꾸되 다음 성질을 만족하면 다항식 시간 변환이라 하고, 이를 $\alpha \leq_p \beta$로 표기한다.

❶ 변환은 다항식 시간에 이루어진다.

❷ 두 사례의 답은 일치한다.

[정의 13-1]의 ❷에서 두 사례의 답이 일치한다는 것은 β에서 Yes/No 대답과 α에서 Yes/No 대답이 일치한다는 뜻이다. 사례[Instance]는 문제의 구체적인 예다. 예를 들어, 최단 거리 문제라면 [그림 13-4]와 같은 그래프가 최단 거리 문제의 사례가 된다. 즉, 최단 거리 문제는 문제를 포괄적으로 뜻하는 것이고, 최단 거리 문제의 사례는 문제의 구체적인 예를 뜻한다. 다항식 시간 변환은 $\leq_p$로 표기한다. 이 정의처럼 사례 α를 사례 β로 다항식 시간 변환할 수 있으면 $\alpha \leq_p \beta$로 표기한다.

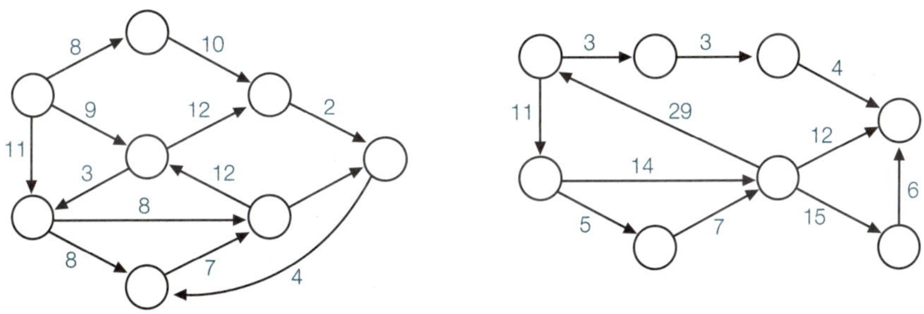

그림 13-4 최단 거리 문제의 두 사례

다항식 시간 변환을 이용해 문제를 푸는 과정을 다시 살펴보자. 물론 Yes/No 대답만 요구하는 결정 문제다. 풀어야 할 문제 A의 사례 α가 주어지고, 이것은 문제 B의 사례 β로 다항식 시간 변환 가능하다 하자. 즉, $\alpha \leq_p \beta$이다. β를 쉽게 풀 수 있다면 α도 쉽게 풀 수 있다. [그림 13-5]는 다항식 시간 변환을 이용해 α를 푸는 알고리즘이다. 사례 α를 다항식 시간 변환 알고리즘을 이용해 사례 β로 변환한다. 문제 B를 푸는 알고리즘을 이용해 β를 푼 다음 그 결과를 그대로 리턴하면 이것이 α의 답이다. 문제 B를 푸는 알고리즘이 다항식 시간 알고리즘이면 문제 A를 푸는 알고리즘도 다항식 시간 알고리즘이 된다.

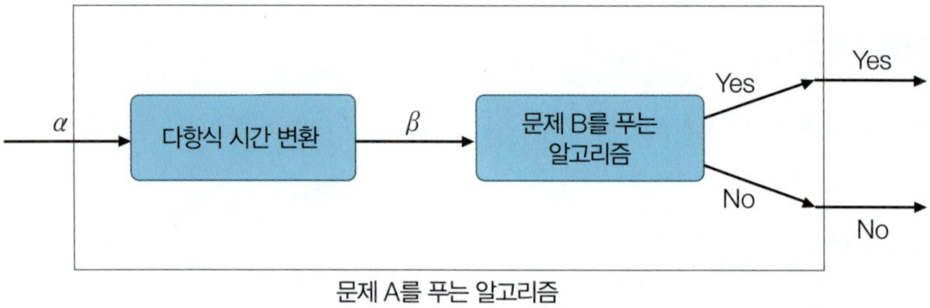

그림 13-5 변환을 이용해 문제를 푸는 예

지금까지의 개념 설명만으로는 다소 피상적으로 느껴질 수 있다. 구체적인 다항식 시간 변환의 예를 하나 들어보자. 해밀토니안 사이클Hamiltonian Cycle이란 그래프의 모든 정점을 한 번씩만 방문하고 출발점으로 돌아오는 경로를 뜻한다. 그리고 해밀토니안 사이클 문제는 [정의 13-2]와 같이 주어진 무향 그래프에서 해밀토니안 사이클이 존재하는지 묻는 문제다.

정의 13-2 HAM-CYCLE(해밀토니안 사이클 문제)

- **입력:** 무향 그래프 $G=(V, E)$
- **질문:** G에 해밀토니안 사이클이 존재하는가?

TSP는 순회 세일즈맨 문제Traveling Salesman Problem의 약어인데 아마 컴퓨터 과학에서 가장 유명한 문제일 것이다. 원래 TSP는 가중치 있는 완전 그래프에서 길이가 가장 짧은 해밀토니안 사이클의 길이를 찾는 문제인데, 이것의 Yes/No 문제는 [정의 13-3]과 같다.

정의 13-3 TSP(순회 세일즈맨 문제)

- **입력:** 양의 가중치를 갖는 무향 완전 그래프 $G=(V, E)$, 양의 실수 K
- **질문:** G에 길이가 K 이하인 해밀토니안 사이클이 존재하는가?

완전 그래프는 모든 정점 사이에 간선이 있는 그래프이므로 해밀토니안 사이클은 무조건 존재한다. 정확히 말하면 총 $(n-1)!$가지의 해밀토니안 사이클이 존재한다. TSP는 이 중 가장 짧은 것을 찾는 문제인데, NP-완비 이론은 Yes/No 문제만 대상으로 하므로 이를 Yes/No 버전으로 바꾼 것이 [정의 13-3]의 TSP 문제다.

[그림 13-6]은 HAM-CYCLE 문제의 사례를 TSP 문제의 사례로 다항식 시간 변환하는 예다. 그림은 4개의 정점으로 구성된 그래프다. TSP 문제는 완전 그래프를 대상으로 하므로 모든 정점 사이에 간선이 있어야 한다. HAM-CYCLE 문제의 사례에서 간선이 있으면 TSP 문제의 사례에서 대응되는 간선의 가중치를 1로 준다. 그리고 HAM-CYCLE 문제의 사례에 없는 간선에 대응되는 간선에는 모두 ∞의 가중치를 준다. 그림의 오른쪽이 이렇게 바꾼 TSP의 사례다. 이렇게 변환하면 두 사례 간에는 밀접한 관계가 생긴다.

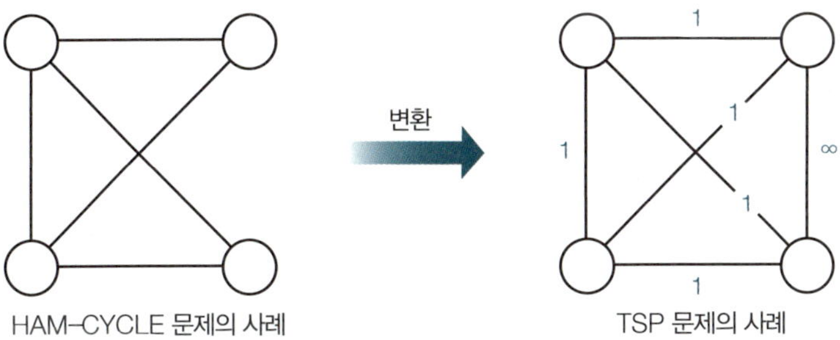

그림 13-6 다항식 시간 변환의 예

[그림 13-7]을 보자. (a)는 해밀토니안 사이클이 존재하는 [그림 13-6]의 예를 그대로 옮겨 놓은 것이고, (c)는 해밀토니안 사이클이 존재하지 않는 다른 사례를 보인 것이다. (a)에서 굵은 간선들이 해밀토니안 사이클을 나타낸다. 이를 오른쪽 TSP 사례 (b)에 그대로 옮겨보면 길이가 4인 해밀토니안 사이클이 된다. (c)의 사례에서는 해밀토니안 사이클이 존재하지 않으므로 TSP의 사례 (d)에서 해밀토니안 사이클을 만들면 (c)에 존재하지 않는 간선을 적어도 하나 포함하게 된다. (c)에 존재하지 않는 간선은 가중치가 ∞이므로 이런 해밀토니안 사이클의 길이는 항상 ∞가 된다.

이제 HAM-CYCLE 문제의 사례가 주어지면 이 문제를 직접 푸는 대신 이렇게 TSP의 사례로 변환한다. HAM-CYCLE 문제의 사례에서 "해밀토니안 사이클이 존재하는가?"라는 질문은 변환된 TSP의 사례에서 "길이가 $|V|$ 이하인 해밀토니안 사이클이 존재하는가?"라는 질문의 답과 일치한다(이 사례에서는 $|V|=4$). 이렇게 만든 TSP의 사례에서 해밀토니안 사이클의 길이는 절대로 $|V|$보다 작을 수는 없으므로 이 질문은 "길이가 $|V|$인 해밀토니안 사이클이 존재하는가?"라는 질문과 일치한다. 즉, TSP를 쉽게 푸는 알고리즘이 있으면 이 변환으로HAM-CYCLE 문제도 쉽게 풀 수가 있는 것이다(불행히도 TSP를 다항식 시간에 푸는 알고리즘은 아직 알려진 바 없음). 이런 의미에서 TSP는 HAM-CYCLE보다 쉽지 않다고 할 수 있다.

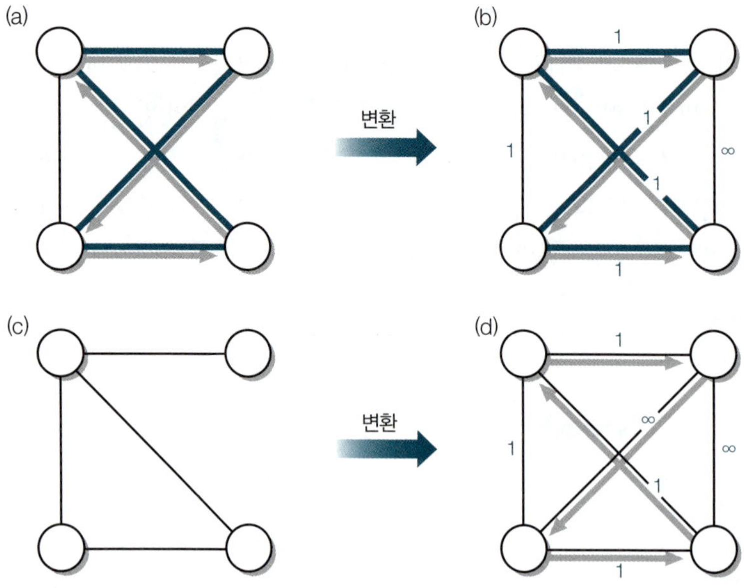

그림 13-7 변환 후 두 사례 간의 관계

NOTE_ 다른 문제로 바꾸어 풀기

"다른 문제로 바꾸어 풀기"라는 문구는 NP-완비 이론의 논리 체계에서 핵심이 되는 원리다. 한 문제를 다른 문제로 변환한 다음 변환된 문제의 답을 원래 문제의 답으로 삼는 것이다. 초등학교 수학을 예로 들어보자. Yes 또는 No로 대답해야 하는 문제다.

문제 1 양의 정수 X는 3의 배수인가?

[변환] X가 n자리 수라면 $X=x_n x_{n-1} \cdots x_1$로 나타낼 수 있다. 각 자릿수를 다음과 같이 단순히 더한 수 Y를 만든다. $Y=x_n+x_{n-1}+\cdots+x_1$

문제 2 Y는 3의 배수인가?

문제 1의 답은 문제 2의 대답과 일치한다. 예를 들어, 38673이 3의 배수인지 알고 싶다. 변환에 따라 3+8+6+7+3=27이 3의 배수이므로 3의 배수다. 244는 2+4+4=10이 3의 배수가 아니므로 3의 배수가 아니다.

문제 1을 풀고 싶으면 문제 2로 변환해서 문제 2의 답(Yes 또는 No)을 문제 1의 답으로 삼으면 된다. 문제 2를 쉽게 풀 수 있으면 문제 1도 쉽게 풀 수 있다. 쉬운 예를 들었지만, 이제 두 문제가 위와 같은 관계를 가지는데 문제 1이 유명한 난제라 하자. 그러면 문제 2는 이 난제보다 쉽지는 않다. 문제 2가 난제가 아니면 문제 1도 더 이상 난제가 아니기 때문이다.

해결해야 할 문제 B가 어느 정도 어려운지 모른다고 하자. 유명한 난제군인 NP-완비군에 속하는 어떤 문제 A를 문제 1의 위치에 놓고 적당히 변환해 문제 B로 바꿔서 문제 B가 문제 2와 같이 문제 1과 대답이 일치한다면 문제 B는 NP-하드 문제, 즉 이 유명한 난제군에 속한다. NP-완비가 되려면 간단한 절차가 하나 더 필요하지만 핵심은 이런 논리적 관계다.

05 NP-완비

NP-완비NP-Complete군은 지금까지의 기술로는 다항식 시간에 풀기 어렵다고 판단되면서 서로 밀접한 논리적 연결 관계를 가진 문제의 집합이다. NP-완비군에 속하는 문제 중 다항식 시간에 해결 가능함을 보인 것은 없다. 하지만 앞에서 언급했듯이, 한 문제가 다항식 시간에 해결 가능하면 이 문제의 답으로 다른 문제의 답도 말해줄 수 있어 이 군에 속한 모든 문제가 다항식 시간에 풀린다.

어떤 문제가 NP-완비임을 증명하는 것은 어떤 의미가 있을까? 어떤 최적화 문제를 해결하는 효율적인 알고리즘을 찾을 수 없으면 그런 알고리즘이 어딘가 존재하지 않을까 불안해진다. 내 능력의 한계 때문에 못 찾는 것인지 문제 자체가 정말 어려워서 못 찾는 것인지 판단할 수가 없다. 그런데 이 문제의 Yes/No 버전의 문제가 NP-완비임이 증명되면 이 문제와 운명을 같이하는 수많은 문제가 있음을 알 수 있고, 아직 아무도 이 문제군 중 단 한 문제에서도 효율적인 알고리즘을 발견하지 못했음을 알 수 있다. 그러면 최적해를 구하는 알고리즘을 찾기 위해 쓸데없는 시간을 허비하는 대신, 주어진 시간에 최적해에 가능한 가까운 해를 찾는 근사 알고리즘을 개발하는 것이 가장 현명한 일임을 판단할 수 있게 된다.

이와 관련하여, [그림 13-8]에 1979년 출간된 NP-완비에 관한 기념비적인 이론서인 개리Garey와 존슨Johnson의 책[55]에 있는 재미있는 비유를 소개한다. 직장 상사가 아주 어려운 문제를 해결하라고 지시하였다. 그런데 아무리 생각해보아도 자신은 그 문제의 답을 구할 수가 없다. 이 사람은 상사에게 (a), (b), (c) 중 한 가지 방법으로 말할 수 있다.

그림 13-8 문제가 어렵다는 것을 상사에게 말하는 세 가지 방법

(a)는 멍청해 보이고, (b)는 건방져 보일뿐더러 답이 존재하지 않는다는 것을 증명해보이기 전에는 무례한 대답이다. 이 문제가 NP-완비임을 안다면 (c)처럼 설득력 있는 대답을 할 수 있다. 어떤 문제가 NP-완비임을 아는 것은 이 문제가 수많은 천재도 아직 풀지 못한 어려운 문제의 집단에 속함을 알게 되는 것이다.

이제 NP-완비를 정의할 준비가 되었다.

정의 13-4 NP-하드NP-Hard

문제 A가 다음 조건을 만족하면 NP-하드다.

모든 NP 문제 L에 대하여 $L \le_p A$이다.

정의 13-5 NP-완비NP-Complete

문제 A가 다음 두 가지 조건을 만족하면 NP-완비다.

❶ A는 NP다.

❷ A는 NP-하드다.

4절에서 정의한 바와 같이 $\le_p$는 다항식 시간 변환을 뜻한다. 어떤 문제 A가 NP-완비라면 이것은 NP에 속하고, 다른 모든 NP 문제가 A로 다항식 시간 변환 가능함을 뜻한다. NP-하드는 NP-완비보다 넓은 범위의 문제를 포함한다. 따라서 NP-완비인 문제를 NP-하드라고 말해도 무방하다. '다른 모든 NP 문제가 A로 다항식 시간 변환 가능'하다는 조건은 매우 강한 조건이다. NP-완비는 결정 문제만 포함하지만, NP-하드는 사실상 최적화 문제도 포함한다. 이와 관련된 사항은 7절에서 논의하기로 한다.

[정의 13-4]에 따라 어떤 문제가 NP-하드임을 증명하는 것은 매우 어렵다. "모든 NP 문제에 대하여"라는 문구가 문제인데, 알려진 NP 문제는 물론이고 알려지지 않은 수많은 NP 문제까지 모두 포함한다. 그러니 하나씩 나열해서 증명하는 것은 불가능하고, NP 문제의 특성을 기반으로 포괄적으로 증명해야 할 것이다. 이런 난관을 극복하기 위해 NP-하드의 증명은 [정리 13-1]을 사용한다.

정리 13-1

다음 조건을 만족하면 문제 A는 NP−하드다.

어떤 알려진 NP−하드 문제 C에 대하여 $C \le_p A$이다.

▶▶ **증명** 이 조건을 만족하면 [정의 13−4]의 NP−하드 조건을 만족함을 증명하면 된다. 문제 C가 NP−하드이므로 [정의 13−4]에 따라 모든 NP 문제 L에 대하여 $L \le_p C$다. 또 $C \le_p A$이므로 $L \le_p C \le_p A$, 즉 $L \le_p A$다(다항식 시간 변환을 두 번 해도 여전히 다항식 시간 변환임).

따라서 [정의 13−4]의 조건 대신 [정리 13−1]의 조건을 만족하면 역시 NP−하드가 된다. [정리 13−1]을 사용하면 모든 NP 문제를 변환할 필요 없이 알려진 하나의 NP−하드(또는 NP−완비) 문제만 변환할 수 있으면 되므로 작업이 쉬워진다. 그렇지만 [정리 13−1]의 방법은 알려진 NP−하드 문제가 있을 때 사용할 수 있다. 알려진 NP−하드 문제가 없으면 [정의 13−4]에 따라 증명할 수밖에 없다. 따라서 적어도 하나의 NP−하드 문제, 즉 최초의 NP−하드 문제는 [정의 13−4]에 따라 증명해야 한다. 다행히 1971년에 쿡Cook이 GSAT(일반 부울식 만족 문제)이 NP−하드임을 NP−하드의 정의인 [정의 13−4]에 따라 증명하였다[34]. 상당히 복잡한 증명이므로 여기서는 다루지 않는다. 다만 한 천재에 의해서 최초의 NP−하드 문제를 갖게 되어 [정리 13−1]의 방법으로 NP−하드 여부를 훨씬 쉽게 증명할 수 있게 되었다는 사실을 받아들이도록 하자. 임의의 결정 문제가 NP−하드임이 증명되면 이것이 NP라는 사실을 증명하는 것은 대부분 아주 쉽다. 즉, NP−완비성의 증명에서 두 번째 조건인 NP−하드 여부를 증명하고 나면 사실상 99%는 증명이 끝난 것이다.

쿡 이후에 많은 연구자가 GSAT에서 직접 또는 간접으로 변환하여 수많은 문제가 NP−완비임을 증명하였다. 대표적인 몇 가지 예로 $GSAT \le_p SAT$, $GSAT \le_p 3SAT$, $3SAT \le_p CLIQUE$, $CLIQUE \le_p VERTEX\text{-}COVER$, $VERTEX\text{-}COVER \le_p HAM\text{-}CYCLE$, $HAM\text{-}CYCLE \le_p TSP$임을 보임으로써 GSAT에서 시작되는 일련의 NP−완비 문제가 증명되었다. 또 이것에서 다른 문제들로 변환되어 다양한 NP−완비 문제가 증명되었다. [그림 13−9]는 NP−완비 문제들이 증명된 초기의 역사적 과정을 보여주는 트리다. 한 문제가 꼭 다른 한 문제에서만 변환 가능한 것은 아니다. 여러 다른 문제에서도 얼마든지 변환이 가능하나 굳이 시도할 필요는 없다. 단 하나의 NP−하드 문제에서 다항식 시간 변환이 가능함만 보이면 해당 문제가 NP−하드임이 증명되기 때문이다.

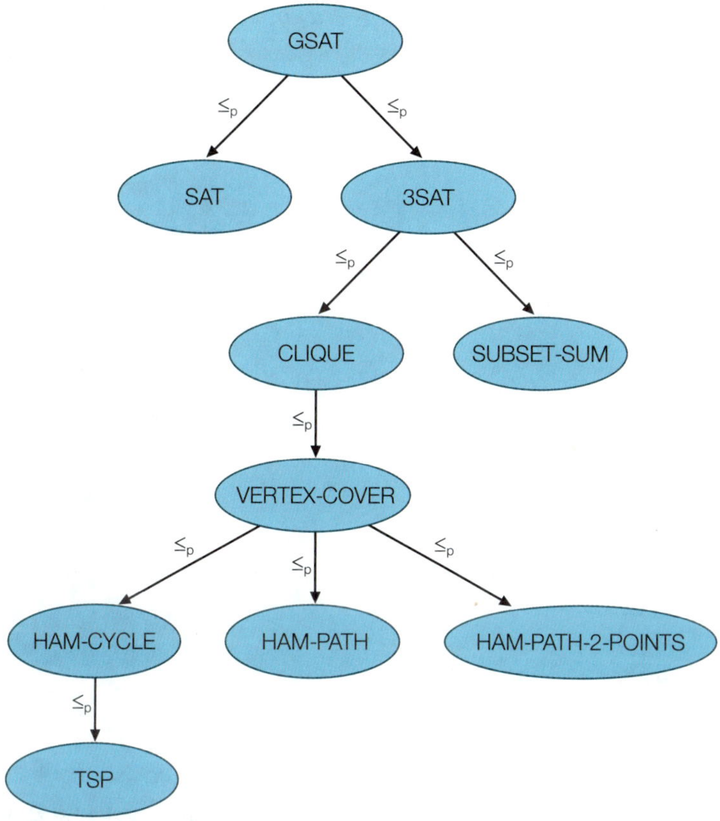

그림 13-9 NP-완비 문제들이 증명된 관계를 보여주는 트리

[그림 13-9]의 변환 중 비교적 받아들이기 쉬운 GSAT $\leq_p$SAT, GSAT $\leq_p$3SAT, 3SAT $\leq_p$ CLIQUE, HAM $\leq_p$TSP는 다음 절에서 소개한다. HAM $\leq_p$TSP의 핵심적인 내용은 앞 절에서 이미 소개하였다. 다음 절에서는 문제 몇 가지를 [그림 13-9]의 문제들로부터 변환하여 어떻게 NP-완비임을 증명하는지 보여줄 것이다.

먼저 최초로 증명된 NP-완비 문제인 GSAT을 소개한다.

정의 13-6 부울식

부울식은 불 변수(이진 변수)들이 다음 연산자로 결합된 것이다.

$\wedge$, $\vee$, $\rightarrow$, $\overline{\ }$, $\Leftrightarrow$ ($\overline{\ }$는 부정 연산자)

필요하면 부울식에서 괄호를 사용해도 좋다. 다음은 불 변수 a, b, c, d, f로 구성된 부울식의 예다.

$$((a \vee b \vee c) \wedge \overline{d}) \rightarrow (c \vee \overline{f})$$

정의 13-7 부울식의 만족

부울식은 변수 값을 잘 할당하여 참이 될 수 있으면 **만족 가능**하다고 한다.

앞에서 예로 든 부울식에서 변수 a, b, c, d, f의 값을 각각 0, 0, 1, 1, 0으로 할당하면 식의 값은 1이 된다. 사실은, 변수 d의 값을 1로 할당하면 다른 변수를 어떻게 할당하든 부울식의 값은 1이 된다. 즉, 이 부울식은 만족 가능하다.

정의 13-8 GSAT General SATisfiability**(일반 부울식 만족 문제)**

- **입력**: 부울식 ϕ
- **질문**: ϕ가 만족 가능한가?

앞에서 언급한 대로 1971년 쿡이 NP-완비의 개념을 제안하고 최초로 증명한 NP-완비 문제가 GSAT이다. 이후에 카프가 변환 방법을 도입하면서 수많은 NP-완비 문제가 밝혀지기 시작했다[90]. GSAT이 일반적인 부울식을 다루는 반면, 조금 제한된 형식을 갖는 부울식의 NP-완비 여부도 속속 밝혀졌다. 대표적인 것이 SAT와 3SAT이다.

정의 13-9 리터럴, 절, CNF

- 불 변수나 그 역을 리터럴Literal이라고 한다.
- 리터럴들이 논리합 '$\vee$'로 연결된 것을 절Clause이라 한다.
- 절들이 논리곱 '$\wedge$'로 연결된 것을 CNFConjunctive Normal Form(논리곱 정규형)라 한다.
- 각 절이 정확히 k개의 서로 다른 리터럴로 되어 있는 CNF를 k-CNF라 한다.

$(a \vee b \vee c) \wedge (a \vee b \vee \overline{d}) \wedge (b \vee d \vee e) \wedge (a \vee \overline{b} \vee e)$는 3-CNF의 예다. 이 3-CNF는 4개의 절로 되어 있고, 각 절은 3개의 리터럴로 되어 있다.

정의 13-10 SAT[SATisfiability](만족 문제)

- **입력:** CNF 형식의 부울식 ϕ
- **질문:** ϕ가 만족 가능한가?

정의 13-11 3SAT[3-SATisfiability](3-CNF 만족 문제)

- **입력:** 3-CNF 형식의 부울식 ϕ
- **질문:** ϕ가 만족 가능한가?

NOTE_ NP-완비는 NP군에서 가장 어려운 문제군이다

다항식 시간 변환 $a \le_p b$에서 $\ge_p$이나 $=_p$로 표기하지 않고 $\le_p$로 표기한 것은 이유가 있다. 앞의 HAM-CYCLE$\le_p$TSP의 변환에서 보았듯이 임의의 HAM-CYCLE의 사례에서 다소 제한적인 모양의 TSP 사례로 바뀐다. 이 변환만 놓고 보면 TSP를 쉽게 풀 수 있으면 어떠한 HAM-CYCLE의 사례도 쉽게 풀 수 있음을 뜻하지만, HAM-CYCLE 문제를 쉽게 풀 수 있다 해서 모든 TSP의 사례를 쉽게 풀 수 있다는 뜻은 아니다. 즉, 논리의 연결 관계가 양방향이 아니고 단방향이다. 따라서 HAM-CYCLE$\le_p$TSP이면 TSP는 HAM-CYCLE보다 쉽지 않다고 말할 수 있다. 그래서 쉽지 않은 문제 쪽으로 열린 부등호를 사용하는 것이다. NP-하드의 하드는 이런 뜻이다. 그런데 NP-완비군의 모든 문제는 A$\le_p$B이면 결국 B$\le_p$A도 성립하므로(GSAT은 모든 NP 문제에서 다항식 시간 변환 가능하므로 B$\le_p$GSAT한 다음 GSAT에서 A에 이르는 변환의 순서를 밟으면 됨) 변환의 사이클이 만들어져 같은 정도의 어려움을 갖는다고 말할 수 있다.

NP-하드의 영어 표현 NP-Hard는 적어도 NP 이상 어렵다는 정도의 뜻이다. 즉, 어떤 NP 문제보다 쉽지는 않다. NP-Hard가 NP이기까지 하면 NP-완비 또는 NP-Complete라고 한다. 이런 문제 중 하나라도 쉽게 풀리면 모두 다 쉽게 풀리는 논리적 연결 관계를 가지므로 결과적으로 NP-완비 문제군은 NP군에서 가장 어려운 문제들의 군이 된다.

06 NP-완비 문제들

이 절에서는 여러 가지 NP-완비 문제들을 소개하고 이 문제들이 NP-완비임을 어떻게 증명하는지 보인다. NP-완비성 증명의 핵심은 서로 다른 두 문제 간의 다항식 시간 변환이다. 전혀 관계가 없어 보이는 문제들 간에도 변환이 됨을 볼 수 있을 것이다.

[정리 13-1]에 따라 다음 조건을 만족하면 문제 A는 NP-하드다.

알려진 하나의 NP-하드(또는 NP-완비) 문제 C에 대하여 $C \le_p A$이다.

이 정리를 이용해 문제 A가 NP-완비임을 보이기 위해 구체적으로는 다음과 같은 작업을 하면 된다.

❶ A가 NP임을 보인다.

❷ 알려진 NP-하드 문제 C를 택하여 다항식 시간에 C의 사례를 A의 사례로 바꾸는 알고리즘을 기술한다.

❸ 위 ❷의 결과 사례 C와 사례 A의 Yes/No 대답이 일치함을 보인다.

여기서 ❶은 [정의 13-5]의 ❶을 보이는 것이고, ❷와 ❸은 ❷의 NP-하드 여부, 즉 다항식 시간 변환 가능성을 보이는 과정이다. 저자에 따라서는 ❷의 과정을 둘로 나누어 변환에 다항식 시간이 소요됨을 명시적으로 확인하도록 하기도 하지만, 다항식 시간 조건은 대부분 명백히 만족하므로 변환이 예외적으로 복잡하지 않은 한 변환 알고리즘 자체에만 신경 쓰면 된다.

[그림 13-9]의 문제들이 NP-완비임을 알고 있는 상태에서 다른 문제가 NP-완비임을 증명해보자. 그래프에서 두 정점 간의 최단 거리는 쉽게 구할 수 있다는 것을 10장에서 배웠다. 당연히 P에 속하는 문제다. 그러면 두 정점 간의 최장 거리를 구하는 문제는 어떨까? 최단 거리 문제와 난이도가 거의 비슷할 것 같지만 이 문제는 놀랍게도 NP-완비 문제다.

우선 [그림 13-9]의 NP-완비 문제 중 하나인 HAM-PATH-2-POINTS를 정의하자.

정의 13-12 HAM-PATH-2-POINTS(두 점 사이의 해밀토니안 경로 문제)

- **입력**: 그래프 $G=(V, E)$, V의 두 정점 s, t
- **질문**: 정점 s에서 정점 t에 이르는 해밀토니안 경로가 존재하는가?

4절에서 언급한 바와 같이 그래프 $G=(V, E)$의 해밀토니안 경로는 V의 모든 정점을 한 번씩 거치는 단순 경로를 뜻한다. [그림 13-10]은 임의의 그래프와 이 그래프에 있는 해밀토니안 경로 중 3개를 보여주는 예다. 굵은 간선들로 표시된 경로가 해밀토니안 경로다. HAM-PATH-2-POINTS 문제는 주어진 두 정점을 양 끝점으로 하는 해밀토니안 경로가 있는지 묻는 문제다. 이 문제는 [그림 13-9]의 트리에 포함되어 있는 NP-완비 문제다.

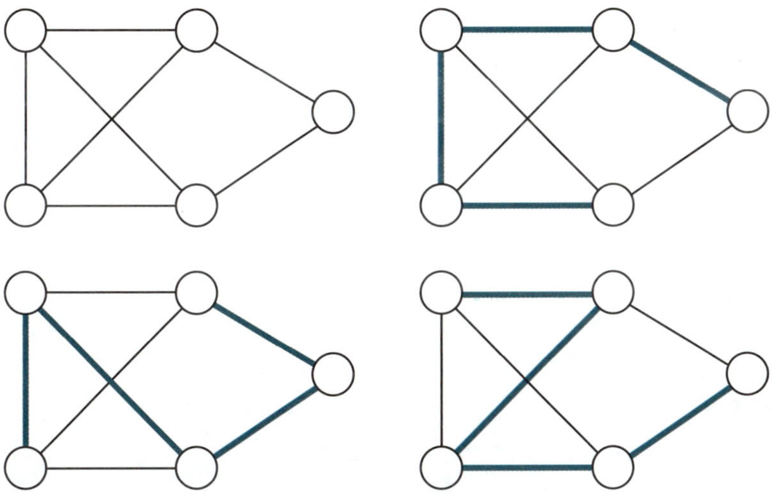

그림 13-10 그래프와 이에 포함된 해밀토니안 경로들의 예

정의 13-13 LONGEST-PATH(최장 경로 문제)

- **입력**: 간선이 양의 가중치를 가지는 그래프 $G=(V, E)$, V의 두 정점 s, t, 양의 상수 K
- **질문**: 정점 s에서 정점 t에 이르는 길이 K 이상인 단순 경로가 존재하는가?

정리 13-2

LONGEST-PATH는 NP-완비다.

▶▶ **증명** ❶ 먼저 LONGEST-PATH는 NP임을 증명한다.

정점 s에서 정점 t에 이르는 길이 K 이상인 단순 경로가 주어질 때(즉, LONGEST-PATH의 질문에 Yes라고 대답할 수 있는 근거가 주어질 때) 이것이 길이 K 이상임을 보이는 것은 단순히 경로만 따라가면서 간선들이 모두 E에 속하고 가중치를 합해 K 이상인지 확인하면 된다. 다항식 시간에 확인할 수 있어 LONGEST-PATH는 NP다.

❷ HAM-PATH-2-POINTS $\leq_p$ LONGEST-PATH임을 증명한다.

HAM-PATH-2-POINTS의 사례 $G=(V, E)$가 주어지면 이를 LONGEST-PATH의 사례로 바꾼다. 그래프 G를 그대로 옮기고 E의 간선에 모두 1의 가중치를 할당한다. [그림 13-11]은 이에 대한 간단한 예를 보여준다(이것은 물론 다항식 시간에 간단히 만들어짐). HAM-PATH-2-POINTS의 사례에서 "정점 s에서 정점 t에 이르는 해밀토니안 경로가 존재하는가?"라는 질문에 대한 대답은 변환된 LONGEST-PATH의 사례에서 "정점 s에서 정점 t에 이르는 길이 $|V|-1$ 이상인 단순 경로가 존재하는가?"라는 질문에 대한 대답과 일치한다(이 사실이 명확하지 않은 사람은 다음 NOTE 참조).

그러므로 HAM-PATH-2-POINTS $\leq_p$ LONGEST-PATH이다.

NOTE_ [정리 13-2]의 부연 설명

[정리 13-2]의 증명에서 다음 사실이 이해되지 않는 독자들을 위한 증명이다.

HAM-PATH-2-POINTS에서 정점 s에서 정점 t에 이르는 해밀토니안 경로가 존재한다.

⇔

LONGEST-PATH에서 정점 s에서 정점 t에 이르는 길이 $|V|-1$ 이상인 단순 경로가 존재한다.

- (⇒) 정점 s에서 정점 t에 이르는 해밀토니안 경로가 존재한다면 이것은 모든 정점을 거치는 경로이므로 $|V|-1$개의 간선을 사용한다. 이것은 변환된 LONGEST-PATH의 그래프에서 길이 $|V|-1$인 단순 경로가 된다. 그러므로 정점 s에서 정점 t에 이르는 길이 $|V|-1$ 이상인(실제로는 정확히 $|V|-1$인) 단순 경로가 존재한다.
- (⇐) 정점 s에서 정점 t에 이르는 길이 $|V|-1$ 이상인 단순 경로가 존재한다고 하자. 그래프에서 단순 경로는 $|V|-1$개보다 많은 간선을 사용할 수 없으므로 이 단순 경로의 길이는 $|V|-1$이다(각 간선의 가중치가 1). 이 경로는 모든 정점이 한 번씩 사용된 것이다. 따라서 이 단순 경로에 대응되는 HAM-PATH-2-POINTS의 경로는 해밀토니안 경로다.

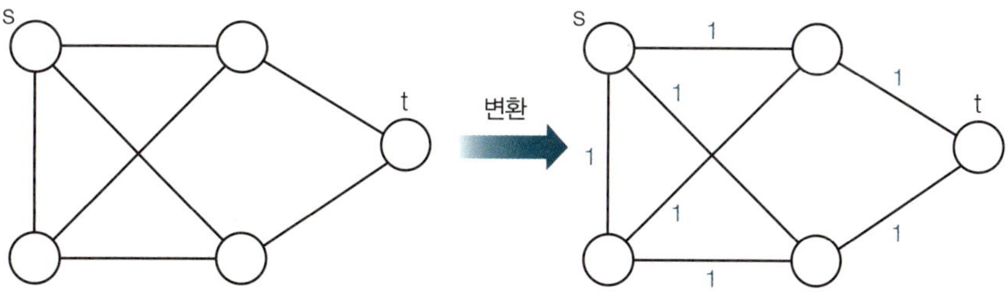

그림 13-11 HAM–PATH–2–POINTS의 사례를 LONGEST–PATH의 사례로 변환하는 예

이 증명으로 LONGEST–PATH 문제가 다항식 시간에 해결되면 이 다항식 시간 변환을 이용해서 HAM–PATH–2–POINTS 문제도 다항식 시간에 해결될 수 있음을 알 수 있다. 따라서 모든 NP–완비 문제가 다항식 시간에 해결될 수 있어 LONGEST–PATH 문제가 다항식 시간에 해결될 가능성은 희박해 보인다.

제한된 차수를 가지는 신장 트리 문제 BD–ST는 다음과 같이 정의된다.

정의 13-14 BD–ST (제한된 차수를 가지는 신장 트리 문제)

- **입력:** 그래프 $G=(V, E)$, 양의 정수 K
- **질문:** 모든 정점의 차수가 K 이하인 G의 신장 트리가 존재하는가?

정리 13-3

BD–ST는 NP–완비다.

▶▶ **증명** ❶ 먼저 BD–ST는 NP임을 증명한다.

모든 정점의 차수가 K 이하인 신장 트리가 주어질 때(즉, BD–ST의 질문에 Yes라고 대답할 수 있는 근거가 주어질 때) 트리임을 확인하고 모든 정점의 차수가 K 이하임을 확인하는 것은 $O(|V|)$ 시간에 가능하다. 다항식 시간에 확인할 수 있으므로 NP다.

❷ NP–완비임이 알려져 있는 HAM–PATH 문제를 이용하여 HAM–PATH $\leq_p$ BD–ST임을 증명한다.

HAM-PATH의 사례 $G=(V, E)$가 주어지면 이를 BD-ST의 사례로 그대로 사용한다(즉, 변환에는 시간이 들지 않음). HAM-PATH의 사례에서 "해밀토니안 경로가 존재하는가?"라는 질문에 대한 대답은 변환된 BD-ST의 사례에서 "모든 정점의 차수가 2 이하인 G의 신장 트리가 존재하는가?"라는 질문에 대한 대답과 일치함을 보인다([그림 13-12]에 간단한 예를 보임).

- (⇒) 그래프 G의 해밀토니안 경로가 존재하면 이 경로는 시작 정점과 종료 정점만 차수가 1이고 중간 정점들은 모두 차수가 2인 신장 트리가 된다.
- (⇐) 반대로 모든 정점의 차수가 2 이하인 G의 신장 트리가 존재하면 이것은 모든 정점이 한 줄로 쭉 늘어선 트리가 될 수밖에 없다. 이것은 바로 그래프 G의 해밀토니안 경로가 된다.

그러므로 HAM-PATH $\leq_p$ BD-ST이다.

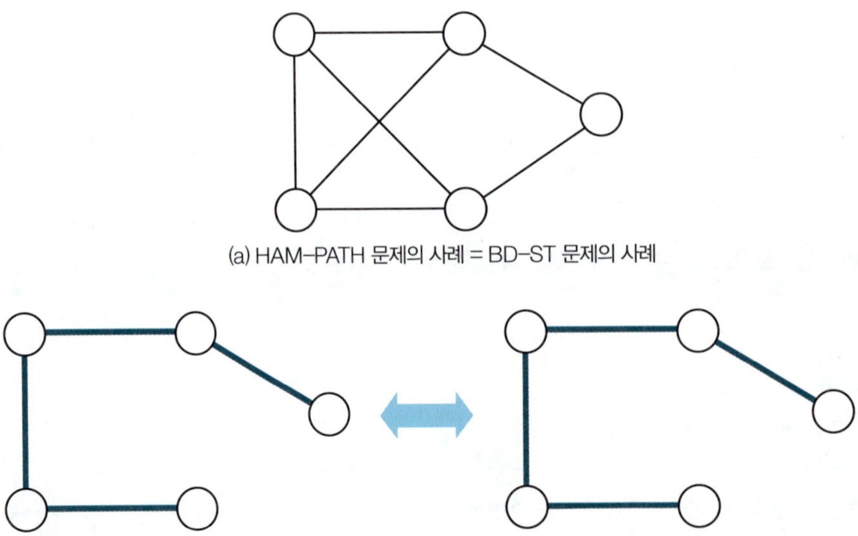

(a) HAM-PATH 문제의 사례 = BD-ST 문제의 사례

(b) 해밀토니안 경로

(c) 정점들의 차수가 2 이하인 신장 트리

그림 13-12 HAM-PATH와 BD-ST의 관계

지금부터는 [그림 13-9]의 트리에 포함된 초기의 NP-완비 문제들에 대한 증명을 몇 개 소개한다.

정리 13-4

SAT은 NP-완비다.

▶▶ **증명** ❶ 먼저 SAT은 NP임을 증명한다.

ϕ를 만족시키는 변수들의 할당 방법(즉, SAT 문제에 Yes라는 대답을 할 수 있는 근거)이 주어졌을 때 ϕ가 참이 됨을 확인하는 것은 다항식 시간에 간단하게 할 수 있으므로 SAT은 NP다.

❷ GSAT $\leq_p$ SAT임을 증명한다.

GSAT의 부울식을 설명하는 논리곱 형식으로 바꾼다. GSAT의 부울식 $\phi = ((x_1 \to x_2) \vee (\overline{x_1} \vee x_3) \vee x_4) \wedge \overline{x_2}$를 예로 사용해서 설명하도록 하자. 이를 다음 네 단계를 거쳐 논리곱 형식으로 바꾼다.

단계 1 ϕ를 설명하는 트리를 만든다. 다음은 $((x_1 \to x_2) \vee (\overline{x_1} \vee x_3) \vee x_4) \wedge \overline{x_2}$의 논리를 설명하는 트리다.

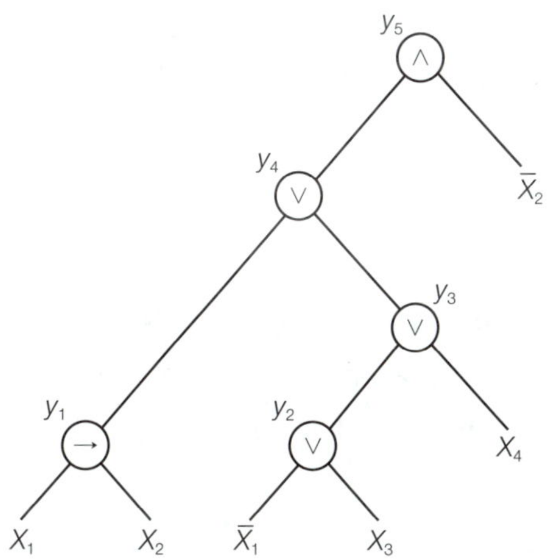

$((x_1 \to x_2) \vee (\overline{x_1} \vee x_3) \vee x_4) \wedge \overline{x_2}$ **의 논리를 그린 트리**

단계 2 트리의 중간 결과를 저장하기 위해 새로운 변수들을 도입한다. 예로 든 그림에서 각 내부 정점에 5개의 y_i를 도입한 것을 볼 수 있다.

단계 3 앞에서 만든 트리를 묘사하는 논리곱 형식의 부울식 ϕ_1을 만든다. 그림의 트리를 묘사하면 다음과 같다.

$$\phi_1 = (y_1 \leftrightarrow (x_1 \to x_2)) \wedge (y_2 \leftrightarrow (\overline{x_1} \vee x_3)) \wedge (y_3 \leftrightarrow (y_2 \vee x_4)) \wedge$$
$$(y_4 \leftrightarrow (y_1 \vee y_3)) \wedge (y_5 \leftrightarrow (y_4 \vee \overline{x_2}))$$

이것은 'y_1은 $(x_1 \to x_2)$의 결과를 저장하고(동치이고), y_2는 $(\overline{x_1} \vee x_3)$의 결과를 저장하고, …, y_5는 $(y_4 \wedge \overline{x_2})$의 결과를 저장한다'는 뜻이다. 여기서 $\phi_2=\phi_1 \wedge y_5$라고 놓으면, GSAT에서 "ϕ가 만족 가능한가?"라는 질문에 대한 대답은 "ϕ_2가 만족 가능한가?"라는 질문에 대한 대답과 일치한다.

단계 4 ϕ_2의 항 중 CNF 형식과 다른 모양의 부분항들을 다음 규칙을 이용해 CNF 형태로 고친다.

$$A \to B \equiv \overline{A} \vee B$$
$$A \leftrightarrow B \equiv (\overline{A} \vee B) \wedge (A \vee \overline{B})$$
$$(A \wedge B) \vee (C \wedge D) \equiv (A \vee C) \wedge (A \vee D) \wedge (B \vee C) \wedge (B \vee D)$$

예를 들어, ϕ_2에 포함된 부분항 $(y_1 \leftrightarrow (x_1 \to x_2))$는 다음과 같이 바뀐다.

$$\begin{aligned}(y_1 \leftrightarrow (x_1 \to x_2)) &= (\overline{y_1} \vee (x_1 \to x_2)) \wedge (y_1 \vee \overline{(x_1 \to x_2)})\\ &= (\overline{y_1} \vee (\overline{x_1} \vee x_2)) \wedge (y_1 \vee \overline{(\overline{x_1} \vee x_2)})\\ &= (\overline{y_1} \vee \overline{x_1} \vee x_2) \wedge (y_1 \vee (x_1 \wedge \overline{x_2}))\\ &= (\overline{y_1} \vee \overline{x_1} \vee x_2) \wedge (y_1 \vee x_1) \wedge (y_1 \vee \overline{x_2})\end{aligned}$$

ϕ_2에서 이렇게 만들어진 부울식을 ϕ_3이라 하자. ϕ_3은 CNF 형식의 부울식이므로 SAT의 입력이 될 수 있는 모양이다. 의미를 그대로 유지하면서 모양만 바꾸었으므로 ϕ_2와 ϕ_3은 동치다.

ϕ와 ϕ_2는 동치이고 ϕ_2와 ϕ_3도 동치이므로 ϕ와 ϕ_3은 동치다. 그러므로 GSAT에서 "ϕ가 만족 가능한가?"라는 질문에 대한 대답은 SAT에서 "ϕ_3이 만족 가능한가?"라는 질문에 대한 대답과 일치한다. 이 변환은 당연히 다항식 시간이 소요된다.

정리 13-5

3SAT는 NP-완비다.

▶▶ **증명** [정리 13-4]의 증명과 대부분 동일하다. 앞 증명의 단계 4에서 만든 부울식 ϕ_3의 각 절에는 리터럴이 1개, 2개 또는 3개가 있다. 리터럴이 3개가 있으면 3-CNF의 모양을 만족하므로 그대로 둔다. 리터럴이 2개인 경우에는 정확히 3개씩 리터럴을 갖도록 하기 위해 변수 p를 도입하여 다음과 같이 바꾼다.

$$(a \vee b) \equiv (a \vee b \vee p) \wedge (a \vee b \vee \overline{p})$$

리터럴이 1개 있는 경우에는 정확히 3개씩 리터럴을 갖도록 하기 위해 2개의 변수 p_1, p_2를 도입하여 다음과 같이 바꾼다.

$$a \equiv (a \vee p_1 \vee p_2) \wedge (a \vee \overline{p_1} \vee p_2) \wedge (a \vee p_1 \vee \overline{p_2}) \wedge (a \vee \overline{p_1} \vee \overline{p_2})$$

이렇게 바꾼 부울식을 ϕ_4라 하자. ϕ_3과 ϕ_4는 동치다. 따라서 GSAT에서 "ϕ가 만족 가능한가?"라는 질문에 대한 대답은 3SAT에서 "ϕ_4가 만족 가능한가?"라는 질문에 대한 대답과 일치한다.

정의 13-15 CLIQUE(완전 부분 그래프 문제)

- **입력:** 그래프 $G=(V, E)$, 양의 정수 K
- **질문:** 그래프 G에 크기 K인 완전 부분 그래프가 존재하는가?

부울식의 만족 문제인 3SAT과 그래프 문제인 CLIQUE은 별 관계가 없어 보이지만 둘 사이의 다항식 시간 변환이 가능하다.

정리 13-6

CLIQUE은 NP-완비다.

▶▶ **증명** ❶ 먼저 CLIQUE은 NP임을 증명한다.

크기가 K인 완전 부분 그래프가 주어질 때(즉, CLIQUE의 질문에 Yes라고 대답할 수 있는 근거가 주어질 때) 이것의 크기가 K이고 완전 그래프임을 확인하는 것은 다항식 시간에 가능하다. 그러므로 CLIQUE은 NP다.

❷ 3SAT $\le_p$ CLIQUE임을 증명한다.

3SAT의 사례를 다음과 같이 CLIQUE의 사례로 바꾼다. 3SAT의 모든 리터럴에 대해 하나씩 정점을 만든다. 다음에 해당되는 경우를 제외하고는 모든 정점 간에 간선을 둔다.

- 같은 절에 속하는 리터럴끼리는 간선을 두지 않는다.
- 서로 역의 관계이면 간선을 두지 않는다.

[그림 13-13]에 한 예를 보인다.

그림은 3-CNF $(x_1 \vee x_2 \vee x_3) \wedge (\overline{x_1} \vee x_2 \vee x_3) \wedge (\overline{x_2} \vee \overline{x_3} \vee x_4)$에 대응되는 CLIQUE의 사례를 만든 것이다. 3개씩 나란히 있는 정점들은 같은 절에서 유래하였으므로 서로 간선이 없다. x_1에 대응되는 정점과 그 역 $\overline{x_1}$에 대응되는 정점 간에는 간선이 없다. 마찬가지로 x_2에 대응되는 정점과 $\overline{x_2}$에 대응되는 정점 간, x_3에 대응되는 정점과 $\overline{x_3}$에 대응되는 정점 간에도 간선이 없다. (이 변환 과정은 3-CNF의 리터럴의 총수 제곱에 비례하는 시간이 소요된다. 다항식 시간이다.) 절의 총수가 K개인 3SAT의 사례에서 "만족 가능한가?"라는 질문에 대한 대답은 변환된 CLIQUE의 사례에서 "크기 K인 완전 부분 그래프가 존재하는가?"라는 질문에 대한 대답과 일치한다. 그 이유는 다음과 같다.

- (⇒) 3SAT 사례에 만족 할당이 존재하면 각 절에 최소한 하나는 1로 할당되는 리터럴이 존재한다. 각 절에서 1로 할당된 리터럴을 하나씩 뽑으면 이들에 대응되는 정점 간에는 모두 간선이 존재한다(서로 역의 관계이면 동시에 1로 할당될 수 없으므로). 절의 총수가 K이므로 이 정점들의 집합은 크기 K인 완전 그래프를 이룬다.
- (⇐) 변환된 그래프에 크기 K인 완전 그래프가 존재한다면 이를 구성하는 정점들은 K개의 절에서 각각 하나씩 유래한 것이다(같은 절에 포함된 리터럴 간에는 간선이 없으므로). 완전 그래프는 모든 정점 간에 간선이 있기 때문에 변환의 규칙상 이 완전 그래프에 속한 리터럴들이 서로 역일 수 없다. 이 리터럴들에 모두 1의 값을 할당하면 3SAT 사례의 만족 할당이 된다.

그러므로 3SAT $\le_p$ CLIQUE이다.

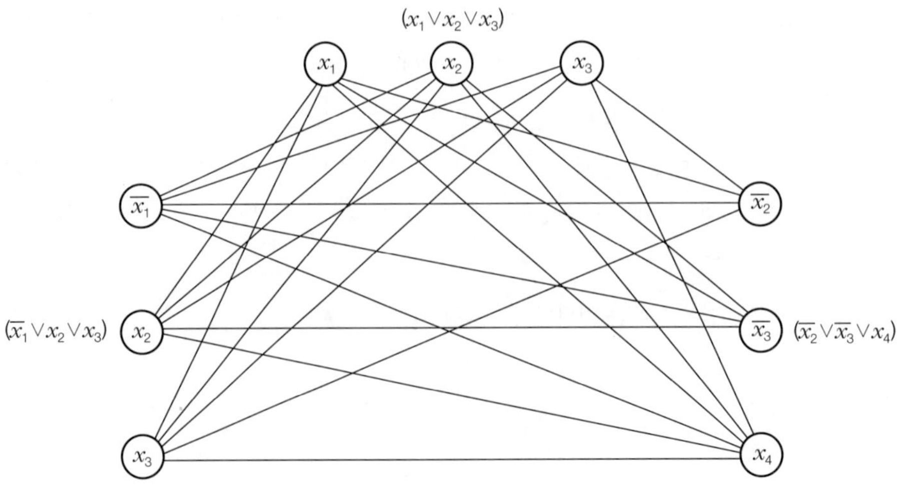

그림 13-13 $(x_1 \vee x_2 \vee x_3) \wedge (\overline{x_1} \vee x_2 \vee x_3) \wedge (\overline{x_2} \vee \overline{x_3} \vee x_4)$**에 대응되는 CLIQUE의 사례 만들기**

이번에도 전혀 관계없어 보이는 두 문제 사이에 변환이 일어나는 예를 보자. SUBSET-SUM은 [그림 13-9]에 있는 초기의 NP-완비 문제 중 하나다. 이것으로 작업 스케줄링 문제가 NP-완비임을 보인다.

정의 13-16 SUBSET-SUM (부분집합 합 문제)

- **입력**: n개의 양의 정수로 이루어진 집합 S, 양의 정수 t
- **질문**: 합이 t인 S의 부분집합이 있는가?

정의 13-17 스케줄링 문제

- **입력**: n개의 작업, 각 작업별 소요 시간, 각 작업별 가능한 가장 이른 시작 시간, 각 작업별 가능한 가장 늦은 종료 시간
- **질문**: 입력의 요구조건을 만족하도록 모든 작업을 한 줄로 스케줄링하는 방법이 있는가?

각 작업들이 수행되어야 할 시간에 대한 조건이 주어지고, 한 사람 또는 한 라인에서 이 작업이 모두 조건을 만족하면서 차례대로 이루어질 수 있는지를 묻는 문제다.

정리 13-7

스케줄링 문제는 NP-완비다.

▶▶ **증명** ❶ 스케줄링 문제는 NP다.

입력의 요구조건을 만족하는 작업의 스케줄링 방법(스케줄링 문제의 질문에 Yes라고 대답할 수 있는 근거)이 제공되었을 때 이것이 모든 요구조건을 만족함을 확인하는 것은 다항식 시간에 할 수 있다. 그러므로 스케줄링 문제는 NP다.

❷ SUBSET-SUM $\leq_p$스케줄링

SUBSET-SUM의 사례에서 스케줄링의 사례로 다음과 같이 변환한다. SUBSET-SUM 문제의 집합 S 원소마다 하나씩 작업을 만들고, 해당 원소의 값을 그 작업의 소요 시간으로 할당한다. 모든 작업의 가능한 가장 이른 시작 시간은 0, 가능한 가장 늦은 종료 시간은 $1+\sum_{x \in S} x$로 동일하게 할당한다. 추가로 하나의 작업을 생성하여 소요 시간은 1, 가능한 가장 이른 시작 시간은 t, 가능한 가장 늦은 종료 시간은 t+1

로 할당한다(이 작업은 다항식 시간에 이루어짐). 이제 SUBSET-SUM에서 "합이 t인 S의 부분집합이 있는가?"라는 질문에 대한 대답이 방금 변환된 스케줄링 문제에서 "입력의 요구조건을 만족하도록 모든 작업을 한 줄로 스케줄링하는 방법이 있는가?"라는 질문에 대한 대답과 일치함을 보이면 된다.

- (⇒) SUBSET-SUM에서 합이 t인 S의 부분집합이 있다고 하자. 그러면 이 부분집합에 속하는 원소에 대응되는 작업들부터 임의의 순서로 수행한다. 시간 t가 되면 이들이 모두 끝날 것이다. 시간 t에 소요 시간 1인 작업을 수행한다. 이후에 나머지 작업을 임의의 순서로 수행한다. 시간 $1+\sum_{x \in s} x$가 되면 모든 작업이 끝난다. 즉, 스케줄링이 가능하다.
- (⇐) 모든 작업의 요구 시간을 만족하는 작업의 스케줄링 방법이 있다고 하자. 시간 t부터 $t+1$ 구간에 새로 만든 소요 시간 1인 작업이 수행되므로, 나머지 작업들은 시간 $0 \sim t$와 $t+1 \sim 1+\sum_{x \in s} x$의 두 구간에 나누어져 있을 수밖에 없다. 두 구간 중 앞의 구간에 스케줄링된 작업에 대응되는 SUBSET-SUM의 원소들을 합하면 t다. 그러므로 합이 t인 S의 부분집합이 존재한다.

07 NP-하드를 최적화 문제로 확장하기

앞에서 NP-완비 이론은 결정 문제, 즉 Yes/No의 대답을 요구하는 문제로만 국한하였다. 이에 따라 NP-하드의 핵심인 다항식 시간 변환의 정의도 결정 문제 버전을 사용하였다. [정의 13-1]의 다항식 시간 변환의 정의를 다시 한 번 살펴보자.

정의 13-1 다항식 시간 변환

문제 A의 사례 α를 문제 B의 사례 β로 바꾸되 다음 성질을 만족하면 다항식 시간 변환이라 하고, 이를 $\alpha \leq_p \beta$로 표기한다.

❶ 변환은 다항식 시간에 이루어진다.

❷ 두 사례의 답은 일치한다.

이것은 결정 문제로 국한하기 위해 만든 정의다. 이 개념을 고안한 목적은 β를 풀 수 있으면 그 결과를 이용해서 α를 풀 수 있도록 하기 위해서다. 결정 문제에 국한하지 않는 다음 버전이 다항식 시간 변환의 원래 의도를 더 잘 반영한다.

정의 13-18 다항식 시간 변환의 확장 버전

문제 A의 사례 α를 문제 B의 사례 β로 바꾸되 다음 성질을 만족하면 다항식 시간 변환이라 하고, 이를 $\alpha \leq_p \beta$로 표기한다.

❶ 변환은 다항식 시간에 이루어진다.

❷ β의 답을 이용해서 α의 답을 구할 수 있다.

지금까지 진행한 NP-완비에 관한 논의에서 [정의 13-1] 대신 [정의 13-18]을 사용해도 논리가 깨지지 않는다. [정의 13-18]의 ❷는 $\beta \rightarrow \alpha$의 한 방향만 이야기하고 있지만, 이를 결정 문제에 적용하면 [정의 13-1]의 ❷와 같이 결국 양방향으로 성립하게 되기 때문이다. [정의 13-1]의 양방향도 $\beta \rightarrow \alpha$의 한 방향만 중요할 뿐 양방향은 결과적으로 성립하는 성질일 뿐이다. [정의 13-18]이 다항식 시간 변환의 원래 의도에 더 충실한 버전이다. 이제 이 정의를 이용하면 최적화 문제도 NP-하드 범주에 포함시킬 수 있다. 최적화 버전의 TSP를 보자.

정의 13-19 최적화 TSP(순회 세일즈맨 문제의 최적화 버전)

- **입력**: 양의 가중치를 갖는 무향 완전 그래프 $G=(V, E)$
- **질문**: G에서 길이가 가장 짧은 해밀토니안 사이클의 길이는 얼마인가?

기억을 되살리기 위해 [정의 13-3]의 결정 문제 TSP의 정의를 다시 한 번 보자.

정의 13-3 TSP(순회 세일즈맨 문제)

- **입력**: 양의 가중치를 갖는 무향 완전 그래프 $G=(V, E)$, 양의 실수 K
- **질문**: G에 길이가 K 이하인 해밀토니안 사이클이 존재하는가?

다음 정리는 결정 문제 TSP가 NP-하드라는 사실에서 최적화 TSP도 역시 NP-하드라는 사실을 이끌어낸다.

정리 13-8

최적화 TSP는 NP-하드다.

▶▶ **증명** [정리 13-1]에 따르면, 알려진 NP-하드 문제 하나로부터 최적화 TSP 문제로 다항식 시간 변환이 가능하면 최적화 TSP는 NP-하드다. NP-하드임이 알려져 있는 결정 문제 TSP로부터 최적화 TSP로 다항식 시간 변환이 가능함을 보이자. 즉, 결정 문제 TSP $\leq_p$ 최적화 TSP임을 보이도록 하자.
최적화 TSP를 위해 결정 문제 TSP와 똑같은 그래프를 사용하자. 즉, 변환에 시간이 들지 않는다.

결정 문제 TSP의 질문은 "G에 길이가 K 이하인 해밀토니안 사이클이 존재하는가?"다. 이 질문은 최적화 문제를 해결하고 나면 저절로 풀린다. 즉, G에 대해 최적화 TSP 문제를 풀어 최적해의 길이로 M을 얻었다고 하자. $M \leq K$이면 결정 문제 TSP

의 대답은 Yes이고 $M > K$이면 결정 문제 TSP의 대답은 No다. 즉, 최적화 TSP의 답에서 결정 문제 TSP의 답을 구할 수 있다. 즉, 결정 문제 TSP $\leq_p$ 최적화 TSP다.

그러므로 최적화 TSP는 NP-하드다.

[정리 13-8]과 똑같은 방식으로 LONGEST-PATH, BD-ST, CLIQUE의 최적화 버전 문제들도 각각의 결정 문제들로부터 변환하여 NP-하드임을 보일 수 있다. 이런 관계로 NP-완비 문제의 최적화 버전들을 NP-하드라고 하는 것은 전혀 틀린 말이 아니다.

다항식 시간 변환의 정의를 최적화 문제들까지 포함하도록 확장하는 것은 NP 이론의 논리적 얼개를 전혀 해치지 않지만, NP 자체의 정의를 최적화 문제들까지 포함하도록 확장하는 것은 NP 이론의 가장 기본적인 틀을 수정하지 않고는 힘들다. 그러므로 결정 문제가 아닌 것은 NP에 속할 수 없다.

지금까지의 결과를 그림으로 정리해보면 아주 높은 확률로 [그림 13-14]와 같이 될 것이다. NP-완비는 NP 문제 중에서 NP-하드에 속하는 문제들의 군이다. 즉, NP 문제 중에서 가장 어려운 문제들의 군이라 할 수 있다. NP-하드 문제들은 NP에 속할 수도 있고 속하지 않을 수도 있지만 모든 NP 문제들로부터 다항식 시간 변환이 가능하다. P와 NP가 일치하는지는 아직 증명되지 않은 사실이지만 그림과 같을 것이라고 강력하게 추정된다. 그림에서처럼 NP이면서 P가 아닌 공간이 있을 것이라 추정되지만 과연 그것이 공집합이 아닌지는 아직 증명되지 않은 백만 불짜리 미해결 문제로 남아 있다.

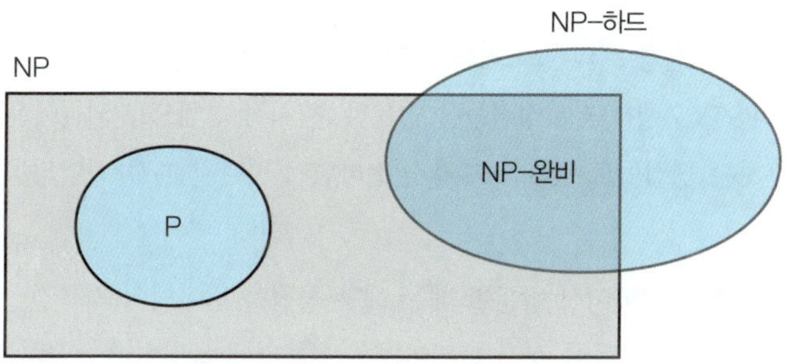

그림 13-14 P, NP, NP-완비, NP-하드의 포함 관계를 나타내는 그림(P 부분은 추정)

08 ⋆근사해 구하기

적어도 지금까지의 연구 결과에 따르면, 어떤 최적화 문제가 NP-하드임이 밝혀지면 이 문제의 최적해는 다항식 시간에 보장하기 어려워진다. 그러면 다항식 시간에 최적해에 최대한 가까운 해를 구하는 것이 최선이다. 이런 해를 근사해라고 한다. 근사 분야에서도 방대한 연구 결과가 있으나 TSP를 중심으로 간략하게 소개한다.

여기서는 TSP의 사례에서 정점들이 삼각 부등식을 만족하는 경우와 그렇지 않은 경우로 나누어 생각한다. 삼각 부등식은 세 정점을 잇는 세 간선 중 2개의 가중치 합이 나머지 하나의 간선 가중치보다 작지 않다는 것이다. 유클리드 평면이나 공간에 위치하는 세 점은 이 성질을 만족한다.

먼저 삼각 부등식을 만족하는 경우를 보자.

[그림 13-15]의 예를 사용해, 최적화 TSP의 사례 $G=(V, E)$가 주어졌을 때 G의 근사해를 구하는 간단한 알고리즘을 살펴보자.

- **단계 (a)**: 주어진 문제다. 평면에 7개의 정점이 주어졌다. 정점 간의 거리는 평면상의 직선 거리가 된다. 이것은 모든 정점 간에 간선이 있는 완전 그래프로 볼 수 있다.
- **단계 (b)**: 먼저 10장에서 배운 최소 신장 트리 알고리즘을 이용해 그래프 G의 최소 신장 트리를 구한다. 이 트리를 따라 DFS를 수행하면서 정점들을 방문한 후 시작 정점으로 되돌아온다. 이 과정에서 2번 이상 방문하는 정점들도 있다(DFS가 전진하면서 지나갈 때 한 번, 되돌아올 때마다 한 번).
- **단계 (c)**: (b)의 순서에서 같은 정점을 2번 이상 방문할 때는 해당 정점을 뛰어넘어 지름길을 택한다. 그림에서 하늘색으로 표시한 간선들이 정점을 뛰어넘은 지름길에 해당한다. 이렇게 만든 사이클을 답으로 한다.

이 근사 알고리즘이 제공하는 해는 최적해의 2배를 넘지 않는다. 이유를 살펴보자. 최소 신장 트리의 간선 길이를 모두 더하면 TSP 최적해의 길이보다 짧다. (최적해는 해밀토니안 사이클인데 이 사이클을 이루는 간선 중 하나를 제거하면 신장 트리가 된다. 이것의 간선 길이 합은 최소 신장 트리보다 크거나 같다. 따라서 최적해의 길이는 최소 신장 트리의 간선 길이의 합보다 크다.) 단계 (b)의 DFS 궤적을 따라가면 그 길이가 정확히 최소 신장 트리의 간선 길이 합의 2배가 된다. 단계 (c)의 사이클은 단계 (b)의 궤적보다는 더 길지 않으므로 최적해의 2배를 넘지 않는다.

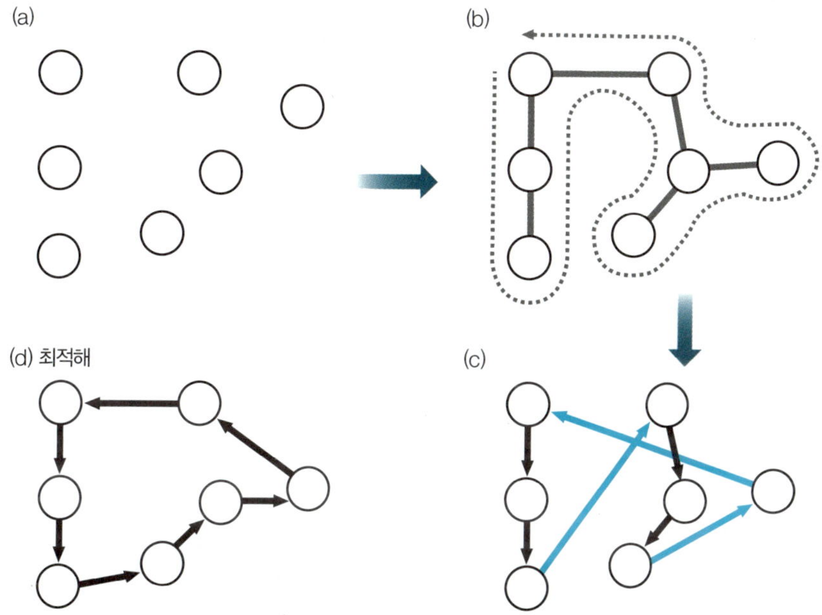

그림 13-15 최소 신장 트리를 이용한 TSP 근사

이보다 좀 개선된 근사 알고리즘은 최소 신장 트리를 구한 다음 최소 매칭을 사용해서 경로를 구하는 것이다. [그림 13-16]의 예를 사용해서 이해해보자.

- **단계 (a):** 주어진 문제다. [그림 13-15]와 같다.
- **단계 (b):** 최소 신장 트리 알고리즘을 이용해 그래프 G의 최소 신장 트리를 구한다. 이 트리의 정점 중 차수가 홀수인 것들을 골라낸다. 어떤 그래프든 차수가 홀수인 정점은 항상 짝수 개 있다. 그림에서 이 정점들을 회색으로 표시하였다.
- **단계 (c):** (b)에서 추출한 정점들을 2개씩 짝을 지어 간선으로 연결하는데 간선 길이의 합이 최소가 되도록 한다. (이를 최소 매칭이라 한다. 매칭에 관여하는 정점들의 수가 m개라면 $O(m^3)$ 시간이 든다.) 이렇게 만든 간선들을 검은색 점선으로 표시하였다. 이 간선들을 그래

프 G에 추가하면 모든 정점의 차수는 짝수가 되어 오일러 그래프가 된다. 오일러 그래프에는 모든 간선을 한 번씩 지나는 오일러 사이클이 존재한다. 오일러 사이클을 하나 찾는다. 그림에서는 오일러 사이클을 하늘색 점선으로 표시하였다.

- **단계 (d):** (c)의 순서에서 2번 이상 방문되는 정점들이 생긴다. 2번 이상 방문할 때는 지름길을 택해 해당 정점을 뛰어넘는다. 이렇게 만든 사이클을 답으로 한다.

[그림 13-16]은 운 좋게 최적해를 찾았다. 이 근사 알고리즘은 최악의 경우에도 최적해의 $\frac{3}{2}$배를 넘지 않는다. 이를 증명하는 것은 앞의 근사 알고리즘보다는 좀 복잡한데 핵심적인 사항만 이야기하면 다음과 같다. 이 알고리즘은 최소 신장 트리와 최소 매칭에 있는 간선 중 일부(또는 드물게 전부)를 사용하여 해밀토니안 사이클을 만든다. 최소 신장 트리의 간선 길이는 앞에서 언급한 바와 같이 최적해보다는 짧고, 최소 매칭의 간선 길이는 최적해의 반을 넘을 수 없다. 그러므로 이 근사 알고리즘이 제시하는 해밀토니안 사이클은 최적해의 $\frac{3}{2}$배를 넘을 수 없다. 이것은 30여 년 전에 크리스토파이드Christofides가 제안한 알고리즘인데[36] 여러 개선책이 나오긴 했지만 아직까지 이보다 더 개선된 이론적 보장치는 사실상 없다.

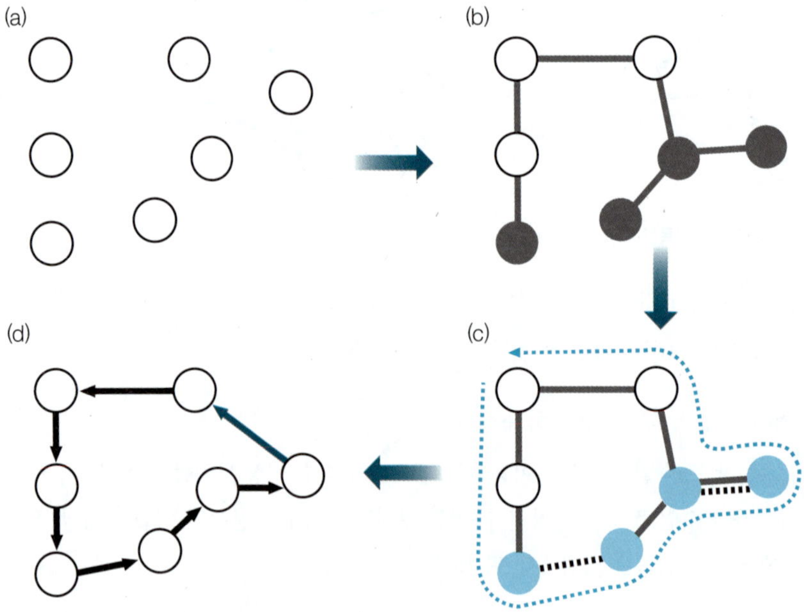

그림 13-16 최소 신장 트리와 최소 매칭을 이용한 TSP 근사

그러나 삼각 부등식을 만족하지 않는 TSP의 경우에는 이런 보장치조차 있을 수 없다. 심지어 '최적해의 수백만 배 이하'라는 정도의 보장도 못 한다.

정리 13-9

삼각 부등식을 만족하지 않는 TSP의 경우, $P \neq NP$라면 어떠한 상수 ρ에 대해서도 최적해의 ρ배를 넘지 않는 해를 보장하는 다항식 시간 근사 알고리즘은 존재하지 않는다.

▶▶ **증명** 만일 ρ배를 넘지 않는 해를 보장하는 다항식 시간 알고리즘 A가 존재한다면 잘 알려진 NP-완비 문제인 HAM-CYCLE이 P에 속함을 보인다. HAM-CYCLE 문제의 사례 $G=(V, E)$에 대해 다음과 같이 $G'=(V, E')$으로 변환한다. E에 원래 있던 간선은 1의 가중치를 준다. E에는 없었는데 TSP 사례를 만들면서 E'에 생기는 간선에는 모두 $\rho|V|+1$의 가중치를 준다(이것은 다항식 시간에 간단히 만들 수 있음). HAM-CYCLE에서 "G에 해밀토니안 사이클이 존재하는가?"라는 질문에 대한 대답은 "G'에 대해서 알고리즘 A가 길이 $\rho|V|$ 이하의 해를 도출하는가?"라는 질문에 대한 대답과 일치한다. 이유를 살펴보면 다음과 같다.

- ($\Rightarrow$) G에 해밀토니안 사이클이 존재하면 G'의 최적해는 길이가 $|V|$이다. 알고리즘 A는 최적해의 ρ배를 넘지 않는 해를 보장하므로 $\rho|V|$ 이하의 해를 도출한다.
- ($\Leftarrow$) 알고리즘 A가 G'에 대해 $\rho|V|$ 이하의 해밀토니안 사이클을 도출했다면 이 사이클에는 원래 E에 없던 간선이 포함되어 있지 않다(그런 간선은 가중치가 $\rho|V|+1$이므로 하나만 포함되어도 $\rho|V|$를 넘어버림). 그러므로 이 해밀토니안 사이클은 원래 그래프 G에 있던 사이클이다. 즉, G에 해밀토니안 사이클이 존재한다.

따라서 이런 다항식 알고리즘 A가 존재한다면 NP-완비 문제인 HAM-CYCLE에 대해 다항식 시간에 Yes/No 대답을 해줄 수 있어 HAM-CYCLE은 P에 속하게 된다. 이렇게 되면 모든 NP-완비 문제가 P에 속해 $NP \subseteq P$가 된다. $P \subseteq NP$는 자명하므로 $P=NP$가 된다. 이 결론의 대우로 $P \neq NP$이면 이런 알고리즘 A는 존재할 수 없다.

NP-완비 문제의 최적화 버전에 대한 근사해를 구하는 방대한 연구가 누적되어 있지만 이론적인 보장의 수준은 형편없다. 위에서 언급한 바와 같이 가장 유명한 NP-완비 문제인 TSP에 관해서도 삼각 부등식을 만족할 때 최적해의 $\frac{3}{2}$배를 넘지 않는 것이 수십 년 동안 나온 가장 좋은 결과이고, 그나마 삼각 부등식을 만족하지 않으면 아무리 큰 수에 대해서도 이를 보장할 수 없다. 그렇다고 이런 이론적 알고리즘으로 구한 근사해로 만족할 수는 없다. 그래서 이론적으로는 이런 보장을 하지 못하지만 실제로는 성능이 매우 좋은 알고리즘들을 사용한다. 예를 들어 TSP의 경우 2-Opt, 3-Opt, Lin-Kernighan 알고리즘 등 휴리스틱 알고리즘들이 있고, 유전 알고리즘, 타부 서치 등 효율적인 공간 탐색 알고리즘도 있다. 이들은 이론적인 보장은 못 하지만 최적해에 아주 근접한 해들을 도출해낸다.

NOTE_ TSP를 위한 근사 알고리즘의 수준

TSP는 가장 대표적이고 유명한 NP-하드 문제다. 최적화 버전의 TSP 문제를 위해 정말로 많은 연구 결과가 누적되어 있다. 어떤 문제들은 한정 분기 기법 등을 사용하여 최적해를 찾는 시간을 단축할 수 있는데, 슈퍼 컴퓨터에서 수만 개의 CPU를 사용해 일정 시간 동안 수행하면(예를 들어, 1년) 운 좋게 최적해를 찾는 경우도 있다. TSP를 위한 벤치마크 사례를 모아놓은 유명한 TSPLIB 웹 사이트(http://www.iwr.uni-heidelberg.de/groups/comopt/software/TSPLIB95)에서는 이렇게 최적해가 알려진 문제를 포함해서 많은 TSP 사례를 제공한다. 연구자들은 자신의 알고리즘이 어느 정도 최적해에 근접하는지 이 사례를 이용해 실험적으로 확인할 수 있다. 이 벤치마크 그래프들을 이용해서 알고리즘 연구자들은 공개적으로 경쟁을 한다. 필자의 연구실도 이 경쟁에서 가장 앞서 있는 연구실 중 하나다.

다음 표는 필자의 연구실에서 혼합형 유전 알고리즘을 사용해 구한 TSP 해들의 품질을 정리한 것이다[154]. 그래프의 이름 뒤에 붙은 숫자는 그래프의 크기를 나타낸다. 예를 들어, usa13509는 정점이 13,509개인 그래프다. 표에서 앞의 7개 사례는 최적해가 알려져 있고 나머지 2개는 이론적인 하한치만 제공된다. 이 이론적인 하한치와 일치하는 해답이 존재하는지는 모른다. 최적치가 적어도 이 하한치보다 작지 않다는 것만 확실하다. 표에서 최적해가 알려진 모든 사례에 대해서는 최적해를 찾았고, 이론적 하한치가 제공된 사례에 대해서는 하한치에 아주 근접한 해답을 내고 있음을 볼 수 있다. 정점이 7,397개인 사례에서 수행 시간은 펜티엄 1.13GHz CPU로 10시간 정도 들었다. 크기가 13,509인 문제의 경우에는 이틀 정도 걸렸다. 이런 근사 알고리즘은 이론적으로는 아무런 보장도 못하지만 1.5배를 보장하는 근사 알고리즘과 실용성에서 비교가 되지 않는다. 필자가 유전 알고리즘 분야에서 318정점 문제의 최적해를 최초로 찾은 것이 1994년이다[25]. 크기 318인 문제와 크기 7,397인 문제의 난이도 차이는 엄청나게 크다. 십수 년 동안 알고리즘의 힘이 엄청나게 좋아졌음을 알 수 있다.

유전 알고리즘으로 구한 TSP 해의 품질

사례(그래프)	최적해	찾은 해 중 베스트(근사 비율)†	찾은 해들 평균(근사 비율)†	평균 수행 시간‡
lin318	42029	42029(1)	42029(1)	8.61
att532	27686	27686(1)	27686(1)	36.70
dsj1000	18659688	18659688(1)	18659688(1)	178.88
pr2392	378032	378032(1)	378032(1)	335.41
pcb3038	137694	137694(1)	137694(1)	1024.86
rl5915	565530	565530(1)	565540.5(1.0000186)	1565.01
pla7397	23260728	23260728(1)	23260740.9(1.0000005)	35350.24
rl11849	923288*	923312(1.0000230)	923323.1(1.0000380)	35816.29
usa13509	19982859*	19983086(1.0000114)	19983151.1(1.0000146)	140936.54

† 괄호 안은 찾은 해/최적해 비율로, 1은 최적해와 항상 일치함을 의미
rl11849와 usa13509의 경우는 찾은 해/이론적 하한치 비율
‡ 펜티엄 1.13GHz CPU PC에서 소요된 초
* 아직 최적해가 알려지지 않은 문제로 이론적인 하한치

09 ★현상금 걸린 문제들

21세기를 맞아 클레이 연구소에서 내건 7개의 백만 불짜리 난제 중 하나가 "P=NP?" 문제다. 이 문제는 다양한 얼굴을 하고 있어 이와 연관된 다른 문제를 풀면 이 문제를 푼 것과 같은 효과를 내기도 한다. 지금부터 이 "P=NP?" 문제와 연관된 문제들을 몇 가지 살펴보자.

Co-NP 문제는 그 문제에 대한 대답이 No라는 증거가 주어졌을 때 그것을 다항식 시간에 확인해줄 수 있는 문제의 집합이다. 즉, 문제에 대한 대답이 No임을 비결정론적 다항식 시간에 해결할 수 있는 문제다. 예를 들어, 다음은 Co-NP 문제다.

정의 13-20 No-HAM-CYCLE (역해밀토니안 사이클 문제)

- **입력**: 무향 그래프 $G=(V, E)$
- **질문**: G에 해밀토니안 사이클이 존재하지 않는다?

이 문제의 대답이 No라면 해밀토니안 사이클을 갖는다는 뜻이다. 그러므로 이 문제는 Co-NP다.

P는 주어진 질문에 대해 다항식 시간에 Yes 또는 No라고 대답할 수 있는 문제라고 했다. 같은 방식으로 Co-P는 다항식 시간에 No 또는 Yes라고 대답할 수 있는 문제가 된다. 자명하게 P=Co-P다.

P⊆NP라는 사실은 자명하고, P⊆Co-NP라는 사실도 자명하다. 따라서 P⊆NP∩Co-NP다. 여기서 한 가지 질문이 생긴다. NP∩Co-NP에 속하면서 P가 아닌 문제가 있는가? 즉, "P=NP∩Co-NP?" 또는 같은 질문으로 "(NP∩Co-NP)-P=ϕ?"라고 물을 수도 있다. 이들은 "P=NP?"와 밀접한 관련이 있다.

정리 13-10

NP ≠ Co−NP이면 P ≠ NP다.

▶▶ **증명** 이것과 똑같은 의미를 가지는 논리적 대우인 "P=NP이면 NP=Co−NP"를 증명해도 된다. 우선 P=Co−P임은 명백하다. 이를 이용해서 NP=P=Co−P=Co−NP가 되어 증명은 간단히 완료된다.

비슷한 논리로 P ≠ NP ∩ Co−NP이면 P ≠ NP다. 결론적으로, "P=NP?"에 대해 직접 대답을 찾아도 되지만, "NP=Co−NP?", "P=NP ∩ Co−NP?", "(NP ∩ Co−NP)−P=ϕ?" 등에 대한 결론을 통해서 대답을 찾을 수도 있다.

01 NP-하드는 모든 NP 문제로부터 다항식 시간에 변환 가능한 문제들의 집합이다. 그런데 NP가 아니면서 NP-하드인 문제가 있을 수 있는가?

➔ NP, NP-하드, NP-완비의 영역을 명확히 구분하는 것에 어려움을 느끼는 학생들이 많다. 이 문제는 이 세 영역을 구분하는 데 도움이 되는 문제다.

우선 NP-완비의 정의를 상기하면 아래의 두 조건을 만족해야 한다.

① NP여야 한다.
② NP-하드여야 한다.

NP-하드와 NP-완비의 차이는 NP라는 조건이다. NP-하드 문제들 중 NP인 문제가 NP-완비가 된다. 이 문제가 묻고 있는 것은 "그렇다면 NP가 아니면서 NP-하드인 문제가 있느냐"라는 것이다. 이는 "NP-하드이면서 NP-완비가 아닌 문제가 있느냐"다.

NP의 정의가 결정 문제(Yes/No 문제)에 국한되어 있으므로 결정 문제가 아닌 것은 일단 NP가 될 수 없다. 결정 문제 중에서도 NP가 아닌 문제가 있을 수 있겠지만 결정 문제가 아니면 무조건 NP가 아니므로, 결정 문제가 아닌 것 중에 NP-하드인 것이 있으면 이 문제에서 찾는 예가 된다. 최적화 문제는 결정 문제가 아니므로 일단 NP가 아니다. 그러므로 최적화 문제 중에 NP-하드인 것을 찾으면 이 문제에서 찾는 예가 된다.

본문에서 '최적화 TSP'는 NP-하드임을 배웠다. 이 문제는 NP-하드이지만 NP가 아니다.

02 2SAT은 다음과 같이 정의된다. 2SAT∈P임을 증명하시오.

2SAT = {ϕ | ϕ는 각 절이 최대 2개의 리터럴을 가진 CNF 형식의 식으로서 만족 가능하다}

힌트 임의의 절 $x \vee y$는 $\bar{x} \to y$ 또는 $\bar{y} \to x$로 표현할 수 있다. 그래프를 만들 때 정점은 불 변수나 그 역과 대응되도록 하고, 절 $x \vee y$가 ϕ에 포함되면 $\bar{x}$ 정점에서 y 정점으로 연결되는 간선을 만들어준다.

이 문제는 논리식의 원리에 관해 연습하기 좋다. 식으로부터 다음과 같은 그래프를 만든다. 각 불 변수마다 정점을 2개씩 만든다. 즉, 임의의 변수 x나 $\neg x$가 절에 나타나면 2개의 정점 x와 $\neg x$를 만든다. 절 $(x \vee y)$가 ϕ에 포함되면 $\neg x$ 정점에서 y 정점으로 연결되는 방향 간선과 $\neg y$ 정점에서 x 정점으로 연결되는 방향 간선을 만들어준다. 아래는 2SAT의 사례 $\phi=(x \vee y) \wedge (\neg x \vee z) \wedge (\neg x \vee \neg z) \wedge (x \vee \neg y)$로부터 만든 그래프다. 절 하나당 방향 간선이 2개 만들어지므로 총 8개의 간선이 만들어진다.

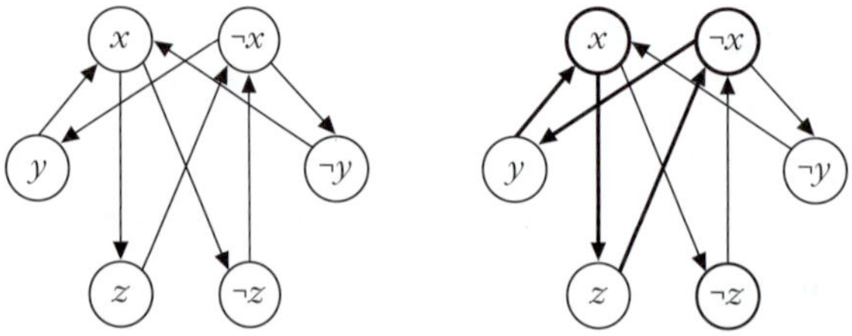

이렇게 만든 그래프에서 임의의 불 변수 x에 대해 정점 x와 $\neg x$가 같이 포함된 사이클이 있으면 ϕ는 만족 가능하지 않고, 없으면 ϕ는 만족 가능하다. 위 그림에서는 x에서 $\neg x$를 거쳐 x로 돌아오는 사이클이 있다(오른쪽 그림의 굵은 경로). 그러므로 ϕ는 만족 가능하지 않다. 그래프에서 모든 사이클을 체크할 필요는 없고 모든 변수 x에 대해 x에서 $\neg x$에 이르는 경로가 있는지만 보면 된다(x에서 $\neg x$에 이르는 경로가 있으면 $\neg x$에서 x에 이르는 경로도 반드시 존재하므로 앞부분만 확인하면 x에서 x에 이르는 사이클이 있게 됨). 이 작업은 당연히 다항식 시간에 가능하다.

이유를 생각해보자. 위 그래프에서 '$a \to b$'(a에서 b로의 방향 간선이 있음)는 만일 a값이 1(true)이면 b도 1이 되어야 한다는 의미다. (a값이 0이면 b는 어떤 것에도 상관없다.) 정점 x와 $\neg x$가 같이 포함된 사이클이 있다고 해보자. x와 $\neg x$ 둘 중 하나는 1이고 다른 하나는 0이다. 이 중 1인 정점에서 시작하면 방향 간선을 따라 만나는 모든 정점은 1이 되어야 한다. 이것은 x와 $\neg x$ 둘다 1이 되어야 함을 뜻하므로 가능하지 않다. x와 $\neg x$처럼 임의의 불 변수와 그 역이 동시에 존재하는 사이클이 없으면 값이 1인 정점의 경로를 따라 1을 할당하는 데 문제가 생기지 않는다. (참고로 어떤 변수(정점)의 값이 0이면 계속 0으로 가거나 중간에 1로 바뀌면 계속 1로 가면 된다.)

03 본문의 SUBSET-SUM 문제를 조금 확장한 SUBSET-SUM2 문제는 다음과 같이 정의되며, 이것은 NP-완비다. 본문에서는 SUBSET-SUM 문제로부터의 변환을 통해 스케줄링 문제가 NP-완비임을 보였는데, 이번에는 SUBSET-SUM2 문제로부터의 변환을 통해 스케줄링 문제가 NP-완비임을 보이시오.

- **입력:** n개의 양의 정수로 이루어진 집합 S, 양의 정수 k, l
- **질문:** $B \cap C = \phi$, $B \cup C \subseteq A$이면서 합이 각각 k, l인 S의 두 부분집합 B, C가 존재하는가?

➜ SUBSET-SUM2 문제에서 집합 S의 원소마다 작업을 하나씩 만들고 해당 원소 값을 그 작업의 소요 시간으로 할당한다. 모든 작업의 가능한 가장 이른 시작 시간은 0, 가능한 가장 늦은 종료 시간은 $2+\sum_{x \in S} x$로 동일하게 할당한다. 추가로 2개의 작업을 생성하여 소요 시간은 1로 할당한다. 이 중 한 작업의 가능한 가장 이른 시간은 k, 가능한 가장 늦은 종료 시간은 k+1로 할당하고, 다른 한 작업의 가능한 가장 이른 시간은 $k+l+1$, 가능한 가장 늦은 종료 시간은 $k+l+2$로 할당한다. 이제 SUBSET-SUM2에서 "… 합이 각각 k, l인 두 부분집합 B, C가 존재하는가?"라는 질문은 방금 변환된 스케줄링 문제에서 "입력의 요구 조건을 만족하도록 모든 작업을 한 줄로 스케줄링하는 방법이 있는가?"라는 질문의 대답과 일치한다. 이 준비 작업은 다항식 시간에 가능하다. 이것은 'SUBSET-SUM2 $\leq_p$ 스케줄링'임을 의미한다. 스케줄링 문제가 NP임은 본문에서 보인 바와 같다. 그러므로 스케줄링 문제는 NP-완비다.

요약

01 직관적으로 표현하면, P는 빠른 시간에 해결할 수 있는 문제들의 군이고, NP는 빠른 시간에 확인할 수 있는 문제들의 군이다.

02 NP-완비군은 아직 다항식 시간에 해결하는 방법이 알려지지 않은 어려운 문제들의 군이다.

03 수많은 NP-완비 문제는 이 중 단 하나라도 다항식 시간 알고리즘이 발견되면 다른 모든 NP-완비 문제가 다항식 시간에 해결되는 논리적 연결 관계를 갖고 있다.

04 NP-완비 문제들의 논리적 연결 관계의 핵심은 다항식 시간 변환이다. 다항식 시간 변환은 문제 A를 다른 문제 B로 다항식 시간에 바꾸되 B의 답을 이용해 A의 답을 구할 수 있도록 하는 것이다.

05 P는 NP에 속한다. 그렇지만 NP 문제 중 P에 속하지 않는 것이 존재하는지는 아직 결론이 나지 않았다. 아마도 존재할 것이라고 사람들이 강력하게 추정하고 있을 뿐이다.

연습문제

01 10장의 최단 경로 문제를 결정 문제로 표현하면 다음과 같다. 이 문제에 대해 다음 두 가지 포함 관계가 맞는지 자신의 의견을 말해보시오(단순히 P와 NP의 정의를 이해하는지 묻는 문제임).

- **입력:** 가중치가 있는 무향 그래프 $G=(V, E)$, 양수 K, 정점 s와 t
- **질문:** 시작 정점 s로부터 정점 t에 이르는 길이 K 이하인 경로가 있는가?

① 이 문제는 P에 속한다.

② 이 문제는 NP에 속한다.

02 [정리 13-6]에서 크기가 K인 완전 부분 그래프가 주어질 때(즉, CLIQUE의 질문에 Yes라고 대답할 수 있는 근거가 주어질 때) 이것의 크기가 K이고 완전 그래프임을 확인하는 것은 다항식 시간에 가능하다고 하였다. 구체적으로 이 확인에 드는 점근적 시간은 어떻게 되는가?

03 사이클이 없는 유향 그래프에서 해밀토니안 경로가 존재하는지 알아보는 것은 다항식 시간에 가능함을 보이시오.

04 문제 A, B, C에 대해 $A \le_p B$이고 $B \le_p C$일 때 $A \le_p C$임을 보이시오.

05 [정의 13-11]의 3SAT 문제에 대해 다항식 시간에 Yes/No 대답을 해줄 수 있는 알고리즘이 존재한다고 가정하자. 이 알고리즘을 이용하여 어떻게 다항식 시간에 만족한 변수 값의 할당을 찾을 수 있는지 설명하시오.

06 CLIQUE이 NP-완비임을 이용하여 다음 SUBGRAPH-ISOMORPHISM 문제가 NP-완비임을 증명하시오.

> 정의 **SUBGRAPH-ISOMORPHISM**
>
> - **입력:** 두 그래프 $G=(V_1, E_1)$ and $H=(V_2, E_2)$
> - **질문:** G가 H와 동형인 부분 그래프를 포함하는가?

힌트 이것은 아주 쉬운 문제로, 여러분이 NP-완비의 증명 과정을 아주 단순하게 연습할 수 있도록 하는 것이 목적이다.

07 HAM-PATH 문제는 다음과 같이 정의된다.

> **정의 HAM-PATH**
> - **입력:** 무향 그래프 G
> - **질문:** 그래프 G에 해밀토니안 경로가 존재하는가?

HAM-PATH가 NP-완비임을 이용해 다음 ISP가 NP-완비임을 증명하시오.

> **정의 ISP**
> - **입력:** 무향 그래프 G, 트리 T
> - **질문:** 그래프 G가 트리 T와 동형인 부분 그래프를 갖는가?

여기서 두 그래프 $G_1=(V_1, E_1)$, $G_2=(V_2, E_2)$에 대해 일대일 대응 함수 f: $V_1 \rightarrow V_2$가 존재하고, "$(u, v) \in E_1 \Leftrightarrow (f(u), f(v)) \in E_2$"가 만족될 때 G_1과 G_2는 동형Isomorphic이라 한다.

08 BIN-PACKING 문제는 다음과 같이 정의된다.

- **입력:** 항목들의 집합 U, 각 항목 $u(\in U)$의 크기 $s[u] \in Z^+$, 상자의 용량 B(양의 정수), 양의 정수 k
- **질문:** U를 k개의 상호 배타적인 집합 $U_1, U_2, \cdots, U_k$로 분할하되 각 집합이 상자의 용량 B를 초과하지 않는 방법이 존재하는가?

다음 PARTITION이 NP-완비임을 이용하여 BIN-PACKING이 NP-완비임을 증명하시오.

> **정의 PARTITION**
> - **입력:** 집합 A, 집합 A의 각 원소 a에 대응되는 양의 정수 값을 갖고 있는 배열 $s[\,]$ (즉, $\forall a \in A$, $s[a] \in Z^+$)
> - **질문:** $\sum_{a \in A'} s(a) = \sum_{a \in A-A'} s(a)$를 만족하는 A의 부분집합 $A' \subseteq A$가 존재하는가?

★ **09** 삼각 부등식을 만족하지 않는 TSP의 경우에는 P=NP가 아닌 한 어떠한 상수 ρ에 대해서도 최적해의 ρ배를 넘지 않는 해를 보장할 수 있는 다항식 시간 알고리즘은 존재하지 않는다는 사실을 배웠다. 이제 다음 경우를 생각해보시오.

정점들 사이의 거리가 "1부터 100까지의 정수" 값 중에 임의로 정해진 TSP가 있다. 즉, 삼각 부등식을 만족하지 않지만 정점 사이의 거리가 일정한 상수 범위 안에 있다. 여러분이 배운 범위 내에서 이런 성질을 만족하는 TSP에 대해서, 여러분이 배운 TSP를 위한 근사 알고리즘을 이용하여 보장할 수 있는 품질은 어느 정도인가? 품질을 전혀 보장할 수 없다면 이유를 아주 간단히 쓰고, 보장할 수 있다면 그 정도를 가능하면 정확하게 밝히고 이유를 간단히 설명하시오.

힌트 이 TSP 문제를 삼각 부등식을 만족하는 TSP로 바꿀 수 있는가?

10 다음 질문에 ○×로 답하고 그렇게 생각하는 이유를 간단히 설명하시오.

① 모든 NP-완비 문제는 NP-하드다.

② 임의의 NP-하드 문제 A로부터 10개의 서로 다른 문제에 대해 차례로 다항식 시간 변환을 거쳐 문제 B를 만났고, 문제 B로부터 문제 L로 다항식 시간 변환이 되었다. 문제 L은 NP-하드인가?

③ NP가 아니라도 NP-완비에 속할 수 있다.

④ NP-완비 문제군에 속하는 문제 하나가 다항식 시간에 풀리면 모든 NP-완비 문제가 다항식 시간에 풀린다.

⑤ NP-하드 문제군에 속하는 문제 하나가 다항식 시간에 풀리면 모든 NP-완비 문제가 다항식 시간에 풀린다.

⑥ NP-하드 문제군에 속하는 문제 하나가 다항식 시간에 풀리면 모든 NP-하드 문제가 다항식 시간에 풀린다.

⑦ 최적화 버전의 TSP는 NP에 속한다.

⑧ 최적화 문제 중에도 NP-완비 문제가 있을 수 있다.

⑨ $(NP \cap Co\text{-}NP) - P = \phi$? 질문에 대해 No의 결론을 내고 증명하면 백만 불의 상금을 받을 수 있다.

11 두 결정 문제 A, B에 대하여, A의 사례 α로부터 문제 B의 사례 β로의 변환 $\alpha \leq_p \beta$에 대해 생각해보자. $\alpha \leq_p \beta$라면, β에 대한 대답이 Yes이면 α에 대한 대답도 Yes이고, β에 대한 대답이 No이면 α에 대한 대답도 No가 된다. 이 결론의 논리적 대우는 α에 대한 대답이 No이면 β에 대한

대답도 No이고, α에 대한 대답이 Yes이면 β에 대한 대답도 Yes가 된다. 두 문제가 결정 문제이기 때문에 결과적으로 이런 논리적 양방향성을 갖게 된다. 그러면 $\alpha \leq_p \beta$는 "B가 NP-하드라면 A도 NP-하드다"라는 의미도 포함하는가?

12 어떤 NP-하드 문제 A로부터 다항식 시간 변환을 통해 문제 B가 NP-하드임을 보이고 싶다. 문제 A의 사례 a로부터 문제 B의 사례 b로 변환한 다음 b의 대답이 Yes이면 a도 Yes, b의 대답이 No이면 a도 No가 되는 변환이 잘 만들어지지 않는다. 그런데 다음과 같은 성질은 찾았다.

- 사례 a로부터 변환 1을 통해 B의 사례 b1을 만든 다음 질문 1을 한다. 이 질문에 대한 대답이 Yes이면 a에서의 대답도 Yes가 된다. 대답이 No이면 a에서의 대답이 반드시 No가 되는 것은 아니다.
- 사례 a로부터 변환 2를 통해 B의 사례 b2를 만든 다음 질문 2를 한다. 이 질문에 대한 대답이 No이면 a에서의 대답도 No가 된다. 대답이 Yes이면 a에서의 대답이 반드시 Yes가 되는 것은 아니다.

이 구조는 수업 시간에 배운 일반적인 변환 구조와 다르다. 이 결과를 기반으로 B가 NP-하드라고 말할 수 있는가? 답에 대한 이유를 설명하시오.

13 [정의 13-2]의 HAM-CYCLE 문제와 약간 다른 '두 점 사이 HAM-PATH' 문제는 다음과 같이 정의된다. 여기서 해밀토니안 경로는 그래프의 모든 정점이 한 번씩 나타나는 경로다.

> **정의** 두 점 사이 HAM-PATH = {⟨G, x, y⟩ | 무향 그래프 $G=(V, E)$, x, $y \in V$, 정점 x에서 y에 이르는 해밀토니안 경로가 존재한다}

두 문제 사이에는 어느 하나가 NP-하드이면 다른 것도 NP-하드가 된다. 즉, 서로 간에 양방향으로 변환이 가능하다. 이것을 각각 해보시오. 즉, 다음을 보이시오.

① 두 점 사이 HAM-PATH $\leq_p$ HAM-CYCLE

② HAM-CYCLE $\leq_p$ 두 점 사이 HAM-PATH

14 본문에서 배운 완전 부분 그래프[Clique]를 조금 느슨하게 한 pseudo-clique을 다음과 같이 정의한다.

pseudo-clique : 완전 그래프이거나 단 하나의 간선만 더하면 완전 그래프가 되는 그래프

즉, pseudo-clique은 모든 정점 사이에 간선이 존재하거나, 그중 한 쌍에 대해서만 간선이 존재하지 않는 것을 허용한다. 예를 들어, 4개의 정점이 완전 그래프가 되려면 6개의 간선이 필요한데, 이 중 5개만 있어도 인정한다는 뜻이다. PSEUDO-CLIQUE 문제는 다음과 같이 정의된다. 본문에서 배운 CLIQUE이 NP-완비임을 이용하여 PSEUDO-CLIQUE이 NP-완비임을 증명하시오.

- **입력:** 그래프 $G=(V, E)$, 양의 정수 k
- **질문:** 그래프 G에 크기 k인 pseudo-clique이 존재하는가?

15 Strong-3SAT 문제는 다음과 같이 정의되며, 이것은 NP-완비다. 이를 이용하여 '최적화 CLIQUE'(임의의 그래프에서 최대 완전 부분 그래프의 크기를 찾는 문제)이 NP-하드임을 증명하시오.

- **입력:** 각 절이 3-CNF로 구성된 부울식 ϕ
- **질문:** ϕ의 각 절에서 적어도 2개 이상의 리터럴이 1로 할당 가능한가?

16 3SAT 문제는 본문에서 배운 대로 다음과 같이 정의된다.

- **입력:** 3-CNF 형식의 부울식 ϕ
- **질문:** ϕ가 만족 가능한가?

MAX-3SAT 문제는 3-CNF 형태인 임의의 부울식 ϕ가 주어졌을 때 참으로 할당할 수 있는 절의 최대 개수를 알아내는 최적화 문제다. 3SAT이 NP-완비란 사실을 이용하여 MAX-3SAT이 NP-하드임을 증명하시오.

★ **17** 삼각 부등식을 만족시키지 않는 TSP에 대해서는 임의의 상수 ρ에 대해서 최적해의 ρ배 이내에 드는 해를 찾는 다항식 시간 근사 알고리즘이 존재하면 P=NP가 된다는 것을 배웠다. 어떤 학생이 다음과 같이 질문했다.

> "크기 n인 TSP에서 상수 ρ가 아닌, 다항식 시간에 계산할 수 있는 임의의 함수 $f(n)$에 대해서도 같은 결론 아닌가요?(즉, 최적해의 $f(n)$배 이내의 해를 보장하는 다항식 시간 근사 알고리즘이 존재하면 P=NP가 아닌가요?)"

Yes 또는 No로 대답하고, 답에 대한 설명(증명이면 좋고, 증명이 안 되면 그렇게 생각한 이유)도 함께 덧붙이시오.

Drift

비운의 천재 앨런 튜링과 정지 문제

"사회가 나를 여자로 변하도록 강요하므로 나는 순수한 여자가 할 만한 방식으로 죽음을 택한다." 동성애자에 대한 법원의 선고로, 요즘으로 치면 화학적 거세에 해당하는 여성호르몬 치료를 받던 비운의 천재 앨런 튜링은 이런 메모를 남긴 후 청산가리를 묻힌 사과를 깨물고 죽음을 택했다. 스티브 잡스가 애플 컴퓨터의 로고를 만들 때 앨런 튜링을 추모하려고 그가 깨문 사과를 형상화했다는 이야기도 있다. 애플 컴퓨터의 초기 로고는 아이작 뉴턴이 사과나무 아래 앉아 있는 그림이었던 것으로 보아 이 이야기는 과장된 추측으로 보이지만 튜링의 무게를 짐작하게 하는 일화다. 영국 정부의 공무원으로서 인도 식민지로 파견된 앨런 튜링의 부모는 그를 다른 영국 가정에 맡겨놓고 떠났다. 부모의 이러한 조처는 원래부터 내성적이었던 그에게 치명적인 영향을 미쳤던 것 같다. 그가 다녔던 셰르본 공립학교의 교장은 그를 "공동체에서 문제가 될 소지가 있는 아주 내성적인 소년"이라고 평했다.

세계 최초의 컴퓨터로 알려진 것은 펜실베이니아 대학의 애니악이다. 그렇지만 사실상 세계 최초의 컴퓨터는 이보다 2년 앞서 제2차 세계대전 중에 앨런 튜링이 만든 영국의 콜로서스다. 이 콜로서스 덕분에 영국은 완벽한 암호 체계라 해독 불가능이라고 알려진 독일의 애니그마 암호 체계를 풀었다. 독일은 이 암호 체계가 해독되면서 급속히 패배의 수렁으로 빠지게 되었다. 독일은 영국에 졌다기보다는 앨런 튜링에게 졌다는 표현이 맞을 것이다. 영국 정부가 이 사실을 비밀에 부쳤기 때문에 애니악이 세계 최초의 컴퓨터로 알려지게 되었다. 튜링은 인공지능의 개념을 최초로 제안한 사람이기도 하다. 또한 튜링 머신의 개념을 제안하여 계산 가능성의 이론적 논의를 가능하게 하였다. 튜링 머신의 개념을 접한 폰 노이만은 튜링에게 고등연구소에 남아서 같이 연구할 것을 제안했으나 튜링은 전쟁 중인 조국으로 돌아가서 암호 해독에 몸을 던졌다.

튜링 머신만큼이나 유명한 것이 튜링의 정지 문제다. 어떤 문제에 대해 Yes 또는 No로 대답해줄 수 있으면 '풀 수 있다Solvable' 또는 '결정 가능Decidable하다'라고 하고, 그렇지 않으면 '풀 수 없다Unsolvable' 또는 '결정 불가능Undecidable하다'라고 한다. 컴퓨터 과학의 결정 불가능한 문제의 대표는 단연 정지 문제다. 이 문제는 다음과 같이 정의된다.

• **입력**: 프로그램 P, 입력 x
• **질문**: 프로그램 P는 x를 입력으로 수행하면 궁극적으로 종료하는가?

모든 프로그램과 모든 입력에 대해서 이 질문에 Yes 또는 No로 대답할 수 있는 프로그램은 존재하지 않는다. 즉, 결정 불가능하다는 것이 튜링의 정리다.

모든 입력에 대해서 이 질문에 Yes 또는 No로 대답해줄 수 있는 프로그램 A가 존재한다고 가정해보자. 이 프로그램 A를 기반으로 새 프로그램 B를 만들자. 프로그램 B는 임의의 프로그램 Z를 입력으로 받아 〈프로그램 Z, 프로그램 Z〉를 프로그램 A의 입력으로 제공한다. 즉, A에 프로그램 Z가 프로그램 Z(자신)를 입력으로 받았을 때 종료할지를 묻는다. 프로그램 A가 Yes라고 대답을 하면 B는 무한 루프를 호출하여 종료하지 않도록 해놓는다. 프로그램 A가 No라고 대답하면 프로그램 B는 종료하도록 해놓는다. 다음은 이 프로그램 B의 구조를 그림으로 나타낸 것이다.

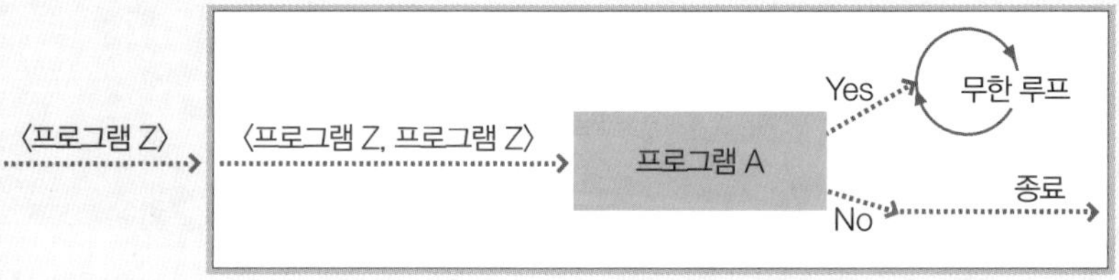

프로그램 B

독자에 따라서는 다음과 같이 알고리즘 형식으로 기술한 것을 더 잘 받아들일 수도 있다.

```
program_B(program Z):
    if (program_A(program Z, program Z)=Yes)
        repeat {} forever
    else stop
```

이제 이 프로그램 B의 입력으로 프로그램 B를 넣어보자. 즉, 프로그램 B에 자신을 입력으로 받았을 때 정지할지를 묻는다. 이 경우에 어떤 논리적 혼란에 빠지는지 보자. 프로그램 B가 프로그램 B를 입력으로 받으면 프로그램 A의 입력으로 〈프로그램 B, 프로그램 B〉를 제공한다. 이에 대해 프로그램 A가 Yes라고 대답하면 프로그램 B는 무한 루프를 호출하여 종료하지 않는다. 그런데 프로그램 A가 Yes라고 대답했으므로 프로그램 B는 프로그램 B를 입력으로 받았을 때 종료한다. 모순이다. 반대로, 프로그램 A가 No라고 대답하면 프로그램 B는 즉시 종료한다. 그런데 프로그램 A가 No라고 대답했으므로 프로그램 B는 프로그램 B를 입력으로 받았을 때 종료하지 않는다. 모순이다.

즉, 프로그램 B에 프로그램 B를 입력으로 제공하면 논리적으로 모순이 생긴다. 따라서 프로그램 A와 같은 것은 우리 논리 체계하에서는 존재할 수 없다.

20세기 최고의 수학자인 괴델은 유명한 괴델 정리를 통해 모든 무모순적인 논리 체계에는 그 논리 체계 내에서 근본적으로 풀 수 없는 문제가 존재한다는 사실을 증명하였다. 정지 문제는 괴델 정리의 컴퓨터 사이언스판이라 할 수 있다. 동성애자란 사실 때문에 궁지에 몰렸던 앨런 튜링은 모멸감을 못 이겨 아까운 생애를 자살로 마감하였다. 컴퓨터 분야의 대표 학회인 ACM에서는 그를 기려 1966년부터 컴퓨터 분야의 노벨상이라 불리는 튜링상을 수여하고 있다. 역대 튜링상 수상자들을 보면 마빈 민스키, 존 매카시, 에드거 다익스트라, 도널드 크누스, 스티븐 쿡, 제프리 힌턴 등 기라성 같은 인물들로 넘친다.

Chapter

14

상태 공간 트리의 탐색

학습목표

- 상태 공간 트리의 탐색을 이해한다.
- 상태 공간 트리가 무엇인지 이해한다.
- 백트래킹 기법의 작동 원리를 이해한다.
- 한정 분기의 작동 원리를 이해하고, 백트래킹에 비해 장점이 무엇인지 이해하도록 한다.
- A* 알고리즘의 작동 원리를 이해하고, 어떤 문제들이 A* 알고리즘의 적용 대상인지 감지하도록 한다.

PREVIEW

인공지능은 미국인들 특유의
천진난만함의 표현이다.

에드거 다익스트라

이 장에서는 지금까지 다룬 탐색 알고리즘과는 스타일이 조금 다른 탐색 알고리즘을 소개한다. 여기서 다루는 알고리즘은 문제 해결 과정을 상태 공간 트리의 탐색 행위로 본다. 상태 공간 트리는 특정 알고리즘의 진행 과정을 트리로 나타낸 것이다. 이 알고리즘들은 공통적으로 모든 상태를 나열하는 규칙이 있다. 이 장에서는 상태 공간 트리와 관련된 탐색 알고리즘 중 대표적인 세 가지 기법인 백트래킹, 한정 분기, A* 알고리즘을 소개한다.

01 상태 공간 트리

문제 해결 과정의 중간 상태를 각각 한 노드로 나타낸 트리를 상태 공간 트리State-Space Tree라 한다. 이 장에서 소개하는 세 가지 기법은 모두 상태 공간 트리의 탐색과 관련이 있다. 유명한 TSP를 예로 들어 상태 공간 트리를 설명한다.

TSP는 13장에서 정의된 바 있지만 다시 한 번 간단히 언급하고 시작하자. 그래프에서 모든 정점을 순회하고 돌아오는 사이클을 해밀토니안 사이클이라 한다. 완전 그래프에서 해밀토니안 사이클은 수없이 많은데 TSP는 그중 가장 짧은 것을 찾는 문제다.

TSP의 형태는 다양하지만 이차원 평면상에 n개의 정점이 있고, 이 정점들로 구성된 가장 짧은 해밀토니안 사이클을 찾는 문제가 가장 단순한 형태의 TSP 문제다. [그림 14-1]이 한 예다. (a)는 TSP 예로 평면에 6개의 정점이 존재한다. (b)와 (c)는 해밀토니안 사이클의 예다. 이 중 (c)는 모든 가능한 해밀토니안 사이클 중 가장 짧은 해밀토니안 사이클, 즉 최적해다.

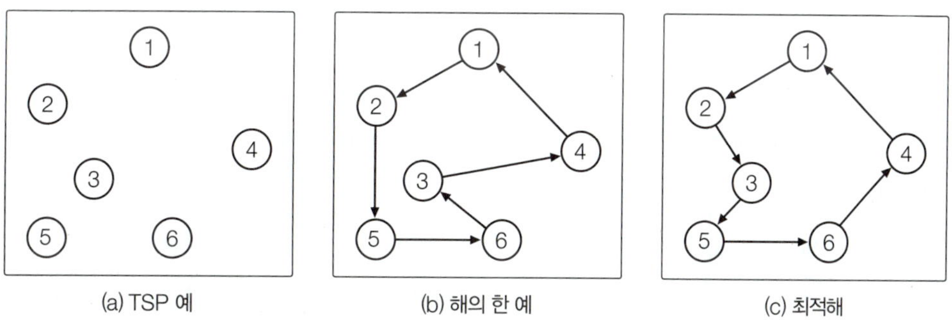

그림 14-1 TSP 문제의 예와 해들

[그림 14-1]의 TSP는 임의의 두 정점 u, v를 잇는 두 간선 (u, v)와 (v, u)의 길이가 동일하다. 즉, 간선이 하나 있으면 이것은 양방향으로 동일한 길이를 가진다. 이것을 대칭형Symmetric TSP라 한다. 이 성질이 만족되지 않는 비대칭Asymmetric TSP도 있다.

[그림 14-2]는 어떤 비대칭 TSP의 정점들 간 거리를 인접 행렬로 나타낸 것이다. 여기서는 두 정점 사이의 두 간선 길이가 반드시 같지는 않다. 예를 들어, 정점 1에서 정점 5로 가는 거리와 정점 5에서 정점 1로 가는 거리가 일치하지 않는 것을 볼 수 있다.

	1	2	3	4	5
1	0	10	10	30	25
2	10	0	14	21	10
3	10	18	0	7	9
4	8	11	7	0	3
5	14	10	10	3	0

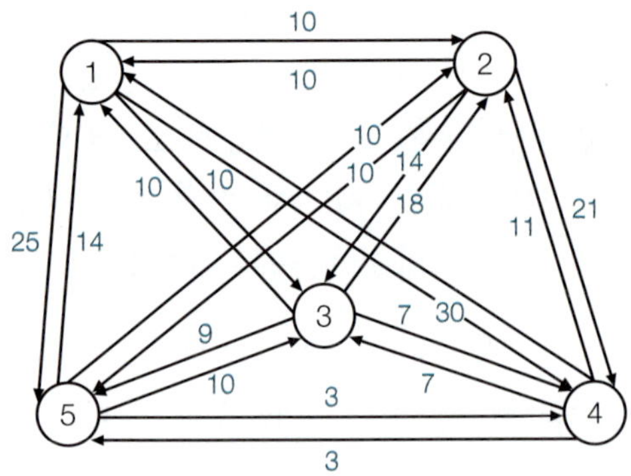

그림 14-2 비대칭 TSP 문제의 인접 행렬과 그래프

[그림 14-2]의 TSP 예를 대상으로 모든 경우의 수를 탐색하는 알고리즘을 살펴보자. [그림 14-3]은 이 과정을 트리로 나타낸 것이다. 이런 방식으로 모든 경우의 수를 탐색하는 것을 사전식 탐색이라 한다. 사전에서 1페이지부터 끝까지 알파벳순으로 모든 단어를 검사하는 것과 같다. [그림 14-3]에서 각 노드는 하나의 부분 경로를 나타내는 것으로, 문제 풀이 과정의 진행 상황 또는 상태를 나타내고 있다. 여기서 부분 경로는 수열로 표시되었다. 예를 들어, ❾번으로 표시한 노드는 수열 "1-2-5"로 표시되어 있는데 이는 '정점 1에서 출발하여 정점 2를 거쳐 정점 5에 도달한 상태'를 나타낸다. 앞으로 두 정점을 더 거쳐서 정점 1로 돌아와야 하는 상태다.

노드 왼쪽에 붙인 ❶, ❷ 등의 표시는 탐색 알고리즘에서 트리의 각 노드가 방문된 순서를 나타낸다. 리프 노드 아래의 네모 안에 있는 수는 완성된 해밀토니안 사이클의 길이다. 네모 위에는 정점들이 순서대로 모두 나열되어 있는데 이는 대응되는 해밀토니안 사이클이다. 모든 정점을 방문하고 돌아오는 사이클은 어디서 시작하든 상관없으므로 시작점을 정점 1로 고정한다. 이런 식으로 5개의 정점을 가진 TSP의 최적해를 찾으려면 모두 4!, 즉 24개의 해를 검사해보아야 한다. 이 과정을 트리로 나타내면 총 41개의 노드를 가진다. 이렇게 문제 풀이가 진행된 상태를 각각 노드로 나타냈다고 해서 상태 공간 트리라 한다.

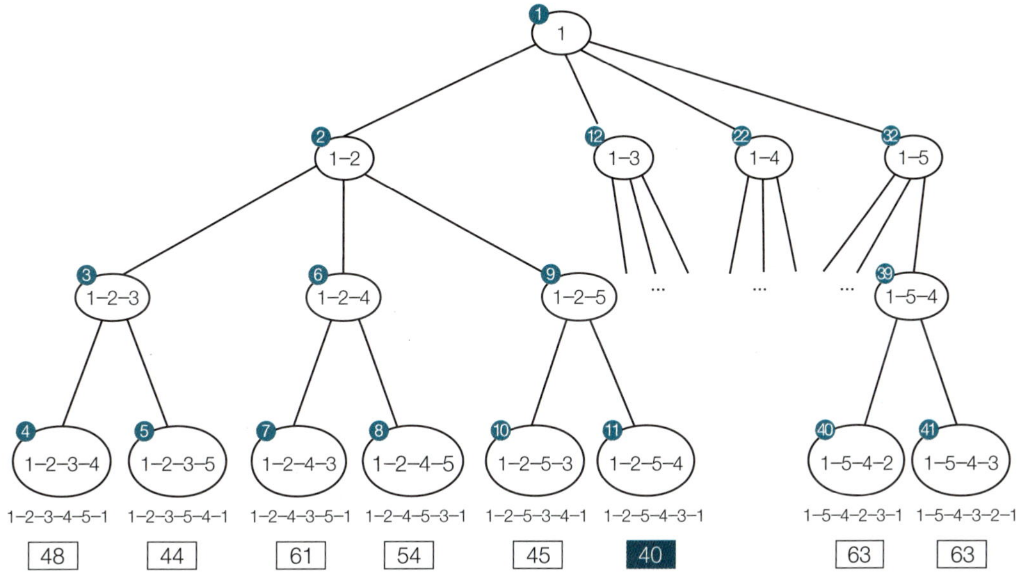

그림 14-3 [그림 14-2]의 TSP 예를 대상으로 한 사전식 탐색의 예

02 백트래킹

그래프 알고리즘에서 배운 DFS를 빼고는 백트래킹Backtracking을 이야기할 수 없다. DFS는 백트래킹의 골격을 이루는 알고리즘이다. 백트래킹은 DFS와 같은 방식으로 탐색하는 모든 방법을 뜻한다. 탐색을 하다가 더 갈 수 없으면 왔던 길을 되돌아가 다른 길을 찾는다고 해서 이런 이름이 붙었다. 백트래킹은 주로 재귀적으로 구현한다. 백트래킹 알고리즘마다 DFS에서 조금씩 변형은 일어나지만 기본적으로 모두 DFS의 범주에 속한다. 백트래킹 알고리즘이 상태 공간 트리를 명시적으로 만드는 것은 아니지만, 알고리즘의 진행 과정은 상태 공간 트리의 루트에서 시작해서 DFS 방식으로 탐색해나가는 것에 대응된다.

1 미로 찾기 문제

백트래킹의 쉬운 예로 미로 찾기를 들 수 있다. [그림 14-4]는 미로 찾기 문제의 한 예다. (a)는 주어진 미로다. *S*는 시작 지점이고, *T*는 목표 지점이다. (b)는 이 미로를 탐색하다가 선택을 해야 하는 지점, 즉 분기점들을 정점으로 나타낸 것이다. 그러면 이 미로 찾기 문제의 탐색 과정은 (c)의 상태 공간 트리로 표현할 수 있다. (c)의 상태 공간 트리를 설명하면 다음과 같다.

- *S*에서 시작해 정점 1로 이동한다. 정점 2 또는 3 중 하나를 선택할 수 있다.
- 임의로 정점 2를 선택하였다. 2에 도착해보니 막다른 골목임을 알게 된다.
- 정점 2로 오기 위해 거쳤던 중간 지점 1로 되돌아간다. 이제 정점 3으로 가보는 수밖에 없다.
- 정점 3으로 이동한다. 여기서는 정점 4와 5 중 하나를 선택할 수 있다. 정점 5를 선택한다고 하자.
- 정점 5에 이른다. 정점 6과 7 중 하나를 선택할 수 있다. 정점 6을 선택한다고 하자.
- 정점 6에 이른다. 6에 도착해보니 막다른 골목임을 알게 된다.
- 정점 6으로 오기 위해 거쳤던 중간 지점 5로 되돌아간다. 이제 정점 7로 가보는 수밖에 없다.
- 정점 7에 이른다. 정점 8과 *T* 중 하나를 선택할 수 있다. 정점 *T*를 선택한다고 하자.
- 정점 *T*에 도착해보니 목표 지점임을 알게 된다. 탐색을 끝낸다.

백트래킹은 이렇게 가보고 되돌아오고, 가보고 되돌아오고를 반복하는 것이다. 운이 좋으면 시행착오를 덜 거치고 목적지에 도착할 것이고, 최악의 경우에는 모든 경우를 다 거친 다음 목적지에 도착할 수 있다. (c)에서 ○, □으로 나타낸 부분은 운 좋게 가보지 않고 탐색을 끝낸 노드들이다.

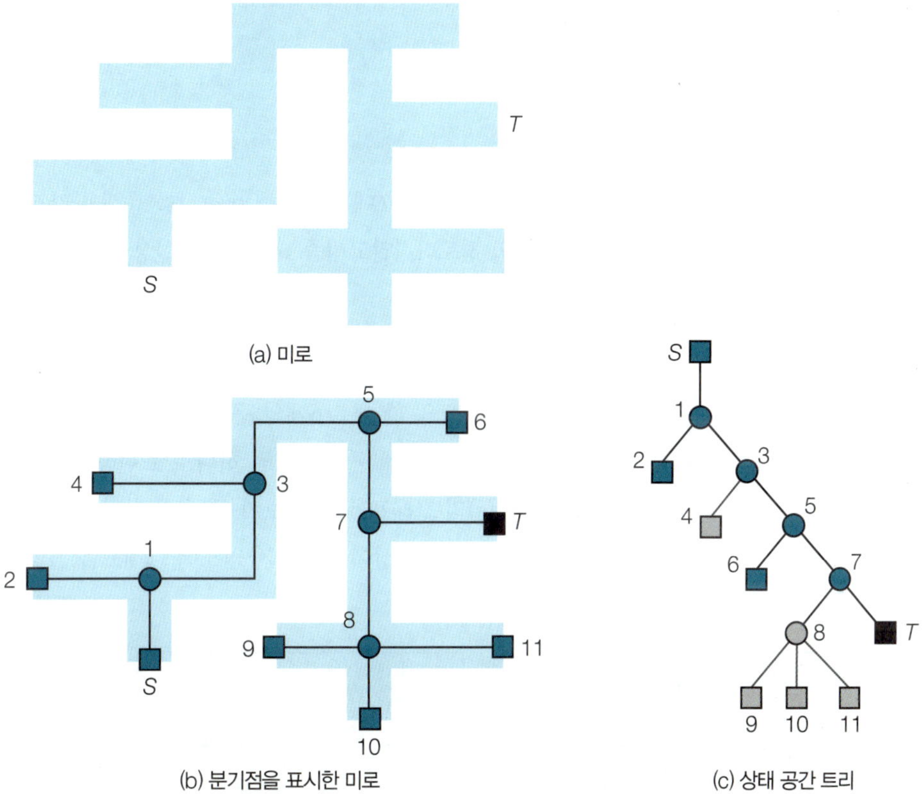

그림 14-4 미로 찾기 문제와 이를 상태 공간 트리로 나타낸 예

[알고리즘 14-1]은 미로 찾기를 위한 백트래킹 알고리즘이다.

알고리즘 14-1 | 미로 찾기 문제(백트래킹)

```
maze(v):
    v.visited = YES
    if (v = T) return "성공"          ▷ 끝내기
    for each x ∈ v.adjlist           ▷ v.adjlist: 정점 v와 인접한 정점 집합
        if (v.visited = NO)
            x.prev ← v
            maze(x)
```

알고리즘이 끝난 후 *S*에서 *T*에 이르는 경로를 알려면 *T*에서 시작해 *prev*[]를 통해 따라간다. 그러면 *S*에 이르게 된다. 이의 역방향이 해답 경로다. [알고리즘 14-1]은 사실상 DFS와 같다.

2 색칠 문제

[그림 14-5]는 그래프의 색칠 문제다. (a)는 지도의 한 예로 6개의 구역으로 구성되었다. (b)는 서로 인접한 구역을 화살표로 표시하였다. (c)는 각 구역을 정점 하나로 표현하고 인접한 구역끼리 간선으로 연결한 그래프다. (d)는 (c)의 그래프를 다시 보기 좋게 그린 것이다. 색칠 문제는 *k*개의 색상을 사용해서 인접한 정점은 같은 색상이 칠해지지 않도록 그래프를 칠할 수 있는지 묻는다.

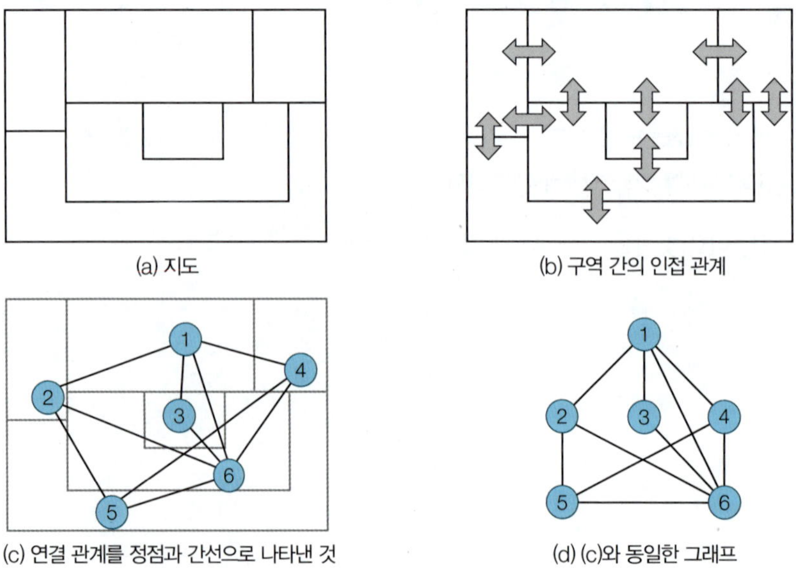

그림 14-5 지도 색칠 문제의 예

[알고리즘 14-2]는 k개의 색상으로 그래프를 칠할 수 있는지 체크하는 백트래킹 알고리즘이다. 칠해야 할 정점의 총수는 n이다. 최초에는 kColoring(1, 1)을 호출한다. kColoring(i, c)를 호출하는 시점에는 정점 1부터 $i-1$까지가 k개 또는 그 이하의 색상으로 칠해져 있다. 이 상태에서 정점 i에 색상 c를 칠하고 끝까지 잘 마무리할 수 있는지 조사하는 알고리즘이다. 우선 정점 i에 색상 c를 칠하면 지금까지 칠해놓은 정점들과 색이 충돌하지 않는지 체크한다. 이를 위해서는 정점 i에 인접하면서 이미 색칠된 정점 중 색상 c로 칠해진 정점이 있는지 확인하면 된다. valid(i, c)가 이 일을 한다. 이 단계를 통과하면 다음 과정을 진행한다. 정점 i가 마지막 정점이면 성공적으로 완료되었음을 선언한다(이것은 i가 n번째 칠이 된 정점인 경우임). 정점 i가 마지막 정점이 아니면 다음 정점을 하나 선택해 색상을 하나씩 칠해보는 과정을 반복한다.

알고리즘 14-2 색칠 문제(백트래킹)

```
kColoring(i, c):
▷ i: 정점, c: color
▷ 질문: 정점 i-1까지는 제대로 칠이 된 상태에서 정점 i를 색상 c로 칠하려면
        K개의 색으로 충분한가?
    if (valid(i, c))
        color[i] ← c
        if (i = n) result ← TRUE
        else
            result ← FALSE
            d ← 1                                ▷ d: color
            while (result = FALSE and d ≤ k)
                result ← kColoring(i+1, d)       ▷ i+1: 다음 정점
                d++
        return result
    else return FALSE
```

```
valid(i, c):
▷ i: 정점, c: color
▷ 질문: 정점 i-1까지는 제대로 칠이 된 상태에서 정점 i를 색상 c로 칠하면
        이들과 색이 겹치지 않는가?
    for j ← 1 to i-1
        ▷ 정점 i와 j 사이에 간선이 있고, 두 정점이 같은 색상이면 안 된다.
        if ((i, j) ∈ E and color[j] = c) return FALSE
    return TRUE
```

[그림 14-6]은 [그림 14-5]의 (d) 그래프를 세 가지 색으로 칠할 수 있는지 [알고리즘 14-2]를 사용해서 체크하는 과정을 상태 공간 트리로 나타낸 것이다. 각 노드에 표시된 2개의 수는 함수 kColoring()의 두 입력 값을 나타낸다. 예를 들어, ❺번 노드는 (3, 2)로 표시되었는데 이는 함수 호출 kColoring(3, 2)를 나타낸다. 각 노드의 왼쪽 위에 붙은 작은 원에 표기된 수는 각 노드가 방문된 순서를 나타낸다. ×로 표시된 노드들은 해당 함수 호출이 FALSE로 끝난 경우다. 예를 들어, ❹번 노드는 함수 호출 kColoring(3, 1)이 FALSE로 끝나 더 이상 진행되지 못했음을 나타낸다. 대부분 백트래킹은 그리 효율적인 선택이 아니지만 이런 식으로 가지치기가 일어나므로 원시적인 방법으로 모든 경우의 수를 확인하는 알고리즘은 아니다.

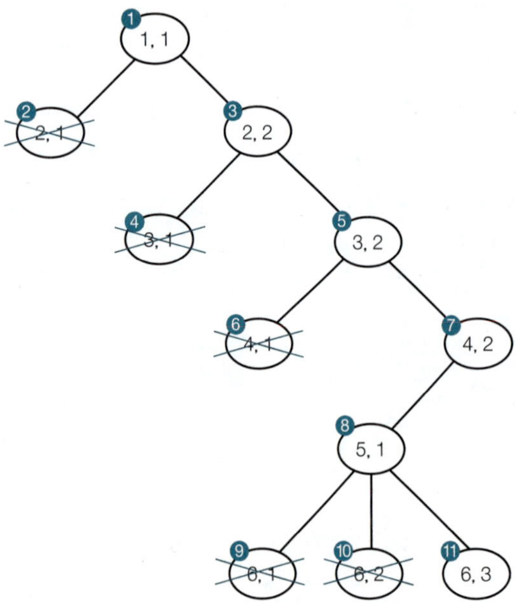

그림 14-6 [알고리즘 14-2]의 작동 과정에 대응되는 상태 공간 트리

03 한정 분기

[그림 14-3]과 같은 사전식 탐색을 할 때는 탐색할 경우의 수가 $(n-1)!$에 비례해서 늘어나므로 정점의 수 n이 조금만 커져도 현실적인 시간에 탐색이 불가능하다. 예를 들어, n이 27 정도만 되어도 펜티엄 3GHz CPU로 족히 10조 년 이상 소요된다. 그런데 이 탐색 과정을 잘 살펴보면 상당한 비율의 정점을 방문하지 않아도 된다는 사실을 발견할 수 있다. 예를 들어, 어떤 부분 경로의 길이가 지금까지 찾아놓은 가장 좋은 해를 초과한다면 그 부분 경로에서 더 이상 진행해보아야 희망이 없다. 이제부터 예로 들 TSP의 한정 분기 방법은 이 원리를 조금 더 개량해서 보지 않아도 될 정점 수를 가능하면 많이 늘린다.

한정 분기는 1960년 랜드와 도이가 제안한 방법으로 처음에는 선형 계획법Linear Programming을 해결하기 위해 제시되었다[105]. 한정 분기의 영어 표현은 Branch and Bound다. 직역하면 '분기와 한정'인데 분기를 한정적으로 해서 쓸데없는 시간 낭비를 줄이는 방법이다. Branch and Bound는 사실상 Bounded Branch라는 의미이므로 한정된 분기 또는 한정 분기가 이 기법의 특징을 더 잘 표현하는 말로 보인다.

한정 분기를 하려면 두 가지 요소가 필요하다. 첫째, 모든 경우의 수를 나열하는 방법이 있어야 한다. 둘째, 분기를 더 이상 할 필요가 없음을 판단할 수 있는 방법을 제공해야 한다. 최적해를 찾을 가능성이 없다는 판단이 서면 더 이상 진행하지 않고 다음 후보를 찾는다. 이 판단은 주로 지금까지 찾은 가장 좋은 해보다 더 좋아질 수 있는지로 이루어진다. 이것을 가지치기Prunning라 한다.

[그림 14-7]은 가지치기의 원리를 설명한다. 어느 시점에 가능한 선택이 여섯 가지가 있다고 하자. 이 중 세 가지는 선택을 해도 최적해를 찾을 확률이 0임을 알 수 있으면 이들은 선택 대상에서 제외할 수 있다. 그림에서 검은색으로 칠해진 경우들이다. 한정 분기는 이런 선택을 해야 할 차례가 오면 그냥 뛰어넘어 버린다(가지치기). 즉, '한정된 분기'를 이용해 쓸데없는 시간 낭비를 줄이고 최적해에 빨리 이르고자 한다.

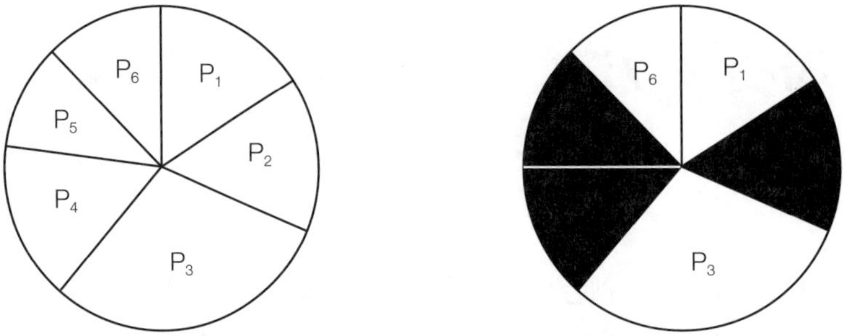

(a) 어느 시점에 가능한 선택들 (b) 최적해를 포함하지 않아 제외된 선택

그림 14-7 가지치기의 원리를 설명하는 그림

지금까지 찾은 가장 좋은 해의 품질이 좋을수록 탐색 대상이 되는 경우는 줄어든다. 즉, 가지치기가 더 많이 일어나서 시간을 절약할 수 있다. 그러므로 한정 분기에서는 초기에 좋은 해를 찾는 것이 유리하다. 가장 좋지 않은 경우는 초기에 나쁜 해가 나오고 점차 해가 개선되어 나가는 경우다. 최악의 경우에는 거의 모든 해를 확인해보아야 할 수도 있다. 실용적인 방법은 알려진 휴리스틱 알고리즘을 사용해 괜찮은 해를 구한 다음 이것을 기준해로 사용하는 것이다. 특히, 컴퓨터 과학의 난제인 NP-하드 문제들은 비교적 쓸 만한 알고리즘들이 많이 연구되어 있으므로 이들을 활용하면 된다. 예를 들어, TSP 문제의 경우 LK 알고리즘[111]을 쓰면 정점이 몇 백 개 정도 되는 문제에 대해서는 몇 번만 수행하면 최적해를 찾는 수준에 이르러 있다. 몇 천 개짜리 문제는 13장의 끝부분에서 잠깐 소개한 바와 같이 LK 계열의 알고리즘과 유전 알고리즘을 결합하면 역시 몇 번의 수행으로 최적해를 찾는 수준이다.

슈퍼 컴퓨터를 이용해 아주 큰 TSP 문제의 최적해를 구한다면 다음과 같은 방법을 쓸 수 있다.

- 먼저, 이 문제에 대해 지금까지 다양한 방법으로 시도한 결과가 알려져 있으면 그중 가장 좋은 해를 기준해로 삼는다.
- 슈퍼 컴퓨터에 있는 수만 개(또는 수천 개, 수십만 개)의 CPU에 서로 다른 경우들을 분담시킨다.
- 수행 중에 슈퍼 컴퓨터 내의 어떤 CPU에서 현재까지 기준해보다 좋은 해가 발견되면 이것을 새로운 기준해로 삼고 다른 모든 CPU에도 알려 갱신하도록 한다.
- 큰 문제에 대해서는 몇 년 동안 계속 수행될 수도 있는데 이 기간 중에 현재 슈퍼 컴퓨터가 사용하고 있는 기준해보다 더 좋은 해를 다른 연구자가 발견하면 모든 CPU가 이것을 기준해로 갱신할 수 있도록 한다.

현재 TSP를 위한 벤치마크 사이트인 TSPLIB에는 정점 수가 33,810개인 문제까지 최적해를 찾아놓고 있다[171].

[그림 14-8]은 [그림 14-3]의 TSP 예를 대상으로 한정 분기 탐색을 하는 과정을 트리로 나타낸 것이다. 노드 내 수열은 [그림 14-3]에서처럼 부분 경로다. 노드 옆의 괄호 안에 있는 수는 해당 경로로 계속 진행하여 경로를 완성했을 때 얻을 수 있는 경로 길이의 하한 값을 나타낸다. 즉, 그 경로를 확장해서 모든 정점을 방문하는 사이클을 만들면 길이가 적어도 그만큼은 된다는 것이다. 괄호 아래에 '+'로 연결된 두 수는 이 하한선이 계산된 근거를 나타낸다. 예를 들어, ❻번 노드에 표시된 '24+13'은 지나온 경로 1–2–3의 길이가 24이고, 이후에 경로를 아무리 잘 완성해도 최소한 길이 13은 더 필요함을 의미한다. 따라서 이 경로의 하한 값은 37이다. 각 리프 아래의 네모 안에 있는 수는 사이클을 완성했을 때 실제 길이다. 네모 위에는 해당 사이클의 정점들이 순서대로 모두 나열되어 있다.

여기서는 하한 값을 구하기 위해 간단한 방법을 사용하였다. 먼저 각 정점에서 다른 정점에 이르는 간선들의 길이 중 가장 짧은 값을 다음과 같이 구해놓는다.

- **정점 1**: 10(정점 1에서 나가는 간선들의 길이 10, 10, 30, 25 중 최솟값)
- **정점 2**: 10(정점 2에서 나가는 간선들의 길이 10, 14, 21, 10 중 최솟값)
- **정점 3**: 7(정점 3에서 나가는 간선들의 길이 10, 18, 7, 9 중 최솟값)
- **정점 4**: 3(정점 4에서 나가는 간선들의 길이 8, 11, 7, 3 중 최솟값)
- **정점 5**: 3(정점 5에서 나가는 간선들의 길이 14, 10, 10, 3 중 최솟값)

이것으로 최적해는 적어도 10+10+7+3+3=33보다 작을 수 없음을 알 수 있다. TSP에서 임의의 해밀토니안 사이클에는 각 정점에서 다른 정점으로 연결되는 간선이 하나씩 있으므로 총 n개의 간선이 있는데, 33은 각 정점에서 나가는 가장 짧은 간선들만 조합한 것이기 때문이다. 이렇게 조합한다고 해서 합법적인 사이클이 될 가능성은 희박하므로 최적해는 이보다 다소 클 것이다. 하한 값의 측정이 정밀할수록 한정 분기 알고리즘의 효율성은 좋아진다. ❻번 노드의 예를 다시 들면, 지금까지 진행된 것이 경로 1–2–3이므로, 정점 1과 정점 2는 이미 지나갔다. 정점 3에서 나가는 간선 중 최소치인 7, 정점 4에서 나가는 간선 중 최소치인 3, 정점 5에서 나가는 간선 중 최소치인 3을 더하면 13이 된다. 즉, 앞으로 경로를 완성하기 위해 최소한 길이 13은 더 필요하다.

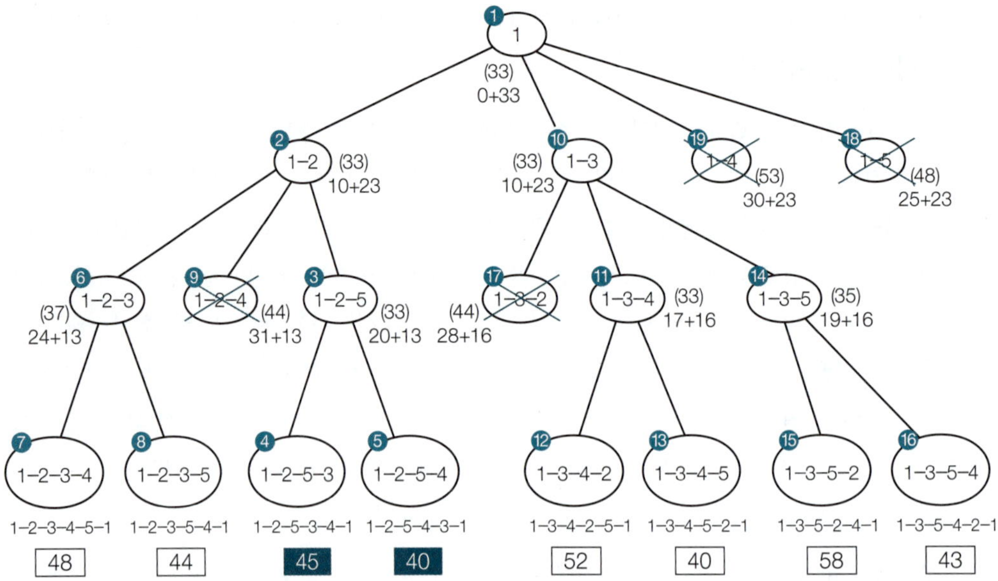

그림 14-8 [그림 14-3]의 TSP 예를 대상으로 한 한정 분기 탐색의 예(상태 공간 트리)

이제 [그림 14-8]의 한정 분기 트리를 자세히 살펴보자. 한정 분기를 표현하는 상태 공간 트리다. 1절에서 언급한 바와 같이 어차피 모든 정점을 방문하고 돌아오는 사이클이므로 시작점을 정점 1로 고정해도 상관없다. 각 노드의 왼쪽에 붙은 ❶, ❷ 등의 표시는 트리에서 각 노드가 방문된 순서를 나타낸다(노드에 대응되는 부분 경로의 길이가 계산되는 것과 노드가 방문되는 것은 다름). 다음 각 설명 앞에 붙은 일련번호와 거기서 설명하는 노드의 원문자 번호는 서로 일치한다.

❶ 노드 1은 시작 정점만 정해놓고 출발을 안 한 상태이므로 하한 값은 각 정점에서 나가는 간선 중 최솟값들을 더한 값이 된다. 즉, 10+10+7+3+3=33이 된다. 이제 부분 경로 1-2, 1-3, 1-4, 1-5 각각에 대해 하한 값을 구한다. 부분 경로 1-2의 경우 간선 (1, 2)의 길이가 10이므로 이 부분 경로를 거치는 모든 해밀토니안 사이클의 하한 값은 여전히 33이다. 부분 경로 1-3도 마찬가지다. 부분 경로 1-4의 경우 간선 (1, 4)의 길이가 30이므로 30+(10+7+3+3)=53이 되어 이 경로를 거치는 해밀토니안 사이클은 적어도 53은 된다. 부분 경로 1-5의 경우는 하한 값이 48이 된다. 이 중 하한 값이 가장 작은 것부터 탐색한다. 따라서 부분 경로 1-2가 선택되었다.

❷ 부분 경로 1–2에서 정점을 하나 더 방문해 만들 수 있는 부분 경로는 3개인데 부분 경로 1–2–3, 1–2–4, 1–2–5이다. 이들의 하한 값은 각각 37, 44, 33이 된다.

❸ 이 중 하한 값 33을 가진 부분 경로 1–2–5부터 탐색한다.

❹ 부분 경로 1–2–5–3은 해밀토니안 사이클 1–2–5–3–4–1을 만들 수밖에 없다. 이 사이클의 길이는 45다. 이것을 기준 값(지금까지의 최소 사이클 길이)으로 잡는다.

❺ 다음으로 부분 경로 1–2–5–4는 해밀토니안 사이클 1–2–5–4–3–1을 만들 수밖에 없는데 이 사이클의 길이는 40이다. 앞에서 잡은 기준 값 45보다 작으므로 이것으로 기준 값을 갱신한다.

❻ 다음으로 부분 경로 1–2–3을 택한다. 이것으로 만들어지는 해밀토니안 사이클은 2개뿐이다.

❼ 사이클 1–2–3–4–5–1은 길이가 48이다. 지금까지 최솟값 40보다 크므로 의미가 없다.

❽ 사이클 1–2–3–5–4–1은 길이가 44다. 지금까지 최솟값 40보다 크므로 의미가 없다.

❾ 다음은 부분 경로 1–2–4인데 하한 값이 44다. 이 부분 경로로부터 아무리 잘 만들어도 길이가 44는 된다는 뜻이다. 이미 찾아놓은 최솟값 40을 넘으므로 더 이상 진행하지 않는다. 가지치기의 예다. 이런 경우가 많이 나와야 탐색 시간이 단축된다.

❿ 다음으로 부분 경로 1–3으로 간다. 하한 값은 33이다. 지금까지 찾아놓은 해밀토니안 사이클의 최솟값 40보다 작으므로 희망을 갖고 진행한다. 이것으로 만들어질 수 있는 세 부분 경로의 하한 값은 각각 44, 33, 35다.

⓫ 하한 값 33을 가진 부분 경로 1–3–4를 탐색한다. 이로부터 만들어지는 해밀토니안 사이클은 2개뿐이다.

⓬ 사이클 1–3–4–2–5–1은 길이가 52다. 지금까지의 최솟값 40보다 크므로 의미가 없다.

⓭ 사이클 1–3–4–5–2–1은 길이가 40이다. 40은 최솟값과 동일하므로 굳이 갱신할 필요는 없다.

⓮ 다음으로 부분 경로 1–3–5를 탐색한다. 이로부터 만들어지는 해밀토니안 사이클은 역시 2개다.

⓯ 사이클 1–3–5–2–4–1은 길이가 58이다. 지금까지의 최솟값 40보다 크므로 의미가 없다.

⓰ 사이클 1–3–5–4–2–1은 길이가 43이다. 지금까지의 최솟값 40보다 크므로 의미가 없다.

⓱ 다음은 부분 경로 1–3–2인데 하한 값이 44다. 이 부분 경로는 아무리 잘해도 이미 찾아놓은 최솟값 40을 넘으므로 더 이상 진행하지 않는다. 가지치기의 예다.

⑱ 다음으로 부분 경로 1-5로 간다. 이 부분 경로의 하한 값은 48이다. 아무리 잘해도 40을 넘으므로 가지치기를 하고 넘어간다.

⑲ 마지막으로 부분 경로 1-4로 간다. 이 부분 경로의 하한 값 53은 40을 넘으므로 가지치기를 하고 넘어간다. 더 이상 볼 경로가 남아 있지 않으므로 알고리즘이 끝난다.

정점이 5개인 이 TSP 예의 경우 가지치기를 하지 않으면 살펴보아야 할 해밀토니안 사이클의 총수는 24개다. 즉, 24개의 리프 노드를 갖는데 가지치기 덕분에 8개의 리프 노드만 보고 탐색을 끝냈다. [그림 14-8]의 탐색 트리를 유심히 보면 DFS 방식의 탐색임을 알 수 있다. 상황에 따라 BFS 방식으로 분기 한정을 수행하는 것도 가능한데 TSP 문제의 경우에는 적합하지 않다.

그림에서 리프 노드 아래에 있는 네모 중 색으로 칠해진 것은 최솟값 갱신이 일어난 경우다. 이 예에서는 최적해인 40이 비교적 초반에 나타나서 최솟값 갱신이 몇 번 일어나지 않았지만 예제가 커지면 훨씬 빈번할 것이다. 초반의 해들은 품질이 대체로 나쁘다. 기준 값이 점점 작아지므로 가지치기의 비율이 뒤로 갈수록 점점 더 높아진다. 앞에서 언급한 바와 같이 이런 경우에 시간을 더 단축할 수 있는 한 가지 방법은 시작 전에 시중에 있는 품질이 괜찮은 휴리스틱 알고리즘을 하나 사용해서 해를 구한 다음 이것을 기준 값(지금까지의 최솟 값)으로 삼는 것이다.

하한 값에 대한 측정이 더 정밀해지면 하한 값이 더 커져 가지치기를 할 수 있는 빈도도 더 잦아진다. 실제로 TSP 문제를 위한 하한 값을 측정하는 더 좋은 방법이 존재한다.

04 A* 알고리즘

이 절에서 배울 A* 알고리즘은 그래프의 시작점에서 도착점에 이르는 최단 경로를 찾는 알고리즘이다. 이 알고리즘은 그래프에서 최단 경로 문제에 적용되기도 하지만 상태 공간 트리도 그래프의 일종이므로 적용될 수 있다. 실제로 상태 공간 트리의 탐색에서 A* 알고리즘을 더 많이 사용한다. 다만, 이미 그래프의 최단 경로를 구하는 다익스트라 알고리즘을 배웠으므로 이와 비교해서 설명하면 A* 알고리즘을 더 쉽게 이해할 수 있다.

먼저, A* 알고리즘과 관계가 깊은 최적 우선 탐색Best-First Search에 대해 살펴보자. 최적 우선 탐색은 그래프에서 탐색하는 방법 중 하나로, 각 정점이 각자의 매력 함수 값 $g(x)$를 갖고 있는 경우에 적용된다. 시작점에서부터 출발하여 지금까지 방문하지 않은 정점 중 $g(x)$값이 가장 매력적인 것부터 방문하는 탐색 방법이다. 최단 경로 계산을 위한 다익스트라 알고리즘과 최소 비용 신장 트리를 위한 프림 알고리즘은 최적 우선 탐색의 한 예다. 다익스트라 알고리즘에서는 지금까지 계산해놓은 시작점에서 정점 x에 이르는 최단 거리가 $g(x)$가 된다. 프림 알고리즘은 정점 x를 연결하는 최소 비용이 $g(x)$가 된다.

1 최단 경로 찾기 문제

우선 최단 경로 찾기를 위한 다익스트라 알고리즘을 잘 모르는 사람은 [알고리즘 10-8]의 다익스트라 알고리즘부터 공부하고 이 절을 시작하기 바란다.

다익스트라 알고리즘은 최단 경로를 찾는 알고리즘이지만 특정한 목적점 하나를 명시하지 않고 하나의 시작점만 주면 다른 모든 정점에 이르는 최단 거리를 구한다. 단 하나의 목적점에 이르는 최단 거리만 찾으려면 다익스트라 알고리즘을 수행하다가 목적점에 이르는 최단 경로가 발견되는 순간 탐색을 중단하면 된다. 그렇지만 이런 목적으로 다익스트라 알고리즘을 사용할 경우 상당한 낭비가 있을 수 있다. 다익스트라 알고리즘은 목적점이 하나가 아니기에 하나의 목적점에 초점을 맞출 수가 없기 때문이다.

$g(x)$를 시작점에서 정점 x에 이르는 최단 거리라 하자. 두 정점 x와 y에 대해 $g(x)<g(y)$라 하더라도 y에서 목적점에 이르는 잔여 거리가 x에서 목적점에 이르는 잔여 거리보다 짧으면 x를 거쳐가는 것이 반드시 유리하지만은 않다. 두 정점에서 목적점에 이르는 잔여 거리의 차이가 $g(y)-g(x)$보다 크다면 x보다 y를 선택하는 것이 유리하다. 그렇지만 다익스트라 알고리즘은 잔여 거리를 고려하지 않고 $g(x)$, $g(y)$만 고려해서 선택하는 알고리즘이다. 목적점이 하나가 아니기 때문에 잔여 거리를 고려할 수도 없다.

각 정점에서 목적점에 이르는 잔여 거리를 정확하게 미리 알 수 있는 경우는 거의 없다. 이 정보가 있다면 복잡한 탐색을 할 필요가 없다. 다행히도 잔여 거리를 추정할 수 있는 경우는 많다. 예를 들어, 지도에서 두 지점 간의 최단 경로는 좌표상의 직선 거리를 추정치로 사용할 수 있다. 두 지점 간의 최단 경로를 구하기 위해 시작점에서 중간 정점 x까지 최단 경로 $g(x)$를 구해놓았으면 x로부터 목적점까지 직선 거리를 추정치로 삼아 시작점에서 x를 거쳐 목적점에 도달하는 거리를 추정할 수 있다. A* 알고리즘은 최적 우선 탐색에 목적점에 이르는 추정치를 같이 사용해서 다음 정점을 선택하는 탐색 방법이다.

A* 알고리즘은 두 함수 $g(x)$와 $h(x)$를 사용해 판단을 한다. $g(x)$는 앞에서 사용한 $g(x)$와 같다. $h(x)$는 정점 x에서 목적점에 이르는 추정 잔여 거리다. 이 추정 거리 $h(x)$는 정점 x에서 목적점에 이르는 실제 최단 잔여 거리보다는 크지 않아야 한다. 추정 거리가 최단 잔여 거리보다 더 커지면 A* 알고리즘의 핵심을 이루는 이론이 성립되지 않는다. A* 알고리즘은 $g(x)+h(x)$ 값이 가장 작은 정점부터 선택한다. $h(x)$가 실제치보다 크지 않다는 조건을 만족하고 모든 정점 쌍 (x, y)에 대하여 $h(x) \le w(x, y)+h(y)$를 만족하면 A* 알고리즘은 최적해를 보장한다. 이 성질 $h(x) \le w(x, y)+h(y)$를 단조성[Monotonicity]이라 한다.

[그림 14-9]는 정점들 간의 도로망을 나타낸 그래프로 정점 s에서 정점 t에 이르는 최단 경로를 찾기 위해 다익스트라 알고리즘을 이용하는 예다. 정점을 나타내는 원 안에 있는 수치는 지금까지 계산해놓은 각 정점에 이르는 최단 거리($g(x)$, [알고리즘 10-8]에서는 $d[x]$로 표기)다. 음영으로 표시한 영역이 집합 S를 뜻한다. 다익스트라 알고리즘은 정점 s에서 시작하여 모든 정점에 대한 최단 경로를 구하므로 정점 t에 이르는 최단 경로를 발견하는 순간 다익스트라 알고리즘을 중단하면 된다. [알고리즘 10-8]의 다익스트라 알고리즘에서 집합 S에 추가되는 정점은 현재까지 계산해놓은 거리 $g(x)$가 가장 짧은 정점이다.

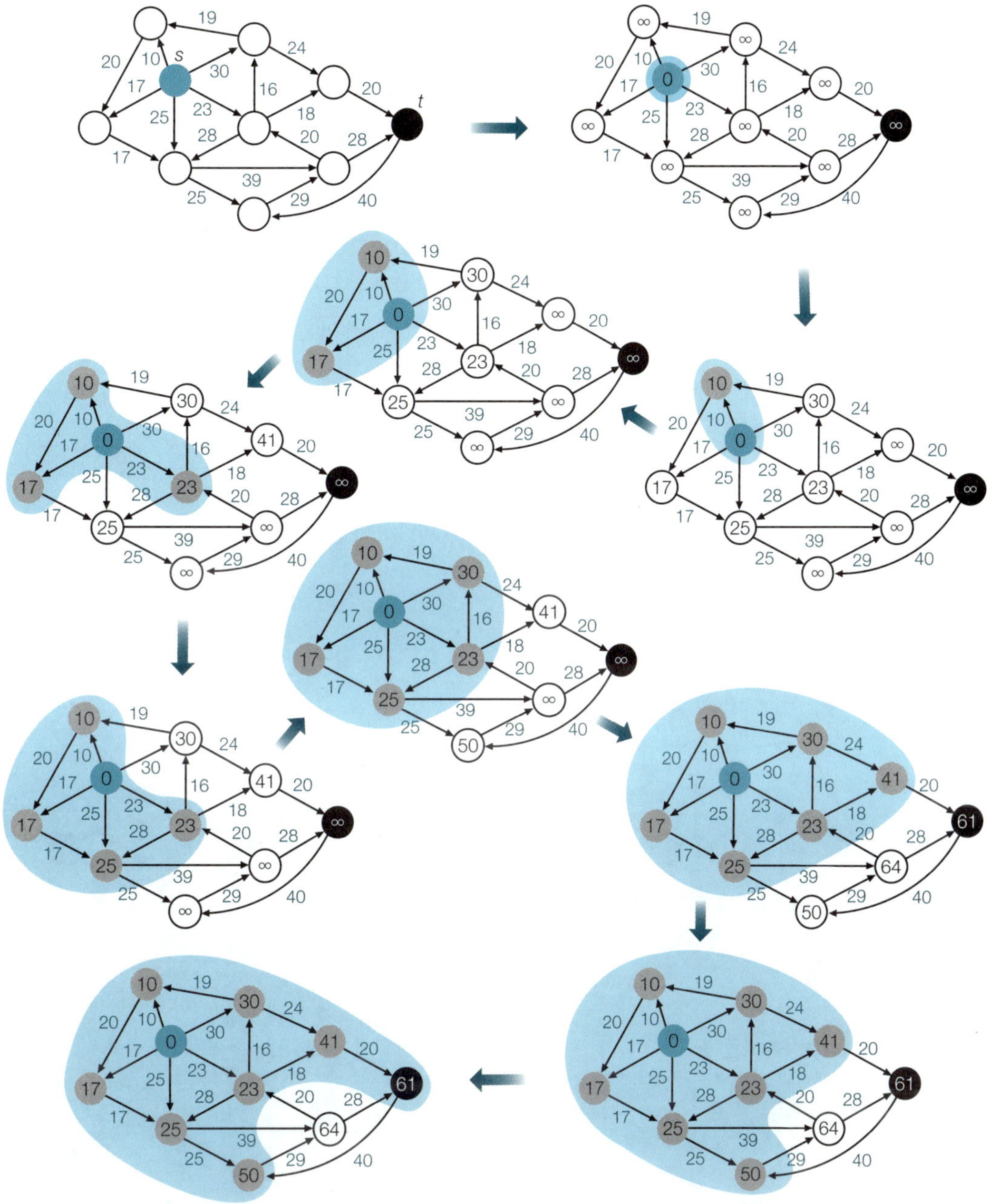

그림 14-9 다익스트라 알고리즘을 이용한 최단 경로 찾기

[그림 14-10]은 같은 문제를 A* 알고리즘을 이용해 푸는 예다. 정점을 나타내는 원 안에 있는 수치는 지금까지 계산해놓은 각 정점에 이르는 최단 거리($g(x)$)다. 그림에서 오른쪽 위의 하늘색 박스 안에 각 정점에서 목적점에 이르는 직선 거리($h(x)$)를 나타냈다. 집합 S에 추가되는 정점은 $g(x)+h(x)$가 가장 작은 정점이 된다. 그림에서 각 정점의 바깥에 괄호로 표시된 수치가 $g(x)+h(x)$다. 도로를 아무리 잘 만들어도 직선 거리보다 짧을 수는 없으므로 $h(x)$는 실제 최단 잔여 거리보다 크지 않아야 한다는 조건을 만족한다. $h(x, y)$가 정점 x와 y 사이의 직선 거리라면 유클리드 공간에서는 (x, y)에 대하여 삼각 부등식 $h(x) \le h(x, y)+h(y)$를 만족한다. $h(x, y) \le w(x, y)$이므로 $h(x) \le w(x, y)+h(y)$이다. A* 알고리즘의 전제조건을 만족한다.

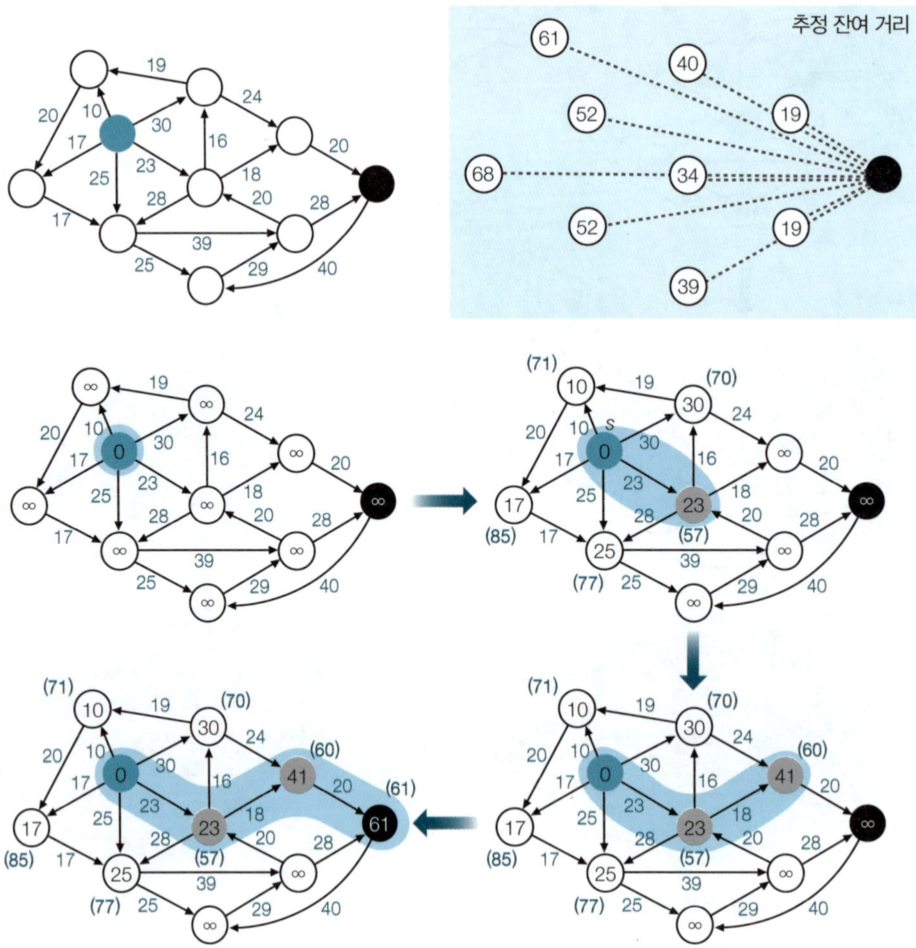

그림 14-10 A* 알고리즘을 이용한 최단 경로 찾기

[그림 14-9]와 [그림 14-10]의 내용을 비교해보자. 다익스트라 알고리즘의 경우 $g(x)$=10인 정점이 가장 먼저 선택되었지만, A* 알고리즘의 경우에는 $g(x)$=23이지만 $g(x)+h(x)$=57인 정점이 선택되었다. 이어서 $g(x)$=41이면서 $g(x)+h(x)$=60인 정점이 선택되고, 그다음에 바로 목적점이 선택되면서 끝난다. 다익스트라 알고리즘에서는 정점 t가 아홉 번째로 S에 포함되었지만, A* 알고리즘에서는 세 번째로 S에 포함되면서 알고리즘이 종료되었다. 다익스트라 알고리즘은 $g(x)$만 고려함으로써 시작점 s를 중심으로 정점 t의 반대편에 있는 정점들도 필요 이상으로 살피고 있음을 볼 수 있다.

[알고리즘 14-3]은 앞에서 설명한 최단 경로를 위한 A* 알고리즘을 다익스트라 알고리즘의 골격을 이용해 기술한 것이다. 다익스트라 알고리즘과 전체적으로 매우 유사하지만 A* 알고리즘은 우선 순위 큐 Q에서 최소치를 갖는 정점을 선택할 때 $g[x]$가 아닌 $f[x]=g[x]+h[x]$를 기준으로 선택한다. 여기서 $g[x]$는 다익스트라 알고리즘의 $d[x]$와 똑같다. 각 정점의 $h[x]$값은 한 번 계산해놓으면 이후에는 변화가 없다. 임의의 정점 x의 $f[x]$값이 수정되는 것은 오직 $g[x]$값이 변했을 때뿐이다. 다만, 고정된 $h[x]$값이 $f[x]$값에 영향을 미친다.

이해를 돕기 위해 다익스트라 알고리즘과의 관계를 다시 한 번 살펴보자. 다익스트라 알고리즘은 상황에 관계없이 $h(x)$=0인 A* 알고리즘의 특수한 경우로 볼 수 있다. $h(x)$가 실제치보다 크지 않아야 된다는 조건을 만족하므로 A* 알고리즘이 맞기는 하다. 다익스트라 알고리즘이 최적해를 보장한다는 것을 이런 관점에서 확신할 수도 있다. 그렇지만 $h(x)$=0은 의미 없는 추정치다. $h(x)$를 좀 더 합리적으로 잡은 경우(예를 들어, 직선 거리)에 비해 0으로 잡은 것은 알고리즘의 품질을 떨어뜨리므로 품질이 낮은 A* 알고리즘이다. 목적점에 이르는 잔여 거리를 추정할 수 있는데도 이를 사용하지 않기 때문에 비효율적인 알고리즘이 된다. [그림 14-9]에서 $h(x)$를 고려하지 않아 목적점과 반대 방향인데도 $g(x)$가 낮다는 이유로 쓸데없이 방문하는 예를 보았다.

A* 알고리즘이 유용하게 쓰이는 예로 컴퓨터 게임에서 두 지점 간의 최단 경로를 계산하는 예를 들 수 있다. 컴퓨터 게임에서는 대개 각 지점의 좌표가 주어지므로 직선 거리로 잔여 거리를 추정할 수 있다. 자동차의 내비게이션 시스템에서 두 지점 간의 최단 경로를 계산하는 것도 좋은 예다.

알고리즘 14-3 그래프에서 최단 경로를 찾는 A* 알고리즘

```
A*(G, s, t):
▷ G=(V, E): 주어진 그래프
▷ s: 시작점, t: 목적점
    Q ← V                          ▷ Q: S에 속하지 않은 정점 집합
    for each u ∈ Q
        g[u] ← ∞; f[u] ← ∞
        h[u] ← 정점 u에서 목적점 t까지 추정 거리
    g[s] ← 0
    f[s] ← h[s]
    while (Q≠ø)
        u ← deleteMin(Q, f)
        if (u=t) return              ▷ t에 이르는 최단 경로 발견!
        else
            for each v ∈ v.adjlist   ▷ v.adjlist: u와 연결된 정점 집합
                if (v ∈ Q and g[u]+w(u, v) < g[v])
                    g[v] ← g[u]+w(u, v)
                    prev.v ← u
                    f[v] ← g[v] + h[v]

deleteMin(Q, f[]):
    집합 Q에서 f 값이 가장 작은 정점 u를 리턴한다.
```

2 TSP

그래프의 최단 경로 찾기와 같은 경우 모든 정점에 대해 $h(x)$값을 미리 계산해둘 수 있다. 그러나 일반적인 상태 공간 트리의 탐색에서는 트리의 정점(노드)들이 미리 주어지지 않고 만들어지면서 탐색이 진행된다. 따라서 각 노드에서 목적점에 이르는 길이의 추정치를 그때그때 계산한다. 다음 예를 살펴보자.

[그림 14-11]은 TSP를 위한 A* 알고리즘의 탐색 예다. 부분 경로를 포함하는 해밀토니안 사이클의 추정치를 구하는 방법은 3절의 한정 분기 알고리즘에서 사용한 방법과 똑같다. 즉, 각

정점에서 나가는 간선 중 가장 짧은 간선들을 사용하여 잔여 경로의 추정치로 삼는다. 임의의 부분 경로 x에서 지금까지 지나온 경로의 길이를 $g(x)$, 잔여 경로의 추정치를 $h(x)$로 놓는다. '20+13'으로 표시된 노드의 경우 $g(x)=20$, $h(x)=13$임을 뜻한다. 한정 분기 알고리즘에서는 임의의 노드를 방문한 이후에는 대개 해당 노드에서 연속되는 경우들(자식 노드들)을 다 처리하고 돌아가지만, A* 알고리즘에서는 그렇지 않다. [그림 14-8]에서는 ❷번 노드를 방문한 이후에는 ❸번, ❻번, ❾번 노드로 시작되는 부분 트리들의 탐색을 다 완료하고 돌아가지만, A* 알고리즘에서는 전체적으로 보아 가장 $f(x)$값이 작은 노드를 먼저 방문한다. [그림 14-11]에서는 ❷번 노드의 자식이 하나 방문된 다음 ❸번 노드의 자식이 둘 방문되고, 다시 ❷번 노드의 자손이 방문되는 것을 볼 수 있다. 최적 우선 탐색 방식이다.

이제 [그림 14-11]의 트리를 자세히 살펴보자. A* 알고리즘의 수행 과정을 표현하는 상태 공간 트리다. 시작점은 앞 절의 예와 같이 정점 1로 고정하였다. 각 노드의 왼쪽에 붙은 ❶, ❷ 등의 표시는 트리에서 각 노드가 방문된 순서를 나타낸다(3절에서 언급했듯이, 노드에 대응되는 부분 경로의 길이가 계산되는 것과 노드가 방문되는 것은 다름). 다음 설명에서 앞에 붙은 일련번호와 거기서 설명하는 노드의 원문자 번호는 일치한다. 3절과 같은 예라서 설명이 중복되는 경우에도 그대로 반복한다.

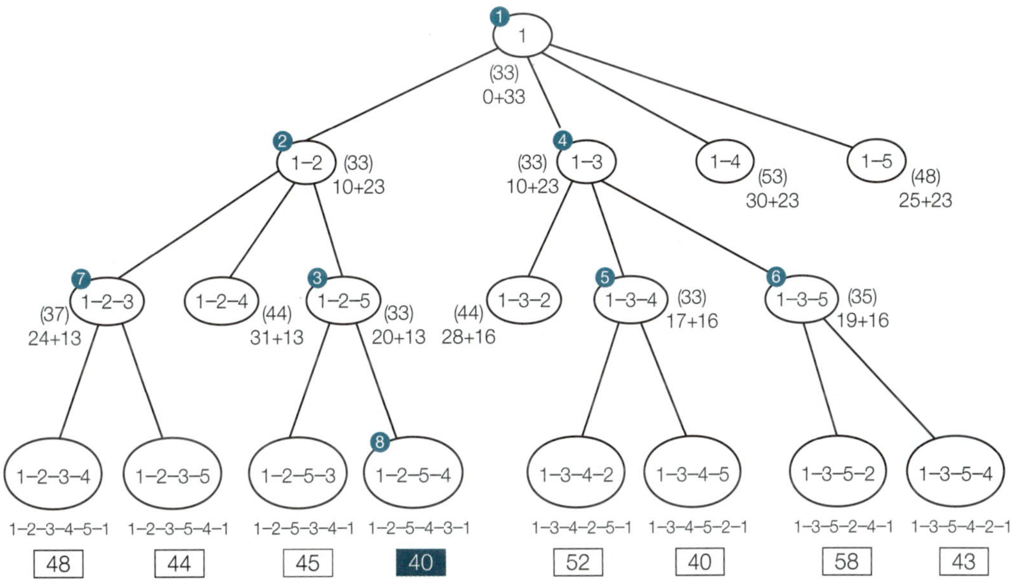

그림 14-11 [그림 14-8]의 TSP 예를 대상으로 한 A* 알고리즘의 탐색 예(상태 공간 트리)

❶ 노드 1은 시작 정점만 정해놓고 출발하지 않은 상태이므로 하한 값은 각 정점에서 나가는 간선 중 최솟값을 더한 값이 된다. 즉, 10+10+7+3+3=33이 된다. 이제 부분 경로 1–2, 1–3, 1–4, 1–5 각각에 대해 하한 값($g(x)+h(x)$)을 구한다. 부분 경로 1–2의 경우 간선 (1, 2)의 길이가 10이므로 이 부분 경로를 거치는 모든 해밀토니안 사이클의 하한 값은 여전히 33이다. 부분 경로 1–3도 마찬가지다. 부분 경로 1–4의 경우 간선 (1, 4)의 길이가 30이므로 30+(10+7+3+3)=53이 되어 이 경로를 거치는 해밀토니안 사이클은 적어도 53은 된다. 부분 경로 1–5의 경우는 하한 값이 48이 된다.

❷ 방문되지 않은 부분 경로 중 하한 값이 가장 작은 부분 경로 1–2를 선택한다. 부분 경로 1–2로부터 정점을 하나 더 방문하여 만들 수 있는 부분 경로는 3개인데 부분 경로 1–2–3, 1–2–4, 1–2–5다. 이들의 하한 값은 각각 37, 44, 33이 된다.

❸ 방문되지 않은 부분 경로 중 하한 값이 가장 작은 것은 부분 경로 1–2–5와 1–3으로 각각 33이다. 이 중 더 깊은 부분 경로 1–2–5를 선택한다. 이것으로 만들어지는 해밀토니안 사이클은 2개뿐이다. 부분 경로 1–2–5–3은 해밀토니안 사이클 1–2–5–3–4–1을 만들 수밖에 없다. 이 사이클의 길이는 45다. 부분 경로 1–2–5–4는 해밀토니안 사이클 1–2–5–4–3–1을 만들 수밖에 없다. 이 사이클의 길이는 40이다.

❹ 방문되지 않은 부분 경로 중 하한 값이 가장 작은 것은 부분 경로 1–3으로 하한 값은 33이다. 이것으로 만들어질 수 있는 세 부분 경로의 하한 값은 각각 44, 33, 35다.

❺ 방문되지 않은 부분 경로 중 하한 값이 가장 작은 부분 경로 1–3–4를 선택한다. 이것으로 만들어지는 해밀토니안 사이클은 2개뿐이다. 부분 경로 1–3–4–2는 해밀토니안 사이클 1–3–4–2–5–1을 만들 수밖에 없다. 이 사이클은 길이가 52다. 부분 경로 1–3–4–5는 사이클 1–3–4–5–2–1을 만들 수밖에 없다. 이 사이클은 길이가 40이다.

❻ 방문되지 않은 부분 경로 중 하한 값이 가장 작은 부분 경로 1–3–5를 선택한다. 이것으로 만들어지는 해밀토니안 사이클은 2개뿐이다. 사이클 1–3–5–2–4–1은 길이가 58이다. 사이클 1–3–5–4–2–1은 길이가 43이다.

❼ 방문되지 않은 부분 경로 중 하한 값이 가장 작은 부분 경로 1–2–3을 선택한다. 이것으로 만들어지는 해밀토니안 사이클은 2개뿐이다. 사이클 1–2–3–4–5–1은 길이가 48이다. 사이클 1–2–3–5–4–1은 길이가 44다.

8. 방문되지 않은 부분 경로 중 하한 값이 가장 작은 부분 경로 1-2-5-4를 선택한다. 이것은 해밀토니안 사이클 1-2-5-4-3-1을 만드는 리프 노드다. 리프 노드를 만났으므로 알고리즘이 종료된다.

한정 분기와 달리 A* 알고리즘에서는 임의의 리프 노드가 하나 방문되는 순간 알고리즘이 종료된다(리프 노드의 해밀토니안 사이클 길이가 계산되는 것과 방문하는 것은 다름). 왜 그런지 생각해보자. 처음으로 방문된 리프 노드를 w라 하자. w를 제외한 나머지 리프 노드들을 이미 해밀토니안 사이클의 길이가 계산된 노드들과 아직 계산될 기회를 얻지 못한 노드들의 두 그룹으로 나누자. 각 그룹의 리프 노드들이 w만 못한 이유를 설명하면 다음과 같다.

- **이미 계산된 리프 노드:** w가 이들보다 먼저 방문되었다는 것은 w의 길이는 이들보다 짧다는 것을 의미한다.
- **아직 계산되지 않은 리프 노드:** 아직 계산될 기회를 얻지 못했다는 것은 이 리프 노드의 조상 노드의 추정치가 w의 길이보다 길다는 것을 의미한다. 실제치는 추정치보다 좋을 수 없으므로 이 리프 노드의 사이클 길이는 조상의 추정치보다 길다. 따라서 w의 길이보다 길 수밖에 없다.

여기서 "짧다"는 "길지 않다", "길다"는 "짧지 않다"로 써야 정확한 표현이지만 설명의 편의상 간명한 표현을 사용하였다. 두 번째 경우에서 조상 노드란 해당 리프 노드로부터 트리의 연결을 따라 루트를 향해 위쪽으로 올라가는 중간에 만나는 조상 노드 중 추정치가 계산된 첫 노드를 뜻한다. 추정치가 아직 계산되지 않은 조상 노드는 미처 알고리즘에서 살펴보지 않은 것이라 이 부분은 트리가 만들어져 있지도 않다. 이런 노드들을 보지 않고 끝날 수 있기 때문에 A* 알고리즘에서 시간이 절약되는 것이다. 이 설명은 A* 알고리즘의 이론적 정당성을 보장하는 핵심적인 논리를 포함한다.

[그림 14-12]는 앞의 설명에 대한 이해를 돕기 위한 예다. A* 알고리즘이 길이 40인 리프 노드에서 종료하였고, 나머지 리프 노드 중 계산은 되어 있지만 아직 방문되지 않은 노드들(하늘색 박스)과 아직 계산될 기회를 얻지 못한 리프 노드들(회색 박스)을 일부 표시하였다. 계산된 리프 노드들은 사이클 길이가 40보다 길기 때문에 방문되지 못하였고, 계산되지 않은 리프 노드들 위에 있는 조상은 추정치가 48로 40보다 커서 아직 방문되지 않았다. 해당 리프 노드들은 길이가 적어도 48 이상이므로 40보다 좋아질 가능성이 없다.

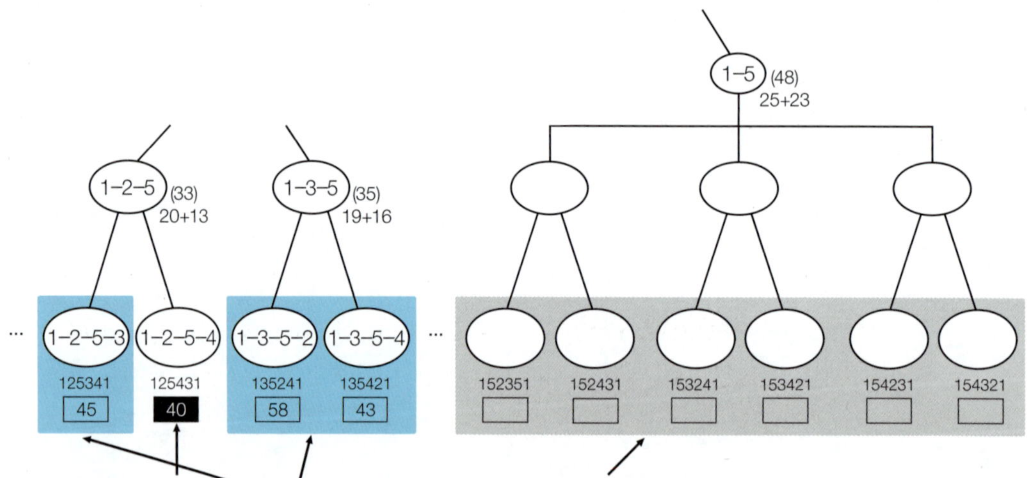

그림 14-12 A* 알고리즘 종료 시점의 리프 노드들의 상황

이런 문제의 경우, 단순하게 구현하면 어느 시점에 계산은 되어 있지만 아직 방문되지 않은 노드들이 지수 함수적으로 늘어나서 관리가 불가능할 수도 있다. 그래서 메모리 사용을 적절히 제한해서 관리해주는 변형된 관리 기법이 필요한데, 이는 A* 알고리즘의 연구 주제 중 하나다.

요약

01 상태 공간 트리는 문제 풀이 과정의 진행 상태를 각각 하나의 노드로 표시한 트리다.

02 백트래킹은 여러 가지 가능한 분기 중 하나를 선택하는 일을 반복하다가 더 이상 가능성이 없는 지점에 이르면 중간의 특정 지점으로 되돌아가서 같은 방식의 작업을 반복한다.

03 한정 분기는 탐색 중 최적해를 찾을 가능성이 없다는 판단이 서면 더 이상 진행하지 않고 다른 후보를 찾는다. 이를 가지치기라 하는데, 주로 지금까지 찾은 가장 좋은 해보다 더 좋아질 수 있는지로 판단한다. 이를 판단하는 전략의 품질이 한정 분기의 품질을 좌우한다.

04 A* 알고리즘은 현재까지 계산해놓은 노드의 매력 함수와 목적점에 이르는 잔여 비용의 추정치를 합한 수치를 기준으로 해당 노드의 선택 여부를 결정하는 알고리즘이다. 최단 경로 찾기에 적용한다면 장래의 탐색 정보를 이용하므로 다익스트라 알고리즘과 같은 단순한 탐색 방법에 비해 훨씬 효율적이다.

연습문제

01 다음 그래프를 [알고리즘 14-2]의 백트래킹 알고리즘을 이용해 색칠을 하고자 한다. 이 알고리즘의 작동 과정을 상태 공간 트리로 그리시오.

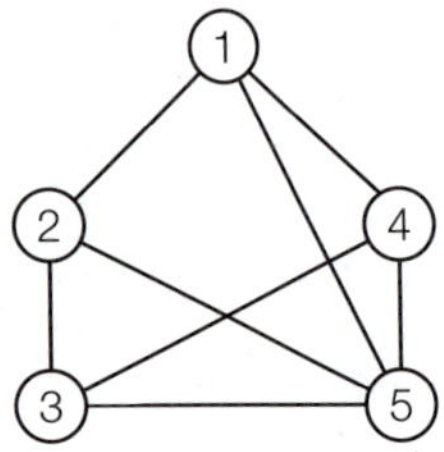

02 비대칭 TSP의 인접 행렬은 다음과 같다. 이 TSP 예를 사용하여 사전식 탐색을 하는 상태 공간 트리를 그리시오.

	1	2	3	4	5
1	0	5	20	30	25
2	10	0	14	11	10
3	10	18	0	3	5
4	8	16	7	0	3
5	14	10	10	3	0

03 **02**번 문제의 TSP를 사용하여 한정 분기 탐색을 하는 상태 공간 트리를 그리시오.

04 **02**번 문제의 TSP를 사용하여 A* 알고리즘을 수행할 때 대응되는 상태 공간 트리를 그리시오.

05 **04**번 문제에서 A* 알고리즘이 종료되었을 때 더 이상 탐색할 필요가 없는 이유를 해당 상태 공간 트리의 노드들을 사용해서 설명하시오.

06 다음 그래프에 해밀토니안 사이클이 존재하는지 백트래킹 알고리즘으로 체크할 때 대응되는 상태 공간 트리를 그리시오.

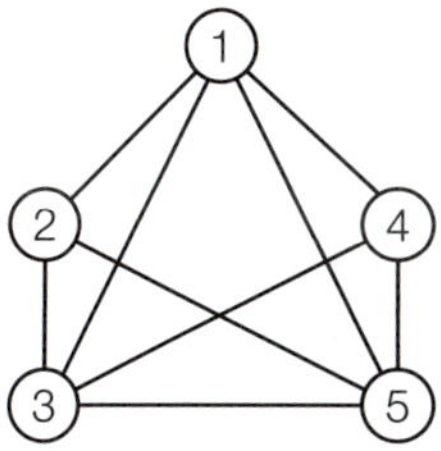

07 A* 알고리즘에서 잔여 거리의 추정 함수 값 $h(x)$는 x의 실제 잔여 거리보다 크면 안 된다고 하였다. 하지만 $h(x)$가 x의 실제 잔여 거리보다 클 수도 있게 하는 것이 유용할 때도 있다. 잃는 점과 얻는 점은 각각 무엇인가?

08 [그림 14-8]과 [그림 14-11]에서 하한선을 구하기 위해 사용한 방법은 개선의 여지가 있다. 아이디어를 한 가지만 제시하시오.

Drift

공간 탐색과 끌개

TSP에서 방문해야 할 정점 수가 50개이면, 방문하는 모든 경로의 수는 49!, 즉 608×10^{60}개다. 여기서 각 경로는 하나씩의 해가 된다. 이 중 가장 길이가 짧은 해, 즉 가장 매력적인 해를 찾아내는 것이 목적이다. 아래 그림에서 오른쪽 그림처럼 각 해와 그 매력에 따라 그린 지형을 문제 공간이라 한다. TSP의 각 해는 오른쪽 그림의 격자 하나를 차지하고 그 매력에 따라 높이가 결정된다. 왼쪽 그림의 해가 오른쪽의 문제 공간상에서 한 점을 차지하는 모습을 상징적으로 그린 것이다. 물론 TSP의 실제 문제 공간은 다차원이기 때문에 이런 삼차원 공간에 그릴 수가 없다. 최적해는 가장 높은 봉우리에 있는 해다.

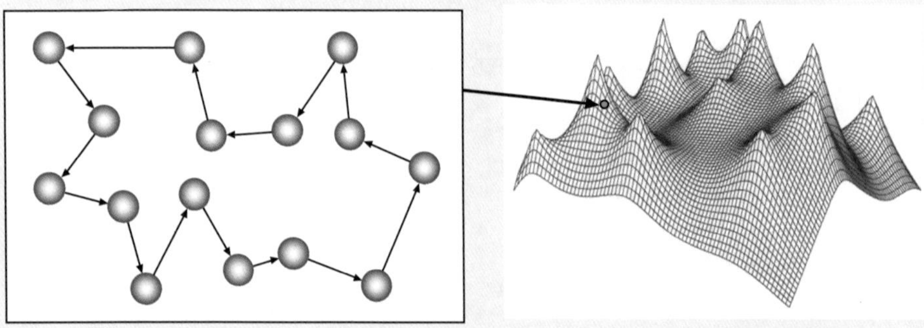

이런 지형적 관점에서 보면 문제 해결의 과정은 공간 탐색의 과정이다. 각 문제는 고유의 지형을 가지고 있다. 대부분의 난제는 다차원 공간에서 복잡한 지형을 이루고 있다. 문제 공간에 존재하는 각 봉우리를 지역 최적점 또는 끌개Attractor라 한다.

우리 몸에 있는 약 3만 개 정도의 유전자는 발생 과정에서 다양한 특정 세포를 만든다. 즉, 줄기세포가 발생 과정을 거쳐 안정된 형태로 수렴하면 머리카락 세포나 손톱, 뼈세포, 신경 세포 등 특정 기능을 가진 하나의 세포가 된다. 이들은 잠재적으로 다른 세포가 될 가능성을 자신으로 흡수함으로써 세포의 한 종류로 이름을 올렸다. 생태계에서 만들어질 수 있는 종의 수는 이론적으로 무한하다. 하지만 이 중 극히 일부만 출현할 수 있다. 한 종은 유사한 다른 종이 만들어질 수 있는 가능성을 흡수해버리기 때문이다. 테니스를 치는 사람은 각각 자신의 스윙폼을 갖고 있다. 시간이 흐르면서 수많은 스윙폼 중 특정 폼이 자신의 폼으로 정착된 것이다. 한번 형성된 폼을 고쳐보려고 조금 변화를 주어도 으레 기존 폼이 흡수해버린다. 이 같은 세포와 종, 스윙폼 등은 문제 공간에서 끌개에 해당한다. 즉, 끌개는 해들이 이루는 공간에서 다른 해들을 끌어들이는 흡인력을 가진 해들을 뜻한다.

수없이 많은 제품 중 시장을 형성하고 상품 분류상의 한 자리를 차지하는 제품도 끌개이며, 각 개인이 형성하는 고정관념이나 인생관 등도 끌개다. 끌개는 강한 흡인력을 가져 그 언저리에서는 다른 끌개가 형성되지 못하게 한다. 한번 형성된 제도를 바꾸려면 엄청난 노력이 들고, 이미 고정된 테니스의 스윙폼을 바꾸려면 처음 시작하는 것보다 몇 배의 노력이 드는 이유가 끌개의 흡인력 때문이다. 공간 탐색에서도 끌개에 한번 빨려들어가면 좀처럼 빠져나오기 힘들다. 최적화 알고리즘의 중요한 과제 중 하나가 품질이 나쁜 끌개에 말려들어가는 것을 피하는 것이다. 끌개는 공간 탐색에서 목표이자 장애물이기도 하다.

물리계에서 입자들이 모여 이루는 구조는 입자의 상호작용에 따라 일정 수준의 에너지를 갖는다. 수없이 많은 가능한 구조들은 에너지 크기에 따라 다차원의 지형을 이룬다. 에너지가 낮아 주변에 다른 구조가 형성되지 못하도록 하는 안정된 구조는 끌개다. 즉, 끌개는 입자들이 모여 자연계에 존재할 수 있는 형태의 후보들인 셈이다. 이런 시스템에서는 입자 수에 지수 함수적으로 비례하는 개수의 끌개들이 존재하는 것으로 알려져 있다.

필자의 연구실에서 TSP의 끌개 수를 세어본 결과, 물리계에서와 마찬가지로 문제의 크기에 지수 함수적으로 비례하는 수의 끌개가 존재하는 것으로 확인되었다. 정점 10개인 TSP에서 끌개는 평균 4개가 존재하고, 정점 20개인 TSP에서는 평균 170개 정도의 끌개가 존재한다. 정점 수가 100개로 커지면 끌개 수는 평균 3.4×10^{16} 정도가 될 것으로 추정된다. 이는 3경 4,000조나 되는 엄청난 수다. 끌개 수가 엄청나게 많아 보여도 전체 해의 수에 비하면 미미하다. 정점 100개인 TSP에서 모든 해의 수는 9.3×10^{157} 정도다. 전체 문제 공간에 있는 해 중 3×10^{141}개당 하나씩 끌개가 존재하는 셈이다. 즉, 평균적으로 1조의 11승에 30억을 곱한 수만큼의 해마다 봉우리가 하나씩 존재하는 것이다. 그렇다면 정점 3000개인 TSP의 경우 문제 공간의 크기와 끌개의 수는 얼마나 될까? 최적화 알고리즘은 이런 황량한 공간을 돌아다니는 외로운 교통 수단이다.

단백질의 삼차원 구조에도 강력한 끌개가 존재한다. 단백질 삼차원 구조 규명은 학자들이 세기의 도전이라고 일컫는 핫 이슈다. 세포 속에서 수백 또는 수천 개의 아미노산 서열이 주어지면 순식간에 삼차원 구조를 만드는데 이것이 단백질이다. 어떻게 중앙 통제 장치도 없는 세포에서 이렇게 일관된 구조를 만들 수 있을까? 물리적인 접근을 하는 사람들은 주어진 아미노산 서열로 구성할 수 있는 모든 삼차원 구조 중에 가장 에너지가 낮은 구조로 귀착된다고 주장한다. 그래서 이 문제를 주어진 서열을 갖고 최소 에너지 구조를 찾는 최적화 문제로 접근하기도 한다. 그렇지만 단언컨대, 이 접근법은 틀린 것이다. 세포가 결코 복잡한 공간 탐색을 수행할 리 없다. 단백질이 항상 일관된 모양을 쉽게 갖추려면 아미노산 서열이 주어질 때 삼차원 구조 형성은 이미 쉬운 문제가 되어 있어야 한다(적어도 세포에는). 다만, 어떤 서열이 그렇게 쉬운 문제가 되는지 모를 뿐이다. 그러므로 단백질의 진화 과정은 형성이 쉬운 서열을 찾는 과정이 되어야 한다. 구조가 반드시 최소 에너지 상태가 아니라도 상관없다. 주변의 잠재적인 삼차원적 모양을 강력하게 흡인하기만 하면 된다. 해들이 깔때기처럼 한 끌개로 강하게 빨려들어가는 공간 구조를 퍼널Funnel이라 한다. 대부분의 단백질은 하나의 지배적 퍼널을 가진 서열이어야 한다. 2개 이상의 경쟁적 퍼널을 가진 서열이 있다면 세포 상태에 따라 다른 삼차원 구조를 갖게 될 것이다. 문제 공간의 속성상 이런 희귀한 서열도 분명히 존재할 것이다(단백질 삼차원 구조 규명은 2020년 트랜스포머 어텐션 기술을 변형·확장한 알파포드-2에 의해 거의 정복에 가까워졌다).

제도나 관습이 고착된다는 것은 하나의 끌개로 귀착되었다는 말이다. 특정 제도나 관습이 마음에 들지 않는 사람은 이 끌개에서 벗어나려고 시도한다. 오랫동안 고착된 강력한 끌개는 웬만큼 흔들어서는 흡인력을 잃지 않는다. 혁명이나 개혁은 끌개에서 강력한 점프를 하는 것에 해당한다. 개인적 습관을 바꾸기 위해 단식을 하거나 머리를 깎는 것도 모두 끌개에서 강력한 점프를 해보려는 무의식적인 노력이다. 하지만 점프한 후에 엉뚱한 끌개에 빨려들어가는 경우를 수없이 본다.

[1] A. Aggarwal and J. Vitter. "The input/output complexity of sorting and related problems", *Communications of the ACM*, 31(9):1116-1127, 1988.

[2] A. Aho and M. Corasick. "Efficient string matching: an aid to bibliographic search", *Communications of the ACM*, 18(6):333-340, 1975.

[3] A. Aho, J. Hopcroft, and J. Ullman. *The Design and Analysis of Computer Algorithms*, Addison-Wesley, 1974.

[4] A. Aho, J. Hopcroft, and J. Ullman. *Data Structures and Algorithms*, Addison-Wesley, 1983.

[5] R. Ahuja, K. Mehlhorn, J. Orlin, and R. Tarjan. "Faster algorithms for the shortest path problem", *Journal of the ACM*, 37(2): 213-223, 1990.

[6] A. Andersson. "Faster deterministic sorting and searching in linear space", *37th Annual Symposium on Foundations of Computer Science*, pp. 135-141, 1996.

[7] A. Andersson, T. Hagerup, S. Nilsson, and R. Raman. "Sorting in linear time?" *Journal of Computer and System Sciences*, 57(1): 74-93, 1998.

[8] S. Arora. "Nearly linear time approximation schemes for Euclidean TSP and other geometric problems", *38th Annual Symposium on Foundations of Computer Science*, pp. 554-563, 1997.

[9] M. Atallah, editor. *Algorithms and Theory of Computation Handbook*, CRC Press, 1999.

[10] G. Ausiello, P. Crescenzi, G. Gambosi, V. Kann, A. Marchetti-Spaccamela, and M. Protasi. *Complexity and Approximation: Combinatorial Optimization Problems and Their Approximability Properties*, Springer-Verlag, 1999.

[11] S. Baase and A. van Gelder. *Computer Algorithms: Introduction to Design and Analysis*, 3rd edition, Addison-Wesley, 1999.

[12] R. Bayer. "Symmetric binary B-trees: data structure and maintenance algorithms", *Acta Informatica*, 1(4): 290-306, 1972.

[13] R. Bayer and E. McCreight. "Organization and maintenance of large ordered indexes", *Acta Informatica*, 1(3): 173-189, 1972.

[14] R. Bellman. *Dynamic Programming*, Princeton University Press, 1957.

[15] R. Bellman. "On a routing problem", *Quarterly of Applied Mathematics*, 16(1): 87-90, 1958.

[16] S. Bent and J. John. "Finding the median requires 2n comparisons", *17th Annual ACM Symposium on Theory of Computing*, pp. 213-216, 1985.

[17] J. Bentley. "Multidimensional binary search trees used for associative searching", *Communications of the ACM*, 18(9): 509-517, 1975.

[18] J. Bentley. *Writing Efficient Programs*, Prentice-Hall, 1982.

[19] J. Bentley, D. Haken, and J. Saxe. "A general method for solving divide-and-conquer recurrences", *SIGACT News*, 12(3): 36-44, 1980.

[20] J. Bitner and E. Reingold. "Backtracking programming techniques", *Communications of the ACM*, 18(11): 651-656, 1975.

[21] M. Blum, R. Floyd, V. Pratt, R. Rivest, and R. Tarjan. "Time bounds for selection", *Journal of Computer and System Sciences*, 7(4): 448-461, 1973.

[22] R. Boyer and J. Moore. "A fast string-searching algorithm", *Communications of the ACM*, 20(10): 762-772, 1977.

[23] G. Brassard and P. Bratley. *Algorithmics: Theory and Practice*, Prentice-Hall, 1988.

[24] G. Brassard and P. Bratley. *Fundamentals of Algorithmics*, Prentice Hall, 1996.

[25] T. Bui and B. Moon. "A new genetic approach for the traveling salesman problem", *IEEE Congress on Evolutionary Computation*, pp. 7-12, 1994.

[26] F. Carrano and J. Prichard. *Data structures and Problem Solving with Java: Walls and Mirrors*, Updated edition, Addison-Wesley, 2003.

[27] B. Chazelle. "A minimum spanning tree algorithm with inverse-Ackermann type complexity", *Journal of the ACM*, 47(6): 1028-1047, 2000.

[28] B. Cherkassky, A. Goldberg, and T. Radzik. "Shortest paths algorithms: Theory and experimental evaluation", *Mathematical Programming*, 73(2): 129-174, 1996.

[29] B. Cherkassky, A. Goldberg, and C. Silverstein. "Buckets, heaps, lists and monotone priority queues", *SIAM Journal on Computing*, 28(4): 1326-1346, 1999.

[30] D. Chickering, D. Geiger, and D. Heckerman. "Learning Bayesian networks is NP-hard", MSR-TR-94-17, 1994.

[31] J. Clausen. "Branch-and-Bound Algorithms: Principles and Examples", Unpublished manuscript, University of Copenhagen, 1999.

[32] R. Cole. "Parallel merge sort", *SIAM Journal on Computing*, 17(4): 770-785, 1988.

[33] D. Comer. "The ubiquitous B-tree", *ACM Computing Surveys*, 11(2): 121-137, 1979.

[34] S. Cook. "The complexity of theorem proving procedures", *3rd Annual ACM Symposium on Theory of Computing*, pp. 151-158, 1971.

[35] T. Cormen, C. Leiserson, R. Rivest, and C. Stein. *Introduction to Computer Algorithms*, 2nd edition, MIT Press, 2001.

[36] N. Christofides. "Worst-case analysis of a new heuristic for the traveling salesman problem", *Symposium on New Directions and Recent Results in Algorithms and Complexity*, p. 441, 1976.

[37] P. Crescenzi and V. Kann. "A compendium of NP optimization problems", Unpublished mauscript, 1998.

[38] E. Denardo. *Dynamic Programming: Models and Applications*, Dover Publications, 2003.

[39] E. Denardo and B. Fox. "Shortest-route methods: 1. Reaching, pruning, and buckets", *Operations Research*, 27(1): 161-186, 1979.

[40] E. Dijkstra. "A note on two problems in connexion with graphs", *Numerische Mathematik*, 1: 269-271, 1959.

[41] B. Dixon, M. Rauch, and R. Tarjan. "Verification and sensitivity analysis of minimum spanning trees in linear time", *SIAM Journal on Computing*, 21(6): 1184-1192, 1992.

[42] D. Dor and U. Zwick. "Selecting the median", *6th ACM-SIAM Symposium on Discrete Algorithms*, pp. 28-37, 1995.

[43] V. Estivill-Castro and D. Wood, "A survey of adaptive sorting algorithms", *ACM Computing Surveys*, 24(4): 441-476, 1992.

[44] S. Even. *Graph Algorithms*, Computer Science Press, 1979.

[45] R. Floyd. "Algorithm 97 (SHORTEST PATH)", *Communications of the ACM*, 5(6): 345, 1962.

[46] R. Floyd. "Algorithm 245 (TREESORT)", *Communications of the ACM*, 7: 701, 1964.

[47] R. Floyd and R. Rivest. "Expected time bounds for selection", *Communications of the ACM*, 18(3): 165-172, 1975.

[48] L. Ford Jr. and D. Fulkerson. *Flows in Networks*, Princeton University Press, 1962.

[49] M. Fredman. "New bounds on the complexity of the shortest path problem", *SIAM Journal on Computing*, 5(1): 83-89, 1976.

[50] H. Gabow, Z. Galil, T. Spencer, and R. Tarjan. "Efficient algorithms for finding minimum spanning trees in undirected and directed graphs", *Combinatorica*, 6(2): 109-122, 1986.

[51] H. Gabow and R. Tarjan. "A linear-time algorithm for a special case of disjoint set union", *Journal of Computer and System Sciences*, 30(2): 209-221, 1985.

[52] Z. Galil and O. Margalit. "All pairs shortest paths for graphs with small integer length edges", *Journal of Computer and System Sciences*, 54(2): 243-254, 1997.

[53] V. Gaede and O. Günther. "Multidimensional access methods", *ACM Computing Surveys*, 30(2): 170-231, 1998.

[54] G. Gallo and S. Pallottino. "Shortest path algorithms", *Annals of Operations Research*, 13(1): 1-79, 1988.

[55] M. Garey and D. Johnson. *Computers and Intractability: A Guide to the Theory of NP-Completeness*, W. H. Freeman, 1979.

[56] M. Garey, D. Johnson, and L. Stockmeyer. "Some simplified NP-complete problems", *6th Annual Symposium on Theory of Computing*, pp. 47-63, 1974.

[57] B. Gendron and T. Crainic. "Parallel branch-and-bound algorithms: survey and synthesis", *Operations Research*, 42(6): 1042-1066, 1994.

[58] A. Guttman. "R-trees: a dynamic index structures doe spatial searching", *International Conference on Management of Data*, pp. 47-57, 1984.

[59] G. Gonnet. *Handbook of Algorithms and Data Structures*, Addison-Wesley, 1984.

[60] M. Goodrich and R. Tamassia. *Data Structures and Algorithms in Java*, 4th edtion, John Wiley & Sons, 2005.

[61] R. Graham and P. Hell. "On the history of the minimum spanning tree problem", *Annals of the History of Computing*, 7(1): 43-57, 1985.

[62] R. Graham, D. Knuth, and O. Patashnik. *Concrete Mathematics*, 2nd edition, Addison-Wesley, 1994.

[63] D. Gries. *The Science of Programming*, Springer-Verlag, 1981.

[64] L. Guibas and R. Sedgewick. "A dichromatic framework for balanced trees", *19th Annual Symposium on Foundations of Computer Science*, pp. 8-21. 1978.

[65] D. Gusfield. *Algorithms on Strings, Trees, and Sequences: Computer Science and Computational Biology*, Cambridge University Press, 1997.

[66] Y. Han. "Improved fast integer sorting in linear space", *12th ACM-SIAM Symposium on Discrete Algorithms*, pp. 793-796, 2001.

[67] F. Harary. *Graph Theory*, Addison-Wesley, 1969.

[68] G. Harfst and E. Reingold. "A potential-based amortized analysis of the union-find data structure", *SIGACT News*, 31(3): 86-95, 2000.

[69] J. Hartmanis and R. Stearns. "On the computational complexity of algorithms", *Transactions of the American Mathematical Society*, 117: 285-306, 1965.

[70] C. Hoare. "Algorithm 63 (PARTITION) and algorithm 65 (FIND)", *Communications of the ACM*, 4(7): 321-322, 1961.

[71] C. Hoare. "Quicksort", *Computer Journal*, 5(1): 10-15, 1962.

[72] D. Hochbaum, editor. *Approximation Algorithms for NP-Hard Problems*, PWS Publishing Company, 1997.

[73] M. Hofri. *Probabilistic Analysis of Algorithms*, Springer-Verlag, 1987.

[74] K. Holmberg and D. Yuan. "A Lagrangian heuristic based branch-and-bound approach for the capacitated network design protocol", *Operations Research*, 48(3): 461-481, 2000.

[75] I. Hong, A. Kahng, and B. Moon. "Improved large-step Markov chain variants for the symmetric TSP", *Journal of Heuristics*, 3(1):63-81, 1997.

[76] J. Hopcroft, R. Motwani, and J. Ullman. *Introduction to Automata Theory, Languages, and Computation*, 3rd edition, Addison-Wesley, 2006.

[77] J. Hopcroft and R. Tarjan. "Efficient algorithms for graph manipulation", *Communications of the ACM*, 16(6): 372-378, 1973.

[78] J. Hopcroft and J. Ullman. "Set merging algorithms", *SIAM Journal on Computing*, 2(4): 294-303, 1973.

[79] E. Horowitz and S. Sahni. *Fundamentals of Computer Algorithms*, Computer Science Press, 1978.

[80] T. Hu and M. Shing. "Computation of matrix chain products. Part I", *SIAM Journal on Computing*, 11(2): 362-373, 1982.

[81] T. Hu and M. Shing. "Computation of matrix chain products. Part II", *SIAM Journal on Computing*, 13(2): 228-251, 1984.

[82] T. Hu and A. Tucker. "Optimal computer search trees and variable-length alphabetic codes", *SIAM Journal on Applied Mathematics*, 21(4): 514-532, 1971.

[83] D. Huffman. "A method for the construction of minimum-redundancy codes", *Proceedings of the IRE*, 40(9): 1098-1101, 1952.

[84] David Johnson. "Approximation algorithms for combinatorial problems", *Journal of Computer and System Sciences*, 9: 256-278, 1974.

[85] David Johnson. "The NP-completeness column: An ongoing guide", *Journal of Algorithms*, 13(3): 502-524, 1992.

[86] David Johnson. "The NP-completeness column", *ACM Transactions on Algorithms*, 1(1): 160-176, 2005.

[87] Donald Johnson. "Efficient algorithms for shortest paths in sparse networks", *Journal of the ACM*, 24(1): 1-13, 1977.

[88] S. Jung and B. Moon, "Toward minimal restriction of genetic encoding and crossovers for the 2D Euclidean TSP", *IEEE Transactions on Evolutionary Computation*, 6(6): 557-565, 2002.

[89] D. Karger, D. Koller, and S. Phillips. "Finding the hidden path: time bounds for all-pairs shortest paths", *SIAM Journal on Computing*, 22(6): 1199-1217, 1993.

[90] R. Karp. "Reducibility among combinatorial problems", *Complexity of Computer Computations*, pp. 85-103, Plenum Press, 1972.

[91] R. Karp. "An introduction to randomized algorithms", *Discrete Applied Mathematics*, 34: 165-201, 1991.

[92] R. Karp and M. Rabin. "Efficient randomized pattern-matching algorithms", *IBM Journal of Research and Development*, 31(2): 249-260, 1987.

[93] J. Kingston. *Algorithms and Data Structures: Design, Correctness, Analysis*, 2nd edition, Addison-Wesley, 1997.

[94] P. Klein and N. Young. "Approximation algorithms for NP-Hard optimization problems", *Handbook on Algorithms*, pp. 34-1~34-19, CRC Press, 1999.

[95] D. Knuth. *Fundamental Algorithms, The Art of Computer Programming*, Vol. 1, 2nd edition, Addison-Wesley, 1973.

[96] D. Knuth. *Seminumerical Algorithms, The Art of Computer Programming*, Vol. 2, 2nd edition, Addison-Wesley, 1981.

[97] D. Knuth. *Sorting and Searching, The Art of Computer Programming*, Vol. 3, Addison-Wesley, 1973.

[98] D. Knuth. "Optimum binary search trees", *Acta Informatica*, 1: 14-25, 1971.

[99] D. Knuth. "Big omicron and big omega and big theta", *ACM SIGACT News*, 8(2): 18-23, 1976.

[100] D. Knuth, J. Morris Jr., and V. Pratt. "Fast pattern matching in strings", *SIAM Journal on Computing*, 6(2): 323-350, 1977.

[101] G. Kondrak and P. Beek, "A theoretical evaluation of selected backtracking algorithms", *Artificial Intelligence*, 89(1-2): 365-387, 1997.

[102] D. Kozen. *The Design and Analysis of Algorithms*, Springer-Verlag, 1992.

[103] J. Kruskal. "On the shortest spanning subtree of a graph and the traveling salesman problem", *Proceedings of American Mathematical Society*, 7: 48-50, 1956.

[104] V. Kumar, "Algorithms for constraint-satisfaction problems: a survey", *AI Magazine*, 13: 32-44, 1992.

[105] A. Land and A. Doig, "An automatic method for solving discrete programming problems", *Econometrica*, 28: 497-520, 1960.

[106] E. Lawler, *Combinatorial Optimization: Networks and Matroids*, Oxford University Press, 1976.

[107] E. Lawler, J. Lenstra, A. Kan, and D. Shmoys, editors. *The Traveling Salesman Problem*, John Wiley & Sons, 1985.

[108] E. Lawler and D. Wood, "Branch-and-bound methods: a survey", *Operations Research*, 14(4): 699-719, 1966.

[109] C. Lee. "An algorithm for path connection and its applications", *IRE Transactions on Electronic Computers*, EC-10(3): 346-365, 1961.

[110] H. Lewis and C. Papadimitriou. *Elements of the Theory of Computation*, 2nd edition, Prentice-Hall, 1998.

[111] S. Lin and B. Kernighan. "An effective heuristic algorithm for the traveling-salesman problem", *Operations Research*, 21: 498-516, 1973.

[112] C. Liu. *Introduction to Combinatorial Mathematics*, McGraw-Hill, 1968.

[113] B. Maggs and S. Plotkin. "Minimum-cost spanning tree as a path-finding problem", *Information Processing Letters*, 26(6): 291-293, 1988.

[114] M. Main. *Data Structures and Other Objects Using Java*, 3rd edition, Addison-Wesley, 2005.

[115] U. Manber. *Introduction to Algorithms: A Creative Approach*, Addison-Wesley, 1989.

[116] C. Martinez and S. Roura. "Randomized binary search trees", *Journal of the ACM*, 45(2): 288-323, 1998.

[117] W. Masek and M. Paterson. "A faster algorithm computing string edit distances", *Journal of Computer and System Sciences*, 20(1): 18-31, 1980.

[118] H. Maurer, T. Ottmann, and H.-W. Six. "Implementing dictionaries using binary trees of very small height", *Information Processing Letters*, 5(1): 11-14, 1976.

[119] W. Maurer and T. Lewis. "Hash table methods", *ACM Computing Surveys*, 7(1): 5-19, 1975.

[120] C. McGeoch. "All pairs shortest paths and the essential subgraph", *Algorithmica*, 13(5): 426-441, 1995.

[121] K. Mehlhorn. *Sorting and Searching, Data Structures and Algorithms*, Vol. 1, Springer-Verlag, 1984.

[122] K. Mehlhorn. *Graph Algorithms and NP-Completeness, Data Structures and Algorithms*, Vol. 2, Springer-Verlag, 1984.

[123] K. Mehlhorn. *Multidimensional Searching and Computational Geometry, Data Structures and Algorithms*, Vol. 3, Springer-Verlag, 1984.

[124] L. Mitten. "Branch-and-bound methods: general formulation and properties", *Operations Research*, 18(1): 24-34, 1970.

[125] E. Moore. "The shortest path through a maze", *International Symposium on the Theory of Switching*, pp. 285-292, 1959.

[126] R. Motwani and P. Raghavan. *Randomized Algorithms*, Cambridge University Press, 1995.

[127] J. Munro and V. Raman. "Fast stable in-place sorting with O(n) data moves", *Algorithmica*, 16(2): 151-160, 1996.

[128] R. Neapolitan and K. Naimipour. F*oundations of Algorithms: Using C++ Pseudocode*, 2nd edition, Jones and Bartlett Publishers, 1998.

[129] G. Nemhauser, A. Rinnooy-Kan, and M. Todd, editors. *Optimization-Handbooks in Operations Research and Management Science*, Vol. 1, Elsevier Science Publishers, 1989.

[130] J. Nievergelt, H. Hinterberger, and K. Sevcik. "The grid file: an adaptable, symmetric multikey file structure", *ACM Transactions on Database Systems*, 9(1): 38-71, 1984.

[131] J. Nievergelt and E. Reingold. "Binary search trees of bounded balance", *SIAM Journal on Computing*, 2(1): 33-43, 1973.

[132] Seung-Hyun Oh, Byung-Ro Moon, "Automatic Reproduction of a Genius Algorithm: Strassen's Algorithm Revisited by Genetic Search", *IEEE Transactions on Evolutionary Computation*, 14(2): 246-251, 2010.

[133] I. Osman and G. Laporte. "Metaheuristics: a bibliography", *Annals of Operations Research*, 63: 513-623, 1996.

[134] M. Padberg and G. Rinaldi. "A branch-and-bound algorithm for the resolution of largescale traveling salesman problem", *SAIM Review*, 33: 60-100, 1991.

[135] C. Papadimitriou. *Computational Complexity*, Addison-Wesley, 1994.

[136] C. Papadimitriou and K. Steiglitz. *Combinatorial Optimization: Algorithms and Complexity*, Prentice-Hall, 1982.

[137] J. Park, M Chen, and P. Yu. "An Effective hash-based search for mining associative rules", *ACM SIGMOD International Conference*, pp. 175-186, 1995.

[138] M. Paterson. "Progress in selection", *5th Scandinavian Workshop on Algorithm Theory*, pp. 368-379, 1996.

[139] P. Pevzner. *Computational Molecular Biology: An Algorithmic Approach*, The MIT Press, 2000.

[140] W. Press, B. Flannery, S. Teukolsky, and W. Vetterling. *Numerical Recipes: The Art of Scientific Computing*, Cambridge University Press, 1986.

[141] W. Press, B. Flannery, S. Teukolsky, and W. Vetterling. *Numerical Recipes in C*, Cambridge University Press, 1988.

[142] W. Pugh. "Skip lists: A probabilistic alternative to balanced trees", *Communications of the ACM*, 33(6): 668-676, 1990.

[143] R. Raman. "Recent results on the single-source shortest paths problem", *SIGACT News*, 28(2): 81- 87, 1997.

[144] E. Reingold, J. Nievergelt, and N. Deo. *Combinatorial Algorithms: Theory and Practice*, Prentice-Hall, 1977.

[145] H. Robbins. "A remark on Stirling's formula", *American Mathematical Monthly*, 62(1): 26-29, 1955.

[146] J. Robinson, "The KDB-tree: a search structure for large multidimensional dynamic indexes", *International Conference on Management of Data*, pp. 10-18, 1981.

[147] D. Rosenkrantz, R. Stearns, and P. Lewis. "An analysis of several heuristics for the traveling salesman problem", *SIAM Journal on Computing*, 6: 563-581, 1977.

[148] S. Roura. "An improved master theorem for divide-and-conquer recurrences", *Automata, Languages and Programming, 24th International Colloquium*, pp. 449-459, 1997.

[149] S. Sahni and T. Gonzalez. "P-complete approximation problems", *Journal of the ACM*, 23: 555-565, 1976.

[150] A. Schönhage, M. Paterson, and N. Pippenger. "Finding the median", *Journal of Computer and System Sciences*, 13(2): 184-199, 1976.

[151] R. Sedgewick. "Implementing quicksort programs", *Communications of the ACM*, 21(10): 847-857, 1978.

[152] R. Sedgewick. *Algorithms*, 2nd edition, Addison-Wesley, 1988.

[153] R. Seidel. "On the all-pairs-shortest-path problem in unweighted undirected graphs", *Journal of Computer and System Sciences*, 51(3): 400-403, 1995.

[154] R. Seidel and C. Aragon. "Randomized search trees", *Algorithmica*, 16:464-497, 1996.

[155] 서동일. *Epistasis Theory and Epistasis-Based Genetic Searches for Combinatorial Optimization Problems*, 박사학위논문, 서울대학교, 2007.

[156] C. Shaffer. *A Practical Introduction to Data Structures and Algorithm Analysis*, 2nd edition, Prentice Hall, 2000.

[157] D. Shasha and C. Lazere, *Out of Their Minds: The Lives and Discoveries of 15 Great Computer Scientists*, Springer-Verlag, 1995.

[158] A. Shoshan and U. Zwick. "All pairs shortest paths in undirected graphs with integer weights", *40th Annual Symposium on Foundations of Computer Science*, pp. 605-614, 1999.

[159] M. Sipser. *Introduction to the Theory of Computation*, 2nd edition, PWS Publishing Company, 2005.

[160] S. Skiena. *The Algorithm Design Manual*, Springer-Verlag, 1998.

[161] S. Skiena and M. Revilla. *Programming Challenges: The Programming Contest Training Manual*, Springer-Verlag, 2003.

[162] D. Sleator and R. Tarjan. "Self-adjusting binary search trees", *Journal of the ACM*, 32(3): 652-686, 1985.

[163] R. Tarjan. "Depth first search and linear graph algorithms", *SIAM Journal on Computing*, 1(2): 146-160, 1972.

[164] R. Tarjan. "Efficiency of a good but not linear set union algorithm", *Journal of the ACM*, 22(2): 215-225, 1975.

[165] R. Tarjan. "A class of algorithms which require nonlinear time to maintain disjoint sets", *Journal of Computer and System Sciences*, 18(2): 110-127, 1979.

[166] R. Tarjan. "Amortized computational complexity", *SIAM Journal on Algebraic and Discrete Methods*, 6(2): 306-318, 1985.

[167] R. Tarjan and J. van Leeuwen. "Worst-case analysis of set union algorithms", *Journal of the ACM*, 31(2): 245-281, 1984.

[168] M. Thorup. "Faster deterministic sorting and priority queues in linear space", *9th ACMSIAM Symposium on Discrete Algorithms*, pp. 550-555, 1998.

[169] M. Thorup. "Undirected single-source shortest paths with positive integer weights in linear time", *Journal of the ACM*, 46(3): 362-394, 1999.

[170] M. Thorup. "On RAM priority queues", *SIAM Journal on Computing*, 30(1): 86-109, 2000.

[171] http://www.iwr.uni-heidelberg.de/groups/comopt/software/TSPLIB95

[172] G. Valiente. *Algorithms on Trees and Graphs*, Springer-Verlag, 2002.

[173] J. van Leeuwen, editor. *Algorithms and Complexity, Vol. A of Handbook of Theoretical Computer Science*, Elsevier Science Publishers and The MIT Press, 1990.

[174] V. Vazirani. *Approximation Algorithms*, Springer-Verlag, 2001.

[175] R. Verma. "General techniques for analyzing recursive algorithms with applications", *SIAM Journal on Computing*, 26(2): 568-581, 1997.

[176] J. Vuillemin. "A data structure for manipulating priority queues", *Communications of the ACM*, 21(4): 309-315, 1978.

[177] S. Warshall. "A theorem on boolean matrices", *Journal of the ACM*, 9(1): 11-12, 1962.

[178] M. Weiss. *Data Structures and Problem Solving Using Java*, 3rd edition, Addison-Wesley, 2005.

[179] H. Wilf. *Algorithms and Complexity*, Prentice-Hall, 1986.

[180] J. Williams. "Algorithm 232 (HEAPSORT)", *Communications of the ACM*, 7(6): 347-348, 1964.

찾아보기

기호

A~D

E ~ J

K ~ N

P~R

S~Y

ㄱ~ㄴ

ㅁ

찾아보기

ㅅ

찾아보기

ㅇ